EREIGNIS WEIMAR–JENA
KULTUR UM 1800

ÄSTHETISCHE FORSCHUNGEN

Herausgegeben von
KLAUS MANGER

Band 17

JULIA DI BARTOLO

# Selbstbestimmtes Leben um 1800

Sophie Mereau,
Johanna Schopenhauer
und Henriette von Egloffstein
in Weimar–Jena

Universitätsverlag
WINTER
Heidelberg

Bibliografische Information der Deutschen Nationalbibliothek
Die Deutsche Nationalbibliothek verzeichnet diese Publikation
in der Deutschen Nationalbibliografie;
detaillierte bibliografische Daten sind im Internet
über *http://dnb.d-nb.de* abrufbar.

Diese Arbeit ist im Jenaer Sonderforschungsbereich 482
»Ereignis Weimar–Jena. Kultur um 1800« entstanden
und wurde auf seine Veranlassung unter Verwendung
der ihm von der Deutschen Forschungsgemeinschaft
zur Verfügung gestellten Mittel gedruckt.


UMSCHLAGBILD

BILD *Weimar von Osten*: Carl Eduard Vehse, Der Hof zu Weimar.
Mit achtzehn zeitgenössischen Abbildungen, Leipzig u.a. 1991, S. 111.

HINTERGRUND *Stadtansichten von Jena*: Johanna Sänger/Lars Deile (Hrsg.),
Spannungsreich und freudevoll. Jenaer Festkultur um 1800,
Köln/Weimar/Wien 2005, S.7.


ISBN 978-3-8253-5302-5

Dieses Werk einschließlich aller seiner Teile ist urheberrechtlich geschützt. Jede
Verwertung außerhalb der engen Grenzen des Urheberrechtsgesetzes ist ohne
Zustimmung des Verlages unzulässig und strafbar. Das gilt insbesondere für
Vervielfältigungen, Übersetzungen, Mikroverfilmungen und die Einspeicherung
und Verarbeitung in elektronischen Systemen.

© 2008 Universitätsverlag Winter GmbH Heidelberg
Imprimé en Allemagne · Printed in Germany
Druck: Memminger MedienCentrum, 87700 Memmingen

Gedruckt auf umweltfreundlichem, chlorfrei gebleichtem
und alterungsbeständigem Papier

Den Verlag erreichen Sie im Internet unter:
www.winter-verlag-hd.de

# Inhalt

VORWORT ... 7

1. **EINLEITUNG** ... 9
   - 1.1 Fragestellung ... 11
   - 1.2 Untersuchungsgegenstand ... 13
   - 1.3 Forschungsstand ... 17
   - 1.4 Quellengrundlage ... 24
   - 1.5 Vorgehensweise ... 31

2. **HANDLUNGSSPIELRÄUME UND BESTIMMENDE FAKTOREN** ... 33
   - 2.1 Zum Begriff Handlungsspielraum ... 33
   - 2.2 Bestimmende Faktoren ... 36
     - 2.2.1 Gesellschaftliche Rahmenbedingungen ... 38
     - 2.2.2 Individuelle Faktoren ... 41

3. **HANDLUNGSSPIELRÄUME VON FRAUEN IN WEIMAR-JENA UM 1800** ... 44
   - 3.1 Strukturelle Gegebenheiten als Rahmenbedingungen für Sophie Mereau, Johanna Schopenhauer und Henriette von Egloffstein in Weimar-Jena ... 44
     - 3.1.1 Normen ... 45
       - 3.1.1.1 Rechtliche Normen ... 45
       - 3.1.1.2 Soziale Normen ... 55
     - 3.1.2 Werte ... 62
       - 3.1.2.1 Bildung ... 62
       - 3.1.2.2 Ehe und Familie ... 70
       - 3.1.2.3 Liebe ... 76
     - 3.1.3 Lebensumstände ... 81
       - 3.1.3.1 Stand und Status ... 82
       - 3.1.3.2 Wirtschaftliche Situation ... 84
     - 3.1.4 Zusammenfassung ... 93
   - 3.2 Sophie Mereau, Johanna Schopenhauer und Henriette von Egloffstein in Weimar-Jena – Fähigkeiten, Erwartungen und Intentionen ... 95
     - 3.2.1 Sophie Mereau – Kontakte knüpfen, um schreiben zu können ... 96
     - 3.2.2 Johanna Schopenhauer – Mittelpunkt des geselligen Lebens sein ... 105
     - 3.2.3 Henriette von Egloffstein – Zuflucht und Teilhabe am geselligen Leben ... 116
     - 3.2.4 Zusammenfassung ... 122
   - 3.3 Soziale Beziehungen und Handlungsspielräume bei Sophie Mereau, Johanna Schopenhauer und Henriette von Egloffstein ... 123
     - 3.3.1 Sophie Mereau – Universitäres Milieu als Voraussetzung für schriftstellerische Arbeit ... 123

| | | |
|---|---|---|
| 3.3.1.1 | Ausgangssituation | 124 |
| 3.3.1.2 | Sophie Mereau als Schriftstellerin – Die Funktion der sozialen Beziehungen | 128 |
| 3.3.1.3 | Die Bedeutung der sozialen Beziehungen für Sophie Mereaus Tätigkeit als Herausgeberin | 158 |
| 3.3.1.4 | Zusammenfassung | 166 |

3.3.2 Johanna Schopenhauer – Gesellschafterin und Schriftstellerin durch soziale Beziehungen ... 167

| | | |
|---|---|---|
| 3.3.2.1 | Ausgangssituation | 168 |
| 3.3.2.2 | Johanna Schopenhauer als Gesellschafterin – Der „Theetisch" | 178 |
| 3.3.2.3 | Johanna Schopenhauer als Schriftstellerin | 197 |
| 3.3.2.4 | Zusammenfassung | 214 |

3.3.3 Henriette von Egloffstein – Höfisches Milieu als Voraussetzung für die Umsetzung des Lebensentwurfs ... 215

| | | |
|---|---|---|
| 3.3.3.1 | Ausgangssituation | 216 |
| 3.3.3.2 | Henriette von Egloffstein als Mitgestalterin des geselligen Lebens in Weimar | 225 |
| 3.3.3.3 | Künstlerische Betätigung durch Teilhabe an Geselligkeit | 243 |
| 3.3.3.4 | Zusammenfassung | 251 |

| | | |
|---|---|---|
| 3.4 | MÖGLICHKEITEN UND GRENZEN FÜR EIN SELBSTBESTIMMTES LEBEN | 253 |
| 3.4.1 | Handlungsspielräume und Lebensentwurf | 254 |
| 3.4.2 | Handlungsspielräume und soziale Beziehungen | 257 |
| 3.4.3 | Erweiterung und Beschränkung von Handlungsspielräumen | 260 |

| | |
|---|---|
| **4. SCHLUSS** | 263 |
| ABKÜRZUNGSVERZEICHNIS | 269 |
| QUELLEN UND LITERATUR | 271 |
| PERSONENREGISTER | 337 |
| PUBLIKATIONEN DES SONDERFORSCHUNGSBEREICHS 482: „EREIGNIS WEIMAR-JENA. KULTUR UM 1800" | 341 |

## VORWORT

Die vorliegende Arbeit, entstanden im Rahmen des Sonderforschungsbereiches 482 „Ereignis Weimar-Jena. Kultur um 1800", wurde im Dezember 2005 von der Philosophischen Fakultät der Friedrich-Schiller-Universität Jena als Dissertation angenommen und für den Druck leicht gekürzt.
Frau Prof. Dr. Siegrid Westphal danke ich für die Unterstützung, vielfältige Anregungen, ihre Diskussionsbereitschaft und die Übernahme der Erstkorrektur. Herr Prof. Dr. Georg Schmidt war nicht nur bereit, dass Zweitgutachten zu übernehmen, sondern hatte darüber hinaus stets ein offenes Ohr für Fragen und Probleme. Für seine jahrelange Förderung möchte ich mich besonders bedanken. Großer Dank gilt darüber hinaus den Archivaren und Bibliothekaren aller benutzten Archive und Bibliotheken.
Für die Aufnahme der Arbeit in die Reihe *Ereignis Weimar-Jena. Kultur um 1800. Ästhetische Forschungen* des Winter Verlages sowie seine kontinuierliche Unterstützung bin ich Herrn Prof. Dr. Klaus Manger zu großem Dank verpflichtet. Die Deutsche Forschungsgemeinschaft hat die Drucklegung dankenswerterweise großzügig gefördert.
Dass die Arbeit in dieser Form entstehen konnte, ist vor allem jenen Jenaer Kollegen zu verdanken, die den Schreibprozess begleitet haben. An erster Stelle sind in diesem Zusammenhang Dr. habil. Nicole Grochowina und Katrin Horn zu nennen. Unvergessen bleibt ihre Bereitschaft, Teile der Arbeit zu lesen und in ungezählten Diskussionsrunden konstruktiv zu kritisieren. Darüber hinaus hatten sie immer ein offenes Ohr für alle Probleme, die im Zuge des Nachdenkens und Schreibens aufgetreten sind. Dank gilt darüber hinaus Dr. Astrid Ackermann, Hendrikje Carius, Dr. Katja Deinhardt, Claudia Häfner, Christian Hain und Dr. Andreas Klinger, die ebenfalls Teile der Arbeit diskutiert haben und auf diese Weise eine große Hilfe waren. Stefanie Freyer gebührt ein besonderer Dank für ihre unschätzbare Hilfe bei der Formatierung der Arbeit und der Erstellung des Registers.
Meiner Familie und meinen Freunden danke ich für ihre jahrelange Unterstützung und Aufmunterung: Meine Eltern waren nicht nur überzeugt davon, dass ich die Arbeit fertig stellen werde, sondern halfen durch ihre Lese- und Kritikbereitschaft, Katrin Kein und Chris Reutermann sorgten dafür, dass bei allem Nachdenken über drei tote Frauen die Bodenhaftung nicht verloren ging und Birgit Raida war durch ihren Zuspruch gerade in der Phase der Drucklegung eine große Hilfe.
Ein letzter Dank gilt meinem Mann Dr. Maurizio Di Bartolo. Er bewies viel Geduld, half durch seinen Zuspruch und trug durch die Übersetzung der französischsprachigen Quellen ins Deutsche konkret zum Entstehen dieser Arbeit bei.

Ihm und unserer Tochter Emma Clara, die durch ihre Geburt die Vorbereitung des Manuskripts für den Druck noch einmal spannend machte, ist diese Arbeit gewidmet.

Jena, November 2007 — Julia Di Bartolo

## 1. Einleitung

In den 1831 begonnenen Lebenserinnerungen[1] blickt Henriette von Egloffstein auf ihren ersten Aufenthalt in Weimar zurück und schildert den Eindruck, den Weimar im Winter 1787/1788 auf sie gemacht hat. Sie beschreibt die Audienz bei der Herzogin Luise, die Begegnung mit Anna Amalia und die Besuche bei Charlotte von Stein um im Anschluss daran die Wirkung der Weimarer Atmosphäre auf ihren Aufenthalt wiederzugeben: Sie fühlte sich „von vielen Seiten wohlthätig angeregt" und bewegte sich ohne Zwang in der Gesellschaft „jener Männer welche Weimar zu einem heitern Musensiz umgeschaffen hatten".[2] Besonders beeindruckte sie jedoch die außergewöhnlich hohe Zahl gebildeter Frauen, die zu jener Zeit in Weimar lebten:

> „Die Gesellschaft war reich an gebildeten, liebenswürdigen u geistvollen Frauen, doch außer den berühmten gelehrten, der übrige Theil des männlichen Geschlechtes roh u ungehobelt. Die weiblichen Individuen ersetzten, was den Leztern abging. [...] Man hätte diese [...] Amazonen nennen können, nicht weil sie die Männer haßten, sondern weil sie denen die sie gewöhnlich umgaben, so sehr an Geist u geistiger Ausbildung überlegen waren."[3]

Doch Henriette von Egloffstein zeigt sich in ihren Lebenserinnerungen nicht nur fasziniert von der Menge an Frauen, die – gebildet und interessiert an Literatur und Kunst – Weimar um 1800 bevölkerten. Vielmehr hebt sie deren intellektuelle Fähigkeiten im Vergleich zu der Mehrheit der in Weimar lebenden Männer hervor. Indem sie die gebildeten Frauen an die Seite der „berühmten gelehrten" Männer stellt, weist sie ihnen einen wichtigen Platz im gesellschaftlichen Leben Weimars zu.

Laufende Forschungen zum Anteil von Frauen am geselligen Leben Weimars und Jenas um 1800 zeigen, dass die Zahl jener Frauen, die in beiden Städten mit eigenen literarischen oder künstlerischen Leistungen hervortraten, innerhalb verschiedenster Geselligkeitskreise agierten und über enge persönliche Kontakte zu Angehörigen des Hofes, zu Universitätsprofessoren, Schriftstellern, Verleger

---

[1] Vgl. Henriette von Beaulieu-Marconnay: Bruchstücke aus meinem Leben, GSA (Stiftung Weimarer Klassik und Kunstsammlungen, Weimar, Goethe- und Schiller-Archiv), Bestand Egloffstein, Henriette v. Beaulieu-Marconnay, „Lebenserinnerungen", „Bruchstücke aus meinem Leben", 9 Hefte, GSA 13/5 [künftig zitiert: Bruchstücke]. Henriette von Egloffstein heiratete 1804 Carl von Beaulieu-Marconnay. Im Rahmen dieser Studie wird der Name Henriette von Egloffstein jedoch beibehalten. Das Zitieren der Quellen erfolgt aber entsprechend der Archivangaben.
[2] Vgl. ebd., 4. Heft, GSA 13/5.
[3] Ebd.

und Herausgebern verfügten, nahezu unüberschaubar ist.[4]

Die Faszination, die von den Frauen ausgeht, die mit oder neben Männern wie Goethe, Schiller, Wieland und Herder lebten, ist nach wie vor ungebrochen. Charlotte von Stein, Luise von Göchhausen, Caroline Schlegel, Dorothea Veit, Ottilie von Goethe und einige mehr weckten und wecken immer noch das Interesse von Literaten und Wissenschaftlern, die sich mit ihrer Lebensweise und ihrer Position im Umfeld Goethes auseinandersetzen.[5] Die Beschäftigung mit den Frauen Weimar-Jenas[6], die mit eigenen literarischen, schauspielerischen, musikalischen oder Werken der bildenden Kunst, aber auch durch die von ihnen frequentierten und unterhaltenen Geselligkeitskreise auf sich aufmerksam machten, steht jedoch noch in ihren Anfängen. Allerdings verdeutlichen verschiedene Studien bereits, dass auch Frauen als Akteurinnen um 1800 durchaus herausragende Funktionen einnehmen konnten.[7] Hier setzt die vorliegende Studie an.

[4] Vgl. Die für das Teilprojekt A4 von Stefanie Freyer begonnene Biobibliographie von Frauen in Weimar-Jena um 1800 konnte bisher mehr als 130 Frauen registrieren, die entweder in Weimar oder in Jena in Erscheinung getreten sind, d.h. sich in das künstlerisch-literarische und gesellige Leben beider Städte einmischten, sei es mit dem Anfertigen und Publizieren von literarischen oder künstlerischen Werken oder mit eigenen Geselligkeitskreisen: Nicole Grochowina/Katrin Horn/Stefanie Freyer (Hg.): FrauenGestalten Weimar-Jena um 1800. Ein biobibliographisches Lexikon, Heidelberg [vorauss. 2008].

[5] Vgl. dazu u.a. Ingelore M. Winter: Goethes Charlotte von Stein. Die Geschichte einer Liebe, Düsseldorf 2003; Helmut Koopmann: Goethe und Frau von Stein. Geschichte einer Liebe, München 2002; Jochen Klauß: Charlotte von Stein: die Frau in Goethes Nähe, Zürich 1995; Christa Bürger: Leben Schreiben. Die Klassik, die Romantik und der Ort der Frauen, Königstein/Taunus 2001; Margaretmary Daley: Women of letters. A study of self and genre in the personal writing of Caroline Schlegel-Schelling, Rahel Levin Varnhagen, and Bettina von Arnim, Columbia 1998; Carola Stern: „Ich möchte mir Flügel wünschen". Das Leben der Dorothea Schlegel [künftig zitiert: Flügel], Reinbek bei Hamburg 1991; Werner Deetjen (Hg.): Die Göchhausen. Briefe einer Hofdame aus dem klassischen Weimar, Berlin 1923; Elisabeth Mangold: Ottilie von Goethe, Repr. d. Ausg. 1965, Grünwald 1999; Karsten Hein: Ottilie von Goethe (1796-1872). Biographie und literarische Beziehungen der Schwiegertochter Goethes, Frankfurt a.M. 2001; Ruth Rahmeyer: Ottilie von Goethe. Eine Biographie, Frankfurt a.M. 2002; Klaus Tudyka: Die Zweite von rechts. Confession des Hoffräuleins Luise von Göchhausen, Warendorf 1998.

[6] Die Personen- und Institutionenkonstellationen in Weimar und Jena zwischen 1770 und 1830 werden im Rahmen des Sonderforschungsbereiches 482 mit dem Label „Ereignis Weimar-Jena" versehen. In der vorliegenden Studie wird der Begriff ‚Weimar-Jena' verwendet, um auf den Raum zur angegebenen Zeit zu verweisen.

[7] Vgl. u.a. Ruth-Ellen B. Joeres/M. Burkhard (Eds.): Out of line. Ausgefallen. The paradox of marginality in the writings of 19th century German women [künftig zitiert: Out of line], Amsterdam 1989; Jeannine Blackwell/Susanne Zantop (Eds.): Bitter Healing: German Women Writers from 1700 to 1830: An Anthology [künftig zitiert: Bitter Healing], Lincoln 1990; Katherine Goodman/Edith Waldstein: In the Shadow of Olympus. German Women Writers Around 1800 [künftig zitiert: Shadow], State University of New York 1992; Margaret C. Ives (Ed.): Women writers of the age of Goethe: VIII. [künftig zitiert:

## 1.1 Fragestellung

Lange Zeit wurde davon ausgegangen, dass Frauen nur innerhalb bestimmter Bereiche einer Gesellschaft wirkten und nur eingeschränkt am künstlerisch-literarischen Leben, an Bildung und Geselligkeit teilhaben konnten. Gestützt wurden diese Annahmen durch die vor allem von der deutschen historischen Frauenforschung vorwiegend auf der Basis aufklärerischer Diskurse des ausgehenden 18. Jahrhunderts eingeführte Gegenüberstellung einer öffentlichen männlichen Sphäre versus einer privaten weiblichen Sphäre zur Verdeutlichung der Stellung von Mann und Frau in der Gesellschaft.[8] Neuere Arbeiten deuten jedoch daraufhin, dass die Teilhabemöglichkeiten von Frauen innerhalb einer Gesellschaft wesentlich komplexer zu bewerten sind, als es lange Zeit geschehen ist. Denn Untersuchungen zur sozialen Praxis um 1800 zeigen, wie wenig Männer und Frauen auf bestimmte Sphären, Rollen und Verhaltensmuster festgelegt waren. In diesem Zusammenhang wurde deutlich, dass Frauen nicht allein auf die ihr zugeschriebenen Funktionen als Gattin, Hausfrau und Mutter beschränkt waren, sondern als Leserin, Rezipientin, Briefschreiberin, Schriftstellerin, Künstlerin und Organisatorin von bzw. Teilnehmerin an Geselligkeitskreisen wirkten.

Dieses Phänomen trifft in besonderem Maße auf Weimar-Jena zwischen 1770 und 1830 zu: Frauen beteiligten sich am abwechslungsreichen geselligen Leben in beiden Städten. Innerhalb der unzähligen Geselligkeitskreise diskutierten sie über Kunst, Literatur und Wissenschaft. Sie lasen neueste literarische

---

Women writers], Lancaster 1996; Manfred Boetzkes (Hg.): Goethes glückliche Zeichnerin? Das unvollendete Künstlerleben der Julie von Egloffstein (1792-1869). Ausstellungskatalog zur Ausstellung des Römer-Museums Hildesheim und des Goethe-Nationalmuseums Weimar [künftig zitiert: Zeichnerin], Hildesheim 1992.

[8] Vgl. dazu den programmatischen Aufsatz von Karin Hausen zu den männlichen und weiblichen Geschlechtscharakteren sowie zur Trennung der Gesellschaft in eine weibliche private und eine männliche öffentliche Sphäre: Karin Hausen: Die Polarisierung der „Geschlechtscharaktere" – Eine Spiegelung der Dissoziation von Erwerbs- und Familienleben, in: Werner Conze (Hg.): Sozialgeschichte der Familie in der Neuzeit Europas [künftig zitiert: Polarisierung], Stuttgart 1976, S. 363-393. Zur Problematik der getrennten Sphären auch Ute Frevert: Einleitung, in: dies. (Hg.): Bürgerinnen und Bürger. Geschlechterverhältnisse im 19. Jahrhundert, Göttingen 1988, S. 11-16, hier S. 15; dies.: Bürgerliche Meisterdenker und das Geschlechterverhältnis. Konzepte, Erfahrungen, Visionen an der Wende vom 18. zum 19. Jahrhundert, in: ebd., S. 17-48; Doris Alder: Die Wurzel der Polaritäten. Geschlechtertheorie zwischen Naturrecht und Natur der Frau, Frankfurt a.M./New York 1992; Jean Bethke Elshtain: Public Man, Private Woman. Women in Social and Political Thought, 2. ed. Princeton 1981. Kritik an diesem Modell übte beispielsweise Britta Rang: Zur Geschichte des dualistischen Denkens über Mann und Frau. Kritische Anmerkungen zu den Thesen von Karin Hausen zur Herausbildung der Geschlechtscharaktere im 18. und 19. Jahrhundert, in: Jutta Dalhoff u.a. (Hg.): Frauenmacht in der Geschichte. Beiträge des Historikerinnentreffens 1985 zur Frauengeschichtsforschung, Düsseldorf 1986, S. 194-204; Monika M. Elbert (Ed.): Separate spheres no more. Gender Convergence in American literature 1830-1930, Tuscaloosa 2000.

Werke und abonnierten eine oder mehrere jener Zeitschriften, die in Weimar und Jena verlegt bzw. herausgegeben wurden. Es war ihnen möglich, eigene Arbeiten zu verfassen und zu veröffentlichen. Außerdem intensivierten sie bereits bestehende persönliche Beziehungen und knüpften neue sowohl private als auch berufliche Kontakte, um ihre Vorhaben zu verwirklichen.

Die unterschiedlichen Handlungsspielräume von Frauen innerhalb des gesellschaftlichen und – damit untrennbar verbunden – künstlerisch-literarischen Lebens in Weimar und Jena stehen im Mittelpunkt dieser Arbeit. Zu klären ist, welche Handlungsspielräume den Frauen für eine Gestaltung des geselligen und literarisch-künstlerischen Lebens in beiden Städten konkret zur Verfügung standen und wie sie mit diesen umgingen. Dabei stellt sich die Frage, inwieweit sie ein selbstbestimmtes Leben führen konnten, welche Handlungsspielräume sie nutzten und wie sich das Umfeld Weimar-Jenas darauf auswirkte.

Im Rahmen der Studie wird davon ausgegangen, dass jedem Menschen zu jeder Zeit und an jedem Ort Handlungsspielräume zur Verfügung stehen und vorhandene bzw. genutzte Handlungsspielräume auf die Teilhabemöglichkeiten bestimmter Personen und Gruppen an gesellschaftlichen Prozessen verweisen.

Um die Art und Weise von Teilhabe zu ermitteln, bedarf es jedoch vor allem einer intensiven Auseinandersetzung mit den Faktoren, die Handlungsspielräume bestimmten. Unter Berücksichtigung bisheriger Forschungen innerhalb verschiedener Fachbereiche wird angenommen, dass Handlungsspielräume durch das Zusammenwirken gesellschaftlicher Rahmenbedingungen wie herrschende Normen, diskutierte Wertvorstellungen und konkrete Lebensumstände zu bestimmen sind. Hinzu kommen individuelle Faktoren wie Bildung, Talente, Interessen, Erwartungen und bestimmte Vorhaben. In Wechselwirkung mit den gesellschaftlichen Rahmenbedingungen beeinflussen sie das Erkennen und die Nutzung von Handlungsspielräumen und damit die unterschiedlichen Formen und Bedingungen der Teilhabe von Frauen.

Ausgehend davon stellt sich für die untersuchten Frauen die Frage, inwiefern der Raum Weimar-Jena auf die gesellschaftlichen Rahmenbedingungen und die individuellen Faktoren einwirkte und dadurch den Umgang mit Handlungsspielräumen beeinflusste. Um 1800 als Raum wahrgenommen, der sich vor allem durch die Anwesenheit von hoch motivierten und einflussreichen Schriftstellern, Künstlern und Wissenschaftlern auszeichnete und von einer Universität, dem Hof und einem lebendigen geselligen Leben geprägt war, wirkte Weimar-Jena auch auf die untersuchten Frauen als ein Ort, an dem eigene Lebensentwürfe umgesetzt werden konnten. Inwieweit sich nun die oft beschriebene besondere Atmosphäre und die verschiedenen gesellschaftlichen Milieus in Verbindung mit gesellschaftlichen Rahmenbedingungen und individuellen Faktoren die Art und Weise der Teilhabe der untersuchten Frauen an den Vorgängen in Weimar-Jena auswirkten, gilt es im Besonderen zu klären.

Ein Schwerpunkt liegt dabei auf der Betrachtung der Funktion der unterschiedlichen sozialen Beziehungen, die eingegangen wurden, weil sie von den

Frauen schnell als ausschlaggebend für die Positionierung innerhalb Weimar-Jenas und die Erfüllung individueller Erwartungen und Intentionen begriffen wurden. Inwiefern die sozialen Beziehungen von verschiedenen Faktoren beeinflusst wurden und welche Auswirkungen dies auf die Teilhabemöglichkeiten der Frauen in Weimar-Jena hatte, gilt es im Besonderen zu klären.

Sophie Mereau, Johanna Schopenhauer und Henriette von Egloffstein stehen im Mittelpunkt dieser Arbeit. Sie zogen gegen Ende des 18. bzw. zu Beginn des 19. Jahrhunderts aus eigenem Antrieb nach Weimar bzw. Jena, weil sie mit diesem hohe Erwartungen verbanden.

Im Folgenden gilt es zu klären, inwieweit sich die von den Frauen an den Raum Weimar-Jena gestellten Erwartungen erfüllten und welche Handlungsspielräume ihnen dafür in Weimar-Jena zur Verfügung standen. Angestrebt sind also keine einfachen Lebensbeschreibungen, die schon vielfach zu den Frauen Weimar-Jenas existieren. Vielmehr ist es einerseits das Ziel, strukturelle Aussagen zu dem Phänomen „Konzentration künstlerisch-literarisch und gesellig tätiger Frauen" zu treffen. Andererseits geht es um die Bestimmung des Einflusses, den der Raum Weimar-Jena auf das Leben und Handeln der Frauen ausgeübt hat.

## 1.2 UNTERSUCHUNGSGEGENSTAND

Mit Sophie Mereau (1770-1806), Johanna Schopenhauer (1766-1838) und Henriette von Egloffstein (1773-1864) stehen drei Frauen im Zentrum der Studie, die den gehobenen Schichten der Gesellschaft angehörten. Privilegiert waren sie aufgrund ihres Standes, ihrer Bildung und auch der wirtschaftlichen Situation, in der sie sich befanden. Alle Frauen kennzeichnete ein stark ausgeprägtes Interesse an Literatur und Kunst. Sie verfügten über besondere Talente, interessierten sich für Literatur und Kunst und waren auf beiden Gebieten ambitioniert und engagiert. Darüber hinaus hegten sie den Wunsch, ein selbstbestimmtes Leben zu führen. Ihnen allen schien Weimar-Jena ein geeigneter Ort dafür zu sein. Sie wollten am geselligen und künstlerisch-literarischen Leben im Raum Weimar-Jena teilhaben, über den sie schon vor ihrer Ankunft umfangreiche Informationen besessen hatten. Von einem Aufenthalt in Weimar-Jena erhofften sie sich die Integration in das gesellige Leben und die Umsetzung ihrer Vorhaben.

Gemeinsam war ihnen auch, dass sie nicht in Weimar-Jena geboren wurden oder dort aufwuchsen, sondern erst als erwachsene Frauen dorthin kamen. Außerdem hatten sie bereits vor ihrer Ankunft in Weimar-Jena ein vergleichsweise außergewöhnliches Leben geführt: Sophie Mereau beschäftigte sich schon während ihrer Jugend intensiv mit schriftstellerischen Arbeiten. Johanna Schopenhauer reiste an der Seite ihres Ehemannes weit mehr, als es für eine Frau um 1800 üblich war. Henriette von Egloffstein trennte sich dagegen auf eigene Initiative von einem ungeliebten und in ihren Augen unhaltbaren Ehemann. Sie alle hatten vor ihrer Übersiedlung nach Weimar-Jena selbständig entschieden, welches Leben sie in Zukunft führen wollten. Dabei waren nicht nur die eigenen Bestrebungen, sondern auch die jeweiligen Lebensumstände handlungsleitend gewesen.

Auch wenn mit Sophie Mereau, Johanna Schopenhauer und Henriette von Egloffstein die Handlungsspielräume einzelner Frauen im Mittelpunkt stehen, geht es in dieser Studie nicht um das Erstellen von Biographien. Allerdings muss die erste Annäherung mittels biographischer Methoden erfolgen, die zwangsläufig eine Konfrontation mit damit einhergehenden Problemen zur Folge hat. Denn die Beschäftigung mit der Existenz einzelner Personen zieht unvermeidlich die Konstruktion des zu betrachtenden Lebens nach sich. Diese setzt schon bei dem Verknüpfen einzelner Lebensdaten ein und enthält die Gefahr, ein in sich geschlossenes Leben zu konstruieren, das sich durch eine Chronologie ohne Brüche, zielgerichtetes Handeln und nachvollziehbare Entscheidungen auszeichnet. Nicht selten suggeriert das Lesen einer Biographie, dass „zwischen Lebensanfang und Lebensende ein(en) durchgeformte[r] Sinnzusammenhang" besteht.[9] Dass dies illusorisch ist und jede Darstellung eines Lebens gleichzeitig auch Auswahl bedeutet, darauf wurde und wird im Rahmen der Biographieforschung immer wieder hingewiesen.[10] Indem aber die Handlungsspielräume der Frauen im Mittelpunkt des Interesses stehen, ist diese Auswahl bereits getroffen. Die Notwendigkeit, ein chronologisches Leben herzustellen oder Handeln zu rechtfertigen, ist nicht vorhanden. Vielmehr ermöglicht der Zugriff über die Handlungsspielräume, Formen von Teilhabe am kulturellen Leben in Weimar-Jena über den Zusammenhang von individuellen Lebensentwürfen, Bedingungen ihrer Erfüllung und dem Raum Weimar-Jena um 1800 zu erschließen.

Sophie Mereau zählte um 1800 zu einer viel gelesenen Schriftstellerin. Als Tochter eines niederen Beamten 1770 in Altenburg geboren, wuchs sie dort wohlbehütet auf. Sie genoss eine außerordentlich gute Erziehung und Ausbildung und konnte ihre schriftstellerischen Talente schon im Elternhaus entwickeln. Als Frau des Juristen Friedrich Ernst Carl Mereau hielt sie sich von 1793 bis 1801 in Jena auf. Nach der offiziellen Trennung von ihm und der kurz danach ausgesprochenen Scheidung lebte sie zunächst in Camburg und dann von 1802 bis 1803 in Weimar. Danach wohnte sie in Marburg und Heidelberg.

---

[9] Wolfram Fischer/Martin Kohli: Biographieforschung, in: Wolfgang Voges (Hg.): Methoden der Biographie- und Lebensforschung, Opladen 1987, S. 25-49, hier S. 29.

[10] Ebd. Auch Joachim Berger betont in seiner Biographie über Anna Amalia, dass das Schreiben einer Biographie ohne Brüche unrealistisch ist. In Auseinandersetzung mit der traditionellen Biographieschreibung wählt er seinen Zugang über verschiedene Rollen. Vgl. dazu Joachim Berger: Anna Amalia von Sachsen-Weimar-Eisenach (1739-1807). Denk- und Handlungsräume einer „aufgeklärten" Herzogin [künftig zitiert: Anna Amalia], Heidelberg 2003, hier vor allem die Seiten 18-33.

Während ihrer Jenaer Zeit veröffentlichte sie eine Vielzahl von Gedichten und Erzählungen sowie ihren ersten Roman „Das Blüthenalter der Empfindung".[11] Sowohl die Jenaer als auch die Weimarer Jahre waren von unablässiger schriftstellerischer Arbeit geprägt. Neben ihrer Tätigkeit als Schriftstellerin fungierte sie als Herausgeberin von Taschenbüchern und Almanachen und ihrer eigenen Zeitschrift *Kalathiskos*. Sowohl in Jena als auch in Weimar verfügte Sophie Mereau über vielfältige persönliche Kontakte. In Jena verkehrte sie aufgrund der Stellung ihres Mannes vor allem in akademischen Kreisen. In Weimar fand sie auch Zugang zum höfischen Milieu. Sie verließ die Residenzstadt Ende 1803, heiratete Clemens Brentano und siedelte sich gemeinsam mit ihm in Marburg an. Nach einer kurzen Zeit verließ das Schriftstellerehepaar Marburg, um sich in Heidelberg niederzulassen. Hier pflegte Sophie Mereau enge Beziehungen zur Familie Savigny.[12] Während der Ehe mit Brentano verfasste Sophie Mereau zahlreiche Übersetzungen und war weiterhin als Herausgeberin tätig. 1806 starb sie in Heidelberg.

Im Gegensatz zu Sophie Mereau, die aus dem Beamtenmilieu stammte, wurde Johanna Schopenhauer als Tochter eines wohlhabenden Danziger Kaufmanns geboren. In Danzig verbrachte sie auch ihre Kindheit und heiratete 1785 Heinrich Floris Schopenhauer. Mit ihrem Ehemann, einem gut situierten Handelsherren, lebte sie zunächst in Danzig. Aus politischen Motiven entschied sich Heinrich Floris Schopenhauer jedoch für einen Umzug nach Hamburg. Hier lebte die Familie – 1788 wurde der Sohn Arthur, 1797 die Tochter Adele geboren – von 1793 bis 1806. Während ihrer Ehe mit Heinrich Floris Schopenhauer bereiste Johanna Schopenhauer mehrere europäische Länder. Die auf den Reisen nach Frankreich, England, Belgien und die Niederlande gemachten Erfahrungen verarbeitete sie Jahrzehnte später in ihren Reiseerzählungen. Nach dem Tod ihres Mannes, der 1805 unter nicht völlig geklärten Umständen ums Leben gekommen war, entschloss sich Johanna Schopenhauer dazu, Hamburg den Rücken zu kehren.

Sie traf im Herbst 1806, kurz vor der Schlacht bei Jena und Auerstedt, in Weimar ein.[13] Hier wollte sie ihre persönlichen Wünsche und Ziele erfüllen, einen Geselligkeitskreis gründen und auf der Basis ihres geerbten Vermögens ein Leben nach eigenen Vorstellungen führen. In Weimar hielt sich Johanna

---

[11] Vgl. [Sophie Mereau]: Das Blüthenalter der Empfindung, Gotha 1794.
[12] Vgl. Clemens Brentano an Friedrich Ernst Carl von Savigny, Staatsbibliothek Berlin, Handschriftenabteilung, Nachlaß Savigny, Kasten 3, Nr. 18/6; Sophie Mereau an Friedrich Ernst Carl von Savigny, Staatsbibliothek Berlin, Handschriftenabteilung, Nachlaß Savigny, Kasten 12, Nr. 131.
[13] Johanna Schopenhauer kam am 28.09.1806 nach Weimar und erlebte die Folgen der Niederlage der Preußen bei Jena und Auerstedt, die am 14.10. erfolgte, unmittelbar. Vgl. Johanna Schopenhauer an Arthur Schopenhauer, Weimar, 19.10.1806; 24.10.1806, in: Ludger Lütkehaus (Hg.): Die Schopenhauers. Der Familien-Briefwechsel von Adele, Arthur, Heinrich Floris und Johanna Schopenhauer [künftig zitiert: Die Schopenhauers], Zürich 1991, S. 80-103; S. 105-108.

Schopenhauer mehr als zwanzig Jahre auf. Sie institutionalisierte einen Teetisch und etablierte sich außerdem als Schriftstellerin. Im Laufe der Zeit entwickelte sie sich zu einer der bekanntesten deutschsprachigen Schriftstellerinnen ihrer Zeit. Sie verließ Weimar 1829 aufgrund finanzieller Schwierigkeiten und zog nach Unkel an den Rhein. Hier und in Bonn arbeitete sie weiterhin als Schriftstellerin, konnte allerdings nie wieder einen ähnlich berühmten Geselligkeitskreis aufbauen. Während der Bonner Zeit erschienen ihre „Gesammelten Werke" bei Brockhaus.[14] 1837 kehrte sie nach Sachsen-Weimar-Eisenach zurück und wohnte die letzten Lebensmonate in Jena. Aus dieser Zeit stammen die fragmentarisch gebliebenen autobiographischen Aufzeichnungen.[15]

Henriette von Egloffstein erlangte im Gegensatz zu Sophie Mereau und Johanna Schopenhauer zu Lebzeiten keine Berühmtheit. Erst später fand ihr Leben vor allem wegen ihrer engeren Beziehungen zu Johann Wolfgang Goethe Beachtung.[16] Geboren als Mitglied des fränkischen Zweiges der Familie Egloffstein, das zur fränkischen Reichsritterschaft gehörte[17], und sechstes Kind ihrer Eltern Sophie von Egloffstein, geborene Freiin von Thüna, und Carl Ludwig Freiherr von Egloffstein[18], lebte sie zunächst in Franken. Hier genoss sie die für ihren Stand und ihr Geschlecht typische Ausbildung, besuchte ein Mädchenpensionat und wurde später am nahegelegenen Hof des Markgrafen von Ansbach-Bayreuth eingeführt.[19]

Kurz darauf, im Winter 1787/1788, hielt sie sich das erste Mal gemeinsam mit ihrer Mutter in Weimar auf und zeigte sich tief beeindruckt von dem geselligen Leben in der Stadt und am Hof.[20] Im Februar 1788 kehrten Henriette von Egloffstein und ihre Mutter nach Erlangen zurück. Wenige Monate später lernte sie ihren Cousin Graf Leopold von Egloffstein-Arklitten kennen, den sie kurz darauf – am 28. November 1788 – heiratete. Die Ehe zwischen beiden wurde sowohl vom fränkischen als auch vom preußischen Zweig der Familie gewünscht.[21] Die älteste Tochter Caroline erblickte 1789 das Licht der Welt, die

---

[14] Johanna Schopenhauer: Sämmtliche Schriften, 24 Bd., Leipzig/Frankfurt a.M. 1830-1832.
[15] [Johanna Schopenhauer]: Ihr glücklichen Augen. Jugenderinnerungen, Tagebücher, Briefe, hrsg. v. Rolf Weber [künftig zitiert: Ihr glücklichen Augen], 3. Aufl. Berlin 1986; [dies.]: Im Wechsel der Zeiten, im Gedränge der Welt. Jugenderinnerungen, Tagebücher, Briefe [künftig zitiert: Wechsel], Düsseldorf/Zürich 2000.
[16] Vgl. u.a. Hermann von Egloffstein: Ein Kind des achtzehnten Jahrhunderts. Jugenderinnerungen der Gräfin Henriette von Egloffstein, in: Deutsche Rundschau (1919-1920) [künftig zitiert: Kind]; ders. (Hg.): Alt-Weimars Abend. Briefe und Aufzeichnungen aus dem Nachlasse der Gräfinnen Egloffstein [künftig zitiert: Alt-Weimars Abend], München 1923.
[17] Vgl. dazu die Angaben von Graf Albrecht von und zu Egloffstein: Einige Anmerkungen zur Geschichte der Egloffstein'schen Familie, in: Boetzkes (Hg.): Zeichnerin, hier S. 98.
[18] Kurze Angaben zu den Eltern finden sich bei Egloffstein (Hg.): Alt-Weimars Abend, hier S. 1.
[19] Vgl. Beaulieu-Marconnay: Bruchstücke, 3. Heft, GSA 13/5.
[20] Vgl. ebd., 4. Heft, GSA 13/5.
[21] Vgl. ebd., 2. Heft, GSA 13/5.

weiteren Kinder Jeannette, Julie, Carl und Auguste folgten in kurzen Abständen. Kurz nach der Geburt des ersten Kindes reiste Henriette von Egloffstein gemeinsam mit ihrem Mann über Spa, Zürich, Lausanne und Genf nach Italien. 1792 kehrten beide zurück; die Familie hielt sich im Anschluss daran zeitweise in Weimar auf.

Bevor Henriette von Egloffstein Ende des 18. Jahrhunderts für mehrere Jahre nach Weimar kam, trennte sie sich von ihrem Mann. Nach dieser Trennung, die im Jahr 1800 erfolgte, hielt sie sich bis 1804 ununterbrochen in der Stadt auf. Sie verließ Weimar erst im Anschluss an ihre zweite Heirat mit dem hannoverschen Forstmeister Carl von Beaulieu-Marconnay im April 1804. Auch nach ihrem Weggang in die hannoversche Provinz, sie lebte abwechselnd in Misburg und Hildesheim, später in Marienrode, hielt sie die Verbindungen nach Weimar aufrecht.

## 1.3 Forschungsstand

Dass die These vom Ausschluss der Frauen aus dem gesellschaftlichen Leben nicht mehr haltbar ist, haben neuere Forschungen zu Geschlechterbeziehungen und Aufklärung zeigen können. Da sich geschichtswissenschaftliche Forschungen seit kurzer Zeit nicht mehr ausschließlich auf die zeitgenössischen Diskurse, sondern verstärkt auf die Untersuchung der sozialen Praxis konzentrieren, kommen sie zu dem Ergebnis, dass stark normativ geprägte Texte wie Zeitschriften und Ratgeberliteratur sowie wissenschaftliche Abhandlungen nicht unreflektiert als Beschreibung der Handlungsmöglichkeiten von Frauen und Männern um 1800 angesehen werden können. Insbesondere Forschungen, die sich den Wechselwirkungen von Diskurs und sozialer Praxis widmen und gerade für den Bereich der Geschlechterbeziehungen erhebliche Diskrepanzen aufzeigen konnten, haben ältere Forschungsprämissen wie das Modell der „polarisierenden Geschlechtscharaktere"[22] und die damit verbundene Vorstellung einer männlich geprägten öffentlichen und einer weiblich bestimmten privaten Sphäre relativiert.[23] Stattdessen konnte gezeigt werden, dass sich Frauen wie Männer auf unterschiedliche Art und Weise am gesellschaftlichen Leben beteiligten und nicht auf bestimmte Ebenen des Handelns festgelegt waren. Vielmehr betätigten sich auch

---

[22] Vgl. dazu Hausen: Polarisierung.
[23] Vgl. Anne-Charlott Trepp: Sanfte Männlichkeit und selbständige Weiblichkeit. Frauen und Männer im Hamburger Bürgertum zwischen 1770 und 1840 (künftig zitiert: Männlichkeit], Göttingen 1996; Rebekka Habermas: Frauen und Männer des Bürgertums. Eine Familiengeschichte (1750-1850) [künftig zitiert: Frauen], Göttingen 2000; Brigitte Schnegg: Geschlechterkonstellationen in der Geselligkeit der Aufklärung, in: Schweizerische Zeitschrift für Geschichte 52 (2002), S. 386-398.

Frauen in Handel und Handwerk sowie auf künstlerisch-literarischem Gebiet.[24]

In Verbindung mit diesen Forschungen wurden zunehmend Selbstzeugnisse herangezogen, um Einblicke in die soziale Praxis zu erhalten. Der Schwerpunkt lag dabei auf der Untersuchung der Lebensweise von Männern und Frauen aus dem Bürgertum an bestimmten Orten und zu festgelegten Zeiten.[25]

Weimar-Jena um 1800 geriet bisher vor allem aufgrund seiner Konzentration von Wissenschaftlern, Schriftstellern und Künstlern in den Blick. Geschlechterbeziehungen im Allgemeinen oder das Leben einzelner Frauen im Besonderen in Auseinandersetzung mit den Bedingungen vor Ort wurden allerdings kaum genauer untersucht. Schon die Zeitgenossen nahmen vor allem die Anwesenheit Goethes, Schillers, Herders und Wielands als außerordentlich wahr. Dass sich an dieser Anziehungskraft auch später nichts änderte, zeigen die zahlreichen Forschungen, die sich mit Weimar und Jena zwischen 1770 und 1830 beschäftigten.[26] Das zentrale Forschungsobjekt war Johann Wolfgang Goethe. Der Schwerpunkt der Untersuchungen zum Herzogtum Sachsen-Weimar-Eisenach

---

[24] Vgl. Heide Wunder: „Er ist die Sonn', sie ist der Mond". Frauen in der Frühen Neuzeit, München 1992; Karin Hausen/Heide Wunder (Hg.): Frauengeschichte – Geschlechtergeschichte, Frankfurt a.M./New York 1992; Eva Labouvie: In weiblicher Hand. Frauen als Firmengründerinnen und Unternehmerinnen (1600-1800), in: dies. (Hg.): Frauenleben – Frauen leben. Zur Geschichte und Gegenwart weiblicher Lebenswelten im Saarraum (17.-20. Jahrhundert), St. Ingbert 1993, S. 88-131; Iris Bubenik-Bauer/Ute Schalz-Laurenze (Hg.): „Ihr werten Frauenzimmer auf!" – Frauen in der Aufklärung, Frankfurt a.M. 1995; Heide Wunder/Christina Vanja (Hg.): Weiber, Menscher, Frauenzimmer. Frauen in der ländlichen Gesellschaft 1500-1800, Göttingen 1996; Gisela Bock: Frauen in der europäischen Geschichte. Vom Mittelalter bis zur Gegenwart, München 2000, Christine Werkstetter: Frauen im Augsburger Zunfthandwerk. Arbeit, Arbeitsbeziehungen und Geschlechterverhältnisse im 18. Jahrhundert, Berlin 2001; Gunda Barth-Scalmani: Frauen in der Welt des Handels an der Wende vom 18. zum 19. Jahrhundert: Eine regionalgeschichtliche Typologie, in: Unternehmerinnen: Geschichte & Gegenwart selbständiger Erwerbstätigkeit von Frauen, Frankfurt a.M. u.a. 2000, S. 17-48; Susanne Schötz: Handelsfrauen in Leipzig. Zur Geschichte von Arbeit und Geschlecht in der Neuzeit, Köln/Weimar/Wien 2004.

[25] Vgl. Trepp: Männlichkeit; Habermas: Frauen; u.a. auch auf der Basis von Selbstzeugnissen: Beatrix Bastl: Tugend, Liebe, Ehre. Die adelige Frau in der Frühen Neuzeit, Wien/Köln/Weimar 2000.

[26] Vgl. die unzähligen Arbeiten zu Goethe, Goethes Weimar und den von ihm in Weimar gepflegten Beziehungen: u.a. Heinrich Düntzer: Aus Goethes Freundeskreise. Darstellungen aus dem Leben des Dichters, Braunschweig 1868; Fritz Hartung: Das Großherzogtum Sachsen unter der Regierung Carl Augusts 1775-1828, Weimar 1923; Wilhelm Dobbek: Im Schatten Goethes: Wieland und Herder, in: Goethe. N.F. des Jahrbuchs der Goethe-Gesellschaft 30, 1968, S. 65-86; ders.: Goethe und August von Einsiedel, in: Goethe. N.F. des Jahrbuchs der Goethe-Gesellschaft 19, 1957, S. 155-168; ders.: Goethes Eintritt in Weimar, Leipzig 1853; Hans Eberhardt: Weimar zur Goethezeit. Gesellschafts- und Wirtschaftsstrukturen, Weimar 1980; Klaus Günzel: „Viele Gäste wünsch ich heut' Mir zu meinem Tische!" Goethes Besucher im Haus am Frauenplan, Weimar 1999.

im Allgemeinen und Weimar-Jena im Besonderen lag lange auf der Erforschung von Goethes Leben und Werk, seiner amtlichen Tätigkeiten und seines Umfeldes. Ältere Versuche, speziell den Weimarer Hof und dessen Politik in größere Zusammenhänge einzuordnen, konzentrierten sich ebenfalls auf Goethe und seine Funktion innerhalb des politischen Lebens von Sachsen-Weimar-Eisenach.[27] Eine fundierte Erforschung sozialer, wirtschaftlicher und politischer Strukturen des Herzogtums bzw. Weimars und Jenas, frei von im Laufe der Zeit aus Verehrungen entstandenen Mythen und Zuschreibungen, erfolgte lange Zeit nicht. Grundlegende und dezidierte sowie heutigen Ansprüchen genügende Studien zur Wirtschaftspolitik in Sachsen-Weimar-Eisenach liegen erst seit kurzem vor.[28] Doch auch hier spielen Geschlechterbeziehungen und ihre Auswirkungen auf Politik und Gesellschaft und damit auf das Leben und Handeln von Frauen wenn überhaupt dann nur eine marginale Rolle.

Insgesamt war die Forschungslandschaft vor allem von biographischen Arbeiten zu jenen Personen geprägt, die in engem Kontakt zu Goethe standen.[29] Neuere biographiegeschichtliche Arbeiten gehen jedoch darüber hinaus und nähern sich dem Leben der Protagonisten kritisch an, ohne auf alte Interpre-

---

[27] Vgl. Hans Tümmler: Das klassische Weimar und das große Zeitgeschehen, Köln/Wien 1975; ders.: Goethe als Staatsmann, Göttingen/Zürich/Frankfurt a.M. 1976; ders.: Goethe in Staat und Politik. Gesammelte Aufsätze, Köln/Graz 1964; Willy Flach: Goetheforschung und Verwaltungsgeschichte. Goethe im Geheimen Consilium 1776-1786, Weimar 1952; Friedrich Sengle: Das Genie und sein Fürst. Die Geschichte der Lebensgemeinschaft Goethes mit dem Herzog Carl August von Sachsen-Weimar-Eisenach. Ein Beitrag zum Spätfeudalismus und zu einem vernachlässigten Thema der Goetheforschung, Stuttgart/Weimar 1993.

[28] Marcus Ventzke: Das Herzogtum Sachsen-Weimar-Eisenach 1775 bis 1783. Modellfall aufgeklärter Herrschaft? Weimar/Wien 2004. Ventzke konzentrierte sich bei seinen Forschungen auf die Anfangszeit der Herrschaft Carl Augusts und legte Wert auf die Untersuchung der politischen Entscheidungsfindung insgesamt. Besonderes Augenmerk richtete er auf Ideengewinnung, Projektanbahnung, Kommunikationsvermittlung und Politikumsetzung, um tiefere Einblicke in die Mechanismen und Strukturen der Politik Sachsen-Weimar-Eisenachs zu dieser Zeit zu erhalten. Dabei konnten Vorurteile und Verklärungen der älteren Geschichtsschreibung widerlegt und ein für die untersuchte Zeit umfassendes Bild politischer Funktionsweisen in Sachsen-Weimar-Eisenach geliefert werden.

[29] Vgl. u.a. Hellmuth von Maltzahn: Karl Ludwig von Knebel, Goethes Freund, Jena 1929; Hans Tümmler: Carl August von Weimar, Goethes Freund. Eine vorwiegend politische Biographie, Stuttgart 1978; Friedrich Sengle: Das Genie und sein Fürst. Die Geschichte der Lebensgemeinschaft Goethes mit dem Herzog Carl August von Sachsen-Weimar-Eisenach. Ein Beitrag zum Spätfeudalismus und zu einem vernachlässigten Thema der Goetheforschung, Stuttgart/Weimar 1993; Otto Henschele: Herzogin Anna Amalia. Die Begründerin des Weimarischen Musenhofes, München 1949; Hans Reisiger: Johann Gottfried Herder. Sein Leben in Selbstzeugnissen, Briefen und Berichten, Darmstadt 1970 (ND der Ausgabe Berlin 1942); Ludwig Bäte: Johann Gottfried Herder. Der Weg – das Werk – die Zeit, Stuttgart 1948.

tationsmuster zurückzufallen und die immer wieder aufgezeigten Verbindungen zu Johann Wolfgang Goethe erneut unreflektiert heraufzubeschwören.[30]

Die große Zahl von Frauen, die in Weimar und Jena um 1800 auf sehr unterschiedliche Art und Weise in Erscheinung trat, wurde von der Forschung zwar recht früh registriert. Neben Arbeiten zu den Regentinnen Sachsen-Weimar-Eisenachs konzentrierte sie sich vor allem auf die Untersuchung der zahlreichen Frauen, die mit eigenen schriftstellerischen Werken an die Öffentlichkeit getreten sind.[31] Wahrgenommen wurden sie bis in die jüngste Zeit jedoch fast ausschließlich im Zusammenhang mit Goethe.[32] Ihre schriftstellerischen und künstlerischen Leistungen bzw. ihre aktive Beteiligung an diversen Geselligkeitskreisen fanden allein dann Interesse, wenn sie nachweislich enge Beziehungen zu ihm oder anderen berühmten Männern Weimars gepflegt hatten.[33] Sie galten als schmückendes Beiwerk des klassischen Weimars, die ihm „die anmutigliebenswürdige Note verliehen haben".[34] Gesehen wurden sie als liebende, sich aufopfernde Gattinnen berühmter Schriftsteller, Geliebte, Musen oder Unterhalterinnen.

Feministisch orientierte literaturwissenschaftliche Forschungen lenkten ab dem Ende der 1970er Jahre die Aufmerksamkeit dagegen verstärkt auf die

---

[30] Vgl. u.a. Berger: Anna Amalia.
[31] Vgl. Arbeiten zu den Regentinnen u.a. Friederike Bornhak: Maria Paulowna. Großherzogin zu Sachsen-Weimar-Eisenach, Breslau 1909; Wilhelm Bode: Amalie, Herzogin von Weimar, 3 Bde., Berlin 1908/1909. Zu anderen Weimarer Frauen vgl. Eduard von Bamberg (Hg.): Caroline Jagemann. Die Erinnerungen, 2 Bde., Dresden 1926; Adalbert von Hanstein: Die Frauen in der Geschichte des deutschen Geisteslebens des 18. Und 19. Jahrhunderts, 2 Bde., Leipzig 1899-1900; Anna Brandes: Adele Schopenhauer in den geistigen Beziehungen zu ihrer Zeit, Diss., Frankfurt a.M. 1930; Laura Frost: Johanna Schopenhauer. Ein Frauenleben aus der klassischen Zeit [künftig zitiert: Schopenhauer], Leipzig 2. Aufl. 1913.
[32] Vgl. Heinrich Düntzer: Goethes erste Beziehungen zu Johanna Schopenhauer, in: Westermanns Jahrbuch der Illustrierten Deutschen Monatshefte, Bd. 25 (1869), S. 253-272 [künftig zitiert: Beziehungen]; Paul von Kühn: Die Frauen um Goethe, 2 Bde., 5. Aufl. Leipzig o.J.; Wilhelm Dobbek: Karoline Herder. Ein Frauenleben in klassischer Zeit, Weimar 1963; auch das erstmalig 1992 veröffentlichte Lexikon der Personen und Schauplätze „Goethes Weimar" zeigt noch deutlich die Bezugnahme auf Goethe und sein nächstes Umfeld: Effi Biedrzynski: Goethes Weimar. Das Lexikon der Personen und Schauplätze, 3. Auflage Zürich 1994; ebenso Norbert Oellers: Treffpunkt Weimar. Literatur und Leben zur Zeit Goethes, Stuttgart 1999.
[33] Vgl. Friedrich Kühnlenz: Weimarer Porträts. Bedeutende Frauen und Männer um Goethe und Schiller [künftig zitiert: Porträts], Rudolstadt 1993; Gertrud Meili-Dworetzki: Johanna Schopenhauer. Ein Charakterbild aus Goethes Zeit. Biographische Skizzen [künftig zitiert: Schopenhauer], Düsseldorf 1987; Karl Fulda: Leben Charlottens von Schiller geborene von Lengefeld, Berlin 1878; Ludwig Geiger: Therese Heyne. Leben und Briefe einer deutschen Frau, in: Dichter und Frauen, Neue Sammlung, Leipzig 1899; Helga Haberland/Wolfgang Pehnt: Frauen der Goethezeit in Briefen, Dokumenten und Bildern. Von der Gottschedin bis zu Bettina von Arnim, Stuttgart 1960.
[34] Vgl. Kühnlenz: Porträts, hier S. 50.

Lebens- und Schaffensbedingungen von schreibenden Frauen. Ob es ästhetische Unterschiede zwischen männlichen und weiblichen Werken gab und wie sich diese äußerten, waren Leitfragen.[35] Anglo-amerikanische Forschungen spielten dabei eine große Rolle. Sie setzten sich intensiv mit der Situation schreibender Frauen in Weimar und Jena auseinander. Allerdings thematisierten auch sie vor allem die Beziehungen der Frauen zu Goethe und anderen Schriftstellerkollegen des näheren Umfeldes.[36] Dies zeigt, dass die Frage nach der Wirkung Goethes, seines Stils und seiner Themenwahlen auf schriftstellernde Frauen noch immer von größtem Interesse ist.[37] Abgesehen von der immer wieder praktizierten Gegenüberstellung des literarischen Schaffens der „großen Männer" und jenes der Frauen, konzentrierte sich die literaturwissenschaftliche Forschung vor allem auf die Untersuchung der literarischen Gattungen, die von schreibenden Frauen um 1800 zu einem großen Teil bedient wurden.[38] Nachdem zunächst eine Ge-

---

[35] Vgl. u.a. Ingeborg Weber (Hg.): Weiblichkeit und Weibliches Schreiben, Darmstadt 1994; Sigrid Lange: Spiegelgeschichten. Geschlechter und Poetiken in der Frauenliteratur um 1800, Frankfurt a.M. 1995. Explizit zu den Schaffensbedingungen vgl. Eva Walter: "Schrieb oft von Mägde Arbeit müde." Lebenszusammenhänge deutscher Schriftstellerinnen um 1800 – Schritte zur bürgerlichen Weiblichkeit. Mit einer Bibliographie zur Sozialgeschichte von Frauen 1800-1914 von Ute Daniel, hrsg. v. A. Kuhn, Düsseldorf 1985 (= Geschichtsdidaktische Studien, Materialien 30); auch Ruth-Ellen B. Joeres: German women in text and context of the 18$^{th}$ and 19$^{th}$ centuries: A review essay of feminist criticism, in: IASL 11 (1986), S. 232-263.

[36] Vgl. u.a. Joeres/Burkhard (Eds.): Out of line; Blackwell/Zantop (Eds.): Bitter Healing; Goodman/Waldstein: Shadow; Ruth-Ellen B. Joeres: "We are adjacent to human society": German Women Writers, the Housesocial Experience, and a Challenge to the Public/Domestic Dichotomy, in: Women in German. Yearbook 10 (1995), S. 39-57; Ives (Ed.): Women writers; Elke P. Frederiksen/Elizabeth G. Ametsbichler (Eds.): Women Writers in German-Speaking Countries. A Bio-Bibliographical Critical Sourcebook [künftig zitiert: Women Writers], Westport/London 1998; Todd Kontje: Women, the Novel, and the German Nation 1771-1871, Cambridge 1998.

[37] Vgl. Hildegard Emmel: Der Romandichter als Leser. Goethes Rezension von Johanna Schopenhauers Roman *Gabriele* (1823), in: Kritische Intelligenz als Methode, Bern/München 1981, S. 64-70; Ulrike Landfester: Inen, Trinen, Etten und Ilien. Goethes Wirkung auf die Literatur von Frauen in der ersten Hälfte des 19. Jahrhunderts, in: Bernhard Beutler/Anke Bosse (Hg.): Spuren, Signaturen, Spiegelungen. Zur Goethe-Rezeption in Europa, Köln/Weimar/Wien 2000, S. 255-273; Anke Gilleir: Goethes Wirkung auf zeitgenössische Autorinnen. Der Fall Johanna Schopenhauer oder die Peripherie der Weimarer Klassik, in: ebd., S. 113-126.

[38] Vgl. Christine Touaillon: Der deutsche Frauenroman des 18. Jahrhunderts, Wien 1919; Helga Meise: Die Unschuld und die Schrift. Deutsche Frauenromane im 18. Jahrhundert, Berlin/Marburg 1983; Lydia Schieth: Die Entwicklung des deutschen Frauenromans im ausgehenden achtzehnten Jahrhundert. Ein Beitrag zur Gattungsgeschichte, Frankfurt a.M. 1987; Helga Gallas/Magdalene Heuser (Hg.): Untersuchungen zum Roman von Frauen um 1800, Tübingen 1990; Eva Kammler: Zwischen Professionalisierung und Dilettantismus. Romane und ihre Autorinnen um 1800, Opladen 1992; Helga Gallas/Anita Runge: Romane und Erzählungen von Schriftstellerinnen um 1800. Eine Bibliographie mit Standortnachweisen, Stuttgart/Weimar 1993; Anita Runge: Literarische Praxis von Frauen um

samtschau der Werke von Schriftstellerinnen aber auch bildenden Künstlerinnen angestrebt worden war, standen im Anschluss daran ihre Lebenszusammenhänge und Arbeitsbedingungen im Vordergrund einer Vielzahl von Untersuchungen.[39]

Sophie Mereau war zunächst in Vergessenheit geraten, bevor sie über die Forschungen zu den Männern in ihrem Umkreis wieder entdeckt wurde. Leben und Schaffen wurden interessant, nachdem anfangs vor allem ihre Beziehungen zu Friedrich Schiller, Friedrich Schlegel und Clemens Brentano untersucht worden waren.[40] Erst nach und nach fanden ihre Werke Anerkennung innerhalb der Literaturwissenschaft, da auch diese zunächst vor allem von der Brentano-Forschung berücksichtigt wurden.[41] Ausführliche Analysen der Themen und Figuren in den Gedichten, Erzählungen und Romanen zeigen, wie vielfältig die Gedankenwelt Sophie Mereaus war, die sie in ihren Werken verarbeitet hat.[42]

---

1800. Briefroman, Autobiographie, Märchen [künftig zitiert: Praxis], Hildesheim u.a. 1997; Sigrun Schmid: Der "selbstverschuldeten Unmündigkeit" entkommen. Perspektiven bürgerlicher Frauenliteratur. Dargestellt an Romanbeispielen Sophie von La Roches, Therese Hubers, Friederike Helene Ungers, Caroline Auguste Fischers, Johanna Schopenhauers und Sophie Bernhardis, Würzburg 1999.

[39] Vgl. u.a. Gottfried Sello (Hg.): Malerinnen aus vier Jahrhunderten, Hamburg 1984; Hiltrud Gnüg/Renate Möhrmann (Hg.): Frauen Literatur Geschichte. Schreibende Frauen vom Mittelalter bis zur Gegenwart [künftig zitiert: Frauen], Stuttgart 1985; Bärbel Kovalevski (Hg.): Zwischen Ideal und Wirklichkeit. Künstlerinnen der Goethe-Zeit zwischen 1750 und 1850. Ausstellungskatalog, Ostfildern-Ruit 1999; Ingeborg Weber (Hg.): Weiblichkeit und Weibliches Schreiben [künftig zitiert: Weiblichkeit], Darmstadt 1994; Karin Tebben (Hg.): Beruf: Schriftstellerin. Schreibende Frauen im 18. und 19. Jahrhundert [künftig zitiert: Beruf], Göttingen 1998; Kerstin Merkel/Heide Wunder (Hg.): Deutsche Frauen in der Frühen Neuzeit. Dichterinnen, Malerinnen, Mäzeninnen, Darmstadt 2000.

[40] Vgl. u.a. Dagmar von Gersdorff: Dich zu lieben kann ich nicht verlernen. Das Leben der Sophie Mereau-Brentano, Frankfurt a.M. 1984.

[41] Vgl. u.a. Hans Benzmann: Zur Erinnerung an Sophie Mereau, in: Zeitschrift für Bücherfreunde 10/2 (1906/07), S. 457-461; Oskar Franz Walzel: Clemens und Sophie, in: Das literarische Echo 11 (1908/09), S. 1505-1510. Neuere Arbeiten, die sich mit dem Werk Sophie Mereaus auseinandersetzen sind z.B. Uta Fleischmann: Zwischen Aufbruch und Anpassung. Untersuchungen zu Werk und Leben der Sophie Mereau, Frankfurt a.M. 1989; Lorely French: German Women as Letter Writers: 1750-1850 [künftig zitiert: German Women], Farleigh Dickinson University Press 1996. Intensiv mit dem Briefwechsel zwischen Mereau und Clemens Brentano beschäftigte sich jüngst Julia Augart. Vgl. Julia Augart: Eine romantische Liebe in Briefen. Zur Liebeskonzeption im Briefwechsel von Sophie Mereau und Clemens Brentano, Würzburg 2006.

[42] Vgl. u.a. die Arbeit von Anja Dechant, die auch auf Erzählungen, Romane und Übersetzungen Sophie Mereaus eingeht: Anja Dechant: *Harmonie stiftete unsere Liebe, Phantasie erhob sie zur Begeisterung und Vernunft heiligte sie mit dem Siegel der Wahrheit. Der Briefwechsel zwischen Sophie Mereau und Johann Heinrich Kipp*, Frankfurt a.M. u.a. 1996; ebenso Katharina von Hammerstein: Sophie Mereau-Brentano: Freiheit – Liebe – Weiblichkeit. Trikolore sozialer und individueller Selbstbestimmung um 1800, Heidelberg 1994.

Zunehmend geriet allerdings auch das soziale Umfeld Sophie Mereaus in den Blick.[43]

Johanna Schopenhauer zog ebenfalls zunächst vor allem deshalb das Interesse der Forschung an, weil sie nachweislich engen Kontakt zu Goethe gepflegt hatte.[44] Beachtung erfuhr ihr Dasein aber auch im Rahmen der Arthur-Schopenhauer-Forschung. Verschiedene Arbeiten widmeten sich der Untersuchung des Verhältnisses zwischen Mutter und Sohn und analysierten die Auswirkungen des mütterlichen Einflusses auf Arthur Schopenhauers Existenz und Werk.[45] Das Interesse am Leben Johanna Schopenhauers als Mutter des berühmten Philosophen führte dazu, dass ein Teil ihrer Briefe gedruckt und somit leichter zugänglich wurde.[46]

Erst im Laufe der Zeit gerieten ihr umfangreiches schriftstellerisches Werk und ihre Lebensbedingungen als Schriftstellerin in den Blick.[47] Beachtung fand

---

[43] Friederike Fetting: „Ich fand mir eine Welt". Eine sozial- und literaturgeschichtliche Untersuchung zur deutschen Romanschriftstellerin um 1800: Charlotte von Kalb, Caroline von Wolzogen. Sophie Mereau-Brentano, Johanna Schopenhauer [künftig zitiert: "Welt"], München 1992; Gisela Schwarz: Literarisches Leben und Sozialstrukturen um 1800: zur Situation von Schriftstellerinnen am Beispiel von Sophie Brentano-Mereau [künftig zitiert: Leben], Frankfurt a.M. u.a. 1991; Joan W. Scott: Gender and the Politics of History, New York 1988.

[44] Vgl. dazu u.a. Düntzer: Beziehungen; Esther Harmon: Johanna Schopenhauer, Diss., München 1914; Frost: Schopenhauer; Werner Milch: Johanna Schopenhauer. Ihre Stellung in der Geistesgeschichte, in: Jahrbuch der Schopenhauer-Gesellschaft 22 (1935), S. 201-238; Kurt Schleucher: Das Leben der Amalie Schoppe und Johanna Schopenhauer, Darmstadt 1978; Detlev W. Schumann: Goethe und die Familie Schopenhauer, in: Studien zur Goethezeit. Erich Trunz zum 75. Geburtstag, hrsg. v. Hans-Joachim Maehl u. Eberhard Mannack, Heidelberg 1981, S. 257-280 (= Beihefte zum Euphorion; Heft 18).

[45] Elke Frederiksen/Birgit Ebert: Johanna Schopenhauer (1766-1838). „Du hast mir oft bei andern Gelegenheiten mit Recht gesagt, wir beide sind zwei, und so muß es auch sein.", in: Luise F. Pusch (Hg.): Mütter berühmter Männer. Zwölf biographische Portraits, Frankfurt a.M. 1994, S. 127-155.

[46] Vgl. Otto Fiebiger: Unveröffentlichte Briefe Johanna Schopenhauers an Karl August Böttiger, in: Jahrbuch der Schopenhauer-Gesellschaft 11 (1922), S. 69-113 [künftig zitiert: Briefe]; Hubert Heinrich Houben (Hg.): Damals in Weimar! Erinnerungen und Briefe von und an Johanna Schopenhauer [künftig zitiert: Weimar], Leipzig 1924; Werner Deetjen, (Hg.): Johanna und Adele Schopenhauer in ihren Beziehungen zum weimarischen Hof. Ungedruckte Briefe, in: Ostdeutsche Monatshefte, 10. Jg., Berlin 1930, S. 30-40 [künftig zitiert: Johanna und Adele Schopenhauer]; Arthur Hübscher: Unveröffentlichte Briefe von Johanna Schopenhauer an Karl August Böttiger, in: Jahrbuch der Schopenhauer-Gesellschaft 22 (1935), S. 197-200; [Schopenhauer]: Ihr glücklichen Augen; Lütkehaus (Hg.): Die Schopenhauers.

[47] Vgl. u.a. Katherine R. Goodman: Johanna Schopenhauer (1766-1838), or Pride and Resignation, in: Joeres/Burkhard (Hg.): Out of line, 189-209; Fetting: „Welt"; Anke Gilleir: Johanna Schopenhauer und die Weimarer Klassik. Betrachtungen über die Selbstpositionierung weiblichen Schreibens [künftig zitiert: Schopenhauer], Hildesheim/Zürich/ New York 2000; Katherine R. Goodman: Johanna Schopenhauer (1766-1838), in: Frederiksen/ Ametsbichler (Eds.): Women Writers, S. 434-441.

ihre Reiseliteratur, aber auch die Romane wurden eingehenderen Untersuchungen unterzogen.[48] Die Folge dieser Wiederentdeckung Johanna Schopenhauers waren zahlreiche Neuauflagen ihrer Schriften.[49] Die schriftstellerische Arbeit Johanna Schopenhauers wurde dabei wiederholt in den Kontext der Weimarer Klassik und in Beziehung zu den dort tätigen männlichen Schriftstellern gesetzt.[50] Auch zahlreiche ältere und neuere populärwissenschaftliche Biographien zeugen von dem ungebrochenen Interesse am Leben Johanna Schopenhauers in der Nähe von Goethe, Wieland und den anderen.[51]

Henriette von Egloffstein wurde wie Johanna Schopenhauer vor allem wegen ihrer Kontakte zu Goethe und zum Weimarer Hof wieder entdeckt. Ältere Studien gaben Teile ihrer Korrespondenz und der ihrer Töchter heraus, die ebenfalls in Kontakt zu Goethe gestanden haben. Abgesehen von diesen Briefen gab es sporadische Veröffentlichungen der persönlichen Aufzeichnungen Henriette von Egloffsteins.[52] Eine intensivere Beschäftigung mit den Lebensbedingungen in Weimar, der Beschaffenheit ihrer Beziehungen zum Hof und zu Johann Wolfgang Goethe sowie deren Folgen für das Handeln Henriette von Egloffsteins erfolgte jedoch nicht.

1.4  QUELLENGRUNDLAGE

Die Untersuchung der Handlungsspielräume der drei Frauen und damit ihrer Lebens- und Arbeitsbedingungen in Weimar-Jena erfolgt auf der Basis von Selbstzeugnissen. Dabei stehen Autobiographien, Tagebücher und Briefe im Mittelpunkt. Die Beschäftigung mit Selbstzeugnissen erfreut sich innerhalb verschiedenster Disziplinen seit geraumer Zeit eines großen Interesses. Innerhalb der Geschichtswissenschaft soll über die Analyse von Selbstzeugnissen und in

---

[48] Elke Frederiksen: Der Blick in die Ferne. Zur Reiseliteratur von Frauen, in: Gnüg/Mörmann (Hg.): Frauen, S. 104-122; dies.: "Ich reise um zu leben". Selbsterfahrung und Erfahrung des Fremden. Zur Reiseliteratur von Frauen (Johanna Schopenhauer und Rahel Varnhagen zum Beispiel), in: Yoshinori Shichiji (Hg.): Begegnungen mit dem Fremden. Akten des VIII. Internationalen Germanistenkongresses, Tokyo 1990, Bd. 9: Erfahrene und imaginierte Fremde, München 1991, S. 209-219; Angelika Schlimmer: Romanpoetik und Weiblichkeitsdiskurs. Zur Bedeutung der Kategorie *gender* im Romanverständnis von Therese Huber und Johanna Schopenhauer, Königstein/Taunus 2001.

[49] Vgl. Johanna Schopenhauer An Rhein und Maas, Duisburg 1987; dies.: Promenaden unter südlicher Sonne. Die Reise durch Frankreich 1804, hrsg. v. Gabriele Habinger [ND der Ausgabe: Wien 1825], Wien 1993; dies.: Der Schnee. Eine Erzählung, hrsg. v. Karl Konrad Polheim/Hans Rothe, München 1996; dies.: Gabriele. Unveränderter ND der Ausgabe: Wien 1825, Frankfurt a.M. 2000.

[50] Vgl. Gilleir: Schopenhauer.

[51] Vgl. Meili-Dworetzki: Schopenhauer; Ulrike Bergmann: "Lebe und sei so glücklich als du kannst". Johanna Schopenhauer Romanbiographie, Leipzig 2002; Stern: Welt.

[52] Vgl. Egloffstein (Hg.): Alt-Weimars Abend; Ein Kind des 18. Jahrhunderts. Jugenderinnerungen der Gräfin Henriette von Egloffstein, mitgeteilt von Hermann von Egloffstein, Berlin 1919-1920.

Abgrenzung zur Ereignisgeschichte ein anderer Blick auf die Geschichte gelingen, da hier Lebenszusammenhänge und das Selbstverständnis der Menschen zu verschiedenen Zeiten nachvollziehbar werden.[53]

Selbstzeugnisse sind eine zentrale Quelle für die Alltags-, Mentalitäts- und Sozialgeschichte. Mit ihnen gelingt es, neue Fragen zu stellen und Antworten zu geben, die ein Gegengewicht zu der lange Zeit im Vordergrund stehenden Diplomatiegeschichte herstellen. Gerade Untersuchungen zum 18. Jahrhundert mit einem frauen- bzw. geschlechtergeschichtlichem Ansatz und der Frage nach der Lebenssituation und den Lebenszusammenhängen von Frauen zeigen, dass die Konsultation von Selbstzeugnissen hilfreich ist, um Zugang zu den Lebensumständen von gesellschaftlichen Gruppen zu bekommen, die lange Zeit kaum erforscht wurden.[54] Dazu zählen nicht zuletzt auch die Frauen. Von dem umfangreichen Quellenbestand an Selbstzeugnissen profitieren Forschungen zur Aufklärung, zum Bürgertum sowie zu den Geschlechterbeziehungen in einem hohen Maße.

Vor allem in der Geschichts- und Literaturwissenschaft werden nicht nur die Quellen selbst, sondern auch der teilweise problematische Umgang mit Selbstzeugnissen schon lange diskutiert. Untersuchungen zu diesem Genre gibt es mittlerweile in großer Zahl. Seitdem niederländische Forschungen den Begriff der ‚egodocumenten' einführten[55] und damit die neuere Debatte um Selbstzeugnisse einleiteten, setzt sich auch die deutsche Geschichtswissenschaft intensiv mit der Bedeutung dieser Quellengattung auseinander. Das Verständnis von Selbstzeugnissen, wie es die niederländischen Forschungen prägen, bezog sich auf freiwillig niedergeschriebene Äußerungen eines Individuums und stützte sich auf Quellen wie Autobiographien, Memoiren, Tagebücher, Chroniken und Reiseberichte. Briefe wurden in die angelegte Sammlung niederländischer autobiographischer Schriften nicht einbezogen. Begründet wurde der Ausschluss damit, dass diese oft nur unübersichtlich und bruchstückhaft überliefert seien, einer

---

[53] Vgl. dazu allgemein Andreas Rutz: Ego-Dokumente oder Ich-Konstruktion? Selbstzeugnisse als Quellen zur Erforschung des frühneuzeitlichen Menschen, in: zeitenblicke 1 (2002), Nr. 2 [20.12.2002] [künftig zitiert: Ego-Dokumente], URL: <http://www.zeitenblick.historicum.net/2002/02/rutz/index.html>; Kaspar von Greyerz/Hans Medick/Patrice Veit (Hg.): Von der dargestellten Person zum erinnerten Ich. Europäische Selbstzeugnisse als historische Quellen (1500-1850) [künftig zitiert: Person], Köln/Weimar/Wien 2001, S. 275-298; Klaus Arnold/Sabine Schmolinsky/Urs Martin Zahnd (Hg.): Das dargestellte Ich. Studien zu Selbstzeugnissen des späteren Mittelalters und der frühen Neuzeit [künftig zitiert: Ich], Bochum 1999.

[54] Vgl. dazu Ursula J. Becher: Weibliches Selbstverständnis in Selbstzeugnissen des 18. Jahrhunderts, in: Ursula J. Becher/Jörn Rüsen (Hg.): Weiblichkeit in geschichtlicher Perspektive. Fallstudien und Reflexionen zu Grundproblemen der historischen Frauenforschung, Frankfurt a.M. 1988 [künftig zitiert: Weiblichkeit], S. 217-233.

[55] Vgl. dazu Jacob Presser: Memoires als geschiedbron (1958), in: Maarten Cornelis Brands/J. Haak/Ph. de Vries (Hg.): Uit het werk van dr. J. Presser, Amsterdam 1969, S. 277-282; Rudolf M. Dekker: Egodocumenten. Een Literatuuroverzicht, in: Tijdschrift voor geschiedenis 101 (1988), S. 161-189.

der Gründe, warum Briefe auch in der gegenwärtigen Selbstzeugnisforschung immer noch weniger Beachtung finden als beispielsweise Autobiographien.[56]

Trotz intensiver Diskussionen über einen passenden Quellenbegriff für Zeugnisse, in denen sich eine einzelne Person zum eigenen Leben oder zu bestimmten Ereignissen äußert, in deren Zusammenhang Begriffe wie „Ego-Dokument" oder „first-person-narratives" erörtert wurden[57], hat sich der Terminus „Selbstzeugnis" durchgesetzt.[58] Er wird auch im Rahmen dieser Studie beibehalten und als Sammelbegriff für die verwendeten Briefe und autobiographischen Aufzeichnungen verstanden.

Subjektivität und Retrospektivität sind die Kennzeichen von Selbstzeugnissen. Über die Vorteile aber auch die Probleme, die sich im Rahmen einer wissenschaftlichen Untersuchung auf der Basis von Selbstzeugnissen herauskristallisieren, wurde und wird immer wieder diskutiert. Während einerseits der subjektive Charakter von Selbstzeugnissen als positiv bewertet wird, da sie wie keine andere Quellengattung Zeugnisse für individuelle Erlebnisse, Befindlichkeiten, Gefühle und der Einsicht in bestimmte Handlungsweisen sind[59], wird andererseits immer wieder auf die allen Selbstzeugnissen immanente Retrospektivität und die vor allem in den Lebensbeschreibungen erfolgte Selbststilisierung verwiesen, die einen besonders kritischen Umgang mit dieser Quellengattung erfordern. Auch wenn Selbstzeugnisse einen besonderen Zugang zu Erlebtem und Gefühltem bieten, funktioniert der Zugang doch über das Medium der Sprache – über einen Text. Die Konstruktion des „Ich" und seines Umfeldes erfolgt sowohl in Autobiographien bzw. Lebensbeschreibungen als auch in Tagebüchern und Briefen. Und doch oder gerade weil allen Selbstzeugnissen die Konstruktion des „Ich" und seiner Wahrnehmungen von der Welt eigen ist, erlauben sie einen anderen Blick auf einzelne Personen und ihre jeweiligen Lebenswelten. Über das Lesen von Briefen, Tagebüchern und Autobiographien bietet sich also ein besonderer Weg, vergangenes Geschehen zu konstruieren.

---

[56] Vgl. dazu Rutz, Ego-Dokumente; Winfried Schulze: Ego-Dokumente: Annäherung an den Menschen in der Geschichte? Vorüberlegungen für die Tagung „Ego-Dokumente", in: ders. (Hg.): Ego-Dokumente: Annäherung an den Menschen in der Geschichte [künftig zitiert: Ego-Dokumente], Berlin 1996, S. 11-30.

[57] Vgl. dazu Schulze (Hg.): Ego-Dokumente; ders.: Ego-Dokumente: Annäherung an den Menschen in der Geschichte? in: ebd., S. 11-30; Dagmar Günther: „And now for something completely different". Prolegomena zur Autobiographie als Quelle der Geschichtswissenschaft, in: HZ 272 (2001), S. 25-61.

[58] Vgl. zu dieser Begrifflichkeit Benigna von Krusenstjern: Was sind Selbstzeugnisse? Begriffskritische und quellenkundliche Überlegungen anhand von Beispielen aus dem 17. Jahrhundert, in: Historische Anthropologie 2 (1994), S. 462-471 [künftig zitiert: Selbstzeugnisse]; aber vor allem Sabine Schmolinsky: Selbstzeugnisse finden oder: Zur Überlieferung erinnerter Erfahrung im Mittelalter, in: Rudolf Suntrup/Jan R. Veenstra (Hg,): Self-Fashioning. Personen(selbst)darstellung, Frankfurt a.M. 2003, S. 23-49.

[59] Vgl. auch Trepp: Männlichkeit, hier vor allem S. 33.

Das Schildern individuellen Handelns an einem bestimmten Ort zu einer bestimmten Zeit ermöglicht neue Perspektiven auf ganz bestimmte Geschehnisse, Prozesse oder Strukturen. Der Zugang zu persönlichem Erleben wird erleichtert, auch wenn es nicht das Ziel ist oder sein sollte, wahre bzw. vollständige Persönlichkeiten hinter dem Geschriebenen zu erkennen.[60]

Vor allem den Autobiographien von Frauen als Selbstzeugnissen wurde in den letzten Jahren sowohl innerhalb der Literatur- als auch der Geschichtswissenschaft besonders großes Interesse entgegengebracht.[61] Die meisten älteren deutschen Abhandlungen zur Autobiographik befassen sich jedoch vor allem mit den Lebensdarstellungen von Männern. Noch am Ende der 1990er Jahre musste deshalb konstatiert werden, dass es immer noch Nachholbedarf bei der Erforschung autobiographischer Literatur von Frauen gibt.[62] Intensive Forschungen zu Autobiographien von Frauen wurden sehr früh von US-amerikanischen Literaturwissenschaftlerinnen geleistet.[63] Die mittlerweile in relativ großer Zahl vorliegenden literaturwissenschaftlichen Untersuchungen deutscher Germanis-

---

[60] Vgl. dazu auch Katherine R. Goodman: Dis/Closures. Women's Autobiography in Germany Between 1790 and 1914 [künftig zitiert: Dis/Closures], New York 1986.

[61] Vgl. u.a. Elke Ramm: Autobiographische Schriften deutschsprachiger Autorinnen um 1800, Hildesheim/Zürich/New York 1998; Runge: Praxis; Gisela Brinker-Gabler: Metamorphosen des Subjekts. Autobiographie, Textualität und Erinnerung, in: Magdalene Heuser (Hg.): Autobiographien von Frauen. Beiträge zu ihrer Geschichte [künftig zitiert: Autobiographien], Tübingen 1996; Ortrun Niethammer: Autobiographien von Frauen im 18. Jahrhundert, Tübingen/Basel 2000; dies.: Verschriftlichungsprozesse. Überlegungen zur Darstellung von Identität in Autobiographien von Frauen anhand von Sophie von La Roches "Melusinens Sommer-Abende", in: Marianne Henn/Britta Hufeisen (Hg.): Frauen: MitSprechen – MitSchreiben. Beiträge zur literatur- und sprachwissenschaftlichen Frauenforschung, Stuttgart 1997, S. 291-307. Zur Geschichtswissenschaft: Anette Völker-Rasor: „Arbeitsam, obgleich etwas verschlafen..." – Die Autobiographien des 16. Jahrhunderts als Ego-Dokument, in: Schulze (Hg.): Ego-Dokumente, S. 107-120, dies.: Bilderpaare-Paarbilder. Die Ehe in Autobiographien des 16. Jahrhunderts, Freiburg i.Br. 1993; Gabriele Jancke: Autobiographie als soziale Praxis. Beziehungskonzepte in Selbstzeugnissen des 15. und 16. Jahrhunderts im deutschsprachigen Raum [künftig zitiert: Autobiographie], Köln/Weimar/Wien 2002; dies.: Autobiographische Texte – Handlungen in einem Beziehungsnetz. Überlegungen zu Gattungsfragen und Machtaspekten im deutschen Sprachraum von 1400-1620 [künftig zitiert: Texte], in: Schulze (Hg.): Ego-Dokumente, S. 73-106; Arnold/Schmolinsky/Zahnd (Hg.): Ich.

[62] Heidy Margrit Müller (Hg.): Das erdichtete Ich – eine echte Erfindung. Studien zu autobiographischer Literatur von Schriftstellerinnen, Aarau/Frankfurt a.M./Salzburg 1998, hier im Vorwort S. 7. Allerdings gibt es mittlerweile eine Reihe von Untersuchungen zum Thema: Michaela Holdenried (Hg.): Geschriebenes Leben. Autobiographik von Frauen, Berlin 1995; Heuser: Autobiographien; Karin Tebben: Literarische Intimität. Subjektkonstitution und Erzählstruktur in autobiographischen Texten von Frauen, Tübingen 1997; Katherine R. Goodman: Weibliche Autobiographien, in: Gnüg/Möhrmann (Hg.): Frauen, S. 166-176.

[63] Vgl. Katherine R. Goodman: German Women and Autobiography in the Nineteenth Century: Louise Aston, Fanny Lewald, Lawida von Meysenburg and Marie von Ebner-Eschenbach, Diss. University of Wisconsin-Madison 1977; Goodman: Dis/Closures.

tinnen haben überwiegend den Zusammenhang zwischen Gattung und Geschlecht zum Inhalt.[64] Im Gegensatz zu dieser in der Literaturwissenschaft vorgenommenen Theoretisierung der Autobiographie geht es der Geschichtswissenschaft im Wesentlichen darum, das Handeln der Menschen während einer genauer definierten Zeit in einem bestimmten Beziehungsnetz zu verdeutlichen.[65]

Die Tagebücher schreibender Frauen zogen die Aufmerksamkeit vor allem der germanistischen Forschung dann auf sich, wenn es um das Verständnis von deren Innenwelt und Schaffensbedingungen ging. Bedeutsamkeit erlangten die Tagebücher, weil ihnen – ähnlich wie den Briefen – eine wichtige Rolle hinsichtlich der Konstitution von bürgerlicher Öffentlichkeit zugeschrieben wird. Außerdem trugen sie zur Integration von Frauen in den Literaturbetrieb bei.[66] Im Rahmen der Geschichtswissenschaft wurden Tagebücher vor allem im Zusammenhang mit Großereignissen wie dem Dreißigjährigen Krieg entdeckt und ausgewertet.[67] Sie sollten neben anderen Selbstzeugnissen wie Erlebnisberichten, Lebensbeschreibungen, aber auch Chroniken[68] Lebenswelt und Lebensbedingungen der Menschen während dieser Zeit sichtbar machen.

Briefe wurden im Vergleich zur Autobiographie und dem Tagebuch lange Zeit eher am Rande der Selbstzeugnisforschung betrachtet. Die Gründe dafür mögen in der Unübersichtlichkeit der Bestände, der den Briefen immanenten Heterogenität, den Schwierigkeiten bei der Recherche und der analytischen Erschließung gelegen haben.[69] Allerdings konnten zahlreiche Arbeiten zeigen, wie mit der großen Zahl von überlieferten Briefen aus der Zeit um 1800 umgegangen werden kann. Vor allem dann, wenn Selbstverständnis und Selbstwahrnehmung von Schreiberinnen und Schreibern im Mittelpunkt stehen.[70]

---

[64] Vgl. Anne Fleig/Helga Meise (Hg.): Gattung und Geschlecht (= Das achtzehnte Jahrhundert, 29) Wolfenbüttel 2005; Irmgard Scheitler: Gattung und Geschlecht. Reisebeschreibungen deutscher Frauen 1780-1850, Tübingen 1999.

[65] Vgl. u.a. Jancke: Autobiographie; dies.: Texte.

[66] Vgl. dazu Sibylle Schönborn: Das Buch der Seele. Tagebuchliteratur zwischen Aufklärung und Kunstperiode, Tübingen 1999, hier vor allem die Einleitung.

[67] Vgl. Jan Peters (Hg.): Ein Söldnerleben im Dreißigjährigen Krieg. Eine Quelle zur Sozialgeschichte, Berlin 1993. Nicht nur zu Tagebüchern aber auch: Benigna von Krusenstjern: Selbstzeugnisse der Zeit des Dreißigjährigen Krieges. Beschreibendes Verzeichnis, Berlin 1997.

[68] Peter Michael Hahn: Kriegswirren und Amtsgeschäfte. Ferne adlige Lebenswelten um die Mitte des 17. Jahrhunderts im Spiegelbild persönlicher Aufzeichnungen, Potsdam 1996; Wilhelm A. Eckhardt/Helmut Klingelhöfer (Hg.): Bauernleben im Zeitalter des Dreißigjährigen Krieges. Die Stausebacher Chronik des Caspar Preis, Marburg 1998.

[69] Zu diesem Problem auch Magdalene Heuser: Die Jugendbriefe von Therese Heyne-Forster-Huber. Vergewisserung der (weiblichen) bürgerlichen Subjektivität [künftig zitiert: Jugendbriefe], in: Greyerz/Medick/Veit (Hg.): Person, S. 275-298, dazu auch Rutz: Ego-Dokumente.

[70] Vgl. dazu Katrin Horn: Selbstdarstellung und Selbstvergewisserung einer 'Gattin, Hausfrau und Mutter' in Weimar um 1800. Caroline Falk in ihren Briefen an ihre Mutter und Großmutter, Examensarbeit, Jena 2003; Heuser: Jugendbriefe.

Innerhalb der literarischen Geschichtsschreibung gilt das 18. Jahrhundert schon seit langem als das Jahrhundert des Briefes.[71] Später wurde der Brief von der Literaturwissenschaft als *das* Medium weiblicher Kommunikation gewertet. Im Zuge dessen begann in jüngster Zeit eine intensive Beschäftigung mit Frauenbriefen. Vor allem die Literaturwissenschaft widmete sich der Analyse von Briefen und den Frauen als Briefschreiberinnen.[72] Auch innerhalb der Geschichtswissenschaft begann eine intensive Beschäftigung mit Briefen. Zunehmend wurde auch anhand von Briefen nach dem Verhältnis zwischen dem weiblichen Geschlecht und der bürgerlichen Öffentlichkeit gefragt bzw. standen die Geschlechterbeziehungen der Zeit im Allgemeinen im Mittelpunkt des Interesses.[73]

Generell wird es anhand von Briefen möglich, Interpretationen verschiedener Ereignisse und Prozesse in großer Bandbreite zu verarbeiten. Denn in zahlreichen Briefen finden sich nicht nur selbstreflexive Aussagen, vielmehr werden sowohl politische Geschehnisse als auch regionale, lokale und familiäre Begebenheiten erörtert. Dieser Inhaltsreichtum gemeinsam mit der Mannigfaltigkeit an Perspektiven, die sich aus den unterschiedlichen Adressaten, Intentionen und biographischen Kontexten ergeben, sind die herausragenden Kennzeichen dieser Gattung von Selbstzeugnissen.

Erst mit Hilfe von Briefen, aber auch Tagebüchern und autobiographischen Aufzeichnungen wird es möglich, individuelle Erwartungen Sophie Mereaus,

---

[71] Vgl. Georg Steinhausen: Geschichte des deutschen Briefes. Zur Kulturgeschichte des deutschen Volkes, Dublin 1968 (ND der Ausgabe von 1889); dazu auch Marie-Claire Hoock-Demarle: Briefvernetzungen in und um Europa. Frauen- und Männerbriefe im deutschsprachigen Raum (19. Jahrhundert), in: Christa Hämmerle/Edith Saurer (Hg.): Briefkulturen und ihr Geschlecht. Zur Geschichte der privaten Korrespondenz vom 16. Jahrhundert bis heute (= L'Homme Schriften, 7), Wien/Köln/Weimar 2003, S. 187-203.

[72] Vgl. u.a. Lorely French: German Women as Letter Writers: 1750-1850, Farleigh Dickinson University Press 1996; Reinhard M.G. Nickisch: Briefkultur: Entwicklung und sozialgeschichtliche Bedeutung des Frauenbriefs im 18. Jahrhundert, in: Gisela Brinker-Gabler (Hg.): Deutsche Literatur von Frauen, Bd. 1: Vom Mittelalter bis zum Ende des 18. Jahrhunderts, München 1988, S. 389-409; Barbara Becker-Cantarino: Leben als Text – Briefe als Ausdrucks- und Verständigungsmittel in der Briefkultur und Literatur des 18. Jahrhunderts, in: Gnüg/Möhrmann (Hg.): Frauen, S. 129-146; mit der Gattung Brief als literarischem Text, unabhängig von seiner autobiographischen Bedeutsamkeit setzte sich Tanja Reinlein auseinander. Tanja Reinlein: Der Brief als Medium der Empfindsamkeit. Erschriebene Identitäten und Inszenierungspotentiale, Würzburg 2003.

[73] Vgl. in diesem Zusammenhang Trepp: Männlichkeit; Karin Sträter: Frauenbriefe als Medium bürgerlicher Öffentlichkeit. Eine Untersuchung anhand von Quellen aus dem Hamburger Raum in der zweiten Hälfte des 18. Jahrhunderts, Frankfurt a.M. u.a. 1991; Heuser: Jugendbriefe.

Johanna Schopenhauers und Henriette von Egloffsteins, die sie an Weimar-Jena gestellt, Vorstellungen und Ziele, die mit einem Leben in diesem Raum verbunden wurden, und Erfahrungen, die sie vor Ort machten, nachzuvollziehen. Ihre Äußerungen machen es möglich, Handlungsspielräume und die diese bestimmenden Faktoren zu ermitteln. Da die Frauen unter dem Eindruck ihres Aufenthaltes von täglichen Begegnungen, Tagesabläufen und Auseinandersetzungen schrieben, entwickelten sie spezifische Sichtweisen auf Weimar-Jena um 1800. Damit wird ein Zugang zu den unterschiedlichen Lebenswelten in Weimar bzw. Jena geschaffen. Die unterschiedlichen Perspektiven, die Sophie Mereau, Johanna Schopenhauer und Henriette von Egloffstein eingenommen haben, ermöglichen es u.a., die grundlegende Bedeutung von sozialen Beziehungen für die Nutzung von Handlungsspielräumen und in diesem Zusammenhang für das Führen eines selbstbestimmten Lebens zu hinterfragen und einzuordnen.

Die im Rahmen der Studie ausgewerteten Briefe umfassen sowohl Privat- als auch Geschäftskorrespondenz der Frauen. Neben Verwandten, Freunden und Bekannten waren Verleger, Herausgeber, Finanzberater, Kaufleute und Ärzte sowie potentielle Förderer und Kollegen bzw. Kolleginnen ihre Briefpartner. Der Bestand an Briefen ist bei allen Frauen sehr umfangreich. Für diese Arbeit wurden sowohl gedruckte als auch handschriftlich überlieferte Briefe herangezogen. Aufgrund der Schwierigkeit, Zugang zu den oft stark verstreut liegenden Briefen zu erlangen, kann kein Anspruch auf Vollständigkeit erhoben werden.

Für die Untersuchung der Handlungsspielräume Sophie Mereaus wurde vor allem der Bestand der Biblioteka Jagiellońska in Kraków (BJ Kraków) berücksichtigt. Hier ließen sich der größte Teil ihres geschäftlichen Schriftverkehrs sowie persönliche Unterlagen wie Rechnungen, ihre Scheidungsurkunde und Schriftstücke, die Unterhaltsregelung betreffend, sowie ihre Tagebuchaufzeichnungen finden. Darüber hinaus wurden die im Goethe-Schiller-Archiv Weimar (GSA), in der Handschriftenabteilung der Thüringischen Universitäts- und Landesbibliothek Jena (ThULB/HSA), im Deutschen Literaturarchiv Marbach (DLA), im Freien Deutschen Hochstift Frankfurt (FDH), im Goethe Museum Düsseldorf (GMD) und in der Staatsbibliothek Berlin lagernden Briefe analysiert. Abgesehen davon wurden einige bereits gedruckt vorliegende Briefe von und an Sophie Mereau aus dem Thüringischen Staatsarchiv Altenburg einer erneuten Auswertung unterzogen.[74]

Im Falle Johanna Schopenhauers wurde die Korrespondenz aus dem GSA, des Thüringer Hauptstaatsarchivs Weimar (ThHStAW), der Staatsbibliothek Berlin, der Universitäts- und Landesbibliothek München, der Bayerischen Staatsbibliothek München, der Universitäts- und Landesbibliothek Münster, des GMD, des DLA, des FDH und der BJ Kraków analysiert. Hinzu kamen die Kor-

---

[74] Vgl. die bei Gisela Schwarz bereits gedruckt vorliegenden Briefe, die teilweise aus dem Altenburger Archiv stammen. Schwarz: Leben.

respondenzen aus dem Familienbriefwechsel[75] sowie weitere gedruckt vorliegende Briefe von und an Johanna Schopenhauer.[76] Außerdem wurden die ebenfalls gedruckten Lebenserinnerungen und Tagebücher berücksichtigt.[77]

Briefwechsel, Tagebücher und Lebensbeschreibungen der Egloffsteins sind vor allem im GSA zu finden. Der umfangreiche Familienbestand der Egloffsteins wurde weitgehend komplett herangezogen. Aufgenommen wurde die Korrespondenz Henriette von Egloffsteins sowie die ihrer Kinder. Hinzu kam eine große Zahl persönlicher Unterlagen, die Rechnungen, Unterhaltsregelungen Testamente und Urkunden enthielten. Auch die in der BJ Kraków lagernden Briefe Henriette von Egloffsteins wurden berücksichtigt.

Obwohl die Namen der drei Frauen, unter denen sie die meiste Zeit in Weimar-Jena gelebt haben, innerhalb der einzelnen Kapitel beibehalten wurden, erfolgte mit Rücksicht auf die Auffindbarkeit der einzelnen Quellen in den Fußnoten die Verwendung der jeweils vom Archiv angegebenen Namen. Das bedeutet, dass eine Vielzahl der Briefe Sophie Mereaus und Henriette von Egloffsteins unter Sophie Schubart bzw. Sophie Brentano und Henriette von Beaulieu-Marconnay aufgeführt werden.

## 1.5 Vorgehensweise

Im Rahmen dieser Studie geht es vorrangig um eine Bestimmung jener Faktoren, die den Umfang der Handlungsspielräume der drei untersuchten Frauen bestimmten und damit beeinflussten, wie selbstbestimmt sie in Weimar-Jena leben konnten. Unterschieden wird dabei zwischen gesellschaftlichen Rahmenbedingungen und individuellen Faktoren. Um die Wechselwirkungen zwischen beiden deutlich machen und die Besonderheiten des Raumes Weimar-Jena berücksichtigen zu können, werden die sozialen Beziehungen der drei Frauen als verbindendes Element begriffen und einer genauen Betrachtung unterzogen.

Die im Rahmen der Studie herangezogenen Selbstzeugnisse werden allerdings zunächst nach den Erwartungen und Absichten befragt, die von den Frauen im Zusammenhang mit ihrer Ankunft und dem Leben in Weimar-Jena formuliert wurden. Vor allem die Briefe geben Auskunft darüber, wie die Lebenssituation in Weimar und Jena wahrgenommen wurde. In ihnen findet sich eine Fülle von Themen, die vom Beschreiben des Tagesablaufs, über den Gesundheitszustand bis hin zur Schilderung des geselligen Lebens reichte. Darüber hinaus enthalten sie eine Vielzahl von Informationen über bestehende

---

[75] Vgl. Lütkehaus (Hg.): Die Schopenhauers.
[76] Vgl. die gedruckten Briefe in folgenden Ausgaben: [Schopenhauer]: Ihr glücklichen Augen; Houben: Weimar; [Schopenhauer]: Wechsel; Deetjen: Johanna und Adele Schopenhauer; Fiebiger: Briefe; Hermann Hassbargen: Johanna Schopenhauers Briefe an C.W. Labes in Danzig, in: Mitteilungen des Westpreussischen Geschichtsvereins, Jg. 17, Nr. 4 (1. Oktober 1928), S. 61-74.
[77] Vgl. [Schopenhauer]: Ihr glücklichen Augen; [Dies.]: Wechsel.

soziale Beziehungen: Bekanntschaften, Liebschaften, Freundschaften und Feindschaften wurden von den Frauen oft einer genauen Analyse unterzogen. Auf dieser Basis werden Aussagen über das Beziehungsverständnis der untersuchten Frauen und die Bedeutung der sozialen Beziehungen für ihre Handlungsspielräume abgeleitet. Vor allem die zahlreichen Angaben über dritte Personen geben den Blick frei auf die Beziehungsnetzwerke innerhalb Weimar-Jenas und deren Funktion für die Umsetzungen von Erwartungen und Absichten der Frauen.

In Briefen und Aufzeichnungen reflektierten Sophie Mereau, Johanna Schopenhauer und Henriette von Egloffstein auch über ihr eigenes Tun. Sie formulierten persönliche Lebensziele und erörterten die Möglichkeiten, diese zu erreichen. Die Bedingungen, die sie vorfanden, werden dabei ebenso deutlich wie die Hindernisse, die sich ihnen in den Weg stellten und die Grenzen, die sie sich selbst setzten. Aufgrund dieser Beschreibungen können die von den Frauen erkannten und genutzten Handlungsspielräume konkretisiert werden.

Dabei geht es zunächst darum, die Auswirkungen der gesellschaftlichen Rahmenbedingungen auf ihre Handlungsspielräume zu ermitteln, um anschließend die Relevanz der individuellen Faktoren zu beleuchten. Inwiefern die Wechselwirkungen zwischen beiden Leben und Handeln der Frauen in Weimar-Jena bestimmten, kann hier nachvollzogen werden.

Die darauf folgende Analyse wird zeigen, dass sich die sozialen Beziehungen für den Umgang der Frauen mit den Rahmenbedingungen und für die Auswirkungen der individuellen Faktoren als entscheidend erwiesen. Der Profit, den die Frauen aus den sozialen Beziehungen für das Erkennen und Nutzen von Handlungsspielräumen ziehen konnten, steht hier im Mittelpunkt.

Abschließend werden die Möglichkeiten, die den Frauen in Weimar-Jena für die Gestaltung ihres Lebens zur Verfügung standen, noch einmal aus unterschiedlichen Perspektiven betrachtet. Die engen Wechselwirkungen zwischen den bestimmenden Faktoren und ihre Wirkungsmächtigkeit auf diese Möglichkeiten werden so sichtbar und eine Gewichtung der Faktoren möglich.

## 2. Handlungsspielräume und bestimmende Faktoren

### 2.1 Zum Begriff Handlungsspielraum

‚Handlungsspielraum' ist ein in der Alltagssprache häufig verwendeter Begriff. Abgesehen davon ist er allerdings auch im Kontext wissenschaftlicher Arbeiten fest verankert: Vor allem neuere Untersuchungen verschiedener Wissenschaftsbereiche greifen verstärkt auf ‚Handlungsspielraum' zurück, um die Beziehung zwischen Individuum und Gesellschaft zu illustrieren.[1]

So findet der Begriff sowohl in der Geschichtswissenschaft als auch in der Wirtschaftswissenschaft[2], der Philosophie[3], Pädagogik[4] und vor allem innerhalb der Psychologie[5] Anwendung. Diese Vielzahl von Verwendungsmöglichkeiten macht deutlich, dass ‚Handlungsspielraum' ein Begriff ist, der unterschiedliche Auslegungen ermöglicht. Historische Forschungen, die Handlungsspielräume thematisierten, konzentrierten sich bisher vor allem auf das politische Handeln.

---

[1] Vgl. u.a. Jürgen Habermas: Die neue Intimität zwischen Politik und Kultur. Thesen zur Aufklärung in Deutschland, in: Merkur 42 (1988), S. 150-155; Helmut Willke: Systemtheorie entwickelter Gesellschaften. Dynamik und Riskanz moderner gesellschaftlicher Selbstorganisation, Weinheim/München 1989.

[2] Vgl. bspw. Jost Lammers/Oliver Schmitz: Der moralische Handlungsspielraum von Unternehmen. Eine institutionenökonomische Perspektive, Marburg 1995; Rainer Stadler: Der rechtliche Handlungsspielraum des Europäischen Systems der Zentralbanken, Baden-Baden 1996; Michael Englert: Der Handlungsspielraum der amerikanischen Bundesbank im Regierungssystem der Vereinigten Staaten, Rheinfelden 1988.

[3] Vgl. Marcus Düwell: Ästhetische Erfahrung und Moral. Zur Bedeutung des Ästhetischen für die Handlungsspielräume des Menschen [künftig zitiert: Erfahrung], Freiburg/München 1999.

[4] Dagmar Hänsel: Handlungsspielräume. Portrait einer Freinet-Gruppe, Weinheim/Basel 1985; Peter Zedler/Dieter Fickermann (Hg.): Pädagogik und Recht. Rechtliche Rahmenbedingungen und Handlungsspielräume für eine erweiterte Selbständigkeit von Einzelschulen. Dokumentation der gleichnamigen Fachtagung der Kommission Bildungsorganisation, Bildungsplanung und Bidlungsrecht der Deutschen Gesellschaft für Erziehungswissenschaft am 19. und 20.09.1996 in Erfurt, Erfurt 1997.

[5] Vgl. Norbert Senner/Walter Volpert: Arbeitspsychologie, in: Roland Asanger/Gerd Wenninger (Hg.): Handwörterbuch Psychologie [künftig zitiert: Arbeitspsychologie], 5. Aufl. Weinheim 1994, S. 52-60; Winfried Hacker: Allgemeine Arbeitspsychologie. Psychische Regulation von Arbeitstätigkeiten [künftig zitiert: Arbeitspsychologie], Bern u.a. 1998; Eberhard Ulich: Arbeitspsychologie [künftig zitiert: Arbeitspsychologie], 5. Aufl. Zürich 2001; ders./Felix Frei: Persönlichkeitsförderliche Arbeitsgestaltung und Qualifizierungsprobleme, in: Walter Volpert (Hg.): Beiträge zur Psychologischen Handlungstheorie, Bern/Stuttgart/Wien 1980; Carl Graf Hoyos/Dieter Frey (Hg.): Arbeits- und Organisationspsychologie. Ein Lehrbuch [künftig zitiert: Arbeits- und Organisationspsychologie], Weinheim 1999; Ansgar Weymann (Hg.): Handlungsspielräume. Untersuchungen zur Individualisierung und Institutionalisierung von Lebensläufen in der Moderne [künftig zitiert: Handlungsspielräume], Stuttgart 1989.

In diesem Zusammenhang diente ‚Handlungsspielraum' dazu, Aussagen zu Macht- und Herrschaftsstrukturen innerhalb bestimmter Gesellschaften zu ermöglichen. Die Frauen- und Geschlechtergeschichte dagegen lenkte den Blick über das politische Feld hinaus auf weitere Ebenen der Gesellschaft und konnte zeigen, dass weder Frauen noch Männer auf bestimmte Handlungsspielräume festgelegt werden können: Frauen agierten also nicht nur im Haus, sondern auch in wirtschaftlichen, politischen und künstlerischen Bereichen der Gesellschaft.[6] Von einer Trennung in männlich bzw. weiblich dominierte Sphären, wie sie lange Zeit propagiert wurde, konnte also keine Rede sein.

Im Allgemeinen nutzen historische Arbeiten den Terminus Handlungsspielraum vor allem, um zu illustrieren, dass und wie Akteure zu unterschiedlichen Zeiten auf verschiedene Art und Weise handeln konnten. Einige Untersuchungen fragen in diesem Zusammenhang besonders nach den Umständen, die zur Eröffnung und Erweiterung der Handlungsspielräume beigetragen haben.[7] Dabei zeigt sich, dass der Umfang eines Handlungsspielraumes ein Indiz für die Art und Weise von Teilhabe innerhalb einer Gesellschaft sein kann, aber abhängig von politischen, wirtschaftlichen und sozialen Faktoren ist. Meist wird,

---

[6] Vgl. dazu Carola Lipp: Frauen und Öffentlichkeit. Möglichkeiten und Grenzen politischer Partizipation im Vormärz und in der Revolution 1848/49, in: dies. (Hg.): Schimpfende Weiber und patriotische Jungfrauen. Frauen im Vormärz und in der Revolution 1848/49, Baden-Baden 1986, S. 270-307; Heide Wunder: „Er ist die Sonn', sie ist der Mond. Frauen in der Frühen Neuzeit, München 1992; Karin Hausen/Heide Wunder (Hg.): Frauengeschichte – Geschlechtergeschichte, Frankfurt a.M./New York 1992; Eva Labouvie: In weiblicher Hand. Frauen als Firmengründerinnen und Unternehmerinnen (1600-1800), in: dies. (Hg.): Frauenleben – Frauen leben. Zur Geschichte und Gegenwart weiblicher Lebenswelten im Saarraum (17.-20. Jahrhundert), St. Ingbert 1993, S. 88-131; Iris Bubenik-Bauer/Ute Schalz-Laurenze (Hg.): „Ihr werten Frauenzimmer auf!" – Frauen in der Aufklärung, Frankfurt a.M. 1995; Heide Wunder/Christina Vanja (Hg.): Weiber, Menscher, Frauenzimmer. Frauen in der ländlichen Gesellschaft 1500-1800, Göttingen 1996; Gisela Bock: Frauen in der europäischen Geschichte. Vom Mittelalter bis zur Gegenwart, München 2000; Christine Werkstetter: Frauen im Augsburger Zunfthandwerk. Arbeit, Arbeitsbeziehungen und Geschlechterverhältnisse im 18. Jahrhundert, Berlin 2001; Michaela Hohkamp: Frauen vor Gericht, in: Mireille Othenin-Girard/Anna Gossenreiter/Sabine Trautweiler (Hg.): Frauen und Öffentlichkeit. Beiträge der 6. Schweizerischen Historikerinnentagung, Zürich 1991, S. 115-124; Joan W. Scott: Von der Frauen- zur Geschlechtergeschichte, in: Hanna Schissler (Hg.): Geschlechterverhältnisse im historischen Wandel, Frankfurt a.M./New York 1993, S. 37-58; Gunda Barth-Scalmani: Frauen in der Welt des Handels an der Wende vom 18. zum 19. Jahrhundert: Eine regionalgeschichtliche Typologie, in: Unternehmerinnen: Geschichte & Gegenwart selbständiger Erwerbstätigkeit von Frauen, Frankfurt a.M. u.a. 2000, S. 17-48; Susanne Schötz: Handelsfrauen in Leipzig. Zur Geschichte von Arbeit und Geschlecht in der Neuzeit, Köln/Weimar/Wien 2004.

[7] Vgl. Rainer Sabelleck: Kurhannover als Durchzugs- und Aufnahmeland für Salzburger und Berchtesgadener Emigranten: Erwartungen, Ziele und Handlungsspielräume 1732-1733, in: Denk- und Handlungsspielräume. Historische Studien für Rudolf Vierhaus zum 70. Geburtstag, Göttingen 1992, S. 137-165, hier S. 164.

Handlungsspielraum' als das Vorhandensein von mehreren Handlungsmöglichkeiten verstanden, die u.a. als Bewegungsfreiheit interpretiert werden können.

Ausgehend von diesen Überlegungen ist es ein Anliegen dieser Studie, die Art und Weise von Teilhabe an den Vorgängen in Weimar-Jena um 1800, den Anteil an der Macht und die Handlungsoptionen der untersuchten Frauen u.a. mit Hilfe des Begriffes Handlungsspielraum zu verdeutlichen.[8]

Dabei wird in Anlehnung an historische Arbeiten zur politischen Partizipation davon ausgegangen, dass die Art und Weise von Teilhabe (auf unterschiedlichen Ebenen der Gesellschaft), die Zusammenhänge zwischen Teilhabe und Macht (im weitesten Sinne) sowie die Handlungsoptionen von Akteuren prinzipiell mit dem Begriff Handlungsspielraum geklärt werden können.[9] Auch wenn es in der vorliegenden Studie weniger um die Teilhabe an Macht (im engeren Sinne) als um die Formen von Beteiligung am kulturellen Leben eines Raumes geht, interessiert auch hier der enge Zusammenhang zwischen Handlungsspielraum und Teilhabe an bestimmten gesellschaftlichen Phänomenen und Prozessen.

Die innerhalb der historischen Arbeiten zur politischen Partizipation verwendete Bestimmung von Handlungsspielräumen als Alternativen des Handelns erscheint grundsätzlich plausibel und wird als eine erste grundlegende Definition von ‚Handlungsspielraum' übernommen. Allerdings ist eine weitere Ausdifferenzierung des Begriffes gerade mit Blick auf die Partizipations- und Gestaltungsmöglichkeiten der untersuchten Frauen nötig. Um ‚Handlungsspielraum' für diese Studie letztlich operationalisierbar zu machen, wurden demnach verschiedene Definitionen berücksichtigt.[10] Im Mittelpunkt steht dabei jedoch die Grundannahme, dass das Handeln an ein Subjekt gebunden ist und Handlungsspielräume sowohl durch gesellschaftliche Rahmenbedingungen als auch durch subjektive Fähigkeiten und Einschätzungen bestimmt werden können.

---

[8] Neueste Forschungsüberlegungen richten den Blick mehr und mehr auf den Zusammenhang zwischen Raum und Macht. So fragte beispielsweise eine im Dezember 2004 in Dresden ausgerichtete Tagung, „wie sich Macht in Stadtgesellschaften konstituierte und räumlich niederschlug". Vgl. die Ankündigung der Tagung „Machträume in der frühneuzeitlichen Stadt" des Sonderforschungsbereiches 537 „Institutionalität und Geschichtlichkeit" an der Technischen Universität Dresden URL: <http://hsozkult.geschichte.hu-berlin.de/termine/id=3407>.

[9] Vgl. dazu z.B. Jörg Rogge: Ir freye wale zu haben. Möglichkeiten, Probleme und Grenzen der politischen Partizipation in Augsburg zur Zeit der Zunftverfassung (1368-1548), in: Klaus Schreiner/Ulrich Meier (Hg.): Stadtregiment und Bürgerfreiheit. Handlungsspielräume in deutschen und italienischen Städten des Späten Mittelalters und der Frühen Neuzeit, Göttingen 1994, S. 244-257, hier z.B. S. 24; Amalie Fößel: Die Königin im mittelalterlichen Reich. Herrschaftsausübung, Herrschaftsrechte, Handlungsspielräume [künftig zitiert: Königin], Stuttgart 2000.

[10] Vgl. neben den Begriffsbestimmungen innerhalb geschichtswissenschaftlicher Arbeiten vor allem die Definitionen innerhalb der Psychologie: Senner/Volpert: Arbeitspsychologie; Hoyos/Frey (Hg.): Arbeits- und Organisationspsychologie; Ulich: Arbeitspsychologie; Hacker: Arbeitspsychologie.

Mit dem Begriff Handlungsspielraum werden in der Studie Termini wie Handlungsmöglichkeiten, Alternativen und Freiheiten verbunden.[11] Damit sind Handlungsspielräume Ausdruck von Wahl- und Gestaltungsmöglichkeiten für das eigene Handeln.[12] Grundlage für dieses Verständnis von Handlungsspielraum ist die These, dass ein Mensch, der über Handlungsspielräume verfügt, selbständig Entscheidungen treffen und damit Einfluss auf das eigene Handeln ausüben kann. Entscheidend ist demzufolge die Existenz von Wahlmöglichkeiten – das Vorhandensein von Handlungsalternativen. Erst wenn es möglich ist, sich für einen der bestehenden (Lösungs)Wege selbstständig und selbstbewusst zu entscheiden und auf dieser Grundlage das eigene Leben zu gestalten, kann von der Existenz von Handlungsspielräumen gesprochen werden.

Bezogen auf den Gegenstand der Arbeit werden unter ‚Handlungsspielraum' die unterschiedlichen Möglichkeiten des Einzelnen verstanden, entsprechend der eigenen Lebensentwürfe, aber auch der Bedingungen seines Lebensumfeldes, zwischen verschiedenen Handlungsmöglichkeiten zu wählen und Gestaltungsmöglichkeiten für das eigene Lebens in Anspruch zu nehmen. Verfügten Personen über Alternativen des Handelns, so wird dies als ein Indiz für eine Vielfalt von Teilhabe- und Gestaltungsmöglichkeiten innerhalb verschiedener Ebenen einer Gesellschaft verstanden.

## 2.2 Bestimmende Faktoren

Alle Wissenschaftsgebiete, die sich mit Handlungsspielräumen beschäftigen, verweisen explizit auf die zahlreichen Faktoren, die Handlungsspielräume bestimmen können. In der Regel wird zwischen strukturellen Bedingungen[13] und dem individuellen Umgang mit diesen Bedingungen unterschieden.[14] Individuelle Auseinandersetzungen mit dem jeweiligen sozialen Umfeld sind wiederum abhängig von bestimmten Fähigkeiten und Erwartungen der Personen.

Mit Bezug auf den Untersuchungsgegenstand und unter Berücksichtigung der Besonderheiten des Raumes Weimar-Jena um 1800 ist im Rahmen dieser Studie der Einfluss von Normen, Werten und Lebensumständen als gesellschaftliche Rahmenbedingungen ebenso zu berücksichtigen wie die Bedeutung der indivi-

---

[11] Vgl. dazu auch Düwell: Erfahrung. Er setzt die Begriffe ‚Verhaltensmöglichkeiten', ‚Alternativen' und ‚Freiheiten' in einen bewussten Zusammenhang mit den Spielräumen des Handelns.

[12] Unter Handeln wird intentionales Verhalten verstanden, das eine reflektierte Begründung durch den jeweiligen Menschen voraussetzt. Vgl. zum Handeln auch Manfred Faßler: Was ist Kommunikation? München 1997, hier bes. S. 186-188. Auch das Handeln der Frauen auf verschiedenen Ebenen der Gesellschaft Weimar-Jenas war in diesem Sinne immer mit bewussten Überlegungen verbunden.

[13] Unter strukturelle Bedingungen fasst Weymann beispielsweise den Wohlfahrtsstaat oder das Bildungssystem, aber auch die Zugehörigkeit zu einer bestimmten Generation. Vgl. dazu Ansgar Weymann, Vorwort, in: Weymann (Hg.): Handlungsspielräume, S. VII.

[14] Hier interessiert ihn vor allem der Umgang des Individuums mit bestimmten Erfahrungen, aber auch mit erfahrenen Freiheiten. Vgl. dazu ebd.

duellen Faktoren, zu denen persönliche Fähigkeiten, Erwartungen und eigene Vorhaben gerechnet werden. Die analytische Trennung von strukturellen Gegebenheiten und individuellen Faktoren erfolgt deshalb, um den Unterschied zwischen dem Einfluss von Gesellschaft einerseits und Individuum andererseits auf die Wahl- und Gestaltungsmöglichkeiten der Akteure herauszuarbeiten. Zugleich kann auf diese Weise ermittelt werden, inwiefern die besonderen Bedingungen Weimar-Jenas auf die Handlungsspielräume der untersuchten Frauen gewirkt haben.

Im Rahmen geschlechtergeschichtlicher Forschungen wird immer wieder auf die Funktion der Bedingungen verwiesen, die Frauen und Männern Möglichkeiten und Grenzen des eigenen Handelns setzten.[15] Neben den wirtschaftlichen und sozialen Faktoren werden die rechtlichen Rahmenbedingungen für die Lebensgestaltung von Frauen explizit hervorgehoben. Diese finden auch an dieser Stelle besondere Berücksichtigung. Dabei gilt es, die Diskrepanz zwischen Diskurs und sozialer Praxis zu berücksichtigen. Schließlich waren Normen und Werte oft Idealvorstellungen, deren Einfluss in der sozialen Praxis von anderen Faktoren modifiziert wurde. Deshalb werden neben den Normen und Werten auch die Lebensumstände der Frauen in den Blick genommen. Fähigkeiten, Erwartungen und Intentionen wiederum konnten ebenfalls zu einer Veränderung der Vorgaben durch Normen, Werte aber auch Lebensumstände führen.

Diese Wechselwirkungsprozesse zwischen Rahmenbedingungen und individuellen Faktoren finden auf der Basis von Kommunikation statt. Aus diesem Grund wird der Kommunikation im Zusammenhang mit der Betrachtung der Faktoren eine besondere Bedeutung beigemessen.

Arbeiten zum „Kommunikationsraum Altes Reich"[16] verdeutlichen, dass sowohl Männer als auch Frauen zu allen Zeiten an den Kommunikationsprozessen Teil haben. Dazu gehört die Pflege nachbarschaftlicher oder

---

[15] Vgl. Hans-Werner Goetz (Hg.): Weibliche Lebensgestaltung im frühen Mittelalter, Köln/Weimar/Wien 1991.

[16] Vgl. dazu Katrin Keller: Kommunikationsraum Altes Reich. Zur Funktionalität der Korrespondenznetze von Fürstinnen im 16. Jahrhundert, in: ZHF 31 (2004), S. 205-230 [künftig zitiert: Kommunikationsraum]. Den Begriff ‚Kommunikationsraum' mit Bezug auf das Alte Reich verwendet sie als einige der wenigen Historiker explizit. Auch wenn Georg Schmidt auf die Informationspolitik innerhalb des Alten Reiches eingeht, gebraucht er doch den Begriff ‚Kommunikationsraum' nicht, wie die Fußnote 4 (S. 206) in Kellers Aufsatz suggeriert. Vgl. Georg Schmidt: Geschichte des Alten Reiches. Staat und Nation in der Frühen Neuzeit 1495-1806, München 1999, hier S. 142-146. Ebenso wenig gebraucht Andreas Edel in seiner Untersuchung zum politischen Handeln bei Maximilian II. den Begriff des Kommunikationsraumes. Vgl. Andreas Edel: Der Kaiser und Kurpfalz. Eine Studie zu den Grundelementen politischen Handelns bei Maximilian II. (1564-1576), Göttingen 1997. Stattdessen zu raumbezogener Kommunikation Wolfgang E. J. Weber: Die Bildung von Regionen durch Kommunikation. Aspekte einer neuen historischen Perspektive, in: Carl A. Hoffmann/Rolf Kießling (Hg.): Kommunikation und Region, Konstanz 2001, S. 43-67, hier vor allem S. 43-55 und Carl A. Hoffmann: ‚Öffentlichkeit' und ‚Kommunikation' in den Forschungen zur Vormoderne. Eine Skizze, in: ebd., S. 69-110.

verwandtschaftlicher Beziehungen genauso wie der Aufbau und Erhalt umfangreicher sozialer Netzwerke.[17] Demnach kommt den sozialen Beziehungen eine besondere Rolle zu. Welchen Einfluss die sozialen Beziehungen auf den Umgang mit den unterschiedlichen Faktoren haben und damit ihrerseits zur Bestimmung von Handlungsspielräumen beitragen, gilt es im Besonderen zu berücksichtigen.

### 2.2.1 Gesellschaftliche Rahmenbedingungen

Normen, Wertvorstellungen und Lebensumstände werden als gesellschaftliche Rahmenbedingungen begriffen, die bestimmend auf die Gestaltungsmöglichkeiten der drei untersuchten Frauen in Weimar-Jena einwirkten.

*Normen*

Prinzipiell stellen Normen gesellschaftlich geforderte und akzeptierte Verhaltensregeln dar. Sie gelten als kollektive Handlungsanweisungen[18] und wirken als ein festgelegter Rahmen innerhalb dessen der Einzelne agiert. Häufig werden Normen in einem Atemzug mit Werten genannt. In diesen Fällen erscheinen Normen und Werte dann gleichermaßen als Vorgaben einer Gesellschaft, an denen sich das Individuum auszurichten hat. Versuche zur Abgrenzung und genauen Definition von Normen und Werten gibt es zahlreiche aus den unterschiedlichsten Fachgebieten.[19]

Im Allgemeinen werden Normen mit Gesetzen und Verordnungen verbunden, die obligatorisch für die Individuen der jeweiligen Gesellschaft waren. Ein Blick auf Untersuchungen zu Normen macht jedoch deutlich, dass unter Normen nicht allein gesetzliche Regelungen verstanden wurden. Vielmehr ist

---

[17] Vgl. dazu Keller: Kommunikationsraum, S. 209. Zum Terminus Netzwerk im Allgemeinen vgl. Dorothea Jansen: Einführung in die Netzwerkanalyse. Grundlagen, Methoden, Forschungsbeispiele, 2. Aufl. Opladen 2002; Johannes Weyer (Hg.): Soziale Netzwerke. Konzepte und Methoden der sozialwissenschaftlichen Netzwerkforschung, München 2000. Zur Anwendung der Netzwerkanalyse in der Geschichtswissenschaft vgl. u.a. Felicitas Becker: Netzwerke vs. Gesamtgesellschaft: ein Gegensatz? Anregungen für Verflechtungsgeschichte, in: GG 30 (2004), S. 314-324; Wolfgang Reinhard: Freunde und Kreaturen. „Verflechtung" als Konzept zur Erforschung historischer Führungsgruppen. Römische Oligarchie um 1600, München 1779.

[18] Vgl. u.a. Karl-Dieter Opp: Die Entstehung sozialer Normen. Ein Integrationsversuch soziologischer, sozialpsychologischer und ökonomischer Erklärungen [künftig zitiert: Entstehung], Tübingen 1983; Claudia Bubenik: „Ich bin, was man will": Werte und Normen in Johann Michael Moscheroschs *Gesichten Philanders von Sittewald* [künftig zitiert: „Ich bin, was man will"], Frankfurt a.M. 2001, S. 57.

[19] Vgl. u.a. Michael Konrad: Werte versus Normen als Handlungsgründe, Bern 2000; Bubenik: „Ich bin, was man will"; Werner Zillig: Natürliche Sprachen und kommunikative Normen, Tübingen 2003; Klaus-Peter Wiedmann: Werte und Wertewandel. Begriffliche Grundlagen, Erklärungsskizzen, ausgewählte Tendenzen, Mannheim 1984; Opp: Entstehung.

die Rede auch von kulturellen, sozialen, kommunikativen, ethischen und technischen Normen. Häufig wird jedoch vor allem zwischen sozialen Normen und Rechtsnormen unterschieden.[20] In diesem Sinne ist die Rechtsnorm eine Vorgabe, deren Übertretung eine spezifische – gleichzeitig mit der Vorgabe festgesetzte – Strafe nach sich zieht. Für die Festlegung der Sanktion und ihre Ausführung sind bestimmte Institutionen zuständig.[21]

Im Vergleich dazu äußert sich die Überschreitung von sozialen Normen meist erst auf lange Sicht, beispielsweise in Misserfolg und sozialer Isolation.[22] Unter die so genannten sozialen Normen fallen also Regeln, die innerhalb einer Gesellschaft auf Konsens stoßen. Höflichkeitsformen, wie beispielsweise die korrekte Anrede, sind ein Beispiel dafür. Sowohl rechtliche als auch soziale Normen können internalisiert oder aber durch äußeren Druck erzwungen sein.

*Werte*

Ähnlich umfangreich wie die Versuche der Begriffsklärung von ‚Norm' sind auch jene zu ‚Wert' und ‚Werthaltung'.[23] Definitionen, die Werte als allgemeine Regeln des Verhaltens bezeichnen, machen die Schwierigkeiten einer Abgrenzung zwischen Normen und Werten deutlich. Werden Werte als soziale Regeln verstanden, die von den Individuen akzeptiert werden und ihren Interaktionen zugrunde liegen, dann haben sie einen ähnlichen Charakter wie Normen. Diese Nähe zwischen Normen und Werten wird noch deutlicher, wenn davon ausgegangen wird, dass Abweichungen von den durch Werte definierten Handlungsstandards von der Gesellschaft missbilligt werden.[24] Werte können zur Begründung oder Legitimation von Normen benutzt werden. Damit stehen sie in einem engen wechselseitigen Zusammenhang mit den Normen.

Werte bilden einen Schnittpunkt zwischen Individuum und Gesellschaft.[25] Zu unterscheiden ist zwischen den innerhalb der Gesellschaft diskutierten und den eigenen, selbst gesetzten Werthaltungen. Diese wiederum sind von Lebensumständen, dem sozialen Status und den eigenen Ansprüchen an das Leben abhängig. Demnach können Werte einerseits als wünschenswerte Leitlinie für individuelles Verhalten von der Gesellschaft gefordert werden. Zum anderen dienen

---

[20] Vgl. Jan Assmann: Zur Verschriftlichung rechtlicher und sozialer Normen im Alten Ägypten, in: Hans-Joachim Gehrke (Hg.): Rechtskodifizierung und soziale Normen im interkulturellen Vergleich, Tübingen 1994, S. 61-85.
[21] Vgl. ebd., hier S. 70.
[22] Vgl. ebd; Heinrich Popitz: Soziale Normen, Frankfurt a.M. 2006.
[23] Vgl. Jürgen Friedrichs: Werte und soziales Handeln. Ein Beitrag zur soziologischen Theorie [künftig zitiert: Werte], Tübingen 1968.
[24] Zu diesem Verständnis von Werten vgl. Bernd Schlöder: Soziale Werte und Werthaltungen. Eine sozialpsychologische Untersuchung des Konzepts sozialer Werte und des Wertewandels, Opladen 1993, S. 135.
[25] Vgl. dazu bspw. Friedrichs: Werte; Bubenik: "Ich bin, was man will"; Hans-Werner Hahn/Dieter Hein (Hg.): Bürgerliche Werte um 1800. Entwurf – Vermittlung – Rezeption, Köln/Weimar/Wien 2005.

sie als Ordnungs- und Orientierungsrahmen für das eigene Handeln.[26] Ein Überschreiten dieses Rahmens zieht im Vergleich zu dem einer Norm zumindest keine institutionellen Sanktionen nach sich.

Wie Normen, so wirken auch diskutierte oder bereits anerkannte Werte auf die Wahl- und Gestaltungsmöglichkeiten von Akteuren innerhalb einer Gesellschaft. Inwiefern diskutierte Werte verinnerlicht und damit handlungsleitend werden, ist für die Bestimmung von Handlungsspielräumen von großer Bedeutung. Denn sowohl die gesellschaftlichen Ansprüche als auch die eigenen Möglichkeiten und der Wille zur Erfüllbarkeit der Werte wirken gemeinsam auf die Möglichkeiten, das Leben nach eigenen Vorstellungen zu gestalten.

Normen und vor allem Werte sind nicht in jedem Fall auf einen spezifischen Ort, wie beispielsweise Weimar-Jena, zugeschnitten. Gültigkeit besitzen sie meist über einen geographisch eng begrenzten Raum hinweg. Zwar hatte Weimar-Jena spezifische gesetzliche Verordnungen, außerdem wurden bestimmte Wertvorstellungen diskutiert und verbreitet. Für die Wirkungsmächtigkeit dieser Verordnungen und Wertvorstellungen spielten neben individuellen Dispositionen jedoch auch allgemein gültige Kriterien wie Stand und Status eine entscheidende Rolle.

*Lebensumstände*

Lebensumstände und Ansprüche an das eigene Leben sind wichtige Komponenten für die Auseinandersetzung mit diskutierten und vorgegebenen Werten sowie deren Wirksamkeit für das eigene Handeln. So können Werte verschiedene Möglichkeiten des Handelns eröffnen, durch formulierte Erwartungen und angedrohte Sanktionen aber auch einschränkend auf den rechtlichen Status oder auch die wirtschaftliche Situation von Akteuren wirken.[27] Die strukturellen Gegebenheiten bzw. Rahmenbedingungen stehen demnach in enger Wechselwirkung miteinander. Indem sie in enger Beziehung zueinander stehen, wirken sie umso nachhaltiger auf das Handeln der Akteure.

Im Zusammenhang mit Arbeiten zur Handlungsfähigkeit politischer Akteure wurden vor allem die ökonomischen und sozialen Faktoren hervorgehoben, die Auswirkungen auf das Handeln innerhalb des politischen Lebens hatten.[28] Auf der Basis dieser Überlegungen wird unter Lebensumständen die mit dem Stand zusammenhängende Lebensweise, der soziale Status innerhalb einer Gesellschaft sowie die wirtschaftliche Situation der Handelnden vor Ort verstanden. Hinzu kommt außerdem der Zivilstand.

---

[26] Zur Herausarbeitung dieser Doppelfunktion vgl. Bubenik: „Ich bin, was man will", S. 52.
[27] Vgl. dazu auch Manfred Hettling/Stefan-Ludwig Hoffmann: Zur Historisierung bürgerlicher Werte. Einleitung, in: dies. (Hg.): Der bürgerliche Wertehimmel. Innenansichten des 19. Jahrhunderts, Göttingen 2000, S. 7-21, S. 13.
[28] Vgl. Klaus Malettke: Ludwigs XIV. Außenpolitik zwischen Staatsräson, ökonomischen Zwängen und Sozialkonflikten, in: Heinz Duchhardt (Hg.): Rahmenbedingungen und Handlungsspielräume europäischer Außenpolitik im Zeitalter Ludwigs XIV. (= Beiheft 11 der Zeitschrift für Historische Forschung), Berlin 1991, S. 43-72, hier bes. S. 53-70.

Stand, Zivilstand, sozialer Status und wirtschaftliche Situation waren auch im 18. Jahrhundert eng miteinander verwoben. Die ständische Zugehörigkeit wirkte sich auf die Etablierung von sozialen Beziehungen und die Struktur von Beziehungsnetzwerken aus und hatte damit Konsequenzen für den sozialen Status. Dieser wiederum wurde in nicht zu unterschätzendem Maße vom Zivilstand bestimmt. Die wirtschaftliche Situation der Akteure hatte ebenfalls wesentliche Auswirkungen auf die sozialen Kontakte: Personen, die aufgrund einer angespannten finanziellen Situation nicht mehr in der Lage waren, ihren bisherigen gesellschaftlichen Status zu erhalten, mussten Veränderungen innerhalb ihres Beziehungsnetzwerkes in Kauf nehmen. Die durch die Lebensumstände hervorgerufenen Veränderungen innerhalb dieses Netzes von sozialen Beziehungen konnten enorme Auswirkungen auf die Wahl- und Gestaltungsmöglichkeiten für das eigene Leben haben.

2.2.2 Individuelle Faktoren

Neben den gesellschaftlichen Rahmenbedingungen üben die individuellen Faktoren entscheidenden Einfluss auf die Handlungsspielräume von Akteuren aus. Im Allgemeinen zählen fachliche Qualifikationen, Talente und Handlungskompetenz ebenso dazu wie persönliche Ansprüche und Bedürfnisse, individuell verinnerlichte Wertvorstellungen sowie die Fähigkeit zur Selbsteinschätzung der eigenen Leistungsmöglichkeiten. Auch Charaktereigenschaften, sofern sie bestimmbar sind, werden dazu gerechnet.

Mit Blick auf das ausgehende 18. Jahrhundert, den Raum Weimar-Jena und die Äußerungen der hier untersuchten Frauen in ihren Briefen, Tagebüchern und Lebenserinnerungen, lassen sich neben den grundsätzlichen Bedürfnissen, die formuliert wurden, auch individuelle Fähigkeiten erkennen. Dazu zählt beispielsweise das Talent zum Schreiben, Malen oder auch Musizieren. Hinzu kommen schauspielerische oder deklamatorische Talente.

Individuelle Eigenschaften wie Ausstrahlung oder Durchsetzungskraft können aus schriftlichen Quellen kaum bestimmt werden. Aus diesem Grund müssen sie in der Regel unberücksichtigt bleiben.[29]

Eine weitere wesentliche Komponente sind Erwartungen und Intentionen, die in Bezug auf den geplanten Aufenthalt an einem bestimmten Ort, hier also Weimar-Jena gegen Ende des 18. und zu Beginn des 19. Jahrhunderts, artikuliert wurden. Sie sind eng an Wünsche und Vorstellungen vom eigenen Leben, also an den Lebensentwurf, gekoppelt.

Ausgehend von der Annahme, dass die Handlungskompetenz auf die Handlungsspielräume wirkt und sich umgekehrt die individuelle Handlungskompetenz je nach Ausprägung des Handlungsspielraums entwickelt[30], beeinflussen

---

[29] Zu dem Stellenwert von individuellen Eigenschaften in Bezug auf die Handlungsspielräume vgl. Fößel: Königin, S. 387.
[30] Vgl. dazu Peter Maas: Franchising in wirtschaftspsychologischer Perspektive. Handlungs-

individuelle Bedürfnisse und damit zusammenhängende Erwartungen sowie Fähigkeiten und Intentionen die eigenen Handlungsspielräume in großem Maße. Andererseits entwickeln sich diese inneren Faktoren entsprechend der Handlungsspielräume weiter. Auf diese Weise kommt es zu ständigen Wechselwirkungen zwischen beiden.

*Individuelle Bedürfnisse*

Die Bestimmung der individuellen Bedürfnisse von Akteuren ist schwierig, weil prinzipiell jeder Einzelne über gewisse Grund- und darauf aufbauende Bedürfnisse verfügt. Eine theoretische Betrachtung kann demzufolge leicht banal werden.

Prinzipiell gehören Bedürfnisse zu den Phänomenen, die jedem Menschen inhärent sind. Mit den Bedürfnissen des Menschen und ihrem Einfluss auf die Handlungsmotivation hat sich vor allem die Psychologie beschäftigt.[31] Abraham Maslow beispielsweise entwickelte eine Bedürfnishierarchie, die Grund- und weiterführende Bedürfnisse miteinander verknüpft: Ausgehend von biologischen Bedürfnissen wird das Bedürfnis nach Sicherheit, Bindung und Wertschätzung aufsteigend in diese Hierarchie integriert. An der Spitze der Hierarchie finden sich das kognitive Bedürfnis, das Bedürfnis nach Selbstverwirklichung und das spirituelle Bedürfnis, mit dem Kosmos im Einklang zu sein.[32] Trotz der überpositiven Einstellung, dass die Befriedigung des einen Bedürfnisses automatisch das in der Hierarchie nächstfolgende weckt, sind die von Maslow thematisierten Bedürfnisse für die Einordnung der Äußerungen Sophie Mereaus, Johanna Schopenhauers und Henriette von Egloffsteins hilfreich. Vor allem das kognitive Bedürfnis, also das Begehren nach Wissen, nach Verstehen und nach Neuem lässt sich aus den Niederschriften der Frauen erschließen.

Von den Bedürfnissen beeinflusst wurden ihre Erwartungen an das eigene Leben und vor allem an den Ort, an dem sie sich aufhielten. An Weimar-Jena knüpften sie die Hoffnungen, ganz bestimmte Bedürfnisse erfüllt zu sehen. Neben den dringenden Bedürfnissen zum Leben – also Gesundheit, Nahrung und Kleidung – werden gerade mit Bezug auf Weimar-Jena auch der Bedarf nach guter und interessanter Literatur, nach neuesten politischen Nachrichten, nach gelungenen Theaterstücken und vor allem nach interessanten persönlichen Kontakten formuliert. Die artikulierten Bedürfnisse können als Handlungsmotivation begriffen werden. Eine Motivation, die alle drei Frauen schließlich nach Weimar-Jena führte.

---

spielraum und Handlungskompetenz in Franchise-Systemen. Eine empirische Studie bei Franchise-Nehmern, Frankfurt a.M. 1990, S. 100.

[31] Vgl. u.a. Abraham H. Maslow: Motivation and personality, New York 1970.
[32] Vgl. die Maslowsche Bedürfnishierarchie, in: Philip G. Zimbardo/Richard J Gerrig: Psychologie, 16. Aufl., München 2004, S. 540f.

*Individuelle Fähigkeiten*

Im Rahmen dieser Studie wird davon ausgegangen, dass Bildungsstand, Talente und besondere, auf die jeweils zu verrichtende Arbeit zugeschnittene oder aber herausragende, künstlerische Fähigkeiten der Akteure ausschlaggebend für die Gestaltung ihres Handelns sind. Individuelle Fähigkeiten müssen eng an individuelle Bedürfnisse geknüpft werden. Beide stehen in einem Wechselverhältnis zueinander. Das Formulieren von Bedürfnissen kann beispielsweise in eine erhöhte Motivation für die Ausbildung und Anwendung bestimmter Fähigkeiten münden.

Auf der anderen Seite ziehen individuelle Fähigkeiten besondere Bedürfnisse nach sich. Diese wiederum können nur unter gewissen Bedingungen und an bestimmten Orten erfüllt werden. Welche Auswirkungen diese eng an die Bedürfnisse gekoppelten Fähigkeiten auf die Handlungsspielräume hatten und wie sich die Frauen darin unterschieden, wird zu klären sein.

*Individuelle Intentionen*

Neben den Bedürfnissen und den Fähigkeiten spielen die persönlichen Absichten bzw. Vorhaben für das eigene Leben und Handeln an einem bestimmten Ort eine herausragende Rolle für Handlungsspielräume. Persönliche Vorhaben hängen eng mit den anderen individuellen Faktoren zusammen: Sie werden in der Regel auf der Basis bestimmter Bedürfnisse und Fähigkeiten formuliert. Eine besondere Bildung oder ein ausgeprägtes künstlerisches Talent führt dazu, dass die Gestaltung des eigenen Lebens entsprechend bestimmter gesetzter Vorhaben erfolgt. Ein Lebensentwurf wird formuliert, der entsprechend der Bedürfnisse und Fähigkeiten umgesetzt werden soll.

Zur Erfüllung der Vorhaben tragen zu einem großen Teil die Bedingungen des Ortes bei, an dem sich der Handelnde aufhält. Die Gegebenheiten, die er hier vorfindet, beeinflussen die Umsetzung aber auch die Modifikation von Lebensentwürfen: Können bestimmte Erwartungen nicht erfüllt oder Fähigkeiten nicht angewendet werden, so hat dies ebenso Auswirkungen auf persönliche Vorhaben, wie eine außerordentliche Förderung bestimmter vorhandener Talente.

# 3. Handlungsspielräume von Frauen in Weimar-Jena um 1800

## 3.1 Strukturelle Gegebenheiten als Rahmenbedingungen für Sophie Mereau, Johanna Schopenhauer und Henriette von Egloffstein in Weimar-Jena

Für die Bestimmung von Handlungsspielräumen sind Rahmen- oder auch strukturelle Bedingungen von großer Bedeutung. Im Folgenden werden herrschende Normen, diskutierte und verinnerlichte Werte sowie Lebensumstände als Rahmenbedingungen begriffen, die in unterschiedlicher Weise auf das Leben der untersuchten Frauen in Weimar und Jena um 1800 wirkten. Die Briefe, Tagebücher und Lebenserinnerungen Sophie Mereaus, Johanna Schopenhauers und Henriette von Egloffsteins spiegeln die individuelle Auseinandersetzung mit gesellschaftlich akzeptierten Normen und Werten und deren Auswirkungen auf das Handeln in Weimar-Jena wider und zeigen darüber hinaus, welche Lebensumstände entscheidend für den Umfang der Wahl- und Gestaltungsmöglichkeiten waren.

Im Zusammenhang mit der Frage nach den Auswirkungen von normativen Regelungen auf das Leben der untersuchten Frauen in Weimar-Jena stehen rechtliche und soziale Normen im Zentrum der Betrachtung. Bildung, Familie und Ehe sowie Liebe spielen dagegen mit Blick auf die Funktion von Wertvorstellungen eine besondere Rolle. Denn Weiterbildungsmöglichkeiten und die Frage nach einem angemessenen Maß an Bildung waren für Sophie Mereau, Johanna Schopenhauer und Henriette von Egloffstein von ebenso großem Interesse wie die Grundlagen für ein funktionierendes Zusammenleben innerhalb einer Ehe. Die Auseinandersetzung mit zeitgenössischen Rollenerwartungen nahm in ihren Äußerungen umfangreichen Raum ein. Dabei war die Bedeutung der Liebe für ein erfülltes Leben sowie die Chance, wahre Liebe zu erfahren, eines der besonders emotional verhandelten Themen.

Fragen zu den Lebensumständen in Weimar-Jena und deren Auswirkungen auf das Handeln der drei Frauen lassen sich aus ihren Äußerungen vor allem indirekt ableiten. Inwiefern Standeszugehörigkeit, Zivilstand und sozialer Status die Handlungsspielräume bestimmten und mit der wirtschaftlichen Situation in Wechselwirkung standen, machen die Schilderungen ihres täglichen Lebens deutlich.

In Verbindung mit den zeitgenössischen Debatten ist es möglich, die unterschiedlichen Äußerungen der Frauen einzuordnen. Davon ausgehend werden Begründungen für die Art und Weise ihres Umgangs mit den strukturellen Gegebenheiten in Weimar und Jena gefunden, um Rückschlüsse auf die Bedeutung der Rahmenbedingungen für die Handlungsspielräume zu ziehen.

## 3.1.1 Normen

Als gesellschaftlich geforderte und akzeptierte Handlungsanweisungen umfassen Normen zum einen die institutionell festgelegten und schriftlich fixierten Gesetze und Verordnungen, zum anderen Regeln, die innerhalb einer Gesellschaft akzeptiert sind und auf Konsens stoßen, jedoch nirgendwo aufgeschrieben sind.[1] Auch wenn sich die Frauen nicht explizit zu Funktion und Bedeutung der rechtlichen Normen für das eigene Leben in Weimar-Jena äußerten, machen die Schilderungen von Konflikten oder aber die Erwähnung von Rechtsgeschäften wenigstens implizit den Umgang mit rechtlichen Normen und deren Einfluss auf die Handlungsweisen in Weimar-Jena deutlich: Sophie Mereau forcierte die Trennung und die Scheidung von ihrem Mann und kämpfte im Anschluss daran immer wieder sowohl um den Unterhalt für sich und ihre Tochter, als auch für den Aufenthalt des Kindes in ihrem Haushalt. Henriette von Egloffstein focht ebenfalls Unterhaltsstreitigkeiten mit dem geschiedenen Mann aus und stritt außerdem um ihr Vermögen. Johanna Schopenhauer wiederum wehrte sich gegen den Einzug des Sohnes in ihr Haus, um zu vermeiden, dass dieser neuer Haushaltsvorstand wurde.

Das Einhalten der Hofetikette durch Henriette von Egloffstein und ihre ständige Präsenz innerhalb höfischer Kreise sind Hinweise für die Akzeptanz von sozialen Normen innerhalb der Hofgesellschaft. Auch die Teilnahme Sophie Mereaus an universitären Geselligkeitskreisen und das Bemühen Johanna Schopenhauers, soziale Kontakte aufzubauen, indem sie sich an den gegenseitigen Visiten der angesehenen Personen beteiligte, ihren Einladungsbilletts eine bestimmte Form angedeihen ließ und darüber hinaus die Patenschaft für Kinder von Freunden übernahm, zeigen, dass die Einbindung in die städtische Gesellschaft Weimars oder Jenas von dem Einhalten bestimmter ungeschriebener Regeln abhängig war.

### 3.1.1.1 Rechtliche Normen

Die Vorgänge um die Scheidung Sophie Mereaus von ihrem Mann Friedrich Ernst Carl Mereau demonstrieren, dass Sophie Mereau Kenntnis von ihren rechtlichen Möglichkeiten hatte und gewillt war, diese auch zu nutzen, um ihre Ziele zu erreichen. Nach dem Scheitern der Ehe war sie aktiv um eine Trennung bemüht. Mehrfach führte sie Gespräche mit Friedrich Ernst Carl Mereau, um ihn

---

[1] Zu Normen vgl. u.a. Karl-Dieter Opp: Die Entstehung sozialer Normen. Ein Integrationsversuch soziologischer, sozialpsychologischer und ökonomischer Erklärungen [künftig zitiert: Entstehung], Tübingen 1983; Claudia Bubenik, „Ich bin, was man will": Werte und Normen in Johann Michael Moscheroschs *Gesichten Philanders von Sittewald* [künftig zitiert: „Ich bin, was man will"], Frankfurt a.M. 2001, S. 57; Michael Konrad, Werte versus Normen als Handlungsgründe, Bern 2000; Werner Zillig, natürliche Sprachen und kommunikative Normen, Tübingen 2003.

von ihrer Auffassung zu überzeugen.² Dass sie ausdrücklich auf eine endgültige Trennung insistierte, bemerkte auch das nähere Umfeld:

> „[...] S[ophiens] Haß gegen ihn ist leider itzt ohne Grenzen, sie hat vor ihm gekniet mit der Bitte, sich von ihr zu trennen, - nein -. Itzt wird sie ihn verlassen oder – Opium. Und so auch ich, doch ist viel Hoffnung, daß sie ihn verlässt."³

Sophie Mereau war es ernst mit ihrem Anliegen. Sie war bestrebt, mit Hilfe der rechtlichen Möglichkeiten für das eigene Lebensglück zu sorgen. Ihrer Ansicht nach war dies nur durch eine Scheidung zu erreichen.

Ihr Beharren hatte schließlich Erfolg: Kurze Zeit nach der endgültigen Trennung von Friedrich Ernst Carl Mereau wurde die Ehe geschieden. Entsprechend der rechtlichen Verordnungen Sachsen-Weimar-Eisenachs erfolgte die Scheidung der Eheleute im Beisein des von Sophie Mereau bestimmten Bevollmächtigten, des „Amts Advocat[en]" Carl Friedrich Victor Hufeland.⁴ Da sich die Eheleute einigen konnten, ging der Scheidung kein Prozess voraus. Vielmehr bemühten sich Sophie und Friedrich Ernst Carl Mereau, die Angelegenheit so schnell wie möglich zu erledigen. Ohne große Verhandlungen wurde die Ehe am 7. Juli 1801 in Anwesenheit zweier Beisitzer geschieden. *Dominus Praeses* war Johann Gottfried Herder. Eine Wiederverheiratung wurde nicht ausgeschlossen. Die Kosten des Verfahrens beliefen sich auf 25 Reichstaler.⁵

---

² Vgl. die Tagebuchaufzeichnungen Sophie Mereaus, in: [Sophie Mereau-Brentano]: Wie sehn' ich mich hinaus in die freie Welt. Tagebuch, Betrachtungen und Vermischte Prosa, hrsg. v. Katharina von Hammerstein [künftig zitiert: Welt], München 1996, hier vor allem die Eintragungen vom 08.05.1799: „Sonderbare Gespräche mit M. [Mereau]. Kalte Entschließung", S. 57; 01.06.1799: „[...] Besuch von M. [Mereau]. Antheil., S. 58; 02.06.1799: „Wiederholter Besuch von M. [Mereau]. Ohne Verdrus und ohne Intreße.", S. 58f.; 09.06.1799: „[...] Nachmittag Besuch von M. [Mereau]. Seine Traurigkeit. Bestürmen, Verstörter Abend.", S. 59; 10.06.1799: „Verstimmt. Zerstörte Träume. Schwankend.", S. 59; 30.08.1800: „[...] Stiller Entschluß, Ankunft von M. [Mereau]. Mancherlei Gespräche; doch nichts ausgemacht.", S. 75.

³ Clemens Brentano an Sophie Brentano [Jena, Ende Februar 1800], zit. n. Wilhelm Schellberg/Friedrich Fuchs (Hg.): Das unsterbliche Leben. Unbekannte Briefe von Clemens Brentano, Jena 1939, S. 130-135, hier S. 132. Darüber hinaus verdeutlichen auch die Briefe an Johann Heinrich Kipp, dass die Initiative zu einer Trennung von Sophie Mereau ausging: Vgl. Anja Dechant: *Harmonie stiftete unsere Liebe, Phantasie erhob sie zur Begeisterung und Vernunft heiligte sie mit dem Siegel der Wahrheit.* Der Briefwechsel zwischen Sophie Mereau und Johann Heinrich Kipp [künftig zitiert: *Harmonie*], Frankfurt a.M. 1996. In den Briefen Friedrich Schlegels und Dorothea Veits an Clemens Brentano wird mehrfach auf die bevorstehende Trennung der Eheleute Mereau verwiesen. Vgl. Heinz Amelung, Briefe Friedrich Schlegels an Clemens Brentano und an Sophie Mereau, in: Zeitschrift für Bücherfreunde, N.F. 5. Jg., 1. Hälfte (1913), S. 183-192.

⁴ Vgl. Biblioteka Jagiellońska (BJ Kraków), Sophie Mereau, V 122, Persönliches/1, A.

⁵ Vgl., BJ Kraków, Sophie Mereau, V 122, Persönliches/1, A.

Im Zuge der vereinbarten Trennung und Scheidung musste Sophie Mereau zahlreiche rechtliche Vereinbarungen hinsichtlich der Zahlung des Unterhaltes und der Erziehung ihrer Tochter Hulda treffen.[6] Darüber hinaus kam es nachträglich immer wieder zu Streitigkeiten um den Aufenthaltsort des Kindes und Unterhaltsfragen, die geregelt werden mussten. Diese Auseinandersetzungen bewegten sich stets am Rande einer rechtlichen Konfrontation. Letztlich konnte jedoch in jedem Fall eine gütliche Einigung erzielt werden. Die gemeinsame Tochter durfte auch nach der zweiten Heirat Sophie Mereaus bei der Mutter bleiben, obwohl Friedrich Ernst Carl Mereau ihre Übergabe ernsthaft in Erwägung gezogen hatte.[7] Dass die Auseinandersetzungen zwischen den geschiedenen Eheleuten letztlich immer in gegenseitigem Einverständnis geregelt werden konnten, ist nicht zuletzt auf das Wissen Sophie Mereaus um die ihr zur Verfügung stehenden rechtlichen Möglichkeiten zurückzuführen. Ihre Kenntnisse halfen, angemessen auf die Briefe ihres ehemaligen Mannes zu reagieren, eigene Bedürfnisse anzumelden und offensichtlich überzeugend zu argumentieren.

Von ihrer Rechtskenntnis konnte sie auch als Schriftstellerin profitieren. Die Bereitschaft, diese gezielt anzuwenden, hatte Verlagsverträge zur Folge, die ihren Vorstellungen entsprachen. Von Beginn ihrer Karriere an handelte sie weitgehend eigenständig. Deutlich wird dies vor allem anhand der Verhandlungen mit Verlegern und Herausgebern um Bogenstärken und Honorare. Die Korrespondenz mit diversen Verlagen zeigt, dass Sophie Mereau immer in eigenem Namen Verträge abschloss. Obwohl sich die Mehrzahl der

---

[6] Vgl. Ferdinand Asverus an Sophie Mereau, Jena, 06.07.1802, BJ Kraków, Sophie Mereau, V 122, Korrespondenz/1 h.

[7] Vgl. Friedrich Ernst Carl Mereau an Sophie Mereau, Jena, 03.07.1802: „In dieser Hinsicht bitte ich Dich angelegentlichst, ließ unbefangen die, die Hulda betreffenden Stellen [...] durch, - vergleiche sie, nicht mit dem was rechtskräftig in Ansehung des Kindes entschieden und fortgesetzt, ist, - denn da müßte ich Dir als Dein wohlthätigster Schutzgeist erscheinen, - sondern vergleiche sie nur mit dem, was ich Dir als Freund bey unserer letzten Zusammenkunft über diesen Punkt gesagt habe [...]", Freies Deutsches Hochstift Frankfurt (FDH), Sg. 52 141-142; Friedrich Ernst Carl Mereau an Sophie Mereau, Themar, 02.10.1804: „Wenn es doch seyn soll und muß, so behalt Hulda, aber erwarte keinen Beytrag mehr von mir zu ihrem Unterhalte [...] Frey soll es Dir immer stehen, sie mir zurück zu schicken, wenn Du willst! Nur vergiß bey ihrer Erziehung nicht, dass sie Mein Eigenthum contractmäßig ist; und daß ich also hiernach am Kinde gewissenlos handeln würde, wenn ich Dir, meiner alten Freundin, nicht zur Pflicht machte, sie nach Kräften zum gewöhnlichen guten Weibe zu bilden. [...] Dagegen verspreche ich Dir a) Die erst übers Jahr fälligen 200 currant Geld b) die Carolin Ziehgeld für die Hulda von 1803. Michaelis bis dahin 1804 unweigerlich auszuzahlen. Solltest Du aber, liebe Sophie, (was ich aufrichtig gesprochen, wünsche) Dich überzeugen, daß es wircklich besser ist, wenn Hulda zu meiner Frau, einem gewiß sehr gewissenhaften u zur Wirthschaft gebohrenen Weibe, kommt [...]", FDH, Sg. 52 147-148.

erhaltenen Verlagskorrespondenz auf die Zeit nach ihrer Scheidung erstreckt[8], ist zu erkennen, dass sie auch als verheiratete Frau in ihrem Namen Entscheidungen traf, verhandelte, Verträge abschloss und über das mit ihrer schriftstellerischen Arbeit verdiente Geld eigenständig verfügte.[9]

Verweigerte sich einer der Verleger den abgemachten Bedingungen oder zahlte das Honorar nicht, so war Sophie Mereau gewillt, ihre Interessen gerichtlich durchzusetzen:

> „[...] Frölich bezahlte nicht. Das Mscpt hatte er erhalten, denn er hatte gesagt, daß er eben zur Messe reise und dort die Bezahlung berichtigen wolle. Er hat es nicht gethan, und nichts bestimmtes von sich hören lassen. Ich habe nun vorige Woche durch den Geheimrath Hufeland in Berlin an ihn geschrieben und hoffe daß durch diesen die Sache vielleicht bald in Ordnung gebracht werden soll. Geschieht dies nicht, so tue ich es gerichtlich, da ich Briefe habe, die, wie mir Rechtskundige versichert haben, für mich entscheidend sind [...]"[10]

Obwohl Sophie Mereau erst einmal ihre Bekanntschaften mobilisierte, um die Angelegenheit mit ihrem Verleger gütlich zu klären, zog sie einen Gang vor das Gericht ernsthaft in Betracht. Selbstverständlich ging sie davon aus, dass sie diese rechtliche Möglichkeit ausnutzen konnte.

---

[8] Vgl. Sophie Mereau an Friedrich Wilmans, BJ Kraków, V 279; Friedrich Wilmans an Sophie Mereau, BJ Kraków, V 279; Sophie Mereau an Friedrich Wilmans, FDH, Sophie Mereau, Sg. 52157-58; Sophie Mereau an ? (eventuell Wilmans), FDH, Sophie Mereau-Brentano, Sg. 52161-62; Sophie Mereau an Buchhändler Dieterich, FDH, Sophie Mereau, Sg. 52155-56; Heinrich Dieterich an Sophie Mereau, BJ Kraków, Dieterich, V 52, h 17; Heinrich Fröhlich an Sophie Mereau, BJ Kraków, Fröhlich, V 62, 1h; G. J. Göschen an Sophie Mereau, BJ Kraków, Göschen, V 70, 1h; Friedrich Dienemann an Sophie Mereau, FDH, Sg. 24928-29; Sophie Mereau an einen Verleger, FDH, Sophie Mereau, Sg. 52165. Eine Auswahl der Verlegerkorrespondenz Sophie Mereaus ist bei Gisela Schwarz abgedruckt, so ein Brief an die Fröhlichsche Buchhandlung in Berlin, vier Briefe an Friedrich Wilmans, einen an G. J. Göschen, ein Brief an Heinrich Dieterich sowie ein weiterer an G. A. Reimer: Vgl. Gisela Schwarz: Leben und Sozialstrukturen um 1800: Zur Situation von Schriftstellerinnen am Beispiel von Sophie Brentano-Mereau [künftig zitiert: Leben], Frankfurt a.M. u.a. 1991, hier S. 191-198.

[9] Vgl. zu Verhandlungen und dem Abschluss von Verträgen auch vor ihrer Scheidung Sophie Mereau an die Fröhlichsche Buchhandlung in Berlin, Jena im November 99, abgedruckt in: Schwarz: Leben, S. 191. Hinweise darauf, dass Sophie Mereau über verdientes Geld selbst verfügen konnte, gibt ihr Briefwechsel mit Johann Heinrich Kipp. Hier betont sie, dass sie Geld für die gemeinsam Zukunft verdienen wolle: Vgl. bspw. Sophie Mereau an Johann Heinrich Kipp, 07.11.1795 „Ich habe mir wohl zuweilen reich zu sein gewünscht, aber seit ich mir dies auseinandergesetzt habe, weis ich nun auch deutlich warum? – Von nun an suche ich also jenes Mittel zu erhalten, u. das rath ich dir ebenfalls.", zit. n. Dechant: *Harmonie*, S. 346-348, hier S. 347f. Darüber hinaus macht ein Brief Kipps deutlich, dass Sophie Mereau auch während der Ehe eigene Unternehmungen plante, die mit ihrer Arbeit zu tun hatten, z.B. die Herausgabe eines eigenen Journals: Johann Heinrich Kipp an Sophie Mereau, Lübeck, 08.07.1795, in: ebd., S. 211-214, hier S. 213f.

[10] Sophie Mereau an Friedrich Pierer, o.O., o.D. (1801), zit. n. Schwarz: Leben, S. 201f., hier S. 201.

Auch Johanna Schopenhauers Aufenthalt in Weimar-Jena wurde durch eine Reihe von Rechtsgeschäften bestimmt. Bereits vor ihrer Ankunft hatte sie von ihren juristischen Möglichkeiten Gebrauch gemacht und das von ihrem verstorbenen Mann Heinrich Floris Schopenhauer geerbte Vermögen nach eigenem Ermessen angelegt. Als Witwe konnte sie nicht nur über die eigene Erbschaft, sondern auch über die ihrer unmündigen Tochter Adele bestimmen. Beide Summen legte sie bei dem Danziger Bankhaus Muhl an, einem Bankhaus ihrer Wahl.[11] Da Heinrich Floris Schopenhauer seine Frau als „natürlichen" Vormund für die noch minderjährige Tochter zurückließ, war sie in der Lage, über das gesamte Geld zu verfügen.[12]

Das geerbte Vermögen und die Möglichkeit, mit diesem in ihrem Sinne schalten und walten zu können, waren wichtige Voraussetzungen für den Beginn eines neuen Lebens in Weimar. Außerdem konnte Johanna Schopenhauer aufgrund ihres Zivilstandes in Weimar prinzipiell ohne Einschränkungen eigenständig Mietverträge und Kaufverträge abschließen.[13]

---

[11] Vgl. Adele Schopenhauer an Arthur Schopenhauer, Danzig, 09.11.1819: „Ich verliere ALLES bei Muhl, Mutter hat ueberhaupt fast nichts, wir haben 22000 Rth dort. Das ist fast alles mein, *Muhl* bot sich zur VERWALTUNG [Hervorhebung im Text, J.D.] meines Vermögens an, ich war unmündig [...]", in: Ludger Lütkehaus (Hg.): Die Schopenhauers. Der Familien-Briefwechsel von Adele, Arthur, Heinrich Floris und Johanna Schopenhauer [künftig zitiert: Die Schopenhauers], Zürich 1991, S. 296-301, bes. S. 298.

[12] Vgl. Adele Schopenhauer an Arthur Schopenhauer, Bonn, 25.01.1832: „Mein Vater ließ mir die Mutter als natürlichen Vormund zurück. Anno 19 war ich noch nicht mündig als *mein ganzes Vermögen ohne Hypothek* Muhl anvertraut worden, was in meiner Kindheit geschah, u Anno 19 als es verloren gieng, *bis auf 30 Prozent*, war ich *rechtskräftig unmündig.*" [Hervorhebung im Text, J.D.] zit. n. ebd., S. 325-328, hier S. 325.

[13] Vgl. die Korrespondenz Johanna Schopenhauers mit ihrem Sohn Arthur, in der sie u.a. von der Anmietung einer Wohnung und dem Kauf von Einrichtungsgegenständen spricht. Zur Anmietung einer Wohnung vgl. Johanna Schopenhauer an Arthur Schopenhauer, Weimar, 19.05.1806: „Ich habe des verstorbenen D. Herders Logis gemiethet [...]", zit. n. ebd., S. 68f., hier S. 68; zur Anmietung und zum Kauf von Möbeln vgl. Johanna Schopenhauer an Arthur Schopenhauer, Weimar, 26.05.1806: „[...] etwas Möblen fürs erste miethe ich Monatsweise, manches andre habe ich schon theils gekauft theils bestellt damit ich es fertig finde [...]", zit. n. ebd., S. 70f., hier S. 70. Hinzu kommen die Briefe an Friedrich Justin und Carl Bertuch, die Auskunft über verschiedene Geschäfte Johanna Schopenhauers geben: Johanna Schopenhauer an Friedrich Justin Bertuch, GSA, Bestand: Bertuch, Friedrich Justin Bertuch, Eingegangene Briefe, Schopenhauer, Johanna; Sg.: GSA 06/1709; Johanna Schopenhauer an Carl Bertuch, GSA, Bestand Bertuch, Karl Bertuch, Eingegangene Briefe, Schopenhauer, Johanna, GSA 06/2990; Johanna Schopenhauer an Carl Bertuch, Bayerische Staatsbibliothek München, Johanna Schopenhauer an Karl Bertuch, Sg. Autogr. Schopenhauer, Johanna; Johanna Schopenhauer an Karl Bertuch, FDH, Schopenhauer, Sg. 65669-70; ebenso ihre Briefe an Carl Friedrich Ernst Frommann vgl. GSA, Bestand Frommann, Carl Friedrich Ernst Frommann, Eingegangene Briefe, Schopenhauer, Johanna, geb. Trosiner, GSA 21/44. Auch ihre Briefe an den Bankier Julius Elkan zeigen, dass sie ihre Geldgeschäfte selbständig tätigte. Vgl. Johanna Schopenhauer an Julius Elkan, GSA, Bestand Schopenhauer, Johanna Schopenhauer, Ausgangene Briefe, Elkan, Julius, GSA 84/I,3,1a.

Mit Friedrich Justin Bertuch und Carl Friedrich Ernst Frommann korrespondierte sie besonders häufig wegen finanzieller Angelegenheiten.[14] Beiden hatte sie Teile des eigenen Vermögens geliehen bzw. zur Verwaltung übereignet. Sie verhandelte direkt mit den Verlegern, wenn es beispielsweise um die Rückzahlung von Teilen aus ihrem Vermögen ging:

> „Ich bitte Sie also für den Augenblick mir 200 Thlr von meinem Kapital zu geben [...] die übrigen 1000 Thlr, bitte ich Sie mir nach 6 Monaten zu zahlen, oder doch wenigstens Ihre Einrichtung zu treffen daß Sie sie alsdann mir geben können ohne daß es Ihnen zu plötzlich kommt, vielleicht brauche ich sie alsdann nicht und ich laße sie Ihnen sehr gern wenn Sie es wünschen [...]."[15]

Das deutlich sichtbare Selbstbewusstsein Johanna Schopenhauers war gepaart mit dem Respekt Friedrich Justin Bertuchs vor der vermögenden Frau. Die Selbstverständlichkeit des geschäftlichen Umgangs zwischen beiden ist als Zeichen der Anerkennung Johanna Schopenhauers als gleichwertige Geschäftspartnerin zu werten.

Ähnlich wie Sophie Mereau setzte sich auch Johanna Schopenhauer später selbständig und selbstbewusst mit ihren Verlegern um angemessene Honorare und die Gestaltung der Bücher nach ihrem Geschmack auseinander:[16] In Weimar war Carl Bertuch Verhandlungspartner für ausstehende Honorare. Hinzu kamen anderweitige Geschäfte mit dem Industrie-Comptoir: Rechnungen wurden verschickt, Forderungen gestellt, Zahlungen geleistet und Bestellungen aufgegeben.[17] Der gesamte Schriftverkehr zeichnet sich durch einen professionellen Umgang miteinander aus. An keiner Stelle der Briefe lässt sich ein Hinweis dafür finden, dass Johanna Schopenhauer aufgrund ihres Geschlechtes oder ihres Standes benachteiligt gewesen wäre.

Ihre Korrespondenz mit dem Bankier Julius Elkan zeigt darüber hinaus, dass Johanna Schopenhauer nicht nur in ihrem Namen Geld verdienen, anlegen und verleihen, sondern auch selbständig leihen konnte. Auch für Elkan war sie

---

[14] Vgl. Johanna Schopenhauer an Friedrich Justin Bertuch, GSA, Bestand Bertuch, Friedrich Justin Bertuch, Eingegangene Briefe, Schopenhauer, Johanna, GSA 06/1709; Johanna Schopenhauer an Carl Friedrich Ernst Frommann, GSA, Bestand Frommann, Carl Friedrich Ernst Frommann, Eingegangene Briefe, Schopenhauer, Johanna, geb. Trosiner, GSA 21/44.

[15] Johanna Schopenhauer an Friedrich Justin Bertuch, Weimar, 27.12.1814, GSA, Bestand Bertuch, Friedrich Justin Bertuch, Eingegangene Briefe, Schopenhauer, Johanna, GSA 06/1709.

[16] Vgl. Johanna Schopenhauer an Friedrich Justin Bertuch, GSA, Bestand Bertuch, Friedrich Justin Bertuch, Eingegangene Briefe, Schopenhauer, Johanna, GSA 06/1709; Johanna Schopenhauer an Friedrich Arnold Brockhaus, in: [Johanna Schopenhauer]: Im Wechsel der Zeiten, im Gedränge der Welt. Jugenderinnerungen, Tagebücher, Briefe [künftig zitiert: Wechsel], Düsseldorf/Zürich 2000, S. 366-371, S. 409f.; Johanna Schopenhauer an Friedrich Wilmans, in: ebd., S. 416-418; Johanna Schopenhauer an Heinrich Wilmans, FDH, Nachlaß Johanna Schopenhauer, Sg. 65679-80 Slg-K 322.

[17] Vgl. Johanna Schopenhauer an Carl Bertuch, GSA, Bestand Bertuch, Karl Bertuch, Eingegangene Briefe, Schopenhauer, Johanna, GSA 06/2990.

direkte Ansprechpartnerin und haftete mit ihrem Namen für die Schulden, die sie machte.[18] Die Rechtsgeschäfte mit Elkan verdeutlichen einmal mehr, dass Johanna Schopenhauer in Weimar-Jena als Hausvorstand agierte und demzufolge wesentliche Entscheidungen selbst treffen konnte.

Die Handlungsspielräume, die sich aus dem Witwenstand ergaben, versuchte sie vor allem gegen den Sohn zu verteidigen. Ihre Briefe lassen erkennen, dass sie sich erfolgreich weigerte, diesen während seines längeren Aufenthaltes in Weimar in ihrem Hause aufzunehmen. Deutlich gab sie ihm zu verstehen, dass seine Gegenwart ihr selbstbestimmtes Leben erheblich einschränken würde:

> „Deine Gegenwart und Dein ewiges einreden würde mich auch hindern ordentlich für Dich zu forschen und zu wählen, und würde mich bald ärgerlich bald verwirrt machen [...]"[19]

Mehrfach wies Johanna Schopenhauer darauf hin, dass sie nicht daran dachte, ihre Freiheit aufzugeben:

> „[...] so lieber Arthur, glaube ich ists nothwendig für uns beyde, auf diese Weise bleiben wir so ziemlich in unsern jezigen Verhältnissen, ich gestehe Dir ich finde die meinigen so angenehm, ich bin dieser ruhigen Lebensweise so gewohnt daß mir für alles graut was eine Abänderung darin zuwege bringen könnte [...] ich bin überzeugt, Du wirst Dir gern alles gefallen lassen, was ich in dieser Hinsicht wünschen werde, und mir jede Einrichtung überlassen, Deine eigne Freyheit gewinnt dadurch auch. [...] Du sollst mir recht willkommen seyn, und ich will thun was ich ohne meine eigne Freyheit und Ruhe aufzuopfern thun kann [...]"[20]

Um zu verhindern, dass Arthur als Herr des Hauses agieren könnte, stellte sie vor dessen Ankunft in Weimar klar:

> „Du bist in Deinem Logis zu Hause, in meinem bist Du ein Gast, [...] ein willkommener Gast der immer freundlich empfangen wird, sich aber in keine häusliche Einrichtung mischt; um diese, um Adelens Erziehung und Gesundheit, um meine Domestiken bekümmerst Du Dich gar nicht ich habe das bis jezt ohne Dich besorgt, ich werde es ferner, und dulde keine Einrede [...]."[21]

Mit ihrer Weigerung, den Sohn im eigenen Haus aufzunehmen, nahm Johanna Schopenhauer indirekt Bezug auf die herrschenden Normen der Zeit: Hätte sie ihn in ihrem Haus aufgenommen, so wäre sie durchaus Gefahr gelaufen, den Hausvorstand an ihn zu verlieren. Als männlicher Angehöriger hätte er zumindest die Möglichkeit gehabt, zukünftig über die rechtlichen Belange seiner

---

[18] Vgl. Johanna Schopenhauer an Julius Elkan, Bestand Schopenhauer, Johanna Schopenhauer, Ausgegangene Briefe, Elkan, Julius, GSA 84/I,3,1a.

[19] Vgl. Johanna Schopenhauer an Arthur Schopenhauer, Weimar, 06.11.1807, zit. n. Lütkehaus (Hg.): Die Schopenhauers, S. 186-191, hier S. 190.

[20] Vgl. Johanna Schopenhauer an Arthur Schopenhauer, Weimar, 30.11.1807, zit. n. ebd., S. 192-197, hier S. 194f.

[21] Johanna Schopenhauer an Arthur Schopenhauer, Weimar, 13.12.1807, zit. n. ebd., 197-201, hier S. 200.

Schwester Adele Schopenhauer bestimmen zu können. Ganz offensichtlich hegte Johanna Schopenhauer außerdem die Befürchtung, ihr Sohn könnte auch ihre Entscheidungsfreiheit in empfindlichem Maße beeinflussen. Indem sie sich zwar freundlich aber bestimmt weigerte, ihn bei sich aufzunehmen, schloss sie diese generelle Möglichkeit aus und schaffte es, ihre juristischen Möglichkeiten zu wahren. Sie blieb Entscheidungsträgerin für sich und ihre Tochter. Nach Jahren der Ehe mit einem Mann, den sie vor der Eheschließung kaum gekannt hatte, schienen sich nun, nach dessen Tod, die Wünsche Johanna Schopenhauers zu erfüllen. Unabhängig von den Ansichten eines Ehemannes oder eines Sohnes fällte sie die Entscheidungen und gestaltete ihr Leben nach eigenem Ermessen.[22]

Die Unterschiede zwischen den rechtlichen Möglichkeiten einer ledigen, verheirateten oder verwitweten Frau werden am Beispiel Adele Schopenhauers besonders deutlich. Im Vergleich zur Mutter agierte diese nach dem Tod Johanna Schopenhauers mit einem Vormund. Beispielsweise hatte sie zur Klärung der Erbschaftsangelegenheiten den Jenaer Juristen Gustav Asverus als Vormund an ihrer Seite.[23] Zumindest auf den ersten Blick wird dadurch der Eindruck erweckt, als wäre Adele Schopenhauer in ihren Einflussmöglichkeiten auf juristischer Ebene beschränkter gewesen als ihre Mutter.

Ähnlich wie Sophie Mereau und Johanna Schopenhauer war sich auch Henriette von Egloffstein über ihre rechtlichen Möglichkeiten im Klaren. Vor allem hinsichtlich ihres Vermögens bzw. der finanziellen Unterstützung, die ihr von der Seite der Familie von Egloffstein zustand, bediente sie sich diverser Rechtsmittel. Anfang der 20er Jahre des 19. Jahrhunderts war ein Verfahren bei Gericht anhängig, in dem es um den Erhalt des Vermögens der Egloffsteins ging.[24] Henriette von Egloffstein verfolgte mit großem Engagement ihre Angelegenheiten und drängte auf eine rasche Klärung. Der Erhalt des Eigentums wurde vor allem auf ihre Initiative hin vorangetrieben. Dabei war sie bestrebt, die ihr zur Verfügung stehenden juristischen Mittel zu nutzen.

---

[22] Insgesamt sprechen alle Briefe Johannas an ihren Sohn Arthur aus der ersten Weimarer Zeit von ihrer neugewonnenen Selbstbestimmung. Vgl. aber bes. Johanna Schopenhauer an Arthur Schopenhauer, Weimar, 28.04.1807, in: Lütkehaus (Hg.): Die Schopenhauers, S. 163-170.

[23] Vgl. Adele Schopenhauer an Arthur Schopenhauer, Jena, 23.04.1838: „Nach Empfang habe ich das Stadtgericht um Eröffnung des Testaments ersucht; ich sende Dir anliegend eine Abschrift desselben. Du würdest die vom Gericht erhalten, doch glaube ich Dir auf diese Weise Kosten zu sparen, u habe auf Anrathen meines Vormundes H. Dr. u. Prof. Asverus von hier mich daselbst verpflichtet, es Dir zukommen zu lassen und Deine Anerkennung zu vermitteln [...], in: ebd., S. 393-396, hier S. 393.

[24] Vgl. die Briefe des Weimarer Kanzlers Friedrich von Müller an Henriette von Egloffstein, der in Bezug auf eine Egloffsteiner Vergleichssache schrieb, dass er den Fiskal zu „Baireuth" bei dem Minister verklagt habe, da dieser die Vergleichssache verzögert hat: Friedrich von Müller an Henriette von Beaulieu-Marconnay, München, 28.08.1824, GSA, Bestand Egloffstein, Henriette v. Beaulieu-Marconnay, Eingegangene Briefe, Müller, Friedrich v., GSA 13/51.

Auch mit Blick auf die finanzielle Weiterversorgung durch den früheren Ehegatten Leopold von Egloffstein wusste sie um die rechtlichen Schritte, die sie einleiten konnte: Sie drohte ihrem geschiedenen Mann mehrfach mit Klage, sollte er die Zahlungen für seine Töchter einstellen.[25] Dass diese Ankündigung wirkte, zeigt das stete Einlenken Leopold von Egloffsteins: Er unterstützte seine Töchter auch weiterhin finanziell. Auf diese Weise gegen den geschiedenen Mann vorzugehen war möglich, weil eine juristische Basis bestand, auf die sich Henriette von Egloffstein immer berufen konnte. Normative Regelungen verschafften ihr eine Sicherheit, die letztlich Grundlage für das selbstbewusste Agieren nicht nur Henriette von Egloffsteins, sondern auch Sophie Mereaus und Johanna Schopenhauers war. Auch das Tätigen von Rechtsgeschäften in eigenem Namen konnte nur deshalb ungestört funktionieren, weil Frauen unter gewissen Voraussetzungen gleichberechtigte Geschäftspartner sein konnten.

Wie Sophie Mereau und Johanna Schopenhauer, so schloss auch Henriette von Egloffstein verschiedene Rechtsgeschäfte eigenständig ab. Während ihres Aufenthaltes in Weimar, gemeinsam mit den noch unmündigen Kindern, arrangierte sie selbstverantwortlich Reisen nach Bad Lauchstädt und organisierte bzw. bezahlte Transport sowie Unterkunft selbst. Die Abwesenheit Leopold von Egloffsteins machte es darüber hinaus möglich, auch die Erziehung der gemeinsamen Kinder bis zu einem gewissen Maße nach eigenen Vorstellungen umzusetzen. Zumindest plante Henriette von Egloffstein den Unterricht, engagierte die zur Ausbildung nötigen Lehrer und regelte deren Bezahlung.[26] Wichtige Entscheidungen konnte sie also ohne den „Noch-Ehemann" in eigenem Namen treffen.

Die Möglichkeit, Rechtsgeschäfte zu tätigen oder aber eigene Interessen gerichtlich durchzusetzen, wurde im Wesentlichen von der auch in Sachsen-Weimar-Eisenach herrschenden Geschlechtsvormundschaft bestimmt. Auf der Grundlage dieses Rechtsinstrumentes verfügten Frauen über – je nach Zivilstand – unterschiedliche juristische Möglichkeiten.[27] Im Gegensatz zu den kursächsischen

---

[25] Vgl. Henriette von Beaulieu-Marconnay an Leopold von Egloffstein, o.O., 13.07.1811, GSA, Bestand Egloffstein, Henriette v. Beaulieu-Marconnay, Eingegangene Briefe, Egloffstein, Leopold Graf v., GSA 13/35.

[26] Vgl. Henriette von Egloffstein an Sophie Mereau, Weimar, 04.03.1803, BJ Kraków, Henriette von Beaulieu-Marconnay, V27, 10 h.

[27] Zur Geschlechtsvormundschaft vgl. u.a. Hermann Conrad: Die Rechtsstellung der Ehefrau in der Privatrechtsgesetzgebung der Aufklärungszeit, in: Aus Mittelalter und Neuzeit. Festschrift zum 70. Geburtstag von Gerhard Kallen, Bonn 1957, S. 253-270; Ulrike Gleixner: Das Gesamtgericht der Herrschaft Schulenburg im 18. Jahrhundert. Funktionsweise und Zugang von Frauen und Männern [künftig zitiert: Gesamtgericht], in: Jan Peters (Hg.): Gutsherrschaft als soziales Modell. Vergleichende Betrachtungen zur Funktionsweise frühneuzeitlicher Agrargesellschaften, München 1995 (HZ Beihefte, N.F., 18), S. 301-326, hier bes. S. 312-314; Claus Esser: Rechtsstellung und Ansprüche der Ehefrauen gegen ihren Mann während der Ehe nach dem Allgemeinen Landrecht für die Preußischen Staaten und dem bürgerlichen Gesetzbuch, Diss., Köln 1998; Ernst Holthöfer:

Gebieten bestand im thüringischen Geltungsbereich des sächsischen Rechts keine umfassende Geschlechtsvormundschaft mehr.[28] Diesen Befund bestätigen neueste Forschungen zur Prozessfähigkeit von Frauen vor dem Jenaer Hofgericht. So konnte gezeigt werden, dass auch verheiratete Frauen bei der Führung von Prozessen lediglich an einen gerichtlich bestätigten männlichen Beistand gebunden waren. Dieser, auch als Kriegsvogt bezeichnet, hatte lediglich beratende Funktion. Rechtskräftige Handlungen konnte er für die klagenden oder beklagten Frauen nicht übernehmen.[29] Entsprechend gering war die Zahl der Fälle, bei denen Frauen gemeinsam mit Männern klagten bzw. Männer im Namen der Frau.[30] Auch wenn die Geschlechtsvormundschaft in Weimar-Jena prinzipiell noch Bestand hatte, beispielsweise hielten die Schöppen des Jenaer Schöppenstuhls an ihr fest[31], konnten die Frauen ihren Vertreter vor Gericht selbst wählen. Dieser durfte nichts ohne deren Einverständnis unternehmen oder Maßnahmen ergreifen, die gegen die Interessen der Frau gerichtet waren.[32] Zu dieser Lockerung kamen

---

Die Geschlechtsvormundschaft. Ein Überblick von der Antike bis ins 19. Jahrhundert [künftig zitiert: Geschlechtsvormundschaft], in: Ute Gerhard (Hg.): Frauen in der Geschichte des Rechts. Von der Frühen Neuzeit bis zur Gegenwart, München S. 390-451; ders.: Die Rechtsstellung der Frau im Zivilprozeß, in: ebd., S. 575-599; Elisabeth Koch: Die Frau im Recht der Frühen Neuzeit. Juristische Lehren und Begründungen, in: ebd., S. 73-103; David Warren Sabean: Allianzen und Listen: Die Geschlechtsvormundschaft im 18. und 19. Jahrhundert, in: ebd., S. 460-479; Susanne Weber-Will: Geschlechtsvormundschaft und weibliche Rechtswohltaten im Privatrecht des preußischen Allgemeinen Landrechts von 1794, in: ebd., S. 452-459; Arne Duncker, Gleichheit und Ungleichheit in der Ehe. Persönliche Stellung von Frau und Mann im Recht der ehelichen Lebensgemeinschaft 1700-1914, Köln/Weimar/Wien 2003, bes. S. 985-992.

[28] Vgl. Holthöfer: Geschlechtsvormundschaft. Dazu auch Hendrikje Carius: Rechtliche Handlungsspielräume. Frauen vor dem Jenaer Hofgericht um 1800 [künftig zitiert: Rechtliche Handlungsspielräume], in: Julia Frindte/Siegrid Westphal (Hg.): Handlungsspielräume von Frauen um 1800 [künftig zitiert: Handlungsspielräume], Heidelberg 2005, S. 193-210.

[29] Vgl. ebd. Hendrikje Carius konnte zeigen, dass die Legitimation des Kriegsvogts während des Verfahrens nachgewiesen werden musste.

[30] Vgl. ebd. Der Befund von Hendrikje Carius deckt sich mit den Ergebnissen aus anderen Gebieten des Alten Reiches. Vgl. dazu David Warren Sabean: Das zweischneidige Schwert. Herrschaft und Widerspruch im Württemberg der Frühen Neuzeit, Frankfurt a. M. 1990; Gleixner: Gesamtgericht.

[31] Vgl. Nicole Grochowina: Die höchste Gerichtsbarkeit und der Jenaer Schöppenstuhl. Zivilrechtsprechung und Geschlechterverhältnis im ausgehenden 18. Jahrhundert [künftig zitiert: Gerichtsbarkeit], in: Siegrid Westphal (Hg.): In eigener Sache. Frauen vor den höchsten Gerichten des Alten Reiches, Köln/Weimar/Wien 2005, S. 81-106. Zum Jenaer Schöppenstuhl allgemein vgl. dies.: Ein „besonderes" Verhältnis. Der Jenaer Schöppenstuhl und die Universität in der Frühen Neuzeit, in: Zeitschrift des Vereins für Thüringische Geschichte (ZVTG) 57 (2003), S. 89-104.

[32] Vgl. Hendrikje Carius/Nicole Grochowina: „…uns zum ludibris zu machen"? Frauen in der Zivilrechtspraxis – Reußische Fälle aus dem späten 18. Jahrhundert, in: Jahrbuch des Museums Reichenfels-Hohenleuben Bd. 49 (2004), S. 39-54.

unterschiedliche Regelungen für ledige und verheiratete Frauen sowie Ausnahmeregelungen für Handels- und Geschäftsfrauen.[33]

Von dieser vergleichsweise günstigen Rechtslage profitierten auch die drei untersuchten Frauen. Ihr Rechtsbewusstsein und ihre Rechtskenntnis waren eng an die zeitgenössischen Debatten über die Rechtsstellung von Frauen im Allgemeinen oder die Vor- und Nachteile der Geschlechtsvormundschaft im Speziellen gebunden. Schließlich übten diese nachweislich Einfluss auf die Handhabung von bestehenden Normen aus. Nicht zuletzt gilt die Brüchigkeit der Diskurse um 1800 als eine der Ursachen für die vorteilhafte Rechtsstellung der Frau in Sachsen-Weimar-Eisenach.[34]

Allerdings äußerten sich weder Sophie Mereau noch Johanna Schopenhauer oder Henriette von Egloffstein direkt zu ihren rechtlichen Möglichkeiten in Sachsen-Weimar-Eisenach. Doch auch ohne auf die zeitgenössischen Debatten um die Rechtsfähigkeit von Frauen und die sich daraus möglicherweise ergebenden gesellschaftlichen Konsequenzen direkt einzugehen, versuchten sie die Normen in ihrem Sinne anzuwenden. Indem sie diese ganz selbstverständlich für ihre eigenen Ziele nutzten oder in drohenden Konflikten auf sie verwiesen, wird deutlich, dass die Rechtssicherheit eine der wesentlichen Voraussetzungen für die Umsetzung ihrer Lebensentwürfe war: Gemeinsam mit der Rechtskenntnis wirkte sie sich förderlich auf die Umsetzung der jeweiligen Lebensentwürfe und damit auf die Handlungsspielräume aus: Sophie Mereau gelang es, sich von dem ungeliebten Mann zu trennen und sich noch mehr als zuvor auf die schriftstellerische Arbeit zu konzentrieren. Die rechtlichen Regelungen erlaubten es ihr außerdem, als gleichberechtigte Partnerin mit Verlegern und Herausgebern zu verhandeln.

Henriette von Egloffstein wurde ebenfalls die Scheidung von ihrem Ehemann ermöglicht. Außerdem konnte sie auch aufgrund der rechtlichen Gegebenheiten in Weimar ihr Leben dort relativ eigenständig gestalten.

Johanna Schopenhauer profitierte vor allem von ihrem Witwenstand. Dieser ermöglichte ihr ein Dasein als gleichberechtigte Geschäftspartnerin. Auf dieser Basis organisierte sie das geplante Leben in der Residenzstadt.

3.1.1.2 Soziale Normen

Nicht nur rechtliche, sondern auch soziale Normen gehörten zu den Rahmenbedingungen, die den Aufenthalt der untersuchten Frauen in Weimar-Jena bestimmten. Werden soziale Normen als Regeln verstanden, die innerhalb einer Gesellschaft auf Konsens stoßen und deren Nichtbeachtung Misserfolg bis hin

---

[33] Vgl. Grochowina: Gerichtsbarkeit. Zum Status der Handelsfrauen generell vgl. auch Gunda Barth-Scalmani: Salzburger Handelsfrauen, Frätschlerinnen, Fragnerinnen: Frauen in der Welt des Handels am Ende des 18. Jahrhunderts, in: L'Homme 6, Heft 1 (1995), S. 23-45; Susanne Schötz, Handelsfrauen in Leipzig. Zur Geschichte von Arbeit und Geschlecht in der Neuzeit, Köln/Weimar/Wien 2004.
[34] Vgl. Carius: Rechtliche Handlungsspielräume.

zur sozialen Isolation mit sich bringen kann[35], so zählten – ausgehend von den Äußerungen der drei Frauen – sowohl die Einhaltung der Hofetikette als auch das allgemein als korrekt verstandene Verhalten innerhalb der städtischen Gesellschaft zu zentralen sozialen Normen Weimar-Jenas.

Vor allem Henriette von Egloffstein äußerte sich zu den Formen des am Weimarer Hof geforderten und akzeptierten Verhaltens. Dazu gehörten neben ausgewählten Umgangsformen, die dem jeweiligen Gesprächspartner angemessen waren, auch die dem jeweiligen Anlass entsprechende Garderobe sowie pünktliches Erscheinen.[36] Selbstverständlich war außerdem das Befolgen von Einladungen zu Huldigungsfesten, Geburtstagsfeierlichkeiten oder anderen Jubiläen der herzoglichen Familie. Regelmäßig wurde sie zu Zusammenkünften Anna Amalias geladen oder war bei dem regierenden Herzog und dessen Familie zu Gast.[37] Dass Einladungen der herzoglichen Familie angenommen werden sollten, also wichtiger waren als andere bereits vereinbarte Termine, geht aus entschuldigenden Äußerungen Henriette von Egloffsteins gegenüber Freunden oder Bekannten deutlich hervor:

„Meine Theuerste zürnen Sie nicht über mich daß es mir möglich war den Dienstag-Morgen zu versäumen oder besser es zu vergessen daß es die Stunde unsers Vereins

---

[35] Vgl. dazu bspw. Opp: Entstehung; Bubenik: „Ich bin, was man will"; Jan Assmann: Zur Verschriftlichung rechtlicher und sozialer Normen im Alten Ägypten, in: Hans-Joachim Gehrke (Hg.): Rechtskodifizierung und soziale Normen im interkulturellen Vergleich, Tübingen 1994.

[36] Zu den Umgangsformen zählte auch die entsprechende Körperhaltung der Adeligen am Hofe, die ein bestimmtes Selbstverständnis ausdrückte und zu den Repräsentationsformen gehörte. Vgl. dazu Angelika Linke: Das Unbeschreibliche. Zur Sozialsemiotik adeligen Körperverhaltens im 18. und 19. Jahrhundert [künftig zitiert: Das Unbeschreibliche], in: Eckart Conze/Monika Wienfort (Hg.): Adel und Moderne. Deutschland im europäischen Vergleich im 19. und 20. Jahrhundert, Köln/Weimar/Wien 2004, S. 247-268. Zur Körperhaltung des Adels im Vergleich zum Bürgertum vgl. Kirsten O. Frieling: Ausdruck macht Eindruck. Bürgerliche Körperpraktiken in sozialer Kommunikation um 1800 [künftig zitiert: Ausdruck], Frankfurt a.M. 2003, hier bes. S. 111-118. Trotz der Nähe der Begrifflichkeiten Etikette und Zeremoniell, wird der Begriff Etikette an dieser Stelle beibehalten. Zu beiden Begriffen vgl. Volker Bauer: Hofökonomie. Der Diskurs über den Fürstenhof in Zeremonialwissenschaft, Hausväterliteratur und Kameralismus, Wien/Köln/Weimar 1997. Zum Hofzeremoniell vgl. bspw. Mark Hengerer: Hofzeremoniell, Organisation und Grundmuster sozialer Differenzierung am Wiener Hof im 17. Jahrhundert, in: Klaus Malettke/Chantal Grell (Hg.): Hofgesellschaft und Höflinge an europäischen Fürstenhöfen in der Frühen Neuzeit (15.-18. Jh.), Münster, 2001, S. 337-368.

[37] Vgl. Henriette von Egloffstein an Franz Carl Leopold von Seckendorff, Weimar, 29.01.1802, GSA, Bestand Egloffstein, Henriette v. Beaulieu-Marconnay, Ausgegangene Briefe, Seckendorf(f)-Aberdar, Franz Karl Leopold v., GSA 13/90. Aus diesem Brief geht hervor, dass Henriette von Egloffstein an einem Maskenaufzug zum Geburtstag der Herzogin beteiligt war. Dargestellt wurden die vier Dichtkünste. Henriette von Egloffstein hatte die Rolle der „himmlischen Liebesgesänge" erhalten.

war in der ich ausgient [sic!] weil ich mußte. Ich wollte Ihnen schreiben, aber da kam Abhaltung u in den folgenden Augenblik der Wagen der mich zur Prinzeß holte."[38]

Pünktlichkeit und ein dem Herrscherpaar gegenüber angemessenes Verhalten waren für Henriette von Egloffstein eine Selbstverständlichkeit. Passende Kleidung für jeden Anlass bei Hofe, auch für die zahlreichen veranstalteten Bälle, wurde zwar ebenfalls als notwendig begriffen. Allerdings war das Beschaffen einer akzeptablen und am Hof tragbaren Garderobe häufig von großem finanziellem Aufwand begleitet. Nicht immer konnten die erforderlichen Kleidungsstücke aus eigenen Mitteln finanziert werden.[39] Die häufige Erwähnung von Kleidungsstücken und ihrer Anfertigung sowie der Mühen und verursachten Kosten verweist darauf, dass auch die Sorge um passende Garderobe Ausdruck der gültigen sozialen Normen am Hof war.[40]

Die sozialen Normen am Hofe, allen voran die Kleiderordnung, strahlten bis in die Stadt aus: Eingeladen zu einem höfischen Ball, erkundigte sich Johanna Schopenhauer bei Carl Bertuch nach der passenden Kleidung für diesen Anlass und fragte, ob sie in einem einfachen Ballkleid erscheinen könne, da sie keine Zeit hätte, sich ein Kostüm nähen zu lassen.[41]

Von den Angehörigen des Hofes wurde das Einhalten der sozialen Normen jedoch häufig als lästig empfunden: Beispielsweise berichtete Julie von Egloffstein der Mutter, dass sie für eine Veranstaltung bei Hofe ein Kleid von ihrer Schwester Caroline borgen musste. Im gleichen Atemzug beschwerte sie sich über den finanziellen Aufwand, den höfische Veranstaltungen forderten: „Ach die dummen Hofgeschichten! – wie langweilig u zugleich wie kostbar!!"[42]

Vergleichsweise weniger streng waren die allgemein akzeptierten Verhaltensweisen innerhalb der Stadt. Allerdings gab es auch hier Umgangsformen, deren

---

[38] Henriette von Egloffstein an Sophie Mereau, Weimar, o.D., BJ Kraków, Henriette von Beaulieu-Marconnay, V27, 10 h.

[39] In ihren Briefen bat Caroline von Egloffstein ihre Mutter Henriette häufig um Stoffe und neue Kleider. Vgl. Caroline von Egloffstein an Henriette von Beaulieu-Marconnay, Weimar, 10.04.1817, GSA, Bestand Egloffstein, Henriette v. Beaulieu-Marconnay, Eingegangene Briefe, Egloffstein, Karoline v. 1816-1817, GSA 13/33,3.

[40] Vgl. die Briefe Caroline von Egloffsteins an ihre Mutter, in denen immer wieder über Ballkleider, Stoffe und die Anfertigung neuer Kleidungsstücke debattiert wurde: Caroline von Egloffstein an Henriette von Beaulieu-Marconnay, GSA, Bestand Egloffstein, Henriette v. Beaulieu-Marconnay, Eingegangen Briefe, Egloffstein, Karoline v. 1818-1823, GSA 13/33,4; Bestand Egloffstein, Henriette v. Beaulieu-Marconnay, Eingegangene Briefe, Egloffstein, Karoline v., 1824-1827, GSA 13/33,5; vgl. auch Henriette von Beaulieu-Marconnay an Caroline von Egloffstein, Weimar, 31.07.1818, GSA, Bestand Egloffstein, Karoline Gräfin v. Egloffstein, Eingegangene Briefe, Beaulieu-Marconnay, Henriette v., GSA 13/129,3.

[41] Vgl. dazu Johanna Schopenhauer an Carl Bertuch, Weimar, o.D., Bestand Bertuch, Karl Bertuch, Eingegangene Briefe, Schopenhauer, Johanna, Sg. GSA 06/2990.

[42] Julie von Egloffstein an Henriette von Beaulieu-Marconnay, Weimar, 25.09.1816, GSA, Bestand Egloffstein, Henriette v. Beaulieu-Marconnay, Eingegangene Briefe, Egloffstein, Julie v., 1816-1817, GSA 13/29,2.

Einhaltung Bedingung für eine Einbindung in die Gesellschaft war. Hierzu gehörten die regelmäßigen Besuchsrunden im Bekannten- und Freundeskreis.[43] Diese meist gegenseitigen Visiten der miteinander bekannten Familien wurden als lästige aber zu leistende Pflicht wahrgenommen. Für Johanna Schopenhauer waren sie gerade zu Beginn des Aufenthaltes in Weimar-Jena wesentliche Voraussetzung für eine Integration in die Weimarer Gesellschaft:

> „Visiten von Ridels Md. Kühn haben mir den Vormittag weggenommen und jetzt erwarte ich den Landsmann Falk [...]"[44]

Zum guten Ton gehörte eine förmliche Absage, wenn einmal in Aussicht gestellte Besuche nicht gemacht werden konnten.[45]

Auch das Ausrichten eigener Geselligkeitskreise zählte neben den regelmäßigen Besuchen von Bekannten und Freunden sowie anderen einflussreichen Personen, zu einem konsensualen Verhalten innerhalb der städtischen Gesellschaft Weimars: Johanna Schopenhauer legte großen Wert auf eine formgerechte Einladung ihrer abendlichen Gäste und entsprach damit den Erwartungen der Weimarer Gesellschaft:

> „Wollen und können Sie mir wohl einen Gefallen thun? Ich möchte gern sobald ich ankomme, als Zeichen meines wieder da seyns, und um Visiten zu ersparen, gleich Einladungsbillets schicken, vielleicht haben Sie noch das vorjährige, wo nicht so sezten Sie mir wohl eine Einladung zum Thee jeden Donnerstag und Sonntag bis Ende April auf, mit der Bemerkung daß auswärtige Bekannte meiner Freunde auch willkommen seyn würden, jedoch mit einem leeren Plaz zur Bestimmung des Datums wenn die Gesellschaft anfängt und wenn sie wieder aufhört weil ich das doch nicht so bestimmt wissen kann [...] diese Einladung hätte ich gern bis Anfang der andern Woche auf ganz gewöhnliche weiße Visiten Karten ohne alle Verzierung, höchstens

---

[43] Vgl. u.a. Julie von Egloffstein an Henriette von Beaulieu-Marconnay, Weimar, 05.10.1816: Hier schreibt Julie, dass sie gar nicht zum Schreiben von Briefen kommt, weil sich ständig Visiten ankündigen, GSA, Bestand Egloffstein, Henriette v. Beaulieu-Marconnay, Eingegangene Briefe, Egloffstein, Julie v., 1816-1817, GSA 13/29,2; Amalie von Voigt an Sophie Mereau, o.O., o.D.: „Da wir morgen zu einem Thee bei Goethe gebeten sind, [...]", BJ Kraków, Sophie Mereau, V 122, Korrespondenz/2h [Brawe]. Das Billet ist unter Amalie von Brawe eingeordnet. Da die Handschriften jedoch verschieden sind und im vorliegenden Billett die Anrede mit „Sie" erfolgt, so ist davon auszugehen, dass es sich um ein Billet von Amalie von Voigt handelt, mit der Sophie Mereau in Weimar in engem Kontakt gestanden hat. Vgl. dazu auch die folgenden Billettes sowie die Tagebuchaufzeichnungen Sophie Mereaus: [Mereau-Brentano]: Welt, S. 9-97.
[44] Vgl. Johanna Schopenhauer an Arthur Schopenhauer, Weimar, 16.05.1806, zit. n. Lütkehaus (Hg.): Die Schopenhauers, S. 66f, hier S. 66.
[45] Vgl. Carl Ludwig von Knebel an Johanna Schopenhauer, o.O., o.D., GSA, Bestand Knebel, Karl Ludwig v. Knebel, Ausgegangene Briefe, Schopenhauer, Johanna, GSA 54/333. Knebel bedauert hier, dass er bei seinem letzten Aufenthalt in Weimar Johanna nicht „seine Aufwartung" machen konnte.

vergoldeten Schrift, gedruckt, die Addreßen schreibe ich dann auf die Rückseite, ich werde etwa 24 Stück brauchen [...]".⁴⁶

Ihr Bestreben, mit ansehnlichen Einladungsbillets für ihren Teetisch zu werben, macht deutlich, dass die Form von Einladungen für den Erfolg geselliger Zirkel von großer Bedeutung war. Um interessante Abende und einen Erfolg von Geselligkeitskreisen garantieren zu können, war es notwendig und üblich, die potentiellen Gäste schriftlich oder mündlich, in jedem Falle aber rechtzeitig, einzuladen.⁴⁷

Eine erste Begegnung mit wichtigen Personen kam jedoch häufig über Empfehlungsschreiben zustande. Johanna Schopenhauer beispielsweise war auf die von Hamburger Bekannten und Freunden ausgestellten Briefe angewiesen, um überhaupt in Verbindung zu den von ihr angestrebten Kreisen der Weimarer Gesellschaft treten zu können.⁴⁸

War der Kontakt erst einmal hergestellt und im weiteren Verlauf die Integration in die Weimarer bzw. Jenaer Gesellschaft erfolgt, konnte diese Zugehörigkeit beispielsweise durch die Übernahme des Patenamtes für neugeborene Kinder von Bekannten oder Freunden demonstriert werden: Baten die Eltern des neu geborenen oder noch erwarteten Kindes um die Übernahme des Amtes, so war ein ablehnendes Verhalten kaum möglich. Vielmehr sollte die Ausübung der Patenschaft als eine Ehre aufgefasst werden. Johanna Schopenhauer begriff die Bedeutung der Anfrage Ottilie von Goethes und reagierte entsprechend:

> „Ich bin recht stolz und recht erfreut, daß Du mir auch ein Ehrenstellchen bei dem zu Erwartenden zugedacht hast, Du sollst einmal sehen, was ich für eine treue Pate sein will!"⁴⁹

---

⁴⁶ Johanna Schopenhauer an Carl Bertuch, Weimar, 26.11.o.J., GSA, Bestand Bertuch, Karl Bertuch, Eingegangene Briefe, Schopenhauer, Johanna, GSA 06/2990. Zum Inhalt einer Visitenkarte vgl. ein Einladungsbillet im Bestand Augusts von Goethe: „Madame Schopenhauer ladet hierdurch für jeden Sonntag Abend vom 8 December 1811 bis zum 26. April 1812 zur gewöhnlichen Thee-Gesellschaft ergebenst ein. [...] Auswärtige Freunde Ihrer Bekanntschaft wird sie ebenfalls mit Vergnügen empfangen." GSA, Bestand Goethe Familie, August v. Goethe, Eingegangene Briefe, Schopenhauer, Johanna, GSA 37/XI,4,9.

⁴⁷ Vgl. Johanna Schopenhauer an Henriette von Pogwisch, Jena, o.D., GSA, Bestand Goethe-Pogwisch, Henriette v. Pogwisch, Eingegangene Briefe, Schopenhauer, Johanna, GSA 40/XXXVI,7,3.

⁴⁸ Vgl. Johanna Schopenhauer an Arthur Schopenhauer, Weimar, 06.10.1806, zit. n. Lütkehaus (Hg.): Die Schopenhauers, S. 76-78, hier S. 77. Dieser Brief macht deutlich, dass sie auf Empfehlung des Malers Johann Heinrich Wilhelm Tischbein von Luise von Göchhausen empfangen wurde.

⁴⁹ Vgl. Johanna Schopenhauer an Ottilie von Goethe, o.O., Anfang Juli 1820, zit. n. [Schopenhauer]: Wechsel, S. 371f., hier S. 371. Dieser und andere Briefe Johanna Schopenhauers an Ottilie von Goethe lagern im GSA, Bestand: Goethe-Pogwisch-Henckel v. Donnersmarck, Ottilie v. Goethe, Eingegangene Briefe, Schopenhauer, Johanna, GSA 40/XVI,4,2.

Die Gevatterschaft war ein Ausdruck der Wertschätzung durch die Eltern des neu geborenen Kindes und damit gleichzeitig ein Zeichen für eine bereits fortgeschrittene Akzeptanz innerhalb Weimars bzw. Jenas.[50]

Generell wurde das Einhalten der sozialen Normen als notwendig erkannt. In der Regel fügten sich die Frauen den Vorgaben, denn schließlich galt die Akzeptanz dieser Verhaltensregeln als Voraussetzung für eine dauerhafte Zugehörigkeit zur Weimarer oder Jenaer Geselligkeit.

Lediglich Sophie Mereau entsprach mit ihrem Verhalten häufig nicht den vor allem mittels Ratgeberliteratur und Zeitschriften verbreiteten Moralvorstellungen der Zeit. Die verschiedenen Liebschaften während ihrer Ehe standen vielmehr im krassen Gegensatz dazu. Treue galt als eine wesentliche Voraussetzung für das Funktionieren der Familie als Keimzelle der Gesellschaft und wurde vor allem von der Frau eingefordert.[51] Sie habe die „Hochachtung und Liebe ihres Gatten" zu erhalten und „unreine und schändliche Begierden" zu vermeiden.[52] Schließlich sei es „unnatürlich und gottlos" wenn eine Frau „ungetreu" ist.[53]

Obwohl sich Sophie Mereau mit ihrem Ehebruch entscheidend von den sozialen Normen auch der Gesellschaft Weimar-Jenas um 1800 entfernte, brachte ihre Lebensweise erstaunlicherweise keine soziale Isolation mit sich. Vielmehr blieb sie eine der zentralen Gestalten des Jenaer geselligen Lebens. Und auch das Arbeitsverhältnis mit Friedrich Schiller hatte Bestand. Trotzdem sah sie sich veranlasst, ihren Förderer von der außerehelichen Beziehung mit Johann Heinrich Kipp zu informieren. Schiller war über die Geständnisse

---

[50] Zur Bedeutung von Patenschaften vgl. u.a. Stefan Brakensiek: Fürstendiener – Staatsbeamte – Bürger. Amtsführung und Lebenswelt der Ortsbeamten in niedersächsischen Kleinstädten (1730-1830), Göttingen 1999, hier bes. S. 223; Wolfgang Reinhard: Freunde und Kreaturen. „Verflechtung" als Konzept zur Erforschung historischer Führungsgruppen. Römische Oligarchie um 1600, München 1979; Peter Zschunke: Konfession und Alltag in Oppenheim. Beiträge zur Geschichte von Bevölkerung und Gesellschaft einer gemischtkonfessionellen Kleinstadt in der frühen Neuzeit, Wiesbaden 1984, S. 146-162.

[51] Vgl. dazu u.a. Jean-Jacques Rousseau: Emile oder über die Erziehung, Paderborn 1981, hier S. 390; Zur Funktion von Treue für eine Gesellschaft vgl. Ute Frevert/Ulrich Schreiterer: Treue – Ansichten des 19. Jahrhunderts, in: Manfred Hettling/Stefan-Ludwig Hoffmann (Hg.): Der bürgerliche Wertehimmel. Innenansichten des 19. Jahrhunderts [künftig zitiert: Wertehimmel], Göttingen 2000, S. 217-256. Zur Ehe als der zentrale Ort der weiblichen Existenz vgl. auch Caroline de la Motte Fouqué: Briefe über Zweck und Richtung weiblicher Bildung, Berlin 1811, S. 24. Zu Caroline de la Motte Fouqué vgl. Elisa Müller-Adams: „Dass die Frau zur Frau redete". Das Werk der Caroline de la Motte Fouqué als Beispiel für weibliche Literaturproduktion der frühen Restaurationszeit, St. Ingbert 2003.

[52] Vgl. Joachim Heinrich Campe: Väterlicher Rath für meine Tochter [künftig zitiert: Rath], Köln 1997 (ND der Ausgabe Braunschweig 1796), 141f.

[53] Vgl. Theodor Gottlieb von Hippel: Ueber die Ehe. Nach der fünften vermehrten Auflage, Berlin 1828 (= Sämmtliche Werke, Bd. 5), S. 120.

Sophie Mereaus jedoch mehr belustigt als empört.[54] Das ernsthafte und konzentrierte Arbeiten der beiden wurde nicht gestört. Die offenen Worte, die Sophie Mereau ihrem Kollegen und Förderer gegenüber verwendete, lassen jedoch den Schluss zu, dass ihr sehr wohl klar war, innerhalb der Gesellschaft Jenas an Achtung und Akzeptanz verlieren zu können. Ungeachtet dessen war sie jedoch weiterhin gern gesehener Gast in den professoralen Zirkeln Jenas. Im Hinblick auf den Fortbestand des Arbeitsverhältnisses mit Friedrich Schiller mögen ihre künstlerischen Leistungen entscheidender gewesen sein als ihr Lebenswandel. Dieser Umstand deutet darauf hin, dass die Tragfähigkeit sozialer Normen in bedeutendem Maße von dem Umfeld, in dem die Frauen lebten, abhängig war. Die vergleichsweise milden Reaktionen auf die Lebensweise Sophie Mereaus und auch die Akzeptanz der getrennt von ihrem Mann lebenden Henriette von Egloffstein innerhalb der höfischen Gesellschaft vermitteln den Eindruck, als hätten die zeitgenössischen Moralvorstellungen in Weimar-Jena im Vergleich zu individuellen Fähigkeiten der untersuchten Frauen weit weniger Gewicht gehabt. Konnten die Frauen das höfische oder städtische gesellige Leben Weimar-Jenas bereichern, dann waren sie quasi automatisch wichtiger Bestandteil der Gesellschaft. Eine gesellschaftliche Missachtung ehebrecherischer oder geschiedener Frauen, wie sie für andere Städte nachgewiesen werden konnte[55], bekamen Sophie Mereau und Henriette von Egloffstein in Weimar-Jena nicht zu spüren.

Vor allem das Beispiel Sophie Mereaus macht deutlich, dass innerhalb Weimar-Jenas Normen umgangen werden konnten. In ihrem Fall waren nicht nur die Einhaltung der rechtlichen und sozialen Normen, sondern auch andere Kriterien für eine Anerkennung innerhalb der Gesellschaft entscheidend. Trotzdem bedeutete die Berücksichtigung der sozialen Normen für alle Frauen zunächst einmal eine Garantie für die enge Einbindung in die höfische, städtische oder universitäre Gesellschaft. Aus diesem Grund hielten sie sich weitestgehend an jene Regeln, die allgemein akzeptiert wurden. Vor allem für Henriette von Egloffstein bedeutete die Akzeptanz der sozialen Normen am Hofe gleichzeitig die Bestätigung ihres Selbstverständnisses als Adelige.

---

[54] Vgl. Friedrich Schiller an Johann Wolfgang Goethe, Jena, 18. oder 19.10.1796: „Unsre Dichterin hat vor ein paar Tagen an mich geschrieben und mir ihre Geschichte mit ihrem Mann und ihrem Liebhaber gebeichtet. Sie gesteht, das Leben mit jenem sey fast unerträglich geworden und sie habe ihn vor einiger Zeit verlassen wollen. Doch habe sie sich zusammengenommen und sich zur Pflicht gemacht, ferner und verträglich mit ihm zu leben. Doch hätte sie nothwendig noch vorher von ihrem Liebhaber Abschied nehmen müssen [...] Soweit ihr Geständniß, das sie mir ablegen zu müssen glaubte, wie sie schreibt, um doch von jemand richtig beurtheilt zu werden [...]", zit. n. NA, Bd. 28, S. 315f, hier S. 315.

[55] Vgl. dazu Sylvia Möhle: Ehekonflikte und sozialer Wandel. Göttingen 1740-1840, Frankfurt a.M./New York 1997, hier bes. das Kapitel VII „Das Leben nach der Trennung". Zu Gründen und Folgen einer Scheidung vgl. Dirk Blasius: Ehescheidung in Deutschland 1794-1945. Scheidung und Scheidungsrecht aus historischer Perspektive, Göttingen 1987.

## 3.1.2 Werte

Neben den rechtlichen und sozialen Normen fanden auch verschiedene Wertvorstellungen Eingang in die Aufzeichnungen Sophie Mereaus, Johanna Schopenhauers und Henriette von Egloffsteins. Die Intensität, mit der sie Bezug auf das richtige Maß an Bildung für Frauen oder die Bildungsmöglichkeiten in Weimar und Jena nahmen, Grundlagen einer Ehe und die Bedeutung von Familie thematisierten oder aber Bezug auf das vor allem gegen Ende des 18. Jahrhunderts diskutierte Liebesideal nahmen, macht deutlich, welches „Spektrum an Sinndeutungen und Verhaltensanleitungen"[56] in Weimar-Jena als Orientierung für das eigene Handeln diente: Werte wie Bildung, Ehe und Familie sowie Liebe kristallisierten sich nämlich als die entscheidenden und am häufigsten diskutierten Werte heraus. Die nachdrückliche Beschäftigung mit ihnen macht deutlich, dass Wertedebatten nicht nur in gelehrten Ratgebern und Zeitschriften stattfanden. Ein direkter Bezug findet sich vor allem in Briefen aber auch in anderen autobiographischen Aufzeichnungen der Frauen.[57]

### 3.1.2.1 Bildung

Sowohl Sophie Mereau und Johanna Schopenhauer als auch Henriette von Egloffstein verfügten über einen hohen Bildungsgrad. Hinzu kam ein großes Interesse am Ausbau der in Kindheit und Jugend erworbenen Kenntnisse. Die Ausbildung der drei Frauen war eng an die bürgerlichen und adeligen Vorstellungen über eine angemessene Ausbildung von Mädchen und Frauen angelehnt. Sowohl innerhalb des bürgerlichen als auch des adeligen Standes erfolgte die Erziehung der Frauen mit Blick auf ihre zukünftige Rolle als Ehefrau. Auch um 1800 sollte die Frau drei Hauptaufgaben erfüllen. Neben einer perfekten Hausfrau, der das ordnungsgemäße Führen des Haushaltes sowie

---

[56] Manfred Hettling/Stefan-Ludwig Hoffmann: Zur Historisierung bürgerlicher Werte. Einleitung [künftig zitiert: Historisierung], in: Hettling/Hoffmann (Hg.): Wertehimmel, S. 7-21.

[57] Auch der Briefwechsel der Familie von Egloffstein, insbesondere zwischen Henriette von Beaulieu-Marconnay und ihren Töchtern, Caroline und Julie von Egloffstein, zeigt deutliche Bezüge zu den Debatten des ausgehenden 18. und beginnenden 19. Jahrhunderts. Vgl. Bestand Egloffstein, GSA 13/129; 13/256; 13/33; 13/29. Auch in den Briefen Sophie Mereaus an Johann Heinrich Kipp lassen sich Vorstellungen zu Ehe und Familie, die hier oft in Abgrenzung zum herrschenden Ideal geäußert werden, finden. Vgl. dazu Dechant: *Harmonie*. Hinzu kommen die Briefe der Jenaer Frühromantiker. Vgl. u.a. Rudolf Unger (Hg.) Briefe von Dorothea und Friedrich Schlegel an die Familie Paulus, Berlin 1913; Sigrid Damm (Hg.): Begegnungen mit Caroline. Briefe von Caroline Michaelis-Böhmer-Schlegel-Schelling, Leipzig 1979; E. Schmidt (Hg.): Caroline Schlegel-Schelling, Briefe aus der Frühromantik, 2 Bde., Leipzig 1913-1921; Georg Waitz (Hg.): Caroline. Briefe an ihre Geschwister, ihre Tochter Auguste, die Familie Gotter, F.L.W. Meyer und Fr. Schlegel, J. Schelling u.a. nebst Briefen von A.W. Schlegel und Fr. Schlegel u.a., 2 Bde., Leipzig 1871.

die Aufsicht über Küche und Dienstpersonal oblag, hatte sie treusorgende Mutter und liebevolle Gattin zu sein.[58] Die Schriftsteller und Gelehrten des ausgehenden 18. Jahrhunderts betonten immer wieder, dass die gleichmäßige Verteilung der Aufgaben die Voraussetzung für eine erfolgreiche Partnerschaft und ein glückliches Familienleben sei.[59] Demzufolge mussten die Frauen die Fertigkeiten beherrschen, die sie für das Führen eines Haushaltes benötigten. Handarbeiten und Kochen gehörten ebenso dazu wie Rechnen und Schreiben. Da eine Ehefrau gleichzeitig eine gute Unterhalterin sein sollte, hatte sie gut vorlesen zu können und außerdem wenigstens ein Musikinstrument zu beherrschen.[60] Damit sie in angemessener Weise zu den häuslichen Gesprächsrunden beitragen konnte, sollte sie über ein gewisses Maß an Allgemeinbildung verfügen. Dazu gehörten „solche Kunstfertigkeiten und solche Kenntnisse aus Büchern und durch Unterricht", die dazu dienten dem „Gatten das Leben zu versüßen".[61] Hinzu kamen Grundkenntnisse in Geographie und Geschichte.[62]

Lektüre sowie weiterführender Unterricht in Sprachen, Musik und bildender Kunst spielten für die untersuchten Frauen eine große Rolle. In Weimar-Jena waren sie bestrebt, die eigenen Fähigkeiten weiter auszubilden. Vor allem ihrem ungebrochenen Interesse an neuer und guter Literatur bot Weimar-Jena ideale Bedingungen: In beiden Städten wurden sie rechtzeitig mit den neuesten literarischen Werken oder der Literatur versorgt, die sie zu lesen wünschten. Sätze wie „Die der Adele geliehnen Bücher empfangen Sie hierbey mit dem besten Dank zurück, auch den Saul von dem ich es sehr bedaure daß ich die lezten Ackte nicht gesehen habe."[63] illustrieren, dass der Bedarf nach Büchern groß war und diesem in der Regel auch prompt entsprochen werden konnte.

---

[58] Zu den bürgerlichen Vorstellungen vgl. Pia Schmid: Weib oder Mensch, Wesen oder Wissen? Bürgerliche Theorien zur weiblichen Bildung um 1800 [künftig zitiert: Weib], in: Elke Kleinau/Claudia Opitz (Hg.): Geschichte der Mädchen- und Frauenbildung, Bd. 1: Vom Mittelalter bis zur Aufklärung [künftig zitiert: Geschichte], Frankfurt a.M./New York, 1996, S. 327-345; dies.: Bürgerliche Theorien zur weiblichen Bildung. Klassiker und Gegenstimmen um 1800, in: Otto Hansmann u.a. (Hg.): Diskurs Bildungstheorie II: Problemgeschichtliche Orientierungen, Weinheim 1989, S. 537-559. Zu adeligen Vorstellungen über Erziehung der Mädchen vgl. Anke Hufschmidt: Adlige Frauen im Weserraum zwischen 1570 und 1700. Status – Rollen – Lebenspraxis [künftig zitiert: Frauen], Münster 2001, bes. Kap. 2; Kerstin Wolff: Öffentliche Erziehung für adlige Töchter? Stiftsideen in Sachsen-Gotha nach dem Dreißigjährigen Krieg, in: Katrin Keller/Josef Matzerath (Hg.): Geschichte des sächsischen Adels [künftig zitiert: Geschichte], Köln/Weimar/Wien 1997, S. 275-289.

[59] Vgl. Campe: Rath, S. 87.

[60] Vgl. ebd., vor allem S. 88-117.

[61] Vgl. ebd., S. 98f. Zu den Fähigkeiten der Frauen auf dem Gebiet der Kunst und Literatur zum Zwecke der Unterhaltung ihres Ehemannes vgl. auch Jeanne L. Campan: Die häusliche Erziehung vorzüglich des weiblichen Geschlechts von dem ersten Lebensjahre bis in das reifere Alter, Köln 1997 (ND der Ausgabe Leipzig 1824).

[62] Vgl. Campe: Rath, S. 113.

[63] Johanna Schopenhauer an Carl Ludwig Knebel, Weimar, 26.12.1822, GSA, Bestand Karl Ludwig v. Knebel, Eingegangene Briefe, Schopenhauer, Johanna, GSA 54/262.

Garant für eine schnelle Lieferung der gewünschten Literatur war unter anderem das Verlagshaus Bertuch. Hier konnten nicht nur Bücher gekauft, sondern auch geliehen werden:

> „Gries quält mich um den vierten Theil des Gespensterbuchs, haben Sie es zu Hause und wollen Sie es mir bis heute über acht Tage für ihn anvertrauen so erzeigen Sie mir eine Gefälligkeit, er ist sehr ordentlich, solche Lektüre ist seine einzige Freude bei seiner Krankheit und übrigen Situazion [...] Er wünscht auch sehr die Fortsezung der tausend und einen Nacht die in Ihres Vaters blauer Bibliothek steht [...]"[64]

Neben Bertuch war auch der in Jena ansässige Verleger Frommann zuverlässiger Lieferant für neu erschienene Bücher.[65] Sophie Mereau erhielt dagegen eine Reihe von Büchern vor allem aus dem befreundeten Jenaer Kreis: Johann Bernhard Vermehren lieh ihr neue Zeitschriften und Bücher.[66] Während ihres Camburger Aufenthaltes gehörte Carl Abraham Eichstädt zu einer der Kontaktpersonen, die für neue Literatur sorgten.[67]

Auch Henriette von Egloffstein konnte während ihrer Weimarer Zeit neueste Literatur und aktuellste Zeitschriften schnellstmöglich erhalten. Nach ihrem Weggang aus Weimar beklagte sie den Mangel an neuen schriftstellerischen Produkten in der hannoverschen Provinz und beschwerte sich über die veralteten Zeitschriften:

> „Schon Ihr Brief, der mich an unser freundliches Verhältnis in Weimar erinnerte, that mir unendlich wohl u es ist Pflicht für Sie, als meine theure Freundin öfter mich durch so ein liebes Blättchen zu ermuntern – denn wie in einem geistgen Schlaf versenkt mich hier der Mangel an allen Erzeugnissen der neusten Litteratur. Sogar Journale giebt es hier nur dann, wenn ihre Blüthe abgefallen ist u sie veraltert sind."[68]

Sowohl die Verleger Weimar-Jenas als auch das große, literarisch zu begeisternde, Publikum waren ideale Bedingungen für den Zugang zu Büchern und Zeitschriften.

---

[64] Johanna Schopenhauer an Carl Bertuch, 10.06.0.J. (wohl 1809), GSA, Bestand Bertuch, Karl Bertuch, Eingegangene Briefe, Schopenhauer, Johanna, GSA 06/2990.

[65] Johanna Schopenhauer an Carl Friedrich Ernst Frommann, Weimar, 30.07.1814: „Hier, lieber Frommann, erhalten Sie die heute vor acht Tagen erhaltnen Bücher alle drei zurück. Die Reise nach Etersburg habe ich nur durchgeblättert, sie ist mir zu weitläufig und zu süßlich. An den Romanen aber hat besonders Adele große Freude, auch mir behagen sie Nachmittags auf dem Sopha recht gut.", GSA, Bestand Frommann, Carl Friedrich Ernst Frommann, Eingegangene Briefe, Schopenhauer, Johanna, geb. Trosiner, GSA 21/44.

[66] Vgl. Johann Bernhard Vermehren an Sophie Mereau, Jena, 28.03.1803, BJ Kraków, Bernhard Vermehren V 271, 13h.

[67] Vgl. Sophie Mereau an Carl Abraham Eichstädt, Camburg, o.D., Thüringisches Universitäts- und Landesbibliothek, Jena, Abt. Handschriften und Sondersammlungen (ThULB/HSA), Sophie Mereau, geb. Schubart, Sg. EN 22.100.

[68] Vgl. Henriette von Beaulieu-Marconnay an Sophie Mereau, Misburg, 02.08.1804, BJ Kraków, Henriette von Beaulieu-Marconnay, V27, 10 h.

Abgesehen von dem überaus großen Interesse für Literatur waren sowohl Sophie Mereau und Johanna Schopenhauer als auch Henriette von Egloffstein gleichermaßen bemüht, eigene Fähigkeiten weiterzubilden: Sophie Mereau ging an der Universität Jena ihrem Interesse für Philosophie nach. Mehrfach besuchte sie Privatkollegien von Johann Gottlieb Fichte.[69] Johanna Schopenhauer nahm dagegen ihren Klavierunterricht wieder auf[70] und begann unmittelbar nach ihrem Umzug von Hamburg nach Weimar außerdem mit dem Italienischunterricht. Hoch motiviert und mit großer Begeisterung studierte sie die fremde Sprache:

> „Das Italienische nimt mit viel Zeit, ich studire mit großem Eifer, und hoffe den Winter hindurch soweit damit fertig zu werden daß ich es mit Vergnügen lesen kann, ob ich es zum Sprechen bringen werde weiß ich noch nicht, es ist eine herrliche Sprache [...]."[71]

Henriette von Egloffstein profitierte ebenfalls von dem Angebot an musischen Weiterbildungsmöglichkeiten. Sie fühlte sich in hohem Maße von dem Weimarer Theater angezogen, dem sie die Fähigkeit zur Bildung der Zuschauer zusprach.[72] Jahre später hob sie in Erinnerung an ihren Aufenthalt in Weimar jedoch vor allem den Umgang mit den gebildeten Personen und dessen Auswirkungen auf ihre eigene Bildung hervor:

> „Ich sah mich von so vielen Seiten wohlthätig angeregt, durfte mir Aug u Ohr öffnen, um mich über Vieles zu belehren, was ich bisher dunkel geahndet hatte."[73]

---

[69] Einen Hinweis auf die Kollegienbesuche Sophie Mereaus gibt J.F. Herbart: „[...] die Mad. Mereau, macht Gedichte für den Schiller'schen Musenalmanach und studiert Kant und Fichte [...]", zit. n. Schwarz: Leben, S. 71.

[70] Vgl. Johanna Schopenhauer an Arthur Schopenhauer, Weimar, 07.11.1806: „[...] ich habe wieder einen Klaviermeister für mich u Adelen genommen, den ersten in der Stadt, der auch den Prinzen Unterricht gibt [...]", zit. n. Lütkehaus (Hg.): Die Schopenhauers, S. 110-114, hier S. 112.

[71] Vgl. Johanna Schopenhauer an Arthur Schopenhauer, Weimar, 19.12.1806, zit. n. ebd., S. 129f. hier S. 129.

[72] Vgl. dazu die Briefe Henriette von Egloffsteins an Sophie Mereau, in denen sie begeistert von den Anregungen durch das Theater: Henriette von Egloffstein an Sophie Mereau, BJ Kraków, Henriette von Beaulieu-Marconnay, V27. Die Bedeutung, die sie dem Theater und den von ihm geschaffenen Figuren für die eigene Bildung verlieh, zeigt sich bspw. auch in einem Brief an ihre Tochter Julie, in dem sie diese auf den Vorbildcharakter der Iphigenie hinwies: Henriette von Beaulieu-Marconnay an Julie von Egloffstein, o.O., 03.03.1822: „Nichts kenne ich, was deutlicher meine Ideen ausdrükte, als Iphigenien wie sie und die Geschichte u nach ihr Göthe, darstellt. Es ist das höchste Ideal der Weiblichkeit, in unberührter Heiligkeit, Erhabenheit, u menschlicher reiner Würde. Doch frei von jeder kleinlichen Empfindung u Beziehung die sich so leicht des weiblichen Gemüths bemächtigt, muß freilich eine Iphigenie sein, um das zu werden was bis jezt so selten sich auf Erden zeigte.", GSA, Bestand Egloffstein, Julie Gräfin v. Egloffstein, Eingegangene Briefe, Beaulieu-Marconnay, Henriette v., 1822, oD, GSA 13/256,8.

[73] Henriette von Beaulieu-Marconnay, „Bruchstücke aus meinem Leben": Weimar!, GSA, Bestand Egloffstein, Henriette v. Beaulieu-Marconnay, Lebenserinnerungen, „Bruchstücke aus meinem Leben", 4. Heft, GSA 13/5 [künftig zitiert: Bruchstücke].

Trotz der innerhalb ihrer Familie oft drückenden Geldsorgen, die sich u.a. in Hausverkäufen ausdrückten[74], war Henriette von Egloffstein stets bemüht, sich selbst fortzubilden und den Kindern eine entsprechende Ausbildung zu sichern:

> „So sehr die Geldnoth drückend ist – hat dennoch dein Stiefvater früher als ich darauf bestanden daß ich dir nichts in den Weg legen mögte, was dein Vater zu deinem Vergnügen u so genanter Bildung thun will [...]."[75]

Dazu gehörte jedoch nicht nur der Unterricht in den schönen Künsten und in den Fremdsprachen. Vielmehr knüpfte Henriette von Egloffstein in ihren Vorstellungen von einer optimalen Bildung auch an das Hausmutterideal an: Sie ermahnte ihre Töchter regelmäßig, das Hauswesen zu verbessern, die Kochkunst weiter zu üben und das Rechnen nicht zu vernachlässigen, um den Überblick über die eigenen Finanzen zu wahren:

> Wie sehr erfreut es mich daher zu hören daß du fortfährst deine kleine Kochkunst zu üben u so schöne Nokkeln machst [...] u ich will mehrere Dinge zu Eurer fernern Bildung schiken, damit das liebe kleine Hauswesen sich immer mehr verbeßre [...] Führst du denn die Rechnungen pünktlich bestes Kind, u fühlst du mehr Leichtigkeit im Rechnen? Nur fortgesezte Übung kann dir hierinnen zum helfen u dir zugleich die Kentniß der Bedürfnisse u ihres Werths geben, der welche so höchst wichtig u unentbehrlich im weiblichen Leben ist. [...]"[76]

Auch im fortgeschrittenen Alter der Töchter rief Henriette von Egloffstein diese immer wieder dazu auf, sich in den von ihr als wichtig bewerteten Fächern wie Musik, Geschichte, Geographie, Rechnen und Französisch zu üben. Auf die Ausbildung sollte trotz der angespannten finanziellen Situation nicht verzichtet werden.[77] Schließlich galt es, am Hof und in den geselligen Kreisen Weimars einen guten Eindruck zu hinterlassen und den Anforderungen des höfischen geselligen Lebens zu entsprechen. Eine gute Ausbildung eröffnete außerdem die Möglichkeit einer dotierten und anerkannten Hofdamenstelle für die Kinder. Denn Bildung war gegen Ende des 18. und zu Beginn des 19. Jahrhunderts gleichermaßen für Bürgertum und Adel notwendige Voraussetzung für eine

---

[74] Vgl. Henriette von Egloffstein an Franz Carl Leopold von Seckendorff, Weimar, 08.02.1802, GSA, Bestand Egloffstein, Henriette v. Beaulieu-Marconnay, Ausgegangene Briefe, Seckendorf(f)-Aberdar, Franz Karl Leopold v., GSA 13/90.
[75] Vgl. Henriette von Beaulieu-Marconnay an Julie von Egloffstein, 01.08.1811, GSA, Bestand Egloffstein, Julie Gräfin v. Egloffstein, Eingegangene Briefe, Beaulieu-Marconnay, Henriette v., 1809-1816, oD, GSA 13/256,1.
[76] Henriette von Beaulieu-Marconnay an Julie von Egloffstein, o.O., 13.02.1820, GSA, Bestand Egloffstein, Eingegangene Briefe, Beaulieu-Marconnay, Henriette v., 1820, GSA 13/256,4.
[77] Henriette von Beaulieu-Marconnay an Julie von Egloffstein, o.O, o.D., GSA, Bestand Egloffstein, Julie Gräfin v. Egloffstein, Eingegangene Briefe, Beaulieu-Marconnay, Henriette v., 1820, GSA 13/256,4.

Beteiligung an der Verwaltung und Gestaltung der jeweiligen Territorien.[78] Damit wird deutlich, dass Bildung nicht als ein ausschließlich bürgerliches Ideal verstanden werden kann, wie innerhalb der Bürgertumsforschung oftmals suggeriert wird.[79] Vielmehr lassen sich enge Verbindungen zwischen den Ansprüchen innerhalb des Bürgertums und des Adels erkennen.

Für Henriette von Egloffstein war ein gewisses Maß an Bildung unerlässlich, um zwischen den hoch gebildeten Frauen und Männern Weimar-Jenas zu bestehen. Ihr Bestreben, die eigenen Fähigkeiten weiter auszubilden, korrespondierte mit dem vielseitigen Angebot an Bildungsmöglichkeiten in Weimar-Jena. Ihr Beispiel zeigt, dass Wechselwirkungen zwischen dem hohen Bildungsgrad der Frauen, ihrem Interesse an Kunst und Literatur, ihren Weiterbildungsbestrebungen und dem Potential Weimar-Jenas auf diesem Gebiet bestanden.

Das Bestreben der drei untersuchten Frauen, die einmal gewonnenen Fähigkeiten weiter zu vervollkommnen, lässt ihre Nähe zu den Debatten über die Art und Weise der Bildung für Frauen erkennen: Zwar hatte die Anfang des 18. Jahrhunderts vertretene Ansicht, dass auch gelehrte Frauen ihrem Geschlecht zur Zierde gereichten, stark an Zustimmung eingebüßt[80], dennoch sollte den Frauen das Interesse an Bildung nicht verloren gehen.[81] Allerdings hatte es ein bestimmtes Maß nicht zu überschreiten: Die tägliche Lektüre war erwünscht.

---

[78] Vgl. dazu auch Rudolf Vierhaus: Art. „Bildung", in: Otto Brunner/Werner Conze/Reinhart Koselleck (Hg.): Geschichtliche Grundbegriffe. Historisches Lexikon zur politisch-sozialen Sprache in Deutschland, Stuttgart, Bd. 1, Stuttgart 1972, S. 508-551, bes. S. 525f.

[79] Vgl. Hettling/Hoffmann (Hg.): Wertehimmel; Hettling/Hoffmann, Historisierung; Wolfgang Kaschuba: Deutsche Bürgerlichkeit nach 1800. Kultur als symbolische Praxis, in: Jürgen Kocka (Hg.): Bürgertum im 19. Jahrhundert. Deutschland im europäischen Vergleich, Bd. 3, Münster 1988, S. 9-44; Jürgen Kocka: Das europäische Muster und der deutsche Fall, in: ders. (Hg.): Bürgertum im 19. Jahrhundert, Bd. 1: Einheit und Vielfalt in Europa, Göttingen 1995, S. 9-84, hier S. 17; Franz J. Bauer: Bürgerwege und Bürgerwelten. Familienbiographische Untersuchungen zum deutschen Bürgertum, Göttingen 1991; Michael Maurer: Die Biographie des Bürgers. Lebensweise und Denkweisen in der formativen Phase des deutschen Bürgertums (1680-1815) [künftig zitiert: Biographie], Göttingen 1996; Rebekka Habermas: Frauen und Männer des Bürgertums. Eine Familiengeschichte (1759-1850) [künftig zitiert: Frauen], Göttingen 2000, hier S. 9.

[80] Vgl. dazu u.a. Birgit Panke-Kochinke: Göttinger Professorenfamilien. Strukturmerkmale weiblichen Lebenszusammenhangs im 18. und 19. Jahrhundert [künftig zitiert: Professorenfamilien], Pfaffenweiler 1993, hier S. 141 u. S. 201; Rebekka Habermas: Friederike Baldinger und ihr Männerlob: Geschlechterdebatten der Aufklärung, in: Heide Wunder/Gisela Engel (Hg.): Geschlechterperspektiven. Forschungen zur Frühen Neuzeit, Königstein/Taunus 1998, S. 242-254. Zu einer am Anfang des 18. Jahrhunderts zu findenden Offenheit gelehrten Frauen gegenüber vgl. Katharina Fietze: Frauenbildung in der „Querelle des femmes", in: Kleinau/Opitz (Hg.): Geschichte, S. 237-251, hier S. 242-248.

[81] Vgl. Campe: Rath; Ernst Brandes: Über die Weiber, Leipzig 1787; Gottfried A. Hippel: Über die bürgerliche Verbesserung der Weiber, Berlin 1792; ders.: Über die Ehe, Berlin 1774, dritte viel vermehrte Auflage, Berlin 1792.

Lesewut und Schriftstellersucht stattdessen verhindere, dass Frauen sich den ihnen zugewiesenen Aufgaben angemessen widmen könnten.[82]

Die Diskrepanz zwischen dem eigenen Bildungsgrad und den Bildungsbestrebungen in Weimar-Jena auf der einen sowie den diskutierten Wertvorstellungen auf der anderen Seite wird dann deutlich, wenn die Frauen versuchten, die eigene Ausbildung herunterzuspielen. In ihrer Argumentationsweise sind sie kein Einzelfall. Vor allem jene Frauen, die eigene schriftstellerische Werke veröffentlichten und damit ohnehin den gängigen Vorstellungen von einer weiblichen Existenz um 1800 widersprachen, versuchten ihre große Belesenheit zu verstecken, um der Gefahr zu entgehen als gelehrte Frauen zu gelten.[83] Dabei ist den Äußerungen zu dieser Problematik eine Ambivalenz zwischen dem Stolz auf die eigenen Fähigkeiten und der Befürchtung, aufgrund einer herausragenden Bildung an weiblichen Attributen einzubüßen, deutlich anzumerken: In ihren Jugenderinnerungen geht Johanna Schopenhauer explizit auf ihre umfangreiche Ausbildung ein, die sie genossen hat. Gleichzeitig relativiert sie ihre erlangten Fähigkeiten, indem sie betont, dass sie zwar bei der Lektüre von Shakespeare und Homer Gefahr gelaufen sei, „so eine Art von gebildetem jungem Frauenzimmer" zu werden, schließlich aber davor bewahrt wurde, indem sie neben allem Unterricht trotzdem wie ein Kind hatte spielen können.[84] Dieses Lavieren zwischen selbstbewussten Schilderungen ihrer Kenntnisse und unmittelbar folgenden Relativierungen zeigt, dass Johanna Schopenhauer geschickt auf die zeitgenössischen Einstellungen reagierte. Sie verstand es, mit bestimmten Formulierungen das Herausragende ihrer Fähigkeiten hervorzuheben und gleichzeitig Ansatzpunkte für fundamentale Kritik zu verwischen.[85] Ihre

---

[82] Vgl. Campe: Rath, hier u.a. S 46. Zum Thema Lesen und „Lesewut" vgl. auch Barbara Becker-Cantarino: Der lange Weg zur Mündigkeit. Frauen und Literatur in Deutschland von 1500-1800, München 1989, S. 170-177; Dagmar Grenz: Von der Nützlichkeit und Schädlichkeit des Lesens. Lektüreempfehlungen in der Mädchenliteratur des 18. Jahrhunderts, in: dies./Gisela Wilkending (Hg.): Geschichte der Mädchenlektüre. Mädchenliteratur und die gesellschaftliche Situation der Frauen vom 18. Jahrhundert bis zur Gegenwart, Weinheim/München 1997, S. 15-33. Zu dem innerhalb der zeitgenössischen Diskurse debattierten Phänomen der „Schreibsucht" vgl. auch Ursula Geitner: Soviel wie nichts? Weiblicher Lebenslauf, weibliche Autorschaft um 1800 [künftig zitiert: Soviel wie nichts?], in: Jürgen Fohrmann (Hg.): Lebensläufe um 1800, Tübingen 1998, S. 29-50.

[83] Vgl. dazu Andrea Hahn: „Wie ein Mannskleid für den weiblichen Körper." Therese Huber (1764-1829), in: Karin Tebben (Hg.): Beruf: Schriftstellerin. Schreibende Frauen im 18. und 19. Jahrhundert, Göttingen 1998, S. 103-131, 107f; Helga Meise: Bildungslust und Bildungslast in Autobiographien von Frauen um 1800, in: Kleinau/Opitz (Hg.): Geschichte, S. 453-466.

[84] Vgl. [Schopenhauer]: Wechsel, S. 89. Dazu auch Friederike Fetting: „Ich fand in mir eine Welt". Eine sozial- und literaturgeschichtliche Untersuchung zur deutschen Romanschriftstellerin um 1800: Charlotte von Kalb, Caroline von Wolzogen, Sophie Mereau-Brentano, Johanna Schopenhauer [künftig zitiert: „Welt"], München 1992, hier S. 78.

[85] Vgl. dazu Fetting: „Welt", hier S. 78-80.

„leserlenkenden Erklärungen"[86] lassen zunächst Vorsicht vermuten, wirken aber in ihrer ständigen Wiederkehr eher als toposartige Reminiszenz auf die an sie von der Gesellschaft herangetragenen Erwartungen. Von einer „Abneigung, sich und das eigene Leben darzustellen und vor der Öffentlichkeit auszubreiten"[87], kann keine Rede sein. Vielmehr sprechen die Anstrengungen Johanna Schopenhauers, den Bericht über Herkunft, Bildungsgang und die unterschiedlichen Lebensstationen später drucken lassen zu können, für ihr großes Selbstbewusstsein.[88]

Auch einige Kommentare Henriette von Egloffsteins lassen eine Ambivalenz in den Auffassungen über Bildung deutlich werden, die ebenfalls einen Bezug zu den zeitgenössischen Debatten über die Bildung von Frauen erkennen lassen: Während Johanna Schopenhauer mit den Ansichten über gebildete Frauen spielte, kritisierte Henriette von Egloffstein ernsthaft eine übermäßige Bildung von Frauen. Denn diese widersprach – ihrer Meinung nach – den natürlichen Anlagen der Frau. Ein „Weib im ganzen Umfang des Wortes"[89] bedeutete für Henriette von Egloffstein die „Zwekmäßige Thätigkeit in unsern Wirkungskreis Ordnung, vernünftige Sparsamkeit, Gefälligkeit, Mittheilung, Nachsicht, Wohlwollen, Gedult mit fremden Schwächen und Strenge gegen die Eignen, Mäßigkeit in allen Dingen [...]".[90] Im Zusammenhang mit diesen Maßgaben und trotz ihrer großen Begeisterung für Kunst und Kultur, dem schriftstellerischen Interesse und der Aufmunterung und Unterstützung, die sie in späteren Jahren ihren Töchtern zuteil werden ließ, bezog sie eindeutig Stellung gegen eine übertriebene rationale Bildung von Frauen:

> „[...] wenn das Weib zuviel mit dem Kopf u zu wenig mit dem Herzen denkt u dies ist der Fluch der aus der sogenanten Bildung des Weibes hervorgeth. Da wir mehr Herz als Kopf haben sollen um damit fühlen, zu empfinden u aus den Labyrinth des Lebens heraus zu tasten, mögte ich sagen, hat die Natur uns die Kraft u Ausdauer zu allen abstrakten Kopfarbeiten versagt, u – die jezige Tendenz der Frauen geth gerade dahin den weisen Zwek der Natur entgegen zu arbeiten."[91]

---

[86] Sigrun Schmidt: Der „selbstverschuldeten Unmündigkeit" entkommen. Perspektiven bürgerlicher Frauenliteratur. Dargestellt an Romanbeispielen Sophie von La Roches, Therese Hubers, Friederike Helene Ungers, Caroline Auguste Fischers, Johanna Schopenhauers und Sophie Bernhardis, Würzburg 1999, S. 291.
[87] Ebd.
[88] Vgl. Johanna Schopenhauer an Johann Georg Cotta, Jena, 10.11.1837, Deutsches Literaturarchiv Marbach a.N. (DLA), Bestand/Zugangsnummer: Cotta Br.
[89] Henriette von Beaulieu-Marconnay an Julie von Egloffstein, o.O., 21.03.1819, GSA, Bestand Egloffstein, Julie Gräfin v. Egloffstein, Eingegangene Briefe, Beaulieu-Marconnay, Henriette v., 1819, GSA 13/256,3.
[90] Ebd.
[91] Henriette von Beaulieu-Marconnay an Julie von Egloffstein, o.O., 05.09.1819, GSA, Bestand Egloffstein, Julie Gräfin v. Egloffstein, Eingegangene Briefe, Beaulieu-Marconnay, Henriette v., 1819, GSA 13/256,3.

Während diese Warnung vor einem widernatürlichen Verhalten hochgebildeter Frauen als Aufforderung an die eigenen Kinder aufzufassen ist, diesen Gefahren auszuweichen und sich den Bestrebungen nach immer mehr Bildung zu verschließen, lassen andere Aussagen Henriette von Egloffsteins zum gleichen Thema jedoch vermuten, dass sie auf diese Art und Weise argumentierte, weil sie den Töchtern eine gleichermaßen umfassende Bildung letztlich doch nicht bieten konnte:

> „Ich müßte allerdings sehr beklagen, daß meine Lage nicht von der Art war, Euch alles lehren zu lassen, was so vielen rund um Euch her eingetrichtert worden – aber ich sehe eben nicht daß sie mehr geworden sind als Ihr, arme Vernachlässigte! [...]"[92]

Unter Bezugnahme auf die Tendenzen ihrer Zeit, versuchte Henriette von Egloffstein ihre Töchter wegen deren vergleichsweise mangelhaften Ausbildung zu trösten, indem sie darauf hinwies, dass das Maß an Bildung letztlich nicht entscheidend war. Leise klingt auch hier die Kritik an den – in Weimar-Jena sichtbaren – eifrigen Bemühungen an, Frauen eine möglichst umfangreiche Ausbildung zuteil werden zu lassen. Letztlich zeigen ihre Äußerungen allerdings jedoch erneut, welch große Bedeutung der Bildung innerhalb Weimar-Jenas zugemessen wurde, der sich auch Henriette von Egloffstein weder verwehren konnte noch wollte.

Denn das Ansehen, das gebildete Männer und Frauen in Weimar-Jena genossen, prägte das Leben der drei untersuchten Frauen in hohem Maße: Sie fühlten sich nicht nur bemüßigt, mit den Weimarer Bekannten und Freunden Schritt zu halten, sondern waren aufgrund des eigenen Bildungshorizontes bestrebt, die umfangreichen Weiterbildungsmöglichkeiten in Weimar-Jena zu nutzen. Auf diese Weise konnten sie ihren eigenen Bildungsstand erweitern, eines der Ziele, das sie mit einem Aufenthalt in Weimar oder Jena verbanden.

### 3.1.2.2 Ehe und Familie

Die Auseinandersetzungen aller drei Frauen mit dem Thema Ehe und Familie waren von ihren individuellen Erfahrungen geprägt. Dementsprechend entwickelten sie unterschiedliche Konzepte von Ehe und Familie, die verschiedene Auswirkungen auf das Leben in Weimar-Jena hatten: Henriette von Egloffstein nahm eine ähnlich unentschiedene Einstellung wie zum Thema Bildung ein, wenn die Frage nach der Bedeutung einer Ehe für das Leben von Frauen zur Debatte stand. Während sie anfangs deren Vorteile hervorhob, überwogen in späteren Äußerungen die Nachteile. Sie changierte zwischen Annahme und Ablehnung der Ehe. Ihrer Tochter Julie gegenüber betonte sie zunächst, dass ein Ehemann „der erlaubte, heilige Wunsch eines rein weiblichen Herzens" sein

---

[92] Vgl. Henriette von Beaulieu-Marconnay an Julie von Egloffstein, o.O., 21.01.1819, GSA, Bestand Egloffstein, Julie Gräfin v. Egloffstein, Eingegangene Briefe, Beaulieu-Marconnay, Henriette v., 1819, GSA 13/256,3.

muss und die Ehe der „erhabenste(n) Zwek des Dasein[s]" sei.[93] Zu diesem Zeitpunkt entsprach die Meinung Henriette von Egloffsteins noch dem Verständnis von einer Ehe, wie es auch im Universallexikon Johann Heinrich Zedlers propagiert wurde: Die Ehe sei „ein natürlicher Stand, in welchen zwey Personen von unterschiedlichem Geschlechte mit einander treten, und sich verbinden, ihre Liebe zur Vermehrung des menschlichen Geschlechts einander alleine zu wiedmen [...]".[94]

Noch 1819 formulierte Henriette von Egloffstein der Tochter Caroline gegenüber, dass die Ehe „das edelste aber ernsteste Verhältnis des bürgerlichen Lebens" sei. Während sie den Mann „noch fester an den Staat" bindet, sollte die Frau als Gattin nachsichtsvoll und treu, als Hausfrau verständig, fleißig und sparsam sein. Nach Ansicht Henriette von Egloffsteins wurde die Mutterrolle der Frau von der Natur ins Herz geschrieben.[95] Zu diesem Zeitpunkt lehnten sich die Einstellungen Henriette von Egloffsteins noch eng an die Debatten der Zeit an. Ihr Beispiel zeigt, dass auch Angehörige des Niederadels in diesem Verständnis von Ehe und den damit verbundenen Aufgaben für Frauen eine Orientierung für das eigene Handeln sahen.

Während Henriette von Egloffstein zunächst in der Ehe und der Erziehung von Kindern, aber nicht in einem der Kunst gewidmeten Leben den wahren Zweck der Frauen sah, schwankte sie im Laufe der Zeit in ihrer Meinung. Grund dafür mag die Ehelosigkeit all ihrer Töchter gewesen sein. Sowohl Caroline als auch Julie von Egloffstein litten sehr unter diesem Zustand. Ausgehend von dieser Situation formulierte Henriette von Egloffstein mit Blick auf die Ehe 1826 vergleichsweise vorsichtiger und offenbar an die Lebenssituation der Töchter angepasst:

> „Daher ist der Schritt in den Ehestand so höchst bedenklich, weil wir diesen nicht wieder zurük thun können u dieses Verhältnis am meisten Nachsicht Gedult u Resignation erfordert."[96]

---

[93] Vgl. Henriette von Beaulieu-Marconnay an Julie von Egloffstein, o.O., 09.02.1828, GSA, Bestand Egloffstein, Julie Gräfin v. Egloffstein, Eingegangene Briefe, Beaulieu-Marconnay, Henriette v., 1826-1828, GSA, 13/256,3.

[94] Johann Heinrich Zedler: Grosses vollständiges Universal-Lexikon, Art. „Ehestand", Bd. 8, Leipzig 1734 (ND Graz 1994), Sp. 360-401, hier Sp. 360.

[95] Henriette von Beaulieu-Marconnay an Caroline von Egloffstein, o.O., 07.02.1819, GSA, Bestand Egloffstein, Karoline Gräfin v. Egloffstein, Eingegangene Briefe, Beaulieu-Marconnay, Henriette v., 1819, oD, GSA 13/129,4. Zur Naturbestimmung der Frau zum Heiraten vgl. auch Henriette von Beaulieu-Marconnay an Caroline von Egloffstein, o.O., 16.09.1820: „Du weist es ja, mein bestes Herz, daß ich das Heurathen im Durchschnitt, für kein Glük halte, obgleich es unsre Nbestimmung im allgemeinen ist [...]", GSA, Bestand Egloffstein, Karoline Gräfin v. Egloffstein, Eingegangene Briefe, Beaulieu-Marconnay, Henriette v., 1820, oD, GSA 13/129,5.

[96] Henriette von Beaulieu-Marconnay an Julie von Egloffstein, o.O., 30.12.1826, GSA, Bestand Egloffstein, Julie Gräfin v. Egloffstein, Eingegangene Briefe, Beaulieu-Marconnay, Henriette v., 1826-1828, GSA 13/256,10.

Während sie ihre Ansichten anfangs vor allem mit deutlichem Bezug auf die Lebensweise ihrer Tochter äußerte und auf die Schwierigkeiten verwies, die mit einer Ehe einhergingen und Durchhaltevermögen erforderten, rang sie sich später zu eindeutigen und überaus kritischen Aussagen über Ehe und Familie durch:

> „So wenig wie ich leidenschaftliche Heurathen in Schuz nehme, eben so wenig billige ich Convenienz heurathen u finde daß nur Wohlwollen, Achtung u ein anständiges (im strengen Sinn des Wortes) Auskommen, zu[r] Begründung des ernsten feierlichen Bundes nothwendig sind, um genügsame Herzen auf den Weg des Lebens leichter und sicherer zu leiten [...]".[97]

Obwohl sie hier noch Bezug auf die Debatten der Zeit nimmt, welche Konvenienzehen mehr und mehr verurteilten, und stattdessen für eine auf der Basis von Zuneigung und relativem Wohlstand geschlossenen Ehe plädierte, hebt sie an gleicher Stelle die mit einer Ehe verbundenen Einbußen für die Frau hervor:

> „Das Weib besonders, hört auf sich selbst zu leben, hat keinen Willen mehr u kan, bey der Sorge für das Wohl anderer, ihre eigne Existenz für nichts mehr rechnen als ein nützliches Werkzeug in der Hand Gottes zu sein."[98]

Anhand dieser kritischen Auseinandersetzung mit der Rolle der Frau innerhalb des ehelichen Verhältnisses versuchte sie einmal mehr, die Töchter von den Schwierigkeiten einer Ehe zu überzeugen und mit ihrem Zustand als unverheiratete Frauen zu versöhnen. Diese waren auch deshalb unverheiratet geblieben, weil es aufgrund der finanziell prekären Situation der Familie schier notwendig war, den Töchtern die Ehe nur dann zu gestatten, wenn der Ehemann in der Lage war, seine Ehefrau zu ernähren. Julie von Egloffstein war die Ehe mit dem verarmten Adeligen Fritz von Dachenhausen aus eben diesen Gründen verwehrt worden.[99] Dass wirtschaftliche Umstände eines der entscheidenden Kriterien für eine Heirat waren und auch bleiben sollten, machen Kommentare Henriette von Egloffsteins zu diesem Thema deutlich:

---

[97] Henriette von Beaulieu-Marconnay an Julie von Egloffstein, o.O., 09.02.1828, GSA, Bestand Egloffstein, Julie Gräfin v. Egloffstein, Eingegangene Briefe, Beaulieu-Marconnay, Henriette v., 1826-1828, GSA 13/256,10.

[98] Ebd.

[99] Vgl. die Tagebuchaufzeichnungen Julie von Egloffsteins, GSA, Bestand Egloffstein, Julie Gräfin von, Tagebuchblätter, 1816, GSA 13/357; außerdem die Briefe Friedrichs von Dachenhausen an Julie von Egloffstein, GSA, Bestand Egloffstein, Julie Gräfin v. Egloffstein, Eingegangene Briefe, Dachenhausen, Fritz v., 1814-1816, GSA 13/264,1; Bestand Egloffstein, Julie Gräfin v. Egloffstein, Eingegangene Briefe; Dachenhausen, Fritz v., 1819-1837, GSA 13/264,2, außerdem die Briefe Henriette von Beaulieu-Marconnays an Friedrich von Dachenhausen, GSA, Bestand Egloffstein, Henriette von Beaulieu-Marconnay, Ausgegangene Briefe, Dachenhausen, Fritz v., GSA 13/78.

> „Die jezige Tendenz der Welt ist ganz im Wiederspruch mit den Begebenheiten der Zeit. Man schreibt u dichtet vom Beruf des Weibes mehr als je u spricht von nichts als Mutter- u Gattinpflichten. Aber zugleich fehlt es [an] Brod u Geld die Erzeugten zu nähren u den Aufwand eines Ehestandes zu bestreiten. Wer ist dann wohl am unglücklichsten wenn diese Bedürfnisse einmahl fehlen sollen, die Ehelose, oder die hochgepriesene Gattin u Mutter?? – Ach wie viel leichter ist es selbst leiden als leiden sehen was man liebt u mehr als das Leben liebt."[100]

Hier setzt sich Henriette von Egloffstein explizit kritisch mit den zeitgenössischen Wertediskussionen auseinander. Deutlich gibt sie zu verstehen, dass die Diskrepanz zwischen den innerhalb der Debatten thematisierten Rollenerwartungen und den Lebensbedingungen vor allem auch der adeligen Frauen konsequenterweise dazu führen musste, dass Wertvorstellungen nicht entsprochen werden konnte. Pragmatisch trat sie deshalb für eine Ehelosigkeit als die im Falle von wirtschaftlichen Schwierigkeiten vorteilhaftere Lebenssituation für Frauen ein. Ihre engagierte Auseinandersetzung mit dem Thema Ehe macht letztlich deutlich, wie stark die Diskussionen um Werte wie Ehe und Familie die eigene Existenz und das eigene Selbstverständnis betrafen.

Auch Sophie Mereau setzte sich intensiv mit Idealen wie Liebe und Ehe auseinander. Sie entwickelte ein Ideal des Zusammenlebens zwischen Mann und Frau, das von Harmonie, Offenheit und Freiheit bestimmt sein sollte.[101]

Schon vor der Eheschließung wusste sie, welche Anforderungen an eine Ehefrau gestellt wurden. Auch Freunde wiesen sie auf die ihr bevorstehenden Aufgaben als Ehefrau und Mutter hin und hielten dazu an, diese zu erfüllen, um ihrem Mann und den Kindern ein angemessenes Leben zu gewährleisten. Sophie Mereau zu ihrer Hochzeit beglückwünschend, schrieb ein Freund gleichzeitig warnend:

> „Genieße die Freuden des Lebens – genieße die Freuden des Ehestandes [...] Allein Sophie! Genieße sie als Gattin – nicht als Geliebte. Du verstehst mich zu gut, als daß ich Dir erst sagen sollte, aus welchem Gesichtspunkt man diese oder jene zu betrachten hat. Bedenke daß Du Mutter werden kannst...werden mußt. Bedenke daß es Dir heilige Pflicht ist, diesen Kindern, die an ihrem Daseyn nicht Schuld sind, einen Vater zu erhalten; einen Vater der in spätern Jahren noch in solchem Zustand ist, daß er sie zu ernähren u zu versorgen fähig ist. – Erlebt er es nicht – wird er zu früh schwach, o dann müße nur Dein Herz vorwurfsvollfrey seyn!"[102]

---

[100] Henriette von Beaulieu-Marconnay an Julie von Egloffstein, o.O., o.D., GSA Bestand Egloffstein, Julie Gräfin v. Egloffstein, Eingegangene Briefe, Beaulieu-Marconnay, Henriette v., oD; GSA 13/256,5.

[101] Vgl. die Briefe Sophie Mereaus an Johann Heinrich Kipp, in: Dechant: *Harmonie*, S. 191-467; Vgl. Katharina von Hammerstein: „In Freiheit der Liebe und dem Glück zu leben". Ein Nachwort zu Sophie Mereaus Romanen, in: [Sophie Mereau-Brentano]: Das Blütenalter der Empfindung. Amanda und Eduard. Romane, hrsg. v. Katharina von Hammerstein, München 1996, S. 263-286.

[102] Vgl. Unbekannt an Sophie Mereau, o.O., 04.04.1793, BJ Kraków, Sophie Mereau, V 122, Korrespondenz/1 h 30.

Eine Antwort Sophie Mereaus auf diesen Brief ist zwar nicht erhalten, trotzdem vermittelt der Brief des Freundes den Eindruck eines Zwiegesprächs. Eindringlich redet der Schreiber auf Sophie Mereau ein und plädiert förmlich dafür, dass diese ihre Pflichten bei allen anderen Ambitionen nicht vergessen solle.

Mit Blick auf das Jenaer Leben Sophie Mereaus wirkt der Brief wie eine Prophezeiung dessen, was bereits kurze Zeit nach der Eheschließung Sophie Mereaus mit Friedrich Ernst Carl Mereau eintraf: Sie konnte die Ideale, die an sie als Gattin geknüpft wurden, in dieser Ehe nicht erfüllen. Stattdessen ging sie eine Liebesbeziehung ein, die ihr die Trostlosigkeit des eigenen Ehelebens nur noch stärker verdeutlichte, gleichzeitig aber die Sehnsucht nach einer ehelichen Beziehung mit dem von ihr geliebten Johann Heinrich Kipp verstärkte:

> „Ich mußte viel weinen – meine Augen empfinden es noch heut. – Lieb ich dich nicht, u. bist du nicht mein Gatte? – Warum kann ich dich nicht sehen? Warum muß ich von dir getrennt sein, warum ach!"[103]

Trotz des Scheiterns der Ehe mit Friedrich Ernst Carl Mereau wandte sich Sophie Mereau zunächst nicht von dem Projekt Ehe an sich ab. Vielmehr sollte leidenschaftliche Liebe von nun an unbedingt zu einer Ehe dazu gehören. In dieser Ausschließlichkeit entsprachen Sophie Mereaus Vorstellungen kaum den zeitgenössischen Ansichten, die zwar von einer gegenseitigen Zuneigung der Ehegatten ausgingen, diese jedoch weniger mit Leidenschaft verbanden.

Johanna Schopenhauers Einstellungen zu Ehe und Familie ließen sich vergleichsweise schwer ermitteln. In ihren Lebenserinnerungen, die sie erst 1836/1837 begonnen hat[104], widmete sie ihrer Ehe mit Heinrich Floris Schopenhauer jedoch einen umfangreicheren Passus. Aus diesem geht hervor, dass die Verbindung zwischen ihr und dem Danziger Kaufmann eine Konvenienzehe war: Heinrich Floris Schopenhauer galt als einer der bekanntesten und wohlhabendsten Kaufleute in Danzig. Die Eheschließung mit ihm brachte die

---

[103] Sophie Mereau an Johann Henrich Kipp, Jena, 1806.1795, zit. n. Dechant: *Harmonie*, S. 226.

[104] Einen Hinweis auf den Beginn dieser Aufzeichnungen liefert ein Brief Johanna Schopenhauers an Johann Georg Cotta. An diesen schrieb sie am 10. November 1837 aus Jena und bat um die Aufnahme ihrer „Memoiren" in das Verlagsprogramm. Da sie zu dieser Zeit etwas mehr als die Hälfte des geplanten ersten Bandes bereits fertig hatte, kann davon ausgegangen werden, dass sie nicht vor 1836 mit dem Schreiben begonnen hatte: „Daher biete ich Ihnen, verehrter Baron, den Verlag meine Memoiren an, die mich jetzt ausschließend beschäftigen. Diese Memoiren werden drei Bände ausmachen, ich werde in denselben all die Erfahrungen eines reich bewegten Lebens niederlegen, die ich einigermaßen der Aufbewahrung und der allgemeinen Theilnahme werth schätze. Jeder Band wird zwischen 20 bis 25 Bogen betragen. Der erste Band ist weit über die Hälfte zum Drucke bereit und wird noch vor Neujahr es ganz seyn. Er enthält die erst Epoche meines Lebens, von meiner Geburt in der damals noch freien Stadt Danzig an, bis zu meiner Verheirathung. Der zweite, mein Leben in Hamburg bis zum Absterben meines Gatten und meiner Niederlassung in Weimar. Der dritte enthält mein Leben in Weimar.", Johanna Schopenhauer an Cotta, DLA, Bestand/Zugangsnummer: Cotta Br.

Vermögen zweier Kaufmannsfamilien zusammen. Johanna Schopenhauer schreibt zu der Einstellung ihrer Eltern gegenüber dieser Verbindung:

> „Meine Eltern, alle meine Verwandten mußten meine Verbindung mit einem so bedeutenden Mann, wie Heinrich Floris Schopenhauer in unserer Stadt es war, für ein sehr glückliches Ereignis nehmen [...]"[105]

Freimütig bekennt sie außerdem, dass sie mit Heinrich Floris Schopenhauer keine „glühende Liebe" verband. Stattdessen sei ihre Beziehung von gegenseitiger Achtung füreinander gekennzeichnet gewesen.[106] Indem sie betont, dass die Verbindung mit Heinrich Floris Schopenhauer durch ein respektvolles Umgehen miteinander geprägt war, knüpft sie im Gegensatz zu Sophie Mereau eng an die damals noch vorherrschenden Wertvorstellungen an: Eine erstrebenswerte Verbindung sollte weniger auf blinder Leidenschaft als vielmehr auf gegenseitiger Zuneigung und Anerkennung füreinander gegründet werden.

Im Laufe der Zeit musste sich Johanna Schopenhauer an die vielen Pflichten einer Hausfrau gewöhnen, um den Bedürfnissen ihres Mannes entsprechen zu können. Zunehmend agierte sie als Vorsteherin des Haushaltes, die den Überblick über die Dienstboten und die zu leistenden Arbeiten besaß.[107] Mit ihren Schilderungen suggeriert Johanna Schopenhauer, dass sie ganz dem Bild entsprach, das die Gesellschaft von einer vorbildlichen Ehefrau erwartete. Dazu gehörten auch die Aufgaben einer Mutter:

> „Wie alle jungen Mütter spielte auch ich mit meiner neuen Puppe, war fest überzeugt, daß kein schöneres, frömmeres und für sein Alter klügeres Kind auf Gottes Erdboden lebe als das meinige, und hatte am Tage wie bei der Nacht kaum einen anderen Gedanken als meinen Sohn Arthur."[108]

Auffällig ist, wie stark Johanna Schopenhauer in ihren Lebenserinnerungen versucht, den Zusammenhang zwischen den zu dieser Zeit aktuellen oder diskutierten Werthaltungen mit ihren eigenen Erlebnissen und Empfindungen zu verknüpfen. Die selbststilisierenden Äußerungen vermitteln dem Leser den Eindruck, als habe Johanna Schopenhauer gemäß den zeitgenössischen Wertvorstellungen agiert.

Das Leben in Weimar widersprach der rückblickend geschilderten Danziger und Hamburger Zeit. Johanna Schopenhauer selbst betonte, dass die Entscheidung, allein nach Weimar zu gehen, eher ungewöhnlich war. Schließlich kehrten die verwitweten Töchter in der Regel in ihr Elternhaus zurück. In Weimar lebte sie jedoch weder in der eigenen Familie noch zurückgezogen. Vielmehr entwickelte sie sich zu einem der geselligen Mittelpunkte der Stadt.

---

[105] [Johanna Schopenhauer]: Jugenderinnerungen: Brauttage und Hochzeit, in: [Johanna Schopenhauer]: Wechsel, hier S. 162.
[106] Vgl. ebd.
[107] Vgl. [Johanna Schopenhauer]: Jugenderinnerungen: Weich gebettet, in: ebd., S. 169-171.
[108] [Johanna Schopenhauer,] Jugenderinnerungen: Glückliche Tage in Stutthof, in: ebd., S. 231.

Ehe und Familie spielten für sie hier eine offenkundig untergeordnete Rolle. Unter diesem Blickwinkel wirken ihre Lebenserinnerungen teilweise so, als wollte sie die Lebensspanne, in der sie gemäß der an sie als Frau gestellten Erwartungen gehandelt hat, betonen, um die doch eher ungewöhnlich und von einigen Zeitgenossen auch angefeindete Existenz[109] in Weimar nachträglich zu rechtfertigen.

Im Gegensatz zu Sophie Mereau und Henriette von Egloffstein scheint das Weimarer Leben Johanna Schopenhauers kaum von ihren Gedanken zu Ehe und Familie bestimmt gewesen zu sein. Nach dem Tod ihres Mannes hatte sie wohl bewusst mit diesem Abschnitt ihres Lebens abgeschlossen. Dieser Bruch ermöglichte ihr wiederum ein Leben nach ihren Vorstellungen.

### 3.1.2.3 Liebe

Zum Thema Liebe oder besser zu den Gefühlen, auf deren Grundlage zwei Menschen zusammenleben sollten, äußerten sich die Frauen meist nur in Verbindung mit den Ehevorstellungen der Zeit oder den eigenen Erfahrungen, die sie in einer Ehe gemacht hatten.

In den Briefen und Lebenserinnerungen Johanna Schopenhauers spielen Vorstellungen von Liebe und den Konsequenzen, die Liebe für das eigene Leben haben konnte, eine eher marginale Rolle. In den wenigen Bemerkungen, die sie in ihren Lebenserinnerungen im Rückblick auf die Ehe mit Heinrich Floris Schopenhauer macht, betont sie mehrfach, dass nicht die leidenschaftliche Liebe, sondern Achtung und Respekt wichtige Grundlage für eine Beziehung zwischen Mann und Frau seien. Das Ziel einer Frau müsse es nach Ansicht Johanna Schopenhauers sein, vor allem die Zufriedenheit ihres Mannes zu erhalten:

> „Mein Mann war unfähig, durch direkte Äußerung von Eifersüchteleien mir das Leben zu verbittern; wie wenig er bei einem Wesen meiner Art dadurch gewinnen könne, wurde ihm immer deutlicher, je näher er mich kennenlernte, aber er konnte doch seine Zufriedenheit mit meinem Betragen mir nicht verbergen, und diese mir zu erhalten konnte und mußte vernünftigerweise das einzige Ziel sein, das ich nie aus den Augen verlor."[110]

---

[109] Vgl. bspw. die skeptische Haltung Johann Gottfried Herders gelehrten Frauen gegenüber: Johann Gottfried Herder an Caroline Flachsland, Straßburg, 20.09.1770: „Sie haben Recht, daß ich auf das gelehrte Frauenzimmer vielleicht zu sehr erbittert bin; aber ich kann nicht dafür: es ist Abscheu der Natur. Eigentliche Gelehrsamkeit ist dem Charakter eines Menschen, eines Mannes schon so unnatürlich [...] in dem Leben, in der Seele, in dem Munde eines Frauenzimmers aber, die noch die Einzigen wahren Menschlichen Geschöpfe, auf dem Politischen und Exercierplatz unsrer Welt sind, ist diese Unnatur so tausendmal fühlbarer, daß ich immer sehr fürs Arabische Sprichwort bin „eine Henne, die da krähet, und ein Weib, das gelehrt ist, sind üble Vorboten: man schneide beiden den Hals ab!" [...]", zit. n. Hans Schauer (Hg.): Herders Briefwechsel mit Caroline Flachsland, Bd. 1, Weimar 1926, S. 44-54, hier S. 47.

[110] Vgl. [Johanna Schopenhauer]: Jugenderinnerungen: Weich gebettet, in: [Schopenhauer]: Wechsel, hier S. 173.

Pragmatisch und auf die Notwendigkeit der Vernunft verweisend macht sie gleichzeitig deutlich, dass ihr an einem harmonischen Zusammenleben mit ihrem Mann sehr gelegen war. Ein Funktionieren der Beziehung konnte jedoch nur gewährleistet werden, wenn sie sich als Frau aufrichtig um ihren Mann bemühte. Offenheit und Wahrheit waren für Johanna Schopenhauer die entscheidenden Grundlagen der Beziehung mit Heinrich Floris Schopenhauer.[111]

Ihre Einstellung zu Liebe und Ehe stand in enger Beziehung zu dem innerhalb der zahlreichen Ratgeberliteratur favorisierten Liebeskonzept der Zeit: Obwohl sich ganz unterschiedliche Vorstellungen von der Liebe entwickelt hatten, wurde doch das der „vernünftigen" Liebe bevorzugt. Die vernünftige Liebe gründete auf moralisch-menschliche Tugenden und bezog die geistige Gemeinschaft zwischen den Liebenden ein. Beides sollte nun zu einem funktionierenden Zusammenleben gehören. Achtung voreinander und gegenseitige Pflichterfüllung galten als entscheidende Kriterien für eine glückliche Ehe.[112]

Während Johanna Schopenhauer im Rückblick durchaus auf das Thema Liebe im Zusammenhang mit der ehelichen Gemeinschaft eingeht, finden sich aus der Weimarer Zeit keine Auseinandersetzungen mit dieser Problematik. Vielmehr stellt sich der Eindruck ein, als habe Freundschaft zu gleichermaßen gebildeten und an Literatur interessierten Männern in dieser Zeit einen vergleichsweise wichtigeren Stellenwert in ihrem Leben gefunden. Georg Friedrich Conrad von Gerstenbergk und Carl Eduard von Holtei zählten zu den Männern, mit denen sie eine intensivere Beziehung verband.[113] Nicht durch

---

[111] Vgl. ebd. „[...] Ich fühlte, wenn ich gleich nicht in deutlichen Worten mir es sagte, daß unser beider jetziges und künftiges Glück nur von seiner fortgesetzten Zufriedenheit mit mir abhängig sein, und ehrte und liebte ihn genug, um alles daranzusetzen, mir diese zu erhalten und mit der Zeit ein festes Vertrauen zu gewinnen, ohne deshalb zur Heuchelei und sogenannten kleinen Weiberkünsten mich zu erniedrigen. Ich blieb gegen ihn wahr und offen, wie es stets mir gegenüber gewesen [...]", in: ebd., S. 173f.

[112] Vgl. Anne-Charlott Trepp: Sanfte Männlichkeit und selbständige Weiblichkeit. Frauen und Männer im Hamburger Bürgertum zwischen 1770 und 1840 [künftig zitiert: Männlichkeit], Göttingen 1996, hier S. 42. Dazu auch Maurer: Biographie, vor allem S. 523-530.

[113] Vgl. Johanna Schopenhauer und Georg Friedrich Conrad von Gerstenbergk an Ferdinand Heinke, GSA, Bestand Autographensammlung, Georg Friedrich Konrad von Gerstenbergk (gen. Müller); Johanna Schopenhauer an Ferdinand Heinke, Sg.: 96/3999; Johanna Schopenhauer an Müller von Gerstenbergk, Frankfurt a.M., 02.10.[1823], in: [Schopenhauer]: Wechsel, S. 390-392. Vgl. außerdem die Äußerungen Adele Schopenhauers zur Beziehung zwischen ihrer Mutter und Müller von Gerstenbergk in den Briefen an ihren Bruder Arthur, in: Lütkehaus (Hg.): Die Schopenhauers. Zu der Freundschaft zwischen Carl Eduard von Holtei und Johanna Schopenhauer vgl. Carl Eduard von Holtei an Johanna Schopenhauer, GSA, Bestand Schopenhauer, Johanna Schopenhauer, Eingegangene Briefe, Holtei, Carl Eduard v., GSA 84/I,2,1; Johanna Schopenhauer an Karl von Holtei, GMD, Sg. NW 2092/1991; Johanna Schopenhauer an Karl von Holtei, FDH, Nachlaß Johanna Schopenhauer, Sg. II 1053-54, Johanna Schopenhauer an Karl von Holtei, in: [Schopenhauer]: Wechsel, S. 418-434.

Liebe, sondern durch Freundschaft mit diesen Männern, eröffneten sich zahlreiche Möglichkeiten, das gesellige Leben in Weimar zu gestalten. Außerdem ermöglichte ihr das enge Verhältnis mit beiden einen Austausch über die eigene schriftstellerische Tätigkeit.[114]

Im Falle Sophie Mereaus nahm die Auseinandersetzung mit Liebe als Wert und Ideal einen besonders großen Raum ein. Auch in Weimar-Jena versuchte sie, ihr eigenes Liebesideal zu leben.[115] Liebe gehörte für sie zu den grundlegenden Bedingungen eines vollkommenen und glücklichen Lebens. Eine Heirat ohne Liebe erschien ihr nachträglich als einer der größten Fehler, die begangen werden können:

> „O! daß ich Sünderin das Weib eines Mannes ward, für den kein Ton in meiner Seele anspricht!"[116]

Die Auseinandersetzung mit ihren Empfindungen und das Bemühen, die Beziehung zu Johann Heinrich Kipp zu erhalten, spiegeln sich in nahezu jedem ihrer Briefe an den Geliebten. Gleichzeitig hinterfragen beide ängstlich das Überwältigende dieses Gefühls.[117]

Deutlich werden die Parallelen zwischen Sophie Mereaus Idee von der Liebe, ihren Versuchen, dieses Liebesideal zu leben und den Liebesvorstellungen der Jenaer Frühromantiker. Wenn Sophie Mereau betont, dass die Liebe zu Kipp sie zu einem besseren Menschen gemacht habe, dann klingen die Ansichten der Frühromantiker an, die die sinnlich-leidenschaftliche Liebe mit der geistigen verbunden sehen wollten, um zu einer persönlichen Vollkommenheit zu gelangen.[118] An Kipp schrieb sie:

---

[114] Auf die Debatten zum Freundschaftsverhältnis um 1800 nimmt Johanna Schopenhauer jedoch keinen Bezug. Zu den Inhalten der Debatten vgl. Theodor Gottfried von Hippel, Nachlaß über die weibliche Bildung, Köln 1999 (ND der Ausgabe Berlin 1801), hier S. 32-35. Zur Thematisierung der Diskussionen um Freundschaft um 1800 vgl. Wolfram Mauser/Barbara Becker-Cantarino (Hg.): Frauenfreundschaft – Männerfreundschaft. Literarische Diskurse im 18. Jahrhundert, Tübingen 1991. Zur Funktion von Freundschaften vgl. auch Habermas: Frauen, S. 247-258.

[115] Besonders deutlich ersichtlich wird dies anhand des Briefwechsels zwischen Sophie Mereau und Johanna Heinrich Kipp. Vgl. Dechant: *Harmonie*.

[116] Sophie Mereau an Johann Heinrich Kipp, Jena, 24.06.1795, zit. n. ebd., S. 201-204, hier S. 203.

[117] Sophie Mereau an Johann Heinrich Kipp, Jena, 26.061795: „Ist es möglich, frage ich oft mit kindischem Zweifel, daß man so glücklich sein kann, wie wir es waren?", in: ebd., S. 218.

[118] Vgl. Friedrich Schlegel, Lucinde (1799), in: Kritische Friedrich-Schlegel-Ausgabe, 1. Abt., 5. Bd: Friedrich Schlegel, Dichtungen, hrsg. v. Hans Eichner, Paderborn u.a. 1962. Dazu Claudia Simon-Kuhlendahl: Das Frauenbild der Romantik. Übereinstimmung, Differenzen und Widersprüche in den Schriften von Friedrich Schlegel, Friedrich Daniel Ernst Schleiermacher, Novalis und Ludwig Tieck, Univ. Diss. [künftig zitiert: Frauenbild], Kiel 1992; Julia Bobsin: Von der Werther-Krise zur Lucinde-Liebe. Studien zur Liebessemantik in der deutschen Erzählliteratur 1770-1800 [künftig zitiert: Werther-Krise], Tübingen 1994, bes. S. 167-192.

> „Mein ganzer Umgang mit dir hat, ich fühle es, etwas in mir befestigt, was mir sonst
> fehlte – mehr Selbstgefühl u. Stolz am rechten Ort. Der Gang meiner Bildung ist der,
> den die ganze Menschheit nimmt u. nehmen muß. [...] u. an der Hand der Liebe ging
> ich mit Bewußtsein wieder zur Natur, zur Einfalt zurück."[119]

Im Falle Mereaus war nicht das propagierte Liebesideal handlungsleitend. Vielmehr entwickelte sie ein Verständnis von einem Zusammenleben mit einem Mann, das leidenschaftlicher Liebe einen großen Stellenwert für die Vervollkommnung der eigenen Persönlichkeit einräumte.

Die Affinität zu den Jenaer Frühromantikern deutet auf eine Vielschichtigkeit der Diskurse über Liebe in Weimar-Jena. Diese Vielfalt spiegelt sich in den unterschiedlichen Formen des Zusammenlebens zwischen Mann und Frau: Zum einen verdeutlicht Friedrich Schlegel sowohl im Werk als auch im Leben, dass Liebe und Ehe nicht zusammengehen mussten. Vielmehr galt ihm die gesellschaftlich anerkannte Vernunftheirat als unzureichend aufgrund ihrer Zweckhaftigkeit zum Wohle der Gesellschaft.[120]

Zum anderen zeigt der engere Freundeskreis um Sophie Mereau, dass auch die Vorstellung von einer Ehe in Verbindung mit Liebe gedacht und gewünscht wurde:

> „Ach Sophie! Nicht so leicht wie man denkt ist es, sich in ungewohnte Verhältniße zu
> baßen, herausgerißen zu sein aus den Kreis der Familie. Oft thut mir das Herz recht
> weh wen ich an meinen Abschied denke [...]. Und doch bei alle dießen Opfern ist der
> hohe Muth der Liebenden in mir, sehe ich mit Freude in die Zukunft, u hoffe mein
> Glück in meinen stillen Würckungskreis zu finden."[121]

Im ausgehenden 18. Jahrhundert gab es neben den Vorstellungen von einer Vernunftehe in der sozialen Praxis also zunehmend ernsthafte Bestrebungen, Liebe und Ehe miteinander zu verbinden. Sophie Mereau ging jedoch davon aus, dass vor allem die Liebe – weniger die Ehe – Grundbedingung für das Zusammenleben zweier Menschen sein musste.[122]

Die Umsetzung ihres Entwurfes war jedoch nicht nur abhängig von den Vorstellungen und Erwartungen, die sie an ihr Leben stellte. Vielmehr spielten die Lebensumstände eine entscheidende Rolle. Zwar versuchte Sophie Mereau Jahre nach dem Ende ihrer Beziehung zu Kipp auch mit Clemens Brentano eine erfüllende Liebesbeziehung zu führen, die nicht an eine Ehe gebunden sein

---

[119] Sophie Mereau an Johann Heinrich Kipp, Jena, 29.08.1795, zit. n. Dechant: *Harmonie*, S. 299f., hier S. 300.
[120] Vgl. Simon-Kuhlendahl: Frauenbild; Bobsin: Werther-Krise, bes. S. 167-192.
[121] Julie Reichenbach an Sophie Mereau, Altenburg, 12.11.1801, BJ Kraków, Reichenbach, V 211. Julie Reichenbach (1777-1835) war eine der Altenburger Freundinnen und Schwester der Schwägerin Sophie Mereaus, Henriette Pierer, geb. Reichenbach (1775-1857).
[122] Vgl. Sophie Mereau an Clemens Brentano, Weimar, 06.09.1803: „Vom Heiraten sprich mir nicht. Du weißt, ich tue alles, alles was Du begehrst und wovon Du glaubst, es könne Dich glücklicher machen, aber wolle nichts, was Dich unzufriedner macht, - und mich auch nicht.", in: Heinz Amelung (Hg.): Briefwechsel zwischen Clemens Brentano und Sophie Mereau [künftig zitiert: Briefwechsel], Potsdam 1939, S. 169-171, hier S. 171.

sollte. Obwohl Clemens Brentano die Ehe mit Sophie Mereau wünschte, ging sie lange nicht auf seinen Wunsch ein. Sie heiratete ihn erst, nachdem sie von ihm schwanger geworden war.[123] Nicht die Einwände Brentanos gegen die Idee Sophie Mereaus, ohne Trauschein zusammen zu leben[124], waren demnach ausschlaggebend für die Heirat. Vielmehr wurden eigene Liebesvorstellungen im Vergleich zum rechtlichen und ökonomischen Schutz des ungeborenen Kindes marginal.

Im Gegensatz zu Sophie Mereau hielt sich Henriette von Egloffstein mit emphatischen Äußerungen über die Liebe zurück. Vielmehr machte sie deutlich, dass Respekt und Achtung voreinander wichtiger seien. In diesem Sinne zeigen sich Parallelen zu den Auffassungen Johanna Schopenhauers. Auch Henriette von Egloffstein äußerte sich nur in Verbindung mit Erörterungen zum Eheleben über das Thema Liebe: Im Gegensatz zur leidenschaftlichen Liebe müsse eine feste Beziehung zwischen Mann und Frau auf der Übereinstimmung von Neigung und Charakter basieren.[125] Leidenschaftlichen Gefühlen stand sie äußerst skeptisch gegenüber.[126] Indem Henriette von Egloffstein im Rückblick auf ihr Leben insistiert, die zweite Ehe nicht „aus blinder Leidenschaft oder Leichtsinn" geschlossen zu haben, bringt sie noch einmal verstärkt zum Ausdruck, welch geringen Wert sie leidenschaftlichen Gefühlen beimaß.[127]

---

[123] Sophie Mereau an Clemens Brentano, [Weimar, etwa 28. Oktober 1803.]: „Clemens, ich werde Dein Weib – und zwar so bald als möglich. Die Natur gebietet es, und so unwahrscheinlich es mir bis jetzt noch immer war, darf ich doch nun nicht mehr daran zweifeln [...]", in: ebd., S. 300-304, hier S. 300.

[124] Vgl. den Briefwechsel zwischen Clemens Brentano und Sophie Mereau. In einem seiner Briefe nimmt Clemens Brentano auf die Idee Sophie Mereaus Bezug, doch ohne Trauschein zusammen zu leben: Clemens Brentano an Sophie Mereau, Marburg, 04.09.1803: „Deine großmütige liebevolle Idee, unehelich mit mir zu leben, laß sie vorübergehen, sie hat das ihrige redlich vollbracht, sie ist es, die Dich mir ganz in Deiner reichen, gütigen Wesenheit gezeigt, seit jenem Entschluß liebe ich Dich unaussprechlich, und nun, da diese Idee, nachdem der erste Taumel der Freude gewichen, mir wie der Engel aus der Wolke klar entgegentritt, fühle ich, daß ich sie nicht ertragen kann. Wenn Du in Deiner Lage selbst, in den Verträgen Deiner Scheidung keine Hindernisse siehst, so weiß ich nicht, warum Du mein Weib nicht sein willst [...]", in: ebd., S. 157-167, hier S. 159.

[125] Vgl. Henriette von Beaulieu-Marconnay an Julie von Egloffstein, o.O., 19.08.1819, GSA, Bestand Egloffstein, Julie Gräfin v. Egloffstein, Eingegangene Briefe, Beaulieu-Marconnay, Henriette v., 1819, GSA 13/256, 3.

[126] Vgl. Henriette von Beaulieu-Marconnay an Caroline von Egloffstein, o.O. o.D. (wahrscheinlich 1816): „Ich gestehe dir ganz offen daß B. u ich erwartet hatten er würde sich in seinen nächsten Brief deutlich erklären. Da dies aber nicht geschehen ist, so nimmt B. die Sache ernster u meint es sey etwas unverschämt von dem Herrn dich allein von seinen Gefühlen zu unterhalten u dich in eine Art von Liebesverständnis gewaltsam hineinzuziehen durch leidenschaftliche Äußerungen die selten ihren Zweck bey uns schwachen Werkzeugen verfehlen [...]", GSA, Bestand Egloffstein. Karoline Gräfin v. Egloffstein. Eingegangene Briefe, Beaulieu-Marconnay, Henriette, v., GSA 13/129, 1.

[127] Vgl. Henriette von Beaulieu-Marconnay: „Meine zweite Heirat", GSA, Bestand Egloffstein, Henriette v. Beaulieu Marconnay, Lebenserinnerungen, „Meine zweite Heirat", GSA 13/6.

Diese Einstellung zur Liebe mag sich auch aus den Erfahrungen mit dem ersten Ehemann entwickelt haben:

> „Ich erkannte die Motive, welche bey Heurathen vorherrschten, in ihrer wahren Gestalt. Was man Liebe nannte, war nur Geschlechtstrieb, der in der Befriedigung unterging [...]"[128]

Dieses mangelnde Vertrauen in die Existenz von Liebe spiegelt sich in allen Briefen an die Töchter wider, in denen Liebe und das Zusammenleben zwischen Mann und Frau thematisiert wurden. Trotz ihrer zweiten – glücklichen – Ehe mit Carl von Beaulieu-Marconnay behielt Henriette von Egloffstein diese Überzeugung Zeit ihres Lebens bei.

Auf die Gestaltung ihres Weimarer Lebens hatten ihre Auffassungen zum Thema Liebe allerdings keinen nachweisbaren Einfluss. Hier werden die Parallelen zwischen der Gräfin und Johanna Schopenhauer besonders deutlich. Einzig Sophie Mereau versuchte ihr Leben entsprechend des von ihr entwickelten Ideals zu gestalten. Da sich Liebe in der Ehe mit Friedrich Ernst Carl Mereau nicht einstellte, ergriff sie die Konsequenzen und trennte sich. Diese Trennung hatte Auswirkungen auf ihre zukünftige Lebensgestaltung. Unabhängiger als zuvor konnte sie ihre Vorstellungen von einem ausgefüllten Leben umsetzen.

3.1.3 Lebensumstände

Standeszugehörigkeit, Zivilstand und wirtschaftliche Situation prägten das Leben der untersuchten Frauen in Weimar-Jena entscheidend. Von der Standeszugehörigkeit ist der soziale Status der Frauen in Weimar-Jena zu trennen. Dieser steht in enger Verbindung mit dem so genannten Sozialprestige.[129] Neben der Standeszugehörigkeit war auch der soziale Status entscheidend für das Knüpfen von Kontakten und die Teilnahme an geselligen Veranstaltungen. Stand und Status bedingten einander und hatten so Einfluss auf den Grad der Integration in die Gesellschaft. Abgesehen von der Standeszugehörigkeit und den sozialen Beziehungen waren für den sozialen Status auch Bildungsgrad und Besitz entscheidend.

Unter der wirtschaftlichen Situation werden die finanziellen Möglichkeiten Sophie Mereaus, Johanna Schopenhauers und Henriette von Egloffsteins verstanden. Davon ausgehend stellt sich die Frage, inwieweit die drei Frauen in der Lage waren, mit den finanziellen Mitteln, über die sie verfügten, ihr Leben in Weimar-Jena zu gestalten.

Inwiefern nun Stand, Status und wirtschaftliche Situation gemeinsam auf die Handlungsspielräume der untersuchten Frauen einwirkten, gilt es im Folgenden zu klären.

---

[128] Vgl. Beaulieu-Marconnay: Bruchstücke, 6. Heft, GSA 13/5.
[129] Zu ‚Status' in diesem Sinne des Wortes vgl. u.a. Hufschmidt: Frauen.

## 3.1.3.1 Stand und Status

Die ständische Zugehörigkeit der Frauen bestimmte über das soziale Milieu, in denen sie agierten. Eine adelige Frau wie Henriette von Egloffstein hatte grundsätzlich Zugang zum höfischen Milieu und konnte mit den Personen kommunizieren, die sich am Hofe bewegten. Um innerhalb der höfischen Kreise akzeptiert zu werden, musste sie allerdings bestimmte Verhaltensregeln befolgen und durch „Bewegung, Sprache, Kleidung und Lebensstil"[130] ihre Zugehörigkeit demonstrieren. Damit wirkte sich der Stand auch auf soziale Normen und den Umgang mit ihnen aus. Konsequenzen hatte die ständische Zugehörigkeit außerdem für die Auseinandersetzung mit zeitgenössischen Wertvorstellungen. Ausgehend von diesen entwickelte Henriette von Egloffstein andere Lebensentwürfe als Sophie Mereau und Johanna Schopenhauer.[131]

Sichtbar werden die ständischen Unterschiede jedoch vor allem mit Blick auf Form und Qualität der sozialen Beziehungen: Für Sophie Mereau und Johanna Schopenhauer kam eine Integration in höfische Kreise aufgrund ihrer Abstammung eigentlich nicht in Frage. Während Henriette von Egloffstein überwiegend im adeligen Umkreis Weimars ihr Beziehungsnetzwerk aufbaute, verkehrten Sophie Mereau und Johanna Schopenhauer vorwiegend mit Angehörigen des Bürgertums. Und doch pflegten beide Frauen auch Kontakte zu Angehörigen des höfischen Milieus.[132] Während Johanna Schopenhauer bereits mit dem Gedanken nach Weimar gekommen war, soziale Beziehungen nicht nur innerhalb der Stadt Weimar, sondern auch zum Hofe einzugehen[133], ergaben sich die Kontakte Sophie Mereaus zu August von Sachsen-Gotha und zu den Hofdamen Anna Amalias quasi automatisch im Zuge ihrer Einbindung in die Jenaer bzw. Weimarer Gesellschaft.[134] Damit wird deutlich, dass die unterschiedlichen sozialen Milieus in Weimar-Jena nicht vollkommen abgeschlossen waren. Dass Freundschaften und Bekanntschaften in Weimar-Jena über Standesgrenzen hinweg geschlossen werden konnten, macht auch Henriette von Egloffstein deutlich. Sie verkehrte zwar nahezu ausschließlich im höfischen Milieu, pflegte darüber hinaus jedoch Kontakte zu Angehörigen des bürgerlichen Standes. Eine enge Freundschaft entwickelte sie beispielsweise zu Sophie

---

[130] Gernot Heiss: Habitus, Bildung und Familie – Strategien des Adels zur Statussicherung. Kommentar zu den Beiträgen von Katrin Keller, Kerstin Wolff und Josef Matzerath, in: Keller/Matzerath (Hg.): Geschichte, S. 321-326, hier S. 321; Linke: Das Unbeschreibliche; Frieling: Ausdruck.

[131] Vgl. dazu Kapitel 3.2 und 3.3.

[132] Vgl. die Einladung, die Johanna Schopenhauer zu einem Ball bei Hofe erhalten hat: Johanna Schopenhauer an Carl Bertuch, Weimar, o.D., GSA, Bestand Bertuch, Karl Bertuch, Eingegangene Briefe, Schopenhauer, Johanna, GSA 06/2990. Vgl. außerdem die Einladungen, die Henriette von Egloffstein Sophie Mereau für gesellige Runden im höfischen Milieu zukommen ließ: Henriette von Egloffstein an Sophie Mereau, BJ Kraków, Henriette von Beaulieu-Marconnay, V27, 10 h.

[133] Vgl. die Erläuterungen im Kapitel 3.3.2.

[134] Vgl. die Ausführungen dazu im Kapitel 3.3.1.

Mereau.[135] Dabei spielten die Fähigkeiten Sophie Mereaus als Schriftstellerin, aber auch ihr sozialer Status innerhalb Weimar-Jenas, eine große Rolle. Dieser wurde in ihrem Fall durch die Kontakte, über die sie verfügte, und die Beziehungsnetzwerke, an denen sie Teil hatte, beeinflusst. Denn je umfangreicher das soziale Netzwerk, desto größer war die Chance, soziale Beziehungen über das eigene soziale Milieu hinaus knüpfen zu können.

Die Bekanntschaften Sophie Mereaus wurden in erheblichem Maße von ihrem sozialen Status als Professorenfrau bestimmt. Die Konsequenz ihrer Eheschließung mit dem Universitätsbibliothekar und späteren Professor Friedrich Ernst Carl Mereau war der Zugang zu den angesehenen Kreisen des Jenaer Universitätsbürgertums und damit die Teilhabe an verschiedenen geselligen Zirkeln und am Liebhabertheater. Gemeinsame Unternehmungen mit den neuen Bekannten und Freunden standen ebenso auf der Tagesordnung wie gegenseitige Besuche. Ihre Tage waren ausgefüllt mit gesellschaftlichen Verpflichtungen, die Auskunft über ihre weitläufigen sozialen Kontakte geben. Tagebucheintragungen wie „Nachmittag bei Eckart."[136]; „Besuch bei der Fichte [...]"[137]; „Gesellschaft bei Niethammer [...]"[138]; „Gesellschaft bei der Schütz [...]"[139] zeigen, dass Sophie Mereau innerhalb der professoralen Kreise anerkannt und gern gesehen war.[140]

Johanna Schopenhauer lief dagegen anfangs Gefahr, als Fremde an der Peripherie der Weimarer Gesellschaft zu verharren. Allerdings gelang es ihr durch strategisches Vorgehen und eigenes Engagement im Zuge der Besetzung Weimars durch die französische Armee, das Wohlwollen und die Akzeptanz der Weimarer zu erlangen und damit ihren Status zu begründen:

> „Ich bin durch die Unglücksfälle hier mit einem mahle einheimischer als ich je in Hamburg war, man hat mich gleich kennen gelernt, und da ich so glücklich bin manchen kleinen Dienst der mir wenig kostet andern leisten zu können, so liebt man mich und alles bestrebt sich mir mit Liebe und Freundschaft entgegen zu kommen."[141]

---

[135] Zur Freundschaft zwischen Henriette von Egloffstein und Sophie Mereau vgl. die Kapitel 3.3.1 und 3.3.3.

[136] Tagebucheintrag vom 02.07.1796, zit. n. [Mereau-Brentano]: Welt, S. 9-95, hier S. 14. Mit „Eckart" ist Johann Christian Ludwig Eckardt, Professor der Rechte an der Universität Jena gemeint.

[137] Eintrag vom 15.08.1796, in: ebd., S. 16.

[138] Eintrag vom 17.08.1796, in: ebd., S. 17.

[139] Eintrag vom 03.12.1796, in: ebd., S. 23.

[140] Ihre Gegenwart war auch auf diversen Ausflügen gefragt. Vgl. ein Billet von Friedrich Immanuel Niethammer an Sophie Mereau, 22.05.1802 mit der Bitte um Begleitung auf die „Rudelsburg", BJ Kraków, Friedrich Immanuel Niethammer, V 133, 4 h; Sophie Mereau an Johann Heinrich Kipp, Jena, 13.08.1796: „[...] Gestern war ich auf den Ruinen der Kunitz [...]", zit. n. Dechant: *Harmonie*, S. 284f., hier S. 285; Sophie Mereau an Johann Heinrich Kipp, Jena, 21.08.1796: „Wir waren in Eisenberg, wo Vogelschießen war. Um mich war Jugend, Fröligkeit, Musik u. Tanz [...]", zit. n. ebd., hier S. 298.

[141] Johanna Schopenhauer an Arthur Schopenhauer, Weimar, 24.10.1806, zit. n. Lütkehaus (Hg.): Die Schopenhauers, S. 105-108, hier S. 107.

Ihr kurze Zeit darauf gegründeter, gut besuchter und bald fest etablierter „Theetisch" ist als Indiz für ihren herausragenden sozialen Status zu werten.

Henriette von Egloffstein ging dagegen am Hof ein und aus. Vielfältige Einladungen zu höfischen Veranstaltungen und die regelmäßige Teilnahme an wichtigen Feierlichkeiten des Weimarer Hofes machen deutlich, dass sie ein hohes Ansehen genoss und ihre Präsenz gefragt war. Außerdem verbrachte sie ihre Zeit häufiger gemeinsam mit anderen Bekannten und Freunden in Tiefurt „in der Gesellschaft der edelsten Fürstin".[142] Innerhalb dieser beiden höfischen Milieus pflegte sie vielfältige soziale Beziehungen. Ihr Leben in der Residenzstadt war bestimmt von zahlreichen Begegnungen innerhalb der unterschiedlichsten geselligen Zusammenkünfte. Gemeinsam mit Freunden und Bekannten besuchte sie verschiedene Veranstaltungen. An erster Stelle standen dabei künstlerische Höhepunkte Weimars, wie etwa die Aufführung neuer Theaterstücke:

> „Heute Abend geht's zu Reuß; Morgen zu Helldorf! Uebermogen – o Uebermorgen ist ein groser Tag! Tag des Triumphs oder der Schande für Weimar u die Kunst."

Obwohl die Frauen in ihren Aufzeichnungen keinen direkten Zusammenhang zwischen den Gestaltungsmöglichkeiten in Weimar-Jena, der ständischen Zugehörigkeit und dem sozialen Status herstellten, wirkten sich beide vor allem auf Form und Qualität der sozialen Beziehungen aus. Damit beeinflussten sie die Handlungsspielräume Sophie Mereaus, Johanna Schopenhauers und Henriette von Egloffsteins in hohem Maße. Waren die sozialen Beziehungen doch entscheidend für die Umsetzung selbst gesetzter Ziele.

3.1.3.2 Wirtschaftliche Situation

Doch nicht nur die sozialen Beziehungen, sondern auch die wirtschaftliche Situation der drei Frauen hing eng mit ihrer ständischen Herkunft zusammen. Gleichzeitig hatte der Zivilstand Auswirkungen auf die Möglichkeiten, wirtschaftliche Angelegenheiten in ihrem Sinne zu regeln. Das Handeln Sophie Mereaus, Johanna Schopenhauers und Henriette von Egloffsteins wurde allerdings auch von den wirtschaftlichen Bedingungen bestimmt, die in Weimar-Jena herrschten: Steuern, Honorare, Mietkosten und Lebensmittelpreise bestimmten den Umfang der finanziellen Mittel, über die verfügt werden konnte.

Sophie Mereau war durch die Ehe mit Friedrich Ernst Carl Mereau wirtschaftlich abgesichert. Seine feste Anstellung an der Universität, die später eine ordentliche Professur an der juristischen Fakultät zur Folge hatte, ermöglichte ein weitgehend sorgenfreies Leben. Doch nach der Ehescheidung änderte sich diese Situation rasch. Sophie Mereau sah sich zunehmend mit finanziellen Engpässen konfrontiert.

---

[142] Vgl. Caroline von Egloffstein an Sophie Mereau, Weimar, 07.09.1802, BJ Kraków, Caroline von Egloffstein, V 55, 7.

Johanna Schopenhauer kam dagegen als äußerst wohlhabende Frau nach Weimar. Aufgrund dessen konnte sie zumindest in den ersten fünfzehn Jahren ihres Aufenthaltes ein quasi luxuriöses Leben führen. Doch nach dem Verlust ihres Vermögens sah sie sich kaum in der Lage, ihren Lebensstil aufrecht zu halten.

Henriette von Egloffstein hatte von Anfang an mit der finanziellen Lage ihrer Familie zu kämpfen. Allerdings übertraf ihre Lebensweise die der anderen Frauen an Kosten bei Weitem.

Wie bedeutend die wirtschaftliche Situation für die Gestaltung des Lebens der drei Frauen war, verdeutlichen ihre Briefe besonders eindrucksvoll. Häufig wurden die wirtschaftlichen Gegebenheiten vor Ort und die alltäglichen hausfraulichen Belange thematisiert. Welche Ausgaben die Frauen vor Ort hatten, kann oft gut nachvollzogen werden: Briefe der Familie von Egloffstein zeigen, dass die Hofdame Caroline von Egloffstein zu Beginn des 19. Jahrhunderts ihre Dienstmagd mit 17 Talern entlohnte und außerdem 16 Taler Kopfsteuer zahlen musste. Hinzu kamen finanzielle Belastungen für diverse wohltätige Zwecke wie beispielsweise das „Falksche Institut" oder aber den „Frauen Verein".[143]

Während der jährliche finanzielle Bedarf Julie von Egloffsteins durchaus 2391 Reichstaler betragen konnte[144], schrieb Adele Schopenhauer unmittelbar nach dem Verlust ihres eigenen und des Vermögens der Mutter Johanna Schopenhauer, dass sie lediglich 200 Taler für sich benötige.[145] Sophie Mereau

---

[143] Vgl. Caroline von Egloffstein an Henriette von Beaulieu-Marconnay, Weimar, 23.11.1816: „[...] es versteht sich von selbst daß ich mit meiner Gage ohne mein Stiftsgeld fertig werde, und dies immer beiseite legen will; das Egloffsteiner Stiftsgeld aber wird zur Hälfte zu einer milden Gabe werden von der mir Julia für ein armes Fräulein gesprochen hat. – das Falksche Institut, der Frauen Verein, - dies alles kostet Geld, lieb Mütterlein, weil ich nicht mehr unter der elterlichen Wohlthätigkeit mich bergen kann.", GSA, Bestand Egloffstein, Henriette v. Beaulieu-Marconnay, Eingegangene Briefe, Egloffstein, Karoline v., 1816-1817, GSA 13/33,3.

[144] Friedrich von Müller an Julie von Egloffstein, o.O., o.D.: „Berechnung für Gräfin Julie von Egloffstein. Vom 19. Apr. 1831 bis zum Septbr. 1832", GSA, Bestand Egloffstein, Julie v. Egloffstein, Eingegangene Briefe, Müller, Friedrich v., GSA 13/ 304. Genauere Angaben zu den Einnahmen und Ausgaben einer adeligen Frau lassen sich anhand der Äußerungen Caroline und Julie von Egloffsteins nachvollziehen. So schrieb Caroline ihrer Mutter Henriette, dass sich ihre Ausgaben in einem Vierteljahr auf 254 Curant beliefen. Dazu zählten der Lohn für „die Mädchen und die Jungfer", das „Frühstück, Souper, Wäsche u Licht u Kohlengeld". Caroline ging im Vergleich dazu von einem Gehalt von 300 Curant aus – offensichtlich auch vierteljährlich. Vgl. Caroline von Egloffstein an Henriette von Beaulieu-Marconnay, Weimar, 30.03.1830, GSA, Bestand Egloffstein, Henriette v. Beaulieu-Marconnay, Eingegangene Briefe, Egloffstein, Karoline v., 1830-1833, GSA 13/33,7.

[145] Vgl. Adele Schopenhauer an Arthur Schopenhauer, Danzig, 09.11.1819: „[...] Ich [...] bedarf nur 200 Rth das ist das höchste.", zit. n. Lütkehaus (Hg.): Die Schopenhauers, S. 296-301, hier S. 299.

erhielt von Friedrich Ernst Carl Mereau nach der Scheidung eine Unterhaltszahlung von 200 „Curant" pro Jahr ausgezahlt.[146]

Wie die Beschwerden der Familie von Egloffstein über den hohen Kostenaufwand für hofgerechte Garderobe zeigen, zog die ständische Zugehörigkeit unterschiedliche Ansprüche an das tägliche Leben und damit auch höhere Kosten nach sich. Aufgrund des großen finanziellen Aufwandes für hofgerechte Kleidung kam es vor, dass das dafür benötigte Geld nicht vorhanden war.[147] Hinzu kam, dass bestimmte benötigte Waren in Weimar-Jena entweder schwer zu haben oder aber im Vergleich zu anderen Gebieten innerhalb des Alten Reiches viel teurer waren. Vor allem Stoffe für Kleidung, aber auch Kaffee und Zucker sowie bestimmte Arten von Wurst und Käse gehörten zu jenen Produkten, die – sofern die Möglichkeit bestand – immer wieder gern von den außerhalb Weimars oder Jenas weilenden Familienangehörigen angefordert wurden, weil sie in Weimar für das eigene Budget schlicht zu teuer waren.[148]

Die wirtschaftliche Situation bestimmte auch das Leben Johanna Schopenhauers in hohem Maße. Zum einen erforderten ihre Teegeselligkeiten finanzielles Engagement, um den Gästen ein angemessenes Ambiente bieten zu können. Stets war Johanna Schopenhauer als Gastgeberin bemüht, die für ihren Teetisch notwendigen Waren zu beschaffen. Dabei griff sie auf ihre sozialen Beziehungen zurück, um diese auch von außerhalb einkaufen zu lassen.[149] Zum anderen zeigen die permanenten Auseinandersetzungen der vermögenden Witwe mit dem Sohn über das Vermögen der Familie und den Anteil, den Arthur Schopenhauer daran hatte, wie zentral finanzielle Fragen und die Absicherung

---

[146] Vgl. Ferdinand Asverus an Sophie Mereau, Jena, 06.07.1802, BJ Kraków, Sophie Mereau, V 122, Korrespondenz/4, h. 28+2.

[147] Vgl. Julie von Egloffstein an Henriette von Beaulieu-Marconnay, Weimar, 24.11.1811, GSA Bestand Egloffstein, Henriette v. Beaulieu-Marconnay, Eingegangene Briefe, Egloffstein, Julie v., 1809-1811, GSA 13/29,1.

[148] Caroline von Egloffstein beispielsweise bat ihre Mutter regelmäßig um das Senden von Stoffen und bestätigte deren Ankunft. Vgl. Caroline von Egloffstein an Henriette von Beaulieu-Marconnay, Weimar, 01.09.1809, GSA, Bestand Egloffstein, Henriette v. Beaulieu-Marconnay, Eingegangene Briefe, Egloffstein, Karoline v., 1809-1814, GSA 13/33,1. Neben der Bitte um Stoff fragte sie auch nach Kaffee und Zucker. Vgl. dazu Caroline von Egloffstein an Henriette von Beaulieu-Marconnay, Weimar, 08.04.1816, GSA, Bestand Egloffstein, Henriette v. Beaulieu-Marconnay, Eingegangene Briefe, Egloffstein, Karoline v., 1815-1816, GSA 13/33,2; Johanna Schopenhauer bat Frommann um Parmesan aus Leipzig, Henriette von Egloffstein Sophie Mereau um Würste aus Gotha. Vgl. Johanna Schopenhauer an Carl Friedrich Ernst Frommann, Weimar, 22.04.1817, GSA, Bestand Frommann, Carl Friedrich Ernst Frommann, Eingegangene Briefe, Schopenhauer, Johanna, geb. Trosiner, GSA 21/44; Henriette von Egloffstein an Sophie Mereau, Weimar, 04.03.1803, BJ Kraków, Henriette von Beaulieu-Marconnay, V27, 10 h.

[149] Vgl. beispielsweise die Ausgaben für den für die Teegesellschaften benötigten Tee: Johanna Schopenhauer an Carl Friedrich Ernst Frommann, Weimar, 14.05.1811, GSA, Bestand Frommann, Carl Friedrich Ernst Frommann, Eingegangene Briefe, Schopenhauer, Johanna, geb. Trosiner, GSA 21/44.

der eigenen Liquidität für Johanna Schopenhauer waren.[150] Die Bedeutung der Finanzkraft für ihren Aufenthalt in Weimar-Jena wird anhand der Reaktionen auf den Vermögensverlust 1819 besonders deutlich. Bereits vorher hatte das Schopenhauersche Vermögen durch die Kriegssituation in entscheidendem Maße gelitten. Allerdings war Johanna Schopenhauer 1809 noch vergleichsweise wenig besorgt:

> „Die Kontribuzion zehrt alles auf und die Pächter zahlen nicht weil Krieg und Einquartierung und Plünderung sie ruinirt haben. Man muß allso noch ein Jahr Geduld haben, in der Zeit ändert sich gewis vieles."[151]

Dass die Zeit entgegen der erhofften Besserung der Lage eine Verschlechterung mit sich brachte, zeigt der Bankrott des Bankhauses Muhl in Danzig im Jahr 1819. Die gefürchteten Folgen des damit einhergehenden Vermögensverlustes der Schopenhauers lassen vor allem die Tagebücher Adele Schopenhauers erkennen: Muhl, so merkte Adele an, sollte als Ersatz für den finanziellen Verlust zukünftig 300 Reichstaler Leibrente jährlich für beide – Johanna Schopenhauer und ihre Tochter Adele – zahlen.[152] Mit Blick auf ihr zukünftiges Leben unter diesen Bedingungen schrieb Adele Schopenhauer:

> „Ich stehe, als wär ich bereits aus dem Gesellschaftszimmer heraus und etwa unten auf dem Flur, sehe ernst noch einmal da hinauf, dann zur Tür hinaus, endlich ergreife ich sie, und mit einem Schritt steht ein ganzes Jahr meines Lebens ganz abgetrennt von allen übrigen allein da."[153]

Adele Schopenhauer befürchtete, aufgrund der neuen wirtschaftlichen Situation Abschied von ihrem bisherigen Leben als anerkanntes Mitglied der Weimarer Gesellschaft nehmen zu müssen. Ihr war klar, dass der bisherige Status der Familie kaum beibehalten werden konnte. Auch Johanna Schopenhauer schätzte die Folgen des Vermögensverlustes als kritisch für ihren Status innerhalb der Weimarer Gesellschaft ein. Sie bemühte sich, den Bankrott so lange wie möglich geheim zuhalten: Im Mai 1819 unterrichtete Adele Schopenhauer den Bruder über die bevorstehende Reise nach Danzig, die der Klärung der finanziellen Angelegenheiten dienen sollten: „Wir reisen ohne es bekannt zu machen unter einem Vorwande in 4-5 Tagen [...]"[154] Nur enge Freunde Johanna

---

[150] Vgl. Johanna Schopenhauer an Arthur Schopenhauer, o.O., o.D. (wahrscheinlich 1809), in: Lütkehaus (Hg.): Die Schopenhauers, S. 204-209; Johanna Schopenhauer an Arthur Schopenhauer, o.O., o.D. (wahrscheinlich 1814), in: ebd., S. 214-217.
[151] Johanna Schopenhauer an Arthur Schopenhauer, o.O., o.D. (wahrscheinlich 1809), zit. n. ebd., S. 204-209, hier S. 207.
[152] Vgl. Kurt Wolff (Hg.): Tagebücher der Adele Schopenhauer, Bd. 2, Leipzig 1909, hier S. 49 (Eintrag zum 10.05.1820).
[153] Vgl. ebd.
[154] Vgl. Adele Schopenhauer an Arthur Schopenhauer, Weimar, 28.05.1819, in: Lütkehaus (Hg.): Die Schopenhauers, S. 287f., hier S. 288.

Schopenhauers wussten von der auf mehrere Monate angelegten Reise und ihrem Zweck. Zu ihnen gehörte Carl Friedrich Ernst Frommann:

> „Ich habe eine Nachricht zu melden die Sie betrüben wird, ich bin i[n] Gefahr de[n] grösten Teil meines Vermögens zu verlieren. Muhl in Danzig, sieht sich durch die unerhörten Zeiten in der Handelswelt gezwungen seine Zahlungen einzustellen, und ich reise in dieser Nacht mit Adelen nach Danzig, um dort unsre Gerechtsamen persönlich wahr zu nehmen [...]"[155]

Einen Ausblick auf die kommenden Schwierigkeiten, die sich aus dem Bankrott für das Leben in Weimar ergeben konnten, gab Adele Schopenhauer in einem Brief an ihren Bruder und machte dabei auch auf die Konsequenzen aufmerksam:

> „Mein Leben ist auf diese Art geschlossen ein ganz neues fängt an – ohne Vermögen, ohne Freunde denn hier ist zu theuer Leben, und zu schwer – wir gehen also wohl ganz fort, denke Dir meine Lage."[156]

Wenn Adele Schopenhauer in ihrem Brief an den Bruder davon ausging, dass „Jungfer, Köchin, Bediente(n)" wegen der angespannten finanziellen Lage abgeschafft werden müssen[157], dann lässt sich erahnen, dass die geplanten Einschnitte markante Auswirkungen vor allem auf das künftige gesellige Leben Johanna Schopenhauers haben mussten. Ob sie unter diesen Bedingungen den Umgang mit den gehobenen Kreisen und vor allem ihren „Theetisch" in Weimar aufrecht halten konnte, war fraglich. Auch die Teilhabe an anderen geselligen Zirkeln, Lektüreabenden und gemeinsamen Unternehmungen war gefährdet, sollte ihr sozialer Status aufgrund der wirtschaftlichen Situation in entscheidendem Maße leiden.

Der finanzielle Bankrott brachte also zunächst einmal Einschränkungen in den Gestaltungsmöglichkeiten Johanna Schopenhauers mit sich. In dem Maße, in dem die Sorgen um die eigene wirtschaftliche Existenz anstiegen, verringerte sich die Bedeutung der Schopenhauerschen Teeabende. Auch im Zuge dessen konzentrierte sich Johanna Schopenhauer ab 1819 verstärkt auf ihre Tätigkeit als Schriftstellerin. Die Gestaltungsmöglichkeiten als Gesellschafterin verringerten sich zwar, jene als Schriftstellerin wurden dagegen erweitert.

---

[155] Johanna Schopenhauer an Carl Friedrich Ernst Frommann, Weimar, 02.06.1819, GSA, Bestand Frommann, Carl Friedrich Ernst Frommann, Eingegangene Briefe, Schopenhauer, Johanna, geb. Trosiner, GSA 21/44. Vgl. dazu auch die weiteren Briefe Johanna Schopenhauers an Carl Friedrich Ernst Frommann, Bestand Frommann, Carl Friedrich Ernst Frommann, Eingegangene Briefe, Schopenhauer, Johanna, geb. Trosiner, GSA 21/44. Ihm berichtete sie von dem Bankrott des Bankhauses (Weimar, 02.06.1819) und hielt ihn über den Fortgang der Verhandlungen in Danzig auf dem Laufenden (Stries bei Danzig, 20.08.1819).

[156] Adele Schopenhauer an Arthur Schopenhauer, Weimar, 28.05. 1819, zit. n. Lütkehaus (Hg.): Die Schopenhauers, S. 287f., hier S. 288.

[157] Vgl. Adele Schopenhauer an Arthur Schopenhauer, Weimar, 28.05. 1819, in: ebd.

Während Johanna Schopenhauer erst 1819 mit ernsthaften finanziellen Schwierigkeiten zu kämpfen hatte, war die Familie von Egloffstein bereits um 1800 von erheblichen finanziellen Problemen betroffen. Henriette von Egloffstein, als getrennt lebende und fünf Kinder zu versorgende Frau, hatte mit diesen Problemen in besonderem Maße zu kämpfen. Auch wenn ihre Kinder Unterhalt von dem Vater erhielten und Henriette von Egloffstein zumindest zeitweise auf die Unterstützung ihrer in Weimar ansässigen Familie zählen konnte[158], waren ihre Briefe doch von einer beständigen Sorge um die eigene wirtschaftliche Situation und den sich daraus entwickelnden Folgen gekennzeichnet. Die finanziellen Probleme betrafen jedoch nicht allein Henriette von Egloffstein, sondern auch ihre Brüder. Vor allem mit ihrer Schwägerin, Caroline von Egloffstein, tauschte sich Henriette von Egloffstein offen über die Schulden der Familie aus. Beide thematisierten darüber hinaus Schwierigkeiten beim Verkauf der familieneigenen Grundstücke, der helfen sollte, die prekäre finanzielle Lage zu mildern.[159] Auch die Töchter wurden über die Probleme mit dem Familienbesitz informiert.[160]

Alle Familienmitglieder vereinten sich in der Sorge um ausreichende finanzielle Versorgung. Die Lage war äußerst angespannt. Aufgrund dessen war die Familie sogar bemüht, andere Erwerbsmöglichkeiten ausfindig zu machen: Beispielsweise teilte Julie von Egloffstein ihrer Mutter mit, sie habe eine Person ausfindig gemacht, die Handarbeiten gegen Bezahlung abnähme:

> „Ich denke nur daß ihrs mir danken werdet, denn die Quelle zu haben war doch immer das wichtigste bei dem Geldarbeiten; auch Paulis kann vielleicht ein großer Dienst damit erzeigt werden, doppelt da man weder Nahmen noch Stand zu erfahren braucht. Ich werde künftig die Correspontenz mit der Madam Kniebek führen, im Nahmen meiner guten Freundin und weiter braucht sie nichts zu wissen, als den Preis der Sachen auf Papier zu schreiben [...]"[161]

---

[158] Verschärfend kam hinzu, dass auch die Familie Leopold von Egloffsteins erhebliche finanzielle Schwierigkeiten hatte. 1817 schrieb Henriette von Egloffstein ihrer Tochter Caroline von dem Bankrott Leopold von Egloffsteins. Vgl. Henriette von Beaulieu-Marconnay an Caroline von Egloffstein, o.O., o.D.: „Man darf ja ganz offen sagen daß der Vater durch den Concurs der Familie sehr bedrängt, jezt wenig vor ihn [Carl von Egloffstein, der gemeinsame Sohn Henriette und Leopold von Egloffsteins, J.D.] thun kan und ihn seinen Schicksal überlassen will u Carl jezt volljährig erklärt ist.", GSA, Bestand Egloffstein, Karoline Gräfin v. Egloffstein, Eingegangene Briefe, Beaulieu-Marconnay, Henriette v., 1817, GSA 13/129,3.

[159] Vgl. Caroline von Egloffstein an Henriette von Beaulieu-Marconnay, Weimar, 23.04.1807, GSA, Bestand Egloffstein, Henriette v. Beaulieu-Marconnay Eingegangene Briefe, Egloffstein, Karoline v. Aufsess, GSA 13/34.

[160] Vgl. Henriette von Beaulieu-Marconnay an Julie von Egloffstein, o.O. 21.05. o.J., GSA, Bestand Egloffstein, Julie Gräfin v. Egloffstein, Eingegangene Briefe, Beaulieu-Marconnay, Henriette v., 1820, GSA 13/256,4.

[161] Vgl. Julie von Egloffstein an Henriette von Beaulieu-Marconnay, o.O., 10.08.1811, GSA, Bestand Egloffstein, Henriette v. Beaulieu-Marconnay, Eingegangene Briefe, Egloffstein, Julie v., 1809-1811, GSA 13/29,1.

Jeder unerwartete Nebenverdienst wurde innerhalb der Familie sofort bekannt gegeben und zu einer Beteiligung aufgerufen.[162] Allerdings mussten die eigenen Handarbeiten anonym eingereicht werden, um den Statusanforderungen des eigenen Standes zu genügen. Denn prinzipiell wurde mit dem Ausführen von Handarbeiten der soziale Abstieg verbunden.[163] Die Integration in den Weimarer Hof und die renommierten Geselligkeitskreise konnte jedoch nur erfolgreich bleiben, wenn der äußere Schein gewahrt blieb.

Anfangs konnte Henriette von Egloffstein von den engmaschigen Familienstrukturen der Egloffsteins profitieren.[164] Sie ermöglichten ihr ein standesgemäßes Leben in Weimar, denn die Familie leistete in hohem Maße finanzielle Unterstützung. Als sich die wirtschaftliche Lage der gesamten Familie verschlechterte, hatte dies immense Auswirkungen auf ihr Weimarer Leben. Immerhin verließ sie Weimar letztlich wegen der unhaltbaren finanziellen Situation. Sie heiratete Carl von Beaulieu-Marconnay auch, um der drängendsten finanziellen Sorgen enthoben zu sein:

> „Ich hatte bey meiner Trennung von Leopold bestimmt darauf gerechnet, mit meiner Familie vereint leben zu können weil das Haus [ihres Bruders Gottlob, J.D.] Raum für uns sämtlich darbot u es mir auch in finanzieller Hinsicht große Vorteile gewährte – Ich mußte früher sehr oft an die Zahlung der Zinsen meines Capitals mahnen, u jetzt konte ich dies Geld auf die leichteste Weiße erhalten, indem ich es der Haushaltungs=Casse, als einen Theil meines Kostgeldes anwies, u. dadurch der, mir äußerst peinlichen Mahnungen überhoben wurde. [...] Es war daher ein höchstbeklagenswerthes Ereignis für mich, als das liebe Haus mit seinen weitläufigen Umgebungen von dem Grafen Reus gekauft, u die sogenante Egloffsteinische Colonie aufgelöst wurde. – Dies war der erste Stein der sich aus dem Gebäude unsers bisherigen Familien=Glükes losris u den gänzlichen Einsturz derselben vorbereitete. – Die Kosten, welche mir ein eignes Quartier, die neue Einrichtung u die Vermehrung des Dienstpersonals verursachten, erregten die Sorge wegen des Auskommens mit meinen Einnahmen u erhöhten die Trauer die auf mir lastete, wie ein böser Alp. [...] Innig betrübt [...] mußte ich mich überzeugen, daß mir jetzt keine Wahl mehr übrig blieb, als die Verbindung mit Beaulieu, die ich wenn meine Mutter das Flehen ihrer Tochter erhört hätte, nie eingegangen haben würde. [...]"[165]

---

[162] Caroline von Egloffstein schrieb im Juli 1818 an ihrer Mutter, dass sie für die Nachtwache nach der Geburt des Prinzen zusätzlich 150 Taler erhalten habe. Vgl. Caroline von Egloffstein an Henriette von Beaulieu-Marconnay, Weimar, 24.07.1818, GSA, Bestand Egloffstein, Henriette v. Beaulieu-Marconnay, Eingegangene Briefe, Egloffstein, Karoline v., 1818-1823, GSA 13/33,4.

[163] Vgl. dazu Irene Hardach-Pinke: Weibliche Bildung und weiblicher Beruf. Gouvernanten im 18. und frühen 19. Jahrhundert, in: GG 18 (1992), S. 507-525, vor allem S. 511.

[164] Diese engmaschigen Familienstrukturen gelten als eines der Kennzeichen des adeligen Standes. Heinz Reif hebt in seinen Forschungen zum westfälischen Adel die engmaschigen Familienstrukturen hervor. Dieser Familienverband übte vor allem unterstützende Funktion aus, die auch als Familiensolidarität bezeichnet wird. Vgl. Heinz Reif: Westfälischer Adel 1770-1860. Vom Herrschaftsstand zur regionalen Elite [künftig zitiert: Adel], Göttingen 1979, S. 266.

[165] Henriette von Egloffstein: Meine zweite Heirat, GSA, Bestand Egloffstein, Henriette v. Beaulieu Marconnay, Lebenserinnerungen, „Meine zweite Heirat", 13/6.

Mit ihrem Abschied von Weimar ließ sie Bekannte und Freunde zurück, die dazu beigetragen hatten, dass sie ihre Interessen für Kunst und Literatur befriedigen und ausbauen konnte. Durch die wirtschaftlichen Schwierigkeiten war sie gezwungen, Erwartungen und Vorstellungen, die sie mit einem Leben in Weimar verbunden hatte, aufzugeben. Denn die wirtschaftliche Situation hemmte auch die gewünschte Entfaltung der eigenen Fähigkeiten.[166] Der Mangel an Geld hatte bspw. deutlich negative Auswirkungen auf die Ausübung von Talenten:

> „Was den Pastellfarben Kasten für dich anbelangt, so rathe ich dir jetzt nicht dazu – denn wir haben kein Geld die übrigen nöthigen Dinge die zu dieser Malerey erfordert werden, anzuschaffen; sie ist fast eben so kostbar als Öhl u Mignatur mahlerei. Bleibe lieber vor der Hand bei der Kreite u Tuschen stehen, bis eine weitere Sphäre sich aufthut."[167]

Obwohl Weimar aufgrund seiner Konzentration von Künstlern und Schriftstellern sowie der Aufgeschlossenheit künstlerisch begabter Frauen gegenüber sehr gute Bedingungen bot, konnten diese Gestaltungsmöglichkeiten bei finanziellen Sorgen meist nicht mehr genutzt werden.

Auch Sophie Mereau bekam die Konsequenzen einer angespannten wirtschaftlichen Situation zu spüren. Trotz der Unterhaltszahlungen, die sie von ihrem geschiedenen Mann erhielt, zeigen ihre Bemühungen, weitere Verdienstmöglichkeiten zu erlangen, dass dieses Geld zum Leben nicht reichte: Bücherauktionen dienten beispielsweise dazu, gezielt eigene Bücher zu verkaufen.[168] Abgesehen davon liehen Freunde der Schriftstellerin Geld, um ihr kurzzeitig aus der Verlegenheit zu helfen.[169]

Welche Bedeutung die finanzielle Situation der Frauen für ihre Lebensplanung hatte, zeigt auch die Offenlegung der Finanzen Sophie Mereaus vor der Hochzeit mit Clemens Brentano. In einem Brief teilt sie ihrem zukünftigen

---

[166] Vgl. Julie von Egloffstein an Henriette von Beaulieu-Marconnay, Weimar, 13.03.1818: „Unendlich viele, alte Schulden, die ich nothwendig abtragen muß – lasten gegenwärtig auf mir u hemmen mich in meinen Lieblingsbeschäftigungen [...]", GSA, Bestand Egloffstein, Henriette v. Beaulieu-Marconnay, Eingegangene Briefe, Egloffstein, Julie v., 1818-1820, GSA 13/29,3.

[167] Henriette von Beaulieu-Marconnay an Julie von Egloffstein, M., 28.09.1811, GSA, Bestand Egloffstein, Julie Gräfin v. Egloffstein, Eingegangene Briefe, Beaulieu-Marconnay, Henriette v., 1809-1816, oD, GSA 13/256,1.

[168] Vgl. Burkhardt an Sophie Mereau, o.O., o.D.: „Sie verzeihen, daß ich Ihnen die verlangte Nachricht wegen der Bücher Auktionen erst heute gebe. [...] Die Bedingungen unter welchen Sie Bücher verauktioniren laßen können, sind folgende 1) müßen Sie [...] Görner einen Katalog geben 2. 6 gl. für den Druck jeder Seite des Katalogs 3. 12 gl. tägliche Proklamationsgebühr entrichten. [...]", BJ Kraków, Sophie Mereau, V 122, Korrespondenz/3, h. 39+2. Zum Verkauf von Büchern vgl. auch L. Plessen jun. an Sophie Brentano, Marburg, 16.12.1804, BJ Kraków, Sophie Mereau, V 122, Korrespondenz/4, h. 28+2.

[169] Vgl. Johann Geissler an Sophie Mereau, Gotha, 21.10.1802, BJ Kraków, Johann Geissler, V 65, h. 9.

Mann ausführlich ihre finanzielle Lage mit, welche Einnahmen sie von den Verlegern erhalten könne, und dass der jährliche Unterhalt von 200 Talern, den Mereau zahlt, nach einer erneuten Eheschließung wegfallen würde.[170] Im gleichen Schreiben verweist sie darauf, dass sie trotz der bisherigen Versorgung wegen der noch ausstehenden Zahlungen durch die Verlage in Geldknappheit lebe. Gern nähme sie deshalb die von Brentano angebotene finanzielle Unterstützung an bis die Honorare ausgezahlt werden.[171]

Deutlich wird, dass Sophie Mereau nach der Scheidung von ihrem Mann auf den Verdienst aus ihrer schriftstellerischen Arbeit angewiesen war. Ersichtlich wird dies auch anhand eines Briefes an den Halbbruder Friedrich Pierer, indem sie deutlich zu verstehen gibt, dass sie von nun an mit ihrer Arbeit Geld verdienen und in der Auswahl der zu schreibenden Werke nicht wählerisch sein wolle:

> „Daß ich jezt von meiner Schriftstellerei allen möglich Erwerb zu ziehen suchen werde, kannst Du Dir wohl vorstellen. Es ist mir für einen Roman, den ich schon vor einigen Jahren angefangen habe, bereits ansehnliches Honorar geboten worden. Aber Du weißt, dass man für die Art Arbeiten nicht immer aufgelegt sein kann; daher wünschte ich sehr eine Arbeit zu haben, die ich immer machen könnte, wo mir der Stof schon gegeben wäre, sei es nun Übersetzung oder Bearbeitung."[172]

Insgesamt zeigen die finanziellen Krisensituationen, in denen sich alle untersuchten Frauen zu einer gewissen Zeit befanden, dass die Fähigkeit, das Leben nach eigenen Plänen zu gestalten, in hohem Maße von der wirtschaftlichen Situation abhängig war. Sehr schnell konnten die unzähligen Möglichkeiten, die sich den Frauen in Weimar-Jena boten, durch Liquiditätsverlust eingeschränkt werden. Das Erreichen selbstgesetzter Ziele wurde unterbunden und damit konnten an Weimar und Jena gestellte Erwartungen nicht erfüllt werden.

---

[170] Sophie Mereau an Clemens Brentano, 19.10. o.J., BJ Kraków, Sophie Mereau, V 122, an Clemens Brentano. Vgl. auch Amelung (Hg.): Briefwechsel, S. 270-272, hier S. 272. Die Zahlungen wurden im Übrigen vierteljährlich geleistet. Vgl. dazu Friedrich Ernst Carl Mereau an Sophie Mereau, Jena, 16.05.1802, FDH, Friedrich Ernst Karl Mereau an Sophie Mereau, Sg. 52 139-140.

[171] Sophie Mereau an Clemens Brentano, 19.10. o.J.: „Ich nehme – wenn nicht unterdeßen einer von drei Buchhändlern Bankrott macht – auf Ostern 200 rt ein; nun war mein Plan, mir unterdeßen gegen eine zur Ostermeße gefällige Aßignation auf einen der Buchhändler das nöthige Geld geben zu laßen, u auf diese Weise wär ich bis dahin die Schuldnerin eines andern geworden. Nun aber werde ich deine bis Ostern, denn dann mußt Du es wieder nehmen, der Ordnung wegen, doch bitte ich dich, mir die 40 Friedrichsdor sogleich zu senden [...]", BJ Kraków, Sophie Mereau, V 122, an Clemens Brentano. Vgl. auch Amelung (Hg.): Briefwechsel, S. 270-272, hier S. 271.

[172] Sophie Mereau an Friedrich Pierer, o.O., o.D. (vermutlich Mitte 1801), zit. n. Schwarz: Leben, S. 200f, hier S. 200.

## 3.1.4 Zusammenfassung

Auch wenn die rechtlichen Normen und ihre Auswirkungen von den untersuchten Frauen nie direkt bewertet wurden, machten sie Gebrauch von den rechtlichen Möglichkeiten, die ihnen unabhängig von Stand oder Geschlecht zur Verfügung standen. Auf diese Weise nahmen sie Einfluss auf ihr Leben und gestalteten es entsprechend ihrer Vorstellungen. Die rechtlichen Normen ermöglichten es ihnen, Entscheidungen herbeiführen und eigene Interessen durchsetzen, die sich auch auf die Umsetzung des eigenen Lebensplans auswirkten.

Die sozialen Normen hatten unmittelbaren Einfluss auf die Handlungsspielräume der untersuchten Frauen. Sie wurden grundsätzlich anerkannt, aber oftmals als Belastung empfunden. Vor allem die regelmäßig notwendigen Besuche bei Freunden und Bekannten galten als zeitraubend. Obwohl es in Weimar-Jena gesellschaftlich anerkannte Verhaltensweisen gab, deren Einhaltung auch von den Frauen als notwendig für eine Integration erachtet wurden, zeigt das Beispiel Sophie Mereaus, dass Missachtung nicht notwendigerweise Ausgrenzung nach sich ziehen musste. Das wenig konforme Verhalten Sophie Mereaus wirkte sich weder auf ihre sozialen Beziehungen noch auf ihre schriftstellerische Tätigkeit aus, die zumindest anfangs in großem Maße von dem guten Kontakt zu Friedrich Schiller abhängig war. Die Gründe für die Akzeptanz dieses abweichenden Verhaltens mögen zum einen in der Offenheit und einer damit einhergehenden Toleranz der Jenaer Gesellschaft zu finden sein. Andererseits werden die herausragenden Fähigkeiten sowie die große Beliebtheit Sophie Mereaus innerhalb der professoralen Kreise dafür gesorgt haben, dass sie nicht an die Peripherie der Gesellschaft gedrängt wurde.

Dass vor allem die Wertediskussionen der Zeit um 1800 das Nachdenken der Frauen über ihr Handeln beeinflussten, zeigen die Briefe, in denen vor allem Themen wie Bildung, Ehe und Familie sowie Liebe verhandelt wurden. Das oft emotionale Engagement der Frauen verweist auf die Bedeutung der debattierten und verinnerlichten Werthaltungen für den eigenen Lebensentwurf. Das Thema Liebe spielte zumindest für Sophie Mereau und Henriette von Egloffstein eine herausragende Rolle, wobei Sophie Mereau – resultierend aus den eigenen Erfahrungen – ein eigenes Liebesideal entwickelte, das sie später umzusetzen versuchte. Die Auseinandersetzungen Henriette von Egloffsteins mit ihren Töchtern um das Für oder Wider einer Eheschließung und die Bedingungen, die an ein funktionierendes Zusammenleben zwischen Mann und Frau geknüpft werden sollten, verdeutlichen dagegen den engen Zusammenhang zwischen den diskutierten Werthaltungen und den Lebensumständen der Frauen: Bot die wirtschaftliche Lage der Familie keine Möglichkeit für eine Eheschließung, dann waren aktuelle Positionen innerhalb der Wertediskussionen und daraus resultierende Rollenvorstellungen wenig ausschlaggebend – eine Heirat blieb ausgeschlossen.

Für Johanna Schopenhauer hatten die Wertvorstellungen um 1800 vor allem im Rückblick eine entscheidende Bedeutung. Dem Lesepublikum ihrer Lebenserinnerungen stellte sie das eigene Leben entsprechend der Anforderungen an die Frau in der Gesellschaft dar. Gleichzeitig insistierte sie jedoch auf der Exklusivität der Bildung, die sie erhalten hatte.

Eine Vermischung von sozialen Normen und Werten deutete sich dann an, wenn die Frauen auf an sie herangetragene Rollenerwartungen reagierten. Im Zusammenhang mit den Bildungsgrenzen für Frauen wurde die so genannte „Schriftstellersucht" des weiblichen Geschlechts heftig kritisiert, die von den eigentlichen Aufgaben abhielt. Häufiger als die Ablehnung schreibender Frauen waren jedoch die Bemühungen, für das weibliche Geschlecht angemessene Gattungen und Inhalte zu definieren.[173] Johanna Schopenhauer stimmte zwar im Laufe der Zeit und mit zunehmendem Selbstbewusstsein zu, dass ihr Name unter eigene Aufsätze gesetzt werden konnte.[174] Beurteilte sie Bücher oder Kunstwerke, so wollte sie allerdings weiterhin anonym bleiben. Schließlich sah das Verfassen von Rezensionen ihrer Meinung nach „für eine Frau doch ein we(i)nig zu arrogant aus".[175]

Johanna Schopenhauer wusste also um die Erwartungen, die an sie als Frau gestellt wurden und denen sie aufgrund der Rollenverteilung der Geschlechter gerecht werden musste. Dementsprechend gestaltete sie ihre schriftstellerische Arbeit: Von ihr verfasste Aufsätze durften auch dann nicht unter ihrem Namen erscheinen, wenn ihr das Thema zu brisant erschien. Damit wurde sie den gesellschaftlichen Vorgaben gerecht, die Frauen bestimmte literarische Gattungen zugestanden:

> „G. hat Ihnen einen Aufsatz von mir gegen Kotzebue gegeben, ich wünschte ihn in einem Ihrer Blätter eingerückt, aber bitte Sie so zu machen daß mein Name nicht erscheint, als Frau geht das nicht recht, obgleich ich die Sache selbst nicht für unbillig halte, da K. sich wircklich sehr unnütz macht. [...]"[176]

Mit ihrer Argumentation nimmt Johanna Schopenhauer Bezug auf die diskutierten Wertvorstellungen der Zeit. Gleichzeitig reagiert sie entsprechend der sozialen Normen. Sie wusste, welche Reaktionen das Verfassen von Rezensionen über Kunstwerke von Männern durch Frauen nach sich ziehen konnte. Indem sie bekräftigt, dass ihr Name nicht unter Arbeiten gesetzt werden sollte, die

---

[173] Vgl. Karl Morgenstern, Von den Grenzen weiblicher Bildung, Leipzig 1808, zit. in: Geitner: Soviel wie nichts?, hier S. 38.

[174] Vgl. Johanna Schopenhauer an Carl Bertuch, 10.06.o.J., GSA, Bestand Bertuch, Karl Bertuch, Eingegangene Briefe, Schopenhauer, Johanna, GSA 06/2990.

[175] Vgl. Johanna Schopenhauer an Carl Bertuch, 10.06.o.J., GSA, Bestand Bertuch, Karl Bertuch, Eingegangene Briefe, Schopenhauer, Johanna, GSA 06/2990.

[176] Johanna Schopenhauer an Carl Friedrich Ernst Frommann, Weimar, 20.12.1817, GSA Bestand Frommann, Carl Friedrich Ernst Frommann, Eingegangene Briefe, Schopenhauer, Johanna, geb. Trosiner, GSA 21/44.

eigentlich Männern zustanden, akzeptierte sie gleichzeitig die an sie als Frau gestellten Erwartungen und handelte entsprechend der gültigen sozialen Normen.

Ähnlich wie Johanna Schopenhauer richteten sich auch Sophie Mereau und Henriette von Egloffstein zumindest in einigen Bereichen ihres Lebens nach den Anforderungen, die an sie als Frauen gestellt wurden. Dies bezog sich vor allem auf das Ausüben bestimmter Talente und den Ausbau von Fähigkeiten, die lange Zeit Männern vorbehalten waren. Indem Sophie Mereau als Schriftstellerin vor allem die Gattungen Lyrik und Prosa bediente, entsprach auch sie den gesellschaftlichen Erwartungen. Für Henriette von Egloffstein kam eine Veröffentlichung eigener Schriften nicht in Frage. In ihrem Fall spielte dagegen das ständische Selbstverständnis und die damit einhergehende spezifische Sicht auf soziale Normen eine große Rolle. Auch andere adelige Schriftstellerinnen wie Amalie von Imhoff und Charlotte von Ahlefeld blieben anonym oder verbargen sich hinter einem Pseudonym.

Einen vergleichsweise nicht zu unterschätzenden Einfluss auf das Leben und Handeln der untersuchten Frauen hatte ihre wirtschaftliche Situation. Sie wurde zum einen beeinflusst durch den Zivilstand oder die Standeszugehörigkeit und konnte sich in entscheidendem Maße vor allem auf den sozialen Status der Frauen innerhalb der Gesellschaft Weimars oder Jenas auswirken: War ein gutsituiertes Leben nicht mehr möglich, so musste befürchtet werden, dass ein niedrigerer Lebensstandard Auswirkungen auf die Akzeptanz innerhalb der Gesellschaft hatte. Denn oftmals war es in einer solchen Situation nicht mehr möglich, angemessene gesellige Zirkel für die bedeutendsten Einwohner der Stadt oder die zahlreichen Fremden zu geben.

### 3.2 Sophie Mereau, Johanna Schopenhauer und Henriette von Egloffstein in Weimar-Jena – Fähigkeiten, Erwartungen und Intentionen

Im Folgenden werden die Erwartungen, Fähigkeiten und Intentionen betrachtet, die Sophie Mereau, Johanna Schopenhauer und Henriette von Egloffstein mit Weimar-Jena verbanden. Dadurch wird es möglich, den Einfluss der Rahmenbedingungen und den Anteil der Akteure am Erkennen und Nutzen von Handlungsspielräumen abzuwägen. Im Anschluss daran kann außerdem über die Bedeutung des Raumes Weimar-Jena für die Möglichkeiten, den eigenen Lebensentwurf umzusetzen, entschieden werden.

Die Fähigkeiten, Erwartungen und Intentionen der drei Frauen lassen sich nur schwer voneinander trennen: Individuelle Fähigkeiten stellten sich als Voraussetzung für bestimmte Bedürfnisse heraus; aus den Bedürfnissen hingegen entwickelten sich Erwartungen an das eigene Leben. Erwartungen und Fähigkeiten wiederum waren ausschlaggebend für das Formulieren von Absichten, wie das eigene Leben in Weimar zu gestalten sei. Zunächst wird auf Fähigkeiten und Bedürfnisse eingegangen. Der Schwerpunkt soll jedoch auf den Erwartungen und Intentionen liegen, die mit einem Aufenthalt in Weimar-Jena verbunden wurden. Inwieweit sich diese als handlungsbestimmend erwiesen, gilt es zu klären.

### 3.2.1 Sophie Mereau – Kontakte knüpfen, um schreiben zu können

*Fähigkeiten*

Anhand der Aufzeichnungen von und über Sophie Mereau wird deutlich, dass sie während ihrer Kindheit und Jugend eine umfassende Ausbildung genossen haben muss.[177] Offensichtlich hatte vor allem der Vater Gotthelf Schubart, ein Beamter in den Diensten des Fürsten von Sachsen-Gotha-Altenburg[178], für eine gründliche Erziehung seiner Kinder gesorgt.[179] Besonders deutlich wird dies anhand der umfangreichen Sprachkenntnisse Sophie Mereaus. Ihre Bearbeitungen von französischer, italienischer und spanischer Literatur zeigen, dass sie diese drei Sprachen beherrschte.[180] Daneben verfügte sie offensichtlich über zumindest grundlegende Lateinkenntnisse.[181] Das offensichtlich Herausragende ihrer fremdsprachlichen Qualitäten macht die Übersetzung von Boccaccios „Fiammetta" besonders deutlich. Noch immer berufen sich Neubearbeitungen

---

[177] Allerdings ist über Kindheit und Jugend Sophie Mereaus nur wenig bekannt. Auf dieses Problem wies schon Friederike Fetting hin. Vgl. Fetting: „Welt", S. 66.

[178] Einen Hinweis gibt neben dem Eintrag in das Heiratsregister Jenas aus Anlass der Hochzeit zwischen Friedrich Ernst Carl Mereau und Sophie Schubart – Vgl. KAJ HR 1793, S. 93 (Nr. 13) – auch die Bescheinigung über den Tod des Vaters, der hier als herzoglich-sächsischer Obersteuerbuchhalter geführt wurde: „Nach Anzeige des bey hiesiger Stadt geführten Todtenregisters, ist Herr Gotthelf Schubart, Herzogl. Sächsischer Obersteuerbuchhalter hieselbst, acht und sechzig Jahr zehen Monat und siebenzehn Tage alt, den neunundzwanzigsten April des Jahres Eintausend Sieben Hundert und Ein und Neunzig verstorben, und den dritten May gedachten Jahres, früh gegen Bezahlung der großen halben Schule beerdigt worden. Welches wird auf Verlangen glaubwürdig andurch bescheiniget. Sigl. Altenburg den 14t December 1803.", BJ Kraków, Sophie Mereau, V 122, Persönliches/1, A: 15+2.

[179] Aus der Ehe mit Johanna Sophia Friederike stammten außerdem die ältere Schwester Henriette Schubart sowie der jüngere Bruder Carl Schubart.

[180] Dass sie Französische gut beherrschte zeigen zum einen die Briefe Friedrich Ernst Carl Mereaus an sie, die teilweise auf Französisch verfasst wurden. Vgl. Friedrich Ernst Karl Mereau an Sophie Mereau, FDH, Sg. 52 134-36; 52 139-48. Darüber hinaus stand sie in brieflichem Kontakt mit Herzog August von Sachsen-Gotha. Die Briefe sind auf Französisch verfasst, Vgl. BJ Kraków, Sophie Mereau, Herzog August von Sachsen-Gotha, V 76. Zur Ausbildung Sophie Mereaus vgl. auch Christine Touaillon, Der deutsche Frauenroman des 18. Jahrhunderts, 10. Kapitel: Sophie Mereau [künftig zitiert: Frauenroman], Wien/Leipzig 1919, S. 523-554, hier S. 523f.

[181] Vgl. Johann Heinrich Kipp an Sophie Mereau, 10.07.1795: „[...] und *nulla dies sine lineas* du kleine Lateinerin [...]", zit. n. Dechant: *Harmonie*, S. 215-218, hier S. 217. Dazu auch Anja Dechant, Lebenslauf von Sophie Mereau, in: ebd., Kapitel 1: Untersuchung des Briefwechsels zwischen Sophie Mereau und Johann Heinrich Kipp, S. 17-110, hier S. 32.

dieses lyrischen Werks auf ihre Übersetzung.[182] Auch wenn die Sprachkenntnisse Sophie Mereaus in ihrer Vielfältigkeit beeindrucken, war ihr Bildungsgang nicht außergewöhnlich. Immerhin wurde innerhalb der gehobenen bürgerlichen Schichten ein Mindestmaß an Allgemeinbildung von den Frauen gefordert.[183] Grundlagen in modernen Fremdsprachen, im Zeichnen und im Klavierspielen gehörten um 1800 zum Ausbildungskanon des so genannten Bildungsbürgertums. Das große Interesse Sophie Mereaus für Literatur und Musik[184] resultierte aus ihrer Erziehung und Ausbildung.

Schon in Altenburg kam sie mit neuesten literarischen Werken bekannter Schriftsteller in Berührung. Ein Brief ihres Freundes Kurtzwig aus Erlangen[185] lässt einerseits erahnen, wie umfangreich ihr literarisches Spektrum war. Andererseits zeigt er Möglichkeiten auf, wie sie an neueste Literatur gelangte:

> „Gestern war ich im hiesigen Academischen Buchladen um mir einige Bücher zu kaufen, ich sah den hier beiliegenden Calender, blätterte in der Pandora, und fand viel Interessantes, vielleicht macht er meiner Sophie Vergnügen so dacht ich, - und steckte ihn ein. Vielleicht hat diese Pandora auch deinen Beifall."[186]

Sophie Mereaus Kenntnisse über Literatur beschränkten sich nicht allein auf eine literarische Gattung wie etwa den um diese Zeit vielfach gelesenen empfindsamen Roman. Neben den Arbeiten Jean Paul Richters schenkte sie beispielsweise den *Römischen Elegien* Goethes und den Gedichten Johann

---

[182] Vgl. Sophie Brentano, Fiammetta. Aus dem Italienischen des Bocaccio übersetzt, Berlin 1806. Die im Insel-Verlag herausgegebene deutsche Fassung der Fiammetta des Giovanni di Boccaccio hat die deutsche Übertragung Sophie Mereaus, zu diesem Zeitpunkt Sophie Brentano, zur Grundlage. Vgl. Giovanni di Boccaccio, Fiammetta. Übertragen von Sophie Brentano, [Textrevision und Ergänzungen von Katharina Kippenberg], Leipzig 1982.
[183] Vgl. Uta Fleischmann: Zwischen Aufbruch und Anpassung. Untersuchungen zu Werk und Leben der Sophie Mereau, Frankfurt a.M. 1989,S. 5; Fetting, „Welt", hier S. 66. Dazu auch Panke-Kochinke: Professorenfamilien, hier S. 141; Helga Gallas/Magdalene Heuser: Einleitung, in: Helga Gallas/Magdalene Heuser (Hg.): Untersuchungen zum Roman von Frauen um 1800 [künftig zitiert: Untersuchungen], Tübingen 1990, S. 1-9, hier S. 1f; Trepp: Männlichkeit, S. 147.
[184] Ihre Begeisterung für Musik klingt bspw. in einem Brief an Johann Heinrich Kipp an: „Ich war der Musik immer hold, [...]", in: Sophie Mereau an Johann Heinrich Kipp, Jena, 09.12.1795, zit. n. Dechant: Harmonie, S. 366-368, hier S. 367.
[185] Bekannt ist nur der Nachname „Kurtzwig". Fraglich ist, ob es sich bei Kurtzwig um David Georg Kurtzwig (1764-1834) handelte. Der später Arzt und Staatsrat wurde. Vgl. DBI: Bd. 2, S. 1194. Genauere Daten konnten zu ihm nicht ermittelt werden. Christine Touaillon bezeichnet ihn als einen früheren Verlobten Sophie Mereaus. Vgl. Touaillon: Frauenroman, Kapitel 10: Sophie Mereau, S. 524. Die Briefe Kurtzwigs an Sophie Mereau deuten zumindest auf ein Liebesverhältnis hin: Vgl. Kurtzwig an Sophie Schubart, Biblioteka Jagiellońska, V 122, Korrespondenz/1 h 30.
[186] Kurtzwig an Sophie Schubart, Erlangen, 14.11.1787, BJ Kraków, Sophie Mereau, V 122, Korrespondenz/1 h 30.

Heinrich Voß' große Beachtung.[187] Die Auseinandersetzung mit *Wilhelm Meisters Lehrjahren* verdeutlicht ihre große Verehrung für dieses Werk und für den Autor.[188] Besonders begeistert zeigte sie sich allerdings vom dramatischen Werk Friedrich Schillers.[189] Darüber hinaus verweisen die zahlreichen Übersetzungen Sophie Mereaus auf ihr Interesse an moderner sowie älterer fremdsprachiger Literatur.[190]

Das Talent zum Schreiben, das ebenfalls bereits während der Altenburger Zeit zur Geltung kam, war eng mit dem Interesse für und dem Wissen über Literatur verbunden. Wilhelmine Holderrieder, eine nahezu gleichaltrige Jugendfreundin[191], äußerte sich bewundernd über die Gabe Sophie Mereaus und schrieb als Reaktion auf einige ihrer Gedichte:

> „Sag mir doch Du Zaubermädgen wo Du das alles her nimmst? – Erzog man Dich anders wie andere Mädgens; oder stellte Dich die Natur, allen Männern zum Troz hin, so wie Du bist, durch sie allein mit allem versehen was vielen von diesen die größte Kunst nicht geben kann."[192]

Obwohl die Begabung Sophie Mereaus von ihrer Umwelt positiv bewertet und als herausragend erkannt wurde, macht die Reaktion der Freundin, die in einem Vergleich der Fähigkeiten Mereaus mit denen ambitionierter Männer mündet,

---

[187] Dass Sophie Mereau Jean Paul Richters Werke kannte, zeigt ein Brief Johann Heinrich Kipps. Vgl. Johann Heinrich Kipp, Lübeck, 26.10.1796, in: Dechant: *Harmonie*, S. 450f., hier 451. Zu ihrer Lektüre der „Römischen Elegien" vgl. Sophie Mereau an Johann Heinrich Kipp, Jena, 05.07.1795, in: ebd., S. 221. Zu Johann Heinrich Voß: Sophie Mereau an Johann Heinrich Kipp, Jena, 12.08.1795, in: ebd., S. 283f., hier S. 284.

[188] Vgl. die Hinweise auf die Wilhelm-Meister-Lektüre im Tagebuch: 10.12.1796: „Abends mit vielem Vergnügen gelesen, im Meister."; 04.01.1797: „Mit Vergnügen im Meister gelesen.", in: [Mereau-Brentanon]: Welt, S. 23, S. 24. Die Lektüre des *Wilhelm Meister* wurde auch literarisch im Roman *Amanda und Eduard* verarbeitet. Vgl. Katharina von Hammerstein: Sophie Mereau-Brentano: Freiheit – Liebe – Weiblichkeit. Trikolore sozialer und individueller Selbstbestimmung um 1800 [künftig zitiert: Sophie Mereau-Brentano], Heidelberg 1994, S. 69-74.

[189] Vgl. Sophie Schubert an Friedrich Schiller, Altenburg, Ende Januar (?) 1788, in: NA, Bd. 33, I, S. 168-170. Vgl. auch den Kommentar zu diesem Brief, in: NA, Bd. 33, II, S. 309-310.

[190] Vgl. dazu Sophie Mereau: Carl von Anjou, König von Neapel. Nach dem Boccaz, in: Horen, 3. Jg., 2. St. (1797), S. 34-42; dies.: Geschichte Apheridons und Astartens. Nach dem Französischen, in: Kalathiskos, hrsg. v. Sophie Mereau, Bd. 2, Berlin 1802, S. 216-233.

[191] Wilhelmine Holderrieder heiratete 1793 den sachsen-gothaischen Regierungsrat Johann Georg Geissler und zog nach Gotha. Die Freundschaft zwischen Sophie Mereau und ihr hielt auch nach der Hochzeit der Freundinnen an, wie die Briefe zeigen. Vgl. BJ Kraków, Wilhelmine Geissler/1, V65 23 h. 1823 wurden einige Gedichte Wilhelmine Geisslers veröffentlicht: [Wilhelmine Geissler]: Gedichte von Henriette Wilhelmine Geissler, geb. Holderrieder. Aus ihrem Nachlasse für Freunde ausgewählt, Gotha 1823.

[192] Vgl. Wilhelmine Holderrieder an Sophie Mereau, o.O., 14.12. (wahrscheinlich 1792), BJ Kraków, Sophie Mereau, Wilhelmine Geissler/1, V 65 23 h. Abgedruckt findet sich dieser Brief auch bei Schwarz: Leben, S. 232-234.

gleichzeitig deutlich, dass schreibende Frauen auch um 1800 von den Zeitgenossen keineswegs als selbstverständlich wahrgenommen wurden.[193] Sophie Mereau ragte also aus ihrer Altenburger Umgebung mit ganz besonderen Fähigkeiten heraus. Sie selbst hatte dies erkannt und war bestrebt, ihre schriftstellerische Tätigkeit auszuweiten. Systematisch versuchte sie, den Kontakt zu dem potentiellen Förderer Schiller herzustellen. Dieser äußerte sich später selbst zu den hervorstechenden Eigenschaften der von ihm geförderten Schriftstellerin:

> „Klarheit, Leichtigkeit und (was bey Produkten der weiblichen Muse ein so seltnes Verdienst ist) Correctheit zeichnen solche sehr vorzüglich aus, und ich darf Ihnen ohne alle Schmeicheley im Voraus versichern, daß sie im Almanach hervorstechen werden."[194]

Über die in den Augen Schillers bemerkenswerten Arbeiten Sophie Mereaus informierte er außerdem den Freund Christian Gottfried Körner.[195] Und auch mit Johann Wolfgang Goethe tauschte er sich über die Qualität der Schriftstellerin aus.[196] Schillers Einschätzungen veranschaulichen, dass er Sophie Mereau vor allem deshalb unterstützte, weil er von ihren schriftstellerischen Fähigkeiten überzeugt war. Sie beeindruckte ihn durch Form, Stil und Motivwahl.[197]

Diese Begabung bestimmte die Erwartungen und Ziele Sophie Mereaus in hohem Maße. Das ihr eigene Selbstbewusstsein und die Entschiedenheit, mit der sie ihre Vorstellungen zu verwirklichen trachtete, resultierten aus dem Wissen um die eigenen Fähigkeiten. Parallel dazu entwickelte sie ein starkes Bedürfnis, einen bedeutenden Teil ihres täglichen Lebens schreibend zu verbringen.[198] In Verbindung mit den Erwartungen wurde damit eine wichtige Voraussetzung für die Umsetzung von eigenen Vorstellungen geschaffen.

---

[193] Vgl. u.a. Geitner: Soviel wie nichts? hier S. 37f.; Barbara Becker-Cantarino: Schriftstellerinnen der Romantik. Epoche – Werke – Wirkung [künftig zitiert: Schriftstellerinnen], München 2000, S. 58.

[194] Friedrich Schiller an Sophie Mereau, Jena, 11.07.1795, in: NA, Bd. 28, S. 9f., hier S. 9.

[195] Vgl. Friedrich Schiller an Christian Gottfried Körner, Jena, 19.10.1795: „Schwarzburg ist von einem Frauenzimmer, der Professorin Mereau von hier, die schon verschiedene artige Sachen hat drucken lassen.", zit. n. NA, Bd. 28, S. 80-82, hier S. 81.

[196] Vgl. Friedrich Schiller an Johann Wolfgang Goethe, Jena, 30.06.1797: „Für die Horen hat mir unsere Dichterin Mereau jetzt ein sehr angenehmes Geschenk gemacht, und das mich wirklich überraschte. Es ist der Anfang eines Romans in Briefen, die mit weit mehr Klarheit Leichtigkeit und Simplicität geschrieben sind, als ich je von ihr erwartet hätte. Sie fängt darinn an, sich von Fehlern frey zu machen, die ich an ihr für ganz unheilbar hielt, und wenn sie auf diesem guten Wege weiter fortgeht, so erleben wir noch was an ihr.", zit. n. NA, Bd. 29, S. 92-94, hier S. 93.

[197] Vgl. dazu Friedrich Schiller an Sophie Mereau, Jena, 27.(?)06.1797, in: NA, Bd. 29, S. 90; Friedrich Schiller an Sophie Mereau, Jena, 27.(?)06.1797, in: ebd., S. 91f.; Friedrich Schiller an Sophie Mereau, Jena, 4.(?)07.1797, in: ebd., S. 96.

[198] Vgl. die Briefe Sophie Mereaus an Johann Heinrich Kipp, in: Dechant: Harmonie. außerdem die Briefe Sophie Mereaus an Clemens Brentano: Sophie Mereau an Clemens Brentano, in: Amelung (Hg.): Briefwechsel.

*Erwartungen und Intentionen*

Sophie Mereau formulierte die Erwartungen, die sie mit ihrem Leben in Jena verband, selten direkt. Rückschlüsse auf diese lassen sich vor allem aus ihrem Agieren vor dem Umzug nach Jena, aber auch während der Jenaer Jahre ziehen: Die Planmäßigkeit, mit der Sophie Mereau während ihrer Altenburger Zeit den Kontakt zu Friedrich Schiller aufbaute verdeutlicht, dass sie schon vor ihrer Heirat mit Friedrich Ernst Carl Mereau die Absicht hegte, eine intensivere Beziehung zu dem von ihr verehrten Dichter aufzubauen. Von dieser Bekanntschaft erwartete Sophie Mereau die Umsetzung ihres Wunsches, als Schriftstellerin tätig und auch anerkannt zu werden.[199] Von einem andauernden Kontakt zu Schiller versprach sie sich Anregung und Unterstützung für ihre Arbeit.[200] Die Veröffentlichungen von ersten Gedichten schon vor dem Umzug nach Jena machen deutlich, dass Sophie Mereaus richtig spekuliert hatte.[201] Ihre unablässigen Bemühungen um dauerhafte Beziehungen mit Friedrich Schiller während der Anwesenheit in Jena lassen erkennen, dass sie von Anfang an bestrebt war, sich mit der Unterstützung des Dichters auf dem literarischen Markt etablieren. Die Regelmäßigkeit ihrer Veröffentlichungen in Schillers Zeitschriften sowie die Anstrengungen, über ihn einflussreiche Kontakte aufzubauen, verstärken diesen Eindruck.[202]

Abgesehen davon übte auch das lebendige gesellige Leben der Universitätsstadt einen großen Reiz auf Sophie Mereau aus. Die Stellung ihres Ehemannes innerhalb der universitären Zirkel und seine Verbindungen zu zahlreichen Personen versprachen mannigfaltige Kontakte innerhalb eines Milieus,

---

[199] Sophie Schubert an Friedrich Schiller, Vermutlich Jena, zweite Hälfte Dezember 1791, in: NA, Bd. 34,I, S. 123.
[200] Vgl. ebd. Dazu auch Sophie Mereau an Johann Heinrich Kipp, 08.07.1795, in: Dechant: *Harmonie*, S. 222-224.
[201] Bereits 1791 veröffentlichte sie das erste Gedicht „Bey Frankreichs Feyer. Dem 14. Junius 1790." in Friedrich Schillers Zeitschrift *Thalia*. Erschienen ist das Gedicht im Heft 11 des dritten Bandes. Schon ein bzw. zwei Jahre später erschienen weitere Gedichte Sophie Mereaus in der *Neuen Thalia*. Vgl. Sophie Mereau: Die letzte Nacht, Bildnis, in: Neue Thalia Bd. 3, 1. St., S. 108f.; S.385f.
[202] Vgl. Sophie Mereau: Schwarzburg, in: Die Horen, Bd. 3, 9. St. (1795), S. 39-44; dics.: Frühling [Düfte wallen...], in: Musen-Almanach für das Jahr 1796, S. 55-58; dies.: Das Lieblingsörtchen, in: ebd., S. 145-147; dies.: Vergangenheit, in: ebd., S. 107-109; dies.: Erinnerung und Phantasie, in: ebd., S. 149-151; dies.: Des Lieblingsörtchens Wiedersehen, in: Die Horen, Bd. 12, 10. St. (1797), S. 98-100; dies.: Andenken, in: Musen-Almanach für das Jahr 1797, S. 57-58; dies.: Landschaft, in: ebd., S. 147-151; dies.: Lindor und Mirtha, in: Musen-Almanach für das Jahr 1798, S. 100-104; dies.: Der Garten zu Wörlitz, in: ebd., S. 216-220; dies.: Licht und Schatten, in: ebd., S. 292f.; dies.: Schwärmerei der Liebe, in: Musen-Almanach auf das Jahr 1799, S. 225-230.

das ihrem hohen Bildungsgrad entsprach.[203] Sophie Mereau wollte in Jena jedoch nicht nur anregende Gespräche führen[204] und eigene sowie fremde literarische Werke diskutieren, sondern unterhalten werden und Zerstreuung erleben: „Sollen die Freuden des Lebens fern und ungenoßen an vor mir vorüberrauschen?" fragte sie Johann Heinrich Kipp[205] und macht mit dieser Frage deutlich, dass neben der schriftstellerischen Arbeit das unbeschwerte Zusammensein mit Freunden und Bekannten zu einem wichtigen Aspekt in ihrem Leben gehörte.[206]

Dass Sophie Mereau den Kontakt mit Friedrich Ernst Carl Mereau während ihrer Altenburger Zeit über Jahre hinweg aufrecht hielt und den ungeliebten Mann letztlich heiratete, lässt sich auf ihre Erwartungen zurückführen, die sie mit einer Einbindung in das universitäre Milieu Jenas verband. Sophie Mereau rechnete fest damit, durch die Verbindungen Friedrich Ernst Carl Mereaus Teil der Jenaer Gesellschaft zu werden und dadurch ihre schriftstellerischen Ambitionen umsetzen zu können.[207] Die Ehe basierte nicht auf Liebe, sondern auf gut durchdachten Gründen. Darauf verweisen auch Äußerungen Johann Heinrich Kipps:

> „[...] wenn ich mir denke, daß du das Weib eines andren bist! Sünderin du! Warum warst du so naiv! [...] Dein Raisonnement, warum du den Schritt thatest, wird hundertmal wiederholt und ich finde mich sehr getröstet dadurch himmlische Sofie."[208]

---

[203] Zu den Geselligkeitskreisen in Weimar-Jena vgl. Jens Riederer: Aufgeklärte Sozietäten und gesellige Vereine in Jena und Weimar zwischen Geheimnis und Öffentlichkeit 1730-1830. Sozialstrukturelle Untersuchungen und ein Beitrag zur politischen Kultur eines Kleinstaates, Diss. (Masch.), Jena 1995; Felicitas Marwinsiki: Lesen und Geselligkeit, Jena 1991; dies.: Von der societas litteraria zur Lesegesellschaft. Gesellschaftliches Leben in Thüringen während des 18. und zu Beginn des 19. Jahrhunderts, Jena, Univ. Diss. 1982. Dazu auch Walter Horace Bruford: Kultur und Gesellschaft im klassischen Weimar 1775-1806 [künftig zitiert: Kultur], Göttingen 1966; Ilse-Marie Barth: Literarisches Weimar. Kultur-Literatur-Sozialstruktur im 16. bis 20. Jahrhundert, Stuttgart 1971; Astrid Köhler: Salonkultur im klassischen Weimar. Geselligkeit als Lebensform und literarisches Konzept [künftig zitiert: Salonkultur], Stuttgart 1996.

[204] Das Bedürfnis nach anregenden Gesprächen lässt sich vor allem anhand ihres Tagebuchs bestimmen. Hier hebt sie besonders die Zusammenkünfte mit den Frühromantikern hervor, die für sie jedes Mal von großem Gewinn waren. Vgl. [Mereau-Brentanon]: Welt, bes. S. 17-30.

[205] Sophie Mereau an Johann Heinrich Kıpp, Jena, o.D. (Mai 1796), zit. n. Dechant: *Harmonie*, S. 411-413, hier S, 412.

[206] Vgl. dazu auch die Briefe an Johann Heinrich Kipp, in denen sie begeistert von Ausflügen nach Dornburg oder Kunitz berichtete: u.a. Sophic Mereau an Johann Heinrich Kipp, Jena, 10.06.1795, in: ebd., S. 199; 24.06.1795, in: ebd., S. 201-204, hier S. 201; 21.07.1795, in: ebd., S. 254f., hier S. 255. Zu Tanzvergnügen vgl. u.a. Sophie Mereau an Johann Heinrich Kipp, Jena, 23.07.1795, in: ebd., 256.

[207] Vgl. zu diesem Aspekt auch Schwarz: Leben, hier S. 67.

[208] Johann Heinrich Kipp an Sophie Mereau, 06.07.1795, zit. n. Dechant: *Harmonie*, S. 208f., hier S. 209.

Die aus den Erwartungen resultierenden Absichten Sophie Mereaus, die schriftstellerische Arbeit voranzutreiben und zu einem Erfolg zu führen, entwickelten sich zu entscheidenden Bestandteilen ihres Lebensentwurfs. Im Zusammenhang mit der eigenen Tätigkeit als Schriftstellerin bemerkte sie:

> „Ich will nicht nur für den Augenblick allein leben, ich will auch für die Zukunft säen; eine Erndte will ich haben, wie das Jahr."[209]

Zwar formulierte sie diese Zeilen als längst erfolgreiche und umworbene Schriftstellerin. Und doch können sie als Hinweis auf eine Haltung gelesen werden, die auch das Jenaer Leben Sophie Mereaus bestimmte.

In Jena gelang es ihr, die eigenen Fähigkeiten anzuwenden und auszubauen.[210] Im Zuge dessen konkretisierten sich die vor dem Umzug geäußerten Erwartungen: Nachdem es gelungen war, die schriftstellerische Tätigkeit auszubauen, wollte sie nun in entscheidendem Maß auf Veröffentlichungsmodalitäten und die Gestaltung der eigenen Werke einwirken. Auch Erwartungen an die zu zahlenden Honorare wurden den Verlegern und Herausgebern gegenüber denkbar direkt geäußert.[211] Zu ihrer schriftstellerischen Arbeit kam ein verstärktes Engagement im geschäftlichen Bereich. Die Möglichkeiten, die Jena für den Ausbau der eigenen Arbeit und die Koordination des damit zusammenhängenden wirtschaftlichen Erfolges bot, passten zu ihren Vorstellungen von einem selbstbestimmten Leben. Dazu gehörte auch die Aussicht, in gewissem Maße über die Gestaltung des eigenen Tagesablaufs verfügen zu können.[212]

Sophie Mereaus Bedürfnis nach freier Zeit stand in einem engen Zusammenhang mit ihrem Wunsch nach Freiheit. Ihre Vorstellungen von einem freiheitlichen, sprich selbstbestimmten Leben, wurden handlungsleitend:

> „Ich möchte reisen, in das lebendige Leben möchte' ich mich hineinstürzen, doch müßt ich dabei frei sein. Ich fühl es, wie dieses Bedürfnis sich immer fester in mein

---

[209] Vgl. Sophie Mereau an Clemens Brentano, Marburg, 21.01.1804, zit. n. Amelung (Hg.): Briefwechsel, S. 319f., hier S. 319.

[210] Johann Heinrich Kipp an Sophie Mereau, 19.08.1795: „Du warst eine Sünderin, naiv und unerfahren mit allen deinen großen Anlagen. Diese großen Anlagen sind sehr entwikelt in Jena [...]", zit. n. Dechant: Harmonie., S. 278-280, hier S. 279.

[211] Vgl. Sophie Mereau an Heinrich Dieterich, Camburg, o.D., FDH, Sophie Mereau, Sg. 52155-56; Sophie Mereau an Heinrich Fröhlich, Jena, im November 1799, in: Schwarz: Leben, S. 191; Sophie Mereau an Friedrich Wilmans, Weimar, 20.01.1802, FDH, Sophie Mereau-Brentano, Sg. 52161-62. Abgedruckt in: Schwarz: Leben, S. 192; Sophie Mereau an Clemens Brentano, o.O., 21.09.(1803), BJ Kraków, Sophie Mereau, V 122, an Clemens Brentano/2, h. 35. Abgedruckt in: Amelung (Hg.): Briefwechsel, S. 204-206, hier S. 206; Dagmar von Gersdorff (Hg.): *Lebe der Liebe und liebe das Leben*. Der Briefwechsel von Clemens Brentano und Sophie Mereau [künftig zitiert: *Liebe*], Frankfurt a.M. 1981, S. 209-211, hier S. 210f.

[212] Dieses Bedürfnis zieht sich durch sämtliche Tagebuchaufzeichnungen und die Briefe Sophie Mereaus an Johann Heinrich Kipp sowie Clemens Brentano, in: Dechant: *Harmonie*; Amelung (Hg.): Briefwechsel.

Wesen schlingt – u. doch halten mich allenthalben Banden des Herzens, u. meiner Pflicht."[213]

Ihr förmlich unbändiger Wille nach Freiheit findet sich in vielen Briefen wieder[214] und wirkte sich auch auf ihre schriftstellerische Arbeit aus. In zahlreichen Werken verarbeitete sie diesen Wunsch sowie ihr Fernweh und die Sehnsucht danach, unabhängig leben zu können.[215] Vor allem der Roman *Das Blüthenalter der Empfindung* (1794) gilt als eine besonders subjektive Arbeit, in der sie diese Vorstellungen thematisierte.[216] Die Liebesbeziehung zu Johann Heinrich Kipp schien sie der Erfüllung ihrer Vorstellungen näher zu bringen:

> „Was sich neben dem Wunsch mit dir zu sein, meiner hinstellt, fast eben so leicht bei der entferntesten Beziehung in mir aufwacht u. lebendig wird, ist das Bild von Freiheit u. Unabhängigkeit. – Ich meine hier nicht jene innere Freiheit, die sich der Mensch in allen Lagen des Lebens erhalten kann, sondern die Freiheit [Hervorhebung im Text, J.D.], die ihn in den Stand setzt, den Dingen außer sich eine selbstbeliebige Form zu geben, u. sie zu seinen freien Zwecken zu gebrauchen [...]"[217]

In Zusammenhang mit dem Verlangen nach Freiheit formulierte Sophie Mereau ihre Ideen von einem Zusammenleben zwischen Mann und Frau. Diese Ansichten standen konträr zu ihrem Eheleben mit Mereau. Die Konsequenz aus dieser Erkenntnis waren Bemühungen, diesem Leben den Rücken zu kehren: Sophie Mereau versuchte ernsthaft, eine gemeinsame Existenz mit dem Geliebten aufzubauen.[218] Diese Absicht hatte Auswirkungen auf ihren Lebensentwurf und bestimmte auch die schriftstellerische Arbeit. Zum einen gaben die während dieser Zeit geschriebenen Gedichte die Stimmung der Dichterin wieder.[219] Zum anderen wollte Sophie Mereau mit den eigenen Gedichten und Erzählungen finanziell unabhängig werden, um ein Zusammenleben mit Kipp zu ermöglichen. Die Verhandlungen mit diversen Verlegern machen diese Ambitionen genauso deutlich wie ihre Aufrufe an Kipp, in seinen Bemühungen, den Traum zu verwirklichen, nicht nachzulassen.[220]

---

[213] Sophie Mereau an Johann Heinrich Kipp, Jena, 21.07.1795, zit. n. Dechant: *Harmonie*, S. 254f, hier S. 254.

[214] Vgl. dazu auch Sophie Mereau an Johann Heinrich Kipp, Jena, 27.07.1795: „Ich hatte diesen Abend viel phantasiert, viel von Sehnsucht nach Freiheit gesprochen, wie ich es oft thue, u. halb scherzend, halb ernst, von Plänen in die Welt zu gehen. [...]", zit. n. ebd., S. 257f., hier S. 257.

[215] Vgl. Hammerstein: Sophie Mereau-Brentano, bes. S. 48-121.

[216] Vgl. ebd., S. 54.

[217] Sophie Mereau an Johann Heinrich Kipp, Jena, 07.11.1795, zit. n. Dechant: *Harmonie*, S. 346-348, hier S. 347.

[218] Vgl. dazu die Briefe Sophie Mereaus vom 24. Juni 1795, 26. Juni 1795 und 1. Juli 1795, in: ebd., hier S. 201, S. 204, S. 218, S. 219f.

[219] Vgl. Sophie Mereau: Schwarzburg, in: Die Horen, Bd. 3, 9. St., S. 39-44; dazu die Bezüge Sophie Mereaus auf Schwarzburg: Sophie Mereau an Johann Heinrich Kipp, 08.07.1795, in: Dechant: *Harmonie*, S. 222-224, hier S. 223.

[220] Ebd., S. 348.

Doch trotz allem stand die schriftstellerische Arbeit Sophie Mereaus im Mittelpunkt ihres Lebens.[221]

In regelmäßigen Abständen entwickelte sie schriftstellerische Projekte, die sie in Jena umsetzen und mit Hilfe ihrer im Laufe der Zeit immer zahlreicheren Kontakte auch zur Veröffentlichung bringen wollte:

> „Ich schrieb dir vor einiger zeit, daß ich an einem Roman schrieb. Zerstreuung, häusliche Geschäfte, Mangel an Muse u. eine andere kleine Arbeit hatten mich eine Zeitlang davon getrennt. Jezt trug ich mich wieder damit. Ich sann auf mancherlei Wendungen u. lies die Schicksale in meiner Phantasie nach Gefallen entstehen u. verschwinden, u. das lezte blieb immer, daß ich meine Helden nach Frankreich gehen lies."[222]

Für Sophie Mereau bedeutete das Schreiben Voraussetzung für ein erfülltes Dasein. Dementsprechend hoch waren ihre Anstrengungen, trotz hausfraulicher und Mutterpflichten sowie ehelicher Probleme Zeit zum Schreiben zu finden.[223] Nachdem die Ehe mit Mereau unerträglich geworden war, setzte sie 1801 die Trennung durch. Auf diese Weise erhielt sie die Möglichkeit, unabhängiger als zuvor über ihre Zeit zu verfügen. Infolgedessen verstärkte sich ihr Anspruch noch, als Schriftstellerin erfolgreich zu sein. Dabei spielten Kritikerlob und ökonomischer Erfolg eine gleichermaßen große Rolle. Bemühungen, ihre neu erscheinenden Werke in den entsprechenden Zeitschriften anzukündigen, sprechen dafür, dass sie selbst – in der Regel in Absprache mit den Verlegern – für eine positive Publizität wirken wollte.[224]

Der hohe Stellenwert, den sie ihrer schriftstellerischen Arbeit beimaß, zeigt sich auch in ihrem Insistieren auf Beendigung einmal angefangener Arbeiten:

> „[...] ehe ich Anstalten zur Reise mache, muß ich vorher meine literarischen Angelegenheiten, die, im Vorbeigehen, ein sehr günstiges Ansehen gewonnen haben, völlig anordnen und zum Theil vollenden."[225]

Ihrem Umfeld machte sie deutlich, dass Erwartungen und Absichten, die sie mit ihrem Leben verband, stets auf die schriftstellerische Arbeit gerichtet waren und sein werden:

> „Ich kämpfe im Leben einen sonderbaren Kampf. Eine unwiderstehliche Neigung drängt mich, mich ganz der Phantasie hinzugeben, das gestaltlose Dasein mit der

---

[221] Sophie Mereau an Johann Heinrich Kipp, 30.11.1795, zit. n. ebd., S. 357-359, hier S. 358.
[222] Sophie Mereau an Johann Heinrich Kipp, Jena, 20.04.1796, zit. n. ebd., S. 409-411, hier S. 410.
[223] Vgl. dazu ebd., Kapitel 1: Untersuchung des Briefwechsels zwischen Sophie Mereau und Johann Heinrich Kipp, S. 36. Dechant geht davon aus, dass Sophie Mereau „zuerst Gattin [...] dann Mutter [...] dann Hausfrau und – falls noch Zeit bleibt – Schriftstellerin" war.
[224] Vgl. Sophie Mereau an Friedrich Wilmans, Weimar, 20.12.1802, FDH, Sophie Mereau, Sg. 52157-58.
[225] Sophie Mereau an Clemens Brentano, [Weimar] Montags, [5.] September. [1803.], zit. n. Amelung (Hg.): Briefwechsel, S. 167-169, hier S. 167.

Dichtung Farben zu umspielen und unbekümmert um das Nötige nur dem Schönen zu leben."²²⁶

Dabei war ihr klar, dass sie zur Umsetzung der eigenen Vorstellungen von einem ausgefüllten Leben als Schriftstellerin und Frau jedoch selbst aktiv werden musste:

> „Aber ach! Der Nachen meines Schicksals schwimmt auf keiner spiegelhellen Fläche, wo ich, unbekümmert mit Mondschein und Sternen spielend, das Ruder hinlegen könnte, indes ein schmeichelndes Lüftchen den Nachen leicht durch die kräuselnden Wellen treibt – durch Klippen und Wirbel, von Stürmen erschüttert schifft er umher, und ich muß das Ruder ergreifen oder untergehn."²²⁷

Sophie Mereau war überzeugt davon, dass sie selbst auf verschiedenen Ebenen ihres Lebens wählen und entscheiden musste. Die Fähigkeit zum Wählen und Entscheiden setzte sie gleich mit Selbstbestimmung:

> „[...] ich frage nicht, denn ich wählte ja selbst, zwar aus Irrthum, aber ich wählte doch. Was der Mensch seine Lage nennt, das heißt seine Verhältnisse gegen andre Menschen, das bildet er sich selbst, durch seine Denkungsweise, seine Empfindungen, seine Irrthümer. – Hab ich die Kraft mich herauszureißen, so werde ich es, habe ich sie nicht, so bestimmt ich mich selbst zur Resignation."²²⁸

Die Umsetzung ihres Lebensentwurfs verband sie eng mit den eigenen Bedürfnissen, Erwartungen, Fähigkeiten und Einstellungen zur Welt. Ihre Entscheidungen, die sie hinsichtlich ihrer Lebensweise und ihrer Arbeit in Jena traf, standen damit in engem Zusammenhang:²²⁹ Sie setzte sich für eine Trennung von Friedrich Ernst Carl Mereau und einen Weggang aus Jena ein. In der Abgeschiedenheit Camburgs versuchte sie, ihre Bedürfnisse, Erwartungen und Intentionen umzusetzen und ganz für die schriftstellerische Arbeit zu leben. Und auch in Weimar war die Umsetzung des eigenen Lebensentwurfs, der ohne schriftstellerische Arbeit nicht zu denken war, entscheidend für ihr Handeln.

### 3.2.2 Johanna Schopenhauer – Mittelpunkt des geselligen Lebens sein

*Fähigkeiten*

Wie Sophie Mereau so verfügte auch Johanna Schopenhauer über einen hohen Bildungsgrad. Auskunft über Erziehung und Ausbildung geben vor allem ihre

---

[226] Sophie Mereau an Clemens Brentano, o.O., o.D., BJ Kraków, Sophie Mereau, V122, an Clemens Brentano/1, h. 25. Abgedruckt in Amelung (Hg.): Briefwechsel, S. 50f., hier S. 50; außerdem in Dagmar von Gersdorff (Hg.): *Liebe*, S. 84f.
[227] Ebd.
[228] Sophie Mereau an Johann Heinrich Kipp, Jena, 26.10.1795, zit. n. Dechant: *Harmonie*, S. 335f., hier S. 335.
[229] Vgl. dazu u.a. Sophie Mereau an Clemens Brentano, [Weimar, etwa 20. Januar 1803.], in: Amelung (Hg.): Briefwechsel, S. 92-94.

Lebenserinnerungen. Diese erwecken allerdings den Eindruck, als wurden Kindheit und Jugend vor allem mit Blick auf das spätere Leben und den Erfolg als Schriftstellerin konstruiert. Johanna Schopenhauer scheint den Leser von ihren besonderen Fähigkeiten überzeugen und Erklärungen für die spätere schriftstellerische Tätigkeit bieten zu wollen: Als Tochter eines der angesehensten Kaufleute Danzigs durchlief sie eine für Kinder des gehobenen Bürgertums keineswegs ungewöhnliche Erziehung und Ausbildung. Eigenen Aussagen nach wurde ihre früheste Kindheit von Mutter und Kinderfrau am entscheidendsten geprägt.[230] Von der Kinderfrau lernte sie Polnisch, eine der ersten besonderen Fähigkeiten, wie Johanna Schopenhauer selbst hervorhebt. Überhaupt begann ihre Ausbildung sehr zeitig. Das Lernprogramm entsprach im Wesentlichen dem des weiblichen Nachwuchses der bürgerlichen privilegierten Schichten um 1800: Französischunterricht erhielt sie in einer Schule, die unter der Leitung der Mutter des Malers Daniel Nikolaus Chodowiecki stand.[231] Für die Vermittlung der englischen Sprachkenntnisse stand Richard Jameson, ein Prediger der englischen Kolonie in Danzig, zur Verfügung.[232] Einige Jahre später nahm ein Kandidat der Theologie die Ausbildung Johanna Schopenhauers in seine Hände.[233] Unter der Anleitung dieser beiden Lehrer, denen sie große Bedeutung für ihre Ausbildung einräumt, erhielt sie Einblicke in die „Geographie, alte Geschichte, Mythologie", Astronomie und in die deutsche Literatur.[234] Abgesehen davon wurde sie im Tanzen und Nähen unterrichtet. Für die Perfektionierung der Französischkenntnisse besuchte sie auf Geheiß ihrer Eltern ein Mädchenpensionat.[235] Beispiele von Bildungswegen anderer Frauen um 1800 verdeutlichen, dass diese Entscheidung durchaus üblich war: Sowohl bürgerliche als auch adelige Familien schickten ihre Töchter zu auswärtigen Lehrern, um der Ausbildung den letzten Schliff zu geben und sie auf ihre Rolle als zukünftige Ehefrau vorzubereiten.[236]

Im Pensionat erhielt Johanna Schopenhauer jedoch nicht nur Französischunterricht, sondern wurde darüber hinaus im Schönschreiben und – wie schon von ihrem Hauslehrer – in Geographie geschult. Die Eltern Johanna Schopenhauers legten also auf eine exzellente Ausbildung ihres Kindes großen Wert. Diese enthielt alle mit der bürgerlichen Mädchenerziehung in Zusammenhang

---

[230] Vgl. die autobiographischen Aufzeichnungen Johanna Schopenhauers „Wahrheit ohne Dichtung", in: [Schopenhauer]: Wechsel, S. 27-250, hier S. 33-35.
[231] Vgl. ebd., S. 51.
[232] Ebd., S. 49.
[233] Ebd., S. 72.
[234] Vgl. ebd., S. 86.
[235] Vgl. ebd., S. 101.
[236] Wie Johanna Schopenhauer so besuchte auch Henriette von Egloffstein ein Mädchenpensionat. Die Ausbildung der Mädchen außerhalb ihres Elternhauses war für die gehobenen Schichten üblich. Vgl. dazu u.a. Renate Dürr: Von der Ausbildung zur Bildung. Erziehung zur Ehefrau und Hausmutter in der Frühen Neuzeit, in: Kleinau/Opitz (Hg.): Geschichte, S. 189-206; dazu auch Martina Käthner/Elke Kleinau, Höhere Töchterschulen um 1800, in: ebd., S. 393-408.

gebrachten Elemente.[237] Denn neben der Ausbildung in Englisch, Französisch, Geographie und den Grundlagen der schönen Literatur kam sie außerdem mit der Malerei und dem Zeichnen in Berührung, das eine ihrer Leidenschaften werden sollte.

Im Laufe ihrer Kindheit und Jugend entwickelte Johanna Schopenhauer ein besonderes Interesse für die Kunst. Im Nachhinein nahm sie explizit auf die Anwesenheit Chodowieckis in Danzig Bezug und stellte einen Zusammenhang zwischen der Nähe zu dem Maler und Zeichner sowie dem sich sukzessive in ihr entwickelnden Bedürfnis nach künstlerischer Betätigung her:

> „Mein ganzes Sinnen und Trachten ging fortwährend auf Zeichnen und Malen, meine schwachen Versuche, mir allein zu helfen, mißlangen, und doch gestaltete sich meinem Auge alles zum Bilde. An jeder fleckigen Mauer, in den am blauen Himmel hinwogenden Wolken [...] sah ich Gesichter, Köpfe, Gestalten und brannte vor Begier, sie zu zeichnen [...]."[238]

Das Bedürfnis zum Malen und Zeichnen schlug sich in zahlreichen Versuchen nieder, die letztlich auch das Schneiden von Schattenrissen einbezog:

> „Das Talent für diese unbedeutende Kunst war auch mir angeboren. Sobald man es nur hatte wagen mögen, meinen Händen ein so gefährliches Instrument, wie eine Schere ist, anzuvertrauen, hatte ich auf meine kindische Art sie geübt. Jetzt griff ich wieder darnach [...] Freunde und Bekannte überhäuften meine sehr unbedeutenden Kunststückchen mit Lob [...]."[239]

Ausgehend von den zahlreichen Versuchen Johanna Schopenhauers, sich künstlerisch zu betätigen, entwickelte sich der Wunsch, im Malen und Zeichnen ausgebildet zu werden, dem die Eltern jedoch nicht gerecht wurden.[240] Zwar erhielt Johanna Schopenhauer später privaten Zeichenunterricht, allerdings betont sie, dass der engagierte Zeichenlehrer sie nach Kupferstichen malen ließ und ihr damit nur die Grundlagen im Zeichnen beibrachte.[241]

Ihr Interesse für Kunst hatte jedoch Bestand und wurde Jahrzehnte später in Weimar umgesetzt. In ihren Lebenserinnerungen konstruiert sie einen direkten Zusammenhang zwischen dem schon Jahre zuvor vorhandenen Interesse und Talent an darstellender Kunst sowie ihrer späteren Tätigkeit als Schriftstellerin und stellt heraus, dass der Kunsttrieb die Voraussetzung für ihre spätere schriftstellerische Arbeit gewesen sei:

> „Doch der tief in meinem ganzen Wesen eingewurzelte Trieb, das, was sichtlich mich umgab oder auch nur bildlich mir vorschwebte, zu fassen, zu halten und schaffend nachzubilden, ließ sich nicht ausrotten; dreißig Jahre später führte er mich an den

---

[237] Vgl. dazu Kleinau/Opitz (Hg.): Geschichte.
[238] [Schopenhauer]: Wechsel, S. 111.
[239] Ebd., S. 112.
[240] Ebd., S. 114.
[241] Ebd., S. 127.

Schreibtisch, um mit der Feder auszuführen, was der Geist der Zeit, in der ich geboren ward, mit Griffel und Pinsel zu können mir verweigert hatte."[242]

Die Ehejahre mit Heinrich Floris Schopenhauer ermöglichten es Johanna Schopenhauer zumindest, das bereits vorhandene Interesse für Kunst, Kunstgeschichte, aber auch Literatur anzuwenden und ihre Kenntnisse in vielen Gebieten weiter auszubauen: Immerhin verfügte dieser über eine umfangreiche Kupferstichsammlung und eine reich ausgestattete Bibliothek.[243] Unter der Verwendung des Topos vom Ehemann, der bestrebt war, die Fähigkeiten seiner jungen Frau kontinuierlich auszubilden, betont Johanna Schopenhauer, dass sie durch die Eheschließung mit dem angesehenen und wohlhabenden Kaufmann Schopenhauer Zugang zu französischer Literatur erhielt, mit der sie vor ihrer Ehe kaum in Verbindung gekommen war.[244]

Neben der Beschäftigung mit Kunst und Literatur bot die Ehe mit dem gebildeten Kaufmann außerdem Erkenntnisgewinn durch mehrere größere Reisen. Mit England, Frankreich, Belgien und den Niederlanden sah Johanna Schopenhauer Länder, die andere Frauen ihres Standes nur selten zu Gesicht bekamen.[245] Entsprechend dieser Erfahrungen gestalteten sich die Erwartungen, die Johanna Schopenhauer an ihre Existenz nach dem Tod des Mannes stellte: Sie plante ein selbstbestimmtes Leben an dem Ort ihrer Wahl, in Weimar. Hier erweiterten sich ihre Möglichkeiten sukzessive: Nachdem sie in der Stadt Fuß gefasst hatte und die vor der Ankunft gehegten Erwartungen zunächst erfüllt sah, begann sie sich schriftstellerisch zu betätigen und entwickelte eine große Fertigkeit in diesem Metier, das ihr schließlich zu Publikums- und ökonomischem Erfolg verhalf.

Die umfangreiche Ausbildung, die Johanna Schopenhauer erhalten hatte sowie ihr ungebrochenes Interesse an Kunst und Literatur führten dazu, Bedürfnisse weiter zu entwickeln, die für die Ausformulierung spezifischer Erwartungen und Intentionen an ein Leben in Weimar nötig waren.

---

[242] Ebd., S. 115.
[243] Vgl. ebd., S. 170.
[244] Vgl. ebd.
[245] Zu den Reisen Johanna Schopenhauers und ihrem Niederschlag in von ihr verfassten Reisebeschreibungen vgl. u.a. Annegret Pelz: „...von einer Fremde in die andre? Reiseliteratur von Frauen, in: Gisela Brinker-Gabler (Hg.): Deutsche Literatur von Frauen [künftig zitiert: Literatur], Bd. 2: 19. und 20. Jahrhundert, München 1988, S. 143-153; Elke Frederiksen: "Ich reise um zu leben". Selbsterfahrung und Erfahrung des Fremden. Zur Reiseliteratur von Frauen (Johanna Schopenhauer und Rahel Varnhagen zum Beispiel), in: Begegnungen mit dem Fremden. Akten des VIII. Internationalen Germanistenkongresses, Tokyo 1990, Bd. 9: Erfahrene und imaginierte Fremde, hrsg. v. Yoshinori Shichiji, München 1991, S. 209-219; Elke Frederiksen: Der Blick in die Ferne – Zur Reiseliteratur von Frauen, in: Hiltrud Gnüg/Renate Möhrmann (Hg.): Frauen Literatur Geschichte. Schreibende Frauen vom Mittelalter bis zur Gegenwart, Stuttgart/Weimar 1999, S. 147-165.

## Erwartungen und Intentionen

Im Vergleich zu Sophie Mereau äußerte sich Johanna Schopenhauer viel direkter zu ihren mit einem Aufenthalt in Weimar verbundenen Bedürfnissen und den daraus abgeleiteten Erwartungen an das eigene Leben. Vor allem die Briefe an ihren Sohn Arthur sprechen von den Motiven, die zu einem Umzug von Hamburg nach Weimar geführt hatten. Im Zusammenhang mit ihrem Entschluss, nach Weimar zu ziehen schrieb sie:

> „Du bist von Natur unentschlossen, ich vielleicht nur zu rasch, zu entschlossen, zu geneigt zwischen zwey Wegen vielleicht den anscheinend wunderbarsten zu wählen, wie ich selbst bey der Bestimmung meines Aufenthaltes that, indem ich statt nach meiner Vaterstadt zu Freunden und Verwandten zu ziehen, wie fast jede Frau an meiner Stelle gethan haben würde, das mir fast ganz fremde Weimar wählte."[246]

Im Vergleich zu einem Aufenthalt in Danzig erschien ihr ein Leben in Weimar weitaus attraktiver. Es versprach Unabhängigkeit und Selbstbestimmung. Als sie sich nach dem Tod ihres Mannes entschloss, von Hamburg wegzugehen und allein mit ihrer Tochter ein neues Leben zu beginnen, war ihr die Dimension dieser Entscheidung für ihr Leben und die künftige Lebensplanung durchaus bewusst:

> „Sey ruhig, mein guter Arthur, ich fühle zu sehr das Glück meiner zu theuer erkauften Unabhängigkeit als daß ich sie muthwillig verscherzen sollte."

Und gleich im nächsten Satz macht sie deutlich, dass sie für ihr Lebensglück selbst verantwortlich sei und deshalb allein über die Gestaltung ihres Lebens entscheiden müsse:

> „[...] ich habe keinen Menschen beym Entschluss selbst um Raht gefragt, denn keiner weis wie ich was mir frommt [...]"[247]

Dieses Bekenntnis weist zum einen auf die außerordentliche Selbständigkeit Johanna Schopenhauers hin. Zum anderen gibt es einen Eindruck von ihrer Zielstrebigkeit, die sich aus eigenen Bedürfnissen und Erwartungen ableitete und während ihres Weimarer Lebens zum Tragen kam.

Mit der Residenzstadt verband Johanna Schopenhauer vor allem die Namen Johann Wolfgang Goethe und Christoph Martin Wieland.[248] Die Aussicht, mit den beiden Schriftstellern und anderen gleichermaßen literatur- wie kunstbe-

---

[246] Johanna Schopenhauer an Arthur Schopenhauer, Weimar, 28.04.1807, zit. n. Lütkehaus (Hg.): Die Schopenhauers, S. 163-171, hier S. 163.
[247] Johanna Schopenhauer an Arthur Schopenhauer, Dresden, 04.06.1806, zit. n. ebd., S. 71-73, hier S. 72.
[248] Vgl. die Briefe Johanna Schopenhauer an Arthur Schopenhauer, in denen sie von ihrer Hoffnung schreibt, beide Schriftsteller endlich kennen zu lernen: u.a. Johanna Schopenhauer an Arthur Schopenhauer, Weimar, 19.05.1806, in: ebd., S. 68f.

geisterten Menschen zusammen leben zu können, war für Johanna Schopenhauer von besonders großem Anreiz.

Die Erwartungen an Weimar konkretisierten sich auf der Orientierungsreise im Frühsommer des Jahres 1806 weiter. Obwohl Johanna Schopenhauer bereits vorher mit einem Aufenthalt in der Stadt geliebäugelt hatte, entschied sie sich erst nach einigen Tagen in der Residenzstadt endgültig für die Übersiedlung. Weimar entsprach dem Bild, das sie sich schon vorher gemacht hatte:

> „Mein Entschluß hier zu bleiben ist jezt fest, es ist alles wie ich es wünsche, und ich hoffe hier frohe Tage zu leben."[249]

Den Wunsch, „schöne Stunden [...] zu erleben"[250], äußerte sie immer wieder. Nach einem Aufenthalt von mehr als einer Woche formulierte sie ihre Erwartungen an Weimar präziser: Entscheidend für den Entschluss, künftig in Weimar zu leben, war zum einen die Aussicht auf angenehmen Umgang innerhalb des Weimarer geselligen Lebens. Zum anderen versprach sie sich von dem Weimarer Theater einen hohen Genuss.[251] Einen besonders wichtigen Stellenwert nahm jedoch das Ziel ein, in Weimar einen geselligen Zirkel ins Leben zu rufen, der als Treffpunkt jener Männer dienen sollte, die weit über die Grenzen der Stadt hinaus berühmt waren:

> „[...] mit wenig Mühe und noch weniger Unkosten, wird es mir leicht werden wenigstens einmahl in der Woche die ersten Köpfe in Weimar und vielleicht in Deutschland um meinen Theetisch zu versammeln, und im ganzen ein sehr angenehmes Leben zu führen [...]."[252]

Das Bedürfnis, literarische Größen wie Goethe und Wieland kennen zu lernen kam nicht von ungefähr. Johanna Schopenhauer selbst berief sich in ihren Lebenserinnerungen auf ihr im Zusammenhang mit den Reisen nach Frankreich und England formuliertes Ziel, mit „literarische[n] Nobilitäten" zusammen zu treffen. Rückblickend schreibt sie über ihren damaligen Aufenthalt in Pyrmont:

> „Mein Wunsch, literarische Nobilitäten kennenzulernen, fand übrigens in Pyrmont der Befriedigung vollauf, insofern ich mit dem bloßen Anblick ihrer Persönlichkeit mich begnügen zu wollte. Täglich entdeckte ich neue, mir noch unbekannte Brunnengäste und hörte mit aus Journalen und Büchern mir ihre wohlbekannten berühmten Namen sie nennen."[253]

---

[249] Johanna Schopenhauer an Arthur Schopenhauer, Weimar, 19.05.1806, zit. n. ebd., S. 68f., hier S. 68.
[250] Vgl. Johanna Schopenhauer an Arthur Schopenhauer, Weimar, 24.10.1806, in: ebd., S. 105-108, hier S. 107.
[251] Vgl. Johanna Schopenhauer an Arthur Schopenhauer, Weimar, 26.05.1806, in: ebd., S. 70f., hier S. 70.
[252] Ebd.
[253] [Schopenhauer]: Wechsel, S. 200.

Hier wird der Eindruck vermittelt, als habe sich der damals schon vorhandene Wunsch, in Kontakt mit berühmten Schriftstellern zu treten, im Laufe der Zeit noch verstärkt. Konsequenterweise nahm Johanna Schopenhauer den Tod ihres Mannes zum Anlass, um ihre Ziele endlich umzusetzen. Mehrfach macht sie deutlich, wie froh sie sei, der Hamburger Kaufmannswelt entronnen zu sein und sich in Weimar ein Leben aufbauen zu können, das ihrem Bedürfnis nach geistiger Nahrung, nach Kunst und Literatur mehr entsprach:

> „[...] ich bin hier in einer ganz andern Welt, aber ich weiß wohl daß die Welt in der du lebst auch seyn muß, obgleich ich mich herzlich freue daß ich ihr entronnen bin [...]."[254]

Entsprechend dieser Einstellung und ihrer Erwartungen begann sie, ihr Leben in Weimar zu gestalten. Das Zusammentreffen mit Schriftstellern und die Beschäftigung mit dem Schöngeistigen gehörten eng zusammen und bestimmten den Alltag der ersten Weimarer Jahre:

> „Bey dem geschäftigen MüsigGange den ich treibe komme ich wenig ans schreiben, aller Welt bin ich Briefe schuldig [...] meine Tage vergehen so schnell! und doch gehe ich fast nie aus, ein paar Tage in der Woche gehe ich ins Theater, zwey Abende nimmt mein TheeZirkel, die übrigen vergehen ich weiß nicht wie, Fernow kommt gewöhnlich zu mir wenn ich zu Hause bin, die Bardua, dieser, jener, und so vergeht die Zeit."[255]

Nachdem Johanna Schopenhauer relativ rasch in die Weimarer Gesellschaft integriert war, nutzte sie ihre bereits gefestigte Position strategisch, um nun auch den Wunsch nach einem regelmäßigen Zusammensein mit den bedeutendsten Männern umzusetzen zu können. Die zunächst flüchtige Bekanntschaft mit Goethe versuchte sie zu intensivieren, indem sie Christiane Goethe bewusst freundlich entgegenkam:

> „[...] den selben Abend ließ er sich bey mir melden, und stellte mir seine Frau vor, ich empfing sie als ob ich nicht wüsste wer sie vorher gewesen wäre, ich dencke wenn Göthe ihr seinen Namen giebt können wir ihr wohl eine Tasse Thee geben. Ich sah deutlich wie sehr mein Benehmen ihn freute, es waren noch einige Damen bey mir, die erst formell und steif waren und hernach meinem Beyspiel folgten [...]. Er hat sie noch zu niemand als zu mir in Person geführt, als Fremde und GroßStädterin traut er mir zu daß ich die Frau so nehmen werde als sie genommen werden muß, sie war in der That sehr verlegen [...] bey dem Ansehn u der Liebe, die ich mir hier in kurzer Zeit erworben habe kann ich ihr das gesellige Leben sehr erleichtern, Göthe wünscht es und hat Vertrauen zu mir, und ich werde es gewiß verdienen [...]."[256]

Um einen dauerhaften Kontakt mit Johann Wolfgang Goethe zu erreichen, verhielt sie sich absichtlich so, wie es augenscheinlich von ihr erwartet wurde.

---

[254] Johanna Schopenhauer an Arthur Schopenhauer, Weimar, 10.03.1807, zit. n. Lütkehaus (Hg.): Die Schopenhauers, S. 149-155, hier S. 150.
[255] Ebd.
[256] Johanna Schopenhauer an Arthur Schopenhauer, Weimar, 24.10.1806, zit. n. ebd., S. 105-108, hier S. 108.

Mit dieser Taktik gelang es ihr sehr schnell, soziale Beziehungen aufzubauen, die sich für alle weiteren Vorhaben als essentiell erweisen sollten. Mit Hilfe dieser Bekanntschaften versuchte Johanna Schopenhauer ihren Wunsch nach einer Beteiligung an zahlreichen geselligen Zusammenkünften zu erfüllen. Auf diese Weise konnte sie außerdem ihrem Bedürfnis nach neuer, spannender und weiterbildender Lektüre nachkommen. Als motivierend dafür erwiesen sich jene Gesellschaften, in denen häufig vorgelesen wurde.[257]

Literatur, die sie in Weimar erhalten konnte, nutzte sie jedoch nicht nur zum Zweck der geselligen Unterhaltung. Vielmehr hatte sie die Absicht, diese auch für den Fremdsprachenunterricht ihrer Tochter Adele zu verwenden:

> „Könnten Sie mir wohl, lieber Freund mir eine deutsche oder französische Übersetzung von Sternes Briefen an Elisa auf einige Zeit leihen? Oder wenn Sie diese nicht besizen, von Landprediger Lakefield. Ich wollte sie gern beim Unterricht im englischen für Adelen benuzen. [...]"[258]

Das gesteigerte Bedürfnis nach neuer Literatur, dehnte sich auch auf Zeitschriften aller Art aus. Häufig äußerte Johanna Schopenhauer den Wunsch nach neuen Zeitschriften, um sich in „manch ruhige[m] Stündchen" dieser Lektüre zu widmen.[259] Freunde und Verleger fragte sie nach neuesten Ausgaben oder bat um eine Verlängerung der Leihfrist:

> „Ich schicke Ihnen, wehrter Freund, das Modejurnal und das Morgenblatt dankbar zurück, den römischen Almanach möchte ich aber gern mit Ihrer Erlaubniß noch einige Tage behalten, ich finde doch manches darin so mich interreßirt [...]"[260]

Wenn die von ihr bestellten Zeitschriften, zu denen das Morgenblatt für gebildete Stände[261] oder die Elegante Zeitung[262] gehörten, einmal unpünktlich erschienen oder nicht komplett zu erhalten waren, dann beschwerte sie sich.[263]

---

[257] Eine der Gesellschaften, in denen häufig vorgelesen wurde, waren die Zusammenkünfte bei Friedrich von Gerstenbergk. Vgl. Carl Eduard von Holtei an Johanna Schopenhauer, o.O., o.D.: „Ich habe mich nun entschlossen: morgen nach dem Demetrius „die Ueberbildeten" von Robert zu lesen. Es ist dabei noch eine Scharte aus zu wetzen, denn ich habe diese [...] Posse voriges Frühjahr bei Gerstenbergk herzlich schlecht gelesen.", GSA, Bestand Schopenhauer, Johanna Schopenhauer, Eingegangene Briefe, Holtei, Carl Eduard v., GSA 84/I,2,1.

[258] Johanna Schopenhauer an Friedrich Justin Bertuch, o.O, o.D., GSA, Bestand Bertuch, Friedrich Justin Bertuch, Eingegangene Briefe, Schopenhauer, Johanna, GSA 07/1709.

[259] Vgl. Johanna Schopenhauer an Carl Bertuch, Weimar, 25.09. (um 1810), FDH, Schopenhauer, Sg. 65669-70.

[260] Johanna Schopenhauer an Carl Bertuch, o.O., o.D., GSA, Bestand Bertuch, Karl Bertuch, Eingegangene Briefe, Schopenhauer, Johanna, GSA 06/2990.

[261] Vgl. Morgenblatt für gebildete Stände, Stuttgart 1807-1837.

[262] Hier wird es sich wohl um die Zeitung für die elegante Welt gehandelt haben. Vgl. Zeitung für die elegante Welt, Leipzig 1801-1841.

[263] Vgl. Johanna Schopenhauer an Ludwig Friedrich Froriep, o.O., o.D. (Juli 1820), GSA, Bestand Bertuch, Ludwig Friedrich Froriep, Eingegangene Briefe, Schopenhauer, Johanna, GSA 06/4108.

Entschieden versuchte sie, ihre Vorstellungen umzusetzen und meldete beispielsweise Friedrich Justin Bertuch, dass sie den Einblick in englischsprachige Zeitschriften wünsche: Da der Herzog Carl August ihrer Meinung nach eine Reihe dieser Zeitschriften erhielt, sollte es für Bertuch ein Leichtes sein, diese auch zu beschaffen.[264] Auf der Basis von Zeitungsberichten über Kunst, Literatur und Stadt- oder Landesgeschichte wollte sie ihre Aufsätze schreiben. Hier zeigt sich deutlich, dass Johanna Schopenhauer ihre Erwartungen und Vorhaben an die in Weimar vorhandenen Möglichkeiten anpasste und im Zuge dessen sogar steigerte.

Auch das Vorhaben, innerhalb der Weimarer Gesellschaft und vor allem in der Nähe von Goethe und anderen bekannten Schriftstellern, Künstlern und Wissenschaftlern einen eigenen Platz zu haben, blieb nach erfolgreicher Integration Johanna Schopenhauers in Weimar bestehen. Seine Umsetzung betrieb Johanna Schopenhauer mit großer Intensität. Die Fortführung der Bekanntschaft mit Goethe, die sich in möglichst zahlreichen Zusammenkünften äußern sollte, blieb eines ihrer hauptsächlichen Anliegen. Für sie war er die Hauptperson des Weimarer geselligen Lebens:

> „Wir leben hier so wie sie uns ließen, nur ist unser Zirkel ein wenig einförmger durch die Abwesenheit der vielen Fremden die ihn bey Ihrem Hiersein belebten, geworden. Doch geht es uns im ganzen gut auf die alte Weise. Aus Göthens Haus kann ich Ihnen wenig melden, sie sind alle wohl besonders Göthe der sich dieses Jahr wunderbar hält, er kommt fleißig zu mir und bringt gewöhnlich heitre Stimmung mit. Er wird dieses Jahr nicht nach Karlsbad, und überhaupt wohl keine bedeutende reise machen, es freut mich weil auch ich hier zu bleiben gedencke [...]"[265]

Entsprechend ihrer Bedürfnisse nach Teilhabe am geselligen Leben, versuchte Johanna Schopenhauer während ihres Aufenthaltes in Weimar, an verschiedensten Veranstaltungen teilzunehmen, die sie unterhalten sollten.[266] Gleichzeitig war sie darauf bedacht, die Zusammenkünfte in ihrem eigenen Haus so abwechslungsreich und amüsant wie möglich zu gestalten. Gemeinsame Lektüre gehörte für sie zum notwendigen Programm. Aber auch Theaterbesuche spielten eine wichtige Rolle:

---

[264] Johanna Schopenhauer an Friedrich Justin Bertuch, Weimar, 14.01.1815, Eingegangene Briefe, Schopenhauer, Johanna, GSA 06/1709.

[265] Johanna Schopenhauer an Nikolaus Meyer, GMD, Sg. NW 1772/1982.

[266] Vgl. die Briefe Johanna Schopenhauers an Carl Friedrich Ernst Frommann, in denen sie von Theaterbesuchen, Ballabenden und den eigenen geselligen Zusammenkünften berichtete. Vgl. Johanna Schopenhauer an Carl Friedrich Ernst Fromman, GSA, Bestand Frommann, Carl Friedrich Ernst Frommann, Eingegangene Briefe, Schopenhauer, Johanna, geb. Trosiner, GSA 21/44. Zu ihrem geselligen Leben vgl. auch Johanna Schopenhauer an Johann Georg Keil, Goethe Museum Düsseldorf (GMD), Sg.: 4588.

> „Den NeujahrsTag wurde bey mir ein Lustspiel von Schütze gelesen, das ganz hübsch ist und allgemeinen Beyfall fand. [...] Seit dem bin ich einige mahl im Theater gewesen, Gestern war wieder Gesellschaft [...]"²⁶⁷

Im Laufe der Zeit genügte es jedoch nicht mehr, bekannte Weimarer Personen lediglich um sich zu versammeln. Vielmehr sollten die gemeinsam verbrachten Abende nun auf besondere Art und Weise gestaltet werden, da die geselligen Zusammenkünfte nur so sinnvoll schienen. Zufrieden über die zunehmend künstlerische Ausrichtung der Treffen schrieb sie:

> „[...] dafür hat er [Johann Wolfgang Goethe, J.D.] mir einen Kasten mit transparenten Mondscheinen gegeben, und Göthe wird mir zu dem Kasten immer mehr neue Mondscheine erfinden, und ich und Meyer werden sie ausführen, er mit dem Pinsel und ich mit der Schere, es ist eine herrliche Sache um solch gemeinsame Arbeiten die man mit Lust und Liebe gemeinsam anfängt und ausführt; es giebt kein schönres Band fürs gesellige Leben, ich habe immer mit meinen Freunden so etwas vor, und das giebt ein Zusammenkommen, ein Berathen, ein Ueberlegen, als hinge das Wohl der Welt dran [...]"²⁶⁸

Den ursprünglich formulierten Absichten folgten im Laufe der Zeit also weitere Vorhaben, die Johanna Schopenhauer erfolgreich umsetzen wollte: Nachdem es ihr als Kind unmöglich gewesen war, den Wunsch nach umfangreicher künstlerischer Betätigung umzusetzen,²⁶⁹ trugen Personen in ihrem näheren Umfeld wie die Malerin Caroline Bardua, Johann Heinrich Meyer, aber auch Johann Wolfgang Goethe dazu bei, dass sie sich nun in Weimar verstärkt dem Zeichnen und Malen zuwandte und gewillt war, beides ernsthaft zu betreiben. Dabei nutzte sie die Bekanntschaften, um ihr Spektrum an Fähigkeiten zu erweitern. Goethe fragte sie beispielsweise nach seiner Meinung zu von ihr angefertigten Zeichnungen, der sich wohlmeinend dazu äußerte.²⁷⁰

Da sich alle Erwartungen erfüllten, zeigte sich Johanna Schopenhauers von ihrem Aufenthalt in der Residenzstadt sehr zufrieden. Treffender als in einem Brief an Carl Ludwig von Knebel hätte Johanna Schopenhauer ihr Leben in Weimar kaum beschreiben können:

---

²⁶⁷ Johanna Schopenhauer an Arthur Schopenhauer, Weimar, 05.01.1807, zit. n. Lütkehaus (Hg.): Die Schopenhauers, S. 133-138, hier S. 136.
²⁶⁸ Johanna Schopenhauer an Arthur Schopenhauer, Weimar, 30.01.1807, zit. n. ebd., S. 140-144, hier S. 141.
²⁶⁹ Vgl. [Schopenhauer]: Wechsel, S. 111-115.
²⁷⁰ Vgl. Johann Wolfgang Goethe an Johanna Schopenhauer, Weimar, 1802.1814: „Hierbey folgt, wertheste Freundin, ein Vorschlag wie der irdische Raum zwischen den beiden himlischen Figuren auszufüllen und ihre Umgebung zu bezeichnen seyn möchte. Sie werden die zarten Strichlein lesen und ihnen, durch eine kräftige und geschmackvolle Ausführung, erst den rechten Werth geben. [...]", GMD, Sg. KK 56. Abgedruckt in WA IV, Bd. 24, S. 162f., hier S. 162.

> „Wir leben jezt hier recht stille, ich bin gar wohl damit zufrieden, ich pflege meine Blumen, mahle, schreibe, so wird mir der Tag immer zu kurz, sie kennen ja meine alte Art."[271]

Vor allem Äußerungen wie „den Morgen und den Nachmittag bringe ich zu wie ich will" verdeutlichen einmal mehr, dass Johanna Schopenhauer ihren Aufenthalt in hohem Maße selbst gestalten konnte.[272]

Im Laufe der Zeit gesellte sich der Wunsch hinzu, auch schriftstellerisch tätig zu sein. Obwohl Johanna Schopenhauer bereits wenige Monate nach ihrer Ankunft in Weimar mit eigenen Arbeiten begann, gibt es keinen Hinweis darauf, dass sie das Schreiben schon vor ihrer Übersiedlung explizit ins Auge gefasst hätte. Erst durch ihren Aufenthalt in Weimar bekam sie Gelegenheit, sich näher mit diesem Gebiet zu befassen. Erste schriftstellerische Erfolge bestärkten sie in ihrem Vorhaben, neben der zentralen Rolle im geselligen Leben Weimars auch ihr schriftstellerisches Talent zu entwickeln.

Bekannte, die sie an ihrem „Theetisch" kennen gelernt hatte, bat sie um Unterstützung ihrer Vorhaben, die auch das Verfassen von Dramen umfassten:

> „Ihnen will ich es nicht verhehlen, daß ich selbst Lust und Trieb in mir fühle, mich auch einmal in diesem Fach zu versuchen doch würde ich aus Gründen, die Sie selbst fühlen, dieses nie unter meinem Namen tun, daher bitte ich Sie, gegen niemanden etwas von diesem Vorsatz, nicht einmal von meinem jetzigen Anliegen an Sie zu erwähnen. Ich glaube, dass das englische Theater noch viele Schätze bietet [...]."[273]

Das Anliegen, sich zudem im Lustspielgenre zu versuchen, kann als Anspruch interpretiert werden, das eigene Können in allen Gattungen zu erproben. Auf der anderen Seite mag vor allem Johanna Schopenhauers finanzielle Situation dazu beigetragen haben, so viel wie möglich zu veröffentlichen, um die Einkünfte zu erhöhen. Die Konzession, die Johanna Schopenhauer den gängigen Wertvorstellungen machte, war die Geheimhaltung des eigenen Namens. Damit konnte sie eine Reihe von Vorhaben erfolgreich umsetzen. An dieser Stelle wird erneut deutlich, dass Johanna Schopenhauer sehr strategisch vorging, um die eigenen Absichten zu verwirklichen. Normen und Wertvorstellungen wurden zwar berücksichtigt, waren letztlich aber kaum handlungsleitend, wenn es um die Umsetzung einmal beschlossener Ziele ging.

Ihr Hauptanliegen war es, die von ihr verehrten Personen um sich zu versammeln und einen der gefragtesten Geselligkeitskreise zu etablieren. Mit ihrem hohen Bildungsgrad, den Fremdsprachenkenntnissen und der großen Belesenheit verfügte sie über die notwendigen Voraussetzungen, um als

---

[271] Johanna Schopenhauer an Carl Ludwig von Knebel, Weimar, 24.11.1815, GSA, Bestand Knebel, Karl Ludwig v. Knebel, Eingegangene Briefe, Schopenhauer, Johanna, GSA 54/262.
[272] Vgl. Johanna Schopenhauer an Arthur Schopenhauer, Weimar, 07.11.1806, in: Lütkehaus (Hg.): Die Schopenhauers, S. 110-114, hier S. 112.
[273] Johanna Schopenhauer an Ludwig Tieck, Weimar, 02.12.1823, in: [Schopenhauer]: Wechsel, S. 393f., hier S. 393.

erfolgreiche Gastgeberin zu agieren. Diverse Bekanntschaften und Freundschaften waren eine weitere Grundlage für die Umsetzung dieses Vorhabens. Dementsprechend zielgerichtet baute Johanna Schopenhauer ihr Beziehungsnetzwerk auf.

### 3.2.3 Henriette von Egloffstein – Zuflucht und Teilhabe am geselligen Leben

*Fähigkeiten*

Der Bildungsgrad, über den Henriette von Egloffstein verfügte, hing eng mit dem Bildungsideal des Adels zusammen. Den Vorstellungen entsprechend, die innerhalb des adeligen Standes von der Ausbildung der Mädchen und Frauen gepflegt wurden, war sie in der Lage, Französisch zu verstehen, zu sprechen und zu schreiben.[274] Ihre Ausbildung war auf ein Leben am oder zumindest in der Nähe eines Hofes ausgerichtet: Schon als junges Mädchen bekam sie Tanzunterricht, um auf den zahlreichen Empfängen an den Höfen ihrer Umgebung zu bestehen.[275] Während ihren Brüdern Unterricht von Lehrern erteilt wurde, die „aus der nahen Stadt herbey geholt" wurden, erhielt Henriette von Egloffstein ebenfalls erste Unterrichtsstunden in verschiedenen Fächern.[276]

Als besonders folgenreich für ihre Erziehung schätzt sie selbst ihren längeren Aufenthalt bei Stiefonkel und Stieftante im thüringischen Bucha ein.[277] Hier erhielt sie Einblicke in Literatur und Wissenschaft, die sie in dem Maße vorher offenbar nicht gekannt hatte:

> „Bisher hatte ich nur Sinn für die Freude der Natur, jetzt öffneten sich die Pforten einer neuen Welt u ließen mich in die Werkstätten der Künste u Wissenschaften bliken."[278]

Eine tragende Rolle für ihre Ausbildung weist Henriette von Egloffstein ihrem Onkel zu. Eigenen Angaben nach brachte dieser ihr Lesen und Schreiben bei und vermittelte Grundlagen im Zeichnen. Als ungewöhnlich aber genussbringend begriff Henriette von Egloffstein seine Initiative, ihr einen Einblick in die Kunst und Kultur des Altertums zu geben. Die Bestrebungen des Onkels wurden jedoch schnell von der Tante gestoppt, die – Henriette von Egloffstein bezieht sich unter der Verwendung von Topoi auf die Diskurse der Zeit – Lehrer und vor allem Schülerin von diesem „unweiblichen" Unterricht abhalten wollte.

---

[274] Vgl. dazu u.a. Sylvia Paletschek: Adelige und bürgerliche Frauen (1770-1870), in: Elisabeth Fehrenbach (Hg.): Adel und Bürgertum in Deutschland 1770-1848, München 1994, S. 159-185; Irene Hardach Pinke: Erziehung und Unterricht durch Gouvernanten, in: Kleinau/Opitz (Hg.) Geschichte, S. 409-427.
[275] Vgl. Beaulieu-Marconnay: Bruchstücke: Der erste Ball, Einleitung, GSA 13/5.
[276] Vgl. ebd.
[277] Zu dem Aufenthalt in Bucha vgl. Beaulieu-Marconnay: Bruchstücke: Bucha, 2. Heft, GSA 13/5.
[278] Ebd.

Ganz im Gegensatz zum Onkel vermittelte die Tante nun Kenntnisse in Handarbeiten und machte Henriette von Egloffstein mit Romanen der Empfindsamkeit bekannt.[279]

Den Lesern ihrer Lebenserinnerungen teilt Henriette von Egloffstein mit, dass sie beständig im Wissen voranschritt, dieses Mehr an Wissen jedoch keine schädlichen Auswirkungen hatte:

> „Meine Heiterkeit u Unbefangenheit wurden nicht durch die Fortschritte im Wissen geshört, was so oft der Fall bey Kindern ist, die aus eignen oder fremden Antrieb ihre Kentnisse erweitern."

Gerade die wiederkehrenden Beteuerungen des „Normalseins" trotz weitführender Einblicke in Geschichte, Kunst und Literatur deuten darauf hin, dass Henriette von Egloffstein über vergleichsweise umfangreiche Kenntnisse verfügt haben muss. Die deutlich erkennbaren Parallelen zu den Äußerungen Johanna Schopenhauers zeigen, dass sich Frauen, die in autobiographischen Schriften Auskunft über das eigene Leben gaben, zu Zugeständnissen an kursierende Wertvorstellungen veranlasst fühlten. Sei es, um Verständnis für das eigene Leben zu evozieren oder um den eigenen Lebensweg zu rechtfertigen.

Das Wissen, das Henriette von Egloffstein zu Hause vermittelt bekommen hatte, wurde entsprechend der ihr zugedachten Rolle als zukünftige Ehefrau in einem Pensionat noch vervollständigt.[280] Die Zeit dort führte dazu, dass sie nun auch über Fähigkeiten im Zeichnen und Musizieren verfügte.

Rückblickend äußert sie sich häufig über das Ausmaß an eigenen Fähigkeiten. Dabei lässt sich erkennen, dass sie besonderen Begabungen gegenüber insgesamt positiv eingestellt war. Allerdings plädierte sie dafür, mit diesen äußerst vorsichtig umzugehen.

Diese Forderung nach Bescheidenheit im Umgang mit besonderen Kenntnissen oder Talenten kehrt in ihren Briefen und autobiographischen Aufzeichnungen immer wieder:

> „Geistreich sein u ausgezeichnete Fähigkeiten besizen ist eine besondere Gabe des Himmels, kann also nicht von jeden Individuum gefordert werden, u darf daher denjenigen der sie besizt nicht zum Stolz u zur Anmaßung, oder zur Verachtung andrer auffordern. Sich selbst zu bescheiden ist eine grose Tugend u der höchste Schritt zu jener Bildung die das Leben verschönt u versüßt. – Wozu fehlen denn Talente, Verstand u ausgebreitete Kenntnisse wenn sie nicht mit jener Gutmüthigkeit verbunden sind, die erst genießbar macht?"[281]

---

[279] Ebd.
[280] Beaulieu-Marconnay: Bruchstücke: Die Pension; Familienangelegenheiten, 2. Heft, GSA 13/5.
[281] Henriette von Beaulieu-Marconnay an Julie von Egloffstein, o.O., 07.01.1817, GSA, Bestand Egloffstein, Julie Gräfin v. Egloffstein, Eingegangene Briefe, Beaulieu-Marconnay, Henriette v., 1817-1818, oD, GSA 13/256,2.

Mit dieser Haltung nimmt Henriette von Egloffstein direkten Bezug auf die kursierenden Erwartungen an die Charaktereigenschaften der Frauen und ihren Umgang mit den Kenntnissen, über die sie verfügen.[282] Trotz geforderter Bescheidenheit vertrat Henriette von Egloffstein die Ansicht, dass Talente und Fähigkeiten – wenn vorhanden – dann auch ausgebaut werden sollten. Eine ernsthafte Beschäftigung mit Kunst und Literatur erforderte ihrer Meinung nach ein intensives Studium, um Oberflächlichkeit zu vermeiden:

> „Um dein ungeheures Talent mit Genie zu verbinden, must du tiefere Studien machen, alles oberflächliche, kleinliche verbannen u mit Ernst in die Tiefen der Kunst eindringen. Willst du aber wie bisher, es nur zur Zierde u Lust deines Lebens benuzen, dann muß alles was darauf bezug hat als eine Nebensache angesehen werden u die Zeit die du darauf wendest sehr knapp zu gemessen werden, um in andern Dingen mehr leisten zu können die das gesellige weibliche Leben von jedem Weib fo[r]dert."[283]

Im Gegensatz zu der noch deutlich sichtbaren skeptischen Haltung gegenüber den künstlerischen Bestrebungen ihrer Tochter Julie akzeptierte Henriette von Egloffstein ein intensives, ja professionelles Betreiben von Kunst, nachdem sie sich von dem Talent ihrer Tochter und deren Bemühungen um eine ernsthafte künstlerischen Tätigkeit hatte überzeugen können. Während sie in Verbindung mit der eigenen Bildung indirekt auf zeitgenössische Wertvorstellungen verweist[284], setzt sie sich hier durchaus über die mit der ständischen Zugehörigkeit und dem Geschlecht verbundenen Wertvorstellungen hinweg. Individuelle Fähigkeiten nehmen für die Beurteilung des Lebens ihrer Kinder einen größeren Stellenwert ein.

Die Äußerungen Henriette von Egloffsteins zur Bedeutung der eigenen Fähigkeiten zeichnen sich allerdings durch eine noch bemerkenswertere Ambivalenz aus: So bekannte sie sich zu ihrem Streben nach umfassender Bildung, machte auf ihre Motive aufmerksam und gab aber gleichzeitig vor, so wenig zu wissen, dass an eine konkrete Anwendung dieses Wissens nicht zu denken war.

---

[282] Vgl. zu dem Umgang von Frauen mit ihren Fähigkeiten Helga Meise, Bildungslust und Bildungslast in Autobiographien von Frauen um 1800, in: Kleinau/Opitz (Hg.): Geschichte, S. 453-466.

[283] Vgl. Henriette von Beaulieu-Marconnay an Julie von Egloffstein, o.O., 16.01.1820, GSA, Bestand Egloffstein, Julie Gräfin v. Egloffstein, Eingegangene Briefe, Beaulieu-Marconnay, Henriette v., 1820, GSA 13/256,4.

[284] Vgl. Zu den Vorstellungen von einer angemessenen Bildung von Frauen Pia Schmid: Bürgerliche Theorien zur weiblichen Bildung. Klassiker und Gegenstimmen um 1800, in: Otto Hansmann u.a. (Hg.): Diskurs Bildungstheorie II: Problemgeschichtliche Orientierungen, Weinheim 1989, S. 537-559; dies.: Weib; dies.: Das Allgemeine, die Bildung und das Weib. Zur verborgenen Konzipierung von Allgemeinbildung als allgemeiner Bildung für Männer, in: Heinz-Elmar Tenorth (Hg.): Allgemeine Bildung. Analysen zu ihrer Wirklichkeit. Versuch über die Zukunft, Weinheim/München 1986, S. 202-214.

> „Es giebt kein Buch der Wissenschaften, die Algebra ausgenomen, daß ich nicht mit eben so groser Innigkeit umfast haben würde, wie ich alles was auf Kunst sich bezieht [...] zu umfassen mich getrieben fühlte. So wie sich mein Schiksal gestaltete, kann ich nichts, u bin auch nichts geworden, aber in der gänzlichen Geistesdürftigkeit die mich hier umgiebt, fühle ich zu meinem Glük die Wohlthat welche daraus entspringt, daß ich denn Sinn für alles geistig-schöne u Erhabne in mir zu erhalten wußte, u so wenigstens im stande bin mich vor dem Versinken im Sumpf u Moor der Gemeinheit u Erbärmlichkeit des täglichen Lebens zu bewahren. Das ernste Streben welches mich in meiner Jugend vor andern Weibern auszeichnete, bewirkte, zwar kein Talent, aber doch die Fähigkeit Geist u Talente zu würdigen u mich an ihnen zu ergözen."[285]

Allerdings bekannte sie, dass sie Zeit ihres Lebens Kunst und Literatur sehr aufgeschlossen gegenübergestanden hat. Darüber hinaus zeigen die Weimarer Jahre, dass es ihr hier möglich wurde, bereits ausgebildete Fähigkeiten in konzentrierter Form anzuwenden und auch auszubauen.

*Erwartungen und Intentionen*

In ihren Lebenserinnerungen stilisiert Henriette von Egloffstein Weimar zu einem Ort, der „wohlthätig für die rasche Entwicklung [ihrer] moralischen Kräfte mithin auch für [ihre] Zukunft" war.[286] Diese Funktion weist sie der Stadt auch für die Entwicklung der eigenen Kinder zu. Nach der Trennung von ihrem Mann zog sie nach Weimar, um diese hier angemessen versorgen und ausbilden zu können. Ausschlaggebend für dieses Vorhaben war die Anwesenheit eines großen Teils der Familie in Weimar. Diese bot Henriette von Egloffstein und ihren Kindern Unterkunft und vor allem ein Beziehungsnetzwerk, an dem Henriette von Egloffstein teilhaben konnte. Eine standesgemäße und umfassende Erziehung der Töchter lag ihr besonders am Herzen. In Weimar war es ihr möglich, den Kindern den notwendigen Unterricht zu erteilen und einen geeigneten Umgang zu verschaffen. Jahre nachdem Henriette von Egloffstein Weimar verlassen hatte, schrieb sie der dort lebenden Tochter aus der hannoverschen Provinz: „Mein gröster Trost ist dein Aufenthalt in Weimar – ach, wie schreklich wäre es mir dich hier versauren zu sehen!"[287]

Eng verbunden mit dem Wunsch nach einer guten Ausbildung für die Töchter war die Absicht, sowohl Caroline als auch Julie von Egloffstein am Weimarer Hof unterzubringen, um ihren Lebensunterhalt zu sichern. Mit großer Hartnäckigkeit verfolgte Henriette von Egloffstein dieses Ziel auch nach ihrem Weggang von Weimar:

---

[285] Henriette von Beaulieu-Marconnay an Julie von Egloffstein, o.O., 25.03.1821, GSA, Julie Gräfin v. Egloffstein, Eingegangene Briefe, Beaulieu-Marconnay, Henriette v., 1821, oD, GSA 13/256,6.

[286] Beaulieu-Marconnay: Bruchstücke: Weimar!, 4. Heft, GSA 13/5.

[287] Henriette von Beaulieu-Marconnay, o.O., 03.01.1818, GSA, Bestand Egloffstein, Julie Gräfin v. Egloffstein, Eingegangene Briefe, Beaulieu-Marconnay, Henriette v., 1817-1818, oD, GSA 13/256,2.

„Dein Abscheu, meine gute Julie, vor allem Hofleben vermindert sich nicht, wie es scheint; u es wird also, auch wenn der Fall einträte, niemals dein Wille sein die Stelle anzunehmen. Ich bin weit entfernt dich bereden zu wollen etwas gegen deine ganze Neigung zu thun u suche nur immer mich so zu sezen daß mich kein Vorwurf treffen kan. – Ich habe nach besten Kräften gestrebt das Versprechen dieser Versorgung für dich zu erlangen u in deine Hand ist es frei gegeben, es anzunehmen oder auszuschlagen. Wenn du so leben kanst u willst – wer kan dir darüber Vorwürfe machen?!"[288]

Die Dringlichkeit ihres Vorhabens klingt mehrfach an. Noch 1820, mehr als 15 Jahre nach ihrem Weggang aus Weimar, machte Henriette von Egloffstein ihren Sorgen Luft und verdeutlicht damit auch, dass eines der großen Ziele noch immer nicht erreicht war: „Sorgenvoll blike ich in die Zukunft, da ich meine Töchter unversorgt – ach mit verwundeten Herzen – in der Welt stehen sehe [...]"[289]

Abgesehen von diesen pragmatischen Vorstellungen verband Henriette von Egloffstein mit Weimar die Aussicht auf ein ausgefülltes geselliges Leben. Konkrete Erwartungen kristallisierten sich jedoch vor allem während ihrer Aufenthalte in der Residenzstadt heraus. In ihren autobiographischen Aufzeichnungen nimmt sie auf das Phänomen Bezug, das erst der Aufenthalt in Weimar dazu beitrug, die eigenen Bedürfnisse und Erwartungen noch zu steigern. In diesem Zusammenhang misst sie dem Kreis um Anna Amalia eine besondere Bedeutung bei, indem sie betont, die ehemalige Herzogin hätte „junge Männer und Frauen" angezogen und in ihnen das Bedürfnis nach höherer Bildung geweckt.[290] Henriette von Egloffstein sah in sich selbst eine dieser Personen, die, angeregt durch die Weimarer Atmosphäre, auf den Geschmack von guter Literatur sowie Gesprächen über Kunst und Literatur gekommen waren.[291]

Während ihres ersten Aufenthaltes war sie eng im Kreis Anna Amalias integriert gewesen und hatte außerdem über Verbindungen zum regierenden Hof verfügt. Aus diesem Grund erwartete sie auch während ihres zweiten längeren Aufenthaltes eine Fortführung dieser Kontakte. Von den Beziehungen zu Anna

---

[288] Henriette von Beaulieu-Marconnay, o.O., 18.10.(1816), GSA, Bestand Egloffstein, Julie Gräfin v. Egloffstein, Eingegangene Briefe, Beaulieu-Marconnay, Henriette v., 1809-1816, oD, GSA 13/256,1.

[289] Henriette von Beaulieu-Marconnay an Julie von Egloffstein, o.O., 23.11.1820, GSA, Bestand Egloffstein, Julie Gräfin v. Egloffstein, Eingegangene Briefe, Beaulieu-Marconnay, Henriette v., 1820, GSA 13/256,4.

[290] Henriette von Beaulieu-Marconnay, Das aesthetische Weimar und seine erhabne Begründerin (von fremder Hand), GSA, Bestand Egloffstein, Henriette v. Beaulieu-Marconnay, Werke, „Das ästhetische Weimar und seine erhabne Begründerin [künftig zitiert: Das ästhetische Weimar], GSA 13/8, z.T. eigenhändig.

[291] Mit diesen Äußerungen zeichnete auch Henriette von Egloffstein ein Bild des Hofes um Anna Amalia, das zur so genannten Musenhoflegende beitrug. Zur Musenhoflegende vgl. Joachim Berger: Anna Amalia von Sachsen-Weimar-Eisenach (1739-1807). Denk- und Handlungsräume einer ‚aufgeklärten' Herzogin [künftig zitiert: Anna Amalia], Heidelberg 2003.

Amalia und dem Umfeld Carl Augusts versprach sie sich die Teilnahme an Bällen, Redouten und Konzertbesuchen. Verbunden damit war die Aussicht auf zahlreiche Theaterbesuche, Vorleserunden, gemeinsames Musizieren und Diskutieren über Kunst und Literatur.

Die schon 1787 erlangte Nähe zu Anna Amalia sollte auch Jahre später ebenso bestehen bleiben, wie die Kontakte zum regierenden Hof. Beides war Garantie dafür, Zugang zu diversen geselligen Vergnügungen und vor allem zu jenen Personen zu erhalten, die ihrerseits für gesellschaftliche Ereignisse sorgten. Faszinierend blieben die Dichter, Künstler und Wissenschaftler. Der Umgang mit ihnen war für Henriette von Egloffstein äußerst erstrebenswert.[292]

Im Laufe ihres Weimarer Aufenthaltes wandelten sich auch die Intentionen Henriette von Egloffsteins. Entsprechend der Personen, die sie kennen lernte und der Angebote, die sie bekam, genügte es ihr nicht mehr, passiv an verschiedenen Geselligkeitskreisen teilzuhaben. Vielmehr versuchte sie sich nun auch an eigenen künstlerischen Beiträgen.

Trotz nachweislicher schriftstellerischer Betätigung und dem andauernden Bestreben, die eigenen Fähigkeiten weiter auszubauen, beharrte Henriette von Egloffstein immer wieder darauf, dass für sie „grose Gelehrsamkeit" und das Glänzen mit „äußere[n] Künsten" nicht in Frage kam.[293] Auch wenn sie später ihren Kindern gegenüber zu Konzessionen bereit war, gehörte es nicht zu ihrem Lebensentwurf, die eigenen Fähigkeiten zu einem „Hauptzweck" ihres Lebens zu machen.[294]

Die gute Bildung Henriette von Egloffsteins erwies sich als mitentscheidend für das Formulieren von Erwartungen und Ambitionen. Im Unterschied zu Mereau und Schopenhauer war das Leben der Gräfin von Egloffstein allerdings von Anfang an auf die Nähe zum Weimarer Hof ausgerichtet. Dementsprechend verband sie vor allem mit den höfischen Kreisen die Erfüllung ihres Lebensentwurfs. Dieser umfasste zum einen das Ziel, die eigenen Kinder möglichst gut zu versorgen. Zum anderen wollte Henriette von Egloffstein die sich durch ihre Teilnahme an diversen Geselligkeitskreisen ergebenden Gestaltungsmöglichkeiten nutzen. Sie erwartete vom geselligen Leben Weimars zunächst einmal Unterhaltung, die dem Niveau ihrer Ausbildung entsprach. Nach den ersten Erfahrungen in der Residenzstadt versprach sie sich für alle künftigen Aufenthalte eine ähnlich anregende Atmosphäre im Kreise hochgebildeter, literarisch und künstlerisch interessierter und damit gleichgesinnter Personen.

---

[292] Vgl. Beaulieu-Marconnay: Bruchstücke: Weimar!, 4. Heft, GSA 13/5.
[293] Vgl. Henriette von Beaulieu-Marconnay an Julie von Egloffstein, o.O., 26.12.1817, GSA, Bestand Egloffstein, Julie Gräfin v. Egloffstein, Eingegangene Briefe, Beaulieu-Marconnay, Henriette v., 1817-1818, oD, GSA 13/256,2.
[294] Vgl. Henriette von Beaulieu-Marconnay an Julie von Egloffstein, o.O., 26.06.1818, GSA, Bestand Egloffstein, Julie Gräfin v. Egloffstein, Eingegangene Briefe, Beaulieu-Marconnay, Henriette v., 1817-1818, oD, GSA 13/256,2.

### 3.2.4 Zusammenfassung

Alle drei untersuchten Frauen verfügten über ein hohes Maß an Bildung. Eng verbunden mit diesem war das ihnen eigene große Interesse an Kunst und Literatur. Die Fähigkeiten, über die sie verfügten, waren in großem Maße entscheidend, um Wahlmöglichkeiten für das eigene Handeln zu erkennen: Sophie Mereau entwickelte ausgehend von ihren Talenten die Absicht, als Schriftstellerin tätig zu sein. Johanna Schopenhauer traute es sich zu, als Gesellschafterin hoch gebildete Personen um sich zu versammeln und zu unterhalten. Und auch Henriette von Egloffstein erkannte in Weimar einen Ort, der ihren künstlerischen und literarischen Interessen entsprach.

Ausgehend von ihren Fähigkeiten entwickelten die Frauen Lebensentwürfe, die für einen Aufenthalt in Weimar handlungsleitend wurden. In Weimar-Jena wollten sie bestimmte Wünsche umsetzen und hofften auf ein selbstbestimmtes Leben. Selbstbestimmt bedeutete für sie, eigene Ideen und Ziele möglichst ungehindert umsetzen zu können. Besonders deutlich zeigt sich dies bei Johanna Schopenhauer, die ausdrücklich auf ihren mit Weimar verbundenen Wunsch nach einem unabhängigen Leben eingeht. In gewisser Weise war ihr Henriette von Egloffstein in diesem Sinne ähnlich. Während Johanna Schopenhauer den Tod ihres Mannes als Befreiung empfand, der ihr zahlreiche Möglichkeiten der Gestaltung ihres Lebens nach ganz persönlichen Zielen ermöglichte, so verband Henriette von Egloffstein mit der Trennung von ihrem Mann die Chance auf ein neues Leben, das sie selbst bis zu einem gewissen Grade gestalten konnte. Sophie Mereau hingegen versprach sich zunächst durch eine Eheschließung das Erreichen ihrer Ziele.

Die mit Weimar-Jena verbundenen Erwartungen waren eine nötige Voraussetzung für das Erkennen und vor allem für das Nutzen von Handlungsspielräumen. Sie erwiesen sich als Motor für strategisches Handeln, das der Umsetzung von formulierten Zielen diente.

Die Erwartungen der Frauen speisten sich aus ihren Bedürfnissen. Diese waren wiederum abhängig von ihren Fähigkeiten. Erst der hohe Bildungsgrad und die damit einhergehende Belesenheit führten dazu, dass sie sich nach einem Leben sehnten, das einen direkten Zugang zu Literatur und Gesprächen über Literatur versprach.

Während der Wunsch nach regelmäßiger Lektüre allen drei Frauen eigen war, strebte allein Sophie Mereau bereits vor ihrer Übersiedlung nach Jena die Förderung ihrer schriftstellerischen Begabung an. Sowohl Jena als auch Weimar boten die nötigen Voraussetzungen dafür. Johanna Schopenhauer entwickelte erst im Verlauf ihres Weimarer Aufenthaltes den Wunsch, nach einem kontinuierlichen und ernsthaften Schreiben. Henriette von Egloffstein bildete im Vergleich zu Sophie Mereau und Johanna Schopenhauer vor und lange Zeit während ihres Weimarer Aufenthaltes keine konkreten Ambitionen aus, künstlerisch-literarisch tätig zu werden. Ihre Erwartungen und Absichten richteten sich zunächst auf die Versorgung der Kinder und die Teilhabe am geselligen Leben in der Nähe des Hofes. Dies entsprach den ständischen Vorgaben und den von ihr internalisierten Wertvorstellungen. Das Beispiel Henriette von Egloffstein zeigt also, dass neben den eigenen Bedürfnissen und Fähigkeiten auch Normen und Wertvorstellungen große Auswirkungen auf Erwartungen und Intentionen haben konnten. Doch abgesehen davon entwickelte sie aufgrund ihrer eigenen Fähigkeiten und Interessen eine erstaunliche Aktivität innerhalb der Weimarer Geselligkeit. Und das anregende Weimarer Umfeld veranlasste sie schließlich dazu, in dem von ihr akzeptierten Maße künstlerisch tätig zu werden.

### 3.3 Soziale Beziehungen und Handlungsspielräume bei Sophie Mereau, Johanna Schopenhauer und Henriette von Egloffstein

#### 3.3.1 Sophie Mereau – Universitäres Milieu als Voraussetzung für schriftstellerische Arbeit

Kurz nach ihrer Heirat mit dem Universitätsbibliothekar und späteren Professor der Rechte Friedrich Ernst Carl Mereau[295] 1793, kam Sophie Mereau nach Jena und etablierte sich innerhalb kürzester Zeit als Schriftstellerin, deren Name auch über die Grenzen Weimar-Jenas hinaus bekannt wurde.[296]

Bisher ist betont worden, dass ihr Wille und ihre Durchsetzungskraft von entscheidender Bedeutung für diesen Erfolg waren.[297] Wie stark sie außerdem von der Einbettung in die Beziehungsnetzwerke vor Ort abhängig war, um ihre Fähigkeiten anwenden und ausbauen zu können, steht im Folgenden im Zentrum. Dabei ist genauer in den Blick zu nehmen, welche konkreten Auswirkungen die Bekanntschaft Sophie Mereaus zu einzelnen Personen wie Friedrich Ernst Carl Mereau, Friedrich Schiller, Johann Heinrich Kipp, Carl Abraham Eichstädt und Carl August Böttiger hatte. Abgesehen von den Einzelpersonen wird allerdings auch die Bedeutung verschiedener Personengruppen für das

---

[295] In den Hof- und Adresskalendern ist Friedrich Ernst Carl Mereau von 1789 bis 1797 als „Advokat zur Güte" am Jenaer Hofgericht verzeichnet. 1793 wurde er als Universitätsbibliothekar eingetragen. Diese Eintragung findet sich auch noch im Jahr 1800. Neben seiner Tätigkeit als Universitätsbibliothekar war er seit 1795 außerordentlicher Professor der Rechte an der Universität Jena. 1801 wurde Mereau als ordentlicher Professor und Lehrer der Institutionen geführt. Von 1802 bis 1803 fungierte er als „Lehrer der Pandecten". Während dieser Zeit war er neben seiner Tätigkeit am Hofgericht außerdem Beisitzer des Schöppenstuhls. Vgl. den Hochfürstlichen Sachsen-Weimar und Eisenachischen Hof- und Address Calender [...], Weimar [Jena], zit. n. den Einträgen in der Prosopographiedatenbank, Sonderforschungsbereich 482, Teilprojekt A1, Friedrich-Schiller-Universität Jena (HAC), Datensatz Nr. 3548.

[296] Vgl. Fetting: „Welt"; von Hammerstein: Sophie Mereau-Brentano; Schwarz: Leben; Christa Bürger, „Die mittlere Sphäre." Sophie Mereau – Schriftstellerin im klassischen Weimar, in: Brinker-Gabler (Hg.): Literatur, S. 366-388.

[297] Vgl. ebd.

Leben und Handeln Sophie Mereaus genauer beleuchtet. Zu ihnen gehörten unterschiedliche Professorenfamilien und der Kreis der so genannten Frühromantiker.

### 3.3.1.1 Ausgangssituation

Für Sophie Mereau stellte sich die schon 1787 erfolgte Bekanntschaft mit Friedrich Ernst Carl Mereau als Ausgangspunkt für ihre schriftstellerische Karriere heraus.[298] Bereits in Altenburg konnte sie von seinem Beziehungsnetzwerk profitieren. Mereau, der lange Jahre kontinuierlich um Sophie Mereau warb, trat trotz zunächst abschlägiger Antwort auf seinen Antrag als eine zuverlässige Vermittlungsperson zahlreicher Kontakte auf.[299] Er verehrte Sophie Mereau in einem Maße, das ihn dazu veranlasste, den Umgang mit ihr aufrecht zu halten und in seinem Werben nicht nachzulassen, obwohl sie ihn Jahre lang hinhielt.[300]

Auch wenn diese augenscheinlich starke Bedenken gegen ein Zusammenleben mit Friedrich Ernst Carl Mereau gehegt hatte, willigte sie schließlich doch in eine Heirat mit dem Juristen und Universitätsbibliothekar ein. Obwohl sie ihr Einverständnis erst nach dem Tod ihres Vaters und der damit einhergehenden finanziellen Unsicherheit gab, ist davon auszugehen, dass die Aussichten, die ihr Mereaus Kontakte und seine Position innerhalb der Jenaer Gesellschaft für ihr zukünftiges Leben verhießen, für das Jawort mindestens ebenso bedeutend waren wie die mit der Eheschließung verbundene wirtschaftliche Absicherung.[301] Sophie Mereau hatte erkannt, dass Friedrich Ernst Carl Mereau der Schlüssel zum Erreichen ihrer Ziele sein konnte. Eine Verbindung mit ihm bildete die Voraussetzung für Beziehungen zu einflussreichen Personen, die die schrifstellerischen Ambitionen Sophie Mereaus unterstützen konnten.

Es ist nicht auszuschließen, dass Friedrich Ernst Carl Mereau selbst auf die Vorteile seines heterogenen Beziehungsnetzwerkes verwiesen hat, um die Altenburgerin für sich zu gewinnen: Er war mit Friedrich Schiller bekannt und

---

[298] Einen Hinweis auf diese frühe Bekanntschaft zwischen beiden zeigen die Briefe Kurtzwigs, in denen er nach dem Befinden Friedrich Ernst Carl Mereaus fragt. Vgl. Kurtzwig an Sophie Schubart, Erlangen, 14.11.1787: „Hast du keine Nachricht von Mereau? [...] Der deine K.", BJ Kraków, V 122, Korrespondenz/1 h 30.

[299] Dass Sophie Mereau das Werben Mereaus anfangs abschlägig beantwortete, zeigt ebenfalls ein Brief Kurtzwigs. Vgl. Kurtzwig an Sophie Schubart, Erlangen, 05.03.1788, BJ Kraków, V 122, Korrespondenz/1 h 30. Kurtzwig schrieb: „M. hat mein ganzes Mitleiden, könnte ich ihm helfen, ich thät es gewiß, den Briefwechsel brechen Sie nicht ab, es ist ihm Trost – es ist ihm Balsam für seine Wunden u ohne diesen, fürcht' ich alles für ihn. – Wir sind schadlos an seinen Leiden, das sey unsere Beruhigung."

[300] Vgl. Friedrich Ernst Carl Mereau an Sophie Schubart, Altenburg, 16.01.1790: „Den Kuß der Liebe Deinen Lippen, den Druck der Treue Deiner Hand, - Lebewohl meine edle, liebste Sophie, lebewohl und glücklich, - höre nie auf zu lieben den dessen ganze Glückseeligkeit nur darin besteht, von Dir geliebt zu werden. Ewig [...]", FDH, 52 134.

[301] Zur finanziellen Situation Sophie Mereaus und ihrer Geschwister nach dem Tod Vaters vgl. Schwarz: Leben, S. 83f.

verfügte über eine Reihe weiterer Verbindungen, von denen Sophie Mereau bereits vor der Heirat profitieren konnte. Ein Beispiel dafür ist die Beziehung Friedrich Ernst Carl Mereaus zu dem Weimarer Verleger Friedrich Justin Bertuch: Beide standen bereits 1786 in brieflichem Kontakt.[302] Dass Sophie Mereau schon 1792 – und damit noch vor ihrer Übersiedlung nach Jena – ein Gedicht in Bertuchs *Journal des Luxus und der Moden* veröffentlichen konnte[303], ist auf die Beziehung zwischen den beiden Männern zurückzuführen.

Die Bekanntschaft Sophie Mereaus mit Friedrich Schiller, die noch während der Altenburger Zeit ihren Anfang nahm und früh zu ersten schriftstellerischen Erfolgen führte, sollte sich jedoch als besonders ausschlaggebend für die Etablierung Sophie Mereaus als Schriftstellerin erweisen. Friedrich Ernst Carl Mereau zählte zum engeren Bekanntenkreis Schillers. Konkrete Nachweise für einen persönlichen Umgang beider Männer gibt es für das Jahr 1791: In einem Brief an Friedrich Immanuel Niethammer beruft sich Schiller auf Mereau als Überbringer einer Nachricht.[304] Ein Brief Christian Friedrich Körners an Friedrich Schiller ist ein weiteres Indiz dafür, dass Mereau und Schiller regelmäßig miteinander verkehrten.[305]

1788 wandte sich die damals noch unverheiratete Sophie Mereau zum ersten Mal schriftlich an Friedrich Schiller. Ihr Brief zeugt von der großen Verehrung, die sie Schiller entgegenbrachte. Er zeigt außerdem, wie sehr sie bestrebt war, eine engere Bindung zu ihm aufzubauen. Voller Begeisterung äußert sie sich über den im Juni 1787 erschienenen „Dom Karlos" und bezieht sich in ihrer enthusiastischen Bewertung auch auf andere Werke des Autors:[306]

> „Hingerißen von den lebhaften Empfindungen der Bewundrung und des veredelten Vergnügens, die durch das Lesen derienigen Wercke, die mit dem Dom Karlos aus einer Feder gefloßen sind, in ieden fühlbaren Herzen erregt werden müßen, schreibt iezt dem liebenswürdigen Verfaßer derselben ein Ihm ganz fremdes Mädchen, um es Ihm zu dancken, daß Er der Schöpfer der süßesten Gefühle war."[307]

---

[302] Vgl. Friedrich Ernst Carl Mereau an Friedrich Justin Bertuch vom 19. und 26.03.1786, Stiftung Weimarer Klassik und Kunstsammlungen, Weimar, GSA, Bestand Bertuch, Friedrich Justin Bertuch, Eingegangene Briefe, Mereau, Friedrich Ernst Karl, GSA 06/1225.

[303] Vgl. Sophie Mereau: Feuerfarb, in: Journal des Luxus und der Moden, Bd. 7, Heft 8 (1792), S. 377-378.

[304] Friedrich Schiller an Friedrich Immanuel Niethammer, Jena, 05.10.1791: „Herr Doktor Mereau wird Ihnen von meinetwegen gesagt haben, daß ich Ihren Wunsch, hier zu privatisiren erfüllen helfen kann.", in: NA, Bd. 26, S. 100f., hier S. 100.

[305] In diesem Brief schreibt Körner, dass er von Mereau Nachrichten vom schlechten Gesundheitszustand Schillers erhalten habe. Vgl. Christian Gottfried Körner an Friedrich Schiller, Dresden, 07.02.1792, in: ebd., Bd. 34, I, S. 134.

[306] Vgl. Sophie Schubert an Friedrich Schiller, Altenburg, Ende Januar (?) 1788, in: ebd., Bd. 33, I, S. 168-170. Vgl. auch den Kommentar zu diesem Brief, in: ebd., Bd. 33, II, 309-310.

[307] Sophie Schubert an Friedrich Schiller, Altenburg, Ende Januar (?) 1788, in: ebd., Bd. 33, I, S. 168-170, hier S. 168f.

Es ist davon auszugehen, dass dieser erste Versuch einer Kontaktaufnahme mit Friedrich Schiller zumindest auf Anregung Mereaus geschehen ist. Auch wenn Friedrich Schiller erst Anfang 1789 nach Jena zog, wird der Universitätsbibliothekar Mereau, der Beziehungen nach Weimar gepflegt und sich in der Residenzstadt auch aufgehalten hat, von der Ankunft Schillers erfahren und Sophie Mereau davon informiert haben. Er wird sie in ihrer Absicht bestärkt haben, Kontakt zu dem Dichter aufzunehmen. Auch die Veröffentlichung von Sophie Mereaus erstem Gedicht „Bey Frankreichs Feier, den 14ten Junius 1790" in Schillers *Thalia*[308] und die damit offenbar in engem Zusammenhang stehende erste persönliche Begegnung zwischen Schiller und Mereau im Jahr der Veröffentlichung 1791, deutet auf eine Vermittlung durch Friedrich Ernst Carl Mereau hin. Dieses erste Zusammentreffen mit dem Dichter hatte für Sophie Mereau eine besonders große Bedeutung:

> „Dafür, daß sie mir erlaubten, persönlich mit Ihnen und Ihrer Frau liebenswürdigen Gattin bekannt zu werden, dafür nehmen sie jezt nochmals meinen innigsten Danck. Den süßen Eindruck, den das auf mich machte, könnte nur der beurtheilen, der sich ganz in den Ton meiner Seele hinein zu dencken vermöchte. Die Freuden der Illusion sind schön – wie die Farben des Prismas – aber auch in der Wircklichkeit können Genüße liegen, die jenen Zauber erreichen. – Nie kann, so lange mir für das Erhabene und Schöne, Sinn bleibt, dies reine Gefühl von inniger Liebe und Achtung für sie Beide! erkalten [...]"[309]

Die Bemühungen Sophie Mereaus um Friedrich Schiller machten sich langfristig bezahlt. Der Kontakt zu dem Dichter blieb bestehen und erwies sich als überaus folgenreich für die schriftstellerischen Ambitionen Sophie Mereaus: Der Veröffentlichung des ersten Gedichtes folgten zwei Jahre später die Gedichte „Die letzte Nacht" und „Das Bildnis", die beide in der *Neuen Thalia* Schillers erschienen.[310] Diese positiven Konsequenzen aus der Bekanntschaft mit Friedrich Schiller werden Sophie Mereau in ihrem Entschluss bestärkt haben, in eine Ehe mit Friedrich Ernst Carl Mereau und den damit verbundenen Ortswechsel einzuwilligen. Denn die mit einem Umzug von Altenburg nach Jena verbundene räumliche Nähe zu dem Dichter versprach einen regelmäßigeren Kontakt, der auf eine engere Zusammenarbeit hinauslaufen konnte.

Die Entscheidung für Friedrich Ernst Carl Mereau war damit eine bewusste Entscheidung für Weimar-Jena. Durch die mit der Hilfe Schillers und Bertuchs erfolgten Veröffentlichungen der eigenen Werke noch vor der Vermählung ging

---

[308] Vgl. Sophie Mereau: Bey Frankreichs Feier. den 14. Junius 1790, in: Thalia, Bd. 3, H. 11 (1791); dazu auch Friedrich Schiller an den Leipziger Verleger Georg Joachim Göschen, Jena, 28.09.1790, in: NA, Bd. 26, S. 41f. sowie die Anmerkungen zu diesem Brief im selben Band auf S. 438-440.
[309] Sophie Schubert an Friedrich Schiller, Vermutlich Jena, zweite Hälfte Dezember 1791, in: NA, Bd. 34, I, S. 123.
[310] Zwei Jahre später wurden die Gedichte „Die letzte Nacht" und „Das Bildnis" in der *Neuen Thalia* Schillers veröffentlicht. Vgl. Sophie Mereau: Die letzte Nacht, in: Neue Thalia, Bd. 3, St. 1 (1793), S. 108f.; Sophie Mereau: Das Bildnis, in: ebd., S. 385-386.

Sophie Mereau davon aus, dass eine ernsthafte schriftstellerische Betätigung nur an einem Ort möglich war, der ihr die Nähe von Förderern und einer Reihe von Publikationsmöglichkeiten bot.

Mit dem nach der Hochzeit am ersten April 1793[311] erfolgten Umzug nach Jena begann Sophie Mereaus Integration in das Universitätsmilieu, die sich als Basis für ein eigenes Beziehungsnetzwerk erweisen sollte. Die Einbindung Friedrich Ernst Carl Mereaus in die professoralen Kreise Jenas führte dazu, dass Sophie Mereau zunächst zahlreiche Kontakte innerhalb der universitären Gesellschaft knüpfen konnte: Besonders enge Verbindungen pflegte das Ehepaar Mereau mit der Familie des Professors der Rechte Johann Ludwig Eckardt (1737-1800). Außerdem verfügte Friedrich Ernst Carl Mereau über intensivere Kontakte zu seinem Kollegen Andreas Joseph Schnaubert (1750-1825) und zu der Professorenfamilie Griesbach.[312] Die besonders engen persönlichen Verbindungen der Familie Mereau mit den Juristen Eckardt und Schnaubert sind als Indiz dafür zu werten, dass Sophie Mereau zunächst vor allem Beziehungen zu Angehörigen der Juristischen Fakultät aufbaute. Bemerkungen über Zusammenkünfte bei den Familien Gottlieb Hufelands und Carl Wilhelm Walchs bestätigen dieses Ergebnis.[313] Die Bekanntschaft mit Griesbachs zeigt allerdings, dass sich die sozialen Beziehungen auch über die Grenzen der Fakultät hinaus erstreckten.

Diese verschiedenen geselligen Kreise innerhalb des professoralen Milieus, an denen Sophie Mereau nun teilhatte, boten eine ideale Basis für Unterhaltung

---

[311] Vgl. KAJ HR 1793, S. 93 (Nr. 13).

[312] Johann Jakob Griesbach (1745-1812) war ordentlicher Professor für Theologie. Seine Frau Juliane Friederike Griesbach lebte von 1755-1831. Vgl. HAC, Datensatz Nr. 2698. Aufschluss über die zum engeren Jenaer Bekanntenkreis Sophie Mereaus gehörenden Personen und die Art und Weise der Kontakte geben neben den Briefen auch die Tagebucheintragungen Sophie Mereaus: Hinweise auf die engen Beziehungen zwischen Eckardts und Mereaus geben u.a. die Eintragungen vom 31.05.1795; 13.06.1796; 20.06.1796; 28.06.1796; 02.07.1796; 13.07.1796; 01.08.1796; 12.08.1796; 30.08.1796, in: [Mereau-Brentano]: Welt, S. 14-17. Das Tagebuch Sophie Mereaus befindet sich in der BJ Kraków, V 122, Persönliches/4, Tagebuch/1, h. 35. Zu den anderen Personen vgl. Sophie Mereau: Tagebuch, 15.06.1797: „Bei der Griesbach […]"; 05.07.1798: „Nachmittags Besuch bei der Griesbach."; 07.09.1799 „Bei der Griesbach.", in: ebd.: S. 29, S. 41, S. 63. Eintragungen zu Andreas Joseph Schnaubert finden sich sehr häufig. Der erste Eintrag datiert vom 26.12.1796. Hier bemerkt Sophie Mereau: „Nachmittag bei Schnaubert."; 19.10.1798: „Besuch der Schnaubert […]"; 10.04.1799: „Besuch von Schnauberts und der Ebern", in: ebd., S. 24, S. 47, S. 56. Die Einträge in den Kirchenbüchern der Stadt Jena bestätigen diese Befunde: Zahlreiche Jenaer Universitätsangehörige waren Paten des 1794 geborenen Sohnes Gustav Mereau. Vgl. KAJ TR 1794, S. 638 (Nr. 18). Außerdem übernahm Sophie Mereau für einen der Enkel Johann Ludwig Eckardts 1794 die Patenschaft. Vgl. KAJ TR 1794, S. 687 (Nr. 145).

[313] Vgl. die Tagebuchaufzeichnungen Sophie Mereaus: 14.08.1798 „Besuch bei der Walch. Unterhalten […]"; 01.04.1799 „Besuch von Walchs"; 15.12.1796 „Besuch bei Hufelands."; 16.11.1799 „Besuch der Hufeland […]"; 09.01.1800 „Abends bei Hufelands."; 10.11.1800 „Abends mit Hufelands […]", in: [Mereau-Brentano]: Welt, S. 44, 56, 23, 66, 70.

und intellektuelle Anregung. Darüber hinaus waren sie potentielle Begegnungsstätte mit gleichgesinnten Männern und Frauen sowie zukünftigen Förderern.

### 3.3.1.2 Sophie Mereau als Schriftstellerin – Die Funktion der sozialen Beziehungen

In der Anfangszeit des Jenaer Aufenthaltes erwies sich Friedrich Ernst Carl Mereau als zentrale Vermittlungsperson. Die Teilhabe an seinen sozialen Beziehungen eröffnete Sophie Mereau eine Vielzahl von Möglichkeiten, ihre schriftstellerischen Ambitionen umzusetzen. Friedrich Ernst Carl Mereaus Interesse an ihrer Arbeit erklärt sich vermutlich aus seiner eigenen schriftstellerischen Tätigkeit.[314] Er konnte den Vorgang des Schreibens, seine Mühen und außerdem die Schwierigkeiten, fertige Arbeiten zu veröffentlichen, durchaus nachvollziehen. Konsequenterweise verhalf er Sophie Mereau zu einem Umfeld, das inspirierend auf ihre schriftstellerische Arbeit wirkte.

Dass Sophie Mereau als verheiratete Frau und Mutter sowohl die Zeit zum Schreiben fand, als auch innerhalb der geselligen Zirkel Bekanntschaften mit einflussreichen Männern und potentiellen Förderern eingehen konnte, ist zu einem großen Teil auf die Akzeptanz der Arbeit Sophie Mereaus durch ihren Mann zurückzuführen. Im Gegensatz zu einer Reihe von Zeitgenossinnen, die sich vor ihrer Ehe literarisch oder künstlerisch betätigten, nach der Eheschließung jedoch nahezu ausschließlich ihren Aufgaben als Ehefrau und Mutter nachkamen, hatte Sophie Mereau verhältnismäßig viel Zeit für ihre schriftstellerische Arbeit. Ein regelmäßiges und ungestörtes Schreiben – zeitweilig mehr als fünf Stunden täglich – konnte allerdings nur gelingen, wenn einerseits genügend finanzielle Mittel vorhanden waren, um die Bewältigung der Anforderungen eines Haushaltes und der Kinderversorgung durch Arbeitsteilung zu gewährleisten.[315] Andererseits mussten sich die Eheleute über die Art und Weise der Haushaltführung und der Betreuung der Kinder einig sein.

Die Situation Sophie Mereaus in ihrer Ehe kann mithin als außergewöhnlich bezeichnet werden. Immerhin gehörten professionell schreibende Frauen nicht in das innerhalb der zeitgenössischen Debatten vertretene gesellschaftliche Konzept.[316] Aufgrund der Rollenerwartungen, die auch in der sozialen Praxis

---

[314] Vgl. Friedrich Ernst Carl Mereau: Taschenbuch der teutschen Vorzeit auf das Jahr 1794, Nürnberg/Jena 1794.

[315] Ein Brief Sophie Mereaus an ihren Bruder Friedrich Pierer aus dem Jahr 1793 verdeutlicht, dass Friedrich Ernst Carl Mereau auf gute Einkünfte hoffen konnte. Demnach scheint das Ehepaar Mereau über ausreichende finanzielle Mittel verfügt zu haben. Vgl. Sophie Mereau an Friedrich Pierer, o.O., o.D. (vermutlich Herbst 1793): „Wir beiden Eheleute sind jetzt voller guter Hofnung in verschiedener Hinsicht. Für Mereau sah sich manche gute Außicht eröffnet und daß seine Vorlesungen äußerst gut besucht sind, ist Wirklichkeit. Nun ist es auch Zeit, daß das Glück uns von dieser Stelle günstig zulächelt [...]", zit. n.: Schwarz: Leben, Anhang III: Briefe von Sophie Mereau-Brentano an ihren Halbbruder Friedrich Pierer, S. 199-209, hier S. 199.

[316] Vgl. Campe: Rath.

wirksam wurden, sahen sich zahlreiche Frauen vielmehr gezwungen, ihre Anonymität zu wahren oder ihre Arbeit permanent zu rechtfertigen.[317] Bemerkungen Sophie Mereaus wie „Gelungne Arbeit"[318], „Froh. Arbeit"[319], „Arbeit. Zufriedenheit"[320] und „Heiter. Arbeit"[321] machen dagegen deutlich, dass sie zu Hause oft ungestört und mit zufriedenstellenden Resultaten arbeiten konnte. Friedrich Ernst Carl Mereau trug dazu bei, dass Sophie Mereau nicht nur frei verfüg- und gestaltbare Zeit hatte, sondern auch über einen eigenen Raum oder zumindest einen eigenen Schreibtisch verfügte, den sie benötigte, um in Ruhe die angefangenen Arbeiten vollenden zu können.[322]

Die Ehe mit Friedrich Ernst Carl Mereau brachte also zumindest hinsichtlich der schriftstellerischen Arbeit kaum Schwierigkeiten mit sich. Stattdessen förderte sie das Selbstbewusstsein Sophie Mereaus: Nach den ersten schriftstellerischen Versuchen, die sie noch anonym veröffentlichte, ging sie mit ihrer Existenz als Schriftstellerin selbstverständlich um und gab ihren Namen für Veröffentlichungen frei.

Noch wesentlicher für Erfolg und Akzeptanz als Schriftstellerin waren allerdings die sozialen Beziehungen, die sie während der Jenaer Zeit mit der Hilfe ihres Mannes über die Grenzen der juristischen Fakultät hinaus einging: Innerhalb des universitären Milieus knüpfte Sophie Mereau eine Reihe von Bekanntschaften zu Männern, die die Ernsthaftigkeit ihrer Tätigkeit nicht anzweifelten, sondern vielmehr akzeptierten und häufig auf eine Zusammenarbeit

---

[317] Zu der Situation von schreibenden Frauen um 1800 vgl. auch Schwarz: Leben, hier bes. S. 50-58. Zur Rechtfertigungsrhetorik vgl. auch Becker-Cantarino: Schriftstellerinnen, S. 19f. Zur eigenen Rechtfertigung vgl. Johanna Schopenhauer: Vorwort, in: Fernow's Leben, hrsg. von Johanna Schopenhauer, Tübingen 1810, S. I-III, Sophie La Roche: Mad. L – an Melusine, in: Melusinens Sommer-Abende, hrsg. v. Christoph Martin Wieland, Halle 1806, S. II-LVI, bes. XXVf. Hier rechtfertigt Sophie La Roche das Verfassen des „Fräulein von Sternheim". Ohne Gedanken an eine Veröffentlichung habe sie mit den Aufzeichnungen nur eine persönliche Lebenskrise bekämpft. Schon im „Fräulein von Sternheim" der La Roche verwendet der Herausgeber Christoph Martin Wieland im Vorwort Rechtfertigungsfloskeln. Vgl. [Sophie La Roche]: Geschichte der Fräulein von Sternheim, hrsg. v. Christoph Martin Wieland, 2. Theil, Leipzig 1771. Zur Rechtfertigungsrhetorik Sophie La Roches insgesamt vgl. Margrit Langner: Sophie von La Roche – die empfindsame Realistin [künftig zitiert: Sophie von La Roche], Heidelberg 1995, S. 22-27. Zur Rechtfertigung des eigenen Schreibens in Vorworten vgl. Lydia Schieth: Die Entwicklung des deutschen Frauenromans im ausgehenden achtzehnten Jahrhundert. Ein Beitrag zur Gattungsgeschichte [künftig zitiert: Entwicklung], Frankfurt a.M. 1987, hier S. 28-49. Vgl. auch Susanne Kord, Sich einen Namen machen. Anonymität und weibliche Autorschaft 1700-1900, Stuttgart/Weimar 1996, hier vor allem Kapitel V.
[318] Tagebuchaufzeichnung vom 05.06.1796, in: [Mereau-Brentano]: Welt, S. 13.
[319] Tagebuchaufzeichnung vom 09.06.1796, in: ebd.
[320] Tagebuchaufzeichnung vom 25.07.1796, in: ebd., S. 16.
[321] Tagebuchaufzeichnung vom 01.07.1799, in: ebd., S. 60.
[322] Vgl. dazu z.B. Susanne Kord: Sich einen Namen machen. Anonymität und weibliche Autorschaft 1700-1900 [künftig zitiert: Namen], Stuttgart/Weimar 1994, hier bes. S. 175-178.

spekulierten. Zu diesen Personen zählten beispielsweise Heinrich Carl Abraham Eichstädt und Carl Ludwig Woltmann. Später kam auch Carl August Böttiger dazu. Eichstädt, zunächst Professor in Leipzig, war seit 1797 Redakteur der *Allgemeinen Literatur-Zeitung* und damit einer der Männer, die aufgrund ihres Berufes großen Einfluss auf die Möglichkeiten Mereaus als Schriftstellerin hatten. Beide standen spätestens seit 1799 in engerem Kontakt miteinander.[323] Woltmann war von 1794 bis 1797 außerordentlicher Professor für Geschichte an der Universität Jena.[324] Er übernahm später die Funktion eines Vermittlers und Informanten. Böttiger, den Sophie Mereau 1798 während einer Jenaer Geselligkeit kennen gelernt hatte, erwies sich als wichtiger Gönner, der Projekte Mereaus wirkungsvoll unterstützte.

Ein erster größerer Erfolg Sophie Mereaus als Schriftstellerin stellte sich zunächst jedoch erneut auf Vermittlung Friedrich Ernst Carl Mereaus ein: Ihr erster Roman „Blüthenalter der Empfindung" wurde bei dem Verleger Justus Perthes in Gotha publiziert.[325] Ausschlaggebend für die Annahme der Arbeit durch das Gothaer Verlagshaus dürften die Kontakte Friedrich Ernst Carl Mereaus nach Gotha gewesen sein. Der aus Gotha stammende Mereau pflegte noch immer enge Beziehungen zu seiner Heimatstadt. Sein Vater Carl Hubert Mereau stand als „Sous-Directeur de Plaisier" in Diensten des Gothaer Fürsten.[326] Diese Verbindungen in die Residenzstadt Gotha hatten eine Reihe weiterer lukrativer Bekanntschaften auch für Sophie Mereau zur Folge. Eine engere Beziehung entwickelte sich zwischen dem Erbprinzen August von Sachsen-Gotha-Altenburg, die in zahlreichen Briefen Augusts an Sophie Mereau ihren Niederschlag fand.[327] Gegenseitige Besuche waren die Folge.[328] Mit dem Erbprinzen teilte sie das Interesse für Literatur und vor allem für Lyrik.[329] Die Patenschaft Augusts von Sachsen-Gotha-Altenburg für die 1797 geborene Tochter Sophie Mereaus bestätigte die enge Verbindung zwischen beiden[330], die

---

[323] Vgl. die Tagebuchaufzeichnung vom 11.04.1799: „Besuch von Eichstädt.", in: [Mereau-Brentano]: Welt, S. 56.
[324] Vgl. den Eintrag zu Carl Ludwig Woltmann in: HAC, Datensatz Nr. 3956.
[325] Vgl. [Sophie Mereau]: Das Blüthenalter der Empfindung, Gotha 1794.
[326] Vgl. KAJ HR 1793, S. 93 (Nr. 13).
[327] Vgl. BJ Kraków, Herzog August von Sachsen-Gotha, V 76. Leider ergaben die Briefe des Erbprinzen an Sophie Mereau kaum nennenswerte Informationen über die Qualität der Beziehung zwischen beiden. Vielmehr sind die französischsprachigen Briefe voller Topoi und wirken an vielen Stellen wie bloße Schreibübungen. Aufschlussreicher für die Qualität der Beziehung waren die Tagebucheinträge Sophie Mereaus. Für die Übersetzung der Briefe Augusts von Sachsen-Gotha an Sophie Mereau danke ich Dr. Maurizio Di Bartolo.
[328] Vgl. die Tagebuchaufzeichnungen vom 24.08.1799: „Angenehme Gespräche mit dem Erprinzen.", in: [Mereau-Brentano]: Welt, S. 63 und vom 23.05.1800: „Abends Besuch vom Erbprinzen. Mit ihm zufrieden.", in: ebd., S. 73;
[329] Tagebuchaufzeichnung vom 20.04.1798: „Gedichte vom Erbprinz.", in: ebd., S. 38.
[330] Die Tochter Gisela Emina Hulda Mereau wurde am dritten September 1797 geboren. Vgl. KAJ TR 1797, S. 157 (Nr. 132).

sich allerdings nicht nachdrücklich auf die schriftstellerischen Arbeit Sophie Mereaus auswirkte.

Die anhaltende und sich intensivierende Beziehung zu Friedrich Schiller beeinflusste Sophie Mereaus Arbeit dagegen auf eine besondere Art und Weise. Während ihres Aufenthaltes in der Universitätsstadt entwickelte Sophie Mereau eine außerordentliche schriftstellerische Produktivität, die mit ihrer Zeit in Altenburg nicht zu vergleichen ist. Nachdem der Dichter 1791 für das Debüt Sophie Mereaus als Schriftstellerin gesorgt hatte, förderte er sie in Jena maßgeblich weiter: Schillers Tätigkeit als Herausgeber sowie seine umfangreichen Kontakte zu Kollegen und Verlegern erwiesen sich für Sophie Mereau als Sprungbrett für eine schriftstellerische Karriere. Neben einer Reihe anderer begabter junger Frauen konnte nun auch Sophie Mereau auf Friedrich Schiller als Ansprechpartner und Förderer zählen.[331] Ihre Bemühungen, den einmal hergestellten Kontakt zu Schiller auch beizubehalten, verdeutlichen, dass Frauen, um im Literaturbetrieb überhaupt ernst genommen zu werden, auch in Weimar-Jena um 1800 auf die Unterstützung eines erfahrenen und erfolgreichen männlichen Gönners angewiesen waren. Dieser Befund deckt sich mit den Ergebnissen anderer Arbeiten, die nachweisen konnten, dass die Möglichkeit des Publizierens und die Chance auf Erfolg in der Regel an einflussreiche Männer gebunden waren.[332]

Die Bekanntschaft zwischen beiden entwickelte sich während der Jenaer Zeit schnell zu einem intensiven Arbeitsverhältnis, das sowohl durch einen regelmäßigen brieflichen Austausch als auch durch persönliche Begegnungen gekennzeichnet war. Während der ersten Jenaer Jahre publizierte Mereau nahezu ausschließlich in den von Schiller herausgegebenen Zeitschriften. Gedichte nahmen dabei einen großen Raum ein.[333] Darüber hinaus veröffentlichte sie einige Übersetzungen sowie ihre „Briefe von Amanda und Eduard" – die

---

[331] Vgl. dazu Janet Besserer Holmgren: „Die Horen haben jetzo wie es scheint ihr Weibliches Zeitalter…". The women writers in Schiller's Horen. Louise Brachmann, Friederike Brun, Amalie von Imhof, Sophie Mereau, Elisa von der Recke, and Caroline von Wolzogen, Berkeley 2000; Schieth: Entwicklung, hier S. 71-78.

[332] Vgl. Die Untersuchungen zu Sophie von La Roche, die darauf verweisen, dass sie auf die Initiative und ein wohlwollendes Vorwort von Christoph Martin Wieland angewiesen war, um im Literaturbetrieb akzeptiert zu werden: Langner: Sophie von La Roche, hier S. 27. Dazu auch Becker-Cantarino: Schriftstellerinnen, u.a. S. 120, S. 207; Kord: Namen.

[333] Vgl. Sophie Mereau: Schwarzburg, in: Die Horen, Bd. 3, 9. St. (1795), S. 39-44; dies.: Frühling [Düfte wallen…], in: Musen-Almanach für das Jahr 1796, S. 55-58; dies.: Das Lieblingsörtchen, in: ebd., S. 145-147; dies.: Vergangenheit, in: ebd.: S. 107-109; dies.: Erinnerung und Phantasie, in: ebd., S. 149-151; dies.: Des Lieblingsörtchens Wiedersehen, in: Die Horen, Bd. 12, 10. St. (1797), S. 98-100; dies.: Andenken, in: Musen-Almanach für das Jahr 1797, S. 57-58; dies.: Landschaft, in: ebd., S. 147-151; dies.: Lindor und Mirtha, in: Musen-Almanach für das Jahr 1798, S. 100-104; dies.: Der Garten zu Wörlitz, in: ebd., S. 216-220; dies.: Licht und Schatten, in: ebd., S. 292f.; dies.: Schwärmerei der Liebe, in: Musen-Almanach auf das Jahr 1799, S. 225-230.

Grundlage für den Jahre später veröffentlichten Roman „Amanda und Eduard".[334]

Den Veröffentlichungen voraus gingen Briefe, in denen Sophie Mereau ihrem Lehrer erste Entwürfe von Lyrik und Prosa zusandte. Schiller wiederum erteilte in seinen Antwortschreiben Ratschläge und gab Anregungen für Verbesserungen. Neben dem regen schriftlichen Verkehr bestand der Dichter jedoch auch auf persönliche Zusammenkünfte, um „noch über so manches litterarische Abrede nehmen" zu können.[335]

Sophie Mereau traf sich regelmäßig mit Schiller und nahm seine Hinweise bereitwillig auf. Vor jedem Treffen hoffte sie auf ein wohlwollendes Urteil. Sobald sie eigene Arbeiten an den Dichter abgeschickt hatte, wartete sie ungeduldig auf dessen Antwort. Tagebuchnotizen wie „Ungewisheit ob Schiller meine Arbeit gefallen"[336] verdeutlichen, wie wichtig ihr das Urteil des Dichters für die eigene Arbeit war. Seine Auffassungen teilte sie vor allem in der Anfangszeit nahezu unkritisch. Im Falle von Entscheidungsfindungen für die inhaltliche Gestaltung der eigenen Werke hatten sie großes Gewicht. Traf eine wohlwollende Reaktion auf die an Schiller gesandten Arbeiten ein, so wirkte sie sich sowohl auf die Stimmung als auch auf die Arbeitsmotivation Sophie Mereaus positiv aus.[337] Schiller reagierte häufig mit Lob auf eingereichte und überarbeitete Gedichte und ermutigte Sophie Mereau durch seine Äußerungen zu einem kontinuierlichen Arbeiten:

> „Die Mühe, welche Sie auf Verbeßerung Ihrer Gedichte verwendet haben, ist durch einen sehr glücklichen Erfolg belohnt."[338]

Schillers Briefe zeigen, dass er das schriftstellerische Talent Sophie Mereaus erkannt hatte und für einen Publikumserfolg der *Horen* und des *Musen-Almanachs* nutzbar machen wollte. Offensichtlich war er überzeugt davon, dass vor allem die Gedichte Mereaus den Nerv des Publikums treffen würden. Sein Schreiben an Sophie Mereau vom Juli 1796 demonstriert, dass er ihre Arbeiten schon fest für das Programm seiner Zeitschriften eingeplant hat:

> „In ihren Gedichten finde ich sehr viel schönes in Absicht auf den Innhalt sowohl als auf den Ausdruck. Einige darunter will ich mir für den Almanach ausbitten, und andre

---

[334] Vgl. dies.: Nathan (Aus dem Decameron des Boccaz), in: Die Horen 2. Jg. IX (1796), S. 85-94; dies.: Carl von Anjou, König von Neapel. Nach dem Boccaz, in: Die Horen 3. Jg., Bd. 6, St. 2 (1797), S. 34-42; dies.: Briefe von Amanda und Eduard, in: ebd., Bd. 10, 6. St. (1797), S. 49-68; Bd. 11, 7. St. (1797), S. 38-59; Bd. 12, 10. St. (1797), S. 41-55.

[335] Friedrich Schiller an Sophie Mereau, Jena, 16. oder 17.10.1796, zit. n.: NA, Bd. 28, S. 310.

[336] Tagebuchaufzeichnung vom 29.06.1796, in: [Mereau-Brentano]: Welt, S. 30.

[337] Vgl. die Tagebuchaufzeichnungen vom 10.06.1796: „Brief von Schiller. Sehr froher Augenblick.", zit. n. ebd., S. 29; 29.06.1797: „Brief von Schiller. Größte Aufmunterung lebhaftes Lob. Vergnügen [...]"; 30.06.1797: „Vollendete Arbeit [...]", zit. n. ebd., S. 30.

[338] Friedrich Schiller an Sophie Mereau, Jena, 11.07.1795, in: NA, Bd. 28, S. 9f., hier S. 9.

wünschte ich nach einigen Monaten in die Horen zu setzen."³³⁹

Sein positives Urteil über Sophie Mereaus Werke klingt auch in Briefen an Bekannte und Freunde an. Sowohl Christian Gottfried Körner als auch Johann Wolfgang Goethe informierte er über die Arbeiten Mereaus und zeigte sich von ihrem Talent beeindruckt:³⁴⁰

> „Für die Horen hat mir unsere Dichterin Mereau jetzt ein sehr angenehmes Geschenk gemacht, und das mich wirklich überraschte. Es ist der Anfang eines Romans in Briefen, die mit weit mehr Klarheit, Leichtigkeit und Simplicität geschrieben sind, als ich je von ihr erwartet hätte. Sie fängt darinn an, sich ganz von Fehlern frey zu machen, die ich an ihr für ganz unheilbar hielt, und wenn sie auf diesem guten Wege weiter fortgeht, so erleben wir noch was an ihr. Ich muß mich doch wirklich drüber wundern, wie unsere Weiber jetzt, auf bloß dilettantischem Wege, eine gewiße Schreibgeschicklichkeit sich zu verschaffen wißen, die der Kunst nahe kommt."³⁴¹

Trotz dieser Äußerungen zur Unfähigkeit der Frauen, wahre Kunst zu schaffen, lässt sich nachvollziehen, aus welchen Gründen Friedrich Schiller die Förderung Sophie Mereaus übernommen hat: Die schriftstellerische Begabung Mereaus und ihre Fähigkeit, diese unter Anleitung ausbauen zu können, waren in erster Linie ausschlaggebend für die Hilfe, die er ihr zuteil werden ließ. Hinzu kamen kaufmännische Interessen: Schiller lag daran, auch weibliche Leserinnen für seine Zeitschriften zu gewinnen, um deren Absatz zu steigern. Aus diesem Grund setzte er zunehmend auf weibliche Autoren.³⁴²

Dass Schiller direkten Einfluss auf die inhaltlichen Gestaltungsmöglichkeiten Sophie Mereaus als Schriftstellerin hatte, zeigt der Briefwechsel zwischen beiden Autoren deutlich: Kommentare wie „Gegen die Erzählung in Prosa habe ich erheblichere Einwendungen und ich wollte Ihnen nicht dazu rathen, vor der Hand einen Gebrauch davon zu machen. [...] Die Charaktere sind zu wenig bestimmt, die Maximen nach denen gehandelt wird, wollen sich nicht ganz billigen lassen, die Erzählung geht einen zu schleppenden Gang [...]"³⁴³, gaben Mereau Hinweise, die sie zunächst bereitwillig aufnahm. Die regelmäßigen Treffen, bei denen ernsthaft und intensiv gearbeitet wurde, verdeutlichen zudem, dass Schiller Maßstab für Sophie Mereau war. Dieser ließ Mereau häufiger wissen, dass er mit ihr „über das Ganze, den Plan und die Behandlung [ihrer Gedichte, J.D.] zu sprechen" wünsche.³⁴⁴ Sophie Mereau arbeitete die von

---

³³⁹ Friedrich Schiller an Sophie Mereau, Jena, vielleicht Mitte Juli 1796, zit. n. ebd., Bd. 28, S. 266.
³⁴⁰ Vgl. Friedrich Schiller an Christian Gottfried Körner, Jena, 19.10.1795: „Schwarzburg ist von einem Frauenzimmer, der Professorin Mereau von hier, die schon verschiedene artige Sachen hat drucken lassen.", zit. n. ebd., S. 80-82, hier S. 81.
³⁴¹ Friedrich Schiller an Johann Wolfgang Goethe, Jena. 30.06.1797, zit. n. NA, Bd. 29, S. 92f., hier S. 93.
³⁴² Vgl. Schieth: Entwicklung.
³⁴³ Friedrich Schiller an Sophie Mereau, Jena, vielleicht Mitte Juli 1796, zit. n.: NA, Bd. 28, S. 266.
³⁴⁴ Friedrich Schiller an Sophie Mereau, Jena, den 27.(?).06.1797, zit. n. ebd., Bd. 28, S. 90.

Schiller geäußerten Vorschläge und Änderungswünsche ein und bedankte sich anschließend für seine Kommentare. Immer wieder versicherte sie ihm ihre Achtung und gab zu verstehen, dass sie dem nächsten Zusammentreffen ungeduldig entgegensehe.[345]

Neben dieser Einflussnahme auf Themen, Ausdruck und Strophenform der Gedichte Mereaus[346] wirkte Schiller auch auf den finanziellen Aspekt ihrer schriftstellerischen Arbeit ein. Es kann davon ausgegangen werden, dass während der Treffen zwischen Schiller und Mereau auch die Honorarzahlungen geregelt wurden. Zumindest suggerieren die Briefe Schillers, dass die Höhe des Honorars ein wichtiges Thema zwischen dem Herausgeber und seiner Autorin war.[347] Die Korrespondenz zwischen Cotta und Schiller vermittelt im Übrigen den Eindruck, als seien die Honorarzahlungen an Sophie Mereau nicht wesentlich von jenen an männliche Autoren abgewichen. Wenn Schiller für einen Beitrag im Umfang eines Bogens in den *Horen* fünf Louisdor an Sophie Mereau bezahlte, Herder dagegen für fünf Bogen im *Musen-Almanach* 29 Louisdor erhielt[348], dann waren die Unterschiede zumindest nicht gravierend.

Schiller sorgte also dafür, dass die Werke Sophie Mereaus einem breiten Publikum zugänglich wurden. Dieses zeigte sich besonders begeistert von ihrer Lyrik: Zahlreiche Personen reagierten auf die Publikation ihrer Gedichte und drückten der Dichterin ihre Verehrung aus. Auf diese Weise bahnten sich Bekanntschaften an, die sich später als mitentscheidend für die Weiterentwicklung von Sophie Mereaus Karriere als Schriftstellerin erweisen sollten. Einer dieser Verehrer war der Weimarer Schriftsteller August Vulpius, der Mereau im Januar 1796 ein eigenes Gedicht mit folgendem Titel schickte: „An Sophie Mereau. Als ich ihr Gedicht: der Frühling, in Schillers Musen Almanach gelesen hatte."[349] Neben diesem meldete sich Julius Graf von Soden, der sich ebenfalls begeistert zu den veröffentlichten Gedichten äußerte.[350] Seine Briefe zeigen, dass es Sophie Mereau mit der Unterstützung Schillers gelungen war, die Aufmerksamkeit von Herausgebern außerhalb Weimar-Jenas zu wecken.

---

[345] Vgl. Sophie Mereau an Friedrich Schiller, Jena, vielleicht Mitte Oktober 1797, in: ebd., Bd. 36, I, S. 164.

[346] Zur Einflussnahme Schillers allgemein vgl. Adelheid Hang, Sophie Mereau in ihren Beziehungen zur Romantik, Inauguraldissertation [künftig zitiert: Sophie Mereau], München 1934; dazu auch Christa Bürger, „Die mittlere Sphäre". Sophie Mereau – Schriftstellerin im klassischen Weimar, in: Brinker-Gabler (Hg.): Literatur, Bd. 1, S. 366-388.

[347] Vgl. Friedrich Schiller an Sophie Mereau, Jena, 23.12.1795: „Für jeden Bogen, den ich zum Zweck der Horen anwenden kann, kann ich Ihnen 5 *Louisdor* bezahlen; nach dem alten Druck wären es 6 gewesen, aber der nächste Jahrgang wird weiter gedruckt werden.", in: NA, Bd. 28, S. 139-141, hier S. 140.

[348] Vgl. Johann Friedrich Cotta an Friedrich Schiller, Tübingen, 13.03.1796, in: ebd., Bd. 36, I, S. 158f., hier S. 158.

[349] Vgl. August Vulpius an Sophie Mereau, Weimar, 17.01.1796, BJ Kraków, V271, 2h.

[350] Vgl. Julius Graf von Soden an Sophie Mereau, BJ Kraków, Julius Graf von Soden, V 236. Zu dem Publizisten vgl. ADB: Bd. 34, S. 532-537.

Schon in seinem ersten Brief an Sophie Mereau bat Graf von Soden um Mitarbeit an seinem neuen Almanach, der den Titel „Psyche. Der Liebe, der Sehnsucht nach dem Unvergänglichen und nach dem Wiedersehen gewidmet." tragen sollte[351]:

> „Dazu wage ich es, Verehrungswürdige Sie zu einem Beytrag zu bitten. Seyen Sie auch noch so klein in Ihren Augen noch so unbedeutend, für mich, so wie für das ganze Publikum haben sie unschätzbaren Werth [...]"[352]

Wenige Jahre nach den ersten Anfängen als Schriftstellerin hatte der Name Sophie Mereau also bereits solche Zugkraft, dass er erfolgversprechend für neue Publikationsprojekte eingesetzt werden konnte. Ein Jahr nach dem Erscheinen der Gedichtsammlung Sophie Mereaus bei dem Verleger Johann Friedrich Unger[353], im Jahr 1801, meldete sich auch der Verleger und Schriftsteller Friedrich Nicolai aus Berlin und bekannte, das ihm das Lesen der Gedichte Mereaus außerordentliches Vergnügen gemacht hätte:

> „Madame Verzeihen Sie die Zudringlichkeit eines Mannes, der nicht das Glück hat Ihnen persönlich bekannt zu seyn und es doch wagt eine Bitte an Sie zu thun, wozu er keinen andern Grund angeben kann, als daß er Ihr dichterisches Talent verehrt und [...] bekennt, daß er der Lesung ihrer Gedichte manche angenehme Augenblicke zu danken habe. Es sieht wie eine Unverschämtheit aus wenn ein Unbekannter in dem ersten Brief den er an ein junges liebenswürdiges Frauenzimmer schreibt, sie um Ihr Bildniß bittet, und noch ärger scheint es, wenn der Bittende in sein neun und sechszigstes doch die Dame vielleicht kaum in Ihr zwanzigstes gehet. [...] Ich wünschte die Neue allgemeine deutsche Bibliothek mit Ihrem Bildnisse zu zieren [...] wenn Sie mir ein gut getroffenes gemaltes oder wenigstens gut gezeichnetes Bildniß von Ihnen mittheilen wollten [...]"[354]

Die Bitte um ein Bildnis, das die *Allgemeine Deutsche Bibliothek* – eine der wichtigsten Rezensionsorgane der Zeit[355] – zieren sollte, macht deutlich, dass sich Sophie Mereau innerhalb des zeitgenössischen Literaturbetriebes einen Namen gemacht hatte. Denn in der Regel fanden sich nur bekannte und erfolgreiche Schriftsteller auf den Titelseiten dieser und diverser anderer

---

[351] Ein Almanach unter diesem Titel und aus dieser Zeit ließ sich nicht nachweisen. Julius Graf von Soden veröffentlichte 1794 allerdings ein Buch unter dem Titel „Psyche. Über Daseyn, Unsterblichkeit und Wiedersehen".
[352] Julius Graf von an Sophie Mereau, Saßanfarth bey Bamberg, 31.10.1797, BJ Kraków, Julius Graf von Soden, V 236. Mit einigen Fehlern auch abgedruckt bei Schwarz: Leben, 210f., hier S. 210.
[353] Sophie Mereau: Gedichte, 2 Bde., Erstes Bändchen, Berlin 1800.
[354] Friedrich Nicolai an Sophie Mereau, Berlin, 08.04.1801, BJ Kraków, Friedrich Nicolai, V 132, 2h; auch FDH 58812-15.
[355] Vgl. dazu Ute Schneider: Friedrich Nicolais Allgemeine Deutsche Bibliothek als Integrationsmedium der Gelehrtenrepublik, Wiesbaden 1995.

Zeitschriften.[356] Doch trotz der Ehre, die Sophie Mereau mit dem Druck ihres Bildes zuteil geworden wäre, schickte sie Nicolai offensichtlich kein Bildnis von sich.[357] Ein Grund für diese Entscheidung mag letztlich auch in der Berücksichtigung der an Frauen gestellten Rollenerwartungen gelegen haben.

Trotzdem hatte die mit der Hilfe Schillers erreichte Bekanntheit Sophie Mereaus und die Anerkennung ihrer Arbeit über die Grenzen Weimar-Jenas hinaus eine Ausweitung ihrer Handlungsspielräume als Schriftstellerin zur Folge: Nachdem Schiller mit den ersten Publikationen in den *Horen* und im *Musen-Almanach* den Grundstein gelegt hatte, eröffneten andere Verleger und Herausgeber Sophie Mereau die Möglichkeit, an unterschiedlichen Projekten mitzuwirken. Dadurch erhielt sie eine Reihe neuer inhaltlicher Gestaltungsmöglichkeiten. Denn jeder Verleger und Herausgeber hegte unterschiedliche Erwartungen an die Beiträge. Da ihnen an einer Veröffentlichung Sophie Mereaus im eigenen Haus oder im eigenen Publikationsorgan gelegen war, konnte die Schriftstellerin verstärkt eigene Vorstellungen umsetzen. In diesem Zusammenhang lassen beispielsweise die vagen Wünsche Julius von Sodens den Schluss zu, dass Sophie Mereau über Gattung und Thema ihrer bei fremden Herausgebern und Verlegern einzureichenden Arbeiten zunehmend selbst entscheiden konnte.

Die Arbeit mit Friedrich Schiller hatte also indirekt dazu geführt, dass Sophie Mereau Kontakt zu zahlreichen auswärtigen Verlegern aufnahm. Darüber hinaus sorgte Friedrich Schiller aber auch direkt für Beziehungen zu anderen Herausgebern und wies Sophie Mereau auf diese Weise Wege, ihren Erfolg als Schriftstellerin selbst in die Hand zu nehmen und zu koordinieren. Briefe, in denen Schiller auf seine Beziehungen zu Kollegen und die Vorteile einer Bekanntschaft mit ihnen aufmerksam macht, geben Aufschluss über die Möglichkeiten, die Sophie Mereau als Schriftstellerin konkret nutzen konnte: Ende 1795 bot Schiller ihr das erste Mal nachweislich die Vermittlung von Kontakten zu anderen Herausgebern an und betonte, dass sie als Schriftstellerin in der Wahl ihrer Veröffentlichungsmöglichkeiten keineswegs beschränkt sei, sondern vielmehr über verschiedene Möglichkeiten verfüge. Schiller legte ihr nahe, sich mit Wieland und Cotta in Verbindung zu setzen:

---

[356] In den einzelnen Jahrgängen der *Neuen allgemeinen deutschen Bibliothek* wurden ausschließlich Bildnisse von gelehrten bzw. schriftstellerisch tätigen Männern abgedruckt. Zu ihnen gehörten der Jurist Franz Oberthür, Christoph Wilhelm Hufeland und Friedrich Schiller. Vgl. dazu die *Neue allgemeine deutsche Bibliothek*, Bd. 76 (1803); Bd. 58 (1801); Bd. 101 (1805). Sophie Mereau wählte für den von ihr herausgegebenen *Göttinger Musenalmanach* das Bildnis Christoph Martin Wielands. Vgl. Heinrich Dieterich an Sophie Mereau, Göttingen, 16.08.1802: „In wenigen Tagen sollen Sie schon einen Aushangsbogen erhalten – auch laße ich das Portrait von Wieland, weil Sie es wünschen, noch dazu stechen [...]", BJ Kraków, Dieterich, V 52, h 17.

[357] Die Sichtung der Jahrgänge der *Neuen allgemeinen deutschen Bibliothek* blieb erfolglos. Ein Bildnis Sophie Mereaus wurde offensichtlich nie gedruckt.

> „Zu allen diesen Arbeiten stehen Ihnen mehrere Journale offen. Wieland wird Beyträge von Ihnen mit Vergnügen in den Mercur aufnehmen. Die Flora, eine Zeitschrift für das Frauenzimmer, welche Cotta herausgiebt, wird Sie gerne zur Mitarbeiterin haben […]"[358]

Trotz der Ausdehnung ihrer Kontakte zu anderen Verlegern, blieb das enge berufliche Verhältnis zwischen Sophie Mereau und Friedrich Schiller zunächst bestehen. Beide kommunizierten nahezu ausschließlich auf der beruflichen Ebene miteinander. Für die sich überlappenden Netzwerke Weimar-Jenas kann dies durchaus als ein herausragendes Phänomen begriffen werden, zogen doch berufliche Verbindungen meist auch engere private Beziehungen nach sich und umgekehrt. Wie sehr Sophie Mereau trotz der Erweiterung ihres eigenen Beziehungsnetzwerkes auf das funktionierende Arbeitsverhältnis mit Schiller angewiesen war und eine Störung durch äußere Umstände befürchtete, zeigt ihre an an den Schriftsteller gerichtete Stellungnahme, in der sie um Verständnis für ihre schwierige private Situation warb. Diese Stellungnahme kann aus einem Brief Schillers an Goethe rekonstruiert werden:

> „Unsere Dichterinn hat vor ein paar Tagen an mich geschrieben und mir ihre Geschichte mit ihrem Mann und Liebhaber gebeichtet. Sie gesteht, das Leben mit jenem sey ihr fast unerträglich geworden und sie habe ihn vor einiger Zeit verlassen wollen. Doch habe sie sich zusammengenommen und sich zur Pflicht gemacht, ferner und verträglich mit ihm zu leben. Doch hätte sie nothwendig noch vorher von ihrem Liebhaber Abschied nehmen müssen, dieß sey die Veranlassung ihrer letzten Reise gewesen, und diesen Vorsatz habe sie wirklich, obgleich nicht ohne grossen Kampf, vollführt. Von jetzt an hoffe sie alles zu ertragen und endlich noch mit ihrer Lage zufrieden zu werden."[359]

Dass sie sich während einer Ehekrise vertrauensvoll an den Dichter wandte und ihm Details ihres Familienlebens mitteilte, mag eigentümlich anmuten. Es scheint, als habe Mereau die Befürchtung gehegt, die Gunst Schillers durch ihren moralischen Fehltritt zu verlieren. Der von Schiller referierte Duktus des Briefes erweckt den Eindruck, als habe sie gehofft, das Wohlwollen Schillers zu erhalten, indem sie ihn offenherzig über die Geschehnisse aufklärte. Letztlich waren die Bedenken Mereaus jedoch unbegründet. Wie die folgenden Briefe und die nicht abreißenden Veröffentlichungen zeigen, konzentrierte sich Schiller ausschließlich auf die beruflichen Aspekte der Beziehung. Die spürbare Ungeduld, mit der er Goethe von dem Vorfall berichtete, macht deutlich, dass Schiller kein Interesse an privaten Angelegenheiten seines Schützlings hatte. Demzufolge ist davon auszugehen, dass sich Schiller mit Blick auf eine konkrete Förderung schreibender Frauen nicht von den gegen Ende des 18. Jahrhunderts debattierten gesellschaftlichen Anforderungen an das weibliche Geschlecht

---

[358] Friedrich Schiller an Sophie Mereau, Jena, 23.12.1795, zit. n.: NA, Bd. 28, S. 139-141, hier S. 140.
[359] Friedrich Schiller an Goethe, Jena, 18. oder 19.10.1796, zit. n. ebd., S. 315f., hier S. 315.

leiten ließ. Vielmehr entschieden Fähigkeiten, Motivation und Publikumswirksamkeit über die Unterstützung.[360]

Während die Briefe und Billets Sophie Mereaus aus den ersten Jenaer Jahren die Verehrung für Schiller, Dankbarkeit für die Vermittlung von Kontakten und die unbedingte Befolgung seiner Ratschläge erkennen lassen, zeugen spätere Äußerungen von einem zunehmenden Selbstbewusstsein: 1797 reagierte Sophie Mereau auf das Nichterscheinen eines ihrer Gedichte im *Musen-Almanach* prompt und fragte:

> „Unter meinen Liedern vermiße ich: Schwärmerei der Liebe, das ich zu finden glaubte, und ich bitte Sie mir über die Bestimmung oder Nichtbestimmung desselben ein paar Worte zu sagen."[361]

Die allgemeine Anerkennung ihrer schriftstellerischen Leistungen ermöglichte es Sophie Mereau, Entscheidungen des Förderers nun nicht mehr kritiklos hinzunehmen. Dass ihre Beschwerde Gehör fand, zeigt der *Musen-Almanach* für das Jahr 1799. Dort wurde das von ihr eingeklagte Gedicht schließlich veröffentlicht.[362] Der zunehmende Erfolg Sophie Mereaus brachte demnach auch Veränderungen in dem Verhältnis zu Friedrich Schiller mit sich. Dies macht nicht zuletzt der verwandelte Sprachduktus in den Briefen an den Dichter deutlich. Sophie Mereau wartete nun nicht mehr nur ungeduldig auf eine Bewertung ihrer Schriften durch Schiller, sondern forderte sie direkt ein:

> „Ich bitte Sie, mein theurer Freund, mir die beiden Gedichte zurückzuschicken die ich Ihnen vor mehrern Wochen zusandte. Wollten Sie mir mit ein par Worten Ihr Urtheil darüber sagen, so würde es mir sehr lieb sein."[363]

---

[360] Sophie Mereau war im Übrigen nicht die einzige Frau in Weimar-Jena, die von Schiller aktiv gefördert wurde. Dass er darüber hinaus beispielsweise auch Amalie von Imhoff mit Rat und Tat zur Seite stand, demonstriert die Korrespondenz zwischen diesen beiden eindrücklich. (Amalie von Imhoff wurde 1776 als Tochter von Luise von Schardt, einer Schwester Charlotte von Steins geboren. Ab 1800 war sie als Hofdame der Herzogin Luise tätig, bevor sie den schwedischen General Carl von Helvig heiratete.) Vgl. zu Amalie von Imhoff Max Wendheim (Hg.): Lyriker und Epiker der klassischen Periode, 3. Teil: Amalie von Helvig-Imhoff, Stuttgart 1887 (= Deutsche National-Litteratur), S.108-164, hier S. 108-112.) Amalie von Imhoff veröffentlichte nahezu zeitgleich mit Sophie Mereau in Schillers *Horen* sowie in dessen *Musen-Almanach* (Im *Musen-Almanach für das Jahr 1800* veröffentlichte sie unter Verzicht auf die Bekanntgabe ihres Namens die „Schwestern von Lesbos".) Vgl. [Amalie von Imhoff]: Die Schwestern von Lesbos, in: Musen-Almanach für das Jahr 1800, S. 1-197.).

[361] Sophie Mereau an Friedrich Schiller, Jena, vielleicht Mitte Oktober 1797, in: NA, Bd. 36, S. 164.

[362] Vgl. Sophie Mereau, Schwärmerey der Liebe, in: Musen-Almanach für das Jahr 1799, Tübingen 1799, S. 225-230.

[363] Sophie Mereau an Friedrich Schiller, Jena, Ende April oder Anfang Mai 1799, zit. n.: NA, Bd. 38, I, S. 84.

Zwar ist unverkennbar, dass sie noch immer Wert auf das Urteil Schillers legte, nur hatte dieses nicht mehr das überaus große Gewicht wie zu Anfang ihrer schriftstellerischen Karriere. Mit dem Erfolg Mereaus als Schriftstellerin relativierte sich der Einfluss Schillers deutlich.

Seine teilweise massiven Eingriffe in fertige Arbeiten ließ Sophie Mereau nicht mehr ohne weiteres zu. Im Laufe der Zeit wird sie die Ratschläge Friedrich Schillers mehr und mehr als Einmischung in ihre Gestaltungsmöglichkeiten als Schriftstellerin empfunden haben. Schließlich vermitteln einige Äußerungen Schillers zu Beginn der schriftstellerischen Karriere Sophie Mereaus oft den Anschein einer erheblichen Intervention in die Arbeiten Sophie Mereaus. Wenn er beispielsweise schrieb „Aendern Sie, wenn irgend möglich ist, noch die Aussprache des Namen Rodrigo.", oder „Ich hatte geglaubt, es würden alle Verse 10 oder 11sylbig sein. Nun haben Sie aber auch viele von 12 und 13 Sylben, an einigen Stellen auch von 8 und 9. Das scheint mir bei weitem nicht so schön [...]"[364], so kommt der Eindruck eines quasi unbeschränkten Einspruchsrechts Schillers auf. Der Dichter griff nicht nur in Melodie und Strophenform ihrer Gedichte ein, sondern intervenierte auch hinsichtlich der Themen, die Mereau bearbeitete oder bearbeiten wollte.[365] Sein Abraten von bestimmten Stoffen kann auf unterschiedliche Art und Weise interpretiert werden. Zum einen wirkt der Einspruch wie eine hilfreiche Unterstützung der Unerfahrenen durch den Erfahrenen, da Schiller gute Gründe anführte, warum Mereau das Material nicht bearbeiten sollte. Zum anderen bewirkten seine Einsprüche, dass Mereau keine völlig freie Hand in ihrer schriftstellerischen Arbeit hatte.

Als ein Indiz für die schrittweise Lösung Sophie Mereaus von Friedrich Schiller ist die fehlende Mitarbeit am *Musen-Almanach* für das Jahr 1800 zu werten. Während sie an den vorangegangenen Ausgaben des *Musen-Almanachs* von 1796 bis 1799 beteiligt war, widmete sie sich 1799 und 1800 der Herausgabe des *Berlinischen Damenkalenders*, der von Johann Friedrich Unger in Berlin verlegt wurde und zu dem sie selbst eine Reihe von eigenen Arbeiten beisteuerte.[366]

Mit zunehmendem Erfolg war Sophie Mereau also immer weniger auf die Unterstützung durch Schiller angewiesen. Gleichwohl erwies sich die Bekanntschaft mit Friedrich Schiller in erster Linie als Glücksfall für Sophie Mereau. Während ihres gesamten Jenaer Aufenthaltes blieb er ein wichtiger Ansprechpartner in Bezug auf ihre schriftstellerische Arbeit. Auch wenn sich Sophie

---

[364] Friedrich Schiller an Sophie Mereau, Jena, den 27.(?)06.1797, zit. n. NA, Bd. 29, S. 90.
[365] Vgl. Friedrich Schiller an Sophie Mereau, Jena, vielleicht Mitte Juli 1796: „Zu der Geschichte des Rings im Boccaz würde ich Ihnen deßwegen nicht rathen, weil sie eine der bekanntesten ist, und die Neuheit hier doch in einige Betrachtung kommt. Wählen Sie lieber eine andere, oder versuchen Sie es lieber gleich mit dem Anfang des ganzen Werkes., in: ebd., Bd. 28, S. 266.
[366] Vgl. Sophie Mereau (Hg.): Berlinischer Damenkalender, Berlin 1800; Sophie Mereau (Hg.): Berlinischer Damenkalender, Berlin 1801.

Mereau nach und nach von ihrem Mentor löste, tauschten sich beide doch auch noch Jahre später über geplante Projekte aus. Dieser gegenseitige Austausch von Informationen diente beispielsweise dazu, die gleichzeitige Bearbeitung eines Stückes zu vermeiden. 1802 fragte Sophie Mereau an, ob Schiller den „Cid" tatsächlich bearbeiten wolle, so wie sie es einer Ankündigung in einer Zeitschrift entnommen hatte:

> Ich erhielt vor kurzem die Nachricht, daß in irgend einem gelehrten Blat eine Bearbeitung des Cid von Ihnen angekündigt sei. Da ich es aber nicht selbst gesehen und nichts bestimmtes davon erfahren konnte, so beschlos ich, Sie, lieber Herr Hofrath, selbst zu fragen, ob die Nachricht gegründet sei. Denn auch ich hatte schon längst diese Arbeit im Sinn [...].[367]

Schiller ließ Mereau im Gegenzug wissen, dass sie mit der Bearbeitung des Stoffes fortfahren könne, weil er davon Abstand nehme:

> Laßen Sie Sich ja, wertheste Freundin in der Bearbeitung des Cid nicht stören. Zwar hatte ich unter den vielerlei Einfällen, die man hat, auch einmal diesen mit diesem abgelebten Stücke vom vieille cour einen Versuch zu machen, ob es zu beleben wäre, weil es auf einer interessanten Situation ruht, aber an die Ausführung ist noch nicht gedacht worden und es kostet mir nichts darauf zu resignieren [...].[368]

Die Briefausschnitte machen deutlich, dass Schiller den *Cid*, den er ursprünglich selbst bearbeiten wollte, völlig selbstverständlich und ohne Diskussionen an seine Kollegin Mereau abtrat. Dass Mereau sich selbstbewusst einer Bearbeitung des dramatischen Stoffes zuwendete, ihr die Bearbeitung des *Cid* ohne weiteres zugestanden wurde und anschließend für das Weimarer Theater eingerichtet werden sollte[369], lässt auf eine Form einer gleichberechtigten Zusammenarbeit zwischen dem Dichter und seiner jungen Kollegin schließen. Diese ist allein daran erkennbar, dass sich beide für den gleichen Stoff interessierten, mit derselben Gattung beschäftigten und sich dann aber die Arbeit daran offensichtlich völlig selbstverständlich zugestanden.

Neben Mereaus Erfolg wird nicht zuletzt das von ihr gezeigte Selbstbewusstsein dazu begetragen haben, dass Schiller sie zunehmend als nahezu gleichberechtigte Mitarbeiterin seiner Zeitschriften und auch Kollegin nicht nur akzeptierte, sondern auch schätzte. Nach anfänglichem Lehrer–Schülerin–Verhältnis kommunizierten Sophie Mereau und Friedrich Schiller als erfolgreiche Autoren nunmehr auf einer Ebene.

---

[367] Vgl. Sophie Mereau an Friedrich Schiller, Weimar, vermutlich zwischen dem 17. und 19.03.1802, in: NA, Bd. 39, I, S. 214f.

[368] Vgl. Friedrich Schiller an Sophie Mereau, Weimar, um den 20.03.1802, in: ebd., Bd. 31, S. 122.

[369] Vgl. Friedrich Schiller an Johann Wolfgang Goethe, 20.03.1802: „Madame Mereau sagte mir, daß sie den Cid des Corneille bearbeite; wir wollen suchen, auf diese Arbeit einigen Einfluß zu gewinnen, um wo möglich eine Acquisition für das Theater dadurch zu machen.", in: NA, Bd. 31, 121.

Neben ihren Beziehungen zu Friedrich Ernst Carl Mereau und Friedrich Schiller wirkte sich auch der Kontakt zu dem Jenaer Studenten Johann Heinrich Kipp[370] entscheidend auf die schriftstellerische Arbeit Sophie Mereaus aus. Allerdings hatte diese Bekanntschaft völlig andere Konsequenzen: Sie beflügelte Produktivität und Kreativität Sophie Mereaus.

Beide lernten sich im Frühling des Jahres 1794 kennen.[371] Ihre Begegnung lässt sich einmal mehr auf das Beziehungsnetzwerk Friedrich Ernst Carl Mereaus zurückführen, da der Student der Rechte auf einer von Angehörigen der Juristischen Fakultät veranstalteten Geselligkeit mit Sophie Mereau bekannt wurde.[372] Zwischen Kipp und Mereau entwickelte sich ein intensives Liebesverhältnis, das nach dem Weggang des Studenten aus Jena in einem Briefwechsel aufrecht gehalten wurde.[373]

Im Gegensatz zu Friedrich Ernst Carl Mereau verfügte Johann Heinrich Kipp über ein völlig anderes soziales Netzwerk. Seine sozialen Beziehungen werden wenig attraktiv für Sophie Mereau gewesen sein. Und doch waren seine Person, seine Bildung, sein Interesse für Literatur und seine Anteilnahme an der schriftstellerischen Arbeit Mereaus für ihre Produktivität und Kreativität von großer Wichtigkeit. Die zwischen Lübeck und Jena gewechselten Briefe verdeutlichen, dass Kipp kontinuierlich Anteil an der Arbeit Mereaus nahm. Mereau selbst schrieb mit einer bemerkenswerten Offenheit von ihren Erfolgen und Misserfolgen und gab ihm damit erst die Möglichkeit zur Anteilnahme. Zwischen 1794 und 1796 wurde er eine ihrer wichtigsten Bezugspersonen, mit der sie sich über die verschiedensten, ihre Arbeit als Schriftstellerin betreffenden, Angelegenheiten austauschen konnte. Als sie von Schiller eine positive Rückmeldung auf die von ihr eingereichten Gedichte erhielt, informiert sie Kipp und schreibt:

> „Schiller hat mir über meine Gedichte das schmeichelhafteste Billet geschrieben, das ich je erhalten habe. Er hat mich gebeten, Schwarzburg in die Horen einrücken zu dürfen. – Mich freut es um der süßen Erinnerung willen, denn du bist der Gott, der mich dazu begeistert hat u., es würde vollkommen sein, wenn ich alles hätte sagen

---

[370] 1795 reichte Johann Heinrich Kipp an der Universität Jena seine Inauguraldissertation ein. Vgl. Ioannes Henricus Kipp: De donatione inter virum et uxorem secundum statuta lubecensium sine liberorum consensu invalida, Iena 1795.

[371] Vgl. [Mereau-Brentano]: Welt, S. 9-11. Einen direkten Hinweis gibt folgendes Zitat: „F. [Friedrich Ernst Karl Mereau] bemerkte bald unser Glück und entbrannte vor Wuth. Doch ich bemerkte es nicht. Doch als er einst meinetwegen ein kleines Fest in einem kleinen Garten – demselben, wo ich ihn zuerst gesehen – veranstaltet hatte und K. [Kipp] – von unbezwinglicher Neigung getrieben, und von meinen Augen aufgemuntert sich ungeladen zu uns gesellte, da vergaß sich der stolze wilde F. [Friedrich Ernst Karl Mereau] so weit, daß er uns hinweg zu gehen nöthigte.", hier S. 10.

[372] Vgl. ebd., hier S. 9 u. 10.

[373] Die Intensität dieses Liebesverhältnisses und die Auswirkungen der Beziehung auf die schriftstellerische Produktion Sophie Mereaus lassen sich sehr gut anhand des von Anja Dechant im Rahmen ihrer Dissertation herausgegeben Briefwechsel zwischen Kipp und Mereau nachvollziehen. Vgl. Dechant: *Harmonie*, S. 191-467.

dürfen. Auch was ich jezt schreibe, kömmt auf deine Rechnung, u. wenn mir das Publikum einige frohe Momente dankt, so bist du es, der den Dank verdient."[374]

Ihre Erlebnisse mit Kipp und die mit der Trennung von ihm einhergegangenen Empfindungen beeinflussten Themen- und Motivwahl ihrer Arbeiten in entscheidendem Maße.[375] Kipp selbst forderte Mereau regelmäßig auf, ihm ihre Gedichte zu schicken. Diese Aufrufe hatten einerseits das Ziel, „die Entfernung zu versüßen"[376], andererseits zeigen sie auch, dass er ihre Arbeit ernst nahm und am Schaffungsprozess teilhaben wollte. Nach dem Abschied von Kipp steigerte Mereau das Pensum ihrer schriftstellerischen Arbeit enorm: Am ersten Juli 1795 berichtete sie, dass sie nun täglich fünf bis sechs Stunden schreibe.[377]

Sowohl in Schillers *Musen-Almanach* als auch in der von Johann Friedrich Reichardt herausgegebenen Zeitschrift *Deutschland* und in den *Horen* veröffentlichte sie eine Reihe von Gedichten.[378] 1797 erschienen ihre „Briefe von Amanda und Eduard" in Schillers *Horen*.[379] Auch wenn, wie Sophie Mereau selbst betonte, die Arbeit zu einem großen Teil der Verarbeitung der Trennung

---

[374] Sophie Mereau an Johann Heinrich Kipp, Jena, 08.07.1795, zit. n. ebd., S. 222-224, hier S. 223.

[375] Diese These ist nicht neu und konnte besonders eindrucksvoll von Anja Dechant nachgewiesen werden. Sie zeigte dezidiert, welche Passagen aus dem Briefwechsel zwischen Sophie Mereau und Johann Heinrich Kipp in ihren Roman „Amanda und Eduard" eingearbeitet wurden. Vgl. Dechant: *Harmonie*. Vor Anja Dechant hatte bereits Adelheid Hang auf die Übernahme von Briefpassagen in den Roman verwiesen. Vgl. Hang: Sophie Mereau, S. 70-73. Auch Gisela Schwarz betonte, dass Sophie Mereau in ihrem Roman einige Stellen aus dem Briefwechsel mit Kipp wortwörtlich verwendete. Vgl. Schwarz: Leben, S. 91. Katharina von Hammerstein verwies in ihrer Studie ebenfalls auf die nachweislich autobiographischen Züge des Romans „Amanda und Eduard. Vgl. Hammerstein: Sophie Mereau-Brentano, S. 60. Vgl. zum Einfluss der Beziehung auf die eigene Arbeit auch Sophie Mereau an Johann Heinrich Kipp, Jena, 03.08.1795: „Hier mein lieber, auch ein Liedchen, das ich vor einigen Tagen für dich schrieb. Regellos, fehlerhaft u. unausgearbeitet trägt es doch bei allem die Farbe meiner Liebe u. dies ist genug.", zit. n. Dechant: *Harmonie*, S. 261-263, hier S. 263.

[376] Johann Heinrich Kipp an Sophie Mereau, Lübeck, 10.07.1795, in: ebd. S. 215-218, hier S. 215.

[377] Sophie Mereau an Johann Heinrich Kipp, Jena, 01.07.1795: „Nur fürchte ich beinah ich arbeite jezt zuviel, denn ich sitze jezt fast täglich 5 bis 6 Stunden.", in: ebd., S. 221f., hier S. 222.

[378] Vgl. Sophie Mereau: Schwarzburg, in: Die Horen, Bd. 3, 9. St (1995), S. 39-44; dies.: Frühling [Düfte wallen…], in: Musen-Almanach für das Jahr 1796, S. 55-58; dies.: Das Lieblingsörtchen, in: Musen-Almanach für das Jahr 1796, S. 145-147, außerdem in: Deutschland I (1796), S. 278-279; dies.: Vergangenheit, in: Musen-Almanach für das Jahr 1796, S. 107-109; dies.: Erinnerung und Phantasie, in: ebd., S. 149-151; dies.: Des Lieblingsörtchens Wiedersehen, in: Die Horen Bd. 12, 10. St. (1797), S. 98-100; dies.: Andenken, in: Musen-Almanach für das Jahr 1797, S. 57f.; dies: Landschaft, in: ebd., S. 147-151.

[379] Vgl. Sophie Mereau: Briefe von Amanda und Eduard, in: Die Horen. Eine Monatsschrift, Bd. 10, 6. St. (1997), S. 49-68; Bd. 11, 7. St. (1997), S.38-59; Bd. 12, 10. St. (1997), S. 41-55.

diente, so schlug sich die Aufarbeitung der Beziehung zwischen Kipp und Mereau doch sichtbar in schriftstellerischen Erfolgen nieder.

Kennzeichen dieser brieflichen Beziehung waren neben dem regelmäßigen Austausch über das schriftstellerische Schaffen Sophie Mereaus und die Anregungen, die Johann Heinrich Kipp ihr gab, ständige Diskussionen über die neuesten literarischen Werke und verschiedene Dichter. Sophie Mereau ließ Johann Heinrich Kipp an ihrer Begeisterung für die Dicht- und Erzählkunst Johann Wolfgang Goethes teilhaben. Seine „Römischen Elegien" erwiesen sich als ein nahezu unerschöpfliches Thema.[380] Mereaus Briefe vermitteln dabei den Eindruck, als habe sie großen Wert auf die Meinung Kipps über die von ihr gelesenen und favorisierten Werke gelegt. Sobald sie neue Gedichte vor allem zeitgenössischer Autoren entdeckt und gelesen hatte, schrieb sie ihm ihren Eindruck und erwartete eine Reaktion auf ihre Einschätzungen.[381] Kipp wiederum wollte kontinuierlich über neue Werke informiert werden, die Mereau gefallen hatten.[382] Er selbst berichtete von gerade erst gelesenen Arbeiten und dem Eindruck, den sie auf ihn gemacht hatten.[383] Auf diese Weise entwickelte sich ein intensiver Dialog über Literatur und die „Theorie der Dichtkunst".[384] Dieser Austausch verdeutlicht zum einen, wie gleichermaßen begeistert und kritisch sich Sophie Mereau mit der Literatur ihrer Zeit beschäftigte. Zum anderen wird klar, dass sie auf einen ebenso interessierten und gebildeten Menschen angewiesen war, um ihre Gedanken in eigene schriftstellerische Produktivität umsetzen zu können.

---

[380] Vgl. Sophie Mereau an Johann Heinrich Kipp, Jena, 03.07.1795: „Eile mein guter Kipp, dir, so schnell als es in deinem prosaischen Lübeck möglich ist, das 6te Stück der Horen zu verschafen. Was habe ich empfunden, u. welche himmlischen Bilder haben Göthes Elegien in meine Seele zurückgerufen! – Wir sind die Liebenden! Du empfandest was Göthe schilderte, wie er geliebt wurde, liebte ich dich! – wie hat der Dichter mich in einen so lieblichen Taumel hingezaubert!", zit. n. Dechant: *Harmonie*, S. 220f., hier S. 221.

[381] Vgl. dazu u.a. Sophie Mereau an Johann Heinrich Kipp, Jena, 12.08.1795: „Etwas habe ich doch geleßen was mir eine angenehme Stunde gegeben hat. Es ist Luise, ein neues Gedicht von Voß, in den Idyllen. Diese Dichtung schmiegt sich so sanft an die Wirklichkeit an, u. weis das Herz so innig an die Reize eines einfachen Lebens zu fesseln [...]", zit. n. ebd., S. 283f., hier S. 284.

[382] Vgl. Johann Heinrich Kipp an Sophie Mereau, Lübeck, 22.07.1795: „Ich habe heute wieder einige von Göthes Elegien gelesen. In Zukunft, liebe Sofie, wenn du etwas liesest, was dir gefällt, schreib mir es ja.", in: ebd., S. 251-253, hier S. 251.

[383] Vgl. Johann Heinrich Kipp an Sophie Mereau, Lübeck, 14.08.1795: „Ich habe viel gelesen. Besonders habe ich Lessings 3 Trauerspiele nicht blos gelesen. Da habe ich viele Ausbeute gemacht, wovon in der Zukunft mehr. Meine Lectüre war nie eine gleichgültige, und ich war nie gleichgültig.", zit. n. ebd., S. 271-273, hier S. 272.

[384] Vgl. Sophie Mereau an Johann Heinrich Kipp, Jena, 31.08.1795: „Schreibe mir dein Urtheil über das Lied, noch näher, es wird mir sehr vollkommen sein. Auch bitte ich dich, mir das Wort zu wiederhoolen, wodurch du etwas, was ich lernen soll, bezeichnet hast, u. das ich nicht lesen kann. Es betrifft die Theorie der Dichtkunst.", zit. n. ebd., S. 301f., hier S. 301.

Abgesehen von den konkreten Auswirkungen der Bekanntschaft Kipps auf die schriftstellerische Arbeit Sophie Mereaus gibt der Briefwechsel einen Eindruck davon, wie vielfältig die Interessengebiete Mereaus waren. Der gegenseitige Austausch über das Theaterleben in Lübeck und in Weimar-Jena zeigt, dass das Theater einen überaus hohen Stellenwert im Leben Sophie Mereaus besessen hat.[385] Doch nicht nur das Theater allein, sondern die Gestaltung des geselligen Lebens in Jena überhaupt, war für Sophie Mereau von großer Bedeutung. Sie profitierte in hohem Maße von den Zusammenkünften mit Freunden, Bekannten, aber auch vielen Fremden. Diese Treffen innerhalb des universitären Milieus gehörten ebenso wie die schriftstellerische Arbeit zu ihren Vorstellungen von einem ausgefüllten Leben. Besonders intensiven Umgang pflegte sie mit dem Professorenkreis der juristischen Fakultät. Vor allem deren Töchter und Frauen kamen oft in das Haus der Mereaus. Henriette Ebert, die Tochter des Professors der Rechte Johann Ludwig von Eckardt[386], war eine der wichtigsten Bezugspersonen. Sie und Christine Luise Asverus, Frau des Juristen Ludwig Christoph Ferdinand Asverus[387], fanden sich oft zu Gesprächsrunden im Haus der Mereaus ein oder waren das Ziel häufiger Besuche.[388] Abgesehen von Ebert und Asverus gehörten zu diesem Kreis der Professorenfrauen auch Elisabeth Friederike Caroline Paulus[389], Henriette Schütz[390] und Juliane Friederike Griesbach.[391] Die Begegnungen der Frauen – zu denen oft die Schwester Sophies Mereaus, Henriette Schubart, stieß – waren angefüllt mit geselligen Vergnügungen und anregenden Gesprächen. Häufig fuhren sie zusammen aus, gingen spazieren oder besuchten gemeinsam Konzerte.[392] An die Treffen mit Henriette Ebert stellte Sophie Mereau den

---

[385] Vgl. u.a. Johann Heinrich Kipp an Sophie Mereau, Lübeck, 28.10.1795, in: ebd., S. 341f.; Johann Heinrich Kipp an Sophie Mereau, Lübeck, 02.11.1795, in: ebd., S. 344f.; Johann Heinrich Kipp an Sophie Mereau, Lübeck, 26.11.1795, in: ebd., S. 360f.; Sophie Mereau an Johann Heinrich Kipp, Jena, 12.12.1795, in: ebd., S. 367f., hier S. 367.

[386] Johann Ludwig Eckardt (1737-1800) war seit 1783 Professor der Rechte an der Universität Jena. Außerdem war er Advokat am Hofgericht und Beisitzer des Schöppenstuhls. Vgl. HAC, Datensatz Nr. 2439.

[387] Ludwig Christoph Ferdinand Asverus (1759-1830) war seit 1792 Richter am Hofgericht und Universitätssyndikus. Vgl. ebd., Datensatz 3036.

[388] Die erste Erwähnung Henriette Eberts findet sich am 31.05.1796. Christine Luise Asverus wird am 27.05. das erste Male erwähnt. Vgl. [Mereau-Brentano]: Welt, S. 12 u. S. 11.

[389] Ihr Mann Heinrich Eberhard Gottlob Paulus (1761-1851) war zwischen 1789 und 1803 Professor (Philosophie, Theologie, Orientalistik) an der Universität Jena. Vgl. HAC, Datensatz Nr. 3556.

[390] Verheiratet war Henriette Schütz mit Christian Gottfried Schütz (1747-1832), der von 1779-1804 Professor an der Universität Jena war und die *Allgemeine Literatur-Zeitung* mitbegründete. Vgl. ebd., Datensatz Nr. 2917.

[391] Johann Jakob Griesbach, Mann Friedericke Julianes und Professor für Theologie in Jena, war seit 1775 Angehöriger der Jenaer Universität und zählte zu den innerhalb Jenas bekanntesten Professoren. Vgl. ebd., Datensatz Nr. 2698.

[392] Vgl. Tagebucheintrag vom 08.12.1796: „Nach Tisch Probe. Immer neues Intreße. Dann ins Concert.", in: [Mereau-Brentano]: Welt, S. 23.

Anspruch, sich gut und gesellig unterhalten zu können.[393] Nur so war es ihr möglich, Abstand von ihrer Arbeit, gleichzeitig aber auch weitere Anregungen zu gewinnen.

Henriette Schütz spielte für das gesellige Leben Sophie Mereaus eine besonders wichtige Rolle. Erste Hinweise für eine Beteiligung an ihrem geselligen Zirkel lassen sich für Ende 1796 finden.[394] Im Laufe der Zeit entwickelte sich aus den wechselseitigen Besuchen zwischen Schütz und Mereau eine engere Verbindung. Noch im Dezember 1796 gelang es der Schütz, ein Liebhabertheater ins Leben zu rufen. An diesem beteiligte sich Sophie Mereau gemeinsam mit Henriette Ebert. Mit den Proben wurde unmittelbar nach der Gründung begonnen. Unermüdlich und gleichermaßen begeistert beteiligte sich Mereau an den Theaterproben.[395] Eberts Haus war häufiger Treffpunkt für die Leseproben zu den aufzuführenden Theaterstücken.[396]

Im Laufe der Zeit entwickelte sich das Liebhabertheater zu einem Sammelpunkt für viele verschiedene an Literatur und am Theater interessierte Personen. Zu ihnen gehörte auch Caroline Schlegel. Sie gab Nachricht vom Fortgang der Theaterarbeiten:

> „Diesen Morgen haben wir wieder Probe gehabt, aber es ist noch nicht viel damit, und eben so gut, daß Cecile nicht mitspielt. Die Jungens machen es kläglich genug. Die Lodern ist unermüdet, und übermorgen wird auf dem Saal im Schlosse probirt [...]".[397]

Die teilweise fast täglich stattfindenden Proben mündeten schließlich in einer Aufführung, die Sophie Mereaus am 19.02.1798 in ihrem Tagebuch mit folgenden Worten festhielt: „Comedie. Erst verstimmt. Dann erheitert. Vielen Beifall. Zufrieden."[398] Auch wenn die Teilnahme an solchen und ähnlichen geselligen Veranstaltungen vor allem dem Vergnügen dienten und kaum ausdauernde Diskussionen über die Arbeiten Sophie Mereaus nach sich gezogen haben, wurde doch eine Atmosphäre geboten, die aufgrund des Bildungs- und Interessenstandes der Beteiligten durchaus bereichernd wirkte. Die Teilnahme Sophie Mereaus am Liebhabertheater der Schütz zeigt ebenso wie ihre regelmäßigen Besuch anderer geselliger Zirkel Jenas, wie stark sie in die Jenaer Gesellschaft integriert war und welche für die eigenen Interessen und Vorhaben wichtigen sozialen Beziehungen sie pflegte. Die Treffen mit diesen Frauen und

---

[393] Vgl. Tagebucheintrag vom 04.05. 1797: „Nachmittag und Abend bei der E. [Ebert]. Heitere Stimung, Gute gesellige Unterhaltung.", in: ebd., S. 27.

[394] Vgl. Tagebucheintrag vom 19.11.1796: „Gesellschaft bei der Schütz. Neuheit. Geschmack. Eitelkeit. Sehr froh.", in: ebd., S. 22.

[395] Vgl. Tagebucheintrag vom 08.-09.12.1796: „Nach Tische Probe. Immer neues Intreße. Dann ins Concert. Erst sehr heiter. Dann verstimmt. Spät wieder Probe. Immer zufrieden. 9. Früh Probe. Nachmittag gearbeitet. Dann Comedie. Höchstes Intreße.", in: ebd., S. 23.

[396] Vgl. Tagebucheintrag vom 01.12.1796: „Abends bei der E. [Ebert]. Leseprobe.", in: ebd., S. 22.

[397] Caroline Schlegel an Luise Gotter, Jena, 11.02.1798, zit. n. Erich Schmidt (Hg.): Caroline. Briefe aus der Frühromantik, Bd. 1 [künftig zitiert: Caroline], Leipzig 1913, S. 447.

[398] Tagebucheintrag vom 19.02.1798, in: [Mereau-Brentano]: Welt, S. 35.

Männern waren entscheidend für das Knüpfen neuer Beziehungen, die sich letztlich auch für die schriftstellerische Arbeit als bedeutend erwiesen: Auf einer der zahlreichen geselligen Zusammenkünfte lernte sie beispielsweise Carl August Böttiger kennen[399], mit dem sie vor allem während ihrer Weimarer Zeit engen Kontakt pflegte.

Wichtig und interessant für Sophie Mereau war die Begegnung mit Caroline Schlegel, die ebenfalls im Haus der Schütz als Laienschauspielerin gewirkt hat. Die Beziehung zu Caroline Schlegel und dem Kreis der Jenaer Frühromantiker insgesamt war für Sophie Mereaus literarisches Interesse und dem daraus resultierenden Bedürfnis nach Austausch mit ähnlich gebildeten und interessierten Personen von großer Relevanz. Als besonders anregend erwies sich der Kontakt für ihre schriftstellerische Arbeit. Darüber hinaus konnte sie hier weitere Beziehungen zu Personen eingehen, die bereits auf dem literarischen Markt etabliert waren und im Zuge dessen über Verbindungen zu Herausgebern und Verlegern verfügten.

Zwischen 1796 und 1799 bestand ein enges Verhältnis, das sich in gegenseitigen Besuchen und häufigen Gesprächsrunden ausdrückte. Gerade diese geselligen Zusammenkünfte sorgten dafür, dass sich das personale Netzwerk Sophie Mereaus während ihres Jenaer Aufenthaltes merklich erweiterte. Hier traf sie u.a. auf Jean Paul Richter, mit dem sie später auch im eigenen Haus zusammenkam.[400]

Für Sophie Mereau boten jedoch vor allem die Treffen mit August Wilhelm, Caroline und später auch Friedrich Schlegel sowie Friedrich Wilhelm Joseph Schelling stets interessante Gespräche und gute Unterhaltung.[401] Einen engen Zusammenhang zwischen den Treffen und einer poetischen Stimmung, die schließlich in einer erhöhten Arbeitsmotivation gipfeln konnte, lassen die Bemerkungen zu Treffen mit Schelling erkennen. Nach Gesprächen mit dem Philosophen vermerkte Sophie Mereau: „Abends bei Schelling. Freie gerührte Stimmung [...]"[402] oder „Besuch von Schelling. Aeußerst angenehme Unterhaltung. Abends freie poetische Stimmung"[403] Noch größere Konsequenzen für die schriftstellerische Arbeit Sophie Mereaus hatte die Begegnung mit Friedrich Schlegel. Abgesehen von dessen schwärmerischen Gefühlen für

---

[399] Carl August Böttiger lernte sie wahrscheinlich am 17.03.1798 auf einem Ball kennen. Vgl. Tagebucheintrag vom 17.03.1798: „Ball. Gleichgültige Erwartung. Süße Ueberraschung. erfüllter Wunsch von B-r angeredet zu werden.", in: ebd., S. 36.

[400] Vgl. die Tagebuchaufzeichnungen Sophie Mereaus vom 24.11.1798; 25.11.1798; 08.06.1799; 19.09.1799; 4.12.1799, in: [Mereau-Brentano]: Welt, S. 48, S. 59, S. 64, S. 68.

[401] Vgl. die Tagebuchnotizen Sophie Mereaus, z.B. vom 09.05.1798: „Ausgegangen. bei Schlegel und Schütz. Sehr gut unterhalten.", in: ebd., S. 39.

[402] Tagebucheintrag vom 31.12.1798, in: ebd., S. 52.

[403] Tagebucheintrag vom 23.06.1799, in: ebd., S. 60.

Mereau[404], bekundete er stets reges Interesse für ihre schriftstellerischen Arbeiten. Vor allem aber verfügte Schlegel in Berlin über wichtige Verbindungen, die für Sophie Mereau von Interesse waren. Beispielsweise stand Schlegel in engem Kontakt mit dem Berliner Verleger Johann Friedrich Unger.[405]

Diese verschiedenen in der Universitätsstadt eingegangenen Beziehungen hatten auch noch nach dem Weggang Sophie Mereaus aus Jena entscheidenden Einfluss auf ihre schriftstellerische Tätigkeit. Exemplarisch hierfür ist die Bekanntschaft mit Carl Abraham Eichstädt. Ihren Anfang nahm die Bekanntschaft zwischen der Dichterin und dem Redakteur offensichtlich ebenfalls auf einer der Geselligkeiten von Henriette Schütz.[406] Eichstädt gehörte zu jenen Professoren, die sich als potentielle Förderer erwiesen. Als Redakteur der *ALZ* war sein Urteil wesentlich für die weitere schriftstellerische Karriere Mereaus. Er hatte nicht nur Einfluss auf den Fortgang ihrer schriftstellerischen Arbeiten, sondern konnte auch auf den Charakter der Rezensionen ihrer Werke einwirken.[407] Carl Abraham Eichstädt nahm nach dem Weggang Sophie Mereaus von Jena nach Camburg bzw. Weimar starken Anteil an ihren Arbeiten:

> „Sie haben mich sehr angenehm überrascht. Noch kannte ich bloß erst den Titel Ihrer Serafine, ja fast zweifelte ich, daß sie vollendet seyn möchte. Aber Dank den Musen, die Ihrer ländlichen Einsamkeit so hold sind, daß sie uns vom Verlust, welcher die persönliche Abgeschiedenheit der liebenswürdigen Dichterin hervorbrachte, doch einigermaßen ersezten!"[408]

---

[404] Vgl. Friedrich Schlegel an Sophie Mereau, BJ Kraków, Friedrich Schlegel, V 227; Friedrich Schlegel an Sophie Mereau, GSA, Bestand Autographensammlung, Karl Wilhelm Friedrich Schlegel an Sophie Mereau, GSA 96/2545.

[405] Einen Hinweis auf ein gutes Verhältnis zwischen Friedrich Schlegel und Johann Friedrich Unger gibt Caroline Schlegel in einem Brief an Friedrich Schlegel: Vgl. Caroline Schlegel an Friedrich Schlegel, Jena, 15.10.1798: „Sagen Sie Unger, die Druckfehler-Verzeichnisse fehlten bei den Shakespeare Exemplarien [...]", zit. n. Schmidt (Hg.): Caroline, S. 460-462, hier S. 462.

[406] Caroline Schlegels Brief an Luise Gotter vom 25.01.1799 lässt den Schluss auf ein besonders enges Verhältnis zwischen Eichstädt und Schütz zu. Vgl. Caroline Schlegel an Luise Gotter, Jena, 25.01.1799: „Seit die Schütz von Berlin zurück ist, dort 120 Visitenkarten abgegeben und 36 Gastmahlen beygewohnt und wer weiß was alles gethan hat, ist der alte Dämon völlig los. Sie hat den Plan zu einem Liebhabertheater entworfen, zu dessen erster Einrichtung 500 Thlr. Zusammengebracht werden müssen. Der einzelne Beytrag ist 1 Carolin. Sie spielt mit, versteht sich, und will so zu sagen die Direktrice machen. Was sie will und meint, verräth mir immer ihr Eichstädt, der der wahre Spion von Erfurt ist.", in: ebd., hier S. 493f.

[407] Vgl. Carl Abraham Eichstädt an Sophie Mereau, BJ Kraków, Eichstädt, V 55, 9 h; Heinrich Karl Abraham Eichstädt an Sophie Mereau, FDH 25707-08; Sophie Mereau an Carl Abraham Eichstädt, ThULB/HSA, Sg.: 22.98-22.113.

[408] Heinrich Carl Abrahm Eichstädt an Sophie Mereau, Jena, 01.06.1802, BJ Kraków, Eichstädt, V55, 9 h.

An Eichstädt sandte Mereau immer wieder eigene Manuskripte zur Beurteilung. Er war gewillt, für positive Rezensionen ihrer Schriften zu sorgen.[409] Seine Aktivitäten waren von Erfolg gekrönt: Der 1800 bei Unger in Berlin erschienene erste Band ihrer Gedichte wurde in der *ALZ* positiv aufgenommen.[410] Damit trug Eichstädt wesentlich zur Bekanntheit der Gedichte und ihrem schriftstellerischen Erfolg bei.

Neben Carl Abraham Eichstädt gehörte Carl Ludwig Woltmann zu jener Gruppe der Jenaer Universitätsangehörigen, die aufgrund ihrer Stellung innerhalb der Jenaer Gesellschaft, ihrer Kontakte und ihrer eigenen Interessen auf die Möglichkeiten Sophie Mereaus als Schriftstellerin und als Herausgeberin einwirkten. Das Verhältnis zwischen Woltmann und Mereau verweist auf ein Phänomen, das sich in Weimar-Jena immer wieder finden lässt. Während Woltmann die Bekanntheit Mereaus als Schriftstellerin und vor allem ihre Nähe zu Schiller für seine eigenen Zwecke nutzbar machen wollte, erwies er sich später für Projekte Sophie Mereaus wiederum als wichtiger Informant. Mit ihm blieb Mereau auch nach dessen Weggang aus Jena beruflich verbunden.[411] Jenes Wechselverhältnis zwischen gegenseitiger Vermittlung von Informationen und Kontakten erwies sich als eine der wesentlichen Voraussetzungen für die Karriere Mereaus. Woltmann selbst war von Anfang an stark um einen Kontakt zu Sophie Mereau bemüht. 1795 schickte er ihr immer wieder eigene Gedichte zur Kenntnisnahme. Indem er sich von Mereau eine Beurteilung der eigenen Kunst erbat, erzwang er indirekt eine Erweiterung ihrer Gestaltungsmöglichkeiten. Denn während sie im Umgang mit Schiller als Schülerin auftrat, fungierte sie bei Woltmann bereits als Kunstkennerin mit dem Potential einer Vermittlerin:

> „Woltmann quält mich von Neuem – er treibt mich öfters so in die Enge, daß ich all meine Klugheit – du weist das es freilich nicht viel ist! – aufbieten muß, um einen Ausweg zu finden. [...] er quält mich mit nichts anderem als mit seinen Gedichten, die er meinen Urtheilen unterwirft, u. die leider! schlecht sind. Meine Verlegenheit ist, ihm darauf zu antworten, ohne ihn u. den guten Geschmack zu beleidigen."[412]

Woltmann lieferte ebenfalls eine Reihe von Beiträgen für den Musenalmanach Schillers.[413] Im *Musen-Almanach für das Jahr 1797* war er beispielsweise mit

---

[409] Vgl. Heinrich Carl Abraham Eichstädt an Sophie Mereau, Jena, 24.09.1802: „Aus der zweyten Beylage sehen Sie, daß ich für Ihren Kalathiskos schon lange besorgt war. Ich selbst habe die Recension in unserer Zeitung nicht verfertigen wollen, [...] wie sie wissen; aber die versprochene erwarte ich täglich [...]", BJ Kraków, Bestand Sophie Mereau, Eichstädt, V 55, 9 h.

[410] Vgl. *Allgemeine Literatur-Zeitung*. Montags, den 5. Januar 1801, Sp. 34-36.

[411] Vgl. den überlieferten Brief Woltmanns aus Berlin. BJ Kraków, V 281, 2 h.

[412] Sophie Mereau an Johann Heinrich Kipp, Jena, 13.07.1795, zit. n. Dechant: *Harmonie*, S. 224f., hier S. 225.

[413] Vgl. Friedrich Schiller an Goethe, Jena, den 25.12.1795: „Eben sendet mir Woltmann ein selbstverfertigtes Trauerspiel nebst einer Operette. Ich hab es noch nicht angesehen, werde Ihnen aber, wenn Sie hier sind, hoffentlich allerley davon zu erzählen haben.", in: NA, Bd. 28, S. 142f., hier S. 143.

drei Gedichten vertreten.[414] Sophie Mereau nahm für ihn die Funktion einer wertenden Instanz ein, weil er von ihren Fähigkeiten und ihrem Urteilsvermögen überzeugt war. Auch deshalb konnte er sich eine intensive Zusammenarbeit mit der Schriftstellerin vorstellen.[415]

Diesen intellektuellen Kreisen in Jena standen die auswärtigen Verleger und Herausgeber als eine Personengruppe gegenüber, die auf der rein beruflichen Ebene direkten Einfluss auf das schriftstellerische Schaffen Sophie Mereaus ausübte. Einer der wichtigsten Verleger, mit denen Sophie Mereau relativ schnell in nachweislich näheren Kontakt trat, war der mit Schiller eng verbundene Johann Friedrich Cotta. Projekte, die in den späteren Jenaer Jahren entstanden, verdeutlichen, dass sie mit Cotta nicht nur über Schillers *Horen* und dem *Musen-Almanach* in Verbindung stand. Vielmehr veröffentlichte sie darüber hinaus auch in Cottas Zeitschrift *Flora. Teutschlands Töchtern geweiht*.[416] Später folgte die Zusammenarbeit mit Georg Joachim Göschen, Johann Friedrich Unger und Heinrich Fröhlich in Berlin, mit Friedrich Wilmans in Frankfurt und Heinrich Dieterich in Göttingen.

Im Vergleich zu Cotta bekam vor allem die Beziehung mit Wilmans, Dieterich und Unger ein besonderes Gewicht. Dass die Verbindung zu Göschen und auch zu Unger ihre Ursache in der engen Zusammenarbeit Mereaus mit Friedrich Schiller hatte, ist anzunehmen. Schließlich verlegte Göschen die *Neue Thalia* in Leipzig. Zwischen Unger und Schiller bestand nach anfänglichem Konkurrenzverhältnis seit 1795 eine nachweisbare Kooperation. Schiller berichtete im Mai 1795 an Goethe, dass der *Musen-Almanach* nun bei Unger erscheinen würde.[417] Schon 1796 wurde Sophie Mereaus Gedicht „Lieblingsörtchen" auch in der von Johann Friedrich Reichardt herausgegebenen und von Johann Friedrich Unger verlegten Zeitschrift *Deutschland* mit Musikbeilage veröffentlicht.[418] Ihre Sammlung eigener Gedichte erschien 1800 ebenfalls bei Unger.[419] Gerade diese Zusammenarbeit mit dem Berliner Verleger trug zu einem der größten schriftstellerischen Erfolge Sophie Mereaus bei. Nach der Veröffentlichung ihrer Gedichte erhielt sie eine Reihe von positiven Reaktionen. Die 1798 in Jena geführte Unterredung mit dem Verleger mag das

---

[414] Vgl. Carl Ludwig Woltmann: in: Musen-Almanach für das Jahr 1797, S. 93; ders.: Die todte Natur, in: ebd., S. 101; ders.: Höltys Geist, in: ebd., S. 166.
[415] Beide planten später ein gemeinsames Zeitschriftenprojekt. Vgl. dazu die Ausführungen unter 3.3.1.3.
[416] 1798 veröffentlichte Sophie Mereau hier ihre Erzählung „Marie". Vgl. Sophie Mereau : Marie, in: Flora. Teutschlands Töchtern geweiht. Eine Monatszeitschrift von Freunden und Freundinnen des schönen Geschlechts, Jg. 6, Bd. 3, H. 7-8 (1798), S. 41-103.
[417] Vgl. Friedrich Schiller an Goethe, Jena, 21.05.1795: „Der Almanach wird bey H. Unger gedruckt und soll elegant werden.", in: NA, Bd. 27, S. 187f., hier S. 188.
[418] Vgl. Sophie Mereau: Das Lieblingsörtchen, in: Deutschland I (1796), S. 278f.
[419] Vgl. Sophie Mereau: Gedichte, 2 Bde., Berlin 1800.

Arbeitsverhältnis der beiden weiter gefestigt haben.[420] Der Kontakt mit Johann Friedrich Unger führte schließlich zur Veröffentlichung der gesammelten Gedichte.

Wie der Kontakt zu den übrigen Verlegern zustande kam, lässt sich schwer nachvollziehen. Briefe Mereaus kurz vor bzw. nach der Jahrhundertwende zeigen jedoch, dass sich die Verleger zum Teil selbständig an die Schriftstellerin wandten und sie um die Mitarbeit an einigen von ihnen verlegten Zeitschriftenprojekten baten.[421]

Diese beiden so unterschiedlichen Gruppierungen – die Jenaer Intellektuellen und die auswärtigen Verleger – erwiesen sich für die Gestaltungsmöglichkeiten der Schriftstellerin Sophie Mereau trotz ihres unterschiedlich gearteten Einflusses als gleichermaßen wichtig. Von ihnen profitierte sie auch nach der Trennung von Friedrich Ernst Carl Mercau. Allerdings wirkte sich der im Zuge der Trennung erfolgte Umzug Sophie Mereaus nach Camburg empfindlich auf die eingegangenen sozialen Beziehungen innerhalb des Jenaer Universitätsmilieus aus, da der direkte Umgang mit Freunden und Bekannten stark eingeschränkt wurde.

Nach der Scheidung von Friedrich Ernst Carl Mereau im Juli 1801 zog sich Sophie Mereau dauerhaft von Jena nach Camburg zurück und versuchte hier kontinuierlich weiter zu arbeiten. Aus dieser Zeit ist eine verstärkte Korrespondenz mit auswärtigen Verlegern nachweisbar. Die aus Camburg an den Buchhändler Johann Heinrich Dieterich in Göttingen geschickten Briefe verdeutlichen, dass sie nach ihrem Weggang von Jena weiterhin schriftstellerisch produktiv war. Deutlich wird, dass Sophie Mereau auch auf der Basis der in Jena gemachten Erfahrungen in der Lage war, selbständig über Modalitäten der Veröffentlichung und der Zahlung von Honoraren zu verhandeln. Entschiedene Äußerungen wie „Noch eins! Wollten Sie die Güte haben, das Honorar nach Gotha an den Regierungsrath Geißler zu adreßiren? – da dieser ein Freund von mit ist, u ich ihn in kurzem sehen werde, so kann ich es durch ihn am bequemsten erhalten, weil ohnedem keine Post nach Camburg geht u die Zuverlässigkeit der Boten nicht authentisch ist"[422], veranschaulichen, wie gut Mereau in der Lage war, ihre Forderungen gegenüber den Verlegern zu artikulieren und letztlich auch durchzusetzen.

Briefe an Wilmans geben wiederum Auskunft darüber, dass Sophie Mereau in Camburg an ihrem Roman „Amanda und Eduard" arbeitete. Trotz des eingeschränkten Kontaktes und anderer Schwierigkeiten, die sich durch die Abgeschiedenheit Camburgs ergaben – beispielsweise die Unregelmäßigkeit der

---

[420] Sophie Mereau vermerkte am 09.10.1798 in ihrem Tagebuch eine Unterredung mit Unger: „Gespräch mit Unger.", in: [Mereau-Brentano]: Welt, S. 46.
[421] Vgl. die Briefe Heinrich Dieterichs an Sophie Mereau, in denen er betont, dass sie auf seine Bitte hin die Herausgabe des *Göttinger Musenalmanachs* übernahm. BJ Kraków, Dieterich, V 52, h 17.
[422] Sophie Mereau an Buchhändler Dieterich, Camburg, o.D. (vermutlich September 1801), FDH, Sophie Mereau, 52155-56.

Post , versuchte Sophie Mereau, an der Umsetzung ihres Lebensentwurfes festzuhalten und das Schreiben zu ihrer Hauptbeschäftigung zu machen. Eines ihrer Hauptinteressen war die Fertigstellung einmal begonnener Arbeiten:

> „Dagegen werde ich bis Ostern einen, schon lang angefangenen Roman in Briefen vollenden, der nach meiner Berechung etwa zwanzig gedruckte Bogen ausfüllen wird."[423]

Der Verleger Wilmans nahm den Roman an, der schließlich 1803 erschien. Daneben arbeitete Sophie Mereau in Camburg weiter an Beiträgen für ihre Zeitschrift *Kalathiskos*, die zu einem großen Teil Gedichte, Übersetzungen und kleinere Aufsätze von ihr selbst enthielt. Sophie Mereau bemühte sich sichtlich darum, in Camburg ihre Vorhaben zu erfüllen. Sie entschied über Form und Inhalt ihrer Arbeiten und gestaltete sie nach eigenem Empfinden. Auch gegenüber den Verlegern machte sie die eigenen Wünsche und Bedürfnisse geltend.

Erkennbar ist, dass sich Sophie Mereau vor allem zu Anfang ihres Camburger Aufenthaltes um eine gesteigerte schriftstellerische Produktivität bemühte. Diese Bemühungen hatten ihre Ursache jedoch auch in der angespannten finanziellen Situation: Als geschiedene Frau mit einem Unterhalt von 200 Reichstalern[424] war Sophie Mereau im Vergleich zur Zeit in Jena viel mehr auf Zusatzeinnahmen angewiesen, um ihre Tochter und sich ernähren zu können. Es scheint, als habe sie jede sich bietende Gelegenheit ergriffen, um zu schreiben und zu veröffentlichen. Während der Camburger Zeit war Sophie Mereau hinsichtlich der Publikationsorgane aber auch der literarischen Gattung, die sie bediente, kaum wählerisch:

> „Daß ich jezt von meiner Schriftstellerei allen möglichen Erwerb zu ziehen suchen werde, kannst Du Dir wohl vorstellen. Es ist mir für einen Roman, den ich schon vor einigen Jahren angefangen habe, bereits ein ansehnliches Honorar geboten worden. Aber Du weißt, daß man für die Art Arbeiten nicht immer aufgelegt sein kann; daher wünsche ich sehr eine Arbeit zu haben, die ich immer machen könnte, wo mir der Stof schon gegeben wäre, sei es nun Übersetzung oder Bearbeitung. Kannst Du mir nun solche verschafen und verlegen, so thust Du mir einen wesentlichen Dienst [...]"[425]

An dieser Stelle wird die Ambivalenz zwischen Erweiterung und Beschränkung der eigenen Wahl- und Gestaltungsmöglichkeiten sehr deutlich. Denn dass sich Sophie Mereau in Camburg neben dem Verfassen von Gedichten und dem Schreiben ihres zweiten Romans auch auf Übersetzungen und ihre Tätigkeit als Herausgeberin konzentrierte, kann einerseits positiv interpretiert werden: Aufgrund ihrer Fähigkeiten war sie in der Lage, ihr Gattungsspektrum zu erweitern. Auf der anderen Seite zeugt die Beschäftigung mit verschiedenen

---

[423] Sophie Mereau an Wilmans, FDH, Sophie Mereau-Brentano, 52161-62.
[424] Vgl. Sophie Mereau an Clemens Brentano, 19.10. o.J., BJ Kraków, V 122, an Clemens Brentano. Vgl. auch Amelung (Hg.): Briefwechsel, S. 270-272, hier S. 272.
[425] Sophie Mereau an Friedrich Pierer, o.O., o.D. (vermutlich Mitte 1801), zit. n. Schwarz: Leben, S. 200f., hier S. 200.

Genres auch von dem Zwang, so breit gefächert wie möglich zu produzieren, um so viel wie möglich veröffentlichen zu können. Schließlich ergab die Publikation von Übersetzungen, Prosa und Lyrik in Taschenbüchern und Almanachen mehr Honorar pro Bogen als Bücher.[426]

Der Weggang aus Jena brachte also sowohl ein Mehr als auch ein Weniger an Gestaltungsmöglichkeiten mit sich. Besonders einschränkend auf die Umsetzung des eigenen Lebensentwurfs wirkte sich vor allem die Camburger Isolation aus, die sich im Fehlen von geistigen Austauschmöglichkeiten bemerkbar machte. Sophie Mereau vermisste in Camburg das intellektuelle Milieu, die Möglichkeit, leicht an neueste Literatur zu kommen, regelmäßige Theaterbesuche und anregende Gespräche.

Zwar war Sophie Mereau in Camburg nicht vollständig von der Außenwelt abgeschnitten, denn neben den geschäftlichen Beziehungen zu ihren Verlegern versuchte sie auch weiterhin, den Kontakt mit früheren Freunden und Bekannten zu pflegen. Sporadische Besuche und Briefe ließen die Verbindungen in die Universitätsstadt nicht abreißen. Allerdings wird deutlich, dass sich ihr geselliges Leben im abgelegenen Camburg entscheidend gewandelt hatte: Regelmäßige Diskussionen und gesellige Vergnügungen blieben aus. In Camburg lebte sie in ländlicher Abgeschiedenheit, ausgeschlossen von den früher so gern besuchten intellektuellen Zirkeln Jenas.

> „Ich danke Ihnen für die Theilnahme, mit welcher Sie Nachricht von meiner Lage zu erhalten wünschen. – Ich lebe ruhig und sorgenlos, und so isolirt meine Lage in mancher Rücksicht ist, so hat sie doch auch vieles, was ich für meine Neigungen u Wünsche äußerst angemessen finde."[427]

Obwohl Mereau betont, dass ihrer Lage durchaus Positives abzugewinnen sei, wird doch deutlich, dass der Verlust der geselligen Zusammenkünfte nach Jenaer Muster schmerzhaft bewusst blieb. Im Gegensatz zu Jena hatte sie hier nur gelegentlich die Möglichkeit, mit Freunden über das Geschriebene zu reflektieren. Bücherlieferungen Eichstädts demonstrieren außerdem, dass sie in Camburg kaum an gewünschte Lektüre kommen konnte.[428] Im Laufe der Zeit erwies sich die Abgelegenheit Camburgs als belastend – auch für die schriftstellerische Arbeit.

Auch wenn sie in Camburg Zeit und Ruhe zum Schreiben fand und darüber hinaus Briefe von auswärtigen Verlegern empfing, die sie aufforderten, sich mit eigenen Werken an verschiedenen Projekten zu beteiligen, war die Jenaer

---

[426] Vgl. Wolfgang Bunzel: Almanache und Taschenbücher [künftig zitiert: Almanache], in: Ernst Fischer/Wilhelm Haefs/York-Gothart Mix (Hg.): Von Almanach bis Zeitung. Ein Handbuch der Medien in Deutschland 1700-1800, München 1999, S. 24-35, hier S. 34. Dazu auch Schwarz: Leben, S. 22.

[427] Sophie Mereau an Carl Abraham Eichstädt, Camburg im August 1801, ThULB/HSA, Sg.: EN 22.107.

[428] Vgl. Sophie Mereau an Carl Abraham Eichstädt, Camburg o.D., ThULB/HSA, Sg.: EN 22.100.

Atmosphäre für die Kreativität und Produktivität und damit für den Erfolg Sophie Mereaus als Schriftstellerin essentiell. Sie zog schließlich die Konsequenzen aus der Situation in Camburg und siedelte nach wenigen Monaten zuerst nur während des Winters 1801/1802 und später dauerhaft nach Weimar über.

Weimar war der Ort des von ihr verehrten Goethe sowie von Herder und Wieland. Auch Friedrich Schiller wohnte seit 1799 wieder in der Residenzstadt. Mit Herder hatte Sophie Mereau schon vor der Camburger Zeit in Verbindung gestanden. Dieser hatte sich im Oktober 1800 direkt an Mereau gewandt[429] und Bezug auf seine Rezension ihrer bei Unger erschienen Gedichte genommen.[430] In dieser Rezension bewertete er die Gedichte Mereaus positiv und hob hervor, dass die Verfasserin ihre „eigne, sehr gebildete Sprache" spräche.[431]

Leben in Weimar bedeutete im Gegensatz zu Camburg erneut die unmittelbare Nähe zu literarisch tätigen und interessierten Personen sowie zu potentiellen Förderern. Hinzu kam, dass die verschiedenen höfischen und städtischen Kreise sowie das Theater ein vielfältiges geselliges Leben versprachen.

Um eigene Vorstellungen die schriftstellerische Arbeit betreffend umzusetzen, war Sophie Mereau jedoch immer noch auf die Beziehung mit jenen Männern angewiesen, die Einfluss im Literaturbetrieb hatten und deshalb hilfreich für die Veröffentlichung eigener Arbeiten waren. Als eine der zentralen Personen erwies sich Carl August Böttiger. Er trat in Weimar als wertvoller Ratgeber und Übermittler von Informationen auf. Sophie Mereau versuchte, seine Beziehungen zu nutzen, um neueste englische Werke zu erhalten, die sie für das deutsche Publikum bearbeitete.[432] Dass dieses Unterfangen von Erfolg gekrönt war, zeigt die 1803 bei Johann Friedrich Unger in Berlin verlegte „Sammlung neuer Romane aus dem Englischen".[433]

Wenn Böttiger an Sophie Mereau schreibt „Ich habe Hr. Dieterich bei seiner schnellen Durchreise nicht weiter sprechen können"[434], dann wird außerdem deutlich, dass Sophie Mereau Böttigers weitreichende Kontakte zu Verlegern für eigene Angelegenheiten nutzte.

---

[429] Vgl. Johann Gottfried Herder an Sophie Mereau, Weimar, 20.10.1800, GSA, Bestand Herder, Johann Gottfried Herder, Ausgegangene Briefe, Mereau, Sophie Friederike, GSA 44/114.

[430] Die Rezension von Herder erschienen in: Nachrichten von den gelehrten Sachen, herausgegeben von der Akademie nützl. Wissenscha. Zu Erfurt. 46stes Stück, vom 29. Sept. 1800. Abgedruckt in: Herders Sämmtliche Werke, hrsg. v. Bernhard Suphan, Bd. 20, Berlin 1880, S. 362-367.

[431] Johann Gottfried Herder, Recensionen in den Erfurter Nachrichten: 46stes Stück, vom 29. Sept. 1800., in: Herders Sämmtliche Werke, hrsg. v. Bernhard Suphan, Bd. 20, Berlin 1880, S. 362-367, hier S. 366.

[432] Vgl. Carl August Böttiger an Sophie Mereau, Weimar, 08.09.1802, BJ Kraków, Bestand Sophie Mereau, Böttiger, V32, 3 h.

[433] Vgl. Sophie Mereau (Hg.): Sammlung neuer Romane aus dem Englischen, Berlin 1803.

[434] Carl August Böttiger an Sophie Mereau, Weimar, 12.06.1802, BJ Kraków, Bestand Sophie Mereau, Böttiger, V32, 3 h.

Neben den Beziehungen zu Carl August Böttiger, die direkte Unterstützung versprachen, wirkte sich die unmittelbare Nähe zu Johann Wolfgang Goethe motivierend auf die schriftstellerische Tätigkeit Sophie Mereaus aus. Schon während der Jenaer Zeit hatte sie den „Wilhelm Meister" des von ihr sehr verehrten Dichters intensiv gelesen.[435] Diese Lektüre verarbeitete sie in eigenen Werken weiter. Das 1801 im *Kalathiskos* erschienene „Fragment eines Briefes über Wilhelm Meisters Lehrjahre. 1799" stammt vermutlich von ihr und macht einmal mehr die Ernsthaftigkeit der Auseinandersetzungen Sophie Mereaus mit Goethe deutlich.[436] Kennen gelernt hatte sie ihn bereits einige Jahre zuvor.[437] Und schon 1796 hatte Johann Wolfgang Goethe die schriftstellerische Leistung Sophie Mereaus gelobt:

> „Sophie Mereau hat sich recht gut gehalten. Der Imperativ nimmt sich recht lustig aus. Man sieht recht bey diesem Falle wie die Poesie einen falschen Gedanken wahr machen kann, weil der Appell ans Gefühl sich gut kleidet."[438]

In Weimar konnte sie diese Bekanntschaft nun noch weiter ausbauen. Dass sich das Verhältnis zwischen beiden festigte, zeigen die Briefe Mereaus an Goethe. Im Sommer 1802 war die Beziehung zwischen beiden von der Art, dass sich Mereau mit der Bitte an Goethe wenden konnte, einen ihrer Bekannten wohlwollend aufzunehmen, zu beurteilen und sich womöglich für ihn einzusetzen. Aus Bad Lauchstädt schrieb sie:

> „Der Ueberbringer dieses Briefs nennt sich Gerrmann u sein innigster Wunsch ist, ein Mitglied des weimarischen Theaters zu werden. [...] Nur auf sein dringendstes Bitten schreibe ich diesen Brief – Nehmen Sie ihn gütig auf! Ich wünsche nichts, als Sie

---

[435] Vgl. die Tagebucheinträge Sophie Mereaus, 16.11.1796: „Abends im *[Wilhelm] Meister* gelesen"; 10.12.1796: „Abends mit vielem Vergnügen gelesen, im [Wilhelm] Meister"; 04.01.1797: „Mit Vergnügen im [Wilhelm] Meister gelesen", in: [Mereau-Brentano]: Welt, S. 22-24. Dazu auch Anthony Harper: On the reception of Goethe by woman writers around 1800: The case of Sophie Mereau, in: Heike Bartel/Brian Keith-Smith (Eds.): ‚Nachdenklicher Leichtsinn' – Essays on Goethe an Goethe Reception, Lewiston/Queenston/Ceredigion 2000, S. 167-177; Uta Treder: Sophie Mereau: Montage und Demontage einer Liebe, in: Gallas/Heuser (Hg.): Untersuchungen, S. 172-183, hier vor allem S. 176-181.

[436] Vgl. Anonym: Fragment eines Briefes über Wilhelm Meisters Lehrjahre. 1799, in: Sophie Mereau: Kalathiskos, Bd. 1 [künftig zitiert: Kalathiskos], Berlin 1801, S. 225-238 (ND Heidelberg 1968). Zur Diskussion über die Verfasserschaft dieses Werkes vgl. Zu dieser These auch Dagmar von Gersdorff: Dich zu lieben kann ich nicht verlernen. Das Leben der Sophie Mereau, Frankfurt a.M. 1984, S. 256-261. Gersdorff geht davon aus, dass Sophie Mereau die Verfasserin war.

[437] Vgl. den Tagebucheintrag Johann Wolfgang Goethes, 24.11.1798: „Waren zugegen: Böttiger. Loder. Hufeland. Mereau. Succow mit Frauen.", in: WA III, Bd. 2, S. 224.

[438] Johann Wolfgang Goethe an Friedrich Schiller, Weimar, 13.08.1796, in: WA IV, Bd. 11, S. 158.

aufmerksam auf diesen Mann zu machen – was könnte ich sonst wollen! Da in jeder Hinsicht, Ihr Urtheil nur entscheidet [...]"⁴³⁹

In Weimar schaffte sie es aufgrund ihrer Beliebtheit und Bekanntheit als Schriftstellerin zunehmend, einmal geknüpfte Beziehungen für eigene Belange einzusetzen und darüber hinaus als Vermittlerin tätig zu werden.

Der Umgang mit Böttiger und Goethe zeigt, dass Sophie Mereau die Integration in die Weimarer Gesellschaft innerhalb kurzer Zeit gelungen war. Doch abgesehen von den Kontakten zu den Männern, die als Förderer wirksam wurden, nahm sie nach ihrem Umzug in die Residenzstadt an den verschiedensten Geselligkeiten teil, die vor allem von Adeligen dominiert wurden. Die Weimarer Freundinnen aus dem höfischen Milieu legten auf regelmäßige Treffen großen Wert. Wie eng die Beziehungen in diese Kreise waren, zeigen beispielsweise die Billetts der Hofdame Anna Amalias, Luise von Göchhausen. Mehrmals schrieb sie aus Tiefurth, bestellte Grüße von der Herzogin und verabredete Termine für Besuche bei selbiger. Zeilen wie „Heute abend ehe Sie zu unserer Freundin der Gr. Egl. [Henriette von Egloffstein, J.D.] gehen, wäre es Ihnen vielleicht am bequemsten der Herzogin vorher einen Besuch zu machen. Wollen Sie um 5 Uhr kommen, so werden Sie sehr willkommen seyn. Ihre Göchhausen"⁴⁴⁰ zeugen sowohl von Vertrautheit als auch von einer Periodizität der Treffen. Vor allem die Bekanntschaft mit Henriette von Egloffstein wurde während der Weimarer Zeit intensiviert.⁴⁴¹ Allerdings fand sich Sophie Mereau nicht nur häufiger bei den Egloffsteins, sondern auch bei Amalie von Voigt ein.⁴⁴²

Diese Damen saßen abends häufig beisammen, diskutierten, spielten und lasen. Wenn Henriette von Egloffstein mit Blick auf das nächste Treffen äußerte „Bringen Sie doch Ihre Huldie mit u wenn Sie was zu lesen haben so bringen Sie es mit, bitte bitte!"⁴⁴³, so wird deutlich, dass Sophie Mereaus schriftstellerische Arbeit in diesem Milieu überaus geschätzt wurde. Sie bekam eine große Bewunderung zu spüren, die kaum anders als motivierend auf die zukünftige schriftstellerische Tätigkeit gewirkt haben muss. Die höfischen Kreise in Weimar machten es nun wieder möglich, über die eigene Arbeit zu reden und sich auf diese Weise Anregungen zu holen. Besonders die Kontakte zu Anna Amalia und zu Hofdamen wie Luise von Göchhausen machen deutlich, dass der

---

⁴³⁹ Sophie Mereau an Johann Wolfgang Goethe, GSA, Bestand Goethe, Eingegangene Briefe, Mereau-Brentano, Sophie, GSA 28/614.
⁴⁴⁰ Luise von Göchhausen an Sophie Mereau, o.D., BJ Kraków, Luise von Göchhausen, V 70, h 4.
⁴⁴¹ Vgl. die Billets und Briefe Henriette von Egloffsteins an Sophie Mereau, BJ Kraków, Henriette von Beaulieu-Marconnay, V27, 10 h.
⁴⁴² Vgl. die Briefe und Billets Amalie von Voigts an Sophie Mereau, BJ Kraków, Sophie Mereau, V 122, Korrespondenz/2 h. 28 + 2, h.12 [BRAWE]; außerdem: BJ Kraków, Voigt, V 271/8h.
⁴⁴³ Henriette von Egloffsteinan Sophie Mereau, o.D, BJ Kraków, Henriette von Beaulieu-Marconnay, V27, 10 h.

Ruf als erfolgreiche Schriftstellerin Sophie Mereau verschiedene Türen öffnete. Im Kreis um Anna Amalia erhielt sie die Gelegenheit, eigene Werke vorzutragen und mit anderen – ebenfalls künstlerisch und literarisch interessierten – Personen zusammenzukommen. Zugang erhielt sie vor allem deshalb, weil sie diese mit besonderen literarischen Leistungen erfreuen konnte. Vor allem gegen Ende des 18. Jahrhunderts umgab sich Anna Amalia zunehmend mit Schriftstellern und Künstlern, um sich mit ihnen zu schmücken und sich von ihnen unterhalten zu lassen.[444] Obwohl Sophie Mereau durch diese Treffen keine direkte Förderung ihrer schriftstellerischen Arbeit erfuhr, ermöglichten ihr die Zusammenkünfte Zugang zu Personen, die sich als ausschlaggebend für ihre Arbeit als Schriftstellerin erweisen sollten. Darüber hinaus bestätigte die Verehrung, die Sophie Mereau hier entgegengebracht wurde, ihr Selbstwertgefühl als Schriftstellerin.

Dass die unterschiedlichsten geselligen Vergnügungen jedoch nicht nur vorteilhaft, sondern oft auch belastend für das Weimarer Lebens Sophie Mereaus waren, zeigen Äußerungen Henriette von Egloffsteins, in denen sie auf Sophie Mereaus Skepsis gegenüber pausenlosen geselligen Vergnügungen eingeht: „Wir leben in Saus u in der Zerstreuung die Ihnen so verhast ist."[445] Trotz aller geselligen Vergnügungen blieben demnach die Arbeit und der Erfolg als Schriftstellerin auch in Weimar wichtigster Lebensinhalt Sophie Mereaus.

In Weimar wurde Sophie Mereau noch stärker als zuvor in Jena mit dem Wunsch nach Förderung und Unterstützung konfrontiert. Personen, die sie auf einem der zahlreichen geselligen Zirkel kennen gelernt hatte, wandten sich mit der Bitte um Vermittlung eigener schriftstellerischer Versuche direkt an sie. Die Beispiele Charlotte von Ahlefeld und Friedrich von Müller zeigen, dass Sophie Mereau versuchte, ihrer Rolle als Vermittlerin gerecht zu werden. Da sie sich selbst bereits einen Namen gemacht hatte, konnte sie dafür sorgen, erste Werke von weniger bekannten Schriftstellerinnen und Schriftstellern einem Publikum vorzustellen. Auf Bitten Charlotte von Ahlefelds las sie deren Arbeiten Korrektur und verschaffte ihr wiederholt die Möglichkeit, in den eigenen herausgegebenen Zeitschriften oder Almanachen zu veröffentlichen.[446]

---

[444] Vgl. Joachim Berger, Geselligkeit, Mäzenatentum und Kunstliebhaberei am ‚Musenhof' Anna Amalias – neue Ergebnisse, neue Fragen, in: ders. (Hg.): Der ‚Musenhof' Anna Amalias. Geselligkeit, Mäzenatentum und Kunstliebhaberei im klassischen Weimar, Köln/Weimar/Wien 2001, S. 1-17 [künftig zitiert: ‚Musenhof'], hier S. 5.

[445] Henriette von Egloffstein an Sophie Mereau, 04.03.1802, BJ Kraków, Henriette von Beaulieu-Marconnay, V27, 10 h.

[446] Zwar ließ sich eine direkte Unterstützung Charlotte von Ahlefelds erst nach Sophie Mereaus Weggang aus Weimar feststellen. Allerdings zeigen die Briefe Ahlefelds, dass Mereau schon während der Weimarer Zeit Werke von ihr gelesen haben muss. Vgl. Charlotte von Ahlefeld an Sophie Mereau, Daptorf, 01.05.1804. Hier schrieb Ahlefeld: „Ich wünsche mir einiges dazu durch Schreiben verdienen zu können und habe auch verschiedenes angefangen, aber mir fehlt der Muth, fortzufahren, denn alles was unter meiner Feder hervorgeht, kommt mir so albern und dumm vor, daß ich es gleich wieder vernichten möchte. Doch will ich mich überwinden und den Anfang einer Arbeit

Auch Friedrich von Müller zählte zu den geförderten Personen. Der Kontakt mit ihm ergab sich offensichtlich durch die Bekanntschaft Sophie Mereaus mit der Familie von Egloffstein, da er zu dem engeren Kreis um Henriette von Egloffstein gehörte.[447] Anfangs fungierte Friedrich von Müller für Sophie Mereau als Übermittler von Einladungen zu den geselligen Abenden Henriette und Caroline von Egloffsteins sowie des Ehepaares Voigt. Nachrichten wie „Herr R.R. Voigt hofft, Sie verehrte Freundin! Um 3 Uhr Nachmittags zur Schloßbesichtigung bey sich zu sehen, und seine Frau wird, mit der freysten Willkühr das Vergnügen haben, Sie zu begleiten [...]"[448] waren typisch für die Korrespondenz mit Mereau. Abgesehen davon versuchte Müller die Bekanntschaft mit der Schriftstellerin für seine eigenen schriftstellerischen Ambitionen auszunutzen. Beispielsweise sandte er eigene Gedichte in der Hoffnung, diese einem größeren Publikum zugänglich zu machen:

> „Ob, wenn Sie die Güte haben wollen es abdrucken zu laßen, statt „Theone" die Anfangsbuchstaben Ihres irdischen Namens gesetzt werden dürfen wird von ihrer Entscheidung abhängen. Nur möchte ich recht bitten, auch die Stanzen die durch Ihren Beyfall so stolz geworden sind, mit abdrucken zu lassen, da eigentlich beyde Gedichte, durch den Hauch der nemlichen Muse geweckt und von ein und demselben Gefühle hervorgebracht nur vereint den ganzen Cyclus meiner Empfindungen ausdrücken."[449]

Die Unterstützung der Ambitionen Charlotte von Ahlefelds und Friedrich von Müllers zeigt einmal mehr, dass sich die Möglichkeiten Sophie Mereaus in Weimar im Vergleich zu ihren Aufenthalten in Jena und vor allem Camburg erheblich gewandelt hatten. Während sich Jena als Sprungbrett für Sophie Mereaus Karriere als Schriftstellerin erwiesen hatte, konnte sie in Weimar vor allem die Früchte ihres Erfolges ernten: Sie verkehrte in den angesehensten geselligen Kreisen der Stadt und des Hofes, war anerkannt und hoch geschätzt. Darüber hinaus bot ihr Weimar – ähnlich wie Jena – eine geeignete Atmosphäre, um verschiedene neue Arbeitsprojekte zu beginnen oder einmal angefangene Arbeiten zu vollenden. Dabei blieben die in Jena eingegangenen sozialen Beziehungen auch in Weimar wichtig. Die Mitarbeit am *Musen-Almanach* Johann Bernhard Vermehrens zeigt, dass der Kontakt in die professoralen Kreise Jenas

---

abschreiben um ihn Dir das nächste mahl zur Beurtheilung zu schicken, ob ich's fortsetzen soll oder nicht. Völlig so schleppend und alltäglich ist es nicht, wie die Sachen, die ich früher geschrieben habe – des ist aber noch immer nicht viel gesagt. Du bist so wahr und ich traue so fest deinem Urtheil, daß ich es ganz entscheidend annehme [...]", BJ Kraków, Charlotte von Ahlefeld, V 1, 20 h.

[447] Friedrich von Müller wurde seit 1802 als Regierungsassessor geführt. 1804 stieg er zum Regierungsrat auf. Ab 1816 wird er als Kanzler der Landesregierung Weimar geführt. Vgl. HAC, Datensatz Nr. 4492.

[448] Friedrich von Müller an Sophie Merau, 16.04.o.J., BJ Kraków, Kanzler Friedrich von Müller, V 129, 35 h.

[449] Vgl. Friedrich von Müller an Sophie Mereau, 29.06.1802, BJ Kraków, Kanzler Friedrich von Müller, V 129, 35 h.

nach wie vor bestand.[450] Im Vergleich zur Jenaer Zeit konnte Sophie Mereau während des Weimarer Aufenthaltes ihre Tätigkeit als Herausgeberin jedoch ausbauen.

### 3.3.1.3 Die Bedeutung der sozialen Beziehungen für Sophie Mereaus Tätigkeit als Herausgeberin

Voraussetzung für die Karriere Sophie Mereaus als Herausgeberin war der Erfolg als Schriftstellerin. Johann Heinrich Kipp, Carl Ludwig Woltmann und Friedrich Schiller machten ihren Einfluss auch auf die Tätigkeit Sophie Mereaus als Herausgeberin geltend: Schon 1795 trug sich Sophie Mereau mit dem Gedanken, ein eigenes Journal herauszugeben. Für dieses Projekt erwies sich Johann Heinrich Kipp als eine der wichtigsten Vertrauenspersonen. Ihn informierte sie über alle wichtigen Schritte. Von Lübeck aus versuchte Kipp, das Vorhaben tatkräftig zu unterstützen. Beispielsweise bemühte er sich um potentielle Mitarbeiter für das Journal:

> „Willst du dein Journal anfangen, schreibe nur so etwas über deinen Plan, wenn du einmal willst. Dieser Plan wird mich belehren, ob ich dir hier Mitarbeiterinnen und Mitarbeiter verschaffen kann? Ich kenn hier einige recht gute Köpfe, aber sie sind gebunden – Ich habe oft schon von dem Journal in mystischen Ausdrücken gesprochen – Leserinnen hast du gewis viele [...]"[451]

Mit Elan nahm Mereau ihr Unternehmen in Angriff und hoffte nun auf einen Erfolg ihres Journals. Kipp sollte in diesem Zusammenhang auch dafür sorgen, dass die Nachricht von der neuen Zeitschrift verbreitet wurde:

> „Das Journal wird mir auch manche Stunde wegnehmen, Erfüllen wird es meine Forderungen nicht völlig, das sehe ich voraus, aber ich darf sie auch nicht zu hoch spannen. – Wenn du davon sprichst, so sprich im Guten davon, u. trage dazu bei, daß es gelesen wird. Der Tittel ist: Phantasie u. Gedanken."[452]

Kipp selbst bat Mereau regelmäßig von Lübeck aus, Nachrichten von der Entwicklung des Journals zu geben.[453] Als sich die Umsetzung der Idee erfüllen sollte, berichtete Mereau sofort von dem sich abzeichnenden Erfolg und schrieb:

> „Ich habe jezt wenig Zeit u. ich will dir hier nur bemerken, was nicht ganz unintreßant ist, daß kurz nachdem ich dir zulezt geschrieben hatte, Woltmann zu mir kam, u. mir die Nachricht gab, daß der Vertrag mit einem Verleger, wegen meinem Journal geschloßen sei, u. ich doch nun ziemlich auf 200 rh jährlich rechnen darf."[454]

---

[450] Vgl. Johann Bernhard Vermehren an Sophie Mereau, BJ Kraków, Bernhard Vermehren V 271, 13 h.

[451] Johann Heinrich Kipp an Sophie Mereau, Lübeck, 08.07.1795, in: Dechant: *Harmonie*, S. 211-214.

[452] Sophie Mereau an Johann Heinrich Kipp, Jena, 30.11.1795, zit. n. ebd., S. 357-359, hier S. 358.

[453] Johann Heinrich Kipp an Sophie Mereau, Lübeck, 29.12.1795: „Von dem Journal etwas! Mitarbeiter wer? Anfang wann? Einrichtung wie? u.s.w.", zit. n. ebd., S. 377.

[454] Sophie Mereau an Johann Heinrich Kipp, Jena, 08.11.1795, zit. n. ebd. S. 348.

Während Johann Heinrich Kipp vor allem geduldiger Zuhörer war, darüber hinaus aber für das geplante Journal werben wollte, erwies sich Woltmann als tatkräftiger Helfer vor Ort. Er übernahm neben den Aufgaben eines Informanten auch die Verhandlungen mit potentiellen Verlegern.

Obwohl Mereau mit Begeisterung und Aufwand die Gründung ihrer eigenen Zeitschrift betrieb, scheiterte ihr Projekt noch bevor es zu einer Veröffentlichung kam. Auch wenn es anfangs so schien, als stünde die konkrete Arbeit an der Zeitschrift kurz bevor, musste Sophie Mereau Anfang 1796 mitteilen, dass das Vorhaben auf Eis gelegt war. Als Gründe führte sie zum einen die Kürze der Vorbereitungszeit und zum anderen die mangelhafte Qualität des Verlegers an:

> „Von dem Journal wünschest du zu hören? – Für jezt erscheint es noch nicht. Die Zeit war zu kurz u. unser Verleger taugte nichts; wir werden also mit einem anderen Verträge schließen müßen."[455]

Abgesehen von diesen Argumenten zeigen die Berichte Mereaus an Kipp deutlich, dass das Projekt vor allem wegen der Intervention Schillers misslungen war. An Kipp schrieb Mereau zur Rolle Schillers:

> „Ueberdem setzen mich zwei Dinge in Verlegenheit. Die erste: Schiller hat mir einen Brief geschrieben, worin er mir so theilnehmend, so warm, meinem Plan mit dem Journal widerräth, u. mir verschiedne andere Vorschläge thut, daß ich ohnmöglich gleichgültig dabei sein kann. Auf der anderen Seite lerne ich W immer mehr nicht nur als einen aufdringlichen sondern auch einen unzuverläßigen Menschen kennen, mit dem ich ungern in Verbindung treten möchte."[456]

In dem von Sophie Mereau erwähnten Brief Schillers merkte dieser an, dass die Herausgabe eines Journals keine positiven Folgen für die schriftstellerische Arbeit Sophie Mereaus haben werde:

> „Ich gestehe, daß ich für sie fürchtete, sobald ich von dem vorhabenden Journale erfuhr. Eine solche Unternehmung schien mir nachtheilig für Sie und ich konnte auch keinen äusern Vortheil davon für Sie erwarten, den Ihnen eine andere Art schriftstellerischer Beschäftigung, wobey Sie mit Musse und Liebe beharrten, nicht in einem viel höhern und für Sie selbst unendlich befriedigenderem Grade gewährte."[457]

Indem er Sophie Mereau von ihrem Vorhaben abriet, griff er direkt in ihre Wahl- und Gestaltungsmöglichkeiten ein. Da sie seinem Ratschlag folgte und von der Idee einer Zeitschrift absah, verzichtete sie zunächst auf eine zusätzliche Möglichkeit, ihre Arbeit weiter auszubauen.

Es ist nicht auszuschließen, dass Schiller die Konkurrenz eines weiteren Journals befürchtet hat, deren Herausgeberin in Weimar-Jena lebte und die

---

[455] Sophie Mereau an Johann Heinrich Kipp, Jena, 15.01.1796, zit. n. ebd., S. 379-381, hier S. 379.
[456] Ebd., hier S. 379f.
[457] Vgl. Friedrich Schiller an Sophie Mereau, Jena, den 23. Dezember 1795, in: NA, Bd. 28, S. 139-141, hier S. 139f.

Zeitschrift auch dort produzierte. Schließlich gab er selbst eine Zeitschrift und einen Almanach heraus und konnte an einer Verschärfung der Lage auf dem Zeitschriftenmarkt nicht interessiert gewesen sein. Offensichtlich musste er selbst bereits 1795 um seinen *Musen-Almanach* und die *Horen* kämpfen. Bezeichnenderweise stellte er das Erscheinen der *Horen* mit dem Jahr 1797 und das des Almanachs mit der letzten Ausgabe im Jahr 1800 ein.[458]

Das Befolgen von Schillers Ratschlag macht einerseits deutlich, dass Sophie Mereau das Urteil des Dichters schätzte und auf seine Bewertung der Situation vertraute. Andererseits zeigt sich, wie sehr sie noch immer auf das Wohlwollen und die Unterstützung Schillers angewiesen war und das Treffen selbstbestimmter Entscheidungen dadurch erschwert wurde. Ein Nichtbefolgen des Ratschlages hätte die Abkehr Schillers bedeuten können. Der daraus resultierenden Folgen für die eigene schriftstellerische Karriere muss sich Sophie Mereau bewusst gewesen sein.

Der Ratschlag Schillers, das Zeitschriftenprojekt zu verwerfen und stattdessen in einigen anderen Zeitschriften – auch außerhalb Weimar-Jenas – zu veröffentlichen[459], schien zunächst ausreichender Ersatz für das eigene Journal gewesen zu sein. Schließlich bot Schiller ihr damit die Möglichkeit, eigene Arbeiten kontinuierlich einem breiten Publikum zu präsentieren. Außerdem stellte er ihr weiterführende Kontakte zu anderen renommierten Herausgebern und Verlegern in Aussicht.

Trotz dieses ersten Fehlschlags gab Sophie Mereau ihre Idee von der Herausgabe einer eigenen periodischen Schrift nicht auf. 1799 wandte sie sich an die Fröhlichsche Buchhandlung in Berlin und schrieb:

> „Mehrere Umstände haben Herrn Doktor Maier und mich bestimmt, den Ihnen bekannt gewordnen Plan aufzugeben: dagegen bin ich entschloßen allein die Herausgabe einer periodischen Schrift zu übernehmen. Die vortheilhafte Schilderung des Herrn Doktor Maiers und – Ihr heitrer Name bestimmt mich, Ihnen zuerst hierüber zu schreiben [...]"[460]

Nachdem sich die Zusammenarbeit mit dem Jenaer Privatdozenten Friedrich Maier offensichtlich als wenig ertragreich erwiesen hatte, versuchte Sophie Mereau nun auf eigene Faust, ihre Idee umzusetzen. Dabei spekulierte sie mit dem Namen, den sie sich bereits als Schriftstellerin gemacht hatte und bemühte sich, Fröhlich von dem Projekt zu überzeugen. Indem sie auf mehrere Angebote verschiedener Verleger verwies, die eigentlich für die Veröffentlichung in der

---

[458] Am Ende des 18. Jahrhunderts bekam der Musenalmanach Konkurrenz durch das literarische Taschenbuch. Auch deshalb wird Schiller Schwierigkeiten mit seinem Musen-Almanach gehabt haben. Vgl. Bunzel: Almanache, hier S. 33.

[459] Vgl. Friedrich Schiller an Sophie Mereau, Jena, 23.12.1795, zit. n. NA, Bd. 28, S. 139-141.

[460] Sophie Mereau an die Fröhlichsche Buchhandlung in Berlin, Jena, November 1799, zit. n. Schwarz: Leben, S. 191.

bei Fröhlich zu begründenden Zeitschrift gedacht waren, machte sie auf ihren Marktwert aufmerksam.

Abgesehen von diesem Engagement diktierte sie Fröhlich die Konditionen für das zukünftige Journal und machte damit deutlich, auf welche Art und Weise sie Einfluss auf seine Gestaltung nehmen wollte: Zum einen bestimmte sie Titel und Erscheinungsweise, außerdem teilte sie ihre Vorstellungen vom Druckbild mit und setzte Fröhlich von ihren Honorarvorstellungen in Kenntnis.[461]

Mit dem 1801 bei Fröhlich herausgegebenen und sich ausschließlich an ein weibliches Publikum gerichteten *Kalathiskos*[462] gelang es Sophie Mereau letztlich doch, ihren lang gehegten Wunsch von einer eigenen periodischen Schrift zu verwirklichen.[463] Großen Anteil am *Kalathiskos* nahm Heinrich Carl Abraham Eichstädt.[464] Sophie Mereau nutzte den Kontakt zu ihm, um für ihr Projekt zu werben. Eichstädt wollte für eine Rezension der neu erschienenen Zeitschrift sorgen und diese in die *ALZ* einstellen.[465] Erneut war Sophie Mereau darauf bedacht, durch Eichstädt positive Rezensionen ihrer Werke zu bekommen:

> „In der Hofnung, das es Ihnen noch etwas neues sein wird, schicke ich Ihnen beiliegendes Buch. Es würde mich freuen, wenn ich es bald zu einem Gegenstand Ihrer Critik werden sähe; doch thue ich Ihnen ganz ehrlich die Bitte, wenigstens zu

---

[461] Sophie Mereau an die Fröhlichsche Buchhandlung in Berlin, Jena, November 1799: „[...] und laßen Sie in Ihrer Antwort gleich die Entscheidung enthalten sein, ob Sie auf folgende Bedingungen einen Vertrag mit mir eingehen können und wollen oder nicht, 1) Eine periodische Schrift, wovon jedes Vierteljahr ein 15 bis 20 Bogen starkes Bändchen erscheint [...]. 2) Der Druck, den Erholungen von Becker, aehnlich. 3) Keine Ankündigung. Laßen Sie mir den Stolz zu glauben, daß es sich bald selbst empfehlen wird. 4) Der Bogenpreis 3 Louisdor. 5) Gleich nach Einsendung des Manuskripts, nicht früher und nicht später, die Zahlung des Honorars.", zit. n. ebd., S. 191.

[462] Mereau (Hg.): Kalathiskos. Vgl. die Einleitung durch die Herausgeberin, in der die Leserinnen direkt angesprochen werden: Sophie Mereau: An die Leserinnen, in: dies.: Kalathiskos, S. 3f. Die formale Einordnung von *Kalathiskos* ist unklar. Die Zeitgenossen selbst reden entweder von „Zeitschrift", „Schrift" oder „Buch". Womöglich kann *Kalathiskos* in die Reihe der gerade um 1800 üblichen offenen Formen von Literatur gezählt werden, mit denen vor allem auch der Kreis um die Jenaer Frühromantiker experimentierte. Vgl. zur formalen Einordnung auch Peter Schmidt: Nachwort [künftig zitiert: Nachwort], in: Mereau (Hg.): Kalathiskos, S. (3)-(34), hier S. (7)-(10).

[463] Dass Sophie Mereau an die regelmäßige Herausgabe von *Kalathiskos* dachte, zeigen ihre Briefe an Friedrich Pierer. Hier schreibt, sie, dass sie Fröhlich zukünftig nicht mehr als Verleger haben wolle. Vgl. Sophie Mereau an Friedrich Pierer, Camburg, 17.08.1802, in: Schwarz: Leben, S. 202f., hier S. 203. Sophie Mereau versuchte, ihre Schrift zukünftig vom Bruder verlegen zu lassen: Sophie Mereau an Friedrich Pierer, o.O., o.D.:„Hast Du vielleicht Lust die Schrift unter Deinem Namen als eine Zeitschrift für Damen heraus zu geben, wie Unger es mit dem Romanjournal getan hat, so bin ich es gern zufrieden und mach mich verbindlich, Dir stets das nöthige Manuscript zu liefern.", zit. n. ebd., S. 203f., hier S. 203.

[464] Vgl. Carl Abraham Eichstädt an Sophie Mereau, o.O., o.D., FDH, 25707-08.

[465] Vgl. Carl Abraham Eichstädt an Sophie Mereau, Jena, 24.09.1801; Jena, 31.10.1801, BJ Kraków, Eichstädt, V 55, 9 h.

verhindern – was Sie gewis können – daß es keiner, gegen mich partheiliche Feder übergeben wird."⁴⁶⁶

Eichstädt, als „RezensierHund"⁴⁶⁷ verschrien, war gerade aufgrund seines Einflusses als Rezensent bedeutend für den Erfolg Sophie Mereaus. Vor allem deshalb war diese kontinuierlich darum bemüht, seine Gunst zu erhalten.

*Kalathiskos* hatte trotz aller Bemühungen Sophie Mereaus keinen Erfolg. Er erschien nur 1801 und 1802 und wurde dann eingestellt. Waren die Gedichte Sophie Mereaus von der *ALZ* äußerst positiv aufgenommen worden, so kritisierte die im Oktober 1801 erschienene Rezension zum *Kalathiskos* vor allem die veröffentlichten Übersetzungen aus dem Englischen und Französischen.⁴⁶⁸ Henriette Schubart schickte ihrer Schwester Sophie Mereau daraufhin eine eigens von ihr verfasste positive Besprechung, um den schlechten Einstand des *Kalathiskos* auszugleichen:

> „Da ich die Rezension des Kalathiskos, die so unangenehm war, las und welche man weniger unvorteilhaft als dumm und partheiisch nennen kann, so kam ich auf den Einfall auch eine zu machen. Ich sende hier den Versuch; es ist zwar nicht viel beßer, aber doch günstiger. [...] Du könntest es im Fall, daß sich etwas daraus machen ließe durch Pierer oder Maiern irgendwo einrücken laßen [...]"⁴⁶⁹

Die Bemerkungen Henriette Schubarts machen, abgesehen von der Notwendigkeit einer positiven Rezension für den Erfolg von *Kalathiskos*, erneut deutlich, dass Sophie Mereaus Erfolg als Herausgeberin von einflussreichen Männern abhing. Henriette Schubart verwies auf Friedrich Maier und den Halbbruder Friedrich Pierer, die beide aufgrund ihrer eigenen Kontakte im literarischen Milieu für eine Verbreitung der Rezension sorgen konnten.

War die Zeitschrift *Kalathiskos* Sophie Mereaus wichtigstes Projekt fallen die Anfänge ihrer Tätigkeit als Herausgeberin noch in die Jenaer Zeit. Schon vor der Herausgabe des *Kalathiskos* war Sophie Mereau von 1799 bis 1801 gemeinsam mit August Lafontaine und Karl Reinhard an der Herausgabe des bei Dieterich in Göttingen erscheinenden *Romanen-Kalenders* beteiligt.⁴⁷⁰ Parallel dazu gab sie in den Jahren 1800 und 1801 den *Berlinischen Damenkalender* heraus, der bei Johann Friedrich Unger in Berlin verlegt wurde.⁴⁷¹ Dieser

---

⁴⁶⁶ Sophie Mereau an Carl Abraham Eichstädt, Camburg, 31.05.1802, ThULB/HSA, Sg. EN 22.110.
⁴⁶⁷ Vgl. Henriette Schubart an Sophie Mereau, o.O., o.D.: „Eichstädt ist der elendeste Mensch der je auf Dackelbeinen wandelte – ich wünschte ihm etwas angenehmers erzeigen zu können – Du hast sehr übel daran gethan daß Du diesen RezensierHund beleidigt hast – er kann Dich noch anbellen und anfallen!", zit. n. Schwarz: Leben, S. 223f., hier S. 224
⁴⁶⁸ Vgl. ALZ, Nr. 298, Oktober 1801, Sp. 140-144.
⁴⁶⁹ Henriette Schubart an Sophie Mereau, o.O., o.D., zit. n. Schwarz: Leben, S. 222.
⁴⁷⁰ Vgl. Sophie Mereau, B***, August Lafontaine, Mlle Levesque, Karl Reinhard, G.W.K. Starke (Hg.): Romanen-Kalender [oder: Kleine Romanenbibliothek], Göttingen 1799-1801.
⁴⁷¹ Vgl. Sophie Mereau (Hg.): Berlinischer Damenkalender, Berlin 1800-1801.

gehörte zu den bekannten Taschenbuchreihen, die sich an ein spezifisch weibliches Publikum richteten und große Erfolge erzielten.[472]

Ihre Beschäftigung als Herausgeberin für Dieterich und Unger wird Sophie Mereau in ihrem Vorhaben, eine eigene Zeitschrift zu gründen, noch bestärkt haben. Und obwohl *Kalathiskos* ein schnelles Ende beschieden war, wurde Sophie Mereau 1802 mit einem neuen Projekt beauftragt: In Weimar entschloss sie sich zur Herausgabe des traditionsreichen *Musen-Almanach für das Jahr 1803*, der bei Dieterich in Göttingen erschien.[473] Ausschlaggebend für diesen Auftrag war erneut der Name, den sich Sophie Mereau als Schriftstellerin gemacht hatte. Dieterich hoffte offensichtlich, dem Almanach durch einen klangvollen Namen einen besseren Absatz zu verschaffen.[474] Er machte deutlich, dass Sophie Mereau seine erste Wahl für die Übernahme der zukünftigen Jahrgänge des *Göttinger Musen-Almanachs* war:

> „Durch Herrn Consistorialrath Boetticher weiß ich, daß Sie meinen Wunsch und die Bitte meines Freund Winkelmann erfüllen, und sich der Herausgabe des Göttinger Musenalmanachs unterziehen wollen – wie danke ich Ihnen für diese Güte, vortreffliche Frau!"[475]

Voraussetzung für die Zusammenarbeit waren zum einen der schriftstellerische Erfolg Sophie Mereaus und zum anderen jene sozialen Beziehungen, die Sophie Mereau bereits in Jena hatte knüpfen können: Stephan August Winkelmann, den Sophie Mereau wie Böttiger in Jena kennen gelernt hatte[476], übernahm die Vermittlung in der Angelegenheit, Böttiger wirkte dagegen als Informant, der Sophie Mereau außerdem darin bestärkte, den Auftrag anzunehmen.[477] Schon im April 1802 meldete sich Winkelmann bei Sophie Mereau und trug die Bitte des Göttingers Verleger an sie heran, die Herausgabe des Almanachs zu übernehmen. Um Sophie Mereau die Zusage zu erleichtern, bot er außerdem an, Johann Gottfried Herder und Friedrich Schlegel als Beiträger zu gewinnen.[478]

---

[472] Vgl. Bunzel: Almanache, hier S. 32.
[473] Zum Göttinger Musenalmanach vgl. u.a. Hans Grantzow: Geschichte des Göttinger und des Vossischen Musenalmanachs, Berlin 1909; York-Gothart Mix: Die deutschen Musen-Almanache des 18. Jahrhunderts [künftig zitiert: Musen-Almanache], München 1987, hier S. 49-54; auch Bunzel: Almanache.
[474] Zu dem Bedeutungs- und Popularitätsverlust des *Göttinger Musen-Almanachs* vgl. Mix: Musen-Almanache, S. 54.
[475] Heinrich Dieterich an Sophie Mereau, Göttingen, 06.06.1802, BJ Kraków, Dieterich, V 52, h 17.
[476] Vgl. den Tagebucheintrag vom 04.02.1798, in: [Mereau-Brentano]: Welt, S. 35.
[477] Mit Bezug auf das Angebot, den Göttingischen Musen-Almanach auf das Jahr 1802 herausgeben zu können, schrieb Böttiger: „Uebernehmen Sie den Göttinger Musenalmanach!", Carl August Böttiger an Sophie Mereau, Weimar, 12.06.1802, BJ Kraków, Bestand Sophie Mereau, Böttiger, V32, 3 h.
[478] Vgl. Stephan August Winkelmann an Sophie Mereau, Braunschweig, 30.04.1802, BJ Kraków, August Winkelmann, V 279, 16h.

Als Herausgeberin war Sophie Mereau außerordentlich attraktiv für Autoren wie Winkelmann, die eigene Arbeiten einem größeren Publikum präsentieren wollten. Winkelmann rechnete fest damit, dass seine Bekanntschaft mit Sophie Mereau dazu führte, selbst eigene Arbeiten im geplanten Almanach zu veröffentlichen.[479]

Sophie Mereau nahm das Angebot Dieterichs an und begann mit den Arbeiten an dem Almanach. Und obwohl ihr Name als Herausgeberin verzeichnet war, beteiligte sie sich selbst in großem Umfang mit eigenen Gedichten, Erzählungen und Übersetzungen an seiner Gestaltung. Diese Praxis war durchaus gängig. Schon Gottfried August Bürger, langjähriger Herausgeber des *Göttinger Musen-Almanachs*, hatte zu einem großen Teil mit eigenen Werken beigetragen, um die Seiten zu füllen.[480]

Immerhin konnte sich Sophie Mereau auf diese Weise in verschiedenen Gattungen ausprobieren und Themen sowie Motive nach eigenem Ermessen wählen und gestalten. Als Herausgeberin eines Almanachs verfügte Sophie Mereau über nie da gewesene Möglichkeiten, einen größeren Einfluss nicht nur auf das eigene schriftstellerische Werk, sondern auch auf die zu veröffentlichenden Arbeiten anderer Schriftsteller zu nehmen. Abgesehen davon versprach die Arbeit am Almanach ein Honorar von 60 Louisdor[481] und damit Geld, das Sophie Mereau für ihr Leben in Weimar gut gebrauchen konnte.

Doch gerade die zahlreichen inhaltlichen und formalen Gestaltungsmöglichkeiten, die sich durch die Arbeit am Almanach ergaben, hatten ein enormes Arbeitspensum zur Folge, das große Schwierigkeiten bereitete: Sophie Mereau gelang es nicht, das Manuskript rechtzeitig zu liefern. Dieterich reagierte mit Unverständnis und Unwillen[482] und betonte, dass er trotz des vorhandenen Interesses Sophie Mereaus für eine Weiterführung des Almanachs nicht garantieren könne:

> „Wegen der künftigen Fortdauer dieses Almanachs kann ich Ew. Wohlgebohren erst nach beendigter Meße genaue Nachricht geben – nur dann erst kann ich bestimmen ob ich ihn fortsetzen werde [...]"[483]

Eine Fortsetzung des Almanachs unter Sophie Mereaus Namen gab es nicht. Ausschlaggebend für diese Entscheidung werden in erster Linie kaufmännische Interessen des Verlegers gewesen sein. Anfangs von der Idee geleitet, mit Hilfe des Bekanntheitsgrades von Sophie Mereau den Absatz des Almanachs zu

---

[479] Vgl. Stephan August Winkelmann an Sophie Mereau, o.O., 26.06.1802, BJ Kraków, August Winkelmann, V 279, 16h.
[480] Vgl. Mix: Musen-Almanache, S. 53.
[481] Vgl. Heinrich Dieterich an Sophie Mereau, Göttingen, 06.06.1802, BJ Kraków, Dieterich, V 52, h 17.
[482] Vgl. Heinrich Dieterich an Sophie Mereau, Göttingen, 26.06.1802 bis 11.09.1802, BJ Kraków, Dieterich, V 52, h 17.
[483] Vgl. Heinrich Dieterich an Sophie Mereau, Göttingen, 16.03.1803, BJ Kraków, Dieterich, V 52, h 17.

steigern, hatte sich der schleppende Manuskripteingang mit Blick auf die Konkurrenz offensichtlich nachteilig ausgewirkt. Immer wieder hatte Dieterich darauf verwiesen, zügig veröffentlichen zu wollen, um anderen Almanachen zuvor zu kommen:

> „Bitte! Bitte! Beste Frau! Senden Sie mir baldigst den Rest. Ich höre Hr. Reinhart hat vor seinem Musenallmanach auch das Portrait von Wieland – sehr wünschte ich daß wir früher als er in Publiko erscheinen."[484]

Da dies in Zusammenarbeit mit Sophie Mereau nicht so gelungen war, wie es sich Dieterich vorgestellt hatte, kam Sophie Mereau als Herausgeberin nun nicht mehr in Frage.

Trotz der Schwierigkeiten mit Dieterich war Sophie Mereau nach wie vor bestrebt, eigene Projekte in Angriff zu nehmen. Damit dies gelingen konnte, wurden bewährte Beziehungen aktiviert: Für die Herausgabe ihrer *Sammlung neuer Romane aus dem Englischen*[485] griff sie erneut auf ihre Kontakte zu Eichstädt und dem Berliner Verleger Unger zurück. Eichstädt schickte sie die Manuskripte der Bearbeitungen und vertraute auf seine Kenntnisse als Redakteur.[486]

Die Tätigkeit als Herausgeberin war attraktiv für Sophie Mereau, weil sie abgesehen von dem Druck, den die Verleger auf Sophie Mereau als Herausgeberin ausübten, damit die Arbeiten so schnell wie möglich fertig gestellt wurden und auf den umkämpften literarischen Markt gelangten, neben den finanziellen Vorteilen über zahlreiche Möglichkeiten der künstlerischen Gestaltung verfügte. Außerdem konnte sie in gewissem Maße frei über die Beitragenden entscheiden und so ihrer Rolle als Vermittlerin einmal mehr großes Gewicht geben. Ihr gelang es, neben Arbeiten Charlotte von Ahlefelds und Amalie von Imhoffs, auch Übersetzungen ihrer Schwester Henriette Schubart aufzunehmen. Damit hatte sie vor allem für jene Kolleginnen eine große Bedeutung, die sich mit ihrer eigenen Arbeit den Unterhalt verdienen mussten. Henriette Schubart bestärkte ihre Schwester immer wieder, eigene Projekte genau aus diesem Grund in Anspruch zu nehmen. Sie hob explizit hervor, warum die Tätigkeit als Herausgeberin so erstrebenswert war:

> „Suche ja den Plan des Journals zu unterstützen, denn gerade dies wäre eine fortdauernde mir angemeßne Arbeit, und an Stoff und Mitarbeitern würd' es nicht fehlen, und Auswahl des Fremden ist immer besser als Ausschluß des Eignen, wie gewöhnlich die Zeitschriften darbieten. Wenn ein Verleger Lust hat, so wird sich das andre leicht bestimmen und ordnen lassen: laß Dir es angelegen sein alles was ich Dich bat zu beschleunigen es hängt in der That mein Leben davon ab, weil ich davon leben will [...]"[487]

---

[484] Heinrich Dieterich an Sophie Mereau, Göttingen, 06.09.1802, BJ Kraków, Dieterich, V 52, h 17.
[485] Vgl. Sophie Mereau (Hg.): Sammlung neuer Romane aus dem Englischen, Berlin 1803.
[486] Vgl. Sophie Mereau an Carl Abraham von Eichstädt, ThULB/HSA, Sg., EN 22.89-22.110.
[487] Henriette Schubart an Sophie Mereau, Jena, 16.10. o.J., BJ Kraków, Henriette Schubart, V 231.

Henriette Schubart hatte schon früher dafür plädiert, dass Sophie Mereau ihren Namen und ihren Einfluss auf dem literarischen Markt einsetzen solle, um ihr die so dringend benötigten Aufträge zu verschaffen.[488] Während Sophie Mereau am Anfang ihrer Karriere selbst von dem Konzept der Almanache profitiert hatte, auch unerfahrenen Autoren ein Forum zur Verfügung zu stellen[489], verfügte sie nun als Herausgeberin über die Möglichkeit, Kolleginnen und Kollegen zu fördern. Dass Sophie Mereau diese Möglichkeit von Anfang an nutzte, zeigen ihre Bestrebungen, schon den *Kalathiskos* als Plattform für die Arbeiten befreundeter Schriftstellerinnen aber auch für Schriftsteller wie Clemens Brentano zu nutzen.[490]

### 3.3.1.4 Zusammenfassung

Im Vergleich zu Altenburg boten sich in Jena weitaus mehr Chancen für Sophie Mereau, ihre Fähigkeiten auszubauen und eine Karriere als Schriftstellerin zu beginnen. Hier fand sie den direkten Kontakt zu den Personen, die als potentielle Förderer in Frage kamen und über soziale Beziehungen verfügten, die für die Umsetzung bereits entwickelter Pläne von größtem Nutzen waren. Mit aktiver Unterstützung Friedrich Ernst Carl Mereaus war Sophie Mereau in der Lage, in Jena ein eigenes umfangreiches Beziehungsnetzwerk aufzubauen und aktiv für ihre schriftstellerische Arbeit nutzen. Damit erwies sich der Universitätsbibliothekar und spätere Professor der Rechte als besonders wichtig für die Erfüllung von mit Jena verbundenen Erwartungen.

Dass vor allem der direkte Kontakt zu den verschiedenen Personen und Personengruppen zentral und der briefliche Kontakt nicht ausreichend war, zeigt der Aufenthalt Sophie Mereaus in Camburg. Zwar konnte Mereau auch hier auf ihre Jenaer Beziehungen zurückgreifen – sie erhielt regelmäßig anteilnehmende Briefe und in bestimmten Abständen auch Besuch –, allerdings genügte ihr diese Form des persönlichen Austausches nicht. Aus diesem Grund entschied sich Sophie Mereau schließlich für die Übersiedlung nach Weimar. Hier fand sie ein Milieu vor, das von der Nähe zwischen Hof und Stadt profitierte. Sie erhielt die Möglichkeit, an verschiedenen geselligen Zirkeln teil zu nehmen und sich für soziale Beziehungen zu entscheiden, die für die Erfüllung ihrer Pläne besonders fruchtbar waren.

Während sie in Jena mit Hilfe des Netzwerkes ihres Ehemannes und dem daraus resultierenden Kontakt zu Friedrich Schiller den Grundstein für ihre schriftstellerische Karriere legte und diese mit Hilfe der vielen verschiedenen personalen Verflechtungen innerhalb der Universitätsstadt weiter beförderte,

---

[488] Vgl. Henriette Schubart an Sophie Mereau, o.O., o.D., abgedruckt in: Schwarz: Leben, hier S. 223.
[489] Vgl. zum Konzept der Almanache Bunzel: Almanache, hier S. 25f.
[490] Vgl. die im zweiten Band erschienen Gedichte von Charlotte von Plessen: Mereau (Hg.): Kalathiskos, Bd. 209-215, S. 248-251. „Der Sänger", obwohl anonym erschienen, stammte es von Clemens Brentano. Vgl. Schmidt: Nachwort, hier S. (14).

konnte sie in Weimar von all diesen Jenaer Bekanntschaften und Freundschaften profitieren, weiterführende Kontakte knüpfen und ihren Erfolg als Schriftstellerin ausbauen. Ihr im Laufe der Zeit in Jena geknüpftes Beziehungsetz hatte sich dafür als wichtige Grundlage erwiesen. Die Optionen, die ihr durch dieses für die Gestaltung ihres Lebensentwurfs „Schriftstellerin" geboten wurden, vermehrten sich stetig: Schon hier begann Sophie Mereau als Herausgeberin zu wirken. Während sie in Jena die ersten Anfänge machte, weitete sie diese Tätigkeit vor allem in Weimar aus. Der Wandel ihrer Position von einer Schülerin zu einer Förderin von befreundeten Autorinnen und Autoren und ihre damit eng zusammenhängende Funktion als Vermittlerin waren Resultat der umfangreichen sozialen Beziehungen, über die sie mittlerweile verfügte.

### 3.3.2 Johanna Schopenhauer – Gesellschafterin und Schriftstellerin durch soziale Beziehungen

Johanna Schopenhauer kam im Herbst 1806, wenige Wochen vor der Schlacht bei Jena und Auerstedt, nach Weimar. Sie hatte sich für einen Wechsel von Hamburg nach Weimar entschieden, um innerhalb der Residenzstadt ein Leben nach eigenen Vorstellungen zu beginnen. Ausgestattet mit den notwendigen finanziellen Mitteln wollte sie innerhalb kürzester Zeit einen Kreis von vertrauten Personen um sich herum versammeln und einen eigenen geselligen Zirkel etablieren. Entscheidende Voraussetzung für die Initiierung des „Theetischs" war eine erfolgreiche Integration in die Weimarer Gesellschaft. Unmittelbar nach ihrer Ankunft in Weimar richtete Johanna Schopenhauer daher einen großen Teil ihrer Energie auf die Bildung eines Beziehungsnetzwerkes.

Vor diesem Hintergrund kann der Aufenthalt Johanna Schopenhauers in drei Abschnitte unterteilt werden: Die Anfangszeit, von September bis November 1806, war gekennzeichnet von ihren Integrationsbemühungen. Dabei wurde Johanna Schopenhauer die Hilfe einiger weniger Bekannter und Freunde zuteil, die sie teilweise schon vor ihrer endgültigen Übersiedlung nach Weimar kennen gelernt hatte. Inwiefern es gelang, auf der Basis dieser Bekanntschaften das eigene Beziehungsnetzwerk derart auszuweiten, dass sie im November desselben Jahres ihren langgehegten Wunsch von der Gründung eines „Theetischs" in die Tat umsetzen konnte, gilt es genauer zu betrachten.

Die Jahre bis 1819 bilden den zweiten Abschnitt des Weimarer Aufenthaltes. Während dieser Zeit versammelte sie unzählige Gäste an ihrem „Theetisch". Auf welche Art und Weise ihre Position als Gastgeberin Änderungen erfuhr und welche Konsequenzen dies für die Handlungsspielräume Johanna Schopenhauers in Weimar-Jena hatte, soll hier im Mittelpunkt stehen.

Die dritte Etappe ihrer Weimarer Zeit – von 1819 bis 1829 – war von einer verstärkten Konzentration auf ihre schriftstellerische Arbeit gekennzeichnet. Auch wenn Johanna Schopenhauer schon vorher schriftstellerisch tätig war, agierte sie bis ungefähr 1819 vor allem als Gesellschafterin. Danach verloren der „Theetisch" und Johanna Schopenhauers Stellenwert als Gesellschafterin zunehmend an Bedeutung. Hinsichtlich der schriftstellerischen Arbeit eröffneten sich jedoch zahlreiche Gestaltungsmöglichkeiten, die intensiver betrachtet werden.

### 3.3.2.1 Ausgangssituation

Der 1806 getroffenen Entscheidung Johanna Schopenhauers, sich in Weimar niederzulassen, war eine Sondierungsreise vorangegangen, die sie auch nach Eisenach und Gotha geführt hatte. Neben den drei thüringischen Residenzstädten Weimar, Eisenach und Gotha gehörte auch Dresden in die engere Auswahl für den zukünftigen Aufenthaltsort der Hamburger Kaufmannswitwe.[491] Von Hamburg über Lüneburg, Hannover, Göttingen und Kassel reiste Johanna Schopenhauer zunächst nach Eisenach. Während einer Besichtigung der Stadt in Begleitung eines alten Bekannten gewann sie jedoch sehr schnell den Eindruck, dass Eisenach ihren Ansprüchen nicht gerecht werden konnte.[492] Das im Anschluss an Eisenach besuchte Gotha gefiel Schopenhauer zwar ausgesprochen gut, beeinflusste die Entscheidung für Weimar allerdings nicht mehr:

> „Den Abend fuhren wir nach Gotha, auch diese Stadt wollte ich kennen lernen, sie gefällt mir sehr, und wenn Weimar nicht wäre so würde ich sie ohne Anstand zum Aufenthalt wälen [...]."[493]

Die Konzentration auf die thüringischen Städte Eisenach, Gotha und Weimar mag eng mit den positiven Erfahrungen zusammengehangen haben, die Johanna Schopenhauer auf einer Bäder- und Vergnügungsreise im Sommer und Herbst 1800 gemeinsam mit ihrem Mann Johann Floris und den beiden Kindern Arthur und Adele gemacht hatte. Stationen dieser Reise waren Karlsbad, Prag, Dresden und Berlin. Auf dem Weg nach Karlsbad fuhr die Familie u.a. durch Eisenach, Gotha und Erfurt und machte einen Tag in Weimar sowie einen weiteren in Jena Station.[494] Auch wenn weder in den Lebenserinnerungen noch in den Tagebüchern Johanna Schopenhauers Kommentare über diese Reise zu finden sind,

---

[491] Dass Johanna Schopenhauer auch Dresden für einen zukünftigen Aufenthalt in Betracht gezogen hat, zeigt ihr Brief an Arthur Schopenhauer aus Dresden vom 04.06.1806. Hier schreibt sie: „Meine Wahl in Weimar zu bleiben reut mich auch hier nicht, Dresden ist für Fremde eine Art Paradies, aber die Einheimischen sehnen sich alle heraus, mündlich sage ich Dir mehr davon [....]." zit. n. Lütkehaus (Hg.): Die Schopenhauers, hier S. 72.

[492] Vgl. Johanna Schopenhauer an Arthur Schopenhauer, Weimar, 16.05.1806: „Den andern Tag hatten wir bey kaltem regnigten Wetter auf bösen verdorbenen Wegen eine sehr ermüdende Reise nach Eisenach wo wir trotz daß wir um 5 Uhr ausfuhren, sehr spät anlangten, da meine Wahl noch nicht entschieden ist so wollte ich die Stadt auch kennen lernen, mein alter Freund Mattesius führte uns den Morgen umher, wir bestiegen die Wartburg, alles war recht schön, aber doch sah ich aus M.s Beschreibung daß Eisenach nicht für mich ist.", zit. n. ebd., S. 66f., hier S. 67.

[493] Johanna Schopenhauer an Arthur Schopenhauer, Weimar, 16.05.1806, zit. n. ebd., S. 66f., hier S. 67.

[494] Vgl. Ludger Lütkehaus (Hg.): Arthur Schopenhauers Reisetagebücher [künftig zitiert: Reisetagebücher], Zürich 1988.

so zeigen die Reisetagebücher Arthur Schopenhauers, dass zumindest der Aufenthalt in Weimar und Jena tieferen Eindruck auf die Familie gemacht haben muss.[495] Arthur Schopenhauer berichtet in seinen Aufzeichnungen von einem Besuch in der Weimarer Mal- und Zeichenschule sowie von der Besichtigung des Schlosses.[496] Die Begegnung der Familie mit Friedrich Schiller bei einem anschließenden Spaziergang durch den Park wird dagegen eher beiläufig erwähnt. Größeren Raum fand dagegen die Darstellung des nächsten Tages, der in Jena verbracht wurde. Neben der Beschreibung der als reizvoll empfundenen Gegend um Jena, hebt Arthur Schopenhauer den Besuch im Hause des „berühmten Doktor Hufeland" besonders hervor.[497] Spätere Briefe Johanna Schopenhauers verdeutlichen, dass sie während des kurzen Aufenthaltes in Weimar und Jena im Jahr 1800 einer Reihe weiterer Personen vorgestellt worden war.[498] Diese bereits bestehenden – wenn auch nur flüchtigen – Bekanntschaften mögen Johanna Schopenhauer in ihrer Entscheidung für Weimar positiv beeinflusst haben.

Mitte Mai 1806 traf sie in Weimar ein, um zu prüfen, inwieweit die Stadt ihren Vorstellungen von einem zukünftigen Leben entsprach. Eines der Hauptmotive für den Umzug Johanna Schopenhauers von Hamburg nach Weimar lag darin, mit den berühmten Schriftstellern der Residenzstadt zusammenzutreffen. Goethe und Wieland standen auf ihrer Wunschliste an erster Stelle. Alles in allem versprach sich Johanna Schopenhauer für ihr künftiges Leben, diese „ersten Köpfe(n) in Weimar" um sich zu versammeln.[499]

Um dieses Ziel zu erreichen, musste sie als Fremde vor allem Kontakte zu einflussreichen Personen in Weimar aufbauen, was ihr bereits während ihres Besuchs im Mai gelang. Immer wieder berichtet Johanna Schopenhauer begeistert von den neuen Weimarer Bekannten und deren Bedeutung für einen

---

[495] Vgl. ebd., hier S. 18.
[496] Vgl. ebd.
[497] Vgl. ebd.: „Bei dem „berühmten Doktor Hufeland" handelte es sich um den Mediziner Christoph Wilhelm Hufeland, dessen medizinische Werke u.a. auch in den Selbstzeugnissen der untersuchten Frauen Widerhall fanden." Vgl. dazu Katrin Horn: Selbstdarstellung und Selbstvergewisserung einer ‚Gattin, Hausfrau und Mutter' in Weimar um 1800. Caroline Falk in ihren Briefen an ihre Mutter und Großmutter, wissenschaftliche Hausarbeit zur ersten Staatsprüfung für das Lehramt an Gymnasien [künftig zitiert: Selbstdarstellung], (Friedrich-Schiller-Universität) Jena 2003.
[498] So zeigt ein am 14.11.1806 von Weimar aus an ihren Sohn geschriebener Brief, dass die Familie Schopenhauer 1800 u.a. die Bekanntschaft des Malers und Zeichners Georg Melchior Kraus gemacht hatte, des Direktors der Zeichenschule und Mitherausgebers des „Journals des Luxus und der Moden". Vgl. Johanna Schopenhauer an Arthur Schopenhauer, Weimar, 14.11.1806, in: Lütkehaus (Hg.): Die Schopenhauers, S. 116-120, hier S. 117.
[499] Johanna Schopenhauer an Arthur Schopenhauer, Weimar, 26.05.1806: „Der Umgang hier scheint mir sehr angenehm, und gar nicht kostspielig, mit wenig Mühe und noch weniger Unkosten, wird es mir leicht werden wenigstens einmahl in der Woche die ersten Köpfe in Weimar und vielleicht in Deutschland um meinen Theetisch zu versammeln, [...]", in: ebd., S. 70f, hier S. 70.,

angenehmen Aufenthalt in der Stadt. Enthusiastisch verkündet sie, dass „Bertuchs, Ridels, Md. Kühn und Falks [...] alles mögliche für [sie] thun" wollten.[500] Die Namen dieser vier Familien erwähnt sie auch in den folgenden Briefen und vor allem nach dem endgültigen Umzug von Hamburg nach Weimar im September 1806 immer wieder. Sie waren in den ersten Wochen des Aufenthaltes die zentralen Bezugspersonen für Johanna Schopenhauer.

Friedrich Justin Bertuch hatte sie nachweislich schon auf der Badereise im Sommer 1800 kennen gelernt.[501] Zu diesem Zeitpunkt hatte Bertuch seine Karriere am Hofe Carl Augusts bereits beendet[502] und engagierte sich vor allem als Verleger und Herausgeber in seinem 1791 gegründeten Industrie-Comptoir. Sowohl aufgrund seines Ansehens bei Hofe als auch wegen seiner Tätigkeit als Begründer und Leiter des Industrie-Comptoirs, zählte er zu den einflussreichsten Personen mit einem ausgedehnten sozialen Netzwerk.[503] Allein infolge dieser herausgehobenen Stellung war die Bekanntschaft mit ihm für Johanna Schopenhauer von einer hohen Attraktivität. Seine Beziehungen sollten sich als unerlässlich für ihre Integration in die Weimarer Gesellschaft erweisen.

---

[500] Vgl. Johanna Schopenhauer an Arthur Schopenhauer, Weimar, 16.05.1806, in: ebd., S. 66f., hier S. 67.

[501] Arthur Schopenhauer vermerkte am 29. Juli in seinem Reisetagebuch die Ankunft der Familie in Weimar und berichtete am folgenden Tag von der faszinierenden Begegnung mit Friedrich Justin Bertuch: „Den folgenden Tag brachten wir in Weimar zu, wo wir das Vergnügen hatten den höchstinteressanten Herrn Bertuch kennen zu lernen. Er führte uns nach der Maler-Academie, wo Mädchen u. Knaben nach Gyps zeichnen.", zit. n. ebd., S. 18.

[502] Zu den verschiedenen Tätigkeiten Friedrich Justin Bertuchs im Dienste des herzoglichen Hofes vgl. HAC, Datensatz Nr. 2719: Friedrich Justin Bertuch ist 1776 zum ersten Mal als Geheimer Sekretär verzeichnet, ab 1781 zusätzlich als Schatullverwalter. 1796 wird sein Name zum letzten Mal im Hof- und Adresskalender erwähnt. Nach Beendigung seines Hofdienstes bekleidete er als Stadtältester außerdem eine Funktion innerhalb der Stadtverwaltung Weimars.

[503] Zu Friedrich Justin Bertuch vgl. u.a. ADB: Bd. 2, Leipzig 1875, S. 552f.; Fritz Fink: Friedrich Johann Justin Bertuch. Der Schöpfer des Weimarer Landes-Industrie-Comptoirs (1747-1822), Weimar 1934 (= Beiträge zur Geschichte der Stadt Weimar 4). Neuere Arbeiten zu Friedrich Justin Bertuch gibt es von Gerhard Kaiser/Siegfried Seifert (Hg.): Friedrich Justin Bertuch (1747-1822). Verleger, Schriftsteller und Unternehmer im klassischen Weimar [künftig zitiert: Bertuch], Tübingen 2000; Walter Steiner/Uta Kühn-Stillmark: Friedrich Justin Bertuch. Ein Leben im klassischen Weimar zwischen Kultur und Kommerz, Köln/Weimar/Wien 2001; Katharina Midell: „Die Bertuchs müssen doch in dieser Welt überall Glück haben". Der Verleger Friedrich Justin Bertuch und sein Landes-Industrie-Comptoir um 1800, Leipzig 2002. Die im Teilprojekt B6 beschäftigte Julia Schmidt-Funke beleuchtete in ihrer Dissertation den Zusammenhang zwischen den politischen Tätigkeiten Bertuchs und seinem Zeitschriftenprogramm. Vgl. Julia Schmidt-Funke: Auf dem Weg in die Bürgergesellschaft. Die politische Publizistik des Weimarer Verlegers Friedrich Justin Bertuch, Köln/Weimar/Wien 2006. Zu den sozialen Beziehungen Bertuchs vgl. dies., Der Konflikt um die Verlegung der Allgemeinen Literatur-Zeitung nach Halle im Jahr 1803, in: Zeitschrift des Vereins für Thüringische Geschichte 57 (2003), S. 105-126.

Während Johanna Schopenhauer schon Jahre vor ihrem Umzug nach Weimar einen zumindest losen Kontakt mit Friedrich Justin Bertuch hergestellt hatte, schloss sie mit den Familien Ridel, Kühn und Falk offensichtlich erst auf ihrer Erkundungsreise nähere Bekanntschaft.[504] Bertuch dürfte allerdings die zentrale Vermittlungsperson für die Begegnung mit diesen Familien gewesen sein, da die Familien untereinander bereits bekannt waren. Beispielsweise verkehrten die Familien Falk und Bertuch innerhalb der Weimarer Gesellschaft häufiger miteinander.[505] Abgesehen davon war die Ehefrau Cornelius Johann Rudolph Ridels eine der Paten des 1799 geborenen Sohnes Johann Daniel Falks.[506]

Mit Kühns stand Johanna Schopenhauer vor allem deshalb in Kontakt, weil sie die Option hatte, deren Haus kaufen zu können.[507] Ernst Wilhelm Gottlob Kühn, der bis 1805 und 1806 als Kalkulator am Hofe Carl Augusts beschäftigt war, ab 1807 aber als Rentkommissar im Amt Jena arbeitete[508], wollte sein Haus offensichtlich aufgrund eines geplanten Wohnortswechsels verkaufen. Innerhalb kürzester Zeit entschied sich Johanna Schopenhauer jedoch aus pragmatischen Gründen gegen den Hauskauf:

> „Kühns Haus kaufe ich nicht, es ist sehr klein, schlechte dünne Mauern, baufällig, und so abgelegen dass sie eine Menge Kettenhunde halten müssen, um vor Dieben sicher zu seyn, auch ist es besser, ich mache mich nicht gleich durch Ankauf fest."[509]

Trotz der ablehnenden Haltung Johanna Schopenhauers blieb vor allem die Ehefrau Kühns[510] eine der wichtigsten Ansprechpartnerinnen und Ratgeberinnen

---

[504] Weder in den Tagebüchern Arthur Schopenhauers noch in den Briefen und Lebenserinnerungen Johanna Schopenhauers ließen sich Hinweise auf einen früheren Kontakt zu den drei Familien finden.

[505] Vgl. Horn: Selbstdarstellung, S. 83.

[506] Vgl. KAWE TR HK 1799, fol. 91r., Nr. 1.

[507] Vgl. Johanna Schopenhauer an Arthur Schopenhauer, Weimar, 19.05.1806, in: Lütkehaus (Hg.): Die Schopenhauers, , S. 68f. Zwar werden in den Briefen nach der Übersiedlung nach Weimar auch noch Treffen mit Madame Kühn und ihrem Mann erwähnt, allerdings tauchen Namen wie Bertuch, Falk und Ridel deutlich öfter auf.

[508] In den Hof- und Adresskalendern Sachsen-Weimar-Eisenachs ist Ernst Wilhelm Gottlob Kühn von 1797 bis 1805 als Rentamtsakzessist für die Ämter Weimar, Oberweimar und Kromsdorf geführt. 1805 und 1806 ist er als Kalkulator „Hofetat/Carl August/Hofmarschallamt/Expedition" und von 1807 bis 1813 als Rentkommissar im Amt Jena verzeichnet. Vgl. HAC, Datensatz Nr. 4087. Dass sich der Einsatzort 1807 von Weimar nach Jena verschob, könnte für das Bestreben der Familie sprechen, ihr Haus in Weimar zu verkaufen.

[509] Johanna Schopenhauer an Arthur Schopenhauer, Weimar, 19.05.1806, zit. n. Lütkehaus (Hg.): Die Schopenhauers, S. 68f., hier S. 68.

[510] Nach Ludger Lütkehaus war sie eine Bekannte Johannas aus der Hamburger Zeit. Vgl. die Anmerkungen von Ludger Lütkehaus im Anschluss an den Brief Johannas an Arthur Schopenhauer vom 16.05.1806, in: ebd., S. 68. Für diese Arbeit konnte die Angabe von Lütkehaus nicht endgültig bestätigt werden. Für eine Verbindung der Familie nach Hamburg spricht zumindest, dass Johanna Schopenhauer von einer Reise Kühns nach Hamburg schrieb. Vgl. Johanna Schopenhauer an Arthur Schopenhauer, Weimar, 06.10.1806: „Kühn reist diesen Montag nach Hamburg, er hat sein Haus verkauft, die Frau und Kinder

während des Erkundungsaufenthaltes. Die Kontakte werden auch deshalb weiterhin gepflegt worden sein, weil der Beamte Ernst Wilhelm Gottlob Kühn auf eine Vermittlung weiterer Kontakte, auch zum höfischen Milieu, hoffen ließ.

Abgesehen davon waren es vor allem die Verbindungen zu Cornelius Johann Rudolph Ridel und Johannes Daniel Falk sowie deren Ehefrauen, die während des Sommeraufenthaltes Johanna Schopenhauers eine zentrale Rolle bei der Beschaffung von Informationen und der Vermittlung von Kontakten in der Residenzstadt spielten:[511] Schon wenige Tage nach ihrer Ankunft in Weimar lernte Johanna Schopenhauer auf einer der Abendgesellschaften der Familie Ridel den Bibliothekar Anna Amalias, Carl Ludwig Fernow, kennen.[512] Die Aussicht, endlich auf Christoph Martin Wieland zu treffen, erhielt sie allerdings zunächst durch die Familie Kühn:

> „Goethe und Wieland habe ich noch nicht gesehen, ersterer ist in Jena, letztern treffe ich wahrscheinlich Donnerstag bey Md. Kühn."[513]

Nachdem es während der geplanten Zusammenkunft im Haus der Kühns nicht zum ersehnten Treffen gekommen war, hoffte sie auf den geselligen Zirkel der Familie Ridel:

> „Mit Wieland soll ich Morgen bei Ridel zusammen seyn und obendrein l'hombre mit ihm spielen, den ganzen Abend werde ich denken O Lord o Lord what an honour is this [Hervorhebungen im Text, J.D.] [...]".[514]

Entsprechend der mit Weimar verbundenen Absichten versprach Cornelius Johann Rudolph Ridel als ehemaliger Prinzenerzieher und Kammerrat bzw. Kammerdirektor eine Reihe neuer und wichtiger Verbindungen mit Angehörigen des Hofes und der Stadt gleichermaßen.[515] Von Carl August 1787 zum

---

bleiben ganz ruhig hier, bis zum Frühlinge, dann liefern sie das Haus ab.", zit. n. ebd., S. 76-79, hier S. 78.

[511] Vgl. Johanna Schopenhauer an Arthur Schopenhauer, Weimar, 16.05.1806; Weimar, 19.05.1806; Weimar, 26.05. 1806, in: ebd., S. 66-71.

[512] Vgl. Johanna Schopenhauer an Arthur Schopenhauer, Weimar, 19.05.1806: „Der Ton in Gesellschaft ist äußerst gebildet, Ridels thun was sie können für mich, gestern brachten wir einen angenehmen Abend mit Falk und Fernow den Du kennen mußt, bey ihnen zu.", zit. n. ebd., S. 68f., hier S. 69.

[513] Johanna Schopenhauer an Arthur Schopenhauer, Weimar, 19.05.1806, zit. n. ebd.

[514] Johanna Schopenhauer an Arthur Schopenhauer, Weimar, 26.05.1806, zit. n. ebd., S. 70f., hier S. 71.

[515] Einen Hinweis auf seine sozialen Verflechtungen geben nicht zuletzt die Kirchenbücher Weimar-Jenas: Cornelius Johann Rudolf Ridel ist hier zum einen als Pate eines Sohnes des großherzoglichen Hofadvokaten Carl Georg Hass verzeichnet, vgl. dazu das Taufregister des Kirchenarchivs der Stadtkirche Weimar von 1817: KA WE TR SK 1817, S. 245r. Zum anderen nahm Ridel eine der Patenstelle für die 1805 geborene Tochter Johannes Daniel Falks ein. Vgl. dazu KA WE TR SK 1805, 43v, Nr. 1.

Instruktor des Erbprinzen Carl Friedrich eingesetzt, etablierte sich Ridel im Laufe der Zeit als Hofbeamter und im Rahmen städtischer Angelegenheiten.[516]

Auf die während ihres Orientierungsaufenthaltes in Weimar bei ihm verlebten Abende wurde Johanna Schopenhauer häufig von Johannes Daniel Falk begleitet.[517] 1797 nach Weimar gekommen, versuchte dieser seinen Lebensunterhalt mit eigenen schriftstellerischen Arbeiten zu verdienen. Schon vorher hatte er die Bekanntschaft des von ihm verehrten Christoph Martin Wielands gemacht. Mit dessen Hilfe gelang es Falk, einige Arbeiten zu veröffentlichen. Am bekanntesten wurde wohl das von 1797-1804 erscheinende „Taschenbuch für Freunde des Scherzes und der Satyre".[518] Die Integration der Familie Falk in die Residenzstadt gelang relativ rasch.[519] Damit verfügte auch Johannes Daniel Falk über eine Reihe von Kontakten, die für Johanna Schopenhauer von großer Bedeutung waren. Dazu gehörten neben seiner Beziehung zu Christoph Martin Wieland auch ein engeres Verhältnis zu den Familien Bertuch und Böttiger, an deren Teegesellschaft er gemeinsam mit seiner Frau Caroline teilnahm.[520] Schon während des zweiwöchigen Weimarbesuchs waren Falks gesellschaftliche Kontakte von erheblicher Bedeutung für Johanna Schopenhauer. Permanent stand sie während dieser Zeit mit ihm in Kontakt.[521] Er unterstützte sie in ihrem Vor-

---

[516] Vgl. die Eintragungen zur Person Cornelius Johann Rudolf Ridels in: HAC, Datensatz Nr. 3447. Ridel ist hier nicht nur als Kammerrat bzw. Geheimer Kammerrat und Ritterkreuzträger, sondern ebenfalls als Mitglied der Stadtpolizeikommission der „General Polizey Direction" sowie einer Reihe weiterer Kommissionen verzeichnet.

[517] Zu Johannes Daniel Falk (1768-1826) vgl. u.a. Johannes Demandt: Johannes Daniel Falk. Sein Weg von Danzig über Halle nach Weimar (1768-1799), Göttingen 1999; Ernst Schering (Hg.): Johannes Falk. Geheimes Tagebuch 1818-1826, Stuttgart 1964; ders.: Johannes Falk. Leben und Wirken im Umbruch der Zeiten, Stuttgart 1961; einige wichtige Informationen zu Johannes Daniel Falk lassen sich auch in der von Katrin Horn verfassten Staatsexamensarbeit zu Caroline Falk finden. Vgl. Horn: Selbstdarstellung. Vgl. außerdem Effi Biedrzynski: Goethes Weimar. Das Lexikon der Personen und Schauplätze, Zürich 1992, S. 85-86; ADB: Bd. 6, Leipzig 1877, S. 549-551.

[518] Vgl. Johannes Daniel Falk: Taschenbuch für Freunde des Scherzes und der Satyre, Leipzig 1797-1804.

[519] Die Integration der Familie Falk und die Ausdehnung ihres sozialen Netzwerkes lässt sich auch anhand der Kirchenbücher Weimars nachvollziehen. Ersichtlich wird, wie schnell der Aufbau eines Netzwerks gelang, das später auch für Johanna Schopenhauer bedeutend werden sollte. Die dort verzeichneten Taufpaten der Kinder von Caroline und Johannes Daniel Falk vermitteln einen Eindruck von dem Umfang der elterlichen Beziehungen. Vgl. KA WE TR HK 1799, 91r; KA WE TR HK 1803, 292r; KA WE TR SK 1805, 43r; KA WE TR HK 1807, 536rf; KA WE TR HK 1810, 82r; KA WE TR HK 1812 214r; KA WE TR HK 1813, 282r; KA WE TR HK 1817, 480r; KA WE TR HK 1820, 54r.

[520] Vgl. Horn: Selbstdarstellung, S. 83.

[521] Vgl. Johanna Schopenhauer an Arthur Schopenhauer, Weimar, 16.05.1806: „[...] und jetzt erwarte ich unsern Landsmann Falk, der ... interessant und liebenswürdig ist, und mir hier Contas Stelle dreyfach ersezen kann.", zit. n. Lütkehaus (Hg.): Die Schopenhauers, S. 66f., hier S. 66; Johanna Schopenhauer an Arthur Schopenhauer, Weimar, 19.05.1806: „[...] gestern brachten wir einen angenehmen Abend mit Falk und Fernow den Du kennen mußt, bey ihnen zu.", zit. n. ebd., S. 68f., hier S. 69; Johanna Schopenhauer an Arthur

haben, nach Weimar zu ziehen, führte sie in die Gesellschaft Weimars ein und vermittelte eine Reihe von Bekanntschaften.[522]

Abgesehen davon hatte die Beziehung zu Falk ganz pragmatische Folgen: Offensichtlich trug er dazu bei, dass Schopenhauer in Weimar die Wohnung erhielt, in die sie nach der endgültigen Übersiedlung einzog – eine wesentliche Voraussetzung für all ihre mit Weimar verbundenen Pläne. Da Falk mit einer der Bewohnerinnen des Hauses über Gevatterschaft verbunden war, ist nicht auszuschließen, dass diese ihm die Nachricht von der freistehenden Wohnung übermittelt hat. Falk selbst hatte in der Remise desselben Hauses, in das Johanna Schopenhauer schließlich einzog, seinen Wagen untergestellt.[523]

Der Einblick in die Zusammensetzung der unterschiedlichen Geselligkeitskreise, die Johanna Schopenhauer während ihres Besuchs im Mai erhielt, war eine notwendige Voraussetzung, um auf diesem Feld später selbst erfolgreich zu sein. Hinzu kamen gemeinsame Theaterbesuche, die den positiven Eindruck, den Johanna Schopenhauer von Weimar hatte, noch verstärkten und sie einmal mehr davon überzeugten, dass sie in Weimar den idealen Ort für die Umsetzung ihrer Ziele gefunden hatte.[524]

Noch bevor Johanna Schopenhauer im September 1806 endgültig nach Weimar zog, nutzte sie ihre bereits funktionierenden Kontakte für einen möglichst reibungslosen Umzug von Hamburg nach Weimar. Friedrich Justin Bertuch fungierte dabei als zentrale Bezugsperson. Ihn bat Johanna Schopenhauer, bezugnehmend auf ein von ihm unterbreitetes Angebot, um Hilfe bei der Annahme ihrer von Hamburg aus verschickten Möbel:

> „Sie waren so gütig, lieber Herr Legationsrath, mir bey meiner lezten Anwesenheit in Weimar zu erlauben daß ich meine Sachen und Möblen die ich dorthin abschicken sollte an ihr Haus adreßiren könnte, versprachen mir bis zu meiner Ankunft Sorge dafür zu tragen. Ich wage es jezt Sie an dieses Versprechen zu erinnern, und zugleich Gebrauch davon zu machen. Ich denke den 21ten September oder doch in den nächsten darauf folgenden Tagen Hamburg zu verlaßen um mit den lezten Tagen des Monats in Weimar zu seyn. [...] Ich bitte Sie es in Empfang nehmen zu laßen und alles dabey zu besorgen was nöhtig ist, die Auslagen werde ich gleich bey meiner Ankunft erstatten,

Schopenhauer, Weimar, 26.05.1806: „Ich muß aufhören, denn Falk und der Doctor schwadroniren hier so im Zimmer daß ich mein eignes Wort nicht verstehe.", zit. n. ebd., S. 70f., hier S. 71.

[522] Vgl. Johanna Schopenhauer an Arthur Schopenhauer, Weimar, 16.05.1806, in: ebd., S. 66f.

[523] Vgl. den Brief Johanna Schopenhauers an Friedrich Justin Bertuch, Hamburg, 30.08.1806. In diesem Brief fragt sie an, ob es möglich wäre, die Umzugskisten in der Remise des Hauses der „Doctorin Herder" setzen zu können: „Herr Falck hat dort zwar seinen Wagen stehen, und ich habe ihm auch versprochen daß der Wagen dort stehen bleiben soll [...]", GSA Bestand Bertuch, Friedrich Justin Bertuch, Eingegangene Briefe, Schopenhauer Johanna, GSA 06/1709.

[524] Vgl. Johanna Schopenhauer an Arthur Schopenhauer, Weimar, 26.05.1806: „Vom Teater verspreche ich mir großen Genus, ich habe es dreymahl besucht, es ist würklich ausgezeichnet, in Hamburg haben wir kaum einen Schatten davon.", zit. n. Lütkehaus (Hg.): Die Schopenhauers, S. 70f., hier S. 71.

> für die Mühe die Sie davon haben werden kann freylich nichts Sie lohnen als meine herzliche Dankbarkeit und das Gefühl mir bey einem großen Schritte meines Lebens behülflich gewesen zu seyn. Es sind in allem 37 Kisten und Koffer, 10 davon sind mit Wein gefüllt [...]"[525]

Bertuch half ihr also in entscheidendem Maß bei der Organisation des Umzugs. In der Folge versuchte Johanna Schopenhauer gezielt, Vorteile aus der bereits bestehenden Verbindung zu ziehen und diese zu intensivieren, um sie auch weiterhin nutzen zu können:

> „Bey Ihnen hoffe ich Ruhe, Vergeßenheit des vergangnen, und freundlichen Umgang zu finden, mehr wünsche ich nicht. Ich hoffe Sie, mein lieber Herr Legationsrath und Ihre würdige Gemahlinn werden mich bey näherer Bekanntschaft Ihrer Freundschaft nicht unwerth finden, Sie zu verdienen wird mein eifriges Bestreben seyn."[526]

Die Initiative Johanna Schopenhauers war von Erfolg gekrönt. Nachdem die Familie Bertuch zunächst den Umzug organisiert und zahlreiche Kontakte vermittelt hatte, sollten vor allem Friedrich Justin und sein Sohn Carl Bertuch als Verleger und Herausgeber zu einem späteren Zeitpunkt zentrale Bedeutung für Johanna Schopenhauers Leben in Weimar gewinnen.

All diese Kontakte wirkten sich damit positiv auf die Integration Johanna Schopenhauers in die Weimarer Gesellschaft aus:

> „[...] ich habe hier Freunde die lebhaft an mir theil nehmen: Riedel sorgt wie ein Bruder für mich, der gute Falck thut auch das seine, und bringt mir gleich jede neue Nachricht zu, was ich sehr gern habe, auch Bertuch nimmt sich redlich meiner an, ich bin unter sehr gute Menschen gerathen."[527]

Auch wenn das Knüpfen weiterer Kontakte teilweise langsamer als beabsichtigt voranschritt, konnte regelmäßig von erneuten Erfolgen berichtet werden:

> „Neue Bekanntschaften habe ich noch nicht gemacht, außer gestern bey Kühns eine Frau v Egloffstein, die Mutter des Hofmarschals, die mich sehr freundlich zu sich eingeladen hat, und die hier ein brillantes Haus macht [...]"[528]

Mit der Unterstützung ihrer Bekannten lebte sich Johanna Schopenhauer schnell ein und nahm bald regen Anteil am höfischen und städtischen Leben. Regelmäßig wurde sie von den Vorgängen am Hof und in der Stadt unterrichtet. Die

---

[525] Johanna Schopenhauer an Friedrich Justin Bertuch, Hamburg, 30.08. 1806, GSA Bestand Bertuch, Friedrich Justin Bertuch, Eingegangene Briefe, Schopenhauer, Johanna, GSA 06/1709.

[526] Vgl. ebd.

[527] Vgl. Johanna Schopenhauer an Arthur Schopenhauer, Weimar, 06.10.1806, zit. n. Lütkehaus (Hg.): Die Schopenhauers, S. 76-79, hier S. 77.

[528] Vgl. ebd. Die Rede ist von Sophie von Egloffstein, der Mutter Henriette von Egloffsteins und ihres Bruders Wolfgang Gottlob Christoph von Egloffstein. Sophie von Egloffstein starb 1807 in Weimar.

bereits gefestigten sozialen Beziehungen erwiesen sich als beste Quelle für Informationen.[529]

Zu den alten Freunden kamen schnell neue hinzu. Zu ihnen zählten der fürstlich sächsische Legationsrat Philipp Christian Weiland[530] sowie Wilhelmine Conta, die beide schon kurz nach der Ankunft Johanna Schopenhauers regelmäßige Gäste in ihrem Haus waren.[531] Die Bekanntschaft mit Wilhelmine Conta zog außerdem den Kontakt zu deren Bruder, dem fürstlich sächsischen Legationsrat und späteren Minister Carl Friedrich Anton Conta[532], nach sich. Ein Indiz für das engere Verhältnis Johanna Schopenhauers mit Carl Friedrich Anton Conta ist die Übereignung der „Bibliotheque èrotique" ihres Mannes Heinrich Floris Schopenhauer an Conta.[533] Diese neuen Freunde erwiesen sich

---

[529] Deutlich erkennbar wird dies anhand der Schilderungen kurz nach der Besetzung Weimars durch die französische Armee. Vgl. Johanna Schopenhauer an Arthur Schopenhauer, Weimar, 19.05.1806: „Ridels waren eben des Feuers wegen das noch immer ruhig brannte ins Schloß geflüchtet und sie erzählten uns welche Greuel dort geschehen wären, und wie das noch immer fort wäre.", zit. n. Lütkehaus (Hg.): Die Schopenhauers, S. 80-103, hier S. 95.

[530] Philipp Christian Weiland stand seit 1789 in den Diensten Carl Augusts. Vgl. HAC, Datensatz Nr. 3731.

[531] Johanna Schopenhauer an Arthur Schopenhauer, Weimar, 14.11.1806: „Göthe, Meyer, Fernow, Schüze, Md. Ludekus, Conta und die Schwester, Bertuchs, Falks, Ridels Weylands, sind vors erste eingeladen [...]", zit. n. Lütkehaus: Die Schopenhauers, S. 116-120, hier S. 119. Beide pflegten engere Kontakte mit Cornelius Johannes Rudolph Ridel und Johannes Daniel Falk. Sowohl Weiland als auch Conta fungierten neben Ridel als Paten für die 1805 geborene Tochter Falks. Vgl. KAWE TR SK 1805, fol. 43v. Wilhelmine Conta war die vierte Patin von Falks Tochter Angelica. Sie war die Schwester des Hofkommissionssekretärs, Bibliothekars, späteren Geheimen Sekretärs und Legationsrates in Weimar, Carl Friedrich Anton Conta. Carl Friedrich Anton Conta war später wie seine Schwester regelmäßiger Teilnehmer an den von Johanna Schopenhauer veranstalteten geselligen Zusammenkünften. Allem Anschein nach hat dieser Kontakt Johanna Schopenhauer zu ihrer Weimarer Wohnung verholfen. Schließlich wohnten die Contas mit in dem Haus, in dem Schopenhauer eine Wohnung anmietete.

[532] Von Contas Tätigkeiten für Sachsen-Weimar-Eisenach berichtete Johanna Schopenhauer ihrem Sohn am 07.11.1806 aus Weimar folgendes: „[...] er [Conta, J.D.] macht sich sehr rühmlich, seit acht Tagen ist er auf einem höchst unangenehmen Posten, wo er aber viel Gutes stiftet, er ist nach Buttelstedt geschickt, einem kleinen weimarschen Städtchen 2 Meil von hier, über welches zu unserm Heil die MilitärStrasse geht, dort muß er die Lazarette, die Einquartierung, die Pferde für den Transport der Artillerie etc besorgen, an einem Ort, wo fast nichts mehr zu haben ist, es ist eine ungeheure Aufgabe [...]", zit. n. Lütkehaus (Hg.): Die Schopenhauers, S. 110-115, hier S. 112. Zur Tätigkeit Contas innerhalb der Verwaltung Sachsen-Weimar-Eisenachs Vgl. HAC, Datensatz Nr. 5700: Conta war zunächst Hofkommissionssekretär, später geheimer Sekretär.

[533] Vgl. dazu Johanna Schopenhauer an Carl Friedrich Anton Conta, GSA, Bestand Schopenhauer, Johanna Schopenhauer, Ausgegangene Briefe, Conta, Carl Friedrich Anton, GSA 84/I,3,1. In dieser Akte findet sich eine Abschrift eines Schreibens Johanna Schopenhauers an Carl Friedrich Anton Conta in Gedichtform. Daneben befindet sich eine Bemerkung des Sohnes von Carl Friedrich Anton Conta: „Von Madame Schopenhauer an meinen Vater bei der Uebersendung der Bibliothque érotique ihres verstorbenen Mannes."

bald als Bereicherung vor allem für das gesellige Leben Johanna Schopenhauers in Weimar. Sie versprachen außerdem die Nähe zum höfischen Milieu.

Dass Johanna Schopenhauer von Anfang an bestrebt war, auch in die höfischen Kreise eingeführt zu werden, macht ein Empfehlungsschreiben deutlich, das sie schon in Hamburg von dem Maler Johann Heinrich Wilhelm Tischbein erhielt. Dieses sollte ihr die Türen zur höfischen Gesellschaft öffnen und verweist damit auf das zielgerichtete Vorgehen Johanna Schopenhauers in Weimar.

Als erste wichtige Kontaktperson zum Hof erwies sich Luise von Göchhausen. Diese versprach Johanna Schopenhauer sowohl die Vermittlung einer Bekanntschaft mit Anna Amalia als auch – endlich – jene mit Christoph Martin Wieland:

> „[...] bey Frl. v. Göchhausen bin ich gewesen, Sie hat mich auf Tischbeins Empfehlung sehr zuvorkommend empfangen, und will mich künftige Woche der alten Herzoginn vorstellen, und mir Wielands und einiger andern Bekanntschaft verschaffen."[534]

Wenn Johanna Schopenhauer fortlaufend schreibt „Ich darf nur wollen so bin ich hier in den ersten Zirkeln, ich werde aber weislich um mich schauen um mich nicht zu übereilen [...]"[535], dann macht sie zumindest indirekt klar, mit welch hohem Maß an Energie sie an den Fäden ihres Beziehungsnetzes knüpfte. Noch vor der Besetzung Weimars durch die Franzosen gelang es ihr, Anna Amalia kennen zu lernen:

> „[...] es war 12 Uhr, ich ging allso zur Hofdame der verw. Herzoginn Frl. v. Göchhausen, die in der Zeit meine Freundin geworden war ins Schlos, um etwas neues und bestimmtes zu hören, ich traf sie gerade mit der Herzoginn auf der Treppe, ich ward sogleich der Herzoginn auf der Treppe vorgestellt, die schon von mir gehört hatte, und beängstigt wie sie war, mich doch sehr freundlich aufnahm, und mich mit in ihr Zimmer nahm [...]".[536]

Ihre Versuche, die sozialen Beziehungen auf das adelige Milieu auszudehnen, machten sich schnell bezahlt: Für ihre erste Begegnung mit Christoph Martin Wieland erwies sich die Beziehung zur Familie von Egloffstein als entscheidend. Während einer geselligen Zusammenkunft im Hause der „Frau von Egloffstein"[537] lernte sie diesen kennen und berichtete ausführlich davon:

---

[534] Johanna Schopenhauer an Arthur Schopenhauer, Weimar, 06.10.1806, zit. n. Lütkehaus (Hg.): Die Schopenhauers, S. 76-79, hier S. 77.
[535] Ebd.
[536] Johanna Schopenhauer an Arthur Schopenhauer, Weimar, 19.10.1806, zit. n. ebd., S. 80-103, hier S. 83f.
[537] Bei der von Johanna Schopenhauer erwähnten „Frau von Egloffstein" kann es sich entweder um Sophie von Egloffstein, die Mutter Wolfgang Gottlieb Christoph von Egloffstein oder aber um dessen Frau, Caroline von Egloffstein, gehandelt haben. Henriette von Egloffstein befand sich seit Anfang 1804 nicht mehr in Weimar.

„Wieland habe ich gesehen, ich hatte einen Besuch bey Frau von Egloffstein zu machen, er hatte es erfahren und war richtig da, er ist 73 Jahre alt, lebhaft genug für sein Alter, er bat auch zu mir kommen zu dürfen [...]. Er trägt ein schwarzes Käpchen wie ein Abbé, das giebt ihm bey seinem weißen Haar etwas erwürdiges, er hat eine französische Phisionomie, und kann nie gut ausgesehen haben, jezt ist er, besonders ohne Brille, ziemlich hässlich. Er war gar freundlich und aufmercksam gegen mich, und schien viel von mir gehört zu haben."[538]

Geschmeichelt und selbstbewusst ließ Johanna Schopenhauer den Sohn an ihrem neuen Leben teilhaben und vermittelte gern den Eindruck, innerhalb des geselligen Lebens von Weimar zu den gefragten Personen zu gehören. Die Kontakte, die sie innerhalb der zwei Monate ihres Aufenthaltes in Weimar knüpfte, waren von bemerkenswerter Vielfalt. Allein die Verbindungen zu Luise von Göchhausen öffneten Johanna Schopenhauer die Türen zu weiteren Mitgliedern des Hofes. Zu ihnen gehörte auch Henriette von Fritsch, geborene von Wolfskeel, die vor ihrer Heirat mit dem Kammerherren Carl Wilhelm Freiherr von Fritsch Hofdame Anna Amalias war.[539]

Wenn Johanna Schopenhauer an ihren Sohn schrieb „Adliche und Bürgerliche sind gegen mich äußerst zuvorkommend, kurz ich finde mich in keiner meiner Erwartung getäuscht, und lebe so froh und glücklich wie ich es nur wünschen kann [...]", dann zeigt sich, wie wichtig ihr der intensive Kontakt mit den beiden Sphären der Weimarer Gesellschaft war.[540] Die Briefe Johanna Schopenhauers vermitteln den Eindruck, als habe sie von Anfang bemerkt, wie stark Hof und Stadt personell miteinander verflochten waren und welche Bedeutung dies einerseits für das gesellige Leben, andererseits aber auch für die eigene Positionierung und in diesem Zusammenhang für das eigene Agieren in der Weimarer Gesellschaft besessen hat. Auf der Basis dieses Wissens ergriff sie die Gelegenheit, sich in beiden Sphären zu profilieren, um ihre Pläne erfolgreich verwirklichen zu können. Schließlich versprachen all diese sozialen Beziehungen den Erfolg des geplanten „Theetischs".

3.3.2.2    Johanna Schopenhauer als Gesellschafterin – Der „Theetisch"

Sowohl Quantität als auch Qualität der persönlichen Beziehungen Johanna Schopenhauers zu den verschiedensten Bewohnern der Stadt und des Hofes wandelten sich im Laufe des Weimarer Aufenthaltes. Abgesehen von den altbewährten Verbindungen kamen neue Bekanntschaften und Freundschaften hinzu, die nun nicht mehr nur einer erfolgreichen Integration dienten. Johanna Schopenhauer suchte sich die Beziehungen danach aus, welchen Nutzen sie für die eigenen Vorhaben hatten.

---

[538] Vgl. Johanna Schopenhauer an Arthur Schopenhauer, Weimar, 28.11.1806, zit. n. Lütkehaus (Hg.): Die Schopenhauers, S. 122-125, hier S. 124.
[539] Vgl. ebd., hier S. 125.
[540] Johanna Schopenhauer an Arthur Schopenhauer, Weimar, 28.11.1806, zit. n. ebd., S. 125.

Wie wichtig die Zeit während der Besetzung Weimars durch die französische Armee für die Integration Johanna Schopenhauers und vor allem für den Ausbau ihrer persönlichen Beziehungen innerhalb der Residenzstadt war, zeigen ihre Berichte aus den ersten Tagen der Besatzungszeit: Die vor allem infolge der Plünderungen katastrophale Lage innerhalb Weimars hatte ein Klima gegenseitiger Unterstützung zur Folge, die Einheimische und Fremde schneller als üblich aneinander gewöhnte. Johanna Schopenhauer, die als eine der wenigen Personen von Plünderungen verschont geblieben war, nutzte diese Situation, um den Geschädigten vor allem mit Geld- und Lebensmitteln zu Hilfe zu kommen. Durch diese energischen Maßnahmen stieg ihr Ansehen innerhalb der Weimarer Gesellschaft schnell an. Innerhalb kürzester Zeit versammelten sich nahezu jeden Abend verschiedene Personen im Haus Johanna Schopenhauers.[541] Zu den regelmäßig erscheinenden Personen zählten neben Bertuchs, Falks und Ridels, Amalie Ludecus[542], Philipp Christian Weiland auch Carl Ludwig Fernow, Joachim Heinrich Meyer, Caroline Bardua und Johann Wolfgang Goethe.[543]

Die abendlichen Treffen dienten dem Gespräch über alltägliche Geschehnisse ebenso wie dem geselligen Vergnügen in einer Zeit, in der das sonst vor allem während der Wintermonate übliche gesellige Leben noch nicht in Gang gekommen war: Weder hatte das Theater geöffnet, noch war an Maskenzüge oder Redouten zu denken. Die Weimarer suchten nach anderen Möglichkeiten der Geselligkeit und fanden sich in Johanna Schopenhauers Zirkel ein. Friedrich

---

[541] Johanna Schopenhauer an Arthur Schopenhauer, Weimar, 07.11.1806: „Jezt ist mein Haus noch das einzige in welchem es so froh hergeht, die andern haben alle mehr oder weniger verlohren [...]", zit. n. ebd., S. 110-114, hier S. 113.

[542] Vor ihrer ersten Ehe mit einem Hofrat Berg war sie als Hofdame Anna Amalias tätig. Später heiratete sie den Geheimsekretär Anna Amalias Johann August Ludecus. Unter dem Pseudonym Amalie Berg war sie als Schriftstellerin tätig. Vgl. die Angaben in der im Rahmen des Teilprojekts A4 angefertigten Biobibliographie: Nicole Grochowina/Katrin Horn/Stefanie Freyer (Hg.): FrauenGestalten Weimar-Jena um 1800. Ein biobibliographisches Lexikon, Heidelberg [voraus. 2008].

[543] Vgl. Johanna Schopenhauer an Arthur Schopenhauer, Weimar, 07.11.1806: „[...] gegen 6 Uhr trincke ich Thee, dann kommt mein Besuch, ungebeten, unerwartet, aber allein bin ich bis jezt noch nicht einen Abend gewesen, Professor Meyer, Fernow, Falck, Göthe, Ridels, Bertuchs Familie, Mdlle Bardua, ein Wunder von Talent, Sie wird in kurzem die erste Mahlerin in Deutschland seyn, dazu spielt sie das Klavier u singt in großer Vollkommenheit [...]", zit. n. Lütkehaus (Hg.): Die Schopenhauers, S. 110-114, hier S. 112; dazu auch Johanna Schopenhauer an Arthur Schopenhauer, Weimar, 07.11.1806: „[...] aber allein bin ich bis jezt noch nicht einen Abend gewesen, Professor Meyer, Fernow, Falck, Göthe, Ridels, Bertuchs Familie, Mdlle Bardua, ein Wunder von Talent, Sie wird in kurzem die erste Mahlerin in Deutschland seyn, dazu spielt sie Klavier und singt in großer Vollkommenheit, Conta u seine Schwester singen auch sehr hübsch, Wieland ist noch nicht gekommen, weil er kranck ist, aber Hofraht Weiland, ein höchst interessanter Mann, u seine Frau, der jüngere Bertuch den Du auch in Paris sahst, singt u spielt recht hübsch, alle diese, und noch einige andre minder merckwürdige, kommen bald alle, bald einer oder zwey, meine Md. Ludekus, die eine der liebenswürdigsten ältern Frauen ist, und ihre Pflege Tochter Mdlle Conta, bitte ich auch immer dazu [...]", zit. n. ebd., S. 110-114, hier S. 112f.

Wilhelm Riemer macht deutlich, dass dieser anfangs eine echte Alternative zum Theater darstellte:

> „Die Dame [Johanna Schopenhauer, J.D.] ist reich, gebildet (malt artig en miniature) und artig. [...] sie will nur unterhalten seyn und daran thut sie recht. Mir ist es sehr lieb. Daß ich doch jetzt bey dem Mangel an Theater diese Ausflucht des Abends wöchentlich zweymal haben kann [...]".[544]

An übergreifende Debatten über neueste Literatur, Musik, Kunst oder Wissenschaft war in den ersten Tagen nach der Niederlage der Preußen auch im Hause Johanna Schopenhauers zunächst nicht zu denken:

> „[...] um 6 Uhr stellt sich einer nach dem andern ein, bald viele bald wenige, wie es kommt, wir trinken Thee, sprechen, erzählen, lachen, klagen einander unser Leid, wie es kommt, wer Lust hat singt und spielt im Nebenzimmer, um halb neune geht jeder zu Hause, glock neun esse ich, um 11 gehe ich zu Bett. So habe ich seit die ersten Tage des Schreckens vorüber sind noch immer gelebt [...]".[545]

Im Laufe der Zeit wurden die Treffen allerdings nicht mehr nur von einem Austausch über die Geschehnisse innerhalb der Stadt bestimmt, sondern die Beschäftigung mit Kunst und Literatur nahm einen immer breiteren Raum ein. Diese Auseinandersetzung mit neuer Literatur oder Schriften zu Kunst und Wissenschaft entsprachen dem Bildungsstand und den Interessen Johanna Schopenhauers. Ihre Zufriedenheit mit der bisher in der Residenzstadt verlebten Zeit, brachte sie deutlich zum Ausdruck:

> „Ich lebe jetzt ganz nach meines Herzens Wunsch, still, ruhig, geliebt von vortreflichen Menschen, und zwar in einem zwar kleinen aber höchst interessanten Kreyse. ich bin immer zu Hause, aber Künste und Wissenschaften theilen sich in meine Zeit [...]".[546]

Nachdem sich die unterschiedlichsten Personen kurz nach der Besetzung Weimars mehrmals in der Woche – meist am Abend – bei Johanna Schopenhauer eingefunden hatten, um gesellig beisammen zu sein, zu musizieren sowie zu diskutieren und sich diese Zusammenkünfte bereits als Erfolg herausgestellt hatten, fasste Johanna Schopenhauer im November 1806 den Entschluss, diese mehr oder weniger regelmäßigen Treffen entsprechend ihres schon früher geäußerten Planes zu institutionalisieren und den geplanten Zirkel ins Leben zu rufen. Dieser sollte sich durch Regelmäßigkeit in Ort und Zeit sowie in den anwesenden Personen auszeichnen. Goethe, Meyer, Fernow, Bertuchs, Falks

---

[544] Vgl. Friedrich Wilhelm Riemer an Karl Friedrich Frommann, Weimar, 27.11.1806, in: Heinrich Hubert Houben (Hg.): Damals in Weimar! Erinnerungen und Briefe von und an Johanna Schopenhauer [künftig zitiert: Weimar], Leipzig 1924, S. 41.
[545] Johanna Schopenhauer an Arthur Schopenhauer, Weimar, 07.11.1806, zit. n. Lütkehaus (Hg.): Die Schopenhauers, S. 110-114, hier S. 113.
[546] Johanna Schopenhauer an Arthur Schopenhauer, Weimar, 14.11.1806, zit. n. ebd., S. 116-120, hier S. 116.

und Ridels sollten zu den Stammgästen gehören. Goethe, der seit der Besetzung Weimars nahezu jeden Abend erschienen war[547], unterbreitete sie ihren Vorschlag zur Institutionalisierung der geselligen Abende. Dass Johanna Schopenhauer gerade Goethe ihr Vorhaben darlegte und ihn um seine Meinung fragte, spricht dafür, dass sie trotz ihrer Akzeptanz innerhalb Weimars in Goethe einen Fürsprecher für ihr Unternehmen gewinnen wollte, um diesem besondere Exklusivität zu verleihen und es so zu dem von ihr erwarteten Erfolg zu führen. Indem sie – geschickt taktierend – Goethe auf diese Weise an den Vorbereitungen teilhaben ließ, arbeitete sie förmlich auf seine Teilnahme hin, auf die sie überaus großen Wert legte.[548] Denn Goethes Präsenz, das hatten die ersten Wochen ihres Aufenthaltes gezeigt, ließen die geselligen Zusammenkünfte zumindest in den Augen Johanna Schopenhauers zu einem besonderen Ereignis werden. Zudem wurde ihre Position innerhalb der Stadt durch Goethes anfänglich rege Beteiligung zusätzlich gestärkt. Indem es ihr gelang, einen der gefragtesten Männer so zu unterhalten, dass er gern und regelmäßig bei ihr erschien, konnte sie weitere Gäste anziehen und zu einem Mittelpunkt innerhalb der Weimarer Geselligkeit avancieren.

Nachdem sich Johanna Schopenhauer vor allem im Zuge der Geschehnisse kurz nach der Niederlage der preußischen Armee bei Jena und Auerstedt im Herbst 1806 selbst einen Namen gemacht und Eingang in die ersten Kreise der Gesellschaft gefunden hatte, bekamen die bereits bestehenden Kontakte eine andere Qualität. Johanna Schopenhauer versuchte sie auf verschiedene Art und Weise für die Umsetzung ihrer Ziele zu nutzen. Kurz nach der Initiierung des „Theetischs" schrieb sie:

> „[...] wärst Du doch hier, lieber Arthur, welchen Werth könnte gerade dieser Zirkel für Dich haben! Göthe, Meyer, Fernow, Schüze, Md. Ludekus, Conta u die Schwester, Bertuchs, Falks, Riedels, Weylands, sind vors erste eingeladen, die übrigen werden sich von selbst finden [...]"[549]

Mit der wohlwollenden Unterstützung Goethes und dem kontinuierlichen Interesse der übrigen Freunde und Bekannten gelang die Institutionalisierung des „Theetischs". Ihre Kontakte zu den unterschiedlichsten, an Kunst, Literatur und Wissenschaft interessierten Personen Weimars waren es, die den Wunsch nach einem illustren Kreis und einem ebenso angenehmen wie interessanten Leben erfüllten und dem „Theetisch" zu seiner Bedeutung verhalfen.

---

[547] Vgl. Goethes Tagebucheinträge: Zwischen Anfang November 1806 und Februar 1807 finden sich mehrmals wöchentlich Einträge zu den Abenden in Schopenhauers Haus: WA III, Bd. 3, S. 175-195. Etwa ab März 1807 haben sich die Besuche auf zweimal wöchentlich eingepegelt: Ebd. S. 196-407; WA III, Bd. 4; Bd. 5. Ab 1815 sind die Besuch seltener, Vgl. WA III, Bd. 5ff.

[548] Vgl. Johanna Schopenhauer an Arthur Schopenhauer, Weimar, 14.11.1806: „[...] ich habe Goethe den Plan gesagt, er billigt ihn u will ihn unterstützen, ich gebe Thee, nichts weiter, das übrige Vergnügen muß von der Gesellschaft selbst entstehen [...]", zit. n. Lütkehaus (Hg.): Die Schopenhauers, S. 116-120, hier S. 119.

[549] Ebd.

In der Forschung fand der Teetisch als eine eigenständige Geselligkeitsform bisher kaum Beachtung.[550] Trotz seiner Besonderheiten wird auch der „Theetisch" Johanna Schopenhauers in der Regel als Salon bezeichnet und damit in die Tradition der berühmten Berliner, Wiener und Pariser Salons eingereiht.[551] Ausschlaggebend für diese Einordnung sind die von der literaturwissenschaftlichen Forschung festgesetzten Kriterien für einen literarischen Salon.[552]

Verschiedene zeitgenössische Beschreibungen von Johanna Schopenhauers „Theetisch" lassen in der Tat Parallelen zu diesem Konzept von Geselligkeit erkennen. Zumindest ähnelte er in Vielem dem Phänomen, welches unter dem Begriff ‚Salon' zusammengefasst wird: Der „Theetisch" der Schopenhauer zeichnete sich ebenfalls dadurch aus, dass eine Frau als Gastgeberin und damit Oberhaupt der Geselligkeit wirkte. An Schopenhauers „Theetisch" nahmen sowohl Männer als auch Frauen teil, wobei die Männer meist in der Überzahl waren. Da sich ihre Gäste zweimal in der Woche, nämlich donnerstags und sonntags einfanden, war auch das Merkmal der Periodizität erfüllt. Damit scheinen auf den ersten Blick einige der wichtigsten Kriterien für eine Zuordnung der Teegesellschaft zur Kategorie Salon gerechtfertigt zu sein. Bei genauerer Prüfung fällt jedoch auf, dass der „Theetisch" zwar von Johanna Schopenhauer initiiert war, die Konversation jedoch keinesfalls unter ihrer Regie stand. Sie fungierte als Gastgeberin, die für die Räumlichkeiten, Speisen, Getränke und eine angenehme Atmosphäre sorgte. Stefan Schütze, selbst Gast an Schopenhauers „Theetisch", formuliert in seinen Erinnerungen an diese Zeit, dass Johanna Schopenhauer „[...] nicht das Wort führte oder mit anmaßlichen Gedanken den Ton angab, sich nicht mit Paradoxien zum Mittelpunkte des

---

[550] Vielmehr wird er ebenfalls unter den Begriff des Salons subsumiert. Vgl. u.a. Almut Spalding: Aufklärung am Teetisch: Die Frauen des Hauses Reimarus und ihr Salon [künftig zitiert: Aufklärung], in: Peter Albrecht/Hans Erich Bödeker und Ernst Hinrichs (Hg.): Formen der Geselligkeit in Nordwestdeutschland 1750-1820, Tübingen 2003, S. 261-270.

[551] Vgl. dazu Köhler: Salonkultur; dies.: Welt und Weimar: Geselligkeitskonzeptionen im Salon der Johanna Schopenhauer (1806-1828), in: Roberto Simanowski/Horst Turk/Thomas Schmidt (Hg.): Europa – ein Salon? Beiträge zur Internationalität des literarischen Salons [künftig zitiert: Europa], Göttingen 1999, S. 147-160.

[552] In diesem Sinne werden unter Salons jene geselligen Zusammenkünfte verstanden, die sich durch eine Frau als Gastgeberin, einen gemischtgeschlechtlichen und semiöffentlichen Charakter, periodische Zusammenkünfte, offene Strukturen und eine Tendenz auszeichneten, zum eigenen Zweck zu bestehen und kein übergeordnetes Ziel zu verfolgen. Eine Zusammenfassung dieser Kriterien bietet der Aufsatz von Roberto Simanowski, Einleitung: Der Salon als dreifache Vermittlungsinstanz, in: Simanowski/Turk/Schmidt (Hg.): Europa, S. 8-39, hier S. 10f. Bereits einige Jahre vorher nannte Peter Seibert die Hauptkriterien eines literarischen Salons. Vgl. Peter Seibert: Der Literarische Salon. Literatur und Gesellschaft zwischen Aufklärung und Vormärz, Stuttgart/Weimar 1993, ders.: Der Literarische Salon – ein Forschungsüberblick, in: IASL, 3. Sonderheft, Forschungsreferate, 2. Folge, Tübingen 1993, S. 159-220. Zur Struktur der Berliner Salons vgl. Detlef Gaus: Geselligkeit und Gesellige. Bildung, Bürgertum und bildungsbürgerliche Kultur um 1800, Stuttgart/Weimar 1998.

Kreises machte, sondern nur mit angenehmer Redseligkeit, schnell von einer Sache zur andern übergehend, bald von einzelnen Erfahrungen auf ihren Reisen erzählend, bald mit leichtem Spott über etwas scherzend, am meisten da, wo eine Pause entstand oder das Wort eines Andern Veranlassung gab, an den gemeinsamen Unterhaltungen ruhig-heiter mit fortspann".[553] Gesprächsinhalte und Verlauf bestimmten also vor allem die Gäste. Johanna Schopenhauer selbst agierte zurückhaltend, übernahm aber hin und wieder die Funktion der Moderatorin. Damit entsprach sie den Vorstellungen ihrer Zeitgenossen, weniger ihre eigene Bildung einzubringen, als viel mehr der „gute Geist" dieser Zusammenkünfte zu sein.

Abgesehen davon war die Periodizität des „Theetischs" nur eingeschränkt gegeben: Man traf sich in den Spätherbst-, Winter- und Frühlingsmonaten. Die Sommermonate waren dagegen den Reisen vorbehalten. Standen wichtige Theateraufführungen oder Festivitäten auf dem Plan, dann konnte es durchaus sein, dass die geplante Teegesellschaft ganz ausfiel.[554] Zwar kam eine Reihe von Stammgästen, Fremde waren jedoch immer willkommen.[555] Im Laufe der Zeit etablierte sich der „Theetisch" gar als *der* Anlaufpunkt für auswärtige Besucher. Die Briefe Johanna Schopenhauers aus der ersten Zeit des Bestehens ihres „Theetisches" verdeutlichen auch, dass die Geselligkeit Selbstzweck war und kein übergeordnetes Ziel verfolgte. Allerdings blieb der „Theetisch" in dieser ursprünglichen Form nicht erhalten, sondern änderte sich relativ rasch: War das Planlose der Treffen anfangs ein herausragendes Kennzeichen, stellte sich im Laufe der Zeit eine Zielgerichtetheit ein, die sich vor allem in der Lektüre und der Diskussion neuester literarischer und künstlerischer Werke äußerte: Autoren stellten ihre eigenen Werke vor, naturwissenschaftliche Experimente wurden durchgeführt und beides kritisch bewertet.[556]

Neben den unterschiedlichen, kaum unter einen Begriff zu fassenden Funktionen Johanna Schopenhauers als Gastgeberin, spricht auch die Charakteränderung des „Theetischs" dafür, den Begriff des Salons für den Schopenhauerschen geselligen Zirkel nicht zu verwenden. Stattdessen macht es Sinn, durchaus den Quellenbegriff „Theetisch" beizubehalten: Teegesellschaften waren vor

---

[553] Stefan Schütze, Die Abendgesellschaften der Hofräthin Schopenhauer in Weimar, 1806-1830, in: Weimars Album zur vierten Säcularfeier der Buchdruckerkunst am 24. Juni 1840 [künftig zitiert: Abendgesellschaften], Weimar 1840, S. 185-204, hier S. 203.

[554] Vgl. Johanna Schopenhauer an Carl Friedrich Ernst Frommann, Weimar, 27.12.1809, GSA, Bestand Frommann, Carl Friedrich Ernst Frommann, Eingegangene Briefe, Schopenhauer, Johanna, geb. Trosiner, GSA 21/4.

[555] Johanna Schopenhauer äußerte sich dazu in einem Brief an Arthur: „Alle Sonntag u Donnerstag von 5 bis gegen 9 werden sich meine Freunde bey mir sammeln, was an interessanten Fremden herkommt, wird mitgebracht [...], zit. n. Lütkehaus (Hg.): Die Schopenhauers., S. 116-120, hier S. 120.

[556] Vgl. die Tagebuchaufzeichnungen Johann Wolfgang Goethes: z.B. 22.1.1807: „Abends bey Mad. Schopenhauer. Versuche auf das 2. Newtonische Experiment bezüglich", in: WA III, Bd. 3, S. 188; 18.10.1807: „Nachher bey Mad. Schopenhauer mit Fernow und Hofrath Meyer über italiänische Litteratur, Sonette von Berni.", in: ebd., S. 286.

allem Ende des 18. und Anfang des 19. Jahrhunderts eine weit verbreitete Form der Geselligkeit. Zahlreiche Ratgeber für eine richtige Organisation und Gestaltung des Tisches, der Handhabung des Teegeschirrs sowie Rezepte für passendes Teegebäck verdeutlichen, dass Teegesellschaften sehr beliebt waren und zum Repertoire einer jeden Hausfrau gehörten.[557] Die in den zeitgenössischen Zeitschriften veröffentlichten Artikel und Anzeigen zum Thema Tee und Teegesellschaft vermitteln ein Bild von der Bedeutung der Teegesellschaften für das gesellige Leben insgesamt. Ein im März 1807 im *Journal des Luxus und der Moden* veröffentlichter Artikel preist zum einen die Teemaschine als wichtigstes Element einer Teegesellschaft. Außerdem hebt er die Bedeutung von Teeabenden im Vergleich zu anderen Geselligkeitsformen hervor:

> „Die Thee-Maschine ist der wahre Altar der Geselligkeit, und der Thee wirkt wie ein Talisman, die Menschen einander näher zu bringen, und die Gesellschaft zu vereinigen. Er kürzt die faden Kratzfüße und Complimente bei der ersten Vorstellung ab, und knüpft den Faden der Unterhaltung [...]"[558]

Die zahlreichen Besprechungen von zeitgenössischen Ratgebern zur richtigen Gestaltung eines Teetischs, die sich auch in den Zeitschriften Weimar-Jenas finden lassen, zeigen, welche Bedeutung diese Form der Geselligkeit am Anfang des 19. Jahrhunderts im Allgemeinen, aber auch für Weimar-Jena im Speziellen hatte. Nach Auffassung eines Rezensenten des von dem Mundkoch am Weimarer Hof, François le Goullon, verfassten Ratgebers „Der elegante Theetisch oder die Kunst, einen glänzenden Zirkel auf eine geschmackvolle und anständige Art ohne großen Aufwand zu bewirthen"[559], löste der Teetisch den Kaffeetisch ab, weil sein Charakter eher den Bedürfnissen der Gesellschaft entsprach:

> „Die Geselligkeit hat durch diese Neuerung offenbar gewonnen, – denn der Theetisch vereint die Gesellschaft von Frauen und Männern, – wo letztere von den geheimen Caffee-Comitéen sonst gewöhnlich ausgeschlossen waren; – ja die Theegesellschaften füllen als löbliche Ersparniß in diesen Eisen-schweren und Geld-armen Zeiten oft selbst den Platz eines kostbaren Soupers aus – daraus entstanden die Thés-coiffés, wo außer dem Thee, noch Reihen von Backwerk, und Getränke verschiedener Art präsentirt werden. [...]"[560]

Der Charakter des von Johanna Schopenhauer ausgerichteten Teetischs stand ganz in dieser Tradition der von Goullon empfohlenen Gestaltung eines Teetischs. Zum einen offerierte auch sie – zumindest in der ersten Zeit – keine

---

[557] Vgl. u.a. Gottlob Gerlach: Der elegante Kaffee- und Theetisch oder Anweisung wie man das Lob, eine Gesellschaft delicat und doch wohlfeil bewirthet zu haben, erhalten kann. Ein Handbuch für Damen, Kaffee- und Gastwirthe, 4. Aufl. Erfurt o.O. (ND 1990); François le Goullon: Der elegante Theetisch [künftig zitiert: „Theetisch"], Weimar 1829.
[558] „Apologie des Thee's", in: Journal des Luxus und der Moden, Band 22 (1807), S. 203.
[559] Vgl. Goullon: „Theetisch".
[560] Vgl. die Besprechung der Ratgeberschrift „Der elegante Theetisch" von François le Goullon, in: Journal des Luxus und der Moden, Band 24 (1809), S. 665f.

großen Mengen an Speisen, sondern reichte lediglich Tee.[561] Zum anderen wurde ihr Teetisch ebenfalls von Frauen und Männern frequentiert.[562] Mit ihrem „Theetisch" war Johanna Schopenhauer demnach ganz im Trend der Zeit.

Inspirierend für den „Theetisch" Johanna Schopenhauers mögen durchaus die offenen Häuser der Familien Reimarus und Sieveking in Hamburg gewesen sein. Von diesen musste Johanna Schopenhauer während ihrer Hamburger Zeit zumindest gehört haben. Beide Zirkel prägten das gesellige Leben der gehobenen bürgerlichen Schichten Hamburgs in einem hohen Maße und waren Sammelpunkt für eine Vielzahl ganz unterschiedlicher Schriftsteller, Künstler, Politiker und Publizisten.[563] Vor allem der Teetisch der Familie Reimarus, die selbst in ein weitreichendes Netzwerk persönlicher Beziehungen eingebunden war, kann durchaus als Vorbild gewirkt haben.[564] Auch in diesem Kreis beschäftigte man sich vor allem mit Lektüre, vermittelte sich gegenseitig Manuskripte und Publikationsmöglichkeiten.

Der „Theetisch" Johanna Schopenhauers fand nach seiner Einrichtung zweimal in der Woche statt:

> „Alle Sonntag u Donnerstag von 5 bis gegen 9 werden sich meine Freunde bey mir versammeln, was an interessanten Fremden herkommt wird mitgebracht [...]"[565]

Zur Institutionalisierung des „Theetischs" kam auch seine Formalisierung: Im Herbst eines jeden Jahres verschickte Johanna Schopenhauer extra angefertigte Einladungskarten an die potentiellen Gäste. An Carl Bertuch schrieb sie zu diesem Zweck:

> „Wollen und können Sie mir wohl einen Gefallen thun? Ich möchte gern sobald ich ankomme, als Zeichen meines wieder da seyns, und um Visiten zu ersparen, gleich Einladungsbillets schicken, vielleicht haben Sie noch das vorjährige, wo nicht so sezten Sie mir wohl eine Einladung zum Thee jeden Donnerstag und Sonntag bis Ende

---

[561] Johanna Schopenhauer an Arthur Schopenhauer, Weimar, 14.11.1806: „[...] ich gebe Thee, nichts weiter [...] Kosten macht das Ganze gar nicht [...]", zit. n. Lütkehaus (Hg.): Die Schopenhauers, S. 116-120, hier S. 119.

[562] Das in Zeitschriften und Ratgebern propagierte Konzept einer Teegesellschaft sowie dessen praktische Anwendung in Weimar-Jena zeigt einmal mehr, dass von einer Trennung der Sphären in privat und öffentlich und damit in weiblich und männlich auch zu Beginn des 19. Jahrhunderts nicht ausgegangen werden kann.

[563] Vgl. Brigitte Tolkemitt, Knotenpunkte im Beziehungsnetz der Gebildeten: Die gemischte Geselligkeit in den offenen Häusern der Hamburger Familien Reimarus und Sieveking [künftig zitiert: Knotenpunkte], in: Ulrike Weckel u.a. (Hg.): Ordnung, Politik und Geselligkeit der Geschlechter im 18. Jahrhundert, Göttingen 1998, S. 167-202; Karin Sträter, Frauenbriefe als Medium bürgerlicher Öffentlichkeit. Eine Untersuchung anhand von Quellen aus dem Hamburger Raum in der zweiten Hälfte des 18. Jahrhunderts, Frankfurt a.M. u.a. 1991.

[564] Vgl. Spalding: Aufklärung; Tolkemitt: Knotenpunkte, hier S. 176.

[565] Johanna Schopenhauer an Arthur Schopenhauer, Weimar, 14.11.1806, zit. n. Lütkehaus (Hg.): Die Schopenhauers, S. 116-120, hier S. 119.

April auf, mit der Bemerkung daß auswärtige Bekannte meiner Freunde auch willkommen seyn würden, [...]"[566]

Zudem erweiterte sich der Teilnehmerkreis des Teetischs in raschem Tempo. Allerdings machten sich jene Personen im Laufe der Zeit immer rarer, zu denen Johanna Schopenhauer am Anfang ihres Aufenthaltes engere Beziehungen aufgebaut hatte.[567] Die Verbindung zu einigen von ihnen verloren für Johanna Schopenhauer an Bedeutung, wie das Beispiel Johannes Daniel Falk deutlich macht: Obwohl Johanna Schopenhauer und die Familie Falk sowohl zu Beginn des „Theetischs" als auch in den nächsten Jahren noch in Kontakt standen[568], vermitteln die Kommentare Johanna Schopenhauers den Eindruck, als hätte sich das Verhältnis zumindest zwischen Johannes Daniel Falk und ihr merklich abgekühlt.[569] Deutlich wird, dass andere Personen weitaus wichtiger für Johanna Schopenhauer in Weimar wurden:

> „Dann ist immer Meyer u Fernow da, beyde auch gar interessant, jeder anders, Meyer ein Schweizer. Fernow ist mein Liebling, [...] dann kommen die Bertuchs, D. Schütze ein sehr mittelmäßiger Dichter aber sonst sehr gescheidt, Dr. Riemer der bey Göthe im Hause ist, auch ein sehr gebildeter guter Kopf, dies sind die HaubtPersonen, meine gute Ludekus nicht zu vergessen, die unter dem Namen Amalie Berg manchen recht hübschen Roman geschrieben hat, und noch verschiedne NebenPersonen die anderswo HaubtPersonen wären [...]"[570]

Für die Gestaltung ihres geselligen Lebens blieb Johann Wolfgang Goethe jedoch lange die zentrale Person. Er besaß von Anfang an eine ganz besondere Bedeutung für Johanna Schopenhauer. Ihr Ziel – wie das der vielen Fremden, die vor und nach 1806 nach Weimar strömten – war es, mit ihm in näheren Kontakt zu treten. Sie bedauerte es sehr, dass sie Goethe auf ihrer Erkundungs-

---

[566] Johanna Schopenhauer an Carl Bertuch, Jena, 26.11. (wahrscheinlich 1808), GSA, Bestand Bertuch, Karl Bertuch, Eingegangene Briefe, Schopenhauer, Johanna, GSA 06/2990.
[567] Einen Hinweis darauf geben auch die Briefe Johanna Schopenhauers an Friedrich Justin Bertuch, in denen sie beide mehrfach dazu einlädt, doch endlich einmal wieder an ihrem „Theetisch" teilzunehmen. Vgl. Johanna Schopenhauer an Friedrich Justin Bertuch, Weimar, 10.12.1815; Weimar, 09.12.1816, GSA, Bestand Bertuch, Friedrich Justin Bertuch, Eingegangene Briefe, Schopenhauer, Johanna, GSA 06/1709.
[568] Für eine engere persönliche Beziehung sprach die gemeinsame Teilnahme von Caroline Falk, Adele und Johanna Schopenhauer an den Maskeraden während der Faschingszeit des Jahres 1809. Vgl. dazu Johanna Schopenhauer an Nikolaus Meyer, Weimar, 14.03.1809, GMD, NW 1772/1982.
[569] Vgl. Johanna Schopenhauer an Arthur Schopenhauer, Weimar, 10.03.1807: „[...] Falck ist Legationsrath geworden, er bläht sich gewaltig mit dem Titel, wie weyland der alte Bregard, er der auf den Adel u alles was ihm angehört sonst recht unanständig schimpfte.", zit. n. Lütkehaus (Hg.): Die Schopenhauers, S. 149–155, hier S. 154.
[570] Johanna Schopenhauer an Arthur Schopenhauer, Weimar, 28.11.1806, zit. n. ebd., S. 122-125, hier S. 124.

reise nach Weimar nicht zu Gesicht bekommen hatte.[571] Umso mehr hoffte sie auf einen näheren Umgang, wenn sie sich erst in der Weimarer Gesellschaft etabliert hatte.[572] Von ihrer ersten Begegnung mit Johann Wolfgang Goethe berichtet Johanna Schopenhauer dann voller Begeisterung.[573] Bemerkens- und erwähnenswert erschien ihr, dass Goethe von sich aus ihre Wohnung aufsuchte und ihr darüber hinaus überaus liebenswürdig begegnete.[574] Auch die übrigen Briefe Johanna Schopenhauers sprechen deutlich von ihrer Verehrung für Goethe. Immer wieder beschreibt sie nicht nur sein Äußeres bis ins Detail. Daneben schwärmt sie regelrecht von seiner Art und Weise zu reden und der Atmosphäre, die er dadurch in den Räumen, in denen er sich gerade aufhielt, verbreitete:

> „Welch ein Wesen ist dieser Göthe, wie groß und wie gut. Da ich nie weiß ob er kommt so erschrecke ich jedes mahl wenn er ins Zimmer tritt, es ist als ob er eine höhere Natur als alle übrigen wäre, denn ich sehe deutlich daß er denselben Eindruck auf alle übrigen macht die ihn doch weit länger kennen und zum Theil auch weit näher stehen als ich. [...] es ist das vollkommenste Wesen das ich kenn, auch im Äußern, eine hohe schöne Gestalt die sich sehr gerade hält, sehr sorgfältig gekleidet, immer schwarz oder ganz dunckelblau, die Haare recht geschmackvoll frisirt und gepudert wie es seinem Alter ziemt [...] wenn er spricht verschönert er sich unglaublich, ich kann ihn

---

[571] Vgl. Johanna Schopenhauer an Arthur Schopenhauer, Weimar, 19.05.1806, in: ebd., S. 68f., hier S. 69.

[572] Vgl. Johanna Schopenhauer an Arthur Schopenhauer, Weimar, 26.05.1806: „Goethe sollte ich heute sehen, er wollte mich selbst in der Bibliothek herumführen, leider ist er gestern sehr krank geworden, aber doch ohne Gefahr.", zit. n. ebd., S. 70f., hier S. 71.

[573] Vgl. Johanna Schopenhauer an Arthur Schopenhauer, Weimar, 19.10.1806: „Kurz darauf meldete man mir einen unbekannten, ich trat ins Vorzimmer und sah einen hübschen ernsthaften Mann in schwarzem Kleyde der sich tief mit vielem Anstand bückte und mir sagte erlauben Sie mir, Ihnen den Geheime Raht Göthe vorzustellen, ich sah im Zimmer umher wo der Göthe wäre, denn nach der steifen Beschreibung die man mir von ihm gemacht hatte konnte ich in diesem Mann ihn nicht erkennen, meine Freude und meine Bestürzung war gleich Gros, und ich glaube ich habe mich deshalb besser genommen als wenn ich mich drauf vorbereitet hätte, wie ich mich wieder besann waren meine beyden Hände in den seinigen und wir auf dem Wege nach meinem Wohnzimmer. Er sagte mir er hätte schon gestern kommen wollen, beruhigte mich über die Zukunft, und versprach wieder zu kommen.", zit. n. ebd., S. 80-103, hier S. 82.

[574] Bemerkenswerterweise findet sich in den Tagebüchern Johann Wolfgang Goethes keine Erwähnung der ersten Begegnung mit Johanna Schopenhauer. Zum ersten Mal erwähnt Goethe sie am 20.10.1806: „Den Tag bey Hofe. Abends bey der Schopenhauer.", in: WA III, Bd. 3, S. 175. Möglicherweise erschien Goethe die erste Visite bei dem Neuankömmling nicht erwähnenswert oder aber es kam zu keinem Treffen vor dem 20.10.1806, wie es Johanna Schopenhauer in ihrem großen Brief über die Tage vor und nach der Besatzung Weimars durch die Franzosen geschildert hat. Vgl. dazu ihren im Druck mehr als zwanzigseitigen Brief vom 19.10.1806, in: Lütkehaus (Hg.): Die Schopenhauers, S. 80-103.

dann nicht genug ansehen, er ist jetzt etwa 50 Jahre alt, was muß er früher gewesen seyn."[575]

Schenkt man ihren emphatischen Schilderungen Glauben, so war der Teetisch von Anfang an so angelegt, dass er vor allem den Ansprüchen Goethes genügen, ihn amüsieren und zu eigenen Beiträgen – seien sie nun künstlerischer oder verbaler Art – animieren sollte. Johanna Schopenhauer war sich der Bedeutung Johann Wolfgang Goethes und seiner Zugkraft für andere Personen bewusst. Es ging ihr darum, ihn als Mittelpunkt des „Theetischs" zu erhalten. Nicht ohne Grund nahm Johanna Schopenhauer an, dass sich die Nachricht von der regelmäßigen Gegenwart Goethes in ihrem Haus verbreiten und weitere zahlreiche Gäste zur Folge haben wurde. Die Bekanntschaft mit dem Dichter führte dazu, dass Johanna Schopenhauer zu einer über die Grenzen der Stadt hinaus bekannten Person wurde. Ihre enge Beziehung mit Johann Wolfgang Goethe trug dazu bei, dass der verwitweten und alleinerziehenden Fremden gelang, was noch keine Frau zuvor geschafft hatte: Sie stand dem wichtigsten geselligen Zirkel Weimars – außerhalb des Hofes – vor.[576] Goethes anfänglich regelmäßige Teilnahme an ihren abendlichen geselligen Runden bewirkte demnach sowohl eine schnellere Eingliederung Johanna Schopenhauers in die Weimarer Gesellschaft als auch einen Aufstieg in die ersten Kreise der Stadt.

Ihre verhältnismäßig enge Verbindung mit dem Dichter sorgte im Laufe der Zeit dafür, dass sie nun nicht mehr in dem hohen Maße wie zu Beginn ihres Aufenthaltes in Weimar auf die Vermittlung von Kontakten durch andere Personen angewiesen war. Vielmehr wandelte sich ihr Status insofern, dass sie nun selbst Kontakte vermitteln konnte. Gäste aus nah und fern versuchten durch Vermittlung Schopenhauers nähere Bekanntschaft mit Goethe zu schließen. Johanna Schopenhauer unterstützte diese Bemühungen aktiv, indem sie die auswärtigen Gäste genau dann einlud, wenn auch Johann Wolfgang Goethe erwartet wurde.[577] Dies lässt sich beispielsweise am Schriftsteller Stephan

---

[575] Johanna Schopenhauer an Arthur Schopenhauer, Weimar, 28.11.1806, zit. n. ebd., S. 122-125, hier S. 122. Vgl. andere Äußerungen Johanna Schopenhauers über Goethe in ihren Briefen an Arthur Schopenhauer: Weimar, 14.11.1806, 8.12.1806, 22.12.1806, 05.01.1807, in: ebd., S. 116-120, S. 126-129, S. 133-138.

[576] Vgl. dazu auch Fetting: Welt, S. 87; Konrad Feilchenfeldt: Salons und literarische Zirkel im späten 18. und frühen 19. Jahrhundert, in: Brinker-Gabler (Hg.): Literatur, Bd.1, S. 410-420, S. 413; Köhler: Salonkultur, S. 95; Gertrud Meili-Dworetzki, Johanna Schopenhauer. Biographische Skizzen, Düsseldorf 1987, S. 142.

[577] Vgl. z.B. Johanna Schopenhauer an Johann Wolfgang Goethe, Weimar, 01.12.1816: „Doktor Blech aus Danzig, folglich mein Landsmann wünscht sehr Ihre persönliche Bekanntschaft, lieber Herr Geheimrat. Ich hätte es ihm auszureden gesucht, da ich weiß, wie lästig Ihnen solche Besuche oft sind, aber ich denke der junge Mann wird Ihnen nicht mißfallen, Sie werden in mancherlei Hinsicht Ansprache bei ihm finden, deshalb frage ich an, wann er Ihnen aufwarten darf, und bitte nur um mündliche Antwort durch die Überbringern. [...] Wie wäre es, wenn Sie und Meyer morgen nach dem Theater Punsch bei mir tränken, und ich lüde den D. Blech mit dazu ein?", zit. n. [Schopenhauer]: Wechsel, S. 365.

Schütze zeigen, der sich 1804 in Weimar angesiedelt hatte.[578] Er ließ sich im Hause Johanna Schopenhauers einführen, um mit Goethe in engeren Kontakt zu treten. Johanna Schopenhauer erwähnt seine Teilnahme an den geselligen Zusammenkünften zum ersten Mal Mitte November 1806:

> „Mittwoch Abend kam Göthe, Fernow, Meyer, Ridel, u ein junger Dichter D. Schütze der Göthen noch nicht ansichtig werden konnte, und sich deßhalb bey mir einführen ließ."[579]

Mit Hilfe des Teetischs gelang Schütze nicht nur die Kontaktaufnahme mit Goethe, sondern auch die Integration in die Weimarer Gesellschaft. Den positiven Eindruck, den er von dem Teetisch hatte, verarbeitete er Jahre nach dem Weggang Johanna Schopenhauers aus Weimar publizistisch. Hier legt er selbst die Motive dar, die ihn zu einer Teilnahme am „Theetisch" bewogen hatten:

> „Wie Fernow, der schon früher die Bekanntschaft der Frau Schopenhauer gemacht hatte, mich gegen Abend dazu abholte, fand ich Goethe, Meyer und den Kammerrath Ridel (den früheren Erzieher des Erbprinzen, jetzigen Großherzogs). Ich fühlte mich um so mehr beglückt, hier Goethe'n vorgestellt zu werden, da ich bisher vergebens darnach gestrebt hatte [...]."[580]

Der Schriftsteller Wilhelm Grimm oder aber der Philologe Franz Passow[581] nutzten die Teegesellschaft Johanna Schopenhauers auf die gleiche Weise gezielt und erfolgreich als Möglichkeit, um in Goethes engeren Kreis zu gelangen, wenn ein direkter Kontakt zu Goethe vorher nicht zustande gekommen war.[582] Passow schrieb im März des Jahres 1810 an Heinrich Voss:

> „Sie wissen wohl, daß die bewegliche und geschwätzige Madame Schopenhauer alle Winter gewisse Repräsentationsthees hält, die sehr langweilig sind [...] zu denen sich aber alles Gebildete oder Bildung vorgebende drängt, weil Göthe häufig dort zu sehn war. Als ich nach Weimar kam, besuchte ich denn diese Dame auch; sie lud mich zu ihren Thees, und ich besuchte sie den ganzen Winter, aller Langeweile zum Trotz, weil ich Göthe dort zu sehn und ihn zuweilen sprechen und erzählen zu hören mich erfreute [...]"[583]

Der „Theetisch" hatte sich im Laufe der Zeit von einer geselligen Zusammenkunft, die vor allem der Unterhaltung diente, zu einem Zirkel entwickelt, in dem

---

[578] Zu Johann Stephan Schütze vgl. Meyer's Groschen-Bibliothek der Deutschen Classiker für alle Stände, Bd. 306: Johann Stephan Schütze (mit Biographie), Hildburghausen o.J.; zu ihm auch ADB: Bd. 33, S. 146f.
[579] Johanna Schopenhauer an Arthur Schopenhauer, Weimar, 14.11.1806, zit. n. Lütkehaus (Hg.): Die Schopenhauers, S. 116-120, hier S. 118f.
[580] Schütze: Abendgesellschaften, hier S. 186.
[581] Zu Franz Passow vgl. NDB: Bd. 22, S. 91f.
[582] Vgl. dazu Wilhelm Grimm an Jacob Grimm, 12.12.1809, in: Houben (Hg.): Weimar, S. 143.
[583] Franz Passow an Heinrich Voss, Weimar, 12.03.1810, zit. n. ebd., S. 148-151, hier S. 148.

das Aufbauen oder Erweitern von sozialen Netzwerken höchsten Stellenwert besaß.

Unter der Vielzahl weiterer Besucher waren Friedrich Hildebrand von Einsiedel, Karl Leonhard Reinhold[584], Karl Morgenstern, Johann Friedrich Blumenbach, der Philosoph und Schriftsteller Oskar Ludwig Bernhard Wolff, der Komponist Carl Maria von Weber, die Familie Savigny, Bettina Brentano, Achim von Arnim und zahlreiche andere Personen.[585] Zur Berühmtheit, die die Schopenhauersche Gesellschaft im Laufe der Zeit gewann und ihrer Relevanz für die auswärtigen Gäste, schrieb Stephan Schütze:

> „Kein Fremder von einiger Bedeutung reiste fortan durch Weimar, der sich nicht in die Schopenhauer'sche Gesellschaft führen ließ, so daß sie bald in den Reisebüchern und Geographieen mit zu den Merkwürdigkeiten der Stadt gezählt wurde."[586]

Die Teegesellschaft diente jedoch nicht allein als Vermittlungsinstanz von Kontakten für die vielen auswärtigen Gäste. Vielmehr gelang es Johanna Schopenhauer mit ihrem „Theetisch" auch, die Beziehungen zum Weimarer Hof zu intensivieren. Die zu Beginn des Aufenthaltes eher lose geknüpften Beziehungen zu seinen Mitgliedern erweiterten sich. Später verkehrte Johanna Schopenhauer auch mit dem Erbprinz Carl Friedrich (1783-1853) sowie dessen Bruder Bernhard (1794-1852).[587] Bestimmend für das Profil des „Theetischs" blieben allerdings die Schriftsteller, Maler und Musiker aus dem bürgerlichen Milieu.

Abgesehen von der Bedeutung Goethes für den Teetisch, konnte Johanna Schopenhauer die Bekanntschaft mit dem Dichter dazu nutzen, auch außerhalb Weimar-Jenas Kontakte zu knüpfen: Für die gemeinsam mit der Tochter Adele Schopenhauer im Sommer 1816 begonnene Rheinreise bat sie ihn beispielsweise um Hinweise und Empfehlungsschreiben, die er ihr zusagte und auch zukommen ließ.[588]

---

[584] In einem Brief an Johanna Schopenhauer dankt ihr Karl Leonhard Reinhold für die Verschönerung des Weimarer Aufenthaltes. Vgl. Karl Leonhard Reinhold an Johanna Schopenhauer, Kiel, 11.11.1809, in: ebd., S. 139-142.

[585] Zu den Gästen an Schopenhauers „Theetisch" vgl. auch die Tagebücher von Johann Wolfgang Goethe: WA III, Bd. 3-11.

[586] Vgl. Schütze: Abendgesellschaften, hier S. 187.

[587] Vgl. u.a. Karl Friedrich von Sachsen-Weimar an Johanna Schopenhauer, o.O., o.D., in: Houben (Hg.): Weimar, S. 265; Johanna Schopenhauer an Carl Friedrich, ThStAW HA, Abth. A. XXII. Carl Friedrich, No. 288. Abgedruckt liegen die Briefe in den *Ostdeutschen Monatsheften* vor: vgl. Werner Deetjen: Johanna und Adele Schopenhauer in ihren Beziehungen zum weimarischen Hof, in: Ostdeutsche Monatshefte, 10. Jg., Heft 1 (1929), S. 30-30. Vgl. dazu auch Schütze: Abendgesellschaften, hier S. 187.

[588] Vgl. Johanna Schopenhauer an Elisa von der Recke, GMD, Sg.: KK 3434. In diesem Brief schreibt Johanna Schopenhauer über die Rolle Goethes hinsichtlich der geplanten Reise an den Rhein: „Göthe der eben bei mir war, hat mich in diesem Entschlus noch bestärkt, er will mich auch mit Empfehlungen versehen, damit ich auch Zugang zu den Kunstschäzen finde die jene Gegenden aufbewahren."; dazu auch der Tagebucheintrag Goethes vom 26.06.1816: „[...] an Hofr. Schopenhauer mit Empfehlungskarten an Freunde am Rhein und Mayn. [...]", in: WA III, Bd. 5, S. 246.

Goethe vermittelte ihr darüber hinaus auch wichtige Bekanntschaften innerhalb Weimars, die dazu dienten, Johanna Schopenhauers Interesse für Kunst und Literatur zu befördern. In dieser Hinsicht kam Johann Heinrich Meyer eine besondere Bedeutung zu.[589] Der Künstler und Kunsttheoretiker, der sich häufig am „Theetisch" einfand, zählt neben Goethe und Fernow zu den Personen, die Johanna Schopenhauer in den ersten Jahren ihres Weimarer Aufenthaltes immer wieder erwähnt. Als fester Bestandteil des „Theetischs" trug er durch seine Kenntnisse und mit eigenen Ideen zu dessen Gestaltungs bei.[590]

Seine Anwesenheit motivierte Johanna Schopenhauer, selbst zu malen und damit eine weitere mit Weimar verbundene Erwartung in die Tat umsetzen.[591] Er nahm die Rolle des Ratgebers ein, der die Versuche Johanna Schopenhauers begleitete:

> „[...] ich habe mein Porträt angefangen in Lebensgröße in Pastell nach dem Spiegel zu mahlen, und Meyer giebt mir Raht dabey, ich wollte doch einmahl wieder etwas Großes mahlen, ich habe Conta und seine Schwester in Miniatur gemahlt und viel Ehre damit eingelegt. Bis 12 Uhr blieb Meyer bey mir, so lange mahlte ich [...]"[592]

Obwohl das Verhältnis zwischen Johanna Schopenhauer und Johann Wolfgang Goethe durchaus herzlich war und sie von seiner Bekanntschaft und der seiner Freunde außerordentlich profitierte, benötigte sie im Laufe der Zeit doch eine Vermittlungsperson, um die Verbindung mit Goethe dauerhaft zu erhalten. Diese Funktion kam Friedrich Wilhelm Riemer zu.[593] Friedrich Wilhelm Riemer, der 1803 als Hauslehrer August Goethes nach Weimar kam, avancierte,

---

[589] Vgl. dazu u.a. Johanna Schopenhauer an Arthur Schopenhauer, Weimar, 07.11.1806, in: Lütkehaus (Hg.): Die Schopenhauers, S.110-114, hier S. 112. Johannes Heinrich Meyer (1760-1832), machte die Bekanntschaft mit Goethe auf dessen Italienischer Reise. 1791 kommt Meyer auf Initiative Goethes nach Weimar. Gemeinsam mit Goethe gab er die Zeitschrift *Propyläen* heraus. Zu Johann Heinrich Meyer vgl. ADB: Bd. 21, Leipzig 1885, S. 591-594. Die einzige neuere zusammenhängende Arbeit stammt von Jocchen Klauß: Der „Kunschtmeyer". Johann Heinrich Meyer. Freund und Orakel Goethes, Weimar 2001.

[590] Vgl. Johanna Schopenhauer an Arthur Schopenhauer, Weimar, 28.11.1806: „Göthe fühlt sich wohl bey mir und kommt recht oft, ich habe einen eignen Tisch mit Zeichenmaterialien für ihn in eine Ecke gestellt, diese Idee hat mir sein Freund Meyer angegeben [...]", zit. n. Lütkehaus (Hg.): Die Schopenhauers, S. 122-125, hier S. 123.

[591] Vgl. Johanna Schopenhauer an Arthur Schopenhauer, Weimar, 08.12.1806, in: ebd., S. 126-129, hier S. 127.

[592] Johanna Schopenhauer an Arthur Schopenhauer, Weimar, 10.03.1807, zit. n. ebd., S. 149-155, hier S. 150.

[593] Es kann davon ausgegangen werden, dass Carl Ludwig Fernow den Kontakt zwischen Schopenhauer und Riemer vermittelt hat. Die Bekanntschaft mit Friedrich Wilhelm Riemer hatte Bertuch schon während seines Italienaufenthaltes in Rom gemacht. Riemer war dort Hauslehrer bei den Humboldts. Vgl. dazu Jochen Golz: Fernow in Weimar [künftig zitiert: Fernow], in: Michael Knoche/Harald Tausch (Hg.): Von Rom nach Weimar – Carl Ludwig Fernow. Beiträge des Kolloquiums der Stiftung Weimarer Klassik/Herzogin Anna Amalia Bibliothek vom 10. Juli 1998 in Weimar [künftig zitiert: Rom] , Tübingen 2000, S. 1-19, hier S. 8.

nachdem dessen Ausbildung abgeschlossen war, zum Sekretär Johann Wolfgang Goethes. Ab 1815/1816 hatte er zudem die Stelle des zweiten Bibliothekars Carl Augusts inne.[594] Aufgrund des engen Arbeitsverhältnisses mit Goethe war Riemer in der Lage, Johanna Schopenhauer zu informieren, wann Goethe an den Teeabenden teilnehmen konnte und wann nicht. Außerdem wusste er um die Vorlieben des Dichters, wenn es um gesellige Zusammenkünfte ging. An diesem Wissen ließ er Johanna Schopenhauer teilhaben, die wiederum die Gestaltung ihres „Theetischs" stark nach diesen Angaben ausrichtete.[595] Riemer leistete damit einen wesentlichen Beitrag zum Gelingen der abendlichen Zusammenkünfte in Schopenhauers Sinne. Besonders gewünscht waren seine Kenntnisse, wenn auswärtige Gäste erwartet wurden. Darüber hinaus nutzte Johanna Schopenhauer seine Position als Bibliothekar, um dringend gesuchte Bücher zu besorgen.[596] Auf Wunsch Johanna Schopenhauers empfahl er Literatur oder brachte für den Anlass des Abends passende oder gewünschte Werke mit.[597] Riemer bestach durch sein Wissen auf dem Gebiet der Literatur und war damit von außerordentlich großem Nutzen, weil er auf diese Weise Goethes Interesse am „Theetisch" wach hielt. Über Riemer stand Johanna Schopenhauer in permanentem Kontakt zu Goethe, auch dann, wenn er einmal nicht zu ihrem geselligen Zirkel erschien. Sie bekam Informationen über den gesundheitlichen Zustand des Dichters, bestellte Grüße an ihn, erstattete regelmäßig Bericht über die geselligen Zusammenkünfte in ihrem Haus und fragte mehr oder weniger direkt nach dem Verbleib Goethes bei ihren Teeabenden.[598]

Riemer fungierte über seine Rolle am „Theetisch" hinaus außerdem als Ansprechpartner, wenn es um die Erledigung von Gefälligkeiten ging, die

---

[594] Wissenschaftliche fundierte Literatur über Friedrich Wilhelm Riemer ist rar. Gut lesbar ist jedoch die biographische Studie von Werner Liersch. Vgl. Werner Liersch: Goethes Doppelgänger. Die geheime Geschichte des Doktor Riemer, Berlin 2001. Zur Tätigkeit Riemers als zweitem und ab 1826/1827 als erstem Bibliothekar vgl. HAC, Datensatz Nr. 6983.

[595] Vgl. Johanna Schopenhauer an Friedrich Wilhelm Riemer, o.O., o.D., Bayerische Staatsbibliothek München, E. Petzetiana V, Schopenhauer, Johanna: „Heute über acht Tage möchte ich gern anfangen meine Freunde wieder um mich her zu versammeln, vorher aber wünsche ich noch Sie zu sprechen, was meinen Sie heute zu einem vertraulichen Thee Stündchen? [...] Sprechen muß ich Sie bald, denn ich möchte gern meine Sachen vernünftig machen und dazu ist mir eine Beratschlagung mit Ihnen nothwendig."

[596] Vgl. dazu Johanna Schopenhauer an Friedrich Wilhelm Riemer, o.O., o.D., GMD, NW 22/1955.

[597] Vgl. Johanna Schopenhauer an Friedrich Wilhelm Riemer, o.O., o.D., FDH, 65679-80, Slg. K 323: „Der Prinz hat mir sagen laßen daß er heute nach dem Konzert bei mir Thee trinken will wen Sie mir die Freude machen auch zu kommen, so möchte ich Sie bitten doch ein paar von Ihren allerliebsten poetischen Bonbons mitzubringen, wenn sie uns auch schon bekannt sind, wir haben sie nur um so lieber. Ihre J. Schopenhauer"

[598] Vgl. bspw. Johanna Schopenhauer an Friedrich Wilhelm Riemer, o.O., o.D., GSA, Bestand: Schopenhauer, Johanna Schopenhauer, Ausgegangene Briefe, Riemer, Friedrich Wilhelm, GSA 84/I,3,5.

Johanna Schopenhauer mit seinem Dienstherren Goethe abgesprochen hatte. Im Falle von Empfehlungsschreiben für Arthur Schopenhauer, der von Weimar-Jena aus weiter nach Göttingen reisen wollte, wendete sich Johanna Schopenhauer zwecks schneller Erledigung ebenfalls an Riemer:

> „Haben Sie die Güte, lieber Freund, meine Bitte wieder in Anregung zu bringen. Ich wünsche sehr diese Briefe Mittwoch oder Donnerstag zu haben, denn Freytag schnürt Arthur sein Bündel um Sonnabend Nacht abreisen zu können, sagen Sie dem GeheimRath daß mir dieser neue Beweis seiner Güte gegen mich unendlich werth ist, und daß ich mit Überzeugung hoffe daß er für meinen Sohn ein neuer Antrieb seyn wird sich so zu betragen daß er dessen nicht unwerth erscheine."[599]

Riemer sollte einer der engsten Vertrauten Johanna Schopenhauers bleiben und auch ihre schriftstellerische Karriere aufmerksam begleiten.

Abgesehen von Johann Wolfgang Goethe und Friedrich Wilhelm Riemer nahm Carl Ludwig Fernow ebenfalls – nicht nur am Teetisch, sondern auch darüber hinaus – eine wichtige Position im Weimarer Leben Johanna Schopenhauers ein.[600] Fernow hatte sich bereits 1791 für eine kurze Zeit in Weimar aufgehalten und in Jena zwei Jahre seines Lebens verbracht, während derer er u.a. Vorlesungen bei Karl Leonard Reinhold hörte. Der Kontakt zu Reinhold ging jedoch über das bloße Hören der Vorlesungen hinaus. Der Philosoph unterstützte Fernow in seinem Vorhaben, nach Italien zu gehen und vermittelte ihm Bekannte, die ihm den ersten Aufenthalt dort ermöglichten.[601] 1793 verließ Fernow Jena in Richtung Süden, siedelte sich in Rom an und kehrte erst mehr als zehn Jahre später nach Jena zurück.[602] Er fühlte sich angezogen von den vielfältigen Möglichkeiten, die sich an einem Ort mit Universität sowie einer Fülle von Gelehrten, Schriftstellern, Verlagen und Verlegern boten. Außerdem ermöglichte Carl August Böttiger ihm ein Einkommen an der Universität und damit seine Rückkehr:[603] Im Wintersemester 1803/1804 lehrte Fernow an der

---

[599] Johanna Schopenhauer an Friedrich Wilhelm Riemer, Weimar, 01.10. O.J., Bayerische Staatsbibliothek München, E. Petzetiana V, Schopenhauer, Johanna.

[600] Zu Fernow (1763-1808) vgl. ADB: Bd. 6, Leipzig 1877, S. 716f.; NDB: Bd. 5, S. 98f.; Johanna Schopenhauer: Carl Ludwig Fernow's Leben [künftig zitiert: Leben], Tübingen 1810; Fritz Fink: Carl Ludwig Fernow. Der Bibliothekar der Herzogin Anna Amalia (1763-1808) [künftig zitiert: Fernow],Weimar 1934 (= Beiträge zur Geschichte der Stadt Weimar 4); Knoche/Tausch (Hg.): Rom. Zu Fernows Aufenthalt in Weimar z.B. Golz: Fernow.

[601] Vgl. Karl Leonhard Reinhold an Johanna Schopenhauer, Kiel, 11.11.1809, in: Houben (Hg.): Weimar, S. 139-142, hier S. 140.

[602] Vgl. Fink: Fernow, S. 13; Knoche/Tausch (Hg.): Rom.

[603] Vgl. die in der von Johanna Schopenhauer verfassten Biographie Fernows überlieferten Briefe Fernows an Böttiger, aus denen hervorgeht, dass Böttiger schriftstellerische Aufträge vermittelt hat. Außerdem wird deutlich, dass Böttiger Fernow offensichtlich nach Weimar eingeladen hat: Carl Ludwig Fernow an Carl August Böttiger, Rom, 26.10.1801: „Ihre gütige Einladung in Ermangelung bestimmterer Aussichten gerade nach Weimar zu kommen, ist zu schmeichelhaft für mich und stimmt so nahe mit meinen schon lange gehegten Wünschen zusammen, daß ich so gewiß davon Gebrauch machen werde

Jenaer Universität im „Fachbereich" *Schöne Künste* sowohl Ästhetik als auch „Von den vorzüglichsten aus dem Alterthume übrig gebliebenen Statuten und dadurch eine Einleitung in die nächsten Jahre zu lesenden Archäologie" sowie „Italienisch nach seiner Grammatik". Im Sommersemester 1804 war er dagegen mit nur einer Veranstaltung zur Archäologie vertreten.[604] Noch im gleichen Jahr wechselte er von Jena nach Weimar und wurde Bibliothekar Anna Amalias.

Fernow kam so gut wie jeden Abend in das Haus Johanna Schopenhauers. Die Bekanntschaft mit ihm wirkte sich erheblich auf die Gestaltung des „Theetischs" aus. Regelmäßig las Fernow aus eigenen oder von ihm bevorzugten kunsttheoretischen Schriften.[605] Bereits Ende 1806 hielt er einen Vortrag über die italienischen Dialekte, die er intensiv erforscht hatte.[606] Zu Beginn des Jahres 1807 trug er einige Erkenntnisse aus seinen kunsthistorischen Forschungen vor:

> „Abends bey Mde Schopenhauer. Fernow gab einen Nachlaß von Carstenschen Contouren zu Moritz Götterlehre und gesammelter Kupferstiche älterer Meister."[607]

Fernow beeinflusste die künstlerischen Interessen Johanna Schopenhauers in hohem Maße. Vom ersten Treffen an war sie von dem Kunsttheoretiker begeistert.[608] In ihren Augen gehörte er zu den „ersten Köpfen", von denen sie von Anfang an gehofft hatte, sie um ihren Tisch versammeln zu können. Beeindruckt zeigte sie sich sowohl von der von ihm verfassten Biographie des Malers Asmus Jakob Carstens (1753-1798) als auch von den römischen Studien Fernows[609], die sie auf seine Initiative hin las und auch ihrem Sohn empfahl.[610] Schon wenige Monate nach ihrer Übersiedlung nach Weimar bekannte sie Arthur Schopenhauer gegenüber: „[...] er [Fernow, J.D.] ist hier mein erster Freund."[611]

---

[...]", in: Schopenhauer: Leben, S. 290-295, hier S. 291.

[604] Im Vorlesungsprogramm der Universität Jena ist Carl Ludwig Fernow sowohl für das Wintersemester 1803/04 als auch das Sommersemester 1804 verzeichnet. Das Seminar im Sommersemester lautete: „Archäologie oder die Geschichte der Baukunst, Bildhauer und Mahlerey der Alten". Vgl. dazu Horst Neuper (Hg.): Das Vorlesungsangebot an der Universität Jena von 1749-1854, Bd. 1, Weimar 2003, S. 347f. u. S. 350.

[605] Vgl. die Tagebucheinträge Johann Wolfgang Goethes, in: WA III, Bd. 3.

[606] Vgl. die Eintragung zum 14.12.1806: „Abends bey Mad. Schopenhauer. Fernow las über den florentinischen und römischen Dialekt!"; die Eintragung zum 21.12.1806: „Abends bey Madam Schopenhauer. Fernow über die italienischen Dialekte.", in: WA III, Bd. 3, S. 182 u. 183.

[607] Vgl. den Eintrag zum 26.02.1807, in: ebd., S. 195.

[608] Vgl. Johanna Schopenhauer an Arthur Schopenhauer, Weimar, 19.05.1806, in: Lütkehaus (Hg.): Die Schopenhauers, S. 68f., hier S. 69.

[609] Vgl. Carl Ludwig Fernow: Leben des Künstlers Asmus Jakob Carstens. Ein Beitrag zur Kunstgeschichte des 18. Jahrhunderts, Leipzig 1806; ders., Römische Studien, 3 Tle., o.O. 1806-1808.

[610] Vgl. Johanna Schopenhauer an Arthur Schopenhauer, Weimar, 14.11.1806, in: Lütkehaus (Hg.): Die Schopenhauers, S. 116-120, hier S. 117.

[611] Vgl. Johanna Schopenhauer an Arthur Schopenhauer, Weimar, 09.01.1807, in: ebd., S. 138-140, hier S. 139.

Bis zu seinem Tod 1808 war Fernow fester Bestandteil des „Theetischs".[612] Abgesehen von den Beiträgen während dieser geselligen Zusammenkünfte, weckte er das Interesse Johanna Schopenhauers an fremden Sprachen, Literatur und Kunsttheorie. Unmittelbar nach ihrer Übersiedlung begann sie mit dem täglichen Unterricht in der italienischen Sprache:

> „Dann kommt Fernow alle Morgen zu mir und lehrt mich Italienisch, er thut es ohne alles Interesse bloß aus Freundschaft für mich [...]."[613]

Mit seinem Italienischunterricht kam Fernow einem dringenden Wunsch Johanna Schopenhauers nach, die sich in Weimar ganz der Ausbildung ihrer vielfältigen Talente widmen wollte.[614] Fernow war neben Meyer eine der wichtigsten Personen, die Johanna Schopenhauer hinsichtlich des Erreichens dieses Zieles behilflich waren und damit entscheidenden Einfluss auf ihr Handeln im Sinne des eigenen Lebensentwurfs ausübten. Bis zu seinem Tod sollte er einer der engsten Vertrauten Johanna Schopenhauers bleiben.

Er beeindruckte Johanna Schopenhauer allerdings nicht nur mit seinen Sprach-, Literatur- und Kunstkenntnissen. Fernow vermittelte ihr auch die Verbindung mit dem Jenaer Verleger Carl Friedrich Ernst Frommann, an der Johanna Schopenhauer sehr gelegen war. Fernow selbst pflegte seit Längerem engere Beziehungen zu dem Verleger, belieferte er ihn doch mit eigenen Schriften.[615]

> „Mit zurückerfolgender Correctur ermangle ich nicht, Ihnen zu berichten, daß Signora Schoppenhauer beschlossen hat, den zweiten Weihnachtsfeiertag, wenn nicht schlechtes Wetter eintrit, nach Jena hinüberzukommen. Es ist dabei wie Sie wohl denken können, besonders auf eine Visite bei Ihnen angelegt, denn M. Schoppenh. wünscht schon seit langer Zeit Ihre Frau Gemalin, u. bei der Gelegenheit auch Ew. Wohlgeborenen persönlich kennen zu lernen; u. ich soll das Glück haben, Sie bei Ihnen einzuführen."[616]

Die Ende 1806 begonnene Beziehung zwischen Schopenhauer und Frommann war von Dauer, intensivierte sich im Laufe der Zeit und wurde auch noch nach Johanna Schopenhauers Weggang aus Weimar aufrechterhalten.[617] Mit der

---

[612] Vgl. u.a. die Eintragung Goethes am 03.01.1808: „Abends bey Mad. Schopenhauer, wo Fernow das Leben des Ariost vorlas.", in: ebd., S. 312.

[613] Vgl. Johanna Schopenhauer an Arthur Schopenhauer, Weimar, 14.11.1806, in: ebd., S. 116-120, hier S. 116.

[614] Am 19.12.1806 schrieb Johanna Schopenhauer aus Weimar an ihren Sohn, dass sie nun anfange, den Ariost im Original zu lesen. Vgl. ebd., S. 129f., hier S. 129.

[615] Vgl. Golz:, hier S. 5.

[616] Carl Ludwig Fernow an Carl Friedrich Ernst Frommann, Weimar, 24.12.1806, zit. n. ebd., hier S. 6f.

[617] Vgl. Johanna Schopenhauer an Carl Friedrich Ernst Frommann, GSA, Bestand Frommann, Carl Friedrich Ernst Frommann, Eingegangene Briefe, Schopenhauer, Johanna, geb. Trosiner, GSA 21/44; Johanna Schopenhauer an Friedrich Johannes Frommann, GSA, Bestand Frommann, Friedrich Johannes Frommann, Eingegangene Briefe, Schopenhauer, Johanne, geb. Trosiner, GSA 21/156,1.

gesamten Familie pflegte sie sowohl private als auch geschäftliche Verbindungen. Einen großen Raum nahmen dabei finanzielle Geschäfte zwischen Johanna Schopenhauer und Carl Friedrich Ernst Frommann ein: Johanna Schopenhauer stellte Carl Friedrich Ernst Frommann kurz nach ihrer Bekanntschaft mit dem Verleger Kapital in der Höhe von „1000 Thalern in Leipziger Obligazionen" zur Verfügung.[618] Frommann selbst schien dieses Geld dringend benötigt zu haben. Doch schon 1811 bestand Johanna Schopenhauer auf der Rückzahlung des geliehenen Geldes, machte aber gleichzeitig deutlich, dass sie bereit war, Frommann jeder Zeit erneut zu unterstützen:

> „Wenn ich wieder mehr Herr des Meinigen werde, bin ich immer wieder bereit, Ihnen zu helfen."[619]

Die Art und Weise, wie die Beziehungen zu Frommann verstärkt wurden, macht deutlich, dass die anfangs ausgezeichnete wirtschaftliche Situation Johanna Schopenhauer zu der Möglichkeit verhalf, verstärkt Einfluss auf die Gestaltung ihrer sozialen Beziehungen zu nehmen. Die Briefe Schopenhauers erwecken den Eindruck, als habe sie, indem sie Frommann Geld lieh, der Beziehung zwischen den beiden Familien eine besondere Verbindlichkeit gegeben, die anhalten sollte.

Doch das Verhältnis zwischen Schopenhauer und Frommann wurde nicht allein durch die finanziellen Geschäfte bestimmt. Aufgrund seiner Tätigkeit als Verleger war Frommann Johanna Schopenhauer auch deshalb von großem Nutzen, weil er stets in der Lage war, neueste und von Johanna Schopenhauer gewünschte Bücher und Zeitschriften zu liefern.[620] Er war einer ihrer Hauptlieferanten. Auf diese Weise trug er dazu bei, das immense Leseinteresse Johanna Schopenhauers zu befriedigen. Seine geschäftlichen Kontakte nach Leipzig dienten Johanna Schopenhauer außerdem dazu, bestimmte Waren, die sie in Weimar in der von ihr gewünschten Form nicht bekommen konnte, stattdessen durch Frommann zu erhalten: Indem er sie regelmäßig mit schwarzem und grünem Tee belieferte, den sie für ihre Teegesellschaften dringend benötigte, trug auch er – wenn auch nur indirekt – zum Erfolg des „Theetischs" bei.[621] Johanna Schopenhauer war sehr bemüht, die Verbindungen

---

[618] Vgl. Johanna Schopenhauer an Carl Friedrich Ernst Frommann, Weimar, 11.03.1809; Johanna Schopenhauer an Carl Friedrich Ernst Frommann, Weimar, 14.05.1811, GSA, Bestand Frommann, Carl Friedrich Ernst, Eingegangene Briefe, Schopenhauer, Johanna, geb. Trosiner, GSA 21/44.

[619] Johanna Schopenhauer an Carl Friedrich Ernst Frommann, Weimar, 16.10.1811, GSA, Bestand Frommann, Carl Friedrich Ernst, Eingegangene Briefe, Schopenhauer, Johanna, geb. Trosiner, GSA 21/44.

[620] Vgl. u.a. Johanna Schopenhauer an Carl Friedrich Ernst Frommann, Weimar, 02.07.1816 und 30.12.1818, GSA, Bestand Frommann, Carl Friedrich Ernst, Eingegangene Briefe, Schopenhauer, Johanna, geb. Trosiner, GSA 21/44.

[621] Vgl. Johanna Schopenhauer an Carl Friedrich Ernst Frommann, Weimar, 14.05.1811, GSA, Bestand Frommann, Carl Friedrich Ernst, Eingegangene Briefe, Schopenhauer, Johanna, geb. Trosiner, GSA 21/44.

zu Frommanns aufrecht zu erhalten. Regelmäßig schrieb sie aus Weimar, berichtete über das gesellige Treiben und legte einen Schwerpunkt auf Informationen zum Theaterleben. Sie schrieb nicht nur von neuen Stücken, sondern bot Carl Friedrich Ernst Frommann und seiner Familie mehrmals an, Karten für das Weimarer Theater zu besorgen.[622] Abgesehen davon teilte sie Frommann ihre Ansichten über das politische Geschehen mit. Sie thematisierte die Vorbereitungen zu einem neuerlichen Krieg und die Aufforderung an Schweden, sich an dem Feldzug zu beteiligen.[623] Diesen intensiven Austausch mit der Familie Frommann wollte Johanna Schopenhauer auch nach ihrem Weggang aus Weimar weiter pflegen. Sowohl Johanna als auch Adele Schopenhauer blieben in engem Kontakt mit Frommanns.[624]

### 3.3.2.3  Johanna Schopenhauer als Schriftstellerin

Die Anfänge Johanna Schopenhauers als Schriftstellerin sind eng mit den sozialen Beziehungen zur Familie Bertuch verknüpft.[625] Im Laufe der Zeit intensivierten sich neben den Verbindungen zu Friedrich Justin Bertuch auch die zu Bertuchs Tochter Charlotte Froriep[626] und die geschäftlichen sowie persönlichen

---

[622] Vgl. Johanna Schopenhauer an Carl Friedrich Ernst Frommann, Weimar, 19.01.1815 und 25.01.1815, GSA, Bestand Frommann, Carl Friedrich Ernst, Eingegangene Briefe, Schopenhauer, Johanna, geb. Trosiner, GSA 21/44.

[623] Johanna Schopenhauer an Carl Friedrich Ernst Frommann, Weimar, 12.04.1815 und 24.06.1815, GSA, Bestand Frommann, Carl Friedrich Ernst, Eingegangene Briefe, Schopenhauer, Johanna, geb. Trosiner, GSA, 21/44.

[624] Vgl. Johanna Schopenhauer an Carl Friedrich Ernst Frommann, Weimar, 07.01.1818: „[...] Adele grüßt Allwina, es thut ihr leid daß sie den Mozart jezt zurückfordern muß, sie bittet aber sehr ihn gleich zu schicken, weil ihr Lehrer sie sehr darum plagt [...]", GSA, Bestand Frommann, Carl Friedrich Ernst Frommann, Eingegangene Briefe, Schopenhauer, Johanna, geb. Trosiner, GSA 21/44; Adele Schopenhauer an Friedrich Johannes Frommann, GSA, Bestand Frommann, Friedrich Johannes Frommann, Eingegangene Briefe, Schopenhauer, Adele, GSA 21/155.

[625] Die Verbindungen zur Familie Friedrich Justin Bertuchs waren im Laufe der Zeit zusätzlich durch verwandtschaftliche Beziehungen gefestigt worden: 1807 übernahm Johanna Schopenhauer die Patenschaft für das neugeborene Kind Ludwig Friedrich Frorieps, des Schwiegersohnes Friedrich Justin Bertuchs. Zur Patenschaft für Ludwig Friedrich Frorieps Kind vgl. Johanna Schopenhauer an Ludwig Friedrich Froriep, Weimar, 13.03.1807, GSA, Bestand Bertuch, Ludwig Friedrich Froriep, Eingegangene Briefe, Schopenhauer, Johanna, GSA 06/4108. Dass sich spätestens auf der Erkundungsreise Johanna Schopenhauers etablierte Verhältnis zu Ludwig Friedrich und Charlotte Froriep wurde auf diese Weise noch einmal bekräftigt. Dieses engere Verhältnis wurde in Weimar fortgesetzt.

[626] Weilte Charlotte Froriep in Weimar, fand sie sich regelmäßig bei Johanna Schopenhauer ein. Vgl. dazu Charlotte Froriep an Ludwig Friedrich Foriep, Weimar, 13.12.1807, GSA, Bestand Bertuch, Ludwig Friedrich Foriep, Eingegangene Briefe, Froriep, Charlotte, GSA 06/3429; Charlotte Froriep an Ludwig Friedrich Foriep, Weimar, 20.12.1807, 31.12.1807, 13.01.1808; 21.01.1808, 03.03.1808 u.a.m.; GSA, Bestand Bertuch, Ludwig Friedrich Foriep, Eingegangene Briefe, Foriep, Charlotte, GSA 06/3430.

Kontakte zu Friedrich Justin Bertuchs Sohn Carl.⁶²⁷ Indiz dafür ist nicht zuletzt die Übernahme des Patenamtes für die 1808 geborene Tochter Carl Bertuchs – Mathilda Carolina Liba.⁶²⁸

Friedrich Justin Bertuch war eine der Personen, die Johanna Schopenhauer zur schriftstellerischen Arbeit ermutigten, indem sie ihr Möglichkeiten zur Publikation boten. Von Anfang an hatte er dazu beigetragen, die Neigung Johanna Schopenhauers für Literatur wach zuhalten. Eine große Zahl der Bücher, die Johanna Schopenhauer las, erhielt sie auch über den Leihverkehr mit dem Hause Bertuch.⁶²⁹ Ebenso wurde ihr Interesse für Zeitschriften mit Hilfe der Familie Bertuch befriedigt. Das von Bertuch angelegte Verzeichnis seiner ausgeliehenen Bücher und Zeitschriften verdeutlicht, dass Johanna Schopenhauer sowohl das *Journal des Luxus und der Moden* las, als auch das bei Cotta erscheinende *Morgenblatt für gebildete Stände* bestellte.⁶³⁰ Abgesehen davon war sie Leserin von *Paris und Wien*, der *Leipziger Literatur-Zeitung* sowie des *Politischen Journals*.⁶³¹

Ihr Bedürfnis nach neuer Literatur und neuen Nachrichten konnte sie bereits 1807 in einem eigenen Artikel vereinigen: Nahezu unmittelbar nach ihrer Übersiedlung in die Residenzstadt, veröffentlichte Johanna Schopenhauer im *Journal des Luxus und der Moden* einen eigenen Artikel. In diesem Beitrag, der in der Märzausgabe des Jahres 1807 erschien, wird von der neuesten Anzugsmode für jede Tageszeit berichtet.⁶³² Wie alle Modeberichte erschien auch dieser anonym. Am 28. April 1807 meldet sie:

---

⁶²⁷ Vgl. die Briefe Johanna Schopenhauers an Carl Bertuch: GSA, Bestand Bertuch, Karl Bertuch, Eingegangene Briefe, Schopenhauer, Johanna, GSA 06/2990; Bayrische Staatsbibliothek München, Johanna Schopenhauer an Karl Bertuch, Autogr. Schopenhauer, Johanna; Johanna Schopenhauer an Karl Bertuch, FDH, 65669-70.

⁶²⁸ Vgl. das Taufregister der Hofkirche Weimar: KAWE TR HK 1808 589r. Es ist davon auszugehen, dass es sich bei der als Sophia Schoppenhauer aus Danzig aufgeführten Patin um Johanna Schopenhauer gehandelt haben muss, schließlich bestand zu der übrigen Schopenhauerschen Familie in Danzig keine nachweislichen Verbindungen.

⁶²⁹ Vgl. GSA, Bestand Bertuch, Friedrich Justin Bertuch, Note über ausgeliehene Bücher, GSA 06/2384. Auf das Verzeichnis machte mich dankenswerterweise Dr. Julia Schmidt-Funke aufmerksam.

⁶³⁰ Vgl. ebd. Deutlich wird dies aber auch anhand der Privatkorrespondenz zwischen Johanner Schopenhauer und den Bertuchs. Vgl. Johanna Schopenhauer an Carl Bertuch, Weimar, o.D. (wahrscheinlich 1809): „Ich schicke Ihnen, wehrter Freund, das Modejurnal und das Morgenblatt dankbar zurück, den römischen Almanach möchte ich aber gern mit Ihrer Erlaubniß noch einige Tage behalten, ich finde doch manches darin so mich intereßirt [...]", GSA, Bestand Bertuch, Carl Bertuch, Eingegangene Briefe, Schopenhauer, Johanna, GSA 06/2990.

⁶³¹ Vgl. ebd. Hier die Ausleihungen vom 18.01.1811, 11.04.1811, 10.03.1813, 3.07.1813, 20.02.1814, 30.04.1814.

⁶³² Vgl. dazu das *Journal des Luxus und der Moden*, März 1807, S. 204-207: „Londner Moden im December 1806"; dazu auch Doris Kuhles: Journal des Luxus und der Moden. 1786-1827. Analytische Bibliographie, 2. Bd., München 2003, S. 767 (06873 22.03.A.06).

"Vor ein paar Monaten war auch etwas von meiner Facon drinn, aber nur eine Übersezung, nehmlich die Englischen Moden, Bertuch hat hier niemand, der englisch ordentlich versteht, da half ich ihm aus der Noht, aber lustig wars mir mein Geschreibsel gedruckt zu lesen. [...]"[633]

Der Bericht an den Sohn lässt den Stolz Johanna Schopenhauers auf ihren ersten Artikel und – trotz der anklingenden Relativierung – auf ihre Fähigkeiten als Übersetzerin deutlich erkennen. Die Veröffentlichung dieses Beitrags in dem seit 1807 von Carl Bertuch herausgegebenen Journal ist zu einem großen Teil auf Johanna Schopenhauers englische Sprachkenntnisse zurückzuführen.

Unmittelbar nach diesem ersten schriftstellerischen Versuch Johanna Schopenhauers, folgten weitere Aufsätze.[634] So erschien 1809 wiederum im *Journal des Luxus und der Moden* ein Beitrag Schopenhauers zu Gerhard von Kügelgens Portraits von Goethe, Wieland, Schiller und Herder.[635] In dieser Darstellung spielt Johanna geschickt mit den Erwartungen oder besser dem postulierten Unvermögen von Frauen, analytisch denken und demzufolge Bilder nicht adäquat und im Sinne der Kunsttheorie beschreiben zu können. Diese in Briefform an eine fiktive Freundin wiederum anonym verfasste Bildbeschreibung benutzt dementsprechend keine kunsthistorischen Begrifflichkeiten und beschränkt sich lediglich auf die Beschreibung der Äußerlichkeiten der vier Bilder. Und doch besticht sie durch die Genauigkeit der Schilderung aller Einzelheiten. Deutlich wird hier, dass sich Johanna Schopenhauer sehr schnell nicht mehr nur auf Übersetzungsarbeiten beschränken musste, sondern durchaus auch umfangreichere Arbeiten verfassen und einreichen konnte, die auf eigenen Gedanken beruhten. Dafür waren ihre Bildung, Literaturkenntnis sowie ihr kunsthistorisches Interesse von Vorteil.

Auch 1810 erschien ein Beitrag von Schopenhauer, der sich u.a. wiederum einigen Gemälden Gerhard von Kügelgens widmete.[636] Die Initialen am Ende des Artikels geben erstmals deutlich Aufschluss darüber, dass es sich bei der Verfasserin um Johanna Schopenhauer gehandelt hat. Ermutigt durch den Erfolg und offensichtlich überzeugt von der eigenen Arbeit wird sie sich entschlossen haben, Aufschluss über ihre Identität zu geben.[637]

---

[633] Johanna Schopenhauer an Arthur Schopenhauer, Weimar, 28.04.1807, zit. n. Lütkehaus (Hg.): Die Schopenhauers, S. 163-170, hier S. 169.
[634] Vgl. Johanna Schopenhauer an Carl Bertuch, Weimar, 25.09. o.J. (um 1810), FDH, 65669-70.
[635] Vgl. „Gerhard von Kügelgens Portraits von Goethe, Wieland, Schiller und Herder. (Fragment aus dem Brief einer Dame an ihre Freundin)", in: Journal des Luxus und der Moden, Bd. 24 (1809), S. 344-351.
[636] Vgl. „Ueber Gerhard von Kügelgen und Friedrich in Dresden. (Zwei Briefe mitgetheilt von einer Kunstfreundin.)", in: Journal des Luxus und der Moden, Bd. 25 (1810), S. 682-690.
[637] Damit war sie nicht die Einzige. Eine der Schriftstellerinnen, die regelmäßig im Journal unter ihrem Namen veröffentlichten, war Helmina von Chézy. Zu Helmina von Chézy vgl. Jessica Kewitz (Hg.): „Kommen Sie, wir wollen 'mal Hausmutterles spielen". Der Briefwechsel zwischen den Schriftstellerinnen Therese Huber (1764-1829) und Helmina

Trotz dieses Selbstbewusstseins war sie noch immer auf die Unterstützung Carl Bertuchs angewiesen. So sorgte dieser für die Korrektur der Artikel. Davon abgesehen nahm er Johanna Schopenhauers Anweisungen für den Setzer entgegen:

> „Ich danke Ihnen, lieber Freund, daß Sie mir den Bogen zur Korrektur geschickt haben, denn ich bin bei dieser nochmaligen Durchsicht gewahr geworden daß ich Pag 461 auf der 14ten Zeile würcklich den Sinn verfehlt hatte, ich habe die Stelle mit wenigen Worten ändern können, ich bitte Sie aber den Setzer darauf aufmerksam zu machen damit Sie jetzt richtig abgedruckt wird."[638]

Diese berufliche Beziehung wurde stark durch die private Verbindung zwischen beiden geprägt. Carl Bertuch informierte Johanna Schopenhauer nicht nur laufend über die Vorgänge in Weimar, wenn Johanna gemeinsam mit ihrer Tochter Adele außerhalb weilte, sondern schickte ihr außerdem neu erschienene Gedichte zur Kenntnisnahme[639] und nahm an ihren geselligen Abenden teil.[640] Außerdem vermittelte er ihr Personen, die zur Gestaltung dieser Teeabende beitrugen. Johanna Schopenhauer ihrerseits informierte ihn genauestens über ihre Aufenthalte in Dresden[641] oder in verschiedenen Badeorten. Sie machte ihn darüber hinaus auf neuere Arbeiten diverser Schriftsteller und Künstler aufmerksam, gab Bestellungen für das Industrie-Comptoir auf und regelte finanzielle Details.[642]

Wie schon im Falle ihrer ersten Veröffentlichung im *Journal des Luxus und der Moden* konnte Johanna Schopenhauer auch im Falle ihrer ersten größeren Publikation von den engen Beziehungen zur Familie Bertuch profitieren. Nach dem Tod des Freundes Carl Ludwig Fernow eröffnete sich ihr die Möglichkeit, weit umfangreicher als bisher schriftstellerisch tätig zu werden und den Grundstein für eine langfristige und erfolgreiche Beschäftigung als

---

von Chézy (1783-1856), Marburg 2004; [Helmina von Chézy]: Unvergessenes. Denkwürdigkeiten aus dem Leben von Helmina von Chézy, Leipzig 1858.

[638] Vgl. Johanna Schopenhauer an Carl Bertuch, o.O., 10.06. o.J., GSA, Bestand Bertuch, Karl Bertuch, Eingegangene Briefe, Schopenhauer, Johanna, GSA 06/2990.

[639] Vgl. Johanna Schopenhauer an Carl Bertuch, Jena, 26.11. o.J. (wahrscheinlich 1809): „Herzlichen Dank, lieber guter Freund, daß Sie auch in der Ferne nicht mein vergessen, und mir alles neue mittheilen was in unserm Athen nur irgend interessantes geschieht. Mit Ihnen freu ich mich über die Verbeßerung die unsre Musik zu hoffen hat, aber wahrlich es that auch Noht [...]", GSA, Bestand Bertuch, Carl Bertuch, Eingegangene Briefe, Schopenhauer, Johanna, GSA 06/2990.

[640] Vgl. Johanna Schopenhauer an Carl Bertuch, Weimar, 11.12.1813, GSA, Bestand Bertuch, Carl Bertuch, Eingegangene Briefe, Schopenhauer, Johanna, GSA 06/2990.

[641] Vgl. Johanna Schopenhauer an Carl Bertuch, Dresden, 11.08.1810, GSA, Bestand Bertuch, Carl Bertuch, Eingegangene Briefe, Schopenhauer, Johanna, GSA 06/2990.

[642] Vgl. Johanna Schopenhauer an Carl Bertuch, GSA, Bestand Bertuch, Karl Bertuch, Eingegangene Briefe, Schopenhauer, Johanna, GSA 06/2990; Johanna Schopenhauer an Carl Bertuch, Bayerische Staatsbibliothek München, Johanna Schopenhauer an Karl Bertuch, Sg.: Autogr. Schopenhauer, Johanna; Johanna Schopenhauer an Karl Bertuch, Freies Deutsches Hochstift Frankfurt; Bestand Schopenhauer; Sg.: 65669-70.

Schriftstellerin zu legen: Sie bekam die Gelegenheit, die Biographie ihres Freundes zu verfassen: Fernow hinterließ zwei unmündige Kinder und außer seiner umfangreichen Bibliothek kein Vermögen.[643] Die Schulden, die Fernow vor allem bei seinem Verleger Johann Friedrich Cotta hatte, sollten durch die Einnahmen von einer Biographie getilgt werden. Gelegen kam, dass Carl Bertuch als Vormund der Kinder Fernows bestellt war. Um die Schulden zu tilgen und das Überleben der Kinder zu sichern, wird auch er auf der Suche nach einer guten Gelegenheit für einen finanziellen Ausgleich gewesen sein.[644] Da das Biographieprojekt Gewinn versprach, wird er es stark unterstützt haben. Der Verleger Cotta, dem der Erlös aus dem Verkauf der Biographie zukommen sollte, stand spätestens seit dem Beginn des 19. Jahrhunderts mit Friedrich Justin Bertuch in engerem Kontakt. Beide setzten sich beispielsweise gemeinsam für die Gründung einer Buchhandelsassekuranz gegen Nachdruck ein.[645] Die enge Verflechtung der Familien Bertuch und Cotta einerseits sowie Bertuch und Schopenhauer andererseits führte schließlich dazu, dass Bertuch vermittelte und sich bei Cotta für Johanna Schopenhauer als Autorin einsetzte.[646]

Gerechtfertigt schien die Biographie aufgrund der Bekanntheit und der Anerkennung, die Fernow genossen hatte. Wie hoch Fernow nicht nur in Weimar-Jena, sondern auch über dessen Grenzen hinaus geschätzt war, zeigen u.a. der Nachruf Carl Bertuchs im ersten Heft des *Journals des Luxus und der Moden* 1809, die Todesnachricht im ersten Heft der *ALZ* aus dem Jahr 1809[647]

---

[643] Vgl. Johanna Schopenhauer an Heinrich August Ottokar Reichard, in: [Johanna Schopenhauer]: Wechsel, S. 351-354, hier S. 352.

[644] Johanna Schopenhauer schrieb an den Sohn Cottas, dass die Kinder Fernows bis zu ihrem 21. Lebensjahr eine Pension von Carl August erhielten: „[...] die Bibliothek blieb den Kindern, sie wurden durch eine nicht unbedeutende Pension welche der verstorbne GHerzog bis ins 21te Jahr ihnen für dieselbe ertheilte versorgt [...]", in: Johanna Schopenhauer an Johann Georg Cotta, Jena. 10.11.1837, Johanna Schopenhauer an Cotta, Deutsches Literaturarchiv Marbach a.N., Bestand/Zugangsnummer: Cotta Br. Recherchen ergaben keinen Hinweis auf eine Pension. Vgl. "Rechnungen über Einnahme und Ausgabe bey Ihro des regierenden Herrn Herzogs zu Sachsen Weimar und Eisenach Herzogl. Durchlaucht. Schatulle vom 1. April 1808 bis ult. Maerz 1809", ThHStA W HA A 1276; Rechnungen über Einnahme und Ausgabe bey Ihro des regierenden Herrn Herzogs zu Sachsen Weimar und Eisenach Herzogl. Durchlaucht. Schatulle vom 1. April 1809 bis ult. Mart. 1810", ThHStA W HA A 1284; Rechnungen über Einnahme und Ausgabe bey Ihro des regierenden Herrn Herzogs zu Sachsen Weimar und Eisenach Herzogl. Durchlaucht. Schatulle vom 1. April 1810-ult. Mart. 1811", ThHStA W HA A 1288.

[645] Zu dem Verhältnis zwischen Cotta und den Bertuchs vgl. Bernhard Fischer: Friedrich Justin Bertuch und Johann Friedrich Cotta. Die „Phalanx" der Buchhandlung, in: Kaiser/Seifert (Hg): Bertuch, S. 395-407.

[646] Vgl. Johanna Schopenhauer an Johann Georg Cotta, Jena. 10.11.1837, Johanna Schopenhauer an Cotta, Deutsches Literaturarchiv Marbach a.N., Bestand/Zugangsnummer: Cotta Br.

[647] Vgl. Allgemeine Literatur-Zeitung vom Jahre 1809, Montag, den 2. Januar 1809, Bd. I: Januar-April, Sp. 8: „Am 4. Dec. v. J. starb zu Weimar im 44sten Jahre seines Alters Dr. Ludw. Fernow, ehemal. Bibliothekar der vor kurzem verstorbenen Herzogin Amalie, vorher eine Zeitlang Professor zu Jena, nachdem er sich früher 7-8 Jahre in Rom

sowie der Nekrolog Johannes Gottfried Grubers, der am 20. Januar 1809 in der *ALZ* erschien.[648]

Johanna Schopenhauer übernahm das Schreiben der Biographie, nachdem sie sich erfolgreich um die Erteilung des Auftrages durch Johann Friedrich Cotta bemüht hatte. An den Sohn Johann Georg Cotta schreibt sie Jahrzehnte später:

> „Ihr edler Vater, lieber Herr Baron, nahm mein Erbieten Fernows Leben zu schreiben, wozu ich alle Materialien vor mir liegen hatte, durch Bertuchs Vermittlung an [...]."[649]

Johanna Schopenhauer und Carl Bertuch arbeiteten von Anfang an eng zusammen. Schopenhauer schickte ihm die ersten Bögen des Manuskripts und Bertuch korrigierte. Immer wieder wurde Bertuch konsultiert, ob nun hinsichtlich der zu verfassenden Vorrede oder des zu wählenden Titels für das Buch:

> „Hier, lieber Freund, schicke ich Ihnen die acht ersten Bogen der Biographie, haben Sie die Güte sie so schnell als es sich thun läßt, von einem geschickten Abschreiber abschreiben zu lassen, der zugleich die etwa vorkommenden orthographischen Fehler ein wenig berichtigt [...]. Wegen der Vorrede, die Sie nöthig glauben, geben Sie mir wohl bald die Gelegenheit mit Ihnen ausführlicher zu sprechen als gestern geschehen konnte. Wegen des Titels bitte ich Sie es zu machen wie es Ihnen am besten dünkt, Sie verstehen das weit besser als ich, ich denke nur dass hier der Kürzeste der beste wäre, und dass, Fernows Leben, herausgegeben von Johanna Schopenhauer vielleicht hinlänglich wäre, doch will ich gern zu Ihrem bessern Rathe folgen."[650]

Die im literarischen Milieu vorgeblich unerfahrene Johanna Schopenhauer unternahm in bemerkenswert entschiedener Weise Versuche, aktiv auf die Gestaltung der Biographie ihres Freundes einzuwirken. Ihr Votum hinsichtlich des Titels wurde schließlich akzeptiert: Die Biographie erschien in der von ihr bevorzugten Weise.

Neben Carl Bertuch waren jedoch auch andere Personen eng in den Prozess des Schreibens eingebunden. Großen Anteil nahmen Friedrich Justin Bertuch, Carl August Böttiger und Johann Wolfgang Goethe. Vor allem Johann Wolfgang Goethe hatte offensichtlich großen Einfluss auf den Inhalt des Buches. Sein Urteil war nach Aussage Friedrich Justin Bertuchs letztlich entscheidend:

> „Fernows Leben von der Dame Schopenhauer wird dieser Tage fertig. Die letzten Briefe von Fernow an Kügelgen haben viele Stellen, welche gestrichen werden sollten,

---

aufgehalten hatte, wo er den Stoff zu den reichhaltigen Schriften sammelte, die das Publicum seitdem von ihm erhalten hat und noch zu hoffen hatte. Auch die A.L.Z. verliert an ihm einen schätzbaren Mitarbeiter."

[648] Vgl. Allgemeine Literatur Zeitung vom Jahre 1809, Freytags, den 20. Januar 1809, Bd. I: Januar-April, Sp.: 145-157.

[649] Johanna Schopenhauer an Johann Georg Cotta, Jena, 10.11.1837, Johanna Schopenhauer an Cotta, DLA, Bestand/Zugangsnummer: Cotta Br.

[650] Vgl. Johanna Schopenhauer an Carl Bertuch, o.O und o.D., zit. n. Houben (Hg.): Weimar, S. 145.

da diese böses Blut machen, und zu nichts frommen. – Doch da Göthe seinen Seegen über alles sprach, kriegte ich einen Philister in die Jacke geworfen und schwieg."[651]

In der Biographie Fernows finden sich Erinnerungen Johanna Schopenhauers an die gemeinsam mit dem Freund verbrachte Zeit, dies macht auch das Vorwort deutlich:

> „Treu und schmucklos wird sie [Johanna Schopenhauer, J.D.] suchen wiederzugeben, was sie von ihm [Fernow, J.D.] hörte und was sie erlebte."[652]

Davon abgesehen verarbeitete Johanna Schopenhauer Briefe von und an Fernow. Dazu hatte sie sich an eine Reihe Bekannter und Freunde Fernows – so etwa an Gerhard von Kügelgen und Carl August Böttiger – mit der Bitte um Informationen und Briefe gewandt, die ihr gewährt wurde:

> „Es ist mir sehr lieb daß Böttiger mit meiner Auswahl aus den Briefen die er mir mittheilte zufrieden ist, auch Kügelgen hat nichts gegen die Auszüge aus seinen Briefen und so brauche ich also nichts mehr zu ändern."[653]

Andere, wie Wilhelm von Humboldt, reagierten auf die Anfrage Schopenhauers mit einer deutlichen Ablehnung. Dieser äußerte sich hinsichtlich der geplanten Biographie empört gegenüber seiner Frau Caroline:

> „Ich habe Dir bei Gelegenheit Fernows [...] von einer gewissen Madam Schopenhauer geschrieben. [...] Von mir verlangte diese denn gar, daß ich ihr Notizen aus Fernows Leben liefern sollte, allein damit kam sie bei mir nun sehr unglücklich an. [...] Mir ist sie durch Figur, Stimme und affectiertes Wesen fatal, aber Goethe versäumt keinen ihrer Thees, die sie zweimal alle Woche gibt."[654]

Auch wenn Antipathie ausschlaggebend für Humboldts Entscheidung gewesen sein mag, ist nicht auszuschließen, dass seine Einstellung schreibenden oder gelehrten Frauen gegenüber ebenfalls eine Rolle bei der Absage gespielt hat.[655]

Johanna Schopenhauer schrieb mit Eifer an der Biographie und nahm von Anfang bis Ende äußerst engagiert Anteil an Herstellung und Vertrieb. Sie

---

[651] Vgl. Friedrich Justin Bertuch an Karl August Böttiger, Weimar, 29.09.1810, zit. n. ebd., S. 158.
[652] Vgl. Johanna Schopenhauer: Vorrede, in: Carl Ludwig Fernow's Leben, herausgegeben von Johanna Schopenhauer, Tübingen 1810, S. If.
[653] Vgl. Johanna Schopenhauer an Carl Bertuch, Ronneburg, 15.06.1810, Bayerische Staatsbibliothek München, Johanna Schopenhauer an Karl Bertuch, Autogr. Schopenhauer, Johanna.
[654] Wilhelm von Humboldt an Caroline von Humboldt, Wittenberg, 09.01.1809, zit. n. Houben (Hg.): Weimar, S. 122f., hier S. 122.
[655] Vgl. Caroline von Humboldt an Wilhelm von Humboldt, o.O., 22.02.1809: „Die Madame Schopenhauer hasse ich ordentlich. So eine breite gelehrte Dame ist mir ein Greuel. [...]", zit. n. ebd., S. 123.

wirkte auf die äußere Gestaltung des Bandes ein und schlug die Personen vor, die Freiexemplare erhalten sollten.[656]

Die Weimarer Gesellschaft nahm das 1810 erschienene Buch günstig auf. Die Rezensionen zeigen das Interesse, das dem Kunsttheoretiker Fernow auch über die Grenzen Weimar-Jenas hinweg entgegengebracht wurde und das dazu führte, dass das Buch intensiv diskutiert wurde. Aufgrund ihres durchgehend positiven Duktus' erwiesen sich die Besprechungen als eine große Bestätigung für die Schriftstellerin Johanna Schopenhauer.[657] Ermutigt von dem Erfolg dieser ersten großen schriftstellerischen Arbeit, der Reaktionen der Zeitgenossen und der Unterstützung, die sie in Weimar-Jena fand, begann Johanna Schopenhauer, ihre schriftstellerische Tätigkeit auszuweiten. Obwohl das erste Buch Schopenhauers bei Cotta veröffentlicht wurde, entwickelte sich Bertuch zum wichtigsten Verleger Johanna Schopenhauers.[658]

Im Anschluss an die Biographie Fernows war Johanna Schopenhauer nahezu unermüdlich schriftstellerisch aktiv. Bis 1817 erschienen Aufsätze, Übersetzungen, Auszüge aus zu veröffentlichenden Büchern, Erzählungen und

---

[656] Vgl. Johanna Schopenhauer an Carl Bertuch, Ronneburg, 15.06.1810: „Was sie mir wegen meines Büchleins melden ist alles recht gut so, machen Sie wie es Ihnen eben recht dünkt, und wie Cotta wünscht, ich habe das meine dabey jezt gethan, und lege das übrige in Ihre Hände, in Ansehung der frey Exemplare denke ich es wäre gut wenn jeder von Fernows Freunden der uns bey diesem Unternehmen behülflich war, durch Mittheilung von Briefen oder sonst durch Rath und Theilnahme, ein Exemplar davon erhielte, die Namen dieser Freunde füge ich diesem Briefe bey, so wie Sie mir eben einfallen. Setzen Sie hinzu, oder streichen Sie weg, wie es Ihnen gut dünkt. Für mich wünsche ich drey Exemplare, um meiner Mutter und meinem Sohne jeden eines geben zu können, mit der Wahl des Papiers machen Sie es wie es Ihnen recht dünkt, nur die beyden Exemplare für den Herzog und für den Prinzen George wünsche ich ebenfalls auf Velinpapier, ob die andern weiß Druckpapier oder Schreibpapier sind gilt mir gleich, die beyden Velinexemplare bitte ich Sie für mich hübsch binden zu laßen, etwa wie meine Ausgabe von Wielands Wercken, oder auch in roth Maroquin, wie Sie es am besten halten, die andern Exemplare müßten wohl in gelb Papier [...]", Bayerische Staatsbibliothek München, Johanna Schopenhauer an Karl Bertuch, Autogr. Schopenhauer, Johanna.
[657] Vgl. u.a. die Rezension im *Journal des Luxus und der Moden*, Bd. 26 (1811), S. 390-392.
[658] Erkennbar wird dies auch an den Briefen, die Johanna Schopenhauer an Carl Bertuch schrieb. So z.B. Johanna Schopenhauer an Carl Bertuch, Weimar, 26.11.o.J.: „Ihrem Vater habe ich mancherlei aus den englischen Jurnälen umgearbeitet, was und wieviel weis ich selbst nicht gleich, obgleich ich meine eigne erste Handschrift davon noch besize, was Sie von jenen Aufsäzen nicht brauchen können geben Sie mir zurück, ich werde es schon anders benuzen können, aber lieb wäre es mir diese Kleinigkeiten zu arrangieren ehe ich Ihnen neue Aufsäze gäbe [...] Überlegen Sie doch mit Ihrem Herrn Vater ob Sie zwei Bändchen Erzählungen von mir in Verlag nehmen wollen, das erste könnte Ostern erscheinen, denn ich habe schon viel vorgearbeitet fertig liegen, das zweite vielleicht Michaelis, gewis im folgenden Ostern [...]", Johanna Schopenhauer an Karl Bertuch, FDH, 65669-70; Johanna Schopenhauer an Carl Bertuch, GSA, Bestand Bertuch, Karl Bertuch, Eingegangene Briefe, Schopenhauer, Johanna, GSA 06/2990; Johanna Schopenhauer an Friedrich Justin Bertuch, GSA, Bestand Bertuch, Friedrich Justin Bertuch, Eingegangene Briefe, Schopenhauer, Johanna, GSA 06/1709.

Reisebeschreibungen. Wichtigste Zeitschrift für Johanna Schopenhauer blieb in den ersten Jahren das *Journal des Luxus und der Moden*.[659] Das nächste größere Werk Johanna Schopenhauers nach der Biographie Carl Ludwig Fernows waren die 1813 veröffentlichten Reiseerinnerungen von ihrer Reise gemeinsam mit Mann und Sohn von 1803 bis 1805 durch Europa. Die „Erinnerungen von einer Reise in den Jahren 1803. 1804 u. 1805" erschienen in dem Tochterunternehmen Bertuchs, dem Verlag der Hof-, Buch- u Kunsthändler in Rudolstadt.[660] Auch diese schriftstellerische Arbeit wurde ein Erfolg[661] und sollte mehrfach aufgelegt werden. Außerdem veröffentlichte sie bei Bertuch ihre „Novellen fremd und eigen", die 1816 ebenfalls in Rudolstadt erschienen.[662]

Die Bekanntschaft mit der Familie Bertuch stellte sich also auch hinsichtlich der schriftstellerischen Arbeit als äußerst erfolgreich für Johanna Schopenhauer heraus. Friedrich Justin Bertuch verschaffte Johanna Schopenhauer aufgrund seiner weitverzweigten Verbindungen fremdsprachige Stoffe als Ideengeber. Sie ihrerseits unterbreitete Gegenvorschläge und hielt ihn permanent über ihre Arbeit auf dem Laufenden.[663]

Trotz ihres Erfolges als Schriftstellerin vergewisserte sich Johanna Schopenhauer weiterhin bei jenen (männlichen) Personen, wie beispielsweise Riemer, die in Weimar als qualifiziert galten, angesehen und hoch geachtet

---

[659] Bis 1817 erschienen regelmäßig Beiträge von Johanna Schopenhauer im *Journal des Luxus und der Moden*. Dabei handelte es sich zu einem großen Teil um Reiseberichte, die oft vor der Veröffentlichung als Buch erschienen.

[660] Zu diesem Verlagsunternehmen Bertuchs vgl. Michael Schütterle: Bertuchs Verlagsunternehmen in Rudolstadt, in: Kaiser/Seifert (Hg.): Bertuch, S. 381-394. 1807 war Friedrich Justin Bertuch mit seiner Filiale von Halle nach Rudolstadt gezogen. Am 1. Januar 1808 erhielt er die Konzession. Um die Buchhandlung in Rudolstadt kümmerte sich vor allem Carl Bertuch. Arthur Schopenhauer veröffentlichte im Rudolstädter Verlag auf eigene Kosten seine Dissertation.

[661] Vgl. die äußerst positive Rezension dieses Buches in der *ALZ* im März 1814: Allgemeine Literatur-Zeitung vom Jahre 1814, Band I: Januar bis April, Sp. 433-438.

[662] Vgl. Johanna Schopenhauer an Friedrich Justin Bertuch, Weimar, 06.02.1816, GSA, Bestand Bertuch, Friedrich Justin Bertuch, Eingegangene Briefe, Schopenhauer, Johanna, GSA 06/1709.

[663] Vgl. Johanna Schopenhauer an Friedrich Justin Bertuch, Weimar, 14.01.1815: „Schaffen Sie mir so etwas über London und ich will Ihnen Aufsäze daraus machen an denen Sie Ihre Freude haben sollen, aber das ist nun einmal nicht, da muß man sich allso helfen so gut es geht. Ich finde im Repository, außer den Politischen Neuigkeiten, und den aus dem Deutschen übersezten Histörchen von Kotzebue und Konsorten, sehr wenig, jene beiden ersten Artikel können wir nicht brauchen, die Moden sind auch schon veraltet, also giebt es wenig brauchbares, doch ein guter Tag macht aus HünerKnochen zur Noth ein ragout ich will schon noch hin und wieder etwas finden daß nicht ganz verwerflich ist, aber wenig wird's sein, wenn ich auch mein Reisejurnal zur Hülfe nehme.", GSA, Bestand Bertuch, Friedrich Justin Bertuch, Eingegangene Briefe, Schopenhauer, Johanna, GSA 06/1709.

waren.⁶⁶⁴ Ob es sich bei diesem Verfahren um eine bewusste Strategie handelte, kann nicht ausgeschlossen werden. Indem Schopenhauer behauptete, unsicher hinsichtlich der Qualität des Geschriebenen zu sein und sich aus diesen Gründen professionelle Hilfe suchte, sicherte sie sich zumindest gegen fundamentale Kritik ab. Denn schließlich hatte sie mit namhaften Leuten zusammengearbeitet, auf die sie sich u.a. bei der Bewertung ihrer schriftstellerischen Arbeiten immer wieder berufen konnte.

Karl Ludwig von Knebel gehörte ebenfalls zu diesem Kreis von einflussreichen Personen. Er erwies sich als wohlwollender Kritiker und trug damit zum schriftstellerischen Erfolg Johanna Schopenhauers bei. Kontinuierlich begleitete er ihre Arbeit mit großem Interesse. Immer wieder bedankte sich Johanna Schopenhauer für sein Lob und seine anhaltende Freundschaft:⁶⁶⁵

> „Ihr Lob, ich gestehe es ehrlich und offen, thut mir recht im innersten Herzen wohl, und wer kann es mir verdenken? Der Sie kennt? Gewis ich bin nicht eitel, ich unterscheide recht gut von welcher Gattung der Beyfall ist den man mir hin und wieder zollt."⁶⁶⁶

Abgesehen von den engeren Beziehungen zu Riemer und Knebel nutzte Johanna Schopenhauer weitere Verbindungen, um ihre schriftstellerische Arbeit in dem Maße zu gestalten, wie es ihren Zielen entsprach. Deutlich macht dies u.a. das Verhältnis zu Charlotte Schiller. Jedes Mal berichtete Johanna Schopenhauer voller Enthusiasmus von den Begegnungen mit der Witwe Friedrich Schillers.⁶⁶⁷ Sie nahm die Bekanntschaft mit Charlotte Schiller in Anspruch,

---

⁶⁶⁴ Vgl. Johanna Schopenhauer an Friedrich Wilhelm Riemer, o.O., o.D., DLA, B: J.H. Schopenhauer: „Wäre es Ihnen möglich, lieber Freund, mir diesen Vormittag von jezt bis zwei Uhr ein Stündchen zu schenken, das Sie nach Ihrer Bequemlichkeit auswählen mögen [...]. Ich möchte gar zu gern mein Manuscript morgen früh mit der fahrenden Post abschicken."; Johanna Schopenhauer an Friedrich Wilhelm Riemer, o.O., o.D., GMD, Sg.: NW 22/1955: „Hier lieber Doktor, abermals einige Invaliden, die ich zu einer Ihnen gelegenen Stunden in die Kur zu nehmen bitte."

⁶⁶⁵ Vgl. Johanna Schopenhauer an Karl Ludwig von Knebel, GSA, Bestand Knebel, Karl Ludwig v. Knebel, Eingegangene Briefe, Schopenhauer, Johanna, GSA 54/262; Johanna Schopenhauer an Karl Ludwig von Knebel, FDH, Nachlaß Johanna Schopenhauer, 65697-80 Slg-K 321.

⁶⁶⁶ Johanna Schopenhauer an Karl Ludwig von Knebel, GSA, Bestand Knebel, Karl Ludwig v. Knebel, Eingegangene Briefe, Schopenhauer, Johanna, GSA 54/262. Auch 1816 reagierte sie auf seine positive Resonanz auf die im gleichen Jahr bei Bertuch in Rudolstadt erschienen „Novellen fremd und eigen" und schickte ihm ein Exemplar ihres Werkes. Vgl. Johanna Schopenhauer an Karl Ludwig von Knebel, Weimar, 25.05.1816, FDH, Nachlaß Johanna Schopenhauer, 65697-80 Slg-K 321.

⁶⁶⁷ Am 8.12.1806 schreibt Johanna Schopenhauer ihrem Sohn von der ersten Begegnung mit Charlotte von Schiller: „Leztens habe ich beym Geheime Raht v. Schardt Frau von Wolzogen die den allerliebsten Roman Agnes von Lilien geschrieben hat und ihre Schwester Frau von Schiller kennen gelernt, Frau von Schiller besuchte mich heute, beyde sind sehr gebildet und interessant.", zit. n. Lütkehaus (Hg.): Die Schopenhauers, S. 126-129, hier S. 128; Johanna Schopenhauer an Arthur Schopenhauer, Weimar, 22.12.1806: „Auch mit Frau von Schiller bin ich näher bekannt geworden, sie ist sehr gebildet, wie du

wenn es um eigene Anliegen ging. Beispielsweise bat sie um Nachricht, wenn der Verleger Schillers, Johann Friedrich Cotta, wieder einmal in Weimar weilen sollte, da sie selbst dringend mit ihm zusammentreffen wollte.[668] An dieser Stelle zeigt sich einmal mehr, dass völlig unterschiedliche Arten von sozialen Beziehungen für das Erreichen bestimmter Ziele genutzt werden konnten.

Mit dem Erfolg Johanna Schopenhauers als Schriftstellerin wuchs auch ihr soziales Netzwerk immer weiter an. Als effektiv erwies sich dieses jedoch nicht nur für eigene Zwecke. Daneben versuchte Johanna Schopenhauer auch, es für Dritte nutzbar zu machen: Mehr als zuvor schrieb sie Empfehlungsschreiben für ihre Schützlinge, ließ ihre umfangreichen Beziehungen spielen und vermittelte erfolgversprechende Kontakte.[669] Nach den ersten schriftstellerischen Erfolgen, die sie über die Grenzen Weimar-Jenas hinaus bekannt gemacht und die ihr auch das Lob Carl August Böttigers eingebracht hatten, ergriff sie die Gelegenheit und versuchte den neuerrungenen Einfluss für die Zwecke ihres Freundes Georg Friedrich Conrad Ludwig Müller von Gerstenbergk zu nutzen.[670] In einem Schreiben an Böttiger berichtet sie von dem schriftstellerischen Talent Gerstenbergks und preist die bei Cotta erschienen „Caledonische(n) Erzählungen" an:

> „Sie werden dünckt mir in Erholungs Stunden dies anspruchslose erste Product einer reinen schönen, wenn auch etwas düstern Phantasie, mit Vergnügen lesen, er selbst hatte nicht den Muth es Ihnen dazubieten [...], so erbot ich mich dazu und ergreife mit Freuden die Gelegenheit wieder einmahl mich mit Ihnen zu unterhalten. Ich wage noch eine Bitte von der aber mein gar zu bescheidner Freund nichts erfahren muß. Finden Sie in dem Büchlein was ich darin zu finden glaube, so sagen Sie doch irgendwo ein Wörtchen davon um das große mit Neuigkeiten überladne und oft deshalb unachtsame Publikum darauf aufmercksam zu machen und dadurch dies eben ans Licht tretende noch etwas scheue Talent ein wenig aufzumuntern, [...]."[671]

---

leicht dencken kannst, ihr Umgang ist mir sehr interessant, wir sprechen fast immer von Schillern und sie erzählt mir tausend kleine Züge von ihm [...]", zit. n. ebd., S. 130-133, hier S.130f.

[668] Vgl. Johanna Schopenhauer an Charlotte von Schiller, o.O., o.D., DLA, Bestand/Zugangsnummer: A: Schiller/Charlotte von Schiller.

[669] Vgl. Zur Bedeutung Johanna Schopenhauers für Fremde in Weimar vgl. u.a. Karl Morgenstern an Johanna Schopenhauer, Dorpat, 24.03./05.04.1822, GSA, Autographensammlung, GSA 96/4259. Freunde, die von Weimar aus weiterreisen wollten, empfahl sie oft an alte Bekannte weiter. Vgl. u.a. Johanna Schopenhauer an Carl August Böttiger, Weimar, 06.03.1826, in: Houben (Hg.): Weimar, S. 271f. Johanna Schopenhauer an Ludwig Tieck, Weimar, 28.03.1826, in: ebd., S. 274-276; Johanna Schopenhauer an Ludwig Tieck, Weimar, 02.05.1826, FDH, Nachlaß Johanna Schopenhauer, 65675-76; Johanna Schopenhauer an Ludwig Tieck, Jena, 10.05.1827, in: Houben (Hg.): Weimar, S. 282f.

[670] Zu Georg Friedrich Ludwig Conrad von Gerstenbergk vgl. HAC, Datensatz Nr. 7124.

[671] Vgl. Johanna Schopenhauer an Carl August Böttiger, Weimar, 27.06.1814, zit. n. Houben (Hg.): Weimar, S. 184-187, hier S. 185. Zu den Erzählungen vgl. Sophie Bohn an Fritz Bohn, 02.10.1814, in: ebd., S. 187f.

Überzeugt von ihrem Namen und der damit verbundenen Rechtmäßigkeit ihres Anliegens wandte sich Johanna Schopenhauer an den Mann, von dem sie wusste, dass er über Einfluss und weitreichende Kontakte verfügte, die hilfreich sein konnten, um Werbung für Gerstenbergks Schrift zu machen.

Als namhafte Schriftstellerin war sie selbst nun nicht mehr auf die Vermittlung durch andere Personen angewiesen. Stattdessen ermöglichte ihr schriftstellerischer Erfolg nun auch die Unterstützung befreundeter Schriftstellerinnen. Ihrem Bekannten Carl von Holtei schickte sie ein Manuskript Amalie von Voigts verbunden mit der Bitte um Annahme.[672] Holtei redigierte zu dieser Zeit die in Berlin erscheinenden *Monatlichen Beiträge zur Geschichte dramatischer Kunst und Litteratur*.[673] Bei dem Manuskript Amalie von Voigts handelte es sich um die Lebenserinnerungen der Schauspielerin Karoline Kummerfeld, die Amalie von Voigt offensichtlich nach und nach herausgeben wollte. Johanna Schopenhauer ließ ihre freundschaftlichen Beziehungen zu Carl von Holtei spielen, um Amalie von Voigt in ihrem Vorhaben zu unterstützen.[674]

Johanna Schopenhauer unterstützte jedoch nicht nur Weimarer Schriftstellerinnen, sondern pflegte abgesehen davon auch über Weimar-Jena hinaus engere Beziehungen zu Schriftstellerinnen. Ein Beispiel dafür ist die zeitweilig in Wien lebende Regina Frohberg.[675] In ihrem Fall fungierte Johanna Schopenhauer ebenfalls als Vermittlerin von Kontakten: An Johanna Schopenhauer gewandt wollte Frohberg wissen, ob die an Bertuch geschickten Artikel für das *Journal des Luxus und der Moden* mittlerweile veröffentlicht worden waren.[676] Außerdem war Frohberg sehr an einer Bekanntschaft mit Johanna Schopenhauer gelegen. Im Gegenzug nutzte Schopenhauer die Verbindungen der Schriftstellerin für eigene Zwecke oder die enger Freunde. So gab sie Frohberg den Auftrag, ein von Gerstenbergk verfasstes Trauerspiel weiter zu empfehlen.[677]

---

[672] Vgl. Johanna Schopenhauer an Karl von Holtei, Weimar, 13.03.1828, in: ebd., S. 293-296, hier S. 293f.

[673] Vgl. Carl von Holtei (Hg.): Monatliche Beiträge zur Geschichte dramatischer Kunst und Literatur, Berlin 1827/1828.

[674] Erstmals vollständig herausgegeben wurden die Lebenserinnerungen der Caroline Schulze-Kummerfeld allerdings erst 1915. Vgl. Emil Benezé (Hg.): Lebenserinnerungen der Karoline Schulze-Kummerfeld, 2 Bde., Berlin 1915.

[675] Regina Frohberg, geb. 1783 in Berlin als Regina Salomo, lebte seit 1813 in Wien. Mit dem Roman „Louise oder kindlicher Gehorsam in Liebe und Streit (1808) begann sie ihre schriftstellerische Karriere. Danach folgte „Schmerz und Liebe", der wie der erste anonym erschien. Zwischen 1815 und 1817 veröffentlichte sie eigene Artikel in Bertuchs *Journal des Luxus und der Moden*. Desweiteren veröffentlichte sie Werke wie „Die Rückkehr" (1825), „Der Liebe Kämpfe" (1827), „Vergangenheit und Zukunft" (1840) und „Gedankenfrüchte auf den Pfad des Lebens" (1842). Vgl. Carl Wilhelm Otto August von Schindel: Die deutschen Schriftstellerinnen des neunzehnten Jahrhunderts, 2 Thle., Leipzig 1823. S. 138-140.

[676] Vgl. Regina Frohberg an Johanna Schopenhauer, Wien, 28.02.1816, in: Houben (Hg.): Weimar, S. 196-198.

[677] Vgl. Regina Frohberg an Johanna Schopenhauer, Wien, 28.02.1816, in: ebd., S. 196-198, hier S. 197.

Während die so zielstrebig geknüpften sozialen Beziehungen in Weimar, die alle Ebenen des Lebens berührten, anfangs vor allem Vorteile mit sich brachten, wirkten sie sich später offensichtlich mehr und mehr nachteilig auf die Gestaltungsmöglichkeiten Johanna Schopenhauers aus. Die nicht oder nur schwer zu trennende Verbindung zwischen privatem und geschäftlichem Umgang, die sich an Bertuchs gut zeigen lässt und anfangs von Vorteil war, hatte im Falle Johanna Schopenhauers im Laufe der Zeit die Konsequenz, dass die durch Erfolg gesteigerten Erwartungen, beispielsweise hinsichtlich des Honorars, nicht mehr erfüllt werden konnten. Bereits wenige Jahre nach dem Erfolg der Schrift über Fernow war Johanna Schopenhauer bestrebt, neben ihrer Tätigkeit für Friedrich Justin Bertuch, eigene literarische Werke in periodischen Schriften zu veröffentlichen, die außerhalb Weimar-Jenas hergestellt wurden.[678]

Eine Ursache dafür mag in den niedrigen Honorarzahlungen Friedrich Justin Bertuchs gelegen haben, die Johanna Schopenhauer bemängelte.[679] Friedrich Justin Bertuch hatte es offensichtlich nicht nötig, besonders hohe Honorare zu zahlen, weil er in all den Jahren seiner unternehmerischen Tätigkeiten von der Ansammlung potentieller Schriftstellerinnen und Schriftsteller in Weimar-Jena profitiert haben wird, die eigene Arbeiten publizieren wollten. Diese Abhängigkeit der Autorinnen und Autoren von ihrem Herausgeber brachte Johanna Schopenhauer zunächst allerdings eine Reihe von Vorteilen. Aufgrund ihres mangelnden Bekanntheitsgrades war sie auf soziale Beziehungen angewiesen, um veröffentlichen zu können. Bertuch erwies sich in ihrem Fall als Förderer ihres noch unbekannten Talents. Doch möglicherweise fehlte der freundschaftlichen Verbindung zwischen dem Hause Schopenhauer und dem Hause Bertuch die nötige Distanz für harte geschäftliche Verhandlungen, sodass Johanna Schopenhauer im Laufe der Zeit nach auswärtigen Verlegern Ausschau hielt.

Ein wirklicher Erfolg ihrer Versuche, die beruflichen Beziehungen auszuweiten, stellte sich allerdings erst ein, als sie bereits bekannt und erfolgreich war. Ihre Beliebtheit als Autorin nutzte sie und trat Ende 1816/Anfang 1817 an den Leipziger Verleger Friedrich Arnold Brockhaus wegen der zweiten Ausgabe ihrer überaus erfolgreichen „Erinnerungen von einer Reise in den Jahren 1803, 1804 und 1805" heran.[680] Bezeichnenderweise hatte sie Friedrich Arnold Brockhaus in Weimar kennengelernt, als dieser bei Johannes Daniel Falk zu Gast war. Diese flüchtige Bekanntschaft erweckte Johanna Schopenhauer nachträglich zum Leben. Die Kontaktaufnahme mit Brockhaus ist vor allem darauf zurückzuführen, dass sich Johanna Schopenhauer von der Zusammenarbeit mit ihm höhere finanzielle Gewinne versprach:

---

[678] Vgl. Johanna Schopenhauer an Johann Diederich Gries, Weimar, 24.01.1813, in: [Schopenhauer]: Wechsel, S. 356f.
[679] Vgl. Johanna Schopenhauer an Friedrich Arnold Brockhaus, Weimar, 24.02.1817, in: ebd., S. 366-369.
[680] Vgl. Johanna Schopenhauer an Friedrich Arnold Brockhaus, Weimar, 24.02.1817, in: ebd., S. 366-369.

> „Sie fragen, warum ich jetzt auf höheres Honorar bestehe, da ich früher Bertuchen meine Arbeiten fast für gar nichts hingab. Das will ich treulich beantworten, vorher aber noch die Versicherung, daß Bertuch, obgleich er noch immer zu meinen besten Freunden gehört, keine Zeile von mir mehr erhält. Selbst an seinen Journalen habe ich ihm jede Teilnahme rund abgeschlagen, weil er alle, die für ihn arbeiten, zu wenig liberal behandelt, was niemand erträgt, der es nicht muß, dies ist aber leider der Fall bei allen beinahe, die er länger an sein Fabrikwesen zu fesseln weiß."[681]

Mit Blick auf die Vorstellungen, die Johanna Schopenhauer von ihrer schriftstellerischen Arbeit hatte, schienen sich die sozialen Beziehungen innerhalb Weimar-Jenas erschöpft zu haben. Brockhaus dagegen wurde den Ansprüchen Schopenhauers offensichtlich gerecht: Die Briefe Schopenhauers an den Verleger geben einen Einblick in die Arbeitsweise beider.[682] Vor allem zeigen sich hier Verhandlungsgeschick, Durchsetzungskraft und Professionalität, die Johanna Schopenhauer im Verlauf ihrer schriftstellerischen Arbeit entwickelt hatte.

Ihre Entscheidung für Brockhaus erwies sich als fruchtbar. Beide planten eine längerfristige Zusammenarbeit, die vor allem Johanna Schopenhauer eine gewisse finanzielle Sicherheit gab.[683]

Auch weil sich zunehmend Herausgeber verschiedenster Zeitschriften mit der Bitte um Beiträge mit ihr in Verbindung setzten[684], wurde sich Johanna Schopenhauer ihrer schriftstellerischen Leistungen und deren Wert bewusst und wandte sich mehr und mehr von ihren bestehenden Verbindungen in Weimar-Jena ab. Die außerhalb Weimar-Jenas angesiedelten Verleger schienen ihren Ansprüchen gerecht zu werden. Brockhaus nahm sie in seinen Verlag auf und veröffentlichte die zweite und dritte Auflage der Reiserinnerungen Schopenhauers[685], deren erste Ausgabe bei Bertuch erschienen war. Außerdem publizierte er „Gabriele", den Roman, der ihren Ruf als Schriftstellerin weiter festigen sollte.[686] Von da an zählte er zu ihrem wichtigsten Verleger, der in den folgenden Jahren mehrere Erzählungen, weitere Romane sowie 1831 die „Gesammelten Schriften" herausgab. Wie sehr er sie schätzte und bestrebt war,

---

[681] Ebd., S. 366.
[682] Vgl. die Briefe Johanna Schopenhauer an Friedrich Arnold Brockhaus, in: ebd., S. 366-371; Johanna Schopenhauer an Friedrich Arnold Brockhaus, in: Houben (Hg.): Weimar, S. 259-262, S. 274f., S. 385f.
[683] Vgl. u.a. Johanna Schopenhauer an Friedrich Arnold Brockhaus, Weimar, 12.12.1818, in: Houben (Hg.): Weimar, S. 223f.
[684] Vgl. u.a. Konrad Levezow an Johanna Schopenhauer, Berlin, 04.07.1816, in: ebd., S. 209-211; Karl Spindler an Johanna Schopenhauer, Stuttgart, 07.12.1828, in: ebd., S. 318f. Spindler bittet Johanna Schopenhauer darum, Beiträge für seine neue, vom 1. Januar 1829 an erscheinende „Damenzeitung" zu liefern.
[685] Vgl. bspw. Johanna Schopenhauer: Reise durch das südliche Frankreich, 2 Thle., in: dies.: Sämmtliche Schriften, Bd. 18., Leipzig 1831; dies.: Reise durch das südliche Frankreich, 2 Thle., in: dies.: Sämmtliche Schriften, Bd. 18, Leipzig 1834.
[686] Johanna Schopenhauer: Gabriele. Ein Roman, Leipzig 1821. Außerdem bei Brockhaus: dies.: Richard Wood, Leipzig 1837.

Werbung mit ihr zu betreiben, zeigt die Aufnahme ihres Namens in die von Brockhaus herausgegebene Reihe *Zeitgenossen. Ein biographisches Magazin für die Geschichte unserer Zeit*.[687]

Ab 1821 veröffentlichte Johanna Schopenhauer außerdem in Zeitschriften, die nicht in Weimar-Jena produziert wurden. Ihre Beiträge erschienen in Cottas *Morgenblatt für gebildete Stände*, in der *Abend-Zeitung* von Voss sowie in periodisch wiederkehrenden Taschenbüchern.[688] Mit Blick auf ihre schriftstellerische Arbeit konnte Johanna Schopenhauer zunehmend von Kontakten zu Männern außerhalb Weimar-Jenas profitieren. Die Beziehungen zu diesen literatur- und kunstinteressierten Personen hatten jedoch in der Regel ihren Anfang an ihrem „Theetisch" genommen. Ein Beispiel dafür ist Sulpiz Boisserée. Er nahm sich kritisch der Manuskripte Johanna Schopenhauers an, beurteilte und redigierte sie.[689] Boisserée, selbst über eine der umfangreichsten Bildersammlungen verfügend, bewertete beispielsweise die kunsttheoretischen Schriften Johanna Schopenhauers. Er setzte sich sowohl mit dem 1821 im *Morgenblatt für gebildete Stände* erschienenen Aufsatz „Quintin Messis. Das Danziger Bild" auseinander als auch mit der 1822 publizierten Schrift „Johann van Eyck und seine Nachfolger" und korrigierte sie sorgfältig.[690]

Abgesehen von Boisserée erwies sich erneut Carl August Böttiger als förderlich für die Karriere. 1821 wandte sich Johanna Schopenhauer in der Hoffnung an ihn, ein Auszug aus „Johann van Eyck und seine Nachfolger" könne in der *Abend-Zeitung* erscheinen. Mit der Bitte, einen Teil dieser Schrift zu veröffentlichen, war die Frage nach einem Honorar verbunden.[691] Böttiger kam ihrem Wunsch in beiden Punkten nach. In der Nummer 131 der *Abend-Zeitung* erschien die Lebensbeschreibung des niederländischen Malers Jan Schoreel. Darüber hinaus erklärte sich die Redaktion bereit, ein Honorar zu

---

[687] Vgl. Zeitgenossen. Ein biographisches Magazin für die Geschichte unserer Zeit, Leipzig 1816-1841, Bd. 1, IV. Abt., S. 171-178.

[688] Vgl. Johanna Schopenhauer: Der Günstling. Erzählung, in: Rheinisches Taschenbuch auf das Jahr 1823, Frankfurt a.M. 1823; dies.: Hass und Liebe, in: Rheinisches Taschenbuch auf das Jahr 1824, Frankfurt a.M. 1824; dies.: Leontine, in: Cornelia. Taschenbuch für deutsche Frauen, Darmstadt 1824; dies.: Die Reise nach Flandern, in: Rheinisches Taschenbuch auf das Jahr 1825, Frankfurt a.M. 1825; dies.: Natalie, in: Cornelia. Taschenbuch für deutsche Frauen, Darmstadt 1825; dies.: Die Freunde, in: Rheinisches Taschenbuch auf das Jahr 1826, Frankfurt a.M. 1826; dies.: Der Schnee, in: Minerva. Taschenbuch für das Jahr 1826, Leipzig 1826; dies.: Die arme Margareth, in: Urania. Taschenbuch auf das Jahr 1827, Leipzig 1827; dies.: Bruchstücke aus der Reise durch das südliche Frankreich, in: Aurora. Ein Taschenbuch für deutsche Töchter und Frauen edlern Sinnes, Zweyter Jahrgang fuer das Jahr 1827, Leipzig; dies.: Bruchstücke aus der Reise durch das südliche Frankreich, in: Aurora. Ein Taschenbuch für deutsche Töchter und Frauen edlern Sinnes, Zweyter Jahrgang für das Jahr 1827, Leipzig.

[689] Vgl. Johanna Schopenhauer an Sulpiz Boisserée, Weimar, 07.01.1821, in: [Schopenhauer]: Wechsel, S. 372f., hier S. 372.

[690] Vgl. Johanna Schopenhauer an Sulpiz Boisserée, Weimar, 29.03.1821, in: ebd., S. 374.

[691] Vgl. Johanna Schopenhauer an Karl August Böttiger, Weimar, 08.05.1821, in: ebd., S. 375-378.

zahlen.[692] Bezeichnenderweise erschien die Schrift zu den niederländischen Malern bei dem Frankfurter Verleger Heinrich Wilmans. Dies zeigt, dass Schopenhauer ihre Kontakte zu Verlegern noch weiter ausgedehnt hatte und sich nicht nur auf Brockhaus in Leipzig beschränkte. Für Johanna Schopenhauer wurde Wilmans neben Brockhaus der wichtigste Verleger, für dessen Haus sie zahlreiche Arbeiten verfasste. Einerseits wurde sie feste Autorin des von ihm herausgegebenen *Rheinischen Taschenbuchs*. Aber auch die *Neuen Novellen* und zahlreiche andere Erzählungen erschienen bei Wilmans.[693] Die Beziehungen zu dem Frankfurter Verleger waren bereits 1823 so eng, dass sie im Herbst des gleichen Jahres einige Tage in dessen Haus zubrachte.[694]

Mit der Intensivierung ihrer schriftstellerischen Arbeit und der damit verbunden Ausweitung der sozialen Beziehungen über Weimar-Jena hinaus ging ein Bedeutungsverlust ihres „Theetischs" einher. Für dieses Phänomen lassen sich verschiedene Gründe anführen. Während Johanna Schopenhauer in den ersten fünfzehn Jahre ihres Aufenthaltes einer der Mittelpunkte der Weimarer Geselligkeit war und sich parallel zu einer bekannten und gefragten Schriftstellerin entwickelte, verdeutlichen ihre Briefe, dass sie sich in den zwanziger Jahren des 19. Jahrhunderts mehr und mehr von ihrer Rolle als Gastgeberin für große Geselligkeiten zurückzog. Der Schwerpunkt ihres Daseins in Weimar-Jena verlagerte sich vom „Theetisch" hin zur schriftstellerischen Arbeit. Zunehmend konzentrierte sie sich auf das Schreiben von Texten. Eng mit dieser Entwicklung verbunden war der finanzielle Bankrott, den Johanna Schopenhauer 1819 wegen des Niedergangs des Danziger Bankhauses Muhl hinnehmen musste.[695] Doch abgesehen von den einschneidenden finanziellen Einbußen und ihren Auswirkungen auf die Handlungsfähigkeit Johanna Schopenhauers als Gesellschafterin, etablierte sich ein konkurrierender geselliger Zirkel um Ottilie von Goethe in Weimar. Er wurde besonders von auswärtigen Gästen stark frequentiert und gewann besonders für die im zweiten und dritten Jahrzehnt des 19. Jahrhunderts verstärkt nach Weimar-Jena reisenden Engländer an Bedeutung.[696] Parallel zu diesen Entwicklungen zog sich Johann Wolfgang Goethe mehr und mehr von den geselligen Zusammenkünften im Hause Johanna Schopenhauers zurück.

---

[692] Vgl. Johanna Schopenhauer, Johann von Schoreel, in: Abend-Zeitung, Nr. 131 (1821); Johanna Schopenhauer an Karl August Böttiger, Weimar, 24.06.1821, in: [Schopenhauer]: Wechsel, S. 378-380, hier S. 378.

[693] Vgl. Johanna Schopenhauer: Neue Novellen, 3 Thle., Frankfurt a.M. 1832; dies.: Lebensverhältnisse, Frankfurt a.M. 1832; dies.: Mathilde, Frankfurt a.M. 1832.

[694] Vgl. Johanna Schopenhauer an Gerstenbergk, Frankfurt a.M., 02.10.1823, in: Houben (Hg.): Weimar, Leipzig 1824, S. 256-258, hier S. 258.

[695] Vgl. dazu die Briefwechsel zwischen Johanna, Adele und Arthur Schopenhauer, in: Lütkehaus (Hg.): Die Schopenhauers.

[696] Vgl. Karsten Hein: Ottilie von Goethe (1796-1872). Biographie und literarische Beziehungen der Schwiegertochter Goethes, Frankfurt a.M. 2001; Ruth Rahmeyer: Ottilie von Goethe. Eine Biographie [künftig zitiert: Ottilie von Goethe], Frankfurt a.M. 2002.

Obwohl die Intensivierung der schriftstellerischen Tätigkeit Johanna Schopenhauers mit dem finanziellen Bankrott und den Veränderungen innerhalb des geselligen Lebens Weimar-Jena eng zusammenhing, erfolgte das Schreiben nicht nur aus der Not heraus. Vielmehr entsprach auch ein Leben als Schriftstellerin ihren Fähigkeiten und intellektuellen Ansprüchen. Als Schriftstellerin verfügte sie über zahlreiche Gestaltungsmöglichkeiten der eigenen Arbeit, die sich über die Gattungs- und Themenwahl bis hin zu den Verhandlungen mit Verlegern erstreckten. Außerdem ergab sich aufgrund der Honorare, die sie erhielt, zunächst die Möglichkeit, in Weimar zu bleiben. Das Leben in Weimar ließ sich trotz des Bankrotts zumindest in den ersten Jahren weiter finanzieren, ohne dass die gewohnte Lebensweise eingeschränkt werden musste.

Empfindliche Einschnitte in das Weimarer Leben ließen sich allerdings nicht vermeiden. Trotz ihrer Bemühungen gelang es Johanna Schopenhauer auf die Dauer nicht, den hohen Lebensstandard zu halten und entsprechend der eigenen Ansprüche zu leben. Sie lief Gefahr, ihren Status innerhalb der Weimarer Gesellschaft zu verlieren. Dieser Verlust hätte sich auch auf ihre sozialen Beziehungen ausgewirkt, da potentielle Gäste dem Hause Schopenhauer fern geblieben wären. Aus diesen Gründen entschied sich Johanna Schopenhauer 1829 schließlich dafür, Weimar zu verlassen und nach Bonn zu ziehen. Die Sommer verbrachte sie allerdings im nahegelegenen Unkel. Hier war es ihr möglich, ein Leben entsprechend ihrer finanziellen Möglichkeiten zu führen. Weitgehend unbekannt und abgeschieden vom geselligen Leben widmete sie sich weiterhin ihrer schriftstellerischen Arbeit.

Allerdings vermisste Johanna Schopenhauer das Leben in Weimar und die engen Beziehungen zu Bekannten und Freunden, die sich als gewinnbringend für die Gestaltung ihres Lebens in der Residenzstadt erwiesen hatten. Die sozialen Beziehungen, über die sie in Weimar verfügt hatte, waren mit denen in Unkel bzw. Bonn nicht zu vergleichen. Während es ihr in Weimar gelungen war, einen Mittelpunkt des geselligen Lebens zu bilden, gelang ihr Ähnliches am Rhein nicht. Weimarer Freunden und Bekannten gegenüber beklagte sie sich über ihr oft einförmiges Leben in Unkel bzw. Bonn, bemängelte vor allem das uninteressante gesellige Leben und sehnte sich nach den geselligen Zirkeln Weimar-Jenas.[697] Bonn und Unkel boten Johanna Schopenhauer weit weniger Wahl- und Gestaltungsmöglichkeiten im Bereich des geselligen Lebens als Weimar-Jena. Auch aus diesem Grund wurde Johanna Schopenhauer am Rhein nie wirklich heimisch.[698]

---

[697] Vgl. Johanna Schopenhauer an Karl von Holtei, Köln, *am Aschermittwoch*, 1831, in: [Schopenhauer]: Wechsel, S. 423-428, hier S. 427; Johanna Schopenhauer an Karl von Holtei, Bonn, 27.10.1832, in: ebd., S. 428-434, hier S. 429.
[698] Vgl. ebd.

### 3.3.2.4 Zusammenfassung

Von Anfang an war Johanna Schopenhauer bestrebt, in engere Beziehung zu einflussreichen Personen innerhalb Weimars und Jenas zu treten. Ihr Agieren in Weimar, das häufig den Eindruck eines regelrechten Sammelns von Freundschaften und Bekanntschaften machte, hatte eindeutig strategischen Charakter. Ihr war zum einen klar, welche Bedeutung soziale Beziehungen für das Führen eines Lebens nach eigenen Vorstellungen besaßen. Zum anderen wusste sie um das Potential, das auch in dieser Hinsicht in Weimar und Jena steckte.

Schon vor der Ankunft in der Residenzstadt ging sie davon aus, dass möglichst weitreichende Verbindungen eine wesentliche Voraussetzung für die Etablierung ihres „Theetischs" waren. Ausgerüstet mit Empfehlungsschreiben von Hamburger Bekannten sollten sich ihr die Türen zu den einflussreichsten Personen des Hofes und der Stadt öffnen. Ihre Aktivitäten waren vor allem darauf gerichtet, ein eigenes Beziehungsnetzwerk zu knüpfen und dieses schrittweise zu erweitern. Diese Ausdehnung der Kontakte erschienen ihr nötig, um entsprechend der eigenen Erwartungen und Wünschen agieren und das Leben in Weimar nach persönlichem Ermessen zu gestalten. Die Qualität der sozialen Beziehungen war Bedingung dafür, den mit Weimar verbundenen Lebensentwurf umzusetzen. Bertuch erwies sich in Verbindung mit den Familien Kühn, Ridel und Falk als zentral für die Integration Johanna Schopenhauers. In relativ kurzer Zeit erhielt sie Zugang zum Hof und zu den wichtigen Geselligkeitskreisen der Stadt. Ihre Bekanntheit innerhalb der Weimarer Gesellschaft ermöglichte ihr die Etablierung eines eigenen geselligen Zirkels. Zentral für den Erfolg dieses „Theetischs" war Johann Wolfgang Goethe. Als Publikumsmagnet verhalf er Johanna Schopenhauers Teetisch zu einem Ruf, der über die Grenzen Weimar-Jenas hinaus reichte. Mit ihrem Teetisch prägte Johanna Schopenhauer das gesellige Leben Weimars in entscheidendem Maße.

Die Ausdehnung des Beziehungsnetzwerkes hatte zur Folge, dass Johanna Schopenhauer zunehmend ihren musischen Interessen nachgehen und sich in Weimar weiterbilden konnte. Sprach,- Mal- und Musikunterricht standen dabei an erster Stelle. Über ihre Bekannt- und Freundschaften erhielt sie außerdem leichten Zugang zum Theater, zu Zeitschriften und Büchern. Aus den vielfältigen in Weimar zur Verfügung stehenden Angeboten wählte Johanna Schopenhauer jene, die ihren Vorstellungen entsprachen. In Weimar boten sich ihr offensichtlich mehr bzw. andere Wahl- und Gestaltungsmöglichkeiten, als dies in Hamburg der Fall gewesen war. Ausschlaggebend dafür waren die sozialen Beziehungen. Sie trugen dazu bei, dass Johanna Schopenhauer vielfältige Gestaltungsmöglichkeiten als Gesellschafterin erkannte und nutzte. Damit erfüllten sich Erwartungen und Intentionen, die sie schon vorher mit einem Aufenthalt in Weimar verbunden hatte. Darüber hinaus führten die sozialen Beziehungen in Weimar-Jena dazu, dass Johanna Schopenhauer außerdem über erhebliche Gestaltungsmöglichkeiten als Schriftstellerin verfügte. Insgesamt zeigte sich auch bei Johanna Schopenhauer, dass durch soziale

Beziehungen im Allgemeinen zahlreiche Möglichkeiten der Beschäftigung sowie vielfältige Gestaltungsmöglichkeiten des eigenen Handelns und damit des eigenen Lebens zur Verfügung gestellt wurden. Dies hatte Johanna Schopenhauer bereits vor ihrem Umzug nach Weimar zumindest erahnt. Sie knüpfte Kontakte zu den Personen, die für eine Umsetzung ihrer Ziele von Nutzen sein konnten. Auf diese Weise gelang es ihr, sich mit Hilfe einzelner Personen ein Netzwerk von sozialen Beziehungen aufzubauen, das sich als essentiell für alle weiteren Unternehmungen erwies. In Weimar-Jena ergaben sich damit weit mehr Handlungsspielräume als Johanna Schopenhauer anfangs nutzen wollte.

### 3.3.3 Henriette von Egloffstein – Höfisches Milieu als Voraussetzung für die Umsetzung des Lebensentwurfs

Henriette von Egloffstein war seit ihrem 14. Lebensjahr eng mit Weimar verbunden.[699] Diese Verbindung sollte Zeit ihres Lebens bestehen bleiben. Allein der Aufenthalt ihrer Töchter Caroline und Julie von Egloffstein in der Residenzstadt[700] war Anlass, immer wieder nach Weimar zu reisen. Lange pflegte sie die hier eingegangenen Beziehungen zu verschiedenen Personen – vor allem aber zum Kreis um Anna Amalia und zu Angehörigen des regierenden Hofes.

Obwohl diese beiden Weimarer Höfe mit ihren zahlreichen Seilschaften und Netzwerken zentralen Stellenwert für Henriette von Egloffstein besaßen, waren die anderen innerhalb des Ereignisraumes gepflegten Beziehungen ebenfalls von großer Bedeutung. Anfangs ermöglichten ihr Familienbande den Zugang zum Hof. Später trugen neu hinzugekommene Bekanntschaften und Freundschaften dazu bei, dass sie wesentlicher Bestandteil des höfisch geprägten geselligen Lebens wurde.

Das erste Mal hielt sich Henriette von Egloffstein im Winter 1787/1788 in Begleitung ihrer Mutter in Weimar auf. Dieser Besuch hinterließ einen so starken Eindruck, dass sie Jahrzehnte später noch voller Begeisterung von dieser ersten Begegnung mit „jene[n] berühmten Männern" Weimars berichtete.[701] Während dieser Monate traf sie sowohl auf Anna Amalia als auch auf Herzog Carl August und dessen Gattin Luise. Außerdem hatte sie teil an zahlreichen

---

[699] Vgl. Beaulieu-Marconnay: Bruchstücke, 4. Heft, GSA 13/5. Hinzu kommen vor allem die Briefe an ihre Töchter Caroline und Julie, in denen sie immer wieder auf die Bedeutung Weimars für ihr eigenes Leben hinweist: Henriette von Beaulieu-Marconnay an Caroline von Egloffstein, GSA, Bestand Egloffstein, Karoline Gräfin von Egloffstein, Eingegangene Briefe, GSA 13/129, 1-9; Henriette von Beaulieu-Marconnay an Julie von Egloffstein, Bestand Egloffstein, Julie Gräfin von Egloffstein, Eingegangene Briefe, Beaulieu-Marconnay, Henriette v., GSA 13/256, 1-256, 256, 12.

[700] Die älteste Tochter Caroline kam 1809 nach Weimar, Julie folgte 1816.

[701] Über ihren ersten Aufenthalt in Weimar und den Begegnungen mit Dichtern und Gelehrten berichtet sie im vierten Heft ihrer Lebenserinnerungen. Hier findet sich auch das angegebene Zitat: „[...] Ich bewegte mich ohne Zwang in der Gesellschaft jener berühmten Männer, welche Weimar zu einem heitern Musensiz umgeschaffen hatten [...]". Vgl. Beaulieu-Marconnay: Bruchstücke, 4. Heft, GSA 13/5.

Veranstaltungen der höfischen Gesellschaft. Die folgenden Weimar-Aufenthalte wurden ebenfalls von Zusammenkünften mit jenen Personen geprägt, die beiden Höfen nahe standen.

Mit welchen von ihnen Henriette von Egloffstein in besonders engem Kontakt stand und inwiefern diese ihren Aufenthalt in Weimar beeinflussten, ist Gegenstand der folgenden Ausführungen. Dabei gilt es, die Konsequenzen der personalen Verflechtungen Henriette von Egloffsteins für ihre Lebensweise in Weimar zu ermitteln. Geklärt werden soll, auf welche Art und Weise der mit dem Aufenthalt in Weimar verbundene Lebensentwurf von Bekanntschaften und Freundschaften geprägt wurde und inwiefern diese sozialen Beziehungen Wahlmöglichkeiten eröffneten und damit Einfluss auf die Gestaltung des Lebens in der Residenzstadt hatten.

### 3.3.3.1   Ausgangssituation

In ihren Lebenserinnerungen beschreibt Henriette von Egloffstein ausführlich die ersten Berührungen mit Weimar und ihren ersten Aufenthalt in der Residenzstadt. Alltagssorgen und Hürden, die es im täglichen Leben zu überwinden galt, finden keinen Platz in den Aufzeichnungen. Dementsprechend bieten sie sich weniger als Quelle für Tagesabläufe an. Vielmehr können die Erinnerungen als Bericht gelesen werden, inwieweit die Lebensentwürfe Henriette von Egloffsteins umgesetzt wurden und wodurch diese Umsetzung befördert wurde. Soziale Beziehungen nach Sachsen-Weimar-Eisenach im Allgemeinen und Weimar-Jena im Speziellen spielten dabei eine große Rolle.

Aus den Beschreibungen geht hervor, dass Verbindungen der Familie von Egloffstein nach Sachsen-Weimar-Eisenach schon länger bestanden: Nach dem Tod des Ehemannes und Streitigkeiten innerhalb der Familie[702] entschied sich die Mutter Henriette von Egloffsteins – Sophie von Egloffstein – 1780 für eine Übersiedlung zu ihrer Stiefschwester nach Bucha. Die Absichten, die Sophie von Egloffstein mit diesem Umzug verband, werden rückblickend damit begründet, dass „sie dort in der nähe von Jena, wo meine drey ältesten Brüder ihre Studien beginnen sollten, wohlfeil leben u über ihre Kinder wachen konnte".[703] Neben dem Genuss der materiellen Vorteile, die der Aufenthalt in Bucha bot, habe Sophie von Egloffstein außerdem das Ziel verfolgt, mit der Übersiedlung nach „Sachsen" den Söhnen „Geistesbildung" und „Weltkentnis" zu vermitteln, „weil dort mehr Aufklärung, feinre Sitten u gründlichre Kentnisse zu finden waren, als im südlichen Deutschland".[704]

---

[702] In ihren Lebenserinnerungen berichtet Henriette von Egloffstein von einem Streit um das Majorat. Nach dem Tod ihres Vaters sollte dieses offenbar auf den ältesten Bruder Henriette von Egloffsteins übergehen. Einer ihrer Onkel machte es diesem aber streitig. Vgl. Beaulieu-Marconnay: Bruchstücke, 1. Heft, GSA 13/5.
[703] Ebd., „Die erste Reise", 1. Heft, GSA 13/5.
[704] Ebd.

Die Aussagen Henriette von Egloffsteins machen deutlich, dass die verwandtschaftlichen Beziehungen als eine wesentliche Grundlage dafür angesehen wurden. Immerhin machten sie es möglich, ohne große finanzielle Verluste leben und die Brüder an einem vergleichsweise günstigen Studienort ausbilden zu können. Für die verwitwete Sophie von Egloffstein bedeutete das Zusammenleben mit ihrer Familie, wie für andere Frauen in ihrer Situation auch, eine große finanzielle Entlastung.[705]

Den dennoch drohenden wirtschaftlichen Bedrängnissen wollte Sophie von Egloffstein zuvorzukommen, indem sie mit großer Energie versuchte, drei ihrer Söhnen zu einer existenzsichernden Stellung am Weimarer Hof zu verhelfen.[706] Es ist davon auszugehen, dass Georg Ludwig von Breitenbauch, der Stiefonkel Henriette von Egloffsteins, dabei als Vermittler fungierte. Denn immerhin stand er als Hofpage in den Diensten Carl Augusts.[707] Auch nahm Henriette von Egloffstein in ihren Lebenserinnerungen direkten Bezug auf die verwandtschaftliche Hilfe, die ihrer Mutter bei ihren Bemühungen zuteil wurde.[708]

Abgesehen von den Vermittlungsversuchen durch die Familienangehörigen besuchte Sophie von Egloffstein gemeinsam mit den Söhnen die Residenzstadt, um dort Kontakte zu einflussreichen Personen zu knüpfen. Auch von diesen erhoffte sie sich Unterstützung bei ihren Anstrengungen. In Erinnerung an diese Reisen von Bucha nach Weimar hielt Henriette von Egloffstein in ihren Lebenserinnerungen fest:

> „Da sie [die Mutter, J.D.] es für zwekmäßig hielt, jeden Falls ihre Söhne mit dem berühmten Ort u den höhern Weltverhältnissen bekannt zu machen, bemühte sie die Zeit der Ferien zu dem projektirten Ausflug nach Weimar, wo viele Gelehrte, insbesondere aber Göthe, einen Sternenkranz um die Fürstlichkeit bildeten [...]"[709]

Letztendlich waren die Versuche der Mutter, die Kontakte nach Weimar zu intensivieren und für ihre Zwecke bzw. die ihrer Söhne nutzbar zu machen, von Erfolg gekrönt. Drei der Brüder Henriette von Egloffsteins konnten ihren Dienst

---

[705] Vgl. dazu auch die Äußerungen Johanna Schopenhauers in ihren Briefen an Arthur Schopenhauer, in denen sie betont, dass sie – obwohl es naheliegend gewesen wäre – nicht zu ihrer Familie nach Danzig zog, sondern stattdessen Weimar bevorzugte: Johanna Schopenhauer an Arthur Schopenhauer, Weimar, 16.05.1806, in: Lütkehaus (Hg.): Die Schopenhauers, S. 66-67, hier S. 67.

[706] Vgl. Beaulieu-Marconnay: Bruchstücke: „Bucha", 2. Heft, GSA 13/5.

[707] Georg Ludwig von Breitenbauch erscheint in den Hof- und Adresskalendern Sachsen-Weimar Eisenachs von 1776-1780 als Hofpage Carl Augusts. Vgl. Hochfürstl. Sachsen Weimar- und Eisenachischer Hof- und Address-Calender [künftig zitiert: Hof- und Adress-Calender] auf das Schalt-Jahr 1776, Weimar 1776, S. 77; Hof- und Address-Calender auf das Jahr 1777, Weimar 1777, S. 78; Hof- und Address-Calender auf das Jahr 1778, Weimar 1778, S. 78; Hof- und Address-Calender auf das Jahr 1778, Weimar 1779, S. 78; Hof- und Addreß-Calender auf das Jahr 1780, Weimar 1780, S. 78 (= HAC, Datensatz Nr. 2726).

[708] Beaulieu-Marconnay: Bruchstücke: „Die erste Reise", 2. Heft, GSA 13/5.

[709] Beaulieu-Marconnay: Bruchstücke aus meinem Leben: „Bucha", 2. Heft, GSA 13/5.

am Hofe Carl Augusts antreten. Sowohl Wolfgang Gottlob Christoph als auch Gottfried Ernst und August Carl Wilhelm von Egloffstein fanden eine Anstellung. Während erster vom Regierungsassessor zum Regierungsrat, Kammerherren und schließlich Hofmarschall am Weimarer Hof aufstieg[710], stand Gottfried Ernst zunächst als Landschaftsdeputierter der Ritterschaft im Kontakt mit dem Weimarer Hof, bevor er in das Landschaftskollegium Eisenach wechselte und im zweiten Jahrzehnt des 19. Jahrhunderts Kammerherr Carl Augusts wurde.[711] August Carl Wilhelm schließlich schlug die militärische Laufbahn ein. Später war er als Kammerjunker in Weimar tätig. Ab 1805 wurde er in den Kalendern als Kammerherr am Weimarer Hofe geführt.[712]

Die engen Bande der Egloffsteins zum Weimarer Hof sollten auch in den folgenden Jahren nicht abreißen. Zahlreiche Mitglieder der Familie waren vor allem am Ende des 18. und in den ersten drei Jahrzehnten des 19. Jahrhunderts am Weimarer Hof angestellt. Abgesehen von den Brüdern Henriette von Egloffsteins fanden auch zwei ihrer Töchter eine Anstellung am Weimarer Hof: Sowohl Caroline als auch Julie von Egloffstein waren im ersten Drittel des 19. Jahrhunderst als Hofdamen beschäftigt. Während Caroline von Egloffstein bereits ab 1816 als Hofdame Maria Pavlovnas geführt wird[713], findet Julie von Egloffstein erstmals 1827 als Hofdame der Großherzogin Luise Erwähnung.[714] Am Hof angestellt waren außerdem Ludwig Carl Friedrich August Otto von Egloffstein als Kammerjunker von Carl Friedrich[715], Julius von Egloffstein, zunächst beschäftigt als Page, dann in militärischen Diensten, später als Hof- bzw. Kammerjunker von Carl Friedrich und Carl August[716] sowie Louise Caroline Diana von Egloffstein, die 1835 als Hoffräulein Maria Pavlovnas erwähnt wird.[717] Diese Bestätigung von Familienmitgliedern mehrerer Generationen im

---

[710] Vgl. Hof- und Address-Calender auf das Jahr 1787, Weimar 1787, S. 20; Hof- und Address-Calender auf das Schalt-Jahr 1788, Weimar 1788, S. 20; Hof- und Address-Calender auf das Jahr 1795, Weimar 1795, S. 85; Hof- und Address-Calender auf die Jahre 1796-1813.

[711] Vgl. Hof- und Adress-Calender auf das Jahr 1804, Weimar 1804, S. 82; Hof- und Adress-Calender auf die Jahre 1808; 1810; Großherzoglich Sachsen-Weimar-Eisenachisches Hof- und Staats-Handbuch, auf das Jahr 1819, Weimar 1819, S. 15.

[712] Vgl. Hof- und Address-Calender auf das Schalt-Jahr 1796, Jena, S. 107; Hof- und Addreß-Calender auf das Jahr 1805, Jena 1805, S. 152.

[713] Vgl. Hof- und Staats-Handbuch auf das Jahr 1816, Weimar 1816, S. 36.

[714] Vgl. Staats-Handbuch des Großherzogthums Sachsen-Weimar-Eisenach [künftig zitiert: Staats-Handbuch] für das Jahr 1827, Weimar 1827, S. 31.

[715] Vgl. Staats-Handbuch für das Jahr 1830, Weimar 1830, S. 19; Staats-Handbuch für das Jahr 1835, Weimar, 1835, S. 19.

[716] Vgl. Staats-Handbuch auf das Jahr 1816, Weimar 1816, S. 22; Staats-Handbuch für das Jahr 1827, Weimar 1827, S. 16; Staats-Handbuch für das Jahr 1830, Weimar 1830, S. 19.

[717] Vgl. Staats-Handbuch für das Jahr 1835, Weimar, 1835, S. 28. Da die Hof- und Adresskalender nur bis 1813 komplett (1809 fehlt allerdings) und dann nur noch für 1819, 1823, 1827, 1830 und 1835 vorliegen (diesen Hinweis verdanke ich Katrin Pöhnert), ist davon auszugehen, dass alle erwähnten Familienmitglieder Henriette von Egloffsteins auch in anderen Jahren angestellt waren.

Hofdienst spricht für eine Protektion der Familie Egloffstein durch den Weimarer Hof.[718] Auch die Verleihung des Hofdamenamtes für die Töchter Henriette von Egloffsteins war ein Zeichen dieser Gunst. Henriette von Egloffstein selbst erhielt durch die enge Beziehung der Familie zum Weimar Hof die Aussicht, später ebenfalls von diesem Verhältnis profitieren zu können.

Während der Buchaer Zeit hatte Henriette von Egloffstein keinen direkten Kontakt mit Weimar, sondern erhielt nur indirekt Informationen: Ein erstes Bild von der Stadt konnte sie sich vor allem anhand der Schilderungen ihrer Mutter machen, die jedoch in großem Maße von den Begegnungen mit Johann Wolfgang Goethe geprägt waren:

> „[...] am liebsten verweilte meine Mutter bey der Schilderung Göthens, für den sie enthousiastisch eingenommen war. Wenn seine Vorzüge, als Dichter, ihn auch nicht großen Ruhm erworben, so hätte doch die Ähnlichkeit, die er nach Ansicht von meinem Vater haben sollte, schon hingereicht ihn zum Gegenstand ihrer zärtlichsten Bewunderung zu machen. Mein junges Gemüth ward von dem, was sie über Göthe sagte, exaltirt. Ich stellte mir den großen Dichter so schön u liebenswürdig [vor], daß meine Enttäuschung, als ich späterhin seine Bekanntschaft machte, doppelt peinlich für mich ward."[719]

Durch die auf Goethe fixierten Beschreibungen bekam Henriette von Egloffstein zunächst nur eine vage Vorstellung von Weimar und seinen – in den Augen der Mutter – bedeutenden Einwohnern. Ein eigenes Bild konnte sich Henriette von Egloffstein erst bei der 1787/1788 gemeinsam mit ihrer Mutter unternommenen Reise nach Weimar machen. Während des Winters 1787/1788 hielten sich die Egloffsteins auf Einladung von Friederica Augusta Henrietta von Tettau, der Schwiegermutter von Henriettes Bruder Wolfgang Gottlob Christoph von Egloffstein, in der Residenzstadt auf. Motiv für diese Reise nach Sachsen-Weimar-Eisenach waren erneut familiäre Angelegenheiten. Der Besuch der beiden Frauen galt vor allem Wolfgang Gottlob Christoph von Egloffstein, der erst seit kurzer Zeit mit Caroline von Aufsess verheiratet war und zudem seit 1786 als Regierungsassessor in den Diensten Carl Augusts stand.[720]

---

[718] In der Forschung wird die These vertreten, dass sich die Protektion bestimmter Familien durch einen Hof auch darin äußern kann, dass deren Mitglieder über mehrere Generationen hinweg im Hofdienst bestätigt werden. Vgl. u.a. Christa Diemel: Adelige Frauen im bürgerlichen Jahrhundert. Hofdamen, Stiftsdamen, Salondamen 1800-1870 [künftig zitiert: Frauen], Frankfurt a.M. 1998, hier S. 114. Zur Ämtersicherung und Ämtermonopolisierung vgl. auch Reif: Adel, S. 156ff. Zu Patronage- und Klientelverhältnissen allgemein vgl. Volker Press: Patronat und Klientel im Heiligen Römischen Reich, in: Antoni Mączak (Hg.): Klientelsysteme der frühen Neuzeit, München 1988, S. 19-46.
[719] Vgl. Beaulieu-Marconnay: Bruchstücke: „Bucha", 2. Heft. GSA 13/5.
[720] Vgl. Albrecht Dietrich von Egloffstein an Henriette von Egloffstein, Elbing, 21.12.1786, Bestand Egloffstein, Henriette v. Beaulieu-Marconnay, Eingegangene Briefe, Egloffstein, Albrecht Dietrich v., GSA 13/19.

Im Nachhinein beschreibt Henriette von Egloffstein diese Monate in der Residenzstadt als eine der besten Zeiten ihres Lebens. Die Schilderungen dieses Aufenthaltes beginnen mit folgenden Worten:

> „Ich wende mich jezt zu einem der glänzendsten Lichtpunkte meines Lebens – zu den ersten Aufenthalt in Weimar, welches damals schon den ehrenden Beynamen das deutsche Athen, verdiente."[721]

In den Erinnerungen hebt sie dann vor allem den direkten Zugang zu jenen Personen hervor, von denen sie schon Jahre zuvor gehört hatte. Das Zusammensein mit ihnen und die Teilnahme an verschiedenen höfischen geselligen Vergnügungen erschienen Henriette von Egloffstein als besonders erwähnenswert.[722]

Schon dieser erste Weimarer Aufenthalt ermöglichte ihr also die Teilnahme an einem geselligen Leben das standesgemäß war und ihr darüber hinaus als überaus interessant in Erinnerung blieb. Als Adelige maß sie vor allem den vielen Begegnungen mit jenen Personen Bedeutung bei, die dem Weimarer Hof in besonderer Weise verpflichtet waren. Von einigen konnte die Familie während ihres Weimarer Aufenthaltes in erheblichem Maße profitieren. Beeindruckt zeigte sich Henriette von Egloffstein von der Mutter Luise von Göchhausens. Durch den Umgang mit Frau von Göchhausen wurde der direkte Hofkontakt zusätzlich erleichtert.[723] Dass Henriette von Egloffstein gemeinsam mit ihrer Mutter während dieses Winters im Haus der Mutter Luise von Göchhausens wohnen konnte, ist auf die familiären Beziehungen der Egloffsteins zum Hof zurückzuführen. Die erste Audienz am Weimarer Hof während dieser Zeit führte Henriette von Egloffstein sowohl mit Herzogin Luise als auch mit Anna Amalia zusammen.[724] In der Folge war sie nicht nur regelmäßiger Gast am regierenden Hofe, sondern fand sich oft in Tiefurt ein. Diese Verbindungen zu beiden höfischen Kreisen konnte Henriette von Egloffstein relativ rasch nutzen.

---

[721] Beaulieu-Marconnay: Bruchstücke, 4. Heft, GSA 13/5.
[722] Vgl. ebd.
[723] Entsprechend den Aussagen Henriette von Egloffsteins in ihren Lebenserinnerungen, waren sowohl der Vater als auch der Ehemann der „Frau von Göchhausen" in herzoglichen Diensten. Die Hof- und Adresskalender Sachsen-Weimar-Eisenachs zeigen, dass zahlreiche weitere Familienmitglieder in herzoglichen Diensten standen: Vgl. Wilhelm Ernst Friedrich von Göchhausen, in den Jahren 1757-1769, HAC, Datensatz Nr. 827; Johann Anton von Göchhausen, in den Jahren 1757-1784, ebd., Datensatz Nr. 828; Ernst August Anton von Göchhausen, in den Jahren 1770-1807, ebd., Datensatz Nr. 2268; Johann August Friedrich von Göchhausen, in den Jahren 1774-1778, ebd., Datensatz Nr. 2592, Siegmund Anton von Göchhausen, 1786-1791, ebd., Datensatz Nr. 3376. Die enge Verbundenheit der Tochter Luise von Göchhausen mit Anna Amalia (in den Hof- und Adresskalendern von 1784 bis 1807 als Hofdame Anna Amalias verzeichnet, HAC, Datensatz Nr. 3284) wird ebenfalls dazu geführt haben, dass „Frau von Göchhausen" selbst eng mit dem Hof verbunden war. Vgl. Beaulieu-Marconnay: Bruchstücke: „Weimar!", 4. Heft; Sg.: GSA 13/5.
[724] Vgl. die Schilderungen Henriette von Egloffsteins in ihren Lebenserinnerungen: Beaulieu-Marconnay: Bruchstücke: „Weimar!", 4. Heft. GSA 13/5.

Beispielsweise führte die Bekanntschaft mit Anna Amalia dazu, dass sie im Winter 1787/1788 Gesangsunterricht vom Hofsänger Heinrich Grave erhielt.[725] Auf diese Weise trug die Beziehung zur Mutter des Herzogs bereits dazu bei, dass Henriette von Egloffstein ihre künstlerischen Talente in Weimar anwenden, festigen und auch erweitern konnte.

Als notwendige Voraussetzung für die Eingliederung Henriette von Egloffsteins in das höfische Milieu hatte sich ihre Erziehung erwiesen. Schon als Kind war sie an verschiedenen Höfen eingeführt worden.[726] Um das repräsentative Auftreten einzuüben, hatte sie häufiger an Kinderbällen teilgenommen.[727] Demnach war das Leben der niederadeligen Henriette von Egloffstein von Anfang an auf das Einhalten der höfischen Etikette und geistreiche Konversation ausgerichtet. In Weimar lebte sie entsprechend dieses höfischen Adelsideals[728], das immense Auswirkungen auf die Gestaltung ihrer dort eingegangenen Beziehungen hatte. Denn entsprechend ihrer Erziehung und des sich auch daraus entwickelten Lebensentwurfs, baute sie Kontakte zu Personen aus einem ähnlichen Lebensumfeld auf.

Die zum regierenden Hof geknüpften Kontakte führten schließlich dazu, dass sie am 30. Januar 1788 an dem zu Ehren der Herzogin Luise veranstalteten Maskenumzug teilnahm.[729] Solche und ähnliche Veranstaltungen, die auch einer gewissen Vorbereitungszeit bedurften, waren prädestiniert für die Ausdehnung bereits bestehender Kontakte. Die am Weimarer Hof veranstalteten Festlichkeiten, wie Theateraufführungen, Kostümfeste und Maskenaufzüge, entsprachen

---

[725] Vgl. ebd. Der Hofsänger Heinrich Grave erscheint im Hof- und Address-Calender als Cammer Musicus, der zum Hofetat Anna Amalias gehörte. Vgl. Hof- und Address-Calender auf das Jahr 1787, Weimar 1787, S. 88; Hof- und Address-Calender auf das Schaltjahr 1788, Weimar 1788, S. 88.

[726] In ihren Lebenserinnerungen beschreibt Henriette von Egloffstein ihre Teilnahme an einem Kinderball der Herzogin von Württemberg. Vgl. Beaulieu-Marconnay: Bruchstücke: „Der erste Ball", 1. Heft, GSA 13/5. Im Alter von 13 Jahren wurde sie eigenen Aussagen gemäß am Hof von Anspach vorgestellt. Vgl. Beaulieu-Marconnay: Bruchstücke: „Eintritt in die große Welt", 3. Heft, GSA 13/5.

[727] Vgl. Diemel: Frauen, S. 29f.

[728] Zum Unterschied zwischen den unterschiedlichen Lebensidealen einer niederadeligen Frau, die entweder vom höfischen Frauenideal oder vom Ideal der Hausmutter geprägt sein konnten vgl. u.a. Sylvia Paletschek: Adelige und bürgerliche Frauen (1770-1870), in: Elisabeth Fehrenbach (Hg.): Adel und Bürgertum in Deutschland 1770-1848, München 1994, S. 159-185, hier S. 161; Diemel: Frauen, hier S. 16. Zur Erziehung adeliger Frauen mit Blick auf ihre zukünftigen Aufgaben als Hausmutter vgl. Hufschmidt: Frauen, vor allem S. 109-118; dazu auch Silke Lesemann: „dass eine gelehrte frau keine wirthin sey". Zur Bildung und Sozialisation landadliger Frauen im 18. Jahrhundert, in: Beatrix Bastl (Hg.): Tugend, Vernunft, Gefühl. Geschlechterdiskurse der Aufklärung und weibliche Lebenswelten, Münster u.a. 2000, S. 249-269.

[729] Vgl. Beaulieu-Marconnay: Bruchstücke: „Weimar!", 4. Heft. GSA 13/5.

den um 1800 an Höfen üblichen Festivitäten.[730] Sie waren festes Element der höfischen Gesellschaft und dienten vor allem auch der Selbstdarstellung. Im Gegensatz zu Anna Amalias geselligen Veranstaltungen, die sich gerade in den 1790er Jahren deutlich von den Formen der Geselligkeit, die am Hof praktiziert wurden, unterschieden[731], nahmen die Feiern des Hofes eine wichtige Position im geselligen Leben ein. Für Henriette von Egloffstein hatte die Anwesenheit bei den Feierlichkeiten, wie für die anderen männlichen wie weiblichen Angehörigen des geladenen Adels auch, einen außerordentlich hohen Prestigewert.[732] Nicht zuletzt deshalb, weil sich dort all jene Personen trafen, die auf verschiedene Weise mit dem Hof in Beziehung standen. Henriette von Egloffstein trat beispielweise in nähere Beziehungen zu Charlotte von Stein, in deren Haus sie sich nun häufiger aufhielt:

> „Ihre Verwandschaft mit meiner Mutter, vielleicht auch meine Persönlichkeit, machte, daß Frau von Stein das lebhafteste Interesse an mir nahm u sich bewogen fühlte, mein Glük zu begründen [...]"[733]

Obwohl Henriette von Egloffstein offenbar einen so großen Eindruck bei Charlotte von Stein hinterlassen hatte, dass diese Henriette von Egloffstein mit Johann Wolfgang Goethe verheiraten wollte[734], findet Charlotte von Stein später kaum noch Erwähnung in den Aufzeichnungen. Stattdessen konzentriert sich Henriette von Egloffstein auf die Beschreibungen des Eindrucks, den die Weimarer Atmosphäre auf sie machte. Außerdem schildert sie, auf welche Art und Weise sie von der Ansammlung ganz verschiedener gebildeter und künstlerisch interessierter Männer und Frauen profitierte:

---

[730] Vgl. zu den Festivitäten bei Hofe u.a. Werner Paravicini: Alltag bei Hofe, in: ders. (Hg.): Alltag bei Hofe. 3. Symposium der Residenzen-Kommission der Akademie der Wissenschaften in Göttingen. Ansbach 28. Februar bis 1. März, Sigmaringen 1995, S. 9-30, hier vor allem S. 17f.; Diemel: Frauen, hier vor allem S. 97-99.

[731] Joachim Berger wies darauf hin, dass Anna Amalia erst in den 1790er Jahren mehr und mehr von den Geselligkeitsformen des regierenden Hofes ausgeschlossen war. Vgl. Joachim Berger, Höfische Musenpflege als weiblicher Rückzugsraum? Anna Amalia von Weimar zwischen Regentinnenpflichten und musischen Neigungen [künftig zitiert: Musenpflege], in: Marcus Ventzke: Hofkultur und aufklärerische Reformen in Thüringen. Die Bedeutung des Hofes im späten 18. Jahrhundert, Kön/Weimar/Wien 2002, S. 52-81, S. 80f.

[732] Vgl. dazu Diemel: Frauen, hier S. 101.

[733] Beaulieu-Marconnay: Bruchstücke: „Weimar!", 4. Heft. GSA 13/5.

[734] Vgl. Henriette von Egloffstein zu diesem Plan: „Sie führte mich zu seinem [Goethes, J.D.] Bild, laß mir seine Verse vor u bemühte sich meine Fantasie durch die Schildrung seiner Liebenswürdigkeit zu bestechen. Damals wußte ich nicht, daß diese Frau die gute Absicht hegte, mich mit Göthen zu verheurathen, was an sich schon für den sprechendsten Beweis der Reinheit ihres beiderseitigen Verhältnisses gelten kann, mir aber aus einem ganz andern Gesichtspunkt erscheinen mußte. [...] Es bleibt mir nur noch zu erklären übrig, daß ich, auch wenn ich frey geweßen wäre, niemals meine Einwilligung dazu gegeben haben würde. Daran überzeugte ich mich, als ich Göthe 6 Jahre später, kennen lernte – wir waren nicht füreinander geschaffen.", in: ebd.

> „Ich sah mich von so vielen Seiten wohlthätig angeregt, durfte mir Aug u Ohr öffnen, um mich über Vieles zu belehren, was ich bisher dunkel geahndet hatte."[735]

Ihre Aufmerksamkeit galt dabei nicht vorrangig den weiblichen Akteuren, sondern den „berühmten Männer, welche Weimar zu einem heitern Musensiz umgeschaffen hatten".[736] Rückblickend zählte sie sowohl Christoph Martin Wieland und Johann Gottfried Herder als auch Carl Ludwig von Knebel und Friedrich Hildebrand von Einsiedel dazu. Ihr war besonders wichtig hervorzuheben, dass sie bereits während des ersten Weimarer Aufenthaltes Bestandteil des Kreises um jene prominenten Männer gewesen war, positiv aufgenommen wurde und Zugang zu Künsten und Wissenschaften erhalten hatte:

> „Überall kam mir die regste Theilnahme entgegen, selbst die Herzogin Mutter würdigte das 14jährige Mädchen einer besondern Aufmerksamkeit."[737]

Trotz der Bedeutung, die sie vor allem den Männern beimaß, hob sie außerdem hervor, dass es ihr gelang, „die Liebe der ausgezeichensten jungen Mädchen zu gewinnen [...]", die ebenfalls im Umfeld des Hofes agierten. Insgesamt wird deutlich, dass neben der Familie Frauen wie die Göchhausen und Charlotte von Stein den Eingang in die höfischen Kreisen erst ermöglichten und sich für die Beibehaltung dieser Beziehungen als überaus wichtig erwiesen. Die Männer machten Weimar in den Augen Henriette von Egloffsteins dagegen erst richtig interessant.

Schon 1787 begann Henriette von Egloffstein ihre sozialen Beziehungen in Weimar auszubauen. Dominierend blieben allerdings die Kontakte zum Zirkel Anna Amalias und zum regierenden Hof. Diese nutzte Henriette von Egloffstein bereits 1791, als sie sich kurzzeitig gemeinsam mit ihrem Ehemann Leopold von Egloffstein in Weimar aufhielt. Zum Sinn und Zweck dieses Aufenthaltes gab sie in ihren Lebenserinnerungen zwar an, dass sie auf der gemeinsamen Italienreise 1791/1792 mit ihrem ersten Mann Leopold von Egloffstein vor allem deshalb in Weimar Station machte, um ihre Familie zu sehen:

> „Die Ursache dieses Umweges lag in meiner Sehnsucht, die geliebte Freundin und Schwester, von welcher ich schon so lange getrennt war, vor meiner weitern Entfernung wieder zu sehen [...]"[738]

Allerdings spielten die 1787 geknüpften Bekannt- und Freundschaften zum Herrscherhaus eine große Rolle für die Entscheidung einen Umweg über Weimar zu nehmen. Der Besuch galt nämlich auch Anna Amalia, um „Empfehlungs Briefe für Rom u Neapel von meiner hohen Gönnerin [...] zu erhalten".[739] Hinzu kam, dass Leopold von Egloffstein von der großen Zahl an

---

[735] Vgl. ebd.
[736] Vgl. ebd.
[737] Vgl. ebd.
[738] Beaulieu-Marconnay: Bruchstücke: „Zweites Abenteuer", 7. Heft, GSA 13/5.
[739] Ebd.

hoch gebildeten und künstlerisch interessierten Personen auf einem so engen Raum profitieren, am geselligen Leben der Stadt teilhaben und Bekanntschaft mit jenen Männern schließen wollte, die weit über die Grenzen Weimars hinaus bekannt waren:

> „Über dies gehörte es ganz vorzüglich in Leopolds Plan alle berühmten oder gelehrten Männer aufzusuchen u wo konten sich deren wohl mehr vereint auf einen Punkt finden, als in den „deutschen Athen" – wie man die kleine Residenz des regierenden Herzog Carl August, damals schon zu nennen pflegte."[740]

Die Bemühungen der Egloffsteins, das eigene Beziehungsnetzwerk immer weiter auszudehnen[741], zeigen, wie wichtig soziale Beziehungen zu verschiedenen Höfen des Alten Reiches für Angehörige des adeligen Standes generell waren. Ein Motiv für das taktische Vorgehen bestand darin, Verbindungen zu den Kreisen des Hochadels einzugehen, die später möglicherweise zu einer Anstellung und einem finanziellen Auskommen führten. Davon abgesehen waren Gönner wichtig, um mit deren Hilfe weiterführende nützliche Kontakte aufzubauen. In diesem Zusammenhang erfüllten auch die mit den Angehörigen des Weimarer Hofes eingegangenen sozialen Beziehungen bereits eine Förderfunktion, die sich im Ausstellen der Empfehlungsschreiben für das reisende Ehepaar Egloffstein bemerkbar machte.

Sowohl 1787/1788 als auch während ihres kurzen Besuches 1791 nahm Henriette von Egloffstein trotz der bereits weitreichenden Bekanntschaften vor allem die Rolle einer teilnehmenden Beobachterin ein. Zwar hatte sie an verschiedenen geselligen Zusammenkünften teil, vollständig integriert war sie jedoch noch nicht. Vielmehr beschäftigte sie sich damit, Einblicke in die Zusammensetzung der Geselligkeitskreise zu erlangen, ohne Einfluss auf die personale Zusammensetzung und die Themen zu haben. Während dieser ersten Aufenthalte gelang es ihr, überhaupt erst einmal einen Zugang zu den etablierten geselligen Zirkeln zu erhalten. Erst später zog sie konkreten Nutzen aus ihnen.

Die Folgen der von Henriette von Egloffstein während der zwei ersten, relativ kurzen Besuche in Weimar geknüpften sozialen Beziehungen werden vor allem mit ihrem zweiten längeren Aufenthalt in Weimar sichtbar: In der Zeit von 1793 bis 1804 entwickelte sie sich zu einer der Hauptfiguren des geselligen Lebens.

Erst in diesem Zeitraum, vor allem aber nach der Trennung von ihrem Mann Leopold von Egloffstein im Jahr 1800, konnte Henriette von Egloffstein zunehmend selbständig agieren und über die Partizipation an festen Kreisen wie dem Anna Amalias hinaus auch einen eigenen Freundeskreis aufbauen. Spätestens zu diesem Zeitpunkt erwies sich Weimar als der geeignete Ort, die eigenen Lebensentwürfe umzusetzen.

---

[740] Ebd.
[741] Vgl. Beaulieu-Marconnay: Bruchstücke: „Fortsetzung der Reise", 7. Heft, GSA 13/5: „Einer der Hauptzweke meiner Mutter beim Entwurf unsres Reiseplans ging dahin, daß wir alle Höfe der Fürsten besuchten u vornehme Verbindungen knüpfen sollten."

### 3.3.3.2 Henriette von Egloffstein als Mitgestalterin des geselligen Lebens in Weimar

Während des mehrjährigen Aufenthaltes in der Residenzstadt am Ende des 18. und zu Beginn des 19. Jahrhunderts gelang die Integration in die Weimarer Gesellschaft und damit die Teilhabe am geselligen Leben. Beides spiegelt sich in einem erweiterten personalen Netzwerk sowohl innerhalb des Hofes als auch der Stadt wider. Nach der Trennung von ihrem Ehemann zog Henriette von Egloffstein nach Weimar, um „im Schooße der Familie" zu leben und einen intensiven Umgang mit den „fürstlichen Personen" zu pflegen.[742] Innerhalb des geselligen Lebens Weimars entfaltete Henriette von Egloffstein schnell eine rege Aktivität. Basis dafür war die notwendige und hilfreiche emotionale aber vor allem finanzielle Unterstützung, die sie von ihrer Familie erhielt.

Der Aufenthalt Henriette von Egloffsteins war von einem Umgang mit den adeligen Kreisen innerhalb Weimars geprägt. Die innerhalb des höfischen Milieus eingegangenen Beziehungen führten dazu, dass gesellige Vergnügungen auf der Tagesordnung standen: Theaterbesuche, Geselligkeitskreise, die Besuche in Tiefurt und gemeinsame Reisen nach Dornburg und nach Bad Lauchstädt füllten ihr Leben aus. Henriette von Egloffstein behauptete zwar nachträglich, dass sie förmlich dazu gedrängt wurde, keine Gelegenheit zu versäumen, mit dem Hof in Kontakt zu treten und selbst große Abneigung gegen diese Forderung gehegt habe.[743] Ihre Briefe aus den Weimarer Jahren sprechen jedoch eine andere Sprache und machen einmal mehr die Ambivalenz der Aussagen Henriette von Egloffsteins zu ihrer Weimarer Zeit deutlich.

*Innerhalb Anna Amalias Geselligkeitskreis*

Henriette von Egloffstein zählte von Anfang an zu den regelmäßigen Teilnehmerinnen des geselligen Kreises um Anna Amalia. Ihm wies sie eine zentrale Funktion für die Gestaltung ihres Weimarer Aufenthaltes zu: Denn immerhin war es nach Ansicht Henriette von Egloffsteins Anna Amalie und ihrem Zirkel zu verdanken, in den „Kreis ausgezeichneter Individuen beiderley

---

[742] Vgl. Henriette von Beaulieu-Marconnay, Tagebuchähnliche Aufzeichnungen [künftig zitiert: Aufzeichnungen], Zweites Blatt, GSA, Bestand: Egloffstein, Henriette v. Beaulieu-Marconnay, Tagebücher, Verschiedene Aufzeichnungen, GSA 13/97. Noch 1796 muss Henriette von Egloffstein mit ihrem Mann in Weimar gelebt haben, schließlich kam in diesem Jahr die gemeinsame Tochter Auguste auf die Welt, vgl. KAWE TR HK 1996, fol. 496r. Offensichtlich reiste das Ehepaar im Anschluss daran doch wieder nach Franken und Henriette von Egloffstein kehrte 1800 allein mit den Kindern nach Weimar zurück.

[743] Vgl. Beaulieu-Marconnay: Aufzeichnungen, Zweites Blatt: „[...] Sie [die Mutter, J.D.] glaubte nämlich, nichts sey anständiger u vortheilhafter für mich, als der häufige Umgang mit fürstlichen Personen, daher drang sie darauf, daß ich keine Gelegenheit versäumen sollte mich diesen zu nähern, obgleich ich dadurch von meinen Kindern entfernt werden müßte u Ausgaben veranlaßt wurden, die ich lange nicht zu bestreiten vermocht haben würde, um so mehr da auch die Töchter den Hof frequentieren sollten, wenn ihr Alter sie dazu fähig machte.", GSA 13/97.

Geschlechts" aufgenommen worden zu sein, „den sie um sich her gebildet hatte."[744] Nahezu täglich muss Henriette von Egloffstein mit Anna Amalia und deren Vertrauten in Kontakt gestanden haben. Regelmäßig traf sie demnach u.a. auf Christoph Martin Wieland, Johann Wolfgang Goethe, Friedrich Hildebrand von Einsiedel und Luise von Göchhausen. Als Mitglied dieses Kreises hatte sie teil an dem „zu einem kommunikativen Ereignis" gemachten „Dilettieren in allen Künsten".[745] Dazu zählte das Zusammentreffen mit den sich in Tiefurt versammelnden Dichtern ebenso wie die Teilnahme an den häufig veranstalteten Lesungen. In diesem Zusammenhang war die Begegnung mit Friedrich Schiller für Henriette von Egloffstein besonders beeindruckend. Die Lesung eines seiner Dramen hatte sie so sehr bewegt, dass sie ihrer Begeisterung Ausdruck verlieh und ihre Freunde an diesem Erlebnis teilhaben ließ:

> „Vor einigen Tagen laß Schiller sein neues Trauerspiel: Das Mädchen von Orleans, bei der Herzogin Mutter vor, u auch dieses Kunstprodukt kostete mich Thränen. Es ist besser als alles was Schiller je machte, das heißt, fester, gehaltner u reiner als alles vorhergehende."[746]

Das gemeinsame Lesen neuester Literatur in Tiefurt kam den literarischen Interessen Henriette von Egloffsteins sehr gelegen. Besonders ausgeprägt war ihre Vorliebe für zeitgenössische Literatur, die sie in Tiefurt ohne weiteres pflegen konnte. Einer der von Henriette von Egloffstein ebenfalls verehrten, immer wieder zitierten und auch den Töchtern empfohlener Autoren war Jean Paul. 1796 erstmals auf Einladung Charlotte von Kalbs in Weimar und in Tiefurt zu Gast[747], wird er auch Henriette von Egloffstein dort begegnet sein. Jean Paul, der nach langen erfolglosen Jahren als Schriftsteller mit seinem Roman „Hesperus oder 45 Hundsposttage"[748] bekannt geworden war, veröffentlichte

---

[744] Beaulieu-Marconnay: Das ästhetische Weimar, GSA 13/8.
[745] Berger: Musenpflege, hier S. 80. Zum Dilettantismus von Fürstinnen vgl. Kerstin Merkel: Fürstliche Dilettantinnen, in: Ventzke: Hofkultur, S. 34-51; dazu aber auch immer wieder Berger: Anna Amalia, hier vor allem S. 294-301 und Joachim Berger, „Tieffurth" oder „Tibur"? Herzogin Anna Amalias Rückzug auf ihre ‚Musensitz' [künftig zitiert: „Tieffurth"], in: ders. (Hg.): ‚Musenhof', S. 125-164.
[746] Henriette von Egloffstein an Franz Carl Leopold von Seckendorff-Aberdar, Weimar, 01.05.1801, GSA, Bestand Egloffstein, Henriette v. Beaulieu-Marconnay, Ausgegangene Briefe, Seckendorf(f)-Aberdar, Franz Karl Leopold v., GSA 13/90.
[747] Vgl. Charlotte von Stein an Charlotte von Schiller, Weimar, 19.06.1796: „[...] Göritz wird Ihnen etwas von Richter erzählen können; ich selbst habe nur wenige Worte mit ihm gesprochen. Die Kalb hätte aber am allermeisten sagen können, denn sie hat ihn in die weimarische Welt introduciert, nach Tiefurt zur Herzogin Mutter geführt, ihre guten Freundinnen und Freunde zu sich eingeladen und uns ihm vorgestellt [...]", zit. n. Eduard Berend (Hg.): Jean Pauls Persönlichkeit in Berichten der Zeitgenossen [künftig zitiert: Persönlichkeit], Berlin/Weimar 1956, S. 15f. Zu Jean Pauls Aufenthalt in Weimar auch Werner Fuld: Jean Paul und Weimar, in: Heinz Ludwig Arnold (Hg.): Jean Paul (= Text und Kritik), 3. Aufl. München 1983, S. 162-189.
[748] Vgl. Jean Paul: Hesperus oder 45 Hundsposttage. Eine Biographie, Berlin 1795.

1796/1797 den Eheroman „Blumen-, Frucht- und Dornenstücke oder Ehestand, Tod und Hochzeit des Armenadvokaten F. St. Siebenkäs".[749] Verehrt wurde er offensichtlich vor allem von seinen weiblichen Lesern – das traf wohl auch auf Weimar-Jena zu.[750] Bei Henriette von Egloffstein hinterließ Jean Paul jedenfalls einen großen Eindruck. Sie zitierte aus seinen Werken[751] und nahm regen Anteil an der Jean Paul-Lektüre ihrer Tochter:

> „Was J. Paul betrifft, hat mir grose Freude gemacht, da es dich in nähre Berührung mit diesen grosen Zeitgeist bringen wird u jedes beseitigte Vorurtheil ein Vortheil ist."[752]

Neben Jean Paul zählten auch die Werke Johann Wolfgang Goethes zur Lektüre Henriette von Egloffsteins.[753] Besonders begeistert zeigte sie sich von Goethes Drama „Iphigenie". Mehrfach betonte sie, dass die Hauptfigur Iphigenie ihren Vorstellungen von wahrhaftiger Weiblichkeit entspräche:

> „Uber die Lecture der Iphygenia kan ich nur sagen daß es ein Schmerz für mich ist, meine süßen holden Kinder nicht gehört zu haben, denn dies Produkt des edelsten Genies ist der höchste Triumph des weiblichen Geschlechts u das Vorbild welchen jede edle Frau nachstreben soll – u folglich mein Idol."[754]

Dass sich die Belesenheit Henriette von Egloffsteins und ihr Interesse für Literatur nicht nur auf zeitgenössische einheimische Literatur beschränkte, sondern auch fremdsprachige Werke umfasste, zeigen ihre Kenntnisse der

---

[749] Vgl. Jean Paul: Blumen-, Frucht- und Dornenstükke oder Ehestand, Tod und Hochzeit des Armenadvokaten F. St. Siebenkäs im Reichsmarktflecken Kuhschnappel, Berlin 1796-1797.

[750] Vgl. u.a. den Brief Charlotte von Steins an Charlotte Schiller, Weimar, 19.06.1796, in dem sie berichtet, dass Corona Schröter gestanden hätte, „[...] immer die Auszüge aus seinen Schriften in ihrer Tasche" zu tragen, in: Berend (Hg.): Persönlichkeit, S. 15f., hier S. 16. Dazu auch der Brief Charlotte von Kalbs an Caroline Herder, o.O., 27.09.1797, in: ebd., S. 19.

[751] Henriette von Beaulieu-Maronnay an Julie von Egloffstein, o.O., 01.03.1821, GSA, Bestand Egloffstein, Julie Gräfin v. Egloffstein, Eingegangene Briefe, Beaulieu-Marconnay, Henriette v., 1821, GSA 13/256, 6. Inwieweit Henriette von Egloffstein auch die Äußerungen Jean Pauls zum Verhältnis zwischen Männern und Frauen kannte, ließ sich nicht ermitteln. Allerdings ist nicht auszuschließen, dass sich ihre Vorliebe für den Dichter auch aufgrund seiner „Erziehlehre" ergab. Vgl. Jean Paul: Levana oder Erziehlehre, in: [ders.]: Sämtliche Werke, 1. Abt., Bd. 12, hrsg. v. Eduard Berend, Weimar 1937.

[752] Henriette von Beaulieu-Marconnay an Julie von Egloffstein, o.O., 25.07.1821, GSA, Bestand Egloffstein, Julie Gräfin v. Egloffstein, Eingegangene Briefe, Beaulieu-Marconnay, Henriette v., 1821, GSA 13/256, 6.

[753] Vgl. Henriette von Beaulieu-Marconnay an Julie von Egloffstein, o.O., 25.02.1830, GSA, Bestand: Egloffstein, Julie Gräfin v. Egloffstein, Eingegangene Briefe, Beaulieu-Marconnay, Henriette v., 1830; Sg.: GSA 13/156,12. Hier geht sie auf Goethes Arbeiten zur Kunst und zum Altertum ein.

[754] Henriette von Beaulieu-Marconnay an Julie von Egloffstein, o.O., 05.02.1819, GSA, Bestand Egloffstein, Julie Gräfin v. Egloffstein, Eingegangene Briefe, Beaulieu-Marconnay, Henriette v., 1819, GSA 13/256, 3.

französischen Literatur. Ihren Töchtern gegenüber erwähnte sie beispielsweise die Romane Jean Jacques Rousseaus:

> „Ich nannte dir bloß deshalb die neue Heloise, weil Rousseau die Gegend heraus gehoben u verherrlicht hat [...]"[755]

Außerdem las sie die Werke der Germaine de Staël.[756] Das Zusammensein mit Schriftstellern und Malern sowie anderen literarisch und künstlerisch interessierten Personen bediente diese Interessen Henriette von Egloffstein. Abgesehen davon führte der regelmäßige – Egloffstein selbst schrieb „tägliche(n), vertraute(n)"[757] – Umgang mit Anna Amalia nahestehenden Personen dazu, dass sie ständig Zugang zu neuen Büchern erhielt. Daneben hatte sie bei Anna Amalia die Möglichkeit, in direkten Kontakt mit den von ihr verehrten Künstlern zu treten. Indem sie in späteren Aufzeichnungen das Zusammentreffen mit verschiedenen, als „geistreichste(n) Menschen jener Zeit" bezeichneten, Personen hervorhob[758], macht sie deutlich, wie sehr sie beeindruckt war.

Während die Teilnehmerinnen und Teilnehmer Lesungen und andere Veranstaltungen in Tiefurt zum Anlass nahmen, eigene künstlerische Fähigkeiten auszuprobieren, gehörte Henriette von Egloffstein nicht zu jenen Personen, die mit eigenen Aktivitäten auf sich aufmerksam gemacht haben. Ihre scheinbare Zurückhaltung begründet sie rückblickend mit ihrer Bedeutungslosigkeit im Vergleich zu den Anderen:

> „Ich fühlte jedoch im täglichen, vertrauten Umgang mit den geistreichsten Menschen jener Zeit, meine eigne Unbedeutenheit allzusehr, als ich je daran hätte denken können, mich selbst in ihrer Mitte geltend machen zu wollen, daher vermochte ich mit weit größerer Ruhe u Geistesfreiheit diejenigen zu beurtheilen, die das kleine Weimar zu einem Stern erster Größe machten, dessen Glanz sich bis in die fernsten Regionen verbreitete."[759]

---

[755] Henriette von Beaulieu-Marconnay an Julie von Egloffstein, o.O., 16.09.1829, GSA, Bestand Egloffstein, Julie Gräfin v. Egloffstein, Eingegangene Briefe, Beaulieu-Marconnay, Henriette v., 1829, GSA 13/256,11.
[756] Vgl. Henriette von Beaulieu-Marconnay an Caroline von Egloffstein, o.O., 22.02.1822, GSA, Bestand Egloffstein, Karoline Gräfin v. Egloffstein, Eingegangene Briefe, Beaulieu-Marconnay, Henriette v., 1822-1824, GSA 13/129,7.
[757] Beaulieu-Marconnay: Das ästhetische Weimar, GSA 13/8.
[758] Vgl. ebd.: „[...] Nun erst, nachdem mein physisches u moralisches Ich seine vollständige Reife erlangt, war ich befähigt, vieles, was ich f[r]üher aus kindlicher Beschränktheit nicht gehörig zu würdigen verstand, nach seinen wahren Werth zu schätzen, vor allem aber das hohe Wohlwollen der Herzogin Amalie, deren Namen ich hier den schuldigen Tribut der Dankbarkeit für die unverdiente Huld darbringe, die sie bewog, mich den Kreis ausgezeichneter Individuen beiderley Geschlechts einzuverleiben den sie um sich her gebildet hatte. Ich fühlte jedoch im täglichen, vertrauten Umgang mit den geistreichsten Menschen jener Zeit, meine eigne Unbedeutenheit allzu sehr [...]".
[759] Ebd.

Aber allein die Tatsache, dass sich Henriette von Egloffstein nicht mit der Position der Beobachterin begnügte, sondern mit ihren Lebenserinnerungen zu einer Stilisierung Weimars beitrug, widerlegt diese Behauptung. Die Jahre später verfassten enthusiastischen Beschreibungen der Treffen bei Anna Amalia zeigen, dass sie die Zusammenkünfte genossen hat und später doch zum Anlass nahm, sich selbst literarisch-künstlerisch zu betätigen. Darauf nimmt sie in ihren Lebenserinnerungen jedoch keinen Bezug. Stattdessen erklärt sie ihre Rolle, die sie innerhalb dieses Geselligkeitskreises gespielt hat und rechtfertigt damit gleichzeitig das Verfassen ihrer Erinnerungen an Anna Amalia: Als passive Teilnehmerin an Anna Amalias geselligen Zusammenkünften habe sie über beste Bedingungen verfügt, ungestört zu beobachten, um später desto objektiver bewerten zu können.

Eine positive Beurteilung des Tiefurter Zirkels lässt sich durch sämtliche Aufzeichnungen Henriette von Egloffsteins hindurch verfolgen. Aufgegriffen und unkritisch verarbeitet wurden solche Wertungen vor allem von der älteren Forschung.[760] Auf der Basis dieser Äußerungen ging sie von einem hohen Stellenwert Anna Amalias für die Föderung von Literatur und Künsten aus. Neueste Arbeiten kommen dagegen zu dem Schluss, dass der Geselligkeitskreis Anna Amalias vom letzten Jahrzehnt des 18. Jahrhunderts bis zum Tod Anna Amalias nicht mehr so bestimmend für das künstlerische und literarische Leben Weimars gewesen war, wie noch zwei Jahrzehnte zuvor.[761] Als „Förderin der Künste" soll Anna Amalia vor allem während ihrer Zeit als Vormundschaftsregentin gewirkt haben.[762] Dagegen seien die letzten Jahrzehnte des 18. Jahrhunderts dadurch gekennzeichnet gewesen, dass die Mutter des Herzogs nunmehr lediglich das Bedürfnis gehegt habe, „sich mit der Anwesenheit von Künstlern und Gelehrten bei Hofe zu schmücken und von ihren Kenntnissen und Künsten unterhalten zu lassen."[763] Während dieser Zeit lud Anna Amalia zunehmend Schriftstellerinnen wie Sophie Mereau und Amalie von Imhoff

---

[760] Vgl. u.a. Carl von Beaulieu-Marconnay: Anna Amalia, Carl August und der Minister von Fritsch. Beitrag zur deutschen Cultur- und Literaturgeschichte des achtzehnten Jahrhunderts, Weimar 1874; Bruford: Kultur; Ursula Salentin: Anna Amalia. Wegbereiterin der Weimarer Klassik, 3. Aufl. Köln/Weimar/Wien 2001. Allerdings äußert sich Salentin zu den Zusammenkünften in Tiefurt im letzten Jahrzehnt des 18. Jahrhunderts eher beiläufig. Vgl. hier besonders die Seite 171.
[761] Vgl. Berger: „Tieffurth", hier S. 141.
[762] Vgl. Bruford: Kultur. Zu dieser Problematik vor allem das erste Kapitel und hier die Seiten 19-43.
[763] Vgl. Joachim Berger: Geselligkeit, Mäzenatentum und Kunstliebhaberei am ‚Musenhof' Anna Amalias – neue Ergebnisse, neue Fragen, in: ders. (Hg.): ‚Musenhof', S. 1-17, hier S. 5.

ein.[764] Angehörige des bürgerlichen Standes hatten demnach vor allem dann Zugang zum Kreis der ehemaligen Herzogin, wenn sie diese aufgrund besonderer künstlerischer, wissenschaftlicher oder literarischer Leistungen erfreuten. In diesem Fall konnten sie auch auf ähnliche Gunstbezeugungen durch Anna Amalia hoffen[765], von denen Henriette von Egloffstein beispielsweise schon während ihres ersten Weimar-Aufenthaltes profitiert hatte.

Auch aufgrund dieser Konstellationen in Tiefurt, führte der enge Kontakt Henriette von Egloffsteins mit dem „Hof" Anna Amalias zu einer Ausweitung ihres Beziehungsnetzes über den engen Kreis um die ehemalige Herzogin hinaus. Zu den Personen, die sie dort traf, zählte beispielsweise der Lustspieldichter August von Kotzebue. Die Bekanntschaft mit ihm, die in gegenseitigen Besuchen, einem Gedicht Kotzebues an Henriette von Egloffstein und dem engeren Kontakt zwischen ihr und der Frau Kotzebues mündete, wird sich auf einem der Treffen in Tiefurt ergeben haben. Denn offensichtlich hegte Anna Amalia eine Vorliebe für diesen Dichter, der nachweislich an den Zusammenkünften in Tiefurt teilgenommen hat.[766]

In Tiefurt mögen auch die engeren Kontakte zu Johann Wolfgang Goethe ihren Anfang genommen haben. Daneben traf Henriette von Egloffstein öfter mit dem Oberhofmeister Anna Amalias – Friedrich Hildebrand von Einsiedel – und Carl Ludwig von Knebel zusammen. Allerdings scheint sie zu keinem dieser beiden vergleichbar enge Kontakte wie zu August von Kotzebue oder Johann Wolfgang Goethe gepflegt zu haben. Dagegen entwickelte sich zu Franz Carl Leopold von Seckendorff, der in Diensten Carl Augusts stand[767] und auch zu Gast in Tiefurt war, ein besonders inniges Verhältnis. Er sollte sich später als einer der maßgeblichen Förderer der künstlerischen Fähigkeiten Henriette von Egloffsteins erweisen.

Abgesehen von diesen Bekanntschaften erwies sich der Kontakt zu den Hofdamen um Anna Amalia als besonders zentral für das gesellige Leben der Gräfin. Auf der Basis dieser zunächst noch losen Beziehungen mit gut ausgebildeten sowie an Kunst und Literatur ebenfalls stark interessierten Frauen ergaben sich engere Freundschaften, die einen zusätzlichen Geselligkeitskreis mit eigenen Interessen und einem spezifischen Profil zur Folge hatten.

---

[764] Einen Hinweis darauf geben die Briefe Luise von Göchhausens an Sophie Mereau. Vgl. BJ Kraków, Luise von Göchhausen, V 70, h 4. Darüber hinaus berichtete Amalie von Imhoff Carl Ludwig von Knebel von ihren Aufenthalten in Tiefurt. Vgl. Amalie von Imhoff an Carl Ludwig von Knebel, GSA, Bestand Knebel, Karl Ludwig v. Knebel, Eingegangene Briefe, Helvig, Amalie v., GSA 54/169.
[765] Vgl. dazu Berger: Anna Amalia, bes. S. 444-460.
[766] Zur Vorliebe Anna Amalias für den Dichter Kotzebue vgl. ebd., hier S. 331. Zur Gunst, die Anna Amalia Kotzebue erwies vgl. ebenfalls ebd., hier aber S. 444f. Dass Kotzebue bei Anna Amalia vorgelesen hat, macht Berger ebenfalls deutlich, hier S. 493.
[767] Franz Carl Leopold von Seckendorff stand von 1799 bis 1802 als Hofjunker in den Diensten Carl Augusts. Vgl. HAC, Datensatz Nr. 4211. Neben Franz Carl Leopold von Seckendorff waren eine Reihe weiterer Familienmitglieder als Hofbedienstete tätig.

## Die Beziehungen zum regierenden Hof

Obwohl Henriette von Egloffstein einen großen Teil ihrer Zeit in Anna Amalias Kreis verbrachte, blieb sie eng an das Leben des regierenden Hofes angebunden. So kam es vor, dass der Hof Henriette von Egloffstein rufen ließ, damit sie dort unterhaltende Funktion ausüben, aber auch an den geselligen Vergnügungen teilnehmen konnte.[768]

Die Bindung an einen Hof hatte für niederadelige Frauen in der Regel ambivalente Folgen.[769] Zum einen verfügten sie als Hofdamen über eine durchaus angesehene Stellung, die sich je nach Rang auch in einem gewissen Grad von Einflussnahme auswirken konnte. Zum anderen war gerade diese Tätigkeit auch von Etikette und Gehorsam gegenüber den Herrschaften geprägt. Frauen, die als Hofdamen arbeiteten, beklagten in ihren Briefen oder Lebenserinnerungen häufig den Mangel an Wahl-, Entscheidungs- und Gestaltungsmöglichkeiten innerhalb dieses aus ihrer Perspektive eintönigen Lebens. Infolgedessen haderten sie häufig mit ihrem Dasein.[770] Gleichzeitig hatten sie eine

---

[768] Vgl. Henriette von Egloffstein an Sophie Mereau, vermutlich Weimar, Ohne Datum (um 1800): „Meine Theuerste zürnen Sie nicht über mich daß es mir möglich war den Dienstag-Morgen zu versäumen oder besser es zu vergessen daß es die Stunde unsers Vereins war in der ich ausgient weil ich mußte. Ich wollte Ihnen schreiben, aber da kam Abhaltung u in den folgenden Augenblik der Wagen der mich zur Prinzeß holte. Wir leben jezt so im Wirbel der grosen Welt, so sehr allen Zerstreuungen hingegeben daß man selbst ganz zerstreut wird. [...]", BJ Kraków, Henriette von Beaulieu-Marconnay, V27, 10 h.

[769] Zur höfischen Gesellschaft vgl. u.a. Rudolf Vierhaus: Höfe und höfische Gesellschaft in Deutschland im 17. und 18. Jahrhundert, in: Ernst Hinrichs (Hg.): Absolutismus, Frankfurt a.M. 1986, S. 116-137; Diemel: Frauen. 1998; dies.: Hoher Rang und „glänzendes Elend". Hofdamen im 19. Jahrhundert [künftig zitiert: Rang], in: Otto Borst (Hg.): Frauen bei Hof, Tübingen 1998, S. 184-198. Zum Alltag bei Hofe – auch den von Frauen – vgl. Werner Paravicini (Hg.): Alltag bei Hofe. 3. Symposium der Residenzen-Kommission der Akademie der Wissenschaften in Göttinge. Ansbach 28. Februar bis 1. März, Sigmaringen 1995; Otto Borst (Hg.): Frauen bei Hof, Tübingen 1998; speziell zur Situation niederadeliger Frauen vgl. u.a. Hedwig Herold-Schmidt: „ ... daß ich würde lieben können, wenn ich die Gelegenheit hätte, ihn näher kennen zu lernen". Lebensperspektiven und Handlungsspielräume „land"adeliger Frauen im beginnenden 19. Jahrhundert, in: Frindte/Westphal (Hg.): Handlungsspielräume, S. 223-250.

[770] Zur Existenz von Hofdamen allgemein gibt es bisher nur wenige Forschungsarbeiten. Vgl. dazu bes. Diemel: Frauen; dies.: Rang, S. 184-198. Der Alltag von Hofdamen lässt sich sehr gut anhand der Briefe von Caroline und Julie von Egloffstein ablesen, die beide als Hofdamen tätig waren. Sowohl in den Briefen vom 5. Januar als auch vom 6. Juli 1816 aus St. Petersburg klagt Caroline von Egloffstein über die Langeweile ihres Hofdienstes bei Maria Pavlovna. Vgl. Caroline von Egloffstein an Henriette von Beaulieu-Marconnay, GSA, Bestand Egloffstein, Henriette v. Beaulieu-Marconnay, Eingegangene Briefe, Egloffstein, Karoline v., 1815-1816, GSA 13/33, 2. Auch Julie von Egloffstein beschwerte sich über die Härten des Hofdamenlebens. Vgl. Julie von Egloffstein an Henriette von Beaulieu-Marconnay, Weimar, o.D. (Ende 1827): „[...] Morgen ist ohnehin für uns Hofdamen ein harter schwerer Tag, der gehörige Kräfte erfordert [...]", GSA, Bestand Egloffstein, Henriette v. Beaulieu-Marconnay, Eingegangene Briefe, Egloffstein, Julie v., 1824-1829, GSA 13/29, 4.

anerkannte Position inne, die unmittelbaren Zugang zu den höchsten Kreisen der Gesellschaft gewährte. Sie konnten Kontakte knüpfen, die sich bezahlbar machten und von den Gunstbezeugungen ihrer Dienstherren profitieren.

Henriette von Egloffstein stand jedoch während ihres gesamten Aufenthaltes in Weimar nie in höfischen Diensten. Demnach verfügte sie über weniger oder zumindest andere Möglichkeiten als die Hofdamen, mit denen sie verkehrte. Aufgrund der engen personellen Verflechtungen ihrer Familie mit dem Hof hatte sie jedoch keineswegs eine Außenseiterposition inne. Allein die Teilnahme an Feierlichkeiten des regierenden Hofes verschaffte ihr eine Position, die sie gleichwertig neben den anderen Teilnehmerinnen erscheinen lässt.

Wenn Johann Wolfgang Goethe 1798 Friedrich Schiller von einem Maskenzug berichtet, an dem neben Henriette von Egloffstein auch „Fräulein von Wolfskeel, Fräulein von Seckendorff, Frau von Werther, Fräulein von Beust und Fräulein von Seebach" beteiligt waren[771], so wird deutlich, dass Henriette von Egloffstein bereits zu dieser Zeit in enger Beziehung zu Frauen des höfischen Milieus gestanden hat. Diese erwiesen sich nach Intensivierung der Bekanntschaft, als potentielle Begleiterinnen für Reisen, die dazu beitrugen, den Erfahrungshorizont Henriette von Egloffsteins auszudehnen.[772]

Vor allem die zwischen 1800 und 1802 geschriebenen Briefe Henriette von Egloffsteins verdeutlichen, dass sie den sozialen Beziehungen zu den Personen, die entweder am Hof angestellt waren oder aber in enger Verbindung mit diesem standen, einen großen Stellenwert eingeräumt hat. Henriette von Wolfskeel und Luise von Göchhausen zählten ebenso dazu wie August von Kotzebue, Johann Wolfgang Goethe und Friedrich von Müller, der spätere Kanzler Carl Augusts. Die gemeinsam mit diesen Personen ins Leben gerufenen geselligen Zirkel waren ein wichtiger Bestandteil des Weimarer Lebens Henriette von Egloffsteins. Voller Stolz berichtete sie von Funktionen und Konstellationen dieser

---

[771] Vgl. Johann Wolfgang Goethe an Friedrich Schiller, Weimar, 22.01.1798, in: WA IV, Bd. 13, S. 35-41, hier S. 35f. Für die von Goethe genannten Damen konnte lediglich der volle Name Henriette von Wolfskeels (1776-1859) ermittelt werden, die von 1794 bis 1805 als Hofdame Anna Amalias verzeichnet wurde, ab 1805 unter dem Namen Henriette von Fritsch, nach ihrer Heirat. Vgl. HAC, Datensatz Nr. 3895.

[772] Ausgehend von Johannes Arndt, der betont, dass es für junge Gräfinnen keine ausgedehnten Reisen gab, kann für Henriette von Egloffstein festgestellt werden, dass sie im Vergleich dazu über weit mehr Reisemöglichkeiten verfügte. Vgl. dazu Johannes Arndt: Möglichkeiten und Grenzen weiblicher Selbstbehauptung gegenüber männlicher Dominanz im Reichsgrafenstand des 17. und 18. Jahrhundert [künftig zitiert: Möglichkeiten], in: Vierteljahresschrift für Sozial- und Wirtschaftsgeschichte, Bd. 77, Heft 2 (1990), S. 153-174, hier S. 159. Zu den Ausflügen und Reisen Henriette von Egloffsteins vgl. die Briefe Caroline von Egloffsteins an Sophie Mereau, BJ Kraków, Caroline von Egloffstein, V 55, 7 h; Henriette von Egloffstein an Sophie Mereau, BJ Kraków, Henriette von Beaulieu-Marconnay, V27, 10 h.

Zusammenkünfte.[773]

Im Zuge der höfischen Feste gelang es Henriette von Egloffstein auch, ihre darstellerischen Fähigkeiten unter Beweis zu stellen. Denn an den Maskenzügen des regierenden Hofes nahm sie nicht nur als Zuschauerin teil, sondern wirkte zudem mehrfach als Darstellerin mit. Dass sie diese Möglichkeit erhielt, lässt sich zunächst auf die Stellung ihrer Familie am Weimarer Hof zurückführen. Akzeptanz und Beliebtheit wird Henriette von Egloffstein in diesen Kreisen darüber hinaus durch ihre Begabung, entsprechend der Etikette agieren zu können, erlangt haben.[774] Auf die darstellerischen Qualitäten Henriette von Egloffsteins ging die Tochter Caroline von Egloffstein fast zwanzig Jahre später ein und schrieb:

> „Morgen lesen wir die Iphigenie bei der Fritsch - ich den Orestes! – denke liebe Mutter das dein Geist mich umschweben muß, sonst erreiche ich nicht die Idee der darstellenden Kraft!"[775]

Henriette von Egloffstein konnte während der Weimarer Zeit offensichtlich häufiger ihre darstellerischen Fähigkeiten unter Beweis stellen. Im Laufe der Zeit muss sie für ihre offensichtlich gelungenen Präsentationen bekannt geworden sein. Denn innerhalb kürzester Zeit gelang es ihr, auch durch solche Fähigkeiten einen Platz innerhalb der höfischen Gesellschaft zu erlangen.

Einen Hinweis auf Egloffsteins exzellente Position innerhalb des höfischen Milieus geben auch die Patenschaften Anna Amalias und Carl Augusts für ihren 1795 in Weimar geborenen Sohn Carl.[776] Die Patenschaften für die ein Jahr später zur Welt gekommene Tochter Auguste sind vor allem eine Bestätigung der höfischen Kontakte Henriette von Egloffsteins zu Anna Amalia: Sowohl die Hofdame Henriette von Wolfskeel als auch Eleonora Louise von Reitzenstein, Ehefrau des Kammerherren Georg Christoph Freiherr von Reitzenstein, wurden von den Eltern als Paten bestellt.[777]

---

[773] Vgl. Henriette von Egloffstein an Franz Carl Leopold von Seckendorff, Weimar, 30.10.1801, 12.01.1802, GSA, Bestand Egloffstein, Henriette v. Beaulieu-Marconnay, Ausgegangene Briefe, Seckendorf(f)-Aberdar, Franz Karl Leopold v., GSA 13/90. In dem im Oktober 1801 geschriebenen Brief hebt Henriette die abwechselnd im Hause der Kotzebues und in dem Haus ihrer Schwägern (das gleichzeitig Henriette und ihre Kinder beherbergte) veranstalteten Zusammenkünfte sowie den neugegründeten „Cour d'amour" hervor. Der Brief vom Januar 1802 erwähnt eine Zusammenkunft von Caroline von Egloffstein, geb. von Aufsess, Henriette von Egloffstein, Friedrich von Müller und „der Oertel".

[774] Vgl. dazu bspw. Johannes Daniel Falk: Goethe aus näherm persönlichen Umgange dargestellt [künftig zitiert: Goethe], Leipzig 1832: „Goethe'n hatten Neigung frühere Wahl und gegenseitiges Wohlwollen die ebenso liebenswürdige, als schöne und geistreiche Gräfin v. E. zugeführt.", hier S. 177.

[775] Vgl. Caroline von Egloffstein an Henriette von Beaulieu-Marconnay, Weimar, 25.01.1819, GSA, Bestand Egloffstein, Henriette v. Beaulieu-Marconnay, Eingegangene Briefe, Egloffstein, Karoline v. 1818-1823, GSA 13/33,4.

[776] Vgl. KAWE TR HK 1795, S. 436r.

[777] Vgl. KAWE TR HK 1996, S. 496r.

Auf Vermittlungen durch ihre Familie war Henriette von Egloffstein im Laufe der Zeit immer weniger angewiesen. Ihre Position ermöglichte ihr nun eine permanente Ausweitung des eigenen Beziehungsnetzes über den Kreis Anna Amalias und das Milieu des regierenden Hofes hinaus bis hin in das städtische Umfeld. Dadurch war sie in der Lage, eigenständig auf die Gestaltung ihres geselligen Lebens in Weimar einzuwirken.

*Die Funktion von Freundschaften und anderen Geselligkeitskreisen*

Das Beispiel Henriette von Egloffsteins lässt erkennen, dass ausgehend von einem Geselligkeitskreis – nämlich dem Anna Amalias – zahlreiche weitere gesellige Runden etabliert werden konnten. Initiative zur Erweiterung ihrer Geselligkeitskreise oder gar zu Neugründungen auf der Basis selbstbestimmter Personenkonstellationen, entwickelten nicht zuletzt auch die Weimarer Frauen in bedeutendem Maße. Auf sie traf Henriette von Egloffstein sowohl bei Anna Amalia als auch am regierenden Hof. Abgesehen davon fanden sie sich abseits vom Hof zu eigenen Zirkeln zusammen.

Angehörige des Kreises um Anna Amalia standen demzufolge mit denen des regierenden Hofes in engem Kontakt und umgekehrt. Außerdem existierten enge Beziehungen zur städtischen Elite. Dadurch kam es häufig zu einer personalen Überlappung der verschiedenen Zirkel Weimars.

Dieses Phänomen lässt sich auch anhand des Freundeskreises von Henriette von Egloffstein zeigen. Dieser wurde von jenen Frauen dominiert, die in einem der beiden Weimarer Höfe als Hofdamen angestellt waren. Demnach verkehrte Henriette von Egloffstein mit ihnen sowohl in Tiefurt als auch am Weimarer Hof. Kennzeichen des Freundeskreises war die adelige Herkunft und der gleichermaßen hohe Bildungsgrad seiner Mitglieder. Neben Caroline von Egloffstein, der Schwägerin Henriette von Egloffsteins, zählten Henriette von Wolfskeel und Luise von Göchhausen[778] zu seinen Mitgliedern. Charakteristisch für die Treffen der Freundinnen waren regelmäßige und gemeinsame Besuche des Weimarer Theaters. Als u.a. auch mit Goethe befreundete Theatergängerinnen konnten sie auf dessen Hilfe hoffen, wenn Plätze reserviert werden sollten.[779] Von diesen Theaterbesuchen berichtete Henriette von Egloffstein stets voller Begeisterung.[780]

---

[778] Deutlich machen dies u.a. die Billets Luise von Göchhausens an Sophie Mereau. Vgl. Luise von Göchhausen an Sophie Mereau, Weimar, o.D.: „Heute abend ehe Sie zu unserer Freundin der Gr. Egl. gehen, wäre es Ihnen vielleicht am bequemsten der Herzogin vorher einen Besuch zu machen. Wollen Sie um 5 Uhr kommen, so werden Sie sehr willkommen seyn. Ihre Göchhausen.", BJ Kraków, Bestand Sophie Mereau, Luise von Göchhausen, V 70, h 4.

[779] Vgl. Johann Wolfgang Goethe an Henriette von Egloffstein, Weimar, 05.11.1802: „Recht gern will ich meine würdige Freundinn, für Sie und die benannten Damen eine Anzahl Stühle numeriren und zum Überfluß Ihre Nahmen daran setzen lassen, auch soll der Commödien Zettel von numerirten Plätzen des Balcons, wie bisher von denen des Parterres verkünden. Haben Sie nur die Güte mir zu sagen ob Sie in der Ordnung, wie Sie

Adelige Herkunft allein war für eine Zugehörigkeit zum Freundeskreis jedoch nicht ausschlaggebend. Dies macht auch die Beziehung zwischen Henriette von Egloffstein und Sophie Mereau deutlich. Die Schriftstellerin, die seit 1801 öfter und länger in Weimar weilte, fand sich häufig bei den Zusammenkünften der Frauen ein. Offensichtlich haben künstlerische Betätigung oder zumindest ein Interesse an Literatur ausgereicht, um innerhalb der adeligen Kreise Akzeptanz zu finden. Sophie Mereau wurde aufgrund ihres schriftstellerischen Erfolges hoch geschätzt. Dies zeigt auch der Wortlaut der für sie formulierten Einladungen. Henriette von Egloffstein verband diese Einladungen mit der Bitte um Kostproben der schriftstellerischen Arbeiten Sophie Mereaus:

> „Ich bin krank u traurig über meiner guten Schwägerin Krankheit. Will meine liebe Sophie mir den Abend schenken so wird es mich recht erheitern u ich werde meine Übel vergessen in Ihrer Umgebung."[781]

Abgesehen von dieser Art von Einladungen existieren Billets, in denen sich Henriette von Egloffstein selbst zu Sophie Mereau nach Hause einlud:

> „Wenn sie heute Abend zu hause sind liebe, gute! So kommen meine Schwester u ich um 5 Uhr zu Ihnen u bleiben den Abend bei Sie [sic!]. Guten Morgen mein Engel! Henriette"[782]

Beide Nachrichten demonstrieren zum einen, dass sich Henriette von Egloffstein und Sophie Mereau oft gesehen haben müssen. Zum anderen wird deutlich, wie sehr Henriette von Egloffstein um den Kontakt mit Sophie Mereau bemüht war. Während die Äußerungen der Gräfin teilweise den Eindruck hinterlassen, als habe sie auf das Format anderer Geselligkeitskreise Weimars, die dort geladenen Gäste oder aber die festgelegten Termine nur wenig Einfluss gehabt, wird hier deutlich, dass sie in dem von Frauen dominierten Zirkel eine der bestimmenden

---

unterzeichnet sind, sitzen mögen [...]", in: Johann Wolfgang Goethe an Henriette von Egloffstein, Weimar, 25.03.1802, in: WA IV, Bd. 16, S. 131f.

[780] Henriette von Egloffstein an Franz Carl Leopold von Seckendorff, Weimar, 01.05.1801; Weimar, 12.01.1802, GSA, Bestand Egloffstein, Henriette v. Beaulieu-Marconnay, Ausgegangene Briefe, Seckendorf(f)-Aberdar, Franz Karl Leopold v., GSA 13/90. Wie intensiv sie am Theaterleben Weimars teilnahm zeigen auch die Briefe an die Tochter Caroline von Egloffstein. Im Zusammenhang mit dem Theaterbrand schreibt sie, dass der Platz ihrer Jugendfreuden zerstört sei: Henriette von Beaulieu-Marconnay an Caroline von Egloffstein, o.O., 22.03.1825; o.O., 26.03.1825, GSA, Bestand Egloffstein, Karoline Gräfin v. Egloffstein, Eingegangene Briefe, Beaulieu-Marconnay, Henriette v., 1825, GSA 13/129,8. Ihre Vorliebe für das Theater thematisiert Henriette von Egloffstein auch in ihren Lebenserinnerungen. Vgl. Beaulieu-Marconnay: Bruchstücke: „Familienangelegenheiten", 3. Heft, GSA 13/5.

[781] Vgl. Henriette von Egloffstein an Sophie Mereau, Billet aus der Weimarer Zeit, ohne Datum, BJ Kraków, Henriette von Beaulieu-Marconnay, V27, 10 h.

[782] Vgl. Henriette von Egloffstein an Sophie Mereau, Billet aus der Weimarer Zeit, ohne Datum, BJ Kraków, Henriette von Beaulieu-Marconnay, V27, 10 h.

Personen war. Sie legte, in der Regel gemeinsam mit ihrer Schwägerin, Termine und Lokalitäten der Treffpunkte fest.

Abgesehen von Sophie Mereau gehörten auch Amalie von Voigt und Amalie von Imhoff zum Freundeskreis um Henriette von Egloffstein. Nicht auszuschließen ist, dass auch Charlotte von Ahlefeld dazu zählte. Immerhin lässt sich nachweisen, dass sie während dieser Zeit in engem Kontakt mit Sophie Mereau gestanden hat.[783] Treffpunkt für den Freundeskreis war in der Regel das von Henriette und Caroline von Egloffstein gemeinsam bewohnte Haus in Weimar. Hier trafen sich die Freundinnen einmal in der Woche zu einem gemeinsamen Frühstück.[784] Darüber hinaus waren abendliche Zusammenkünfte, die der Lektüre dienten, keine Seltenheit. Vom Haus der Egloffsteins aus wurden Ausflüge unternommen und gemeinsame Reisen, so beispielsweise nach Bad Lauchstädt, geplant. Auf diese Weise trug der Freundeskreis dazu bei, dass Henriette von Egloffstein den Vergnügungen nachgehen konnte, die für sie zu einem ausgefüllten Leben gehörten. Abgesehen von den Reisen und Theaterbesuchen waren das die Gespräche mit den gleichgesinnten Freundinnen, die sich nicht nur, aber auch zu einem großen Teil auf Literatur konzentrierten. Damit konnte die Gräfin ihre Absicht verfolgen, die bereits erworbene Bildung immer weiter voran zu treiben.

Als besonders bereichernd für das Weimarer Leben Henriette von Egloffsteins erwies sich der Freundeskreis auch deshalb, weil sich einige seiner Mitglieder auch in anderen Geselligkeitskreisen engagierten, die zentral für Henriette von Egloffstein waren. Dazu zählte zum einen der „Cour d'amour", der sich im Winter 1801/1802 auf Initiative Johann Wolfgang Goethes etablierte. Parallel zum „Cour d'amour" fanden zum anderen Treffen mit August von Kotzebue und seiner Frau statt, die wie der „Cour d'amour" regelmäßig frequentiert wurden.[785]

Goethes Tagebücher, die wie seine Briefe eine der wichtigsten Quellen für das gesellige Leben Henriette von Egloffsteins in Weimar sind, machen deutlich, dass die Gräfin bereits vor der Gründung des „Cour d'amour" öfter zu Gast bei dem Dichter war.[786] Doch auch Goethe fand sich im Hause der Egloffsteins

---

[783] Vgl. Charlotte von Ahlefeld an Sophie Mereau, BJ Kraków, Charlotte von Ahlefeld, V 1, 20 h.

[784] Vgl. Henriette von Egloffstein an Sophie Mereau, Weimar, o.D., wahrscheinlich um 1800, BJ Kraków, Henriette von Beaulieu-Marconnay, V27, 10 h.

[785] Ausgehend von den brieflichen Äußerungen Henriette von Egloffsteins ist festzustellen, dass der „Cour d'amour" und Kotzebues geselliger Kreis zunächst durchaus parallel, auch von den Hofdamen Anna Amalias, besucht wurde. Erst später kündigten diese, wie Henriette von Egloffstein, den „Cour d'amour" und fanden sich nur noch in Kotzebues Haus ein. Vgl. Henriette von Egloffstein an Franz Carl Leopold von Seckendorff, Weimar, 30.10.1801, GSA, Bestand: Egloffstein, Henriette v. Beaulieu-Marconnay, Ausgegangene Briefe, Seckendorf(f)-Aberdar, Franz Karl Leopold v., GSA 13/90. Vgl. dagegen die Annahme Bergers, die Hofdamen Anna Amalias hätten die Zusammenkünfte bei Kotzebues dann anstatt des „Cour d'amour" besucht: Berger: Anna Amalia, hier S. 486.

[786] Vgl. den Tagebucheintrag vom 05.05.1797, in: WA III, Bd. 2, S. 67.

ein.[787] Besonders intensiven Kontakt zwischen Johann Wolfgang Goethe und Henriette von Egloffstein gab es zwischen 1800 und 1802. In der Regel besuchte Henriette von Egloffstein den Dichter in Begleitung ihrer Freundinnen aus dem Umfeld Anna Amalias: Am 24. April 1801 notierte der in „Rosla" weilende Goethe in seinem Tagebuch, dass Besuch aus Weimar, bestehend aus Henriette von Egloffstein, Luise von Göchhausen und Henriette von Wolfskeel eingetroffen sei.[788]

Der „Cour d'amour" ist durchaus ein Resultat dieses engen Verhältnisses. An der Idee, der Gründung und der Organisation des so genannten „Cour d'amour" hatte Henriette von Egloffstein entscheidenden Anteil. Ihre Äußerungen zu diesem Projekt zeigen deutlich, dass sie während ihrer Weimarer Zeit eine nicht zu unterschätzende Position innerhalb der Weimarer Gesellschaft innehatte. Sie gehörte zu den ausgewählten Personen, die regelmäßig mit Goethe aber auch mit Schiller zusammentrafen.

Zum „Cour d'amour", der von Zeitgenossen als eines der wichtigen geselligen Unternehmungen der Zeit um 1800 wahrgenommen wurde[789], äußert sich Henriette von Egloffstein in ihren Aufzeichnungen zu „Das ästhetische Weimar und seine erhabne Begründerin". Sie berichtet, dass der Kreis auf Initiative Goethes gegründet wurde und einmal pro Woche nach dem Theater stattfand. Im Vorfeld wurden im Beisein Henriette von Egloffsteins die Statuten geschrieben.[790] In welchem Maße sie auf die Struktur des „Cour d'amour" Einfluss nehmen konnte, lässt sich allerdings nur erahnen. Dennoch zeigen ihre Briefe, dass sie zumindest zu Anfang eine Befürworterin von möglichst regelmäßigen Treffen gewesen sein muss:

> „Der zweite Kreis der sich verbunden hat, besteht aus grösern Geistern u ist mit einer Art von Feierlichkeit gegründet worden, die dem Stifter angemessen u eigen ist. Wir haben nehmlich eines morgens dem Gh. Göthe bei der Göchhausen getroffen u unter Scherzen dem Vorschlag gethan zum gemeinschaftlichen Vergnügen eine Gesellschaft Verliebter zu errichten. Ich spann den Gedanken immer weiter aus u erklärte mich sogleich für Göthe selbst, indem ich es ihm zur Pflicht machte das Ganze einzuleiten u einen Aufsaz zu machen nach dem die Mitglieder leben u handeln sollten."[791]

Die Äußerungen Henriette von Egloffsteins erwecken den Eindruck, als habe sie die Idee eines neuen Zirkels stark unterstützt, ihre Vorschläge dazu geäußert und Goethe schließlich davon überzeugt, das Programm des „Cour d'amour" zu

---

[787] Vgl. den Tagebucheintrag vom 02.02.1797, in: ebd., S. 55.
[788] Vgl. den Tagebucheintrag vom 24.01.1801, in: ebd., Bd. 3, S. 40.
[789] Vgl. dazu Falk: Goethe: „Es geschah fast um dieselbe Zeit, wo Kotzebue zu Weimar eintraf, daß eine Gesellschaft von erlesenen Männern und Frauen wöchentlich in Goethe's Hause auf dem Plane am Frauenthore eine Zusammenkunft hielt und so einen der geistreichsten Cirkel der in der kleinen Residenz bildete.", hier S. 177.
[790] Vgl. Beaulieu-Marconnay: Das ästhetische Weimar, GSA 13/8.
[791] Henriette von Egloffstein an Franz Carl Leopold von Seckendorff, Weimar, 30.10.1801, GSA, Bestand Egloffstein, Henriette v. Beaulieu-Marconnay, Ausgegangene Briefe, Seckendorf(f)-Aberdar, Franz Karl Leopold v., GSA 13/90.

entwerfen. Festgelegt wurde, dass sieben Paare beteiligt sein sollten und jede der beteiligten Personen einen weiteren Gast mitbringen konnte, sofern dieser von den anderen geduldet wurde. Stammgäste waren neben Johann Wolfgang Goethe, in dessen Haus sich die Gesellschaft traf, Friedrich Schiller gemeinsam mit seiner Frau, Caroline und Ernst Friedrich Freiherr von Wolzogen, der Kammerherr Anna Amalias Friedrich Hildebrand von Einsiedel, die Hofdame Henriette von Wolfskeel, Wolfgang Gottlob Christoph von Egloffstein sowie seine Frau Caroline. Hinzu kamen Amalie von Imhoff, ein weiterer Bruder Henriette von Egloffsteins – August Friedrich Carl –, Johann Heinrich Meyer und Luise von Göchhausen. Die Dauer der Gesellschaft wurde zunächst auf den Winter beschränkt.[792] Bezeichnenderweise sollten „politische und andere Streitfragen"[793] nicht thematisiert werden. Die Zusammenkunft hatte vor allem dem geselligen Vergnügen zu dienen. Literatur im weitesten Sinne stand während der Treffen im Mittelpunkt:

> „Jedes fähige Mitglied bringt von zeit zu zeit Trink u Gesellschaftslieder mit, die dann in ein Buch eingetragen werden welches blos dazu bestimmt ist. Zuweilen soll gelesen vielleicht auch gespielt werden. Zur Masken Zeit werden wir verkleidet zusammen kommen u jedes muß den ganzen Abend bei Strafe die Rolle spielen in der er aufgetreten ist. Die Herrn senden ihren Wein u die Damen trinken Punsch! [...] Wir sind daran zufrieden u sehen nun dem Winter getrost ins Auge, denn er wird froher als seine Vorgänger."[794]

Letztlich war es Goethe, der immer wieder an die Zusammenkünfte erinnerte[795] und darüber hinaus die geplanten Themen der Abende erörterte. Aus seinen Äußerungen geht hervor, dass sich die Teilnehmerinnen und Teilnehmer unter anderem mit dem Verfassen eigener Texte beschäftigten. Am sechsten November 1801 schrieb Goethe an die Gräfin und schickte ihr ein von ihm selbst verfasstes Stiftungslied.[796] Gleichzeitig wurde darauf hingearbeitet, für manche Abende neben den Stammgästen auch weitere literarisch interessierte Personen zu gewinnen:

---

[792] Vgl. Beaulieu-Marconnay: Das ästhetische Weimar, GSA 13/8.
[793] Ebd.
[794] Henriette von Egloffstein an Franz Carl Leopold von Egloffstein, Weimar, 30.10.1801, GSA, Bestand Egloffstein, Henriette v. Beaulieu-Marconnay, Ausgegangene Briefe, Seckendorf(f)-Aberdar, Franz Karl Leopold v.; Sg.: GSA 13/90.
[795] Vgl. Johann Wolfgang Goethe an Henriette von Egloffstein, Weimar, 10.11.1801: „Meine Ankunft zu notifiziren und zugleich zu melden, daß auf Morgen Abend, zur bekannten Stunde, die liebe Gesellschaft alles zu ihrem Empfang bereit finden wird, halte ich für meine Pflicht und wünsche den schönsten Abend.", in: WA IV, Bd. 15, S. 273; Johann Wolfgang Goethe an Henriette von Egloffstein, Jena, 06.11.1801: „[...] Zeitig genug werde ich in Weimar seyn um, vor unsrer nächsten Zusammenkunft, mit Ihnen und Ihren Freundinnen, denen ich mich schönstens und bestens empfehle, noch manches bereden zu können. [...]", in: ebd., S. 272f., hier S. 273.
[796] Tagebucheintrag vom 06.11.1801, in: WA III, Bd. 3, S. 40.

> „Wenn wir unsern guten Wieland behaglich unter uns sehen wollen, so müssen wir unsre moralischen Texte künftig etwas mehr versinnlichen. Nehmen Sie beyliegenden Versuch günstig auf, in welchem ich das kühle Grab mit einer Lebensposse auszustechen suche und zugleich meine Wünsche für unsre Gesellschaft sinnbildlich ausdrücke."[797]

Indem die Teilnehmer dazu motiviert wurden, eigene Vorlieben zu pflegen und die Literatur, Spiele und Lieder einzubringen, die ihren Interessen entsprachen, um sie einem erlesenen Publikum kund zu tun, übte der Kreis eine inspirierende Wirkung auf Henriette von Egloffstein aus. Damit war der „Cour d'amour" exemplarisch für alle geselligen Zirkel, an denen sie teilhatte.

Obgleich Goethe die Absicht hatte, den Kreis fest zu etablieren und auch über den Winter 1801/1802 zu erhalten, gehörte Henriette von Egloffstein zu jenen Personen, deren Interesse für die Zusammenkünfte im Laufe der Zeit merklich schwand. In ihren Erinnerungen an den „Cour d'amour" erwähnt sie die Langeweile, die sich zunehmend breit machte.[798] Schließlich verweigerten sowohl Henriette von Egloffstein als auch ihre Freundinnen die weitere Teilnahme an dem Kreis. Goethe bedauerte die Entscheidung der Gräfin und schrieb:

> „[...] lassen Sie mich im Singular sprechen! da ich hoffen kann, daß wenigstens eine unter den Vieren empfindet, wie schmerzlich es mir war, Ihren Namen unter dem Scheidebriefe zu sehen. Gewiß ich konnte mir nicht überreden daß Sie fehlen würden, als ich gestern die Freunde, in der Zahl der Musen, beisammen sah. Noch wehte der Geist der ersten Stiftung über der Gesellschaft, an dem Sie in einem Anfall von Unglauben zweifeln mochten."[799]

Auch wenn Henriette von Egloffstein kundtat, dass sie die Treffen im Hause Goethes zunehmend langweilten und sie aufgrund dessen nicht mehr daran teilnahm, ist nicht auszuschließen, dass das Scheitern des „Cour d'amours" vielmehr auf den sich zuspitzenden Konflikt zwischen Johann Wolfgang Goethe sowie Anna Amalia und ihrem Hofstaat zurückzuführen ist. Gegenstand der Unstimmigkeiten im Winter 1801/1802 war August von Kotzebue. Der von Kotzebue organisierten Schillerfeier, die im März 1802 stattfinden sollte, wurde offenbar in Absprache mit Carl August der Rathaussaal als Veranstaltungsort verweigert. Anna Amalia versuchte daraufhin zugunsten Kotzebues zu vermitteln. Die Hofdamen Anna Amalias hatten allerdings bereits Goethe als Urheber für den Streit ausgemacht und teilten ihm noch im gleichen Monat mit, dass sie nicht mehr am „Cour d'amour" teilnehmen wollten.[800]

Für diese Erklärung der Ursache des Scheiterns spricht der enge Kontakt Henriette von Egloffsteins zu August von Kotzebue, der sich ebenfalls in den

---

[797] Johann Wolfgang Goethe an Henriette von Egloffstein, Jena, 06.11.1801, zit. n. WA IV, Bd. 15, S. 272f., hier S. 273.
[798] Vgl. Beaulieu-Marconnay: Das ästhetische Weimar, GSA 13/8.
[799] Johann Wolfgang Goethe an Henriette von Egloffstein, Weimar, 25.03.1802, in: WA IV, Bd. 16, S. 60.
[800] Vgl. zu dieser Episode Berger: „Tiefffurth", hier S. 148f.

Wintermonaten zwischen 1801 und 1802 intensivierte. Während die Treffen bei Goethe und Kotzebue vorher parallel stattgefunden hatten, nahm der Kreis um Kotzebue nach dem Scheitern des Cour d'amour" nun den zentralen Platz innerhalb des geselligen Lebens der Gräfin ein.[801] Henriette von Egloffstein maß diesen Zusammenkünften eine große Bedeutung bei:

> „Kozebue ist auf den ganzen Winter bei uns u wie Sie wissen sind beide Eheleute sehr unzufrieden von ihren vorigen Aufenthalt gewesen, weil man Sie nicht genug mit ins Spiel zog. Ich schlug daher der Karoline vor wir wollten mit diesem Paar einen Tag fest sezen u ein Wechsel ein mal bei uns ein mal bei Kozebue einen kleinen Zirkel Freunde sehen, der sich verbindet, um alle Arten von Scherz u Lust durch zu gehen. Dieser Vorschlag ist mit Freuden von allen Seiten auf genomen worden u so besteht den diese Gesellschaft von der wir uns viel versprechen."[802]

Die Konzeptionen des „Cour d'amour" und des Kreises um Kotzebue zeigen deutlich, dass sie zum Zwecke des geselligen Vergnügens veranstaltet wurden, um die in den Wintermonaten drohende Langeweile zu vertreiben. Während die Sommerzeit im Allgemeinen größeren Reisen vorbehalten war, fanden sich die Angehörigen des Hofes und des angesehenen städtischen Bürgertums im Winter wieder in Weimar ein. Die langen Winterabende mussten nun ansprechend gestaltet werden. Die Folge davon war, dass sich jene Zirkel, die mit großem Eifer und festen Vorsätzen gegründet wurden, häufig mit dem Ende des Winters auflösten. Nur fest etablierte Kreise mit Außenwirkung, wie etwa der „Theetisch" Johanna Schopenhauers, erlebten mehr als nur eine Saison. Abgesehen von der politischen Dimension des Scheiterns war also auch dem „Cour d'amour" mit seinem Ende im Frühjahr 1802 ein ähnliches Schicksal wie anderen ambitionierten Weimarer Projekten beschieden.

Trotz des Streits um Kotzebue und der Abschiednahme Henriette von Egloffsteins vom „Cour d'amour" zerbrachen die persönlichen Beziehungen zwischen Goethe und Henriette von Egloffstein nicht. Beide nahmen auch noch Jahre später auf ihre engere Bekanntschaft Bezug und wechselten Briefe.[803] Aus

---

[801] Die Äußerungen Henriette von Egloffsteins dazu lassen erkennen, dass Kotzebues gesellige Zusammenkünfte nicht als Konkurrenz zu denen Goethes gedacht waren. Vgl. Henriette von Egloffstein an Franz Carl Leopold von Seckendorff, Weimar, 30.10.1801, GSA, Bestand Egloffstein, Henriette v. Beaulieu-Marconnay, Ausgegangene Briefe, Seckendorf(f)-Aberdar, Franz Karl Leopold v., GSA 13/90.

[802] Henriette von Egloffstein an Franz Carl Leopold von Seckendorff, Weimar, 30.10.1801, GSA, Bestand: Egloffstein, Henriette v. Beaulieu-Marconnay, Ausgegangene Briefe, Seckendorf(f)-Aberdar, Franz Karl Leopold v., GSA 13/90.

[803] Zum trotz des Streits nicht abreißenden Kontakt Goethes und Henriette von Egloffsteins vgl. den Tagebucheintrag Goethes vom 27.07.1803: „Früh im Schlosse. Bey Pr. Christian. Gräf. Egloffstein [...]", in: WA III, Bd. 3, S. 75; Johann Wolfgang Goethe an Caroline von Egloffstein, Jena, 18.01.1811: „[...] Ihrer verehrten Frau Mutter dancken Sie recht lebhaft für das eigenhändige Zeichen dauerhafter Neigung und Freundschaft [...]", in: WA IV, Bd. 22, S. 18f., hier S. 19. Goethe schrieb außerdem an Henriette von Egloffstein. Vgl. Johann Wolfgang Goethe an Henriette von Beaulieu-Marconnay, Weimar, 07.12.1830, GSA, Bestand Egloffstein, Henriette v. Beaulieu-Marconnay, Eingegangene Briefe, Goethe,

den Jahren des geselligen Zusammenseins mit Goethe hatte Henriette von Egloffstein die Erkenntnis mitgenommen, dass der Dichter zum einen durch seine Bildung und sein Kunstverständnis, zum anderen aufgrund seiner umfangreichen Beziehungen in der Lage war, Personen mit künstlerischen Ambitionen zu fördern. Dieses Wissen versuchte Henriette von Egloffstein später für ihre Töchter profitabel zu machen. Ihnen gegenüber hob sie hervor, über welch umfangreiche Aus- und Weiterbildungsmöglichkeiten Weimar verfügte. Allen voran sei die Nähe von Männern wie Goethe besonders förderlich für eigene künstlerische Ambitionen:

> „Versäume nicht dich Göthe so viel als mögl. zu nähern. [...] Jedes Wort von G. wird nach seinem Tode gleich Edelsteinen glänzen u denen Werth geben an die es gerichtet war. Ruhm ist die Frucht des Fleises u Ehre u Ansehen die Frucht des Ruhmes. Wer der Kunst sich weiht kann ohne Beide nicht bestehen u darum bitt ich dich flehentlich: versäume nicht den günstgen Augenblick der Blüthen zu solchen Früchten treiben kann – u wird – ich weiß es gewiß."[804]

Obwohl der „Cour d'amour" scheiterte, tat dies dem ständigen Wachsen des Beziehungsnetzwerkes Henriette von Egloffsteins keinen Abbruch. Zu einem der wichtigsten Männer innerhalb dieses Netzwerks entwickelte sich Friedrich von Müller. Er, dessen Vater bereits in den Diensten der Familie von Egloffstein gestanden hatte, stieg vom Regierungsassessor und Regierungsrat zum Kanzler der Weimarer Regierung auf.[805] In Weimar intensivierte sich die Beziehung zwischen Friedrich von Müller, Henriette von Egloffstein und später auch zwischen ihren Töchtern Caroline und Julie von Egloffstein.[806] Nicht auszuschließen ist, dass von Müller seine Stellung in den Diensten Sachsen-Weimar-Eisenachs durch Vermittlung der Egloffsteins erhielt.

In Weimar erwies sich Müller als Nachrichtenübermittler zwischen den Angehörigen des Freundeskreises von Henriette von Egloffstein[807] sowie als

---

Johann Wolfgang v. (Abschrift), GSA 13/41. Auch Henriette von Egloffstein verfasste Briefe an Goethe. Vgl. Henriette von Beaulieu-Marconnay an Johann Wolfgang Goethe, Weimar, 17.04.1831, GSA, Bestand Goethe, GSA 28/177a. Die Verehrung Goethes zeigt sich auch an den verschiedenen Aufzeichnungen, die Henriette von Egloffstein über Goethe angefertigt hat. Hier finden sich Briefabschriften und Gesprächsaufzeichnungen. Vgl. GSA, Bestand Egloffstein, Henriette v. Beaulieu-Marconnay, Persönliche Unterlagen, Aufzeichnungen und Exzerpte über Goethe, GSA 13/101.

[804] Vgl. Henriette von Beaulieu-Marconnay an Julie von Egloffstein, o.O., 20.12.1821, GSA, Bestand Egloffstein, Julie Gräfin v. Egloffstein, Eingegangene Briefe, Beaulieu-Marconnay, Henriette v., 1821, oD, GSA 256,6.

[805] Vgl. HAC, Datensatz Nr. 4492: Von 1802 bis 1803 ist Müller dort als Regierungsassessor verzeichnet, ab 1804 als Regierungsrat, 1816 schließlich er zum ersten Mal als Kanzler.

[806] Vgl. die Briefe Friedrichs von Müller an Caroline von Egloffstein und Julie von Egloffstein, GSA, Bestand Egloffstein, Karoline Gräfin v. Egloffstein, Eingegangene Briefe, Müller, Friedrich v., GSA 13/170; Bestand Egloffstein, Julie v. Egloffstein, Eingegangene Briefe, Müller, Friedrich v., GSA 13/304.

[807] Vgl. Friedrich von Müller an Sophie Mereau, Weimar, 29.06.1802, BJ Kraków, Bestand Sophie Mereau, Kanzler Friedrich von Müller, V 129, 35 h.

zuverlässiger Begleiter sowohl der Gräfin als auch ihrer Töchter.[808] Seine Briefe aus der Zeit um 1800 machen deutlich, dass er im Auftrag Henriette von Egloffsteins häufiger Nachrichten an Freunde weiterleitete. Abgesehen von diesen kleinen Diensten verfügte er aufgrund seiner Stellung innerhalb der höfischen Verwaltung über eine Reihe von persönlichen Beziehungen, die auch für Henriette von Egloffstein von Nutzen sein konnten. Damit erwies er sich als ideale Schnittstelle zwischen ihr und dem Hof. Seine unmittelbare Nähe zu dessen Mitgliedern machte ihn als Informanten besonders interessant, zumal er sowohl in Tiefurt als auch am Weimarer Hof ein und aus ging.[809]

Die zentrale Stellung, die Friedrich von Müller im Leben Henriette von Egloffsteins einnahm, lässt sich einmal mehr mit der personellen Überlagerung des höfischen Milieus und der verschiedenen Geselligkeitskreise erklären. Die Begrenztheit der Residenzstadt hatte zur Folge, dass immer wieder die gleichen Personen aufeinander trafen. Dies zeichnet auch die sozialen Beziehungen Henriette von Egloffsteins aus: Bürgerliches und adeliges Milieu waren weniger strikt getrennt. Neben der Kleinräumigkeit Weimars hatte diese Art von geselligem Miteinander eine ihrer Ursachen aber auch in der Anerkennung von Bildung und künstlerisch-literarischem Interesse. Ein bestimmter Bildungsgrad, gekoppelt mit besonderen und gefragten Fähigkeiten, konnte zumindest in einem gewissen Maße Standesunterschiede ausgleichen. Der Umgang mit einer Bürgerlichen wie Sophie Mereau ergab sich aufgrund der Anziehungskraft, die das Leben als Schriftstellerin auf die literarisch-künstlerisch ambitionierte Henriette von Egloffstein ausgeübt hat. Letztlich zeigt das Verhältnis zwischen beiden Frauen, dass es Henriette von Egloffstein vor allem um Unterhaltung und geselliges Vergnügen ging. Sophie Mereau wurde hofiert und immer wieder gern eingeladen, damit sie aus ihren neuesten Werken vorlesen konnte.[810] Möglicherweise wirkte Sophie Mereau inspirierend auf Henriette von Egloffstein. Doch ob deren Existenz als professionell schreibende Frau vorbildhaft für den mit Weimar verbunden Lebensentwurf Henriette von Egloffsteins gewesen ist, muss in Frage gestellt werden. Motivierend für eine künstlerische Betätigung hat vielmehr der Kreis um Anna Amalia gewirkt. Hier beschäftigten sich Angehörige des Adels auf eine Art und Weise mit Kunst und Literatur, die innerhalb der adeligen Gesellschaft durchaus akzeptiert wurde, da sie auch dem Müßiggang entgegen wirkte. Darüber hinaus entsprach auch der „Cour d'amour" dem

---

[808] Vgl. die Briefe Friedrich von Müllers an Caroline von Egloffstein und Julie von Egloffstein, GSA, Bestand Egloffstein, Karoline Gräfin v. Egloffstein, Eingegangene Briefe, Müller, Friedrich v., GSA 13/170; Bestand Egloffstein, Julie v. Egloffstein, Eingegangene Briefe, Müller, Friedrich v., GSA13/304.

[809] Vgl. Friedrich von Müller an Sophie Mereau, Weimar, 21.07.1802, BJ Kraków, Kanzler Friedrich von Müller, V 129, 35 h. In diesem Brief erwähnt Müller, dass er in Tiefurth bei der Herzogin war und die Voigts sowohl Amalie von Imhoff angetroffen hätte.

[810] Vgl. die Briefe Henriette von Egloffsteins an Sophie Mereau, BJ Kraków, Henriette von Beaulieu-Marconnay, V27, 10 h.

Interesse Henriette von Egloffsteins für Literatur und ihren Vorstellungen von künstlerischer und literarischer Beschäftigung.

### 3.3.3.3 Künstlerische Betätigung durch Teilhabe an Geselligkeit

Entgegen ihren Äußerungen in den Lebenserinnerungen, begann Henriette von Egloffstein, sich unter dem Einfluss des Kreises um Anna Amalia und der dort ein und ausgehenden verschiedenen hoch gebildeten sowie literarisch und künstlerisch interessierten Personen schließlich doch selbst künstlerisch zu betätigen. Während sie sich zunächst mit der darstellenden Kunst beschäftigte, nahm die schriftstellerische Arbeit zunehmend einen zentralen Stellenwert ein.

Auf eine intensive Beschäftigung mit der Malerei weisen Äußerungen Caroline von Egloffsteins hin. Sie machen deutlich, dass Henriette von Egloffstein ein Bild gemalt hatte, das von Franz Carl Leopold von Seckendorff als „sehr ähnlich" bewundert worden war.[811] Noch Jahre später stellte Henriette von Egloffstein in Briefen an den Maler Christoph Jakob Wilhelm Haller von Hallerstein klar, dass sie sich während ihres Weimarer Aufenthaltes lange mit der Malerei beschäftigt hatte.[812]

Noch gezielter als der Malerei widmete sich Henriette von Egloffstein jedoch ihren schriftstellerischen Versuchen. Mit eigenen Beiträgen beteiligte sie sich zunehmend an dem innerhalb des Kreises um Anna Amalia verbreiteten laienhaften Ausüben der verschiedenen Künste. Franz Carl Leopold von Seckendorff erwies sich dabei als wichtigster Ratgeber mit motivierender Funktion. Als einer der Stammgäste bei Anna Amalia – nach seinem Abschied aus der Residenzstadt wurde innerhalb des Zirkels Anna Amalias „mit Herzlichkeit" an ihn gedacht[813] –, wusste er um das Profil des Kreises und um die Möglichkeiten Henriette von Egloffsteins, sich in diesem Rahmen zu betätigen. Wie nah sich Henriette von Egloffstein und Franz Carl Leopold von Seckendorff gestanden haben, zeigen die Zeilen in Egloffsteins Briefen, in denen sie den Verlust des engen Freundes beklagt:

> „Ihre Entfernung hat in unsern Kreis eine Lüke gemacht die wir so bald nicht ausfüllen werden; meine Kinder fühlen sich verlassen u mir fehlt außer dem Freund auch noch ein Wesen daß in Kunst u Dichtung gleich mir Freude u Erholung nach mancher

---

[811] Vgl. Caroline von Egloffstein an Henriette von Beaulieu-Marconnay, Weimar, 04.12.1798, GSA, Bestand Egloffstein, Henriette von Beaulieu-Marconnay, Eingegangene Briefe, Egloffstein, Karoline v. Aufsess, GSA 13/34.

[812] Vgl. Henriette von Beaulieu-Marconnay an Christoph Jakob Wilhelm Haller von Hallerstein, Hildesheim, 16.11.1816, GSA, Bestand Egloffstein, Henriette v. Beaulieu-Marconnay, Ausgegangene Briefe, GSA 13/86. In diesem Brief nimmt Henriette von Egloffstein auf Arbeiten ihrer Tochter Julie Bezug: „Durch meine Julie bin ich aufs Neue Ihre Schülerin geworden u wie sehr danke ich Ihnen was Sie an ihr thun [...]".

[813] Henriette von Egloffstein an Franz Carl Leopold von Seckendorff, Weimar, 01.05.1801, GSA, Bestand Egloffstein, Henriette v. Beaulieu-Marconnay, Ausgegangene Briefe, Seckendorf(f)-Aberdar, Franz Karl Leopold v., GSA 13/90.

mühevollen Arbeit findet. Ihre Bücher stehen ruhig da u sehn mich fragend an „was hat man dir du armes Weib gethan!"[814]

In Seckendorff vermisste Henriette von Egloffstein jedoch nicht nur einen Freund, sondern zudem einen Gleichgesinnten, mit dem sie sich ebenso zwanglos wie ernsthaft über die eigenen Interessen austauschen konnte. Die künstlerische und literarische Betätigung Henriette von Egloffsteins war in großem Maße an diese Bekanntschaft mit Franz Carl Leopold von Seckendorff gebunden.

Die freundschaftliche Beziehung zwischen beiden wurde nach Seckendorffs Weggang aus Weimar brieflich fortgesetzt. Regelmäßig hielt ihn Henriette von Egloffstein über die Vorgänge in Weimar auf dem Laufenden. Schwerpunkt innerhalb dieser Berichte waren die neuesten Nachrichten von den unterschiedlichen geselligen Runden, an denen Henriette teilnahm. Auch das Theatergeschehen, Bälle und andere gesellige Vergnügungen wurden kommentiert und diskutiert.[815] Daneben zog sie Seckendorff über ihre finanzielle Situation ins Vertrauen.

Doch abgesehen von diesem Austausch an Informationen diente er vor allem als Berater in schriftstellerischen Angelegenheiten. Seine Bereitschaft, die schriftstellerischen Versuche Henriette von Egloffsteins zu begleiten, zu bewerten und zu verbessern, machte ihn zu einem Förderer ihrer schriftstellerischen Bestrebungen. Wenn sie Seckendorff bat, dass er ihre „Schreiberei"[816] redigieren sollte, so kann davon ausgegangen werden, dass das Zusammensein mit professionellen Schriftstellern und Literaturliebhabern in Tiefurt sowohl die eigenen Fähigkeiten angeregt als auch dazu stimuliert hat, eigene Talente auszuprobieren. Seckendorff erwies sich dabei als eigentlicher Motor. Ihm schickte Henriette von Egloffstein die eigens angefertigten Abhandlungen zur Korrektur:

> „[...] u sie werden alsdann die Hand daran legen u alles weg werfen was Ihnen unbrauchbar oder unzweckmäßig scheint. Bei dieser Gelegenheit habe ich recht deutlich meinen Mangel an Schriftsteller Talent gefühlt u zwanzigmal das Papier weggeworfen

---

[814] Henriette von Egloffstein an Franz Carl Leopold von Seckendorff, Weimar, 01.05.1801, GSA, Bestand Egloffstein, Henriette v. Beaulieu-Marconnay, Ausgegangene Briefe, Seckendorf(f)-Aberdar, Franz Karl Leopold v., GSA 13/90.

[815] Vgl. Henriette von Egloffstein an Franz Carl Leopold von Seckendorf(f)-Aberdar, Weimar, 30.10.1801; 12.01.1802, GSA, Bestand Egloffstein, Henriette v. Beaulieu-Marconnay, Ausgegangene Briefe, Seckendorf(f)-Aberdar, Franz Carl Leopold, v., GSA 13/90.

[816] Henriette von Egloffstein an Franz Carl Leopold von Seckendorff, Weimar, 03.06.1801: „Hier, lieber Vetter, ist die elends Schreiberei welche Sie schon so lange erwarten.", GSA, Bestand Egloffstein, Henriette v. Beaulieu-Marconnay, Ausgegangene Briefe, Seckendorf(f)-Aberdar, Franz Karl Leopold v., GSA 13/90.

mit dem Vorsaz es nicht wieder anzufassen; hätte mich nicht die Freundschaft für M. u Ihre Versicherung das Ganze umzuändern u zu verbessern zum Ende geleitet."[817]

Obwohl dieser Brief suggeriert, dass Henriette von Egloffstein hinsichtlich ihrer schriftstellerischen Versuche weniger von Selbstbewusstsein als von Selbstzweifeln geplagt war, macht sich doch auch ernsthaftes Bemühen im Umgang mit dem Schreiben bemerkbar. Offensichtlich wollte auch sie nicht zurückstehen und das Interesse an Literatur nun mit der Hilfe anderer praktisch umsetzen. Und obschon sie sich nie zu eigenen Schriften bekannte, zeigt ihr Nachlass, dass sie sich in ihrer freien Zeit oft und nachhaltig mit der schriftstellerischen Arbeit befasst hat. Die Abhandlungen, die sie ihren Töchtern widmete[818], sowie Erziehungsschriften und Ratgeber[819] entsprechen dem in der Forschung vertretenen Bild von einer Adeligen, die im Laufe ihres Lebens zunehmend schriftstellerisch tätig wurde.[820] Wie dies schon für andere adelige Frauen nachgewiesen werden konnte, bewegten sich auch die Themen der schriftstellerischen Versuche Henriette von Egloffsteins im Wesentlichen im Bereich von Erbauungs- oder Erziehungsschriften.[821]

Als eine Ausnahme erweist sich allerdings ihre Abhandlung „Über die bildende Kunst".[822] In dieser Schrift setzt sie sich mit dem Begriff der Schönheit auseinander, bevor sie auf die unterschiedlichen Techniken des Malens und Zeichnens sowie deren bedeutendste Vertreter eingeht. Der Aufsatz weist Züge einer Kunstkritik auf, einem Genre, das auch professionell schreibenden Frauen um 1800 nicht zugestanden wurde.[823] Durch diesen kunstkritischen Charakter hebt sich die Schrift deutlich von den stark religiösen und empfindsamen

---

[817] Henriette von Egloffstein an Franz Carl Leopold von Seckendorf(f)-Aberdar, Weimar, 11.05.1801, Bestand Egloffstein, Henriette v. Beaulieu-Marconnay, Ausgegangene Briefe, Seckendorf(f)-Aberdar, Franz Carl Leopold, v., GSA 13/90.

[818] Vgl. GSA, Bestand Egloffstein, Henriette v. Beaulieu-Marconnay, Tagebücher, Verschiedene Aufzeichnungen, GSA 13/97. In dieser Akte befinden sich zwei Blätter tagebuchähnlicher Aufzeichnungen, in denen Henriette von Egloffstein ihre Kinder direkt anspricht und beispielsweise die Gründe ihrer zweiten Heirat darlegt. Weitere Betrachtungen finden sich in folgenden Akten: GSA, Bestand Egloffstein, Henriette v. Beaulieu-Marconnay, Tagebücher, „Gedanken und ernste Betrachtungen auf einen Punkt gesammelt", GSA 13/94. Christliche Betrachtungen, ebenfalls ihren Töchtern gewidmet, finden sich unter: GSA, Bestand Egloffstein, Henriette v. Beaulieu-Marconnay, Tagebücher, „Christliche Betrachtungen und Selbstprüfung", GSA 13/95.

[819] Einzelne Ratschläge finden sich unter: GSA, Bestand Egloffstein, Henriette v. Beaulieu-Marconnay, Tagebücher, Verschiedene Aufzeichnungen, GSA 13/96.

[820] Vgl. Arndt: Möglichkeiten, hier S. 171.

[821] Vgl. ebd., hier S. 171.

[822] Vgl. Henriette von Beaulieu-Marconnay, Über die bildende Kunst, Bestand Egloffstein, Henriette v.Beaulieu-Marconnay, Werke, „Über die bildende Kunst", GSA 13/9.

[823] Vgl. auch Johanna Schopenhauers Vorsicht gegenüber kunstkritischen und Kunst bewertenden Schriften: Ihrem Verleger Carl Bertuch gegenüber bestand sie darauf, daß Aufsätze mit ähnlichen Themen nicht unter ihrem Namen erschienen: Johanna Schopenhauer an Carl Bertuch, GSA, Bestand Bertuch, Karl Bertuch, Eingegangene Briefe, Schopenhauer, Johanna, GSA 06/2990.

Abhandlungen ab, die Henriette von Egloffstein an die Töchter adressierte. Außerdem macht die fundierte Auseinandersetzung mit dem Thema deutlich, wie breit ihre künstlerischen und literarischen Interessen und ihr Kenntnisstand waren.

Trotz der Themenvielfalt, die Henriette von Egloffstein an den Tag legte, zeichneten sich ihre Arbeiten entsprechend dem Profil des sich um Anna Amalia versammelnden Zirkels nicht durch Professionalität aus. Vielmehr waren sie Ausdruck eines dilettantischen Umgangs mit Kunst und Literatur.[824] Zwar malte Henriette von Egloffstein außerordentlich gern und beschäftigte sich intensiv mit schriftstellerischen Arbeiten. Allerdings hob sie immer hervor, dass ihr Schreiben dem bloßen Vergnügen diente. Künstlerische Produktion passte nur in diesem Sinne in ihr Selbstbild. Eine Existenz als Schriftstellerin strebte sie dagegen nie an.

Weimar bot ihr für diese Ansprüche überaus günstige Bedingungen: Weder in ihrer Jugend noch während des Zusammenlebens mit dem ersten Mann Leopold hatte sie über ähnliche Möglichkeiten einer eigenen künstlerischen Betätigung verfügt. Erst das Umfeld der Residenzstadt und vor allem die hier geknüpften sozialen Beziehungen eröffneten ihr eine Vielfalt von Chancen, sich literarisch, musikalisch oder künstlerisch zu betätigen.

Eine ähnlich anregende Wirkung wie der Tiefurter Kreis hatten auch die anderen geselligen Zirkel, in denen Henriette von Egloffstein verkehrte. Nicht zu unterschätzen ist in diesem Zusammenhang die Dynamik innerhalb dieser verschiedenen Gruppierungen. In den meisten Geselligkeitskreisen, an denen sie partizipierte, waren Lesungen neuer literarischer Werke, das Vorlesen eigener Arbeiten, Singen und Musizieren wichtigster Bestandteil des Zusammenseins. Dies wird einer der Gründe gewesen sein, warum auch Henriette von Egloffstein aktiv wurde und eigene Arbeiten beisteuerte.

Auch ihre Bekanntschaft mit Friedrich von Müller hatte in diesem Zusammenhang einen hohen Stellenwert: Da er Henriette von Egloffstein an seinen schriftstellerischen Versuchen teilhaben ließ[825], gehörte auch er zu den Personen, die inspirierend auf die künstlerischen Talente Henriette von Egloffsteins gewirkt haben.

Trotz der zahlreichen Anregungen verspürte Henriette von Egloffstein eigenen Aussagen nach nie das Bedürfnis, ihre schriftstellerischen Arbeiten zu veröffentlichen. Sie wollte ihre Tätigkeit vor allem als Liebhaberei verstanden wissen. Mit diesem Wunsch knüpfte sie an das Konzept des Kreises um Anna Amalia an, das sie zu ihrem eigenen machte und wandte es auch im „Cour d'amour" oder innerhalb ihres Freundeskreises an. Gleichzeitig lag ihr sehr wohl daran, qualitativ gute Arbeit zu schaffen. Gutachter ihrer Arbeiten waren

---

[824] Vgl. Berger: Anna Amalia, S. 295-387.
[825] Vgl. bspw. die Gedichte „Lethe's Feier. An Olympia Den 6. Julius 1802"; „Den Vereinten. Carle und Henrietten von Beaulieu am 18. April 1804.", GSA, Bestand Egloffstein, Henriette v. Beaulieu-Marconnay, Eingegangene Briefe, Müller, Friedrich v., GSA 13/51.

befreundete und selbst an Literatur interessierte Männer. Franz Carl Leopold von Seckendorff blieb über längere Zeit hinweg ihr Ansprechpartner für schriftstellerische Angelegenheiten. Als sie ihm im Juni 1801 erneut eigene schriftstellerische Arbeiten schickte, schrieb sie im beiliegenden Brief:

> „Ich habe keinen Schluß beigefügt weil Sie das ganze doch umsezen werden u da ich auf Ihre Nachsicht rechnen kan bin ich ruhig. Der stärkste Beweis meines Zutrauens liegt in dieser Zuschrift u ich bin überzeugt daß sie keinem lebenden Wesen je mittheilen werden daß ich ein einziges Wort an diesen Bogen geschrieben habe."[826]

Aus diesen Zeilen geht hervor, dass Henriette von Egloffstein davon ausging, dass niemand von ihren schriftstellerischen Arbeiten erfuhr. Ihre Vorstellungen von Weiblichkeit und der Verteilung der Rollen zwischen Mann und Frau verbunden mit ihrem ständischen Verständnis führten dazu, dass sie eine Betätigung als Schriftstellerin keinesfalls ernsthaft in Betracht zog. Wenn sie – wie für Seckendorff – eigene Arbeiten zu Verfügung stellte, so musste dies unter größter Verschwiegenheit geschehen.

Demnach standen ihrem Interesse an Literatur und den eigenen Talenten die ständisch geprägten Vorstellungen von einem angemessenen Leben als Mutter von fünf Kindern und Gräfin entgegen. Zahlreiche Äußerungen zum Verständnis von Weiblichkeit lassen erkennbar werden, welche Argumentation für ihre Entscheidung, nicht mit eigenen Werken an die Öffentlichkeit zu treten, ausschlaggebend gewesen sein müssen: Ein „Weib im ganzen Umfang des Wortes"[827] bedeutete für Henriette von Egloffstein die „Zwekmäßige Thätigkeit in unsern Wirkungskreis Ordnung, vernünftige Sparsamkeit, Gefälligkeit, Mittheilung, Nachsicht, Wohlwollen, Geduld mit fremden Schwächen und Strenge gegen die Eignen, Mäßigkeit in allen Dingen [...]".[828] Ausgehend davon war es für sie undenkbar, die eigenen Fähigkeiten geltend zu machen. Ruhm, der ihrer Meinung nach unzweifelhaft Folge eines unkritischen und zu offenen Umgangs mit den eigenen Talenten sein musste, passte nicht in ihre Vorstellungen von einem ihrem Stand und ihrem Geschlecht angemessenen Leben. Ihrer Tochter Julie schrieb sie in diesem Zusammenhang:

> „Manche Frau die mit glänzenden Talenten auf trat u weiter nichts böses that als daß sie unvorsichtig sie zeigte u spielen ließ – sah ich traurig enden. [...] Ich zittre wenn ich

---

[826] Henriette von Egloffstein an Franz Carl Leopold von Seckendorf(f)-Aberdar, Weimar, 05.06.1801, GSA, Bestand Egloffstein, Henriette v. Beaulieu-Marconnay, Ausgegangene Briefe, Seckendorf(f)-Aberdar, Franz Carl Leopold, v., GSA 13/90.
[827] Henriette von Beaulieu-Marconnay an Julie von Egloffstein, o.O., 21.03.1819, GSA, Bestand Egloffstein, Julie Gräfin v. Egloffstein, Eingegangene Briefe, Beaulieu-Marconnay, Henriette v., 1819, GSA 13/256,3.
[828] Henriette von Beaulieu-Marconnay an Julie von Egloffstein, o.O., 21.03.1819, GSA, Bestand Egloffstein, Julie Gräfin v. Egloffstein, Eingegangene Briefe, Beaulieu-Marconnay, Henriette v., 1819, GSA 13/256,3.

bedenke wie weit der geheime Wunsch deine schöne Seele: recht berühmt zu werden dich führen kann in der Lage wo du dich jezt befindest."[829]

Der Kommentar Henriette von Egloffsteins zeigt zum einen, dass sich ihre Einstellungen Frauen gegenüber, die sich mit eigenen Werken einem Publikum präsentieren, aus eigenen Erfahrungen speisten. Zum anderen wird deutlich, dass sie sich auf ihre Weise mit den innerhalb der Gesellschaft diskutierten Wertvorstellungen auseinandergesetzt hat. Die Konsequenzen, die sie daraus zog, waren handlungsbestimmend und hatten demzufolge Auswirkungen auf ihren Lebensentwurf.

Obwohl sich Henriette von Egloffstein immer wieder auf diese Position zurückzog und sich lebhaft gegen eine Bekanntgabe ihres Namens aussprach, beteiligte sie sich auch Jahre nach ihrem Weggang aus Weimar an literarischen Projekten. Beispielsweise schrieb sie Abhandlungen für den von Ottilie von Goethe, Adele Schopenhauer und Caroline von Egloffstein gegründeten und sich in der Residenzstadt etablierenden „Musenverein".[830] Regelmäßig verteilten die Initiatorinnen des „Musenvereins" an lose an den Geselligkeitskreis gebundene Personen, die so genannten außerordentlichen Mitglieder[831], die „Aufgaben des Musenvereins". Diese Musenaufgaben sollten literarisch verarbeitet und zurück an den „Musenverein" geschickt werden. Dessen ordentliche Mitglieder bewerteten neben den eigenen Arbeiten ebenfalls die Einsendungen der außerordentlichen Mitarbeiter und entschieden im Anschluss daran über deren Qualität. Wurden sie für gut befunden, dann fanden sie Eingang in das so genannte „Musenbuch" bzw. „Musen-Herbarium", Kladden, die von Ottilie von Pogwisch angelegt und geführt und in die nur die besten eingesendeten Arbeiten aufgenommen wurden.[832]

---

[829] Henriette von Egloffstein an Julie von Egloffstein, o.O., *den 19ten* (Monat unklar, wohl aber 1811), GSA, Bestand: Egloffstein, Julie Gräfin v. Egloffstein, Eingegangene Briefe, Beaulieu-Marconnay, Henriette v., 1809-1816, o.D., GSA 13/256,1.

[830] Vgl. Henriette von Beaulieu-Marconnay an Julie von Egloffstein, o.O., 10.01.1819, GSA, Bestand Egloffstein, Julie Gräfin v. Egloffstein, Eingegangene Briefe, Beaulieu-Marconnay, Henriette v., 1819, GSA 13/256, 3. In diesem Brief nimmt Henriette Bezug auf einen Beitrag für den Musenverein, den sie an ihre Tochter Caroline abschicken will: „Ich bin heute sehr belehrend, oder besser, meine Feder ist im Zug Sentenzen niederzuschreiben, denn es ist dieselbe die heute den Musenbeitrag vollenden, der an Lingen abgeth."

[831] Vgl. Henriette von Beaulieu-Marconnay an Caroline von Egloffstein, Weimar, o.D. 1820: „[...] Wäre es mir vielleicht erlaubt auch etwas auf den Altar dieses Musenvereins als extraordinäres Mitglied zu leisten? [...]", GSA, Bestand Egloffstein, Karoline Gräfin v. Egloffstein, Eingegangene Briefe, Beaulieu-Marconnay, Henriette v., 1820, oD, GSA 13/129,5.

[832] Vgl. Caroline von Egloffstein an Carl von Egloffstein, Weimar, 17.9.1817, in: Johannes Dembowski: Mitteilungen über Goethe und seinen Freundeskreis aus bisher unveröffentlichten Aufzeichnungen des gräflich Egloffstein'schen Familien-Archivs zu Arklitten, Glanert 1889; Caroline von Egloffstein an Henriette von Beaulieu-Marconnay, o.O., o.D., GSA Bestand Egloffstein, Henriette v. Beaulieu Marconnay, Eingegangene

Die Beteiligung an solchen und ähnlichen Unternehmungen, die sich auf einen überschaubaren Kreis beschränkten, entsprachen den Ansprüchen und Bedürfnissen Henriette von Egloffsteins. Hier konnte sie ihre eigenen literarischen Fähigkeiten anwenden, ohne dass ihre Arbeiten einem größeren Publikum zugänglich wurden. Das Lesen und Bewerten eigener Erzählungen und Abhandlungen erfolgte in einem Kreis, der sich aus Mitgliedern des eigenen Standes und Geschlechtes zusammensetzte, die ebenfalls ein „dilettantisches" Interesse an Literatur hatten. Die Weigerung Henriette von Egloffsteins, schriftstellerische Versuche unter ihrem Namen zu veröffentlichen, lässt sich demnach auch auf ständische Vorgaben zurückführen. Adelige Schriftstellerinnen wie Amalie von Imhoff und Charlotte von Ahlefeld veröffentlichten entweder unter einem Pseudonym oder aber sie blieben anonym. Dagegen bekannten sich die meisten Schriftstellerinnen bürgerlichen Standes nach anfänglichen Erfolgen in der Regel immer zu ihrem eigenen Namen.[833] Dieses Phänomen lässt auf deutliche Unterschiede zwischen Adel und Bürgertum im Verständnis und im Umgang mit sozialen Normen schließen. Obwohl Henriette von Egloffstein in Weimar ideale Bedingungen vorfand, nutzte sie die ihr hier zur Verfügung stehenden Möglichkeiten zur Veröffentlichung eigener Arbeiten nicht, weil es ihrem von ständischen Vorgaben und internalisierten Wertvorstellungen geprägten Lebensentwurf widersprochen hätte. Eine ernsthafte Konfliktsituation konnte auch deshalb nicht aufkommen.

Der Raum Weimar-Jena stellte mit seinen vielfältigen Angeboten für ein geselliges Leben zwar Bedingungen zur Verfügung, die Henriette von Egloffstein zahlreiche Möglichkeiten für die Gestaltung ihres eigenen Lebens eröffneten. Sie ergriff jedoch nur einige von ihnen. Während sie sich mit den ständischen Vorgaben und Wertvorstellungen in Weimar arrangieren konnte und Handlungsspielräume dementsprechend nutzte, erwies sich die wirtschaftliche Situation als ein Faktor, der auch von ihr als besonders einschneidend für ihren Lebensentwurf und das Führen eines selbstbestimmten Lebens wahrgenommen wurde, da er ihren Weggang aus Weimar zur Folge hatte.

Der Abschied von Weimar fiel Henriette von Egloffstein äußerst schwer.[834] Als die Familie nach dem Bankrott kaum noch für die finanzielle Unterstützung

---

Briefe, Egloffstein, Karoline v. 1809-1814, GSA 13/33,1. Bei dem erwähnten „Musenbuch" muss es sich um die in der Chicagoer Newberry Library befindlichen handschriftlichen Kladden Ottilie von Pogwischs handeln. Vgl. Newberry Library MS ES G7108. Beispielsweise beinhaltet die Kladde „Schaafgarbe und Gedankenstrich. 1tes Heft" neben Gedichten Ottilie von Goethes auch Aufgaben des Musenvereins vm September 1815. Das Heft „Gedanken-Perücke, gepudert und frisiert von Ottilie von Pogwisch. Fortsetzung von der Schaafgarbe" enthält Gedichte und Aufgaben des Musenvereins vom Oktober bis April 1817. Vgl. dazu auch Hein: Ottilie von Goethe.

[833] Sowohl Sophie Mereau als auch Johanna Schopenhauer veröffentlichten erste schriftstellerische Versuche anonym. Nach ersten Erfolgen bekannten sie sich jedoch zu ihrer Autorschaft.

[834] Dies verdeutlichen nicht nur ihre Lebenserinnerungen, sondern auch Briefe aus der Zeit, da die zweite Heirat mit Carl von Beaulieu-Marconnay bevorstand. Carl von Beaulieu-

aufkommen konnte, war ein standesgemäßes Leben nicht mehr möglich. Da sich der Bruder Wolfgang Gottlob Christoph aufgrund finanzieller Schwierigkeiten genötigt sah, das Haus zu verkaufen, musste auch Henriette von Egloffstein die ihr dort zur Verfügung gestellte Wohnung verlassen. Obwohl sie anfangs die Vorteile des Hausverkaufs hervorhob, wird doch gleichzeitig deutlich, dass sie bemüht war, einen genauen Überblick über die Verdienstmöglichkeiten ihrer Brüder zu haben, um ihre Lage einschätzen zu können.[835] Der Hausverkauf musste ihr einmal mehr deutlich gemacht haben, wie stark sie von der Gunst ihrer Brüder abhängig gewesen war. Auch wenn sie Seckendorf gegenüber einen optimistischen Tonfall einschlug, brachte der Wegfall der bezahlten Wohnung eine Anspannung der finanziellen Situation mit sich. Henriette von Egloffstein musste um weitere Unterstützung durch den offenbar ebenfalls finanziell angeschlagenen Bruder bangen.[836] In diese Zeit der finanziellen Unsicherheit fiel die Zustimmung zu einer zweiten Heirat. Briefe an ihren ersten Ehemann Leopold von Egloffstein verdeutlichen, dass die Möglichkeit, durch eine zweite Heirat ein finanziell sorgenfreies Lebens führen und vor allem die Töchter angemessen absichern zu können, wichtiger war, als die Aussicht von dem anregenden Weimar weg in die hannoversche Provinz ziehen zu müssen.[837] Trotz umfangreicher sozialer Beziehungen führte der Mangel an finanziellen Mitteln dazu, dass ein Leben in Weimar nicht mehr haltbar war. Selbst eine

Marconnay beispielsweise schrieb Leopold von Egloffstein von der festen Bindung Henriette von Egloffsteins an Weimar, setzte diese jedoch vor allem mit den engen familiären Verflechtungen gleich. Vgl. Carl von Beaulieu-Marconnay an Leopold von Egloffstein, Hannover, 13.09.1803, GSA, Bestand Egloffstein, Henriette v. Beaulieu-Marconnay, Eingegangene Briefe, Egloffstein, Leopold v., Abschriften der Briefe und Gegenbriefe 1803-1804, GSA 13/35.

[835] Vgl. Henriette von Egloffstein an Franz Carl Leopold von Seckendorff, Weimar, 08.02.1802, GSA, Bestand: Egloffstein, Henriette v. Beaulieu-Marconnay, Ausgegangene Briefe, Seckendorf(f)-Aberdar, Franz Karl Leopold v., GSA 13/90.

[836] In der Forschung wird mehrfach auf die angespannte Situation der reichsritterlichen Familien verwiesen, zu denen auch die Familie Egloffstein gehörte. Vor allem Volker Press bemerkt, dass die Reichsunmittelbarkeit an sich bereits immense Kosten verursachte. Die durch Abgaben an den Kaiser ohnehin schwierige Situation wurde durch die Koalitionskriege noch verschärt, die ebenfalls Kosten verursachten. Der dritte Koalitionskrieg schließlich brachte den Zusammenbruch der Reichsritterschaft mit sich. Vgl. Volker Press: Kaiser und Reichsritterschaft, in: Rudolf Endres (Hg.): Adel in der Frühneuzeit. Ein regionaler Vergleich, Köln/Wien 1991, S. 163-194, hier bes. S. 190-193. Auch Walter Demel bemerkt im Zusammenhang mit der wirtschaftlichen Situation des bayerischen Adels, dass der fränkische Adel zu Beginn des 19. Jahrhunderts kaum noch standesgemäß leben konnte. Vgl. Walter Demel: Die wirtschaftliche Lage des bayerischen Adels, in: Armgard von Reeden-Dohna/Ralph Melville (Hg.): Der Adel an der Schwelle des bürgerlichen Zeitalters 1780-1806, S. 237-269, hier S. 267. Dazu auch Reif: Adel, S. 223-236.

[837] Henriette von Egloffstein an Leopold von Egloffstein, Weimar, 29.10.1803, GSA, Bestand Egloffstein, Henriette v. Beaulieu-Marconnay, Eingegangene Briefe, Egloffstein, Leopold v., GSA 13/35.

standesgemäße Einführung der Töchter bei Hofe schien aus Kostengründen nicht mehr möglich.[838]

Die Konsequenzen, die Henriette von Egloffstein aus ihrer finanziellen Situation zog, machen einmal mehr deutlich, dass der vor allem durch soziale Beziehungen erfolgten Erweiterung ihrer Handlungsspielräume eine von ständischem Bewusstsein und der daraus resultierenden vorgegebenen Lebensweise beeinflussten Begrenzung der Handlungsspielräume gegenüberstand. Die vielfältigen Verflechtungen mit literarisch interessierten, talentierten und wissenschaftlich geschulten Personen hatten dazu beigetragen, dass ihr in Weimar eine Fülle von Gestaltungsmöglichkeiten geboten wurden, zwischen denen sie wählen konnte. Darüber hinaus war es ihr im Laufe der Zeit aufgrund ihrer zunehmend gefestigteren Stellung innerhalb der Weimarer Adelskreise möglich geworden, selbst zu bestimmen, mit wem sie sich zu welchem Zweck traf. Demzufolge hatte sie großen Einfluss auf die Gestaltung ihres Freundeskreises.

Die Umstände, die dazu geführt hatten, dass Henriette von Egloffstein die ihr liebgewordene Stadt und vor allem die hier geknüpften sozialen Beziehungen aufgeben musste, werden auch dazu beigetragen haben, dass sie im Laufe ihres weiteren Lebens die in Weimar verbrachten Jahre zunehmend verklärte.[839] Gleichzeitig machen ihre Äußerungen jedoch deutlich, dass die Bedingungen, die sie in Weimar vorfand im Vergleich zu denen in Hannover, Hildesheim, Misburg und Marienrode ihren Interessen und Bedürfnissen bei Weitem mehr entsprachen. Nie vorher und auch nicht mehr nach dem Weimarer Aufenthalt konnte sie ein so ausgefülltes geselliges Leben genießen. Der Zugang zu Lesestoff und Weiterbildungsmöglichkeiten war für Henriette von Egloffstein in Weimar einzigartig. Noch Jahre nach ihrem Weggang aus der Residenzstadt partizipierte sie an den sozialen Beziehungen, die sie hier hatte knüpfen können.

### 3.3.3.4  Zusammenfassung

Dass sich die Weimarer Aufenthalte so positiv in das Gedächtnis Henriette von Egloffsteins eingeprägen konnte, sie von dem Paradies ihrer Jugend und von „einem der glänzendsten Lichtpunkte meines Lebens" schrieb[840], kann nicht allein auf eine dem zeitlichen Abstand geschuldete Verklärung jener Zeit zurückgeführt werden. Schon ihre Einschätzungen während des Weimarer

---

[838] Vgl. Henriette von Beaulieu-Marconnay, Meine zweite Heirat, GSA, Bestand Egloffstein, Henriette v. Beaulieu-Marconnay, Lebenserinnerungen, „Meine zweite Heirat", GSA 13/6.

[839] In einem Brief an die Schwägerin bezeichnete Henriette von Egloffstein Weimar beispielsweise als „Heimath ihrer Jugend". Vgl. Henriette von Beaulieu-Marconnay an Isabelle von Egloffstein [Schwägerin Henriette von Egloffsteins, J.D.], Marienrode, 24.06.1828, GSA, Bestand: Egloffstein, Henriette v. Beaulieu-Marconnay, Ausgegangene Briefe, GSA 13/82.

[840] Henriette von Beaulieu-Marconnay, Bruchstücke aus meinem Leben: „Weimar!", GSA, Bestand: Egloffstein, Henriette v. Beaulieu-Marconnay, Lebenserinnerungen, „Bruchstücke aus meinem Leben", 4. Heft; Sg.: GSA 13/5.

Aufenthaltes und unmittelbar nach dem Wegzug aus der Stadt zeigen, dass sie von der Bedeutung Weimars im Vergleich zu anderen Orten überzeugt war. Nachdem es ihr nicht mehr möglich war, ihren Lebensentwurf in Weimar umzusetzen, schickte sie ihre Töchter in die Stadt, damit diese von den besonders guten Bedingungen für eine höhere Bildung und die Ausbildung von Talenten profitierten.

Als besonders herausragend begriff Henriette von Egloffstein die große Zahl von Personen, die durch ihre Tätigkeiten, Fähigkeiten, ihre Bildung und nicht zuletzt durch ihre weitreichenden sozialen Beziehungen positiv auf die Entwicklung von Talenten jener Männer und Frauen wirken konnten, die es wert schienen, gefördert zu werden. Aufgrund der Kontakte, die sie sich im Laufe ihres Aufenthaltes aufgebaut hatte, konnte Henriette von Egloffstein entsprechend den eigenen Lebensvorstellungen leben. Ihr gelang es, ihren Interessen im Austausch mit Gleichgesinnten nachzugehen und ihre Fähigkeiten im Malen und Schreiben anzuwenden. Entsprechend der Vorstellungen von einem ausgefüllten Leben bevorzugte sie das „dilettantische" Malen und Schreiben. Im Sinne des zeitgenössischen Verständnisses von Dilettantismus wollte sie Kunst und Literatur betrachten und genießen. Darüber hinaus war sie allerdings auch bestrebt, selbst an der praktischen Ausübung von Kunst und Literatur teil zu haben.[841] Indem sie zunächst einmal aus Vergnügen malte und schrieb, bewegte sie sich in dem Rahmen, der ihr als Angehörige des adeligen Standes gesetzt war. Die Teilhabe an Geselligkeitskreisen mit interessanten Personen war für sie ebenso Teil ihrer Vorstellungen von einem ausgefüllten Leben, wie die Beschäftigung mit Kunst und Literatur.

Obwohl Henriette von Egloffstein selbst keine Ambitionen hatte, trotz ausgeprägter Talente über das Malen und Schreiben für sich und ein kleines Publikum hinauszugehen, animierte sie später ihre Töchter, eigene Fähigkeiten ausbilden zu lassen und zum Zwecke der Präsentation vor einem größeren Publikum zur Anwendung zu bringen.[842] Jahre nach ihrem Weggang von

---

[841] Zum Begriff des Dilettantismus am Ende des 18. Jahrhunderts vgl. u.a. Gerhart Baumann: Goethe: „Über den Dilettantismus", in: Euphorion 46 (1952), S. 348-369; Helmut Koopmann: Dilettantismus. Bemerkungen zu einem Phänomen der Goethezeit, in: Helmut Holtzhauer/Bernhard Zeller (Hg.): Studien zur Goethezeit. Festschrift für Lieselotte Blumenthal, Weimar 1968, S. 178-208; Hans Rudolf Vaget: Dilettantismus und Meisterschaft. Zum Problem des Dilettantismus bei Goethe: Praxis, Theorie, Zeitkritik, München 1971; Berger: Anna Amalia, hier bes. S. 294-301. Zum Dilettantismus adeliger Frauen vgl. auch Kerstin Merkel/Heide Wunder, Einleitung, in: dies.: (Hg.): Deutsche Frauen in der Frühen Neuzeit. Dichterinnen, Malerinnen, Mäzeninnen, Darmstadt 2000, S. 7-17; Kerstin Merkel: Caroline Luise, Markgräfin von Baden-Durlach (1723-1783), in: ebd., S. 196-209.

[842] Vgl. Henriette von Beaulieu-Marconnay an Julie von Egloffstein, o.O., 25.03.1821: „[...] u Coutrays trefflicher Unterricht ist gewiß ein sehr wichtiger, der für deine fernere Ausbildung in jeder Hinsicht, die größten Folgen haben wird. Nicht blos von der Kunst-Seite, sondern durch die ernste ausdauernde Anstrengung des Verstandes muß das Studium der Perspektive für dich von grosen Nuzen sein.", GSA, Bestand: Egloffstein,

Weimar verschaffte Henriette von Egloffstein ihren Töchtern aufgrund ihrer Kontakte in der Residenzstadt die Ausbildungsmöglichkeiten, die sie in Hildesheim bzw. Misburg und später Marienrode nicht erhalten konnten. Dabei vertraute sie vor allem auf die Angehörigen des Hofes.

Während die Mutter Henriette von Egloffsteins die Hauptaufgabe einer Angehörigen des adeligen Standes vor allem in dem Knüpfen verschiedener Kontakte zu anderen Höfen gesehen hatte[843], verband Henriette von Egloffstein selbst mit einem Leben in Weimar auch die Ausübung von musischen Interessen. Im Gegensatz zur eigenen Zurückhaltung bewegte sie ihre Tochter Julie dazu, das künstlerische Talent sorgfältig ausbilden zu lassen, um die eigenen Fähigkeiten später ernsthaft und nicht allein zum Vergnügen anzuwenden.

Julie von Egloffstein brachte es aufgrund ihres Ehrgeizes und ihres eigenen Lebensplans zu einer Künstlerin, die über Weimar-Jena hinaus angesehen war. Henriette von Egloffstein hatte dagegen nie ähnliche Absichten gehegt. Beide nutzten die Beziehungsnetzwerke Weimars entsprechend der eigenen Lebensentwürfe auf unterschiedliche Weise. Damit wird auch deutlich, welche Bedeutung den individuellen Bedürfnissen, Erwartungen und Intentionen beizumessen ist: Auch wenn soziale Beziehungen zahlreiche Handlungsalternativen boten, entschieden doch die Erwartungen und Intentionen, die sich nicht zuletzt aus der ständischen Zugehörigkeit ergaben, welche Möglichkeiten des Handelns in Anspruch genommen wurden.

## 3.4 Möglichkeiten und Grenzen für ein selbstbestimmtes Leben

Die Betrachtung der gesellschaftlichen Rahmenbedingungen und der individuellen Faktoren hat bereits gezeigt, dass Normen, Werte und Lebensbedingungen das Handeln der drei Frauen in Weimar-Jena fast immer im Zusammenspiel mit individuellen Bedürfnissen, Erwartungen und Fähigkeiten bestimmten. Gleichzeitig hat sich herausgestellt, dass die wirtschaftliche Situation und die sozialen Beziehungen für die Frage, inwiefern Sophie Mereau, Johanna Schopenhauer und Henriette von Egloffstein ein selbstbestimmtes Leben führen konnten, von besonderer Relevanz waren.

Wie die bestimmenden Faktoren in Wechselwirkung miteinander standen und welche Konsequenzen dies für das Leben der Frauen in Weimar-Jena hatte, soll im Folgenden vergleichend illustriert werden. Um Aufschluss über das Zusammenspiel von gesellschaftlichen Rahmenbedingungen sowie Fähigkeiten,

---

Julie Gräfin v. Egloffstein, Eingegangene Briefe, Beaulieu-Marconnay, Henriette v., 1821, oD, GSA 13/256,6. Die positive Aufnahme von Märchen, die Caroline von Egloffstein geschrieben hat, zeigen, dass Henriette von Egloffstein diesen Aktivitäten gegenüber positiv eingestellt war: Henriette von Beaulieu-Marconnay an Caroline von Egloffstein, o.O., o.D. (1820), GSA, Bestand Egloffstein, Karoline v. Egloffstein, Eingegangene Briefe, Beaulieu-Marconnay, Henriette v., 1820, oD, GSA, 13/129,5.

[843] Vgl. Beaulieu-Marconnay: Bruchstücke, 7. Heft, GSA 13/5.

Erwartungen und Intentionen zu erhalten, werden die bisher getrennt voneinander betrachteten Faktoren nun zusammengeführt und in ihrer Wirkungsweise deutlich gemacht.

Da sich gezeigt hat, dass der Aufenthalt der drei Frauen in Weimar-Jena vor allem von den eigenen Lebensentwürfen und den sozialen Beziehungen vor Ort beeinflusst wurden, sind ‚Lebensentwurf' und ‚soziale Beziehungen' die Stichworte, unter denen die Handlungsspielräume Sophie Mereaus, Johanna Schopenhauers und Henriette von Egloffsteins zusammenfassend beleuchtet werden, um die Möglichkeiten und Grenzen für ein selbstbestimmtes Leben zu verdeutlichen.

### 3.4.1 Handlungsspielräume und Lebensentwurf

Die Lebensentwürfe der untersuchten Frauen erwiesen sich für das Erkennen von und den Umgang mit Handlungsspielräumen in Weimar-Jena als wesentlich. Sie setzten sich aus den Erwartungen und Intentionen zusammen, die mit einem zukünftigen Leben verbunden wurden. Darüber hinaus waren die Lebensentwürfe jedoch auch von anderen Faktoren beeinflusst: So hingen sie in hohem Maße von den individuellen Fähigkeiten ab: Da Sophie Mereau über schriftstellerische Talente verfügte, die sie früh anwendete und weiter ausbauen wollte war sie bestrebt, eigene schriftstellerische Arbeiten zu verfassen und einem größeren Publikum zu präsentieren. Dementsprechend plante und gestaltete sie ihren Aufenthalt in Jena.

Johanna Schopenhauer wiederum war aufgrund ihres hohen Bildungsgrades, ihrer Sozialisation als Kaufmannsgattin und dem stark ausgeprägten Interesse für Kunst und Literatur befähigt, einen geselligen Zirkel zu initiieren, an dem sich jene Personen versammelten, die als Publizisten, Dichter, Künstler und Kunsttheoretiker auch über die Grenzen Weimar-Jenas hinaus bekannt waren. Eine professionelle Beschäftigung mit dem Schreiben kam für sie selbst aber erst dann in Frage, als sich erste Erfolge auf diesem Gebiet einstellten. Im Gegensatz zu Sophie Mereau war Johanna Schopenhauer also nicht mit dem Vorsatz nach Weimar-Jena gekommen, eine schriftstellerische Karriere zu beginnen. Ihr Interesse galt anfangs allein dem „Theetisch".

Henriette von Egloffstein hatte eine ähnliche Bildung und Erziehung genossen wie Sophie Mereau und Johanna Schopenhauer, allerdings zog sie eine umfangreiche schriftstellerische oder künstlerische Betätigung nicht in Betracht. Entsprechend ihrer Fähigkeiten wollte sie jedoch ein anregendes geselliges Leben führen, das interessante Lektüre und geistreiche Gespräche beinhaltete.

In Weimar-Jena gelang es den Frauen, ihre Pläne praktisch umzusetzen. Eine Folge davon war, dass sich die individuellen Lebensentwürfe der drei Frauen wandelten. Unter dem Eindruck des Aufenthaltes in Weimar-Jena kamen neue Vorhaben zu den bereits erfüllten hinzu: In allen Fällen erwiesen sich die eingegangenen sozialen Beziehungen als entscheidend für den Wandel der Lebensentwürfe: Durch die Bekanntschaft mit der Familie Bertuch erhielt Johanna

Schopenhauer die Möglichkeit, Aufsätze im *Journal des Luxus und der Moden* zu veröffentlichen. Die Freundschaft mit Carl Ludwig Fernow führte dazu, dass sie eine erste größere Publikation anfertigen konnte. Der Erfolg der Fernow-Biographie hatte zur Folge, dass Johanna Schopenhauer nun nicht mehr nur ihre Beschäftigung als Gesellschafterin, sondern auch die schriftstellerische Arbeit mit einem ausgefüllten Leben verband.[844] Zwar waren die individuellen Fähigkeiten für diese Entwicklung unabdingbar. Allerdings erwiesen sich die sozialen Beziehungen als Motor. Freunde und Bekannte machten Johanna Schopenhauer auf weiterführende Handlungsspielräume aufmerksam, die sie schließlich mit großem Engagement nutzte.

Eingebunden in das höfische Leben Weimars, profitierte Henriette von Egloffstein von den verschiedenen geselligen Zusammenkünften in der Residenzstadt. Obwohl sie nachträglich behauptete, in Weimar lediglich die Rolle der Beobachterin eingenommen zu haben, zeigen die Jahre später verfassten enthusiastischen Beschreibungen der Treffen bei Anna Amalia auch, dass sie diese Zusammenkünfte zum Anlass nahm, sich selbst literarisch-künstlerisch zu betätigen.[845] Sie entwickelte sich unter dem Einfluss ihrer Weimarer Bekanntschaften nicht nur zu einer gefragten Person innerhalb des geselligen Lebens, die sich an der Gestaltung von Geselligkeitskreisen beteiligte.[846] Darüber hinaus begann auch sie im Laufe der Zeit mit dem Schreiben, obwohl sie anfangs die schriftstellerische Tätigkeit für sich strikt ausgeschlossen hatte.

In ihrem Fall erwiesen sich vor allem die verwandtschaftlichen Beziehungen, aber auch Bekanntschaften und Freundschaften als ausschlaggebend für den Wandel des Lebensentwurfs: Mit Hilfe der Familie konnte Henriette von Egloffstein in Weimar Fuß fassen. Einerseits profitierte sie finanziell von ihren Verwandten, andererseits hatte sie Teil an deren Beziehungen zum regierenden Hof. Sie nahm an den offiziellen höfischen Veranstaltungen und an den geselligen Vergnügungen teil. Dort traf sie schließlich auf Personen, die wie sie an Kunst und Literatur interessiert waren und sie dabei unterstützten, eigene Interessen zu pflegen und ihre Fähigkeiten auszubauen.

Am Beispiel Henriette von Egloffsteins zeigt sich jedoch auch, dass abgesehen von den sozialen Beziehungen die ständische Zugehörigkeit bei der Formulierung von persönlichen Wünschen ebenfalls eine zentrale Rolle spielte. Henriette von Egloffstein verfügte zwar über schriftstellerische Fähigkeiten, wie ihre nachgelassenen Schriften zeigen[847], ihr ständisch geprägter Umgang mit Normen und Werten führte jedoch dazu, dass sie zunächst nicht beabsichtigte, diese Fähigkeiten praktisch anzuwenden. Sie behauptete zwar, nicht in der Lage

---

[844] Vgl. dazu Johanna Schopenhauer an Arthur Schopenhauer, Weimar, 28.04.1807, in: Lütkehaus (Hg.): Die Schopenhauers, S. 163-170, hier S. 169.

[845] Vgl. Beaulieu-Marconnay: Bruchstücke, 4. Heft,- GSA 13/5; dies.: Das ästhetische Weimar, GSA 13/8.

[846] Vgl. die Beschreibungen ihrer Funktion im „Cour d'amour" und innerhalb des geselligen Kreises um Kotzebue im Kapitel 3.3.3.

[847] Vgl. GSA, Bestand Egloffstein, Henriette von Beaulieu-Marconnay, Werke, GSA 13/1-5.

zu sein, mit den in Weimar ansässigen Personen mitzuhalten, die sich künstlerisch betätigten und ihre Produkte einem breiteren Publikum zugänglich machten. Vor allem aber hätte eine offene Darbietung eigener Fähigkeiten dem Selbstverständnis Henriette von Egloffsteins als Angehörige des adeligen Standes widersprochen, sodass hier der eigentliche Grund für ihre Zurückhaltung zu finden ist. Eine Existenz, wie sie Sophie Mereau und später auch Johanna Schopenhauer führten, entsprach nicht ihren Vorstellungen von einem standesgemäßen Leben.

An dieser Stelle zeigt sich, dass Normen und Werte oft erst in Verbindung mit bestimmten Lebensumständen – im Falle Henriette von Egloffsteins durch ihre Zugehörigkeit zu adeligen Stand – greifen konnten, Lebensentwürfe bestimmten und damit den Umgang mit Handlungsspielräumen beeinflussten.

Während die Lebensentwürfe Johanna Schopenhauers und Henriette von Egloffsteins im Laufe des Aufenthaltes in Weimar-Jena teils gravierende Änderungen erfuhren, ist dies für Sophie Mereau so nicht festzustellen. Sie war mit dem festen Vorhaben nach Jena gekommen, hier ihre Karriere als Schriftstellerin zu begründen und auszubauen. Die Anerkennung, die ihr in Weimar-Jena zuteil wurde bestärkte sie darin. Kontinuierliches Schreiben und Veröffentlichen waren Lebensziele, die sie beibehielt und fortwährend umzusetzen versuchte. Zwar betätigte sie sich nach ersten Erfolgen als Schriftstellerin zunehmend auch als Herausgeberin. Diese Tätigkeit entsprach jedoch ihrem ursprünglichen Lebensentwurf, da sie sich auch hier in großem Umfang mit Literatur befasste und weiterhin selbst schrieb.

Insgesamt erwies sich Weimar-Jena für alle drei Frauen über einen langen Zeitraum hinweg als der ideale Raum für die Umsetzung ihrer Lebensentwürfe. Hier erreichten sie ihre Ziele, entwickelten neue Vorhaben und verwirklichten sich damit nach eigenem Bekunden selbst.

Allerdings konnte die Umsetzung der Lebensentwürfe und das von allen erstrebte selbstbestimmte Leben trotz ausgebauter Beziehungsnetze vor allem durch eine Verschlechterung der wirtschaftlichen Situation gefährdet werden. Johanna Schopenhauer und Henriette von Egloffstein mussten beide aus finanziellen Gründen Weimar-Jena verlassen und büßten auf diese Weise Handlungsspielräume und damit auch die Chance auf eine andauernde Umsetzung ihrer Lebensentwürfe ein. Johanna Schopenhauer konnte ihren Geselligkeitskreis nicht mehr erhalten. Henriette von Egloffstein war in der hannoverschen Provinz von literarischen Neuerscheinungen und den neuesten Ausgaben verschiedener Zeitschriften förmlich abgeschnitten. Außerdem musste sie auf den direkten Austausch mit gleichgesinnten Personen verzichten. Sie bekannte, dass ihr nur in Weimar das Leben ermöglicht worden war, das ihren Fähigkeiten und Interessen entsprach.[848]

---

[848] Vgl. die Briefe Henriettes von Egloffstein an Sophie Mereau, BJ Kraków, Henriette von Beaulieu-Marconnay, V27, 10 h.

Auch für Sophie Mereau hatte die Verschlechterung ihrer wirtschaftlichen Situation im Zuge der Scheidung von Friedrich Ernst Carl Mereau Auswirkungen auf ihr Agieren als Schriftstellerin. Einerseits wurde sie durch den Zwang, ihren Unterhalt durch die schriftstellerische Arbeit aufzubessern, in ihrer Kreativität nicht selten beschränkt. Andererseits ergab sich eine Vielzahl von Möglichkeiten, da sie nun beispielsweise mehr literarische Genres bediente als bisher und darüber hinaus verstärkt als Herausgeberin wirksam wurde.

3.4.2 Handlungsspielräume und soziale Beziehungen

Die Betrachtung der Lebensentwürfe und ihrer Auswirkungen auf Handlungsspielräume hat bestätigt, dass die Umsetzung von eigenen Wünschen und Zielen und in diesem Zusammenhang die Nutzung von Handlungsspielräumen ohne die Berücksichtigung von sozialen Beziehungen nicht gefasst werden kann.

Bezeichnenderweise setzten alle drei Frauen von Anfang an ihre Hoffnungen auf die sozialen Beziehungen, die sie in Weimar-Jena knüpfen wollten. Sie wurden von ihnen schnell als zentral für die Umsetzung der eigenen Ziele erkannt. Sophie Mereau, Johanna Schopenhauer und Henriette von Egloffstein waren um zahlreiche Bekanntschaften und Freundschaften bemüht, weil sie davon ausgingen, dass diese einen bedeutenden Anteil an der Erfüllung ihrer Lebensentwürfe haben würden.

Voraussetzung für ein Wirksamwerden der sozialen Beziehungen war allerdings ein längerer Aufenthalt in Weimar-Jena, der mit einer möglichst raschen Integration und einer Erweiterung des eigenen Beziehungsnetzwerkes einhergehen musste.

Darüber hinaus verbanden Sophie Mereau und Henriette von Egloffstein mit den sozialen Beziehungen jedoch auch die Möglichkeit einer finanziellen Absicherung: Sophie Mereau rechnete damit, dass ihre Ehe mit Friedrich Ernst Carl Mereau, der an der Universität Jena bereits fest etabliert war, ein finanziell sorgenfreies Leben zur Folge haben würde. Henriette von Egloffstein sah in der Anwesenheit einer Reihe von Familienangehörigen die dringend notwendige finanzielle Unterstützung. Johanna Schopenhauer war als vermögende Frau zunächst nicht auf eine Verbesserung oder Absicherung ihrer wirtschaftlichen Verhältnisse durch Dritte angewiesen. Allerdings erhoffte sie sich von ihrem Aufenthalt in Weimar, das ererbte Geld auf die denkbar beste Art und Weise verwenden zu können. Sie ging davon aus, dass Weimar-Jena ideale Bedingungen für ein sorgenfreies Leben bot.

Die Erwartungen, die Sophie Mereau, Johanna Schopenhauer und Henriette von Egloffstein mit bestimmten Personen in Weimar-Jena verbanden, wurden während ihres Aufenthaltes dort nicht nur erfüllt, sondern weit übertroffen. Nach der Ankunft in Weimar-Jena nahmen die sozialen Beziehungen beträchtliche Ausmaße an. Abgesehen von den Beziehungen, auf die sie ohnehin gehofft hatten, trafen die drei Frauen auf eine Vielzahl von Geselligkeitskreisen, die ihren Interessen und Vorhaben entsprach. Indem es ihnen gelang, Zugang zu diesen Zirkeln zu erhalten, konnten zahlreiche neue Bekanntschaften und Freundschaften eingegangen werden, die dazu dienten, die eigenen Interessen zu pflegen und Vorhaben umzusetzen. Dadurch trugen sie sukzessive zu einer Erweiterung der Handlungsspielräume bei: Die Karriere als Schriftstellerin gelang Sophie Mereau durch die Einbindung in das universitäre Milieu Jenas. Auf dieser Basis intensivierten sich die Beziehungen zu dem außerordentlichen Professor Friedrich Schiller und zu einer Vielzahl weiterer Angehöriger der Universität. Darauf aufbauend kam es im Laufe der Zeit zu verschiedenen anderen beruflichen Kontakten, die dazu führten, dass sie neben ihrer Tätigkeit als Schriftstellerin auch als Herausgeberin wirkte.

Johanna Schopenhauer konnte ihren „Theetisch" nur deshalb etablieren, weil sie Bekanntschaft mit verschiedenen Personen schloss, die sich als bereichernd für das geplante Vorhaben erwiesen. Bald erkannte sie Johann Wolfgang Goethe als das „Zugpferd" für ihre Unternehmungen. Die Verbindung mit ihm hatte schließlich zur Folge, dass sich zahlreiche weitere Gäste im Hause Johanna Schopenhauers versammelten, die durch ihre Kontakte sowie Fähigkeiten und Interessen eine Fülle weiterer Wahl- und Gestaltungsmöglichkeiten aufzeigten.

Während die Einhaltung bestimmter sozialer Normen für den Erfolg der sozialen Beziehungen sehr wichtig war und eine Grundlage für die Ausweitung der eigenen Beziehungsnetzwerke bildete, entschieden Standeszugehörigkeit und der soziale Status über die Form der sozialen Beziehungen: Denn Sophie Mereau und Johanna Schopenhauer erhielten nur in Ausnahmefällen Zugang zu Zusammenkünften am Hofe. Henriette von Egloffstein verkehrte als Adelige jedoch völlig selbstverständlich in diesen Kreisen, vermied es allerdings gleichzeitig, häufiger an bürgerlichen Geselligkeitskreisen teilzunehmen.

Der Status als Professorenfrau ermöglichte es Sophie Mereau wiederum, ohne Probleme Beziehungen im universitären Milieu einzugehen. Johanna Schopenhauer gelang es dagegen relativ rasch, wichtige Verbindungen innerhalb der städtischen geselligen Zirkel Weimars aufzubauen. Damit konnte sie ihren Status in der Residenzstadt festigen und den Grundstein für weitere Kontakte legen.

Über die Qualität von sozialen Beziehungen entschied auch der soziale Status der Personen, von denen sich die drei Frauen die Erfüllung ihrer Erwartungen versprachen. Sie wählten ausschließlich solche Personen aus, die das Potential hatten, ihre Hoffnungen und damit ihren Lebensentwurf zu erfüllen. Entscheidend war die Stellung der jeweiligen Person innerhalb der Gesellschaft Weimar-Jenas. Die Beschaffenheit ihres Beziehungsnetzwerkes hing damit eng zusammen. Demzufolge war die Geschlechtszugehörigkeit zunächst irrelevant.

Für die Umsetzung der Pläne, die Sophie Mereau im Zusammenhang mit ihrer schriftstellerischen Tätigkeit hegte, stellten sich allerdings in erster Linie Männer als entscheidend heraus, weil sie die Posten als Verleger und Herausgeber einnahmen und damit Karrieren beeinflussen konnten. Das Verhältnis Sophie Mereaus zu Friedrich Schiller verdeutlicht aber, dass eine kollegiale Zusammenarbeit auf Augenhöhe möglich war. Schiller kam es auf die

Fähigkeiten Sophie Mereaus an. Da er von diesen überzeugt war, berücksichtigte er zahlreiche Arbeiten Sophie Mereaus für Beiträge in seinen Zeitschriften. Sophie Mereau erwuchsen aus ihrer Geschlechtszugehörigkeit also keine Nachteile für die erhofften Wahl- und Gestaltungsmöglichkeiten als Schriftstellerin. Vielmehr konnte sie davon profitieren, dass Schiller, der auf einen erhöhten Absatz seiner Zeitschriften angewiesen war, mehr und mehr weibliche Leserinnen in den Blick nahm und ihren Ansprüchen mit Beiträgen von Autorinnen gerecht werden wollte.[849]

Johanna Schopenhauer war ebenfalls vor allem auf Männer angewiesen, sollte ihre schriftstellerische Arbeit ertragreich sein. Ging es jedoch um die Vermittlung von weiterführenden Kontakten, dann kamen Männer wie Frauen gleichermaßen in Betracht: So wandte sie sich an Charlotte Schiller, um ein Treffen mit dem Verleger Cotta zu erreichen.[850] Als Johanna Schopenhauer dagegen selbst Bekanntheit als Schriftstellerin erlangt hatte, baten nun sowohl Schriftstellerinnen als auch Schriftsteller um ihre Vermittlung zum Zwecke von Veröffentlichungen.[851] In diesen Fällen zählte nicht das Geschlecht Johanna Schopenhauers, sondern ihr Status, den sie innerhalb der Weimarer Gesellschaft erlangt hatte und die Beziehungsnetzwerke, in die sie eingebunden war.

Auch Henriette von Egloffstein verkehrte sowohl mit Männern als auch mit Frauen. Beide beeinflussten ihre Handlungsspielräume auf unterschiedliche Art und Weise. Franz Carl Leopold von Seckendorff war eine zentrale Person, wenn es um die Anwendung und die Erweiterung ihrer Fähigkeiten als Schriftstellerin ging. Die Freundschaft mit den Hofdamen Anna Amalias sorgte dagegen dafür, dass sie das abwechslungsreiche gesellige Leben führen konnte, das sie sich von einem Aufenthalt in Weimar erhofft hatte. Und mehr noch, durch die Bekanntheit mit ihnen wurde sie bald fester Bestandteil des höfischen geselligen Lebens und nahm dort einen zentralen Stellenwert ein. Für Johann Wolfgang Goethe war sie ein Garant für das Funktionieren von geselligen Zusammenkünften. Nicht zuletzt deshalb wurde sie in die Konzeption des „Cour d'amour" einbezogen, da für die Gestaltung der geselligen Zusammenkünfte die Fähigkeiten der potentiellen Teilnehmerinnen und Teilnehmer entscheidend waren.

Obwohl die Diskussionen über die Rolle von Mann und Frau in der Gesellschaft um 1800 auch in den Aufzeichnungen der Frauen ihren Niederschlag fanden, indem diese permanent Bezug auf einzelne zentrale Punkte innerhalb dieser Debatten nahmen, sind Auswirkungen auf die sozialen Beziehungen nicht zu erkennen. Ausschlaggebend dafür, ob Arbeitsverhältnisse, Bekanntschaften oder Freundschaften eingegangen bzw. gepflegt wurden, waren vielmehr Stand und Status sowie gleiche Interessen und Fähigkeiten.

---

[849] Vgl. Kapitel 3.3.1.
[850] Vgl. Johanna Schopenhauer an Charlotte von Schiller, DLA, Bestand/Zugangsnummer: A: Schiller/Charlotte von Schiller.
[851] Vgl. die Bitte Regina Frohbergs um Vermittlung und die Initiative Johanna Schopenhauers die Arbeiten ihres Freundes Gerstenbergk zur Veröffentlichung zu bringen. Siehe dazu die Darstellungen im Kapitel 3.3.2.

Eine Ursache dafür wird darin bestanden haben, dass es in Weimar-Jena eine Reihe von Frauen und auch Männern gab, deren Handeln häufig nicht den Erwartungen entsprach, die innerhalb der zeitgenössischen Wertediskussionen eingefordert wurden. Vielmehr trafen hier eine Reihe von Künstlerinnen, Schauspielerinnen, Gesellschafterinnen etc. aufeinander, deren Lebensentwurf sich eben nicht allein auf die Funktion innerhalb von Haus, Ehe und Familie richtete. Aufgrund dessen war es möglich, dass Friedrich Schiller Sophie Mereau trotz ihres nach zeitgenössischen Vorstellungen moralisch verwerflichen Lebens förderte, Johanna Schopenhauer Bildung und schriftstellerische Tätigkeit ausbaute und Henriette von Egloffstein innerhalb des höfischen Milieus akzeptiert wurde, obwohl sie geschieden war und im Laufe des Weimarer Aufenthaltes ihr Talent zum Schreiben entgegen den normativen Vorgaben ihres Standes anwendete.

Allerdings erwies sich die wirtschaftliche Situation als essentiell für einen Ausbau der sozialen Beziehungen. Gesicherte finanzielle Verhältnisse der Frauen bildeten eine der wesentlichen Voraussetzungen dafür, dass gewünschte soziale Beziehungen überhaupt erst eingegangen werden konnten. Vermögensverluste und damit einhergehende wirtschaftliche Schwierigkeiten bedrohten dagegen das einmal geknüpfte Beziehungsnetzwerk besonders stark. Damit ergab sich zwischen sozialen Beziehungen und der wirtschaftlichen Situation eine hohe Korrelation. Kam es zu einer finanziellen Krisensituation, dann konnten Standeszugehörigkeit, gesellschaftlicher Status oder Fähigkeiten und Intentionen der drei Frauen die drohenden negativen Folgen für die sozialen Beziehungen nur für kurze Zeit abfedern.

### 3.4.3 Erweiterung und Beschränkung von Handlungsspielräumen

Deutlich wurde, dass die Wahl- und Gestaltungsmöglichkeiten der untersuchten Frauen während ihres Aufenthaltes in Weimar-Jena nicht nur permanent erweitert wurden, sondern auch Beschränkungen erfuhren. Erweiterung und Beschränkung bedingten sich dabei meist gegenseitig. In vielen Fällen folgte einer Beschränkung auch eine Erweiterung. Abhängig war dies allerdings davon, auf welche Art und Weise die Frauen auf eine Beschränkung ihrer Wahl- und Gestaltungsmöglichkeiten reagierten.

Für Sophie Mereau brachte die Trennung von ihrem Ehemann wegen der veränderten wirtschaftlichen Situation zunächst Einschränkungen mit sich. Nach der Scheidung stand ihr vergleichsweise weniger Geld zur Verfügung als vorher. Dieser Umstand wirkte sich auch auf ihre Arbeit als Schriftstellerin aus. Die finanziellen Schwierigkeiten führten dazu, dass sie sich anderen literarischen Gattungen als bisher zuwenden musste, die auf dem Literaturmark einträglicher waren. Dies kann zwar einerseits mit einer Beschränkung der Handlungsspielräume in Verbindung gebracht werden, widmete sie sich doch weniger als bisher der Lyrik, mit der sie ihren Namen als Schriftstellerin begründet hatte. Die Erweiterung des Gattungsspektrums brachte neben der Sicherung des

Lebensunterhaltes andererseits aber auch zahlreiche neue Gestaltungsmöglichkeiten für die schriftstellerische Arbeit mit sich. Sophie Mereau widmete sie nun auch Übersetzungen, Romanen und Erzählungen. Die Folge davon war auch die Auseinandersetzung mit einer Vielzahl neuer Themen und Motive. Indem sie außerdem ihre Tätigkeit als Herausgeberin ausweitete, standen ihr ebenfalls neue Wahl- und Gestaltungsmöglichkeiten zur Verfügung: Als Herausgeberin konnte sie relativ eigenständig über die Zusammensetzung der Almanache und Zeitschriften entscheiden und außerdem ihren Einfluss auf die Gestaltung der Beiträge geltend machen.

Als erweiternd und beschränkend zugleich stellte sich die enge Beziehung zu Friedrich Schiller heraus. Zum einen war die Bekanntschaft mit ihm grundlegend für die schriftstellerische Karriere Sophie Mereaus. Zum anderen kam es vor, dass er von ihr geplante eigenständige Projekte verhinderte.[852] Allerdings bot er ihr im gleichen Atemzuge die Vermittlung neuer Kontakte an, die sich wiederum positiv auf die schriftstellerische Arbeit und die Zahl ihrer Veröffentlichungen auswirkte.[853]

Auch Johanna Schopenhauers Existenz in Weimar war von einer Ambivalenz zwischen Erweiterung und Beschränkung der Wahl- und Gestaltungsmöglichkeiten bestimmt. Nach ihrem Vermögensverlust gestaltete sich die Beibehaltung der zentralen Rolle innerhalb des geselligen Lebens in Weimar zunehmend als schwierig. Im Zuge dessen intensivierte sie ihre schriftstellerische Tätigkeit auch deshalb, um ihr Leben in Weimar finanzieren zu können. Während dieser Zeit büßten der „Theetisch" und seine Wirtin zwar an Bedeutung ein, doch mit der Beschränkung der Handlungsspielräume als Gesellschafterin ging die Erweiterung jener als Schriftstellerin einher. Johanna Schopenhauer produzierte nahezu ununterbrochen Erzählungen und Romane. Außerdem wurden ihre Novellen und Reiseberichte erneut aufgelegt.[854]

Mit der schriftstellerischen Tätigkeit versuchte Johanna Schopenhauer, ihre Existenz in Weimar-Jena und ihr Beziehungsnetzwerk zu sichern, um damit ihren sozialen Status zu wahren. Ihr war bewusst, dass Beziehungsnetzwerke durch eine angespannte wirtschaftliche Situation in Gefahr gerieten. Schließlich war der Austausch mit anderen Personen durch die nach dem Vermögensverlust drohenden Schwierigkeiten einer permanenten Bewirtung vieler Gäste am „Theetisch" gefährdet. Ihr Beispiel zeigt, inwiefern die wirtschaftliche Situation

---

[852] Vgl. das Projekt einer eigenen Zeitschrift, von dem Sophie Mereau an Johann Heinrich Kipp berichtete. Ausführlich dazu im Kapitel 3.3.1.

[853] Schiller vermittelte Sophie Mercau Kontakte zu Wieland und Cotta. Vgl. dazu ebenfalls die Angaben im Kapitel 3.3.1.

[854] Vgl. Den Verweis Johanna Schopenhauers auf eine geplante Neuauflage ihrer Novellen und Reiseberichte in einem Brief an Friedrich Arnold Brockhaus. Hier verweist Johanna Schopenhauer auf die zweite Auflage ihrer „Erinnerungen von einer Reise in den Jahren 1803, 1804 und 1805": Johanna Schopenhauer an Friedrich Arnold Brockhaus, Weimar, 24.02.1817, in: [Schopenhauer]: Wechsel, S. 366-369.

dafür sorgen konnte, dass Wahl- und Gestaltungsmöglichkeiten trotz individueller Strategien verloren gingen.

Henriette von Egloffstein befand sich in einer vergleichbaren Situation. Auch ihr Status und ihre sozialen Beziehungen waren durch die finanziellen Schwierigkeiten der Familie gefährdet. Beispielsweise musste sie aufgrund ihrer wirtschaftlichen Situation zunehmend erfinderisch sein, um ihre Garderobe auf *dem* Stand zu halten, der bei Hofe erforderlich war. Abgesehen davon befürchtete sie aufgrund der katastrophalen Situation ihrer Familie, die Töchter nicht am Weimarer Hof einführen zu können. In einem solchen Falle hätte nicht mehr für den Bestand der engen persönlichen Verbindungen garantiert werden können, die Henriette von Egloffstein im Laufe der Zeit aufgebaut hatte. Um die eigene Existenz zu sichern, entschied sie sich deshalb für eine zweite Ehe mit Carl von Beaulieu-Marconnay.[855] Während Henriette von Egloffstein in Weimar als alleinstehende Frau so agieren konnte, wie sie es für die Umsetzung ihres Lebensentwurfes für nötig erachtete, brachte die Entscheidung für Carl von Beaulieu-Marconnay jedoch den Wegzug von Weimar und in seiner Folge den Verlust der ihr hier zur Verfügung stehenden Handlungsspielräume mit sich.

Vor allem Johanna Schopenhauer und Henriette von Egloffstein lebten aufgrund ihrer finanziellen Schwierigkeiten in einem steten Spannungsverhältnis zwischen den Bestrebungen, ihre Lage zu verbessern und den Befürchtungen, alles zu verlieren. Ihnen war bewusst, dass sie erfinderisch sein mussten, um ihre Existenz in Weimar-Jena und damit ihr selbstbestimmtes Leben zu sichern. Würde es ihnen nicht gelingen, ihre Situation zu verbessern, dann stünde ihnen der Abschied von Weimar-Jena bevor.

Während Sophie Mereau bis zu ihrer Heirat mit Clemens Brentano mit ihrer Arbeit durchaus für ihren Unterhalt sorgen konnte, gelang es Johanna Schopenhauer und Henriette von Egloffstein nicht, ihre wirtschaftliche Situation zu verbessern. Sie entschieden sich für einen Wegzug aus Weimar-Jena. Damit verloren sie jedoch zahlreiche Möglichkeiten, ihre Lebensentwürfe umzusetzen, da in ihren Augen kein anderer Ort so voller Chancen und erfolgversprechender sozialer Beziehungen war wie Weimar-Jena.

Die Chancen, die der Raum Weimar-Jena vor allem hinsichtlich der verfügbaren Beziehungsnetze bot, konnten demnach nur dann effektiv genutzt werden, wenn die untersuchten Frauen wirtschaftlich weitgehend unabhängig waren. Fehlte ihnen das notwendige Kapital, um einmal formulierte Erwartungen umzusetzen, dann war ein selbstbestimmtes Leben auch in Weimar-Jena nicht mehr möglich.

---

[855] Vgl. Henriette von Beaulieu-Marconnay, „Meine zweite Heirat", GSA, Bestand Egloffstein, Henriette v. Beaulieu Marconnay, Lebenserinnerungen, „Meine zweite Heirat", GSA 13/6.

## 4. SCHLUSS

Frauen um 1800, die mit eigenen Leistungen auf literarischem, künstlerischem oder geselligen Gebiet auf sich aufmerksam machten, wurden oft mit Blick auf den Emanzipationscharakter ihres Lebens und Handelns betrachtet. In diesem Zusammenhang konzentrierte sich vor allem die Literaturwissenschaft auf die schriftstellerischen Arbeiten einzelner Frauen, beleuchtete die verwendeten Themen und Motive und brachte diese mit den Lebensläufen der Frauen in einen engen Zusammenhang. Häufig wurde dabei auf Grenzüberschreitungen verwiesen und betont, welche Ausnahmerolle gerade schreibende Frauen innerhalb vergangener Gesellschaften gespielt haben, da sie ihrer Zeit weit voraus waren[1]

Einzelne Frauen, die gegen Ende des 18. und zu Beginn des 19. Jahrhunderts in Weimar oder Jena lebten – darunter auch Sophie Mereau und Johanna Schopenhauer –, gerieten ebenfalls unter diesem Aspekt in das Blickfeld von überwiegend literaturwissenschaftlichen Forschungen.[2]

Obwohl die vorliegende Untersuchung an jene Arbeiten anknüpft, die herausstellten, dass die Teilhabemöglichkeiten von Frauen um 1800 vielfältig waren und sich nicht nur auf das Haus beschränkten[3], standen nicht die Werke einzelner Frauen unter Berücksichtigung ihres möglicherweise emanzipatorischen Charakters für das individuelle und das gesellschaftliche Leben im Zentrum. Vielmehr galt es, die Bedingungen von Leben und Handeln ausgewählter Weimarer und Jenaer Frauen im Vergleich herauszuarbeiten, die auf literarisch-künstlerischem oder geselligem Gebiet auf sich aufmerksam gemacht haben.

Mit Hilfe der Analyse jener Faktoren, die das Handeln der Frauen in Weimar-Jena beeinflussten und ihre Wahl- und Gestaltungsmöglichkeiten entscheidend

---

[1] Vgl. dazu u.a. Katharina von Hammerstein: Sophie Mereau-Brentano: Freiheit – Liebe – Weiblichkeit. Trikolore sozialer und individueller Selbstbestimmung um 1800, Heidelberg 1994; Barbara Becker-Cantarino: Schriftstellerinnen der Romantik. Epoche – Werk – Wirkung, München 2000; Christa Bürger: Leben Schreiben. Die Klassik, die Romantik und der Ort der Frauen, Königstein/Taunus 2001.

[2] Vgl. ebd.; Friederike Fetting: „Ich fand mir eine Welt". Eine sozial- und literaturgeschichtliche Untersuchung zur deutschen Romanschriftstellerin um 1800: Charlotte von Kalb, Caroline von Wolzogen. Sophie Mereau-Brentano, Johanna Schopenhauer, München 1992.

[3] Vgl. u.a. Heide Wunder: „Er ist die Sonn', sie ist der Mond". Frauen in der Frühen Neuzeit, München 1992; Christine Werkstetter: Frauen im Augsburger Zunfthandwerk. Arbeit, Arbeitsbeziehungen und Geschlechterverhältnisse im 18. Jahrhundert, Berlin 2001; Anne-Charlott Trepp: Sanfte Männlichkeit und selbständige Weiblichkeit. Frauen und Männer im Hamburger Bürgertum zwischen 1770 und 1840, Göttingen 1996; Christa Bürger: Leben Schreiben. Die Klassik, die Romantik und der Ort der Frauen, Königstein/Taunus 2001; Susan L. Cocalis (Ed.): Thalia's daughters. German women dramatists from the eighteenth century to the present, in: Monatshefte für deutschsprachige Literatur und Kultur 93 (2001), 2, S. 225-226.

mitprägten, wurde es möglich, die Frage nach ihrer Teilhabe an gesellschaftlichen Prozessen umfangreicher als bisher zu beantworten. Auf diese Weise gelang es, neben den gesellschaftlichen Rahmenbedingungen für das Handeln auch individuelle Dispositionen zu berücksichtigen. Geschlecht war dabei nur ein untergeordneter Faktor. Dagegen spielten individuelle Fähigkeiten, Erwartungen und Intentionen in ihren Wechselwirkungen mit Normen, Werten und Lebensbedingungen eine herausragende Bedeutung. Damit gelang ein vergleichsweise umfassender Blick auf die Position von Frauen innerhalb einer Gesellschaft um 1800.

Abgesehen von der Betrachtung individueller Faktoren wurde besonders intensiv nach der Funktion gefragt, die sozialen Beziehungen für ein selbstbestimmtes Leben der untersuchten Frauen in Weimar-Jena zukamen. Auf dieses Weise gelang es, eine Verbindung zwischen Individuum und Raum herzustellen und nach den Konsequenzen der Wechselwirkungen zwischen beiden für die Wahl- und Gestaltungsmöglichkeiten und damit für die Teilhabe innerhalb einer Gesellschaft wie Weimar-Jena zu fragen.

Sophie Mereau, Johanna Schopenhauer und Henriette von Egloffstein. standen im Zentrum dieser Studie. Inwiefern die drei Frauen, die sich zwischen 1793 und 1829 in Weimar-Jena aufhielten, persönliche Vorhaben umsetzen konnten, welche Handlungsspielräume sie während ihrer Anwesenheit in Weimar bzw. Jena nutzten und wovon sie dabei beeinflusst wurden, waren leitende Fragestellungen.

Sophie Mereau, Johanna Schopenhauer und Henriette von Egloffstein verfügten über ein vergleichbar hohes Bildungsniveau und glichen einander auch in ihren Interessen: Sie waren ähnlich gut gebildet und interessierten sich in hohem Maße für Kunst und Literatur. Gemeinsam war ihnen auch, dass sie sich bewusst für ein Leben in Weimar-Jena entschieden hatten, weil sie sich von diesem Raum die Umsetzung ihrer persönlichen Ziele versprachen. Es handelte sich also um ambitionierte Frauen, die versuchten, an diesem Ort ihre Lebensentwürfe umzusetzen und dabei ein weitgehend selbstbestimmtes Leben zu führen. Anfangs zielten ihre Vorhaben jedoch auf unterschiedliche Bereiche innerhalb Weimar-Jenas.

Während ihrer Anwesenheit in Weimar-Jena gingen die teilweise schon vor der Übersiedlung nach Weimar-Jena formulierten Ziele in Erfüllung. Dazu zählten das Ausüben verschiedener Tätigkeiten, die Möglichkeit, in diesem Zusammenhang selbstständige und selbstbewusste Entscheidungen treffen zu können sowie die Teilhabe an bestimmten Geselligkeitskreisen Weimar-Jenas. Johanna Schopenhauer und Henriette von Egloffstein begannen im Laufe der Zeit ihre einmal formulierten Vorhaben zu modizfizieren und damit ihren Handlungsspielraum bewusst zu erweitern. Auch Sophie Mereau war am Ende ihres Aufenthaltes in Weimar-Jena nicht mehr nur als Schriftstellerin, sondern außerdem als Herausgeberin tätig. Dass es den drei Frauen gelang, ihre Ziele umzusetzen und zu erweitern führte dazu, dass sie sich mit ihren Leistungen auf dem Gebiet des geselligen Lebens und der Literatur von anderen Personen aboben, die sich zur gleichen Zeit in Weimar-Jena aufhielten. Denn sie beeinflussten zahlreiche gesellige Zirkel durch ihre Anwesenheit und beteiligten sich mit eigenen literarischen Werken am künstlerischen Prozess in Weimar-Jena.

Gemeinsam war ihnen also, dass sie in Weimar-Jena am gesellschaftlichen Geschehen teilhatten. Obwohl die dominanten zeitgenössischen Vorstellungen in der Gattin, Hausfrau und Mutter die zentralen Aufgaben sahen, bildeten die drei Frauen einen selbstverständlichen Teil des geselligen und künstlerisch-literarischen Lebens und nahmen darin sogar einen zentralen Platz ein.

In Weimar-Jena konnten sie zwischen verschiedenen Alternativen wählen. Dazu zählte beispielsweise, dass sich Sophie Mereau dafür entschied, ihre schriftstellerische Arbeit professionell auszuüben, Henriette von Egloffstein aber trotz der vorhandenen Möglichkeiten von einer beruflichen Ausübung ihres schriftstellerischen Talentes Abstand nahm. Johanna Schopenhauer konnte neben ihrem Dasein als Wirtin des „Theetischs" gleichzeitig erste eigene literarische Arbeiten veröffentlichen.

Dabei war es ihnen möglich, ihre Tätigkeitsbereiche in großem Umfang selbst zu gestalten. Sophie Mereau bestimmte Gattung, Themen und Motive ihrer Werke und begann zunehmend darüber zu entscheiden, wo sie ihre Arbeiten veröffentlichen wollte. Johanna Schopenhauer legte die Ausrichtung ihres geselligen Zirkels und die Zeit der Zusammenkünfte fest und suchte die Gäste aus. Henriette von Egloffstein dagegen wählte zwischen den Personen, mit denen sie besonders intensiven Kontakt haben wollte.

Dass die drei Frauen über individuell verschiedene Wahl- und Gestaltungsmöglichkeiten verfügten, war verschiedenen Faktoren geschuldet. Diese bestimmten den Umgang mit den erkannten und genutzten Wahl- und Gestaltungsmöglichkeiten: Rechtliche und soziale Normen, diskutierte und internalisierte Wertvorstellungen, Stand, Status und wirtschaftliche Situation gemeinsam mit individuellen Fähigkeiten, Erwartungen und Intentionen waren grundlegend für den Umgang mit vorhandenen Wahl- und Gestaltungsmöglichkeiten.

Entscheidenden Einfluss hatten jedoch die sozialen Beziehungen, die von den Frauen in Weimar-Jena eingegangen wurden. Welche Formen von Teilhabe am kulturellen Leben in Weimar-Jena erschlossen wurden, war in hohem Maße von den Bekanntschaften und Freundschaften abhängig, die Sophie Mereau, Johanna Schopenhauer und Henriette von Egloffstein dort eingingen.

Deutlich wurde allerdings auch, dass die Art und Weise der Teilhabe nicht von den sozialen Beziehungen allein abhing, sondern immer auch von gesellschaftlichen Rahmenbedingungen und individuellen Faktoren bestimmt wurde. Und doch ging mit einem Ausbau der sozialen Beziehungen, der von der Einhaltung bestimmter Normen und Werte und dem individuellen Umgang mit diesen abhängig war, in der Regel eine Erweiterung der Handlungsspielräume einher. Umgekehrt hatte der Verlust von sozialen Beziehungen Beschränkungen in den Handlungsspielräumen zur Folge. Insgesamt trugen die sozialen Beziehungen jedoch in hohem Maße zum Erreichen einmal formulierter Ziele bei.

Von Anfang an richteten Sophie Mereau, Johanna Schopenhauer und Henriette von Egloffstein ihr Augenmerkt auf Weimar-Jena, weil ihnen dieser Raum als besonders geeignet für die Erfüllung persönlicher Ziele erschienen war. Attraktiv wirkte Weimar-Jena vor allem wegen seiner Personenkonstellationen.

Die in ihrer Dichte und Qualität von den Frauen als einmalig empfundenen Geselligkeitskreise und Beziehungsnetzwerke Weimar-Jenas, die sich durch ganz verschiedene Profile auszeichneten, boten ideale Bedingungen für die Erfüllung persönlicher Vorstellungen. Entsprechend ihrer personellen Zusammensetzung und inhaltlichen Ausrichtung nahmen sie allerdings verschiedene Funktionen für die drei Frauen ein. Sophie Mereau, Johanna Schopenhauer und Henriette von Egloffstein profitierten aber vor allem von den personellen Überlappungen der Geselligkeitskreise und Beziehungsnetzwerke Weimar-Jenas. Für die Frauen erwiesen sich nämlich gerade jene Personen als hilfreich, die in verschiedenen Geselligkeitskreisen und Beziehungsnetzwerken gleichzeitig verankert waren: Friedrich Ernst Carl Mereau, Friedrich Schiller, Friedrich Justin und Carl Bertuch, Johann Wolfgang Goethe, Anna Amalia, Franz Carl Leopold von Seckendorff, Friedrich von Müller u.a. trugen durch ihre weitverzweigten personalen Verflechtungen dazu bei, dass die Frauen ihre Gestaltungsmöglichkeiten im Laufe der Zeit sukzessive erweitern konnten.[4]

Auch die Freundschaft zwischen Sophie Mereau und Henriette von Egloffstein lässt sich auf diese Überschneidungen innerhalb der Beziehungsnetzwerke und die Nähe der verschiedenen geselligen Milieus zurückführen. Beide Frauen zogen einen Nutzen aus diesem engen Verhältnis. Sophie Mereau gelangte in gesellige Kreise, die ihrer Tätigkeit als Schriftstellerin deshalb förderlich waren, weil ihr hier eine Verehrung zuteil wurde, die bestätigend wirkte. Henriette von Egloffstein erhielt dagegen die Gelegenheit, die eigenen literarischen Interessen mit einer Schriftstellerin direkt auszutauschen.

Als ausschlaggebend für diese Art von personalen Verflechtungen erwies sich nicht zuletzt die unmittelbare Nähe der Städte Weimar und Jena, des Hofes und der Universität. Diese standen personell in engem Zusammenhang.[5] Für die Frauen entwickelten sich daraus gewinnbringende Verbindungen zu einflussreichen Personen. Außerdem gab es mehrere Verlage sowie eine große Zahl von Herausgebern, Schriftstellern, Künstlern, Wissenschaftlern und damit potentiellen Förderern. Diese Vielfalt ermöglichte es, die Bekanntschaften und Freundschaften zu knüpfen, die für ihre Erwartungen und Intentionen am lukrativsten waren.

---

[4] Vgl. die Erläuterungen zur Bedeutung dieser Personen in den Kapitel 3.3.1, 3.3.2 und 3.3.3.

[5] Marcus Ventzke: Das Herzogtum Sachsen-Weimar-Eisenach 1775-1783, Köln/Weimar/Wien 2004; Julia Frindte: Heiraten und Patenschaften: Verflechtungen zwischen Universität und Stadt in Jena um 1800, in: Klaus Ries (Hg.): Zwischen Universität und Stadt. Aspekte demographischer Entwicklung in Jena um 1800, Weimar 2004, S. 51-75.

Wie stark die Umsetzung der Lebensentwürfe der untersuchten Frauen von einem Aufenthalt in Weimar-Jena und dem persönlichen Umgang mit Freunden und Bekannten abhängig war, machen vor allem ihre Reaktionen nach dem Weggang aus diesem Raum deutlich. Häufig verwiesen sie darauf, dass sie mit Hilfe ihres dichten Beziehungsnetzwerks in Weimar-Jena Zugang zu verschiedenen Geselligkeitskreisen erhalten hatten. Außerdem war es ihnen gelungen, auf schnellstem Wege gerade veröffentlichte Literatur sowie die aktuellsten Ausgaben zahlreicher Zeitschriften zu erhalten. Als besonders bereichernd hatten sie jedoch den direkten Austausch mit den Personen wahrgenommen, die sich wie sie für Kunst und Literatur interessierten, selbst schrieben und veröffentlichten oder als Herausgeber und Verleger tätig waren. Damit stellte sich die Dichte an unterschiedlichen Beziehungsnetzwerken als besonders folgenreich für die Handlungsspielräume der drei Frauen heraus.

Während ihres mehrere Monate dauernden Aufenthaltes in Camburg bekam Sophie Mereau die Veränderungen deutlich zu spüren. Im Vergleich zu Jena bot Camburg kaum gesellige Abwechslung. Obwohl Sophie Mereau dort anfangs besser arbeiten konnte, weil sie die Ruhe dazu fand, fehlte ihr doch der produktive Austausch über die Werke, die noch im Entstehen waren.[6] Abgesehen davon war es in Camburg nahezu unmöglich, auf schnellstem Wege neu erschienene oder für die Arbeit dringend benötigte Bücher zu erhalten. Bezeichnenderweise halfen ihr die nach Jena bestehenden Verbindungen über diesen Mangel hinweg. Dass sie es nicht lange in Camburg aushielt, sondern ihren Wohnsitz schon bald nach Weimar verlegte, spricht darüber hinaus für die These, dass Weimar und Jena gleichermaßen Bedingungen boten, die sich positiv auf die Handlungsspielräume der Frauen auswirkten. In Weimar fand Sophie Mereau eine ähnliche Vielfalt an Angeboten für ein geselliges Leben wie in Jena. Auch hier gab es Personen, die sich für ihre Arbeit interessierten und aufgrund ihrer Kenntnisse auch fachgerecht bewerten sowie für eine Veröffentlichung sorgen konnten. Die Beziehungsnetzwerke in der Residenzstadt waren ähnlich wie in Jena prädestiniert dafür, ihre Karriere als Schriftstellerin fortzusetzen.

Auch Johanna Schopenhauer bekam zu spüren, was es für ihren Lebensentwurf sowie für ihre Wahl- und Gestaltungsmöglichkeiten bedeutete, Weimar zu verlassen. Obwohl der Aufenthalt in Weimar wegen des finanziellen Bankrotts Einschränkungen mit sich brachte und Johanna Schopenhauer davon ausging, aufgrund ihrer wirtschaftlichen Situation den „Theetisch" nicht mehr aufrecht halten zu können, fiel der Abschied von Weimar schwer und bedeutete den Verlust zahlreicher sozialer Beziehungen.[7] In Briefen aus Unkel bzw. Bonn

---

[6] Vgl. dazu Kapitel 3.3.1.
[7] Vgl. dazu auch die Briefe Johanna Schopenhauers an die Familie Frommann aus dieser Zeit. GSA, Bestand Frommann, Carl Friedrich Ernst Frommann, Eingegangene Briefe, Schopenhauer, Johanna, geb. Trosiner, GSA 21/44; Bestand Frommann, Friedrich Johannes Frommann, Eingegangene Briefe, Schopenhauer, Johanna, geb. Trosiner, GSA 21/156,1.

beklagte sie, dass sie am Rhein wohl nie ähnlich abwechslungsreiche gesellige Zirkel erleben würde wie in Weimar.[8] Sie vermisste ihre Weimarer Freunde, die anregenden Gespräche und gemeinsamen geselligen Vergnügungen. Während ihres Aufenthaltes in Bonn gelang es ihr zu keiner Zeit, eine ähnlich zentrale Rolle innerhalb des geselligen Lebens zu spielen, wie es ihr in Weimar gelungen war.

Ähnlich erging es auch Henriette von Egloffstein. Nach ihrem Wegzug von Weimar klagte sie Freunden gegenüber, dass sie in der hannoverschen Provinz noch nicht einmal an aktuelle Zeitschriften komme. Vor allem vermisste sie das Zusammensein mit Freunden und den dirckten Austausch über Literatur, Kunst oder auch über aktuelle Ereignisse.

Obwohl verschiedene Beziehungsnetzwerke auch in Camburg, Bonn und Unkel oder aber in der hannoverschen Provinz existierten, hatten sich die verdichteten sozialen Beziehungen in Weimar-Jena als eine Besonderheit erwiesen, von der die drei Frauen profitierten. Sie machten die Einmaligkeit des Ortes für Sophie Mereau, Johanna Schopenhauer und Henriette von Egloffstein aus, weil sie auf einzigartige Art und Weise die Wahl- und Gestaltungsmöglichkeiten dieser drei Frauen förderten, ihnen eine Beteiligung am kulturellen Leben beider Städte ermöglichten und dazu beitrugen, dass ihnen allen zumindest für eine gewisse Zeit ein selbstbestimmtes Leben gelang.

Zwar stellte sich die wirtschaftliche Situation im Vergleich zu den anderen bestimmenden Faktoren als eine der zentralen Bedingungen für Handlungsspielräume heraus. Ihre Wirkung war allerdings gerade deshalb so einschneidend, weil sie sich in hohem Maße auf die Gestaltung der sozialen Beziehungen auswirkte. Vor allem die möglichen Folgen einer schlechten finanziellen Situation verdeutlichten, wie essentiell die sozialen Beziehungen für die Handlungsspielräume waren.

Dieser Zusammenhang zwischen dem Raum Weimar-Jena und den sozialen Beziehungen verweist auf die Bedeutung des Wechselverhältnis zwischen Individuum und Gesellschaft für die Teilhabe an bestimmten gesellschaftlichen Strukturen und Prozessen, die schon durch den Zusammenhang zwischen gesellschaftlichen Rahmenbedingungen und individuellen Faktoren deutlich geworden ist. Zwar war die Teilhabe stark von individueller Motivation abhängig, die sich auf der Basis bestimmter gesellschaftlicher Rahmenbedingungen konstituierte. Die sozialen Beziehungen, eng gekoppelt an einen bestimmten Ort, sorgten allerdings dafür, dass Erwartungen und Absichten in konkrete Teilhabe umgesetzt und Handlungsspielräume nicht nur erkannt, sondern auch genutzt wurden.

---

[8] Vgl. u.a. Johanna Schopenhauer an Carl Eduard von Holtei, Unkel, 25.10.1832, in: [Johanna Schopenhauer]: Im Wechsel der Zeiten, im Gedränge der Welt. Jugenderinnerungen, Tagebücher, Briefe, Düsseldorf/Zürich 2000, S. 428-434, hier S. 429.

## ABKÜRZUNGSVERZEICHNIS

| | |
|---|---|
| ADB | Allgemeine Deutsche Biographie, hrsg. v. d. Historischen Kommission bei der Bayerischen Akademie der Wissenschaften, 56 Bd., Leipzig 1875-1912. |
| ALZ | Allgemeine Literatur-Zeitung |
| BJ Kraków | Biblioteka Jagiellońska Kraków |
| DBI | Deutscher Biographischer Index |
| DLA | Deutsches Literaturarchiv Marbach a.N., Handschriftenabteilung |
| FDH | Freies Deutsches Hochstift/Frankfurter Goethe-Museum, Frankfurt a.M. |
| GG | Geschichte und Gesellschaft |
| GMD | Goethe-Museum/Anton-und-Katharina-Kippenberg-Stiftung, Düsseldorf |
| GSA | Stiftung Weimarer Klassik und Kunstsammlungen, Weimar, Goethe- und Schiller-Archiv |
| HAC | Hochfürstlicher Sachsen-Weimar- und Eisenachischer Hof- und Address-Calender [...], Weimar [Jena] 1775-1806. Zitiert nach den Einträgen in der Prosopographie-Datenbank, Sonderforschungsbereich 482 „Ereignis Weimar-Jena. Kultur um 1800", Teilprojekt A1, Friedrich-Schiller-Universität Jena. |
| HR | Heiratsregister |
| HK | Hofkirche Weimar |
| HZ | Historische Zeitschrift |
| IASL | Internationales Archiv für Sozialgeschichte der Literatur |
| JDSG | Jahrbuch der Deutschen Schiller-Gesellschaft |
| KAJ | Kirchenarchiv Jena |
| KAWE | Kirchenarchiv Weimar |
| NA | [Friedrich Schiller,] Schillers Werke. Nationalausgabe, hrsg. im Auftrag der Stiftung Weimarer Klassik u. des Schiller-Nationalmuseums in Marbach v. Norbert Oellers, 42 Bde., Weimar 1943ff. |

| | |
|---|---|
| NDB | Neue Deutsche Biographie, hrsg. v. d. Historischen Kommission bei der Bayerischen Akademie der Wissenschaften, bisher 20 Bde., Berlin 1953 ff. |
| SK | Stadtkirche Weimar |
| ThStAW HA | Thüringisches Hauptstaatsarchiv Weimar (Hausarchiv) |
| ThULB/HSA | Thüringische Universitäts- und Landesbibliothek Jena, Abt. Handschriften und Sondersammlungen |
| TR | Taufregister |
| VSWG | Vierteljahresschrift für Sozial- und Wirtschaftsgeschichte |
| WA | [Johann Wolfgang v. Goethe,] Goethes Werke, hrsg. im Auftrage der Großherzogin Sophie von Sachsen, IV Abt., 143 Bde., Weimar 1887-1919 |
| ZHF | Zeitschrift für Historische Forschungen |
| ZVTG | Zeitschrift des Vereins für Thüringische Geschichte |

# QUELLEN UND LITERATUR

## UNGEDRUCKTE QUELLEN

### Staatsbibliothek Berlin, Handschriftenabteilung

SOPHIE MEREAU:
- Sophie Mereau an Friedrich Ernst Carl von Savigny, Nachlaß Savigny, Kasten 12, Nr. 131
- Sophie Mereau an Gunda Brentano, Nachlaß Savigny, Kasten 12, Nr. 130
- Clemens Brentano an Friedrich Carl von Savigny, Nachlaß Savigny, Kasten 3, Nr. 18/6

JOHANNA SCHOPENHAUER:
- Johanna Schopenhauer an Frau Prof. Nägerath, Slg. Darmst. 2m 1810 [2]
- Johanna Schopenhauer an Wilhelm Wach, Nachlaß 141 (Slg. Adam), K77

Albumblatt für Caroline Bardua, Nachl. 232 [Caroline Bardua], 14

### Biblioteka Jagiellońska (BJ) Kraków

SOPHIE MEREAU:
- Sophie Mereau, V 122, Persönliches
- Sophie Mereau, V 122, Korrespondenz
- Sophie Mereau an Clemens Brentano, V 122
- Sophie Mereau, V 123, Zeitungsausschnitte

- Ludwig Achim von Arnim an Sophie Brentano, V 8
- Charlotte von Ahlefeld an Sophie Mereau, V 1
- Herzog August von Sachsen-Gotha an Sophie Mereau, V 76
- Henriette von Beaulieu-Marconnay an Sophie Mereau, V 27
- Bernoulli an Sophie Mereau, V 29
- Carl Bertuch an Sophie Mereau, V 29
- Boehlendorff an Sophie Mcreau, V 32
- Rosalie v. Brawe an Sophie Mereau, V 34
- Sophie Creuzer ans Sophie Mereau, V 50, 1h
- Heinrich Dieterich an Sophie Mereau, V 52
- A. Drumann an Sophie Mereau, V 54
- Caroline von Egloffstein, geb. Aufsess an Sophie Mereau, V 55
- Carl Abraham Eichstädt an Sophie Mereau, V 55

- Caroline Engelhardt an Sophie Mereau, V 56
- Philippine Engelhardt an Sophie Mereau, V 56
- Johann Erichson an Sophie Mereau, V 57
- Luise und Ludwig Friedrich Fries an Sophie Mereau, V 62
- Ludwig Friedrich Huber an Sophie Mereau, V 89
- Fröhlich an Sophie Mereau, V 62
- Johann und Wilhelmine Geissler an Sophie Mereau, V 65
- Luise von Göchhausen an Sophie Mereau, V 70
- Göschen an Sophie Mereau, V 70
- Betty und C. Heise an Sophie Mereau, V 83
- Friedrich Jacobs an Sophie Mereau, V 92
- Karl Wilhelm Justi an Sophie Mereau, V 86
- August Kuhn an Sophie Mereau, V 104
- Friedrich Majer an Sophie Mereau, V 112
- Meyer an Sophie Mereau, V 125
- Friedrich von Müller an Sophie Mereau, V 129
- Friedrich Nicolai an Sophie Mereau, V 132
- Friedrich Immanuel Niethammer an Sophie Mereau, V 133
- Friedrich Pierer an Sophie Mereau, V 142
- Hartmann Rehn an Sophie Mereau, V 210
- Henriette und Julie Reichenbach an Sophie Mereau, V 211
- Carl Leonhard Reinhold an Sophie Mereau, V 212
- Rochlitz an Sophie Brentano, V 220
- Wilhelm Rössler an Sophie Mereau, V 220
- Friedrich Schlegel an Sophie Mereau, V 227
- Georg Philipp Schmidt an Sophie Mereau, V 229
- Carl Schubart an Sophie Mereau, V 231
- Henriette Schubart an Sophie Mereau, V 231
- Julius Graf von Soden an Sophie Mereau, V 236
- Ludwig Thilo an Sophie Mereau, V 244
- Bernhard Vermehren an Sophie Mereau, V 271
- Amalie und Johann Voigt an Sophie Mereau, V 271
- August Vulpius an Sophie Mereau, V 271
- Friedrich Wilmans an Sophie Mereau, V 279
- August Winkelmann an Sophie Mereau, V 279
- Carl Ludwig Woltmann an Sophie Mereau, V 281

JOHANNA SCHOPENHAUER:
Johanna Schopenhauer, V 230
- Johanna Schopenhauer an Herrn von K.
- Johanna Schopenhauer an Brockhaus
- Johanna Schopenhauer an Varnhagen

## Deutsches Literaturarchiv Marbach a.N. (DLA), Handschriftenabteilung

JOHANNA SCHOPENHAUER:
- Johanna Schopenhauer an Cotta, Bestand/Zugangsnummer Cotta Br.
- Johanna Schopenhauer an Luise Seidler, Bestand/Zugangsnummer A: Goethe
- Johanna Schopenhauer an Reinbek, Bestand/Zugangsnummer A: Reinbek
- Johanna Schopenhauer an Riemer, Bestand/Zugangsnummer B: J.H. Schopenhauer
- Johanna Schopenhauer an Charlotte von Schiller, Bestand/Zugangsnummer A: Schiller/Charlotte von Schiller

## Freies Deutsches Hochstift/Frankfurter Goethe-Museum (FDH), Frankfurt a.M.

SOPHIE MEREAU:
- Sophie Mereau an Friedrich Justin Bertuch, Sg. 52154
- Sophie Mereau an Heinrich Dieterich, Sg. 52155-56
- Sophie Mereau an Friedrich Wilmans, Sg. 52157-58; 52159-60
- Sophie Mereau an Buchhändler Zimmer, Sg. 52163-64
- Sophie Mereau an einen Verleger (vermutlich Wilmans), Sg. 52161-62
- Sophie Mereau an einen Verleger, Sg. 52165
- Sophie Mereau an einen Verleger, Sg. 52166
- Sophie Mereau an einen Verleger oder Herausgeber, Sg. 52167

- Bettina von Arnim an Sophie Mereau, Sg. Br. V 11722, 11723, 11724
- Bettina von Arnim an Sophie Mereau, Sg. II 8654-55
- Friedrich Dienemann an Sophie Mereau, Sg. 24928-29
- Carl Abraham Eichstädt an Sophie Mereau, Sg. 25707-08
- Karoline Engelhardt an Sophie Mereau, Sg. 25792-93
- Karl Wilhelm Justi an Sophie Mereau, Sg. 46601-02
- J. Le Pique an Sophie Mereau, Sg. 51213-14
- Friedrich Ernst Carl Mereau an Sophie Mereau, Sg. 52 134-36; 139-48
- Friedrich Nicolai an Sophie Mereau, Sg. 58812-15
- Friedrich Immanuel Niethammer an Sophie Mereau, Sg. 58851-52

JOHANNA SCHOPENHAUER:
- Johanna Schopenhauer an Karl Bertuch, Sg. 65669-70
- Johanna Schopenhauer an Karl von Holtei, Nachlaß Johanna Schopenhauer, Sg. II 1053-54
- Johanna Schopenhauer an Karl Ludwig von Knebel, Sg. 65697-80 Slg-K 321
- Johanna Schopenhauer an Josef Max, 65671-72

- Johanna Schopenhauer an Friedrich Wilhelm Riemer, Sg. 65679-80 Slg-K 323
- Johanna Schopenhauer an Ludwig Tieck, Nachlaß Johanna Schopenhauer, Sg. 65675-76
- Johanna Schopenhauer an Unger, Nachlaß Johanna Schopenhauer, Sg. 65677-78
- Johanna Schopenhauer an Heinrich Wilmans, Nachlaß Schopenhauer, Sg. 65679-80 Slg-K 322

- Friedrich Justin Bertuch an Johanna Schopenhauer, Nachlaß Friedrich Justin Bertuch, Sg. 144534

**Goethe-Museum/Anton- und Katharina-Kippenberg-Stiftung (GMD), Düsseldorf**

JOHANNA SCHOPENHAUER:
- Johanna Schopenhauer (vermutlich an August von Goethe), Sg. NW 1101/1968
- Johanna Schopenhauer an Hage[n]bruch, Sg. 4559
- Johanna Schopenhauer an Karl von Holtei, Sg. NW 2092/1991
- Johanna Schopenhauer an Johann Georg Keil, Sg. 4588
- Johanna Schopenhauer an Nikolaus Meyer, Sg. NW 1772/1982
- Johanna Schopenhauer an G.F.K. Müller, Sg. NW 1631/1978
- Johanna Schopenhauer an Elisa von der Recke, Sg. KK 3434
- Johanna Schopenhauer an Riemer, Sg. NW 22/1955
- Johanna Schopenhauer an Rinder, Sg. Inv. 0
- Johanna Schopenhauer an Geheimrat Schweitzer, Sg. NW 883/1965
- Johanna Schopenhauer an Luise Seidler, NW 21/1955
- Johanna Schopenhauer an Henriette Völkel, Sg. NW 1475/1975
- Johanna Schopenhauer an Julius Adolph Völkel, NW 1475/1975 (Smlg. Hummel)
- Johanna Schopenhauer an Ludwig Bernhard Wolff, Sg. NW 2013/1988
- Johann Wolfgang Goethe an Johanna Schopenhauer, Sg. KK 56
- Geheimrat Schweitzer an Johanna Schopenhauer, Sg. NW 889/1965

Verzeichnis von Gemälden für eine Lotterie, die sich in ihrem Besitz befinden, Sg. NW 1128e/1969

Eigenhändige Quittung mit Unterschrift über „Honorar für Beyträge z.d. Journ. d. Moden. 1816", Sg. NW 2119a/1992

## Thüringische Universitäts- und Landesbibliothek Jena, Abt. Handschriften und Sondersammlungen (ThULB/HSA)

SOPHIE MEREAU:
- Sophie Mereau an Carl Abraham Eichstädt, EN 22.98; EN 22.99; EN 22.100; EN 22.101; EN 22.103; EN 22.105; EN 22.106; EN 22.107; EN 22.108; EN 22.109; EN 22.110; EN 22.111
- Sophie Mereau an Henriette Schütz, 22.102

## Bayerische Staatsbibliothek München, Handschriftenabteilung

JOHANNA SCHOPENHAUER:
- Johanna Schopenhauer an Karl Bertuch, Autogr. Schopenhauer, Johanna
- Johanna Schopenhauer an Riemer, E. Petzetiana V, Schopenhauer, Johanna

## Universitäts- und Landesbibliothek Münster, Handschriftenabteilung

JOHANNA SCHOPENHAUER:
- Johanna Schopenhauer an Mohr, Nachlaß Schulte Kemminghausen 1,23
- Johanna Schopenhauer an Rinder, Nachlaß Schulte Kemminghausen 1,24

## Stiftung Weimarer Klassik und Kunstsammlungen, Weimar, Goethe- und Schiller-Archiv (GSA)

HENRIETTE VON EGLOFFSTEIN (HENRIETTE VON BEAULIEU-MARCONNAY):
Bestand Egloffstein, GSA 13

- Henriette von Beaulieu-Marconnay an Luise Großherzogin von Sachsen-Weimar-Eisenach (Concept), GSA 13/88
- Henriette von Beaulieu-Marconnay an Maria Pawlowna Großherzogin von Sachsen-Weimar-Eisenach (Concept), GSA 13/89

- Henriette von Beaulieu-Marconnay an Fritz von Dachenhausen, GSA 13/78
- Henriette von Beaulieu-Marconnay an August von Egloffstein, GSA 13/80
- Henriette von Beaulieu-Marconnay an Charlotte von Egloffstein, GSA 13/81
- Henriette von Beaulieu-Marconnay an Isabelle von Egloffstein, GSA 13/82
- Henriette von Beaulieu-Marconnay an Karl Graf von Egloffstein, GSA 13/483

- Henriette von Beaulieu-Marconnay an Karoline von Egloffstein, geb. Aufsess, GSA 13/497
- Henriette von Beaulieu-Marconnay an Leopold von Egloffstein, GSA 13/103
- Henriette von Beaulieu-Marconnay an Nanny von Egloffstein, GSA 13/83
- Henriette von Beaulieu-Marconnay an Julius Elkan, GSA 13/84
- Henriette von Beaulieu-Marconnay an Christoph Jakob Haller von Hallerstein 13/86
- Henriette von Egloffstein an Franz Carl Leopold von Seckendorf(f)-Aberdar, GSA 13/90
- Henriette von Beaulieu-Marconnay an Julie von Werlhoff, GSA 13/91

- Anna Amalia Herzogin von Sachsen-Weimar-Eisenach an Henriette von Egloffstein, GSA 13/58
- Karl August Großherzog von Sachsen-Weimar-Eisenach an Henriette von Beaulieu-Marconnay, GSA 13/59
- Luise Großherzogin von Sachsen-Weimar-Eisenach an Henriette von Beaulieu-Marconnay, GSA 13/62
- Maria Pawlowna Großherzogin von Sachsen-Weimar-Eisenach an Henriette von Beaulieu-Marconnay, GSA 13/63

- Karl von Beaulieu-Marconnay an Henriette von Beaulieu-Marconnay, GSA 13/113
- Wilhelm von Beaulieu-Marconnay an Henriette von Beaulieu-Marconnay, GSA 13/13
- Gottlieb Heinrich Bergmann an Henriette von Beaulieu-Marconnay, GSA 13/15
- Georg August von Breitenbauch an Henriette von Beaulieu-Marconnay, GSA 13/17
- Fritz von Dachenhausen an Henriette von Beaulieu-Marconnay, GSA 13/18
- Auguste von Egloffstein an Henriette von Beaulieu-Marconnay, GSA 13/21
- Albrecht Dietrich von Egloffstein an Henriette von Egloffstein, GSA 13/19
- Charlotte von Egloffstein an Henriette von Beaulieu-Marconnay, GSA 13/22
- Gottfried von Egloffstein an Henriette von Beaulieu-Marconnay, GSA 13/23
- Heinrich von Egloffstein an Henriette von Beaulieu-Marconnay, GSA 13/25
- Henriette von Egloffstein an Henriette von Beaulieu-Marconnay, GSA 13/16
- Isabelle von Egloffstein an Henriette von Beaulieu-Marconnay, GSA/27

- Jeannette von Egloffstein an Henriette von Beaulieu-Marconnay, GSA 13/28
- Julie von Egloffstein an Henriette von Beaulieu-Marconnay, GSA 13/29
- Karl von Egloffstein an Henriette von Beaulieu-Marconnay, GSA 13/31
- Karoline von Egloffstein an Henriette von Beaulieu-Marconnay, GSA 13/33
- Karoline von Egloffstein, geb. von Aufsess an Henriette von Beaulieu-Marconnay, GSA 13/34
- Leopold von Egloffstein an Henriette von Beaulieu-Marconnay, GSA 13/35
- Sophie von Egloffstein, geb. von Thüna an Henriette von Egloffstein, GSA 13/37
- Wolfgang Gottlob Christoph von Egloffstein an Henriette von Beaulieu-Marconnay, GSA 13/24

- Johann Wolfgang Goethe an Henriette von Beaulieu-Marconnay, 13/41
- Rudolf Siegmund von Holzschuher an Henriette von Beaulieu-Marconnay, GSA 13/42
- Maria Anna Benigna von Hutten an Henriette von Egloffstein, GSA 13/44
- August Kestner an Henriette von Beaulieu-Marconnay, GSA 13/45
- Christina von Kotzebue an Henriette von Egloffstein, GSA 13/48
- August von Kotzebue an Henriette von Egloffstein, GSA 13/47
- Sophie Mereau an Henriette von Egloffstein, GSA 13/50
- Friedrich von Müller an Henriette von Beaulieu-Marconnay, GSA 13/51
- Karl Friedrich Ferdinand von Nagler an Henriette von Beaulieu-Marconnay, GSA 13/52
- Karl von Pappenheim an Henriette von Beaulieu-Marconnay, GSA 13/53
- Henriette von Pogwisch an Henriette von Beaulieu-Marconnay, GSA 13/54
- Karoline Gräfin von der Schulenburg an Henriette von Beaulieu-Marconnay, GSA 13/66
- Ernst Schulze an Henriette von Beaulieu-Marconay, GSA 13/67

Lebenserinnerungen:
- „Bruchstücke aus meinem Leben", GSA 13/5
- „Meine zweite Heirat", GSA 13/6

„Werke":
- „Der Name. Eine Begebenheit aus dem wirklichen Leben", GSA 13/2
- Erzählung in Briefform, GSA 13/4
- Gedichte, GSA 13/1
- Leben eines deutschen Fräuleins aus einer altfränkischen Familie, GSA 13/3
- Das ästhetische Weimar und seine erhabne Begründerin, GSA 13/8

- „Über die bildende Kunst", GSA 13/9

Tagebücher:
- Verschiedene Aufzeichnungen, GSA 13/96; 13/97
- „Gedanken und ernste Betrachtungen auf einen Punkt gesammelt", GSA 13/94
- „Christliche Betrachtungen und Selbstprüfung", GSA 13/95

Persönliche Unterlagen:
- Diplom der „Arcadia", GSA 13/98
- Testament mit 3 Nachträgen, GSA 13/100
- Aufzeichnungen und Exzerpte über Goethe, GSA 13/101
- Aufzeichnungen über Großherzogin Luise von Sachsen-Weimar-Eisenach und über Julie von Egloffstein, GSA 13/102
- Heiratsvertrag mit Karl von Beaulieu-Marconnay, GSA 13/99

JULIE VON EGLOFFSTEIN:
- Fritz von Dachenhausen an Julie von Egloffstein, GSA 13/264
- Henriette von Beaulieu-Marconnay an Julie von Egloffstein, GSA 13/256
- Karoline von Egloffstein an Julie von Egloffstein, GSA 13/278

Berechnung für Gräfin Julie von Egloffstein, Vom 19. Apr. 1831 bis zum Sept. 1832, GSA 13/304

Sammlungs- und Erinnerungsstücke:
- Gedichte von Sophie Mereau, GSA 13/394

CAROLINE VON EGLOFFSTEIN:
- Henriette von Beaulieu-Marconnay an Caroline von Egloffstein, GSA 13/129
- Julie von Egloffstein an Karoline von Egloffstein, GSA 13/146

Geschäftlich-berufliche und persönliche Unterlagen, Haushaltsunterlagen, Rechnungen, GSA 13/243

Bestand Friedrich von Müller, GSA 13/68
- Henriette von Beaulieu-Marconnay an Friedrich von Müller, GSA 68/113

SOPHIE MEREAU:
Autographensammlung
- Sophie Brentano an Amalie Voigt, GSA 96/1959
- Karl Wilhelm Friedrich Schlegel an Sophie Mereau, GSA 96/2545

Bestand Arnim
- Sophie Brentano an Achim von Arnim, GSA 03/1055
- Achim von Arnim an Clemens Brentano, GSA 03/1057

Bestand Bertuch
- Friedrich Justin Bertuch an Friedrich Ernst Carl Mereau, GSA 06/1254
- Friedrich Ernst Carl Mereau an Friedrich Justin Bertuch, GSA 06/1255

Bestand Goethe, GSA 28
- Sophie Mercau an Johann Wolfgang Goethe, GSA 28/614

Bestand Herder, GSA 44
- Johann Gottfried Herder an Sophie Mereau, GSA 44/114

Bestand Friedrich v. Müller, GSA 68
- Sophie Mereau an Friedrich von Müller, GSA 68/287

ADELE SCHOPENHAUER:
Bestand Goethe, GSA 28
- Adele Schopenhauer an Johanna Wolfgang Goethe, GSA 28/820

JOHANNA SCHOPENHAUER:
Autographensammlung, GSA 96
- Karl Morgenstern an Johanna Schopenhauer, GSA 96/4259
- Johanna Schopenhauer an Ferdinand Heinke, GSA 96/3999

Bestand Bertuch, GSA 06
- W. H. Reinganum an Johanna Schopenhauer, GSA 06/4902
- Johanna Schopenhauer an Friedrich Justin Bertuch, GSA 06/1709
- Johanna Schopenhauer an Karl Bertuch, GSA 06/2990
- Johanna Schopenhauer an Ludwig Friedrich Foriep, GSA 06/4108
- Johanna Schopenhauer an Charlotte Foriep, GSA 06/4573

Note über ausgeliehene Bücher, GSA 06/2384

Bestand Frommann
- Johanna Schopenhauer an Carl Friedrich Ernst Frommann, GSA 21/43,12
- Johanna Schopenhauer an Friedrich Johannes Frommann, GSA 21/156,1

Bestand Goethe Familie
- Johanna Schopenhauer an August von Goethe, GSA 37/XI,4,9

Bestand Goethe-Pogwisch-Henckel v. Donnersmarck, GSA 40
- Johanna Schopenhauer an Ottilie von Goethe, GSA 40/XVI,4,2

- Johanna Schopenhauer an Henriette v. Pogwisch, GSA 40/XXXVI,7,3

Bestand Knebel, GSA 54
- Karl Ludwig Knebel an Johanna Schopenhauer, GSA 54/333
- Johanna Schopenhauer an Karl Ludwig Knebel, GSA 54/262

Bestand Friedrich v. Müller, GSA 68
- Johanna Schopenhauer und Adele Schopenhauer an Friedrich v. Müller, GSA 68/412

Bestand Schopenhauer, GSA 84
- Johanna Schopenhauer an Carl Friedrich Anton Conta, GSA 84/I,3,1
- Johanna Schopenhauer an Julius Elkan
- Johanna Schopenhauer an Goulet, GSA 84/I,3,2
- Johanna Schopenhauer an Johann Georg Keil, GSA 84/I,3,3
- Johanna Schopenhauer an Luise v. Könneritz, GSA 84/I,3,4a
- Johanna Schopenhauer an Friedrich Wilhelm Riemer, GSA 85/I,3,5
- Johanna Schopenhauer an Amalie von Voigt, GSA 84/I,3,6
- Johanna Schopenhauer an Karl Friedrich Wendelstadt, GSA 84/I,3,6a
- Johanna Schopenhauer an Wolf, GSA 84/I,3,7

- Johann Friedrich Blumenbach an Johanna Schopenhauer, GSA 84/I,2,6
- Christoph Dahlmann an Johanna Schopenhauer, GSA 84/I,2,4
- Carl Eduard von Holtei an Johanna Schopenhauer, GSA 84/I,2,1
- Helene Marie von Kügelgen an Johanna Schopenhauer, GSA 84/I,2,2
- Adele Schopenhauer an Johanna Schopenhauer, GSA 84/I,2,3
- Oskar Ludwig Bernhard Wolff an Johanna Schopenhauer, GSA 84/I,2,5

Bestand Schweitzer, GSA 86
- Johanna Schopenhauer an Christian Wilhelm Schweitzer

**Thüringisches Hauptstaatsarchiv Weimar (Hausarchiv) (ThHStAW HA)**

JOHANNA SCHOPENHAUER:
- Johanna Schopenhauer an Carl Friedrich, ThHStAW HA, A XXII. Carl Friedrich, No. 288.

„Rechnungen über Einnahme und Ausgabe bey Ihro des regierenden Herrn Herzogs zu Sachsen Weimar und Eisenach Herzogl. Durchlaucht. Schatulle vom 1. April 1808 bis ult. Maerz 1809", ThHStA W HA A 1276

„Rechnungen über Einnahme und Ausgabe bey Ihro des regierenden Herrn Herzogs zu Sachsen Weimar und Eisenach Herzogl. Durchlaucht. Schatulle vom 1. April 1809 bis ult. Mart. 1810", ThHStA W HA A 1284

„Rechnungen über Einnahme und Ausgabe bey Ihro des regierenden Herrn Herzogs zu Sachsen Weimar und Eisenach Herzogl. Durchlaucht. Schatulle vom 1. April 1810-ult. Mart. 1811", ThHStA W HA A 1288.

Hochfürstlicher Sachsen-Weimar- und Eisenachischer Hof- und Address-Calender [...], Weimar [Jena] 1775-1806. Zitiert nach den Einträgen in der Prosopographie-Datenbank, Sonderforschungsbereich 482 „Ereignis Weimar-Jena. Kultur um 1800", Teilprojekt A1, Friedrich-Schiller-Universität Jena. (HAC)

Kirchenarchiv Jena, Heiratsregister, zitiert nach den Einträgen der Demographiedatenbank, Sonderforschungsbereich 482 „Ereignis Weimar-Jena. Kultur um 1800", Teilprojekt A1, Friedrich-Schiller-Universität Jena. (KAJ HR)

Kirchenarchiv Jena, Taufregister, zitiert nach den Einträgen der Demographiedatenbank, Sonderforschungsbereich 482 „Ereignis Weimar-Jena. Kultur um 1800", Teilprojekt A1, Friedrich-Schiller-Universität Jena. (KAJ TR)

Kirchenarchiv Weimar, Hofkirche, zitiert nach den Einträgen der Demographiedatenbank, Sonderforschungsbereich 482 „Ereignis Weimar-Jena. Kultur um 1800", Teilprojekt A1, Friedrich-Schiller-Universität Jena. (KAWE HK)

Kirchenarchiv Weimar, Stadtkirche, zitiert nach den Einträgen der Demographiedatenbank, Sonderforschungsbereich 482 „Ereignis Weimar-Jena. Kultur um 1800", Teilprojekt A1, Friedrich-Schiller-Universität Jena. (KAWE SK)

## Gedruckte Quellen

ADELUNG, Johann Christoph: Grammatisch-kritisches Wörterbuch der hochdeutschen Mundart. Mit beständiger Vergleichung der übrigen Mundarten, besonders aber der Oberdeutschen, Leipzig 1793-1801.

AHLEFELD, Charlotte von: Briefe auf einer Reise durch Deutschland und die Schweiz im Sommer 1808, Altona 1810.

AMELUNG, Heinz (Hg.): Briefwechsel zwischen Clemens Brentano und Sophie Mereau, Potsdam 1939.

AMELUNG, Heinz: Briefe Friedrich Schlegels an Clemens Brentano und an Sophie Mereau, in: Zeitschrift für Bücherfreunde, N.F. 5. Jg., 1. Hälfte (1913), S. 183-192.

APOLOGIE DES THEE'S, in: Journal des Luxus und der Moden, Band 22 (1807), S. 203.

BAMBERG, Eduard von (Hg.): Caroline Jagemann. Die Erinnerungen, 2 Bde., Dresden 1926.

BENEZÉ, Emil (Hg.): Lebenserinnerungen der Karoline Schulze-Kummerfeld, 2 Bde., Berlin 1915.

BEHRENS, Katja (Hg.): Frauenbriefe der Romantik, 2. Aufl., Frankfurt a.M. 1982.

BEREND, Eduard (Hg.): Jean Pauls Persönlichkeit in Berichten der Zeitgenossen, Berlin/Weimar 1956.

BLUHM, Heinz (Hg.): Henriette v. Pogwisch. Weimar im Jahr 1832. Briefe an Adele Schopenhauer, Wien 1964.

BOCCACCIO, Giovanni di: Fiammetta. Übertragen von Sophie Brentano, [Textrevision und Ergänzungen von Katharina Kippenberg], Leipzig 1982.

BÖTTIGER, Karl August: Literarische Zustände und Zeitgenossen. Schilderungen aus Karl Böttigers handschriftlichem Nachlasse, hrsg. v. Karl Wilhelm Böttiger, 2 Bde., Leipzig 1838.

BRANDES, Ernst: Betrachtungen über das weibliche Geschlecht und dessen Ausbildung im geselligen Leben, Hannover 1802.

BRANDES, Ernst: Über die Weiber, Leipzig 1787.

BRENTANO, Clemens: Sämtliche Werke und Briefe, Band 31: Briefe III, Stuttgart/Berlin/Köln 1991.

CAMPAN, Jeanne L.: Die häusliche Erziehung vorzüglich des weiblichen Geschlechts von dem ersten Lebensjahre bis in das reifere Alter, Köln 1997 (ND der Ausgabe Leipzig 1824).

CAMPE, Joachim Heinrich: Väterlicher Rath für meine Tochter. Ein Gegenstück zum Theophron, 3. Aufl., Braunschweig 1796 (ND Köln 1997).

CAMPE, Johann Heinrich: Väterlicher Rath für meine Tochter. Ein Gegenstück zum Theophron. Neudruck der Ausgabe Braunschweig 1796, Paderborn 1988.

[CHÉZY, Helmina von]: Unvergessenes. Denkwürdigkeiten aus dem Leben von Helmina von Chézy, Leipzig 1858.

DAMM, Sigrid (Hg.): Begegnungen mit Caroline. Briefe von Caroline Michaelis-Böhmer-Schlegel-Schelling, Leipzig 1979.

DECHANT, Anja: *Harmonie stiftete unsre Liebe, Phantasie hob sie zur Begeisterung und Vernunft heiligte sie mit dem Siegel der Wahrheit.* Der Briefwechsel zwischen Sophie Mereau und Johann Heinrich Kipp, Frankfurt a.M. 1996.

DEETJEN, Werner (Hg.): Briefe einer Hofdame aus dem klassischen Weimar. Die Göchhausen, Berlin 1923.

DEETJEN, Werner (Hg.): Johanna und Adele Schopenhauer in ihren Beziehungen zum weimarischen Hof. Ungedruckte Briefe, in: Ostdeutsche Monatshefte, 10. Jg., Berlin 1930, S. 30-40.

ECKERMANN, Johann Peter: Gespräche mit Goethe in den letzten Jahren seines Lebens, Berlin/Weimar 1982.

EGLOFFSTEIN, Hermann von (Hg.): Alt-Weimars Abend. Briefe und Aufzeichnungen aus dem Nachlasse der Gräfinnen Egloffstein, München 1923.

EGLOFFSTEIN, Hermann von: Ein Kind des 18. Jahrhunderts. Jugenderinnerungen der Gräfin Henriette von Egloffstein, in: Deutsche Rundschau (1919-1920).

FALK, Johannes Daniel: Goethe aus näherm persönlichen Umgange dargestellt, Leipzig 1832.

FALK, Johannes Daniel: Taschenbuch für Freunde des Scherzes und der Satyre, Leipzig 1797-1804.

FERNOW, Carl Ludwig: Leben des Künstlers Asmus Jakob Carstens. Ein Beitrag zur Kunstgeschichte des 18. Jahrhunderts, Leipzig 1806.

FERNOW, Carl Ludwig: Römische Studien, 3 Tle., o.O. 1806-1808.

FIEBIGER, Otto: Unveröffentlichte Briefe Johanna Schopenhauers an Karl August Böttiger, in: Jahrbuch der Schopenhauer-Gesellschaft 11 (1922), S. 69-113.

FOUQUÉ, Caroline Baronin de la Motte: Briefe über Zweck und Richtung weiblicher Bildung, Berlin 1811.

FOUQUÉ, Caroline Baronin de la Motte: Die Frauen in der großen Welt. Bildungsbuch beim Eintritt in das gesellige Leben, Berlin 1826.

GAD-BERNARD-DOMEIER, Esther: Einige Äußerungen über Hrn. Kampe'ns Behauptungen, die weibliche Gelehrsamkeit betreffend, in: Der Kosmopolit, eine Monathsschrift zur Beförderung wahrer und allgemeiner Humanität (1798), S. 577-590.

GEIGER, Ludwig: Dreizehn Briefe Goethes an Adele Schopenhauer nebst Antworten der Adele und einem Billet Boernes an Goethe, in: Goethe-Jahrbuch, Bd. 19, Frankfurt a.M. 1898, S. 53-119.

[GEISSLER, Wilhelmine]: Gedichte von Henriette Wilhelmine Geissler, geb. Holderrieder. Aus ihrem Nachlasse für Freunde ausgewählt, Gotha 1823.

GERLACH, Gottlob: Der elegante Kaffee- und Theetisch oder Anweisung wie man das Lob, eine Gesellschaft delicat und doch wohlfeil bewirthet zu haben, erhalten kann. Ein Handbuch für Damen, Kaffee- und Gastwirthe, 4. Aufl., Erfurt o.O. (ND 1990).

GERSDORFF, Dagmar von (Hg.): Lebe der Liebe und liebe das Leben. Der Briefwechsel von Clemens Brentano und Sophie Mereau, Frankfurt a.M. 1981.

[GOETHE, Johann Wolfgang von]: Goethes Werke, hrsg. im Auftrage der Großherzogin Sophie von Sachsen, IV Abt., 143 Bde., Weimar 1887-1919.

GOETHE, Johann Wolfgang: Sämtliche Werke. Briefe, Tagebücher und Gespräche, Teil II: Vom 1. Januar 1800 bis zum 9. Mai 1805, hrsg. v. Volker C. Dörr/Norbert Oellers, Frankfurt a.M. 1999.

GOULLON, François le: Der elegante Theetisch, Weimar 1829.

GOULLON, François le: „Der elegante Theetisch oder die Kunst, einen glänzenden Zirkel auf eine geschmackvolle und anständige Art ohne großen Aufwand zu bewirthen", Weimar 1809.

GRIMM, Jacob/Wilhelm Grimm: Deutsches Wörterbuch, Band 13, München 1984.

HAHN, Barbara: „Geliebtester Schriftsteller". Esther Gads Korrespondenz mit Jean Paul, in: Jean Paul Jahrbuch 25 (1990), S. 7-42.

HASSBARGEN, Hermann: Johanna Schopenhauers Briefe an C.W. Labes in Danzig, in: Mitteilungen des Westpreussischen Geschichtsvereins, Jg. 17, Nr. 4 (1. Oktober 1928), S. 61-74.

HERDER, Johann Gottfried: Briefe. Gesamtausgabe 1763-1803, bearb. v. Günter Arnold und Wilhelm Dobbek, 10 Bde., Weimar 1977-1996.

HERDER, Johann Gottfried: Recensionen in den Erfurter Nachrichten: 46stes Stück, vom 29. Sept. 1800., in: Herders Sämmtliche Werke, hrsg. v. Bernhard Suphan, Bd. 20, Berlin 1880, S. 362-367.

HEUSER, Magdalene u.a. (Hg.): „Ich wünschte so gar gelehrt zu werden." Drei Autobiographien von Frauen des 18. Jahrhunderts. Texte und Erläuterungen zu den Autobiographien von Friderika Baldinger, Charlotte von Einem, Angelika Rosa, Göttingen 1994.

HIPPEL, Gottfried A.: Nachlaß über weibliche Bildung, Köln 1999 (ND der Ausgabe Berlin 1801).

HIPPEL, Gottfried A.: Über die bürgerliche Verbesserung der Weiber, Berlin 1792.

HIPPEL, Gottfried A.: Über die Ehe, Berlin 1774, dritte viel vermehrte Auflage, Berlin 1792.

HIPPEL, Gottfried A.: Ueber die Ehe. Nach der fünften vermehrten Auflage, Berlin 1828 (= Sämmtliche Werke, Bd. 5).

HOLST, Amalia: Über die Bestimmung des Weibes zur höheren Geistesbildung (1802). Neudruck mit einem Nachwort von Berta Rahm, 2. erw. Aufl., Zürich 1984.

HOLTEI, Karl von (Hg.): Briefe an Ludwig Tieck, 4 Bde. Breslau 1864.

HOLTEI, Karl von (Hg.): Johanna Schopenhauer. Briefe an Karl v. Holtei, Leipzig 1870.

HOUBEN, Heinrich Hubert (Hg.): Damals in Weimar! Erinnerungen und Briefe von und an Johanna Schopenhauer, Leipzig 1924.

HOUBEN, Heinrich Hubert: Neue Mitteilungen über Adele und Arthur Schopenhauer. Aus dem Nachlass der Frau Sibylle Mertens-Schaaffhausen, dargestellt nach ihren Tagebüchern und Briefen, Essen 1935.

[HUBER, Therese]: Briefe, Bd. 1, hrsg. v. Magdalene Heuser, Tübingen 2001.

HÜBSCHER, Arthur: Adele an Arthur Schopenhauer. Unbekannte Briefe I, in: Schopenhauer-Jahrbuch 58 (1977), S. 133-153 u. 178-186.

HÜBSCHER, Arthur: Unveröffentlichte Briefe von Johanna Schopenhauer an Karl August Boettiger, in: Jahrbuch der Schopenhauer-Gesellschaft 22 (1935), S. 197-200.

[IMHOFF, Amalie von]: Die Schwestern von Lesbos, in: Musen-Almanach für das Jahr 1800, hrsg. v. Friedrich Schiller, Tübingen 1800, S. 1-197.

JEAN PAUL: Levana oder Erziehlehre, in: Jean Paul Werke, hrsg. v. Norbert Miller, Bd. 5, München o.J.

KANT, Immanuel: Anthropologie in pragmatischer Hinsicht (1789), in: ders., Werke, hrsg. v. Wilhelm Weischedel, Bd. 12, Frankfurt a.M. 1968.

KAPF, R. S.: An Johanna Schopenhauer nach dem Lesen der Gabriele, in: Abend-Zeitung, Dresden, Leipzig 1821, Nr. 90, 14. April 1821.

KEWITZ, Jessica (Hg.): „Kommen Sie, wir wollen 'mal Hausmutterles spielen". Der Briefwechsel zwischen den Schriftstellerinnen Therese Huber (1764-1829) und Helmina von Chézy (1783-1856), Marburg 2004.

KIPP, Ioannes Henricus: De donatione inter virum et uxorem secundum statuta lubecensium sine liberorum consensu invalida, Iena 1795.

KLETKE, Hermann: Deutschlands Dichterinnen, 2. Aufl., Berlin 1854, 4. verm. Aufl., Berlin o.J.

KNEBEL, Karl Ludwig von: Literarischer Nachlaß und Briefwechsel, München 1948.

KÖRNER, Josef (Hg.): Krisenjahre der Frühromantik. Briefe aus dem Schlegelkreis, 3 Bde., Bern/München 1958.

KRETSCHMANN, Lily v. (Hg.): Aus Goethes Freundeskreise. Erinnerungen der Baronin Jenny v. Gustedt, Braunschweig 1892.

LA ROCHE, Sophie von (Hg.): Baldinger, Dorothea Friderika, Lebensbeschreibungen von F.B. von ihr selbst verfaßt. Offenbach 1791.

LA ROCHE, Sophie von: Die Frage, warum ich selbst Romane schrieb, in: Pomona 1, 11 (1783), S. 1092-1094.

[LA ROCHE, Sophie]: Geschichte der Fräulein von Sternheim, hrsg. v. Christoph Martin Wieland, 2. Theil, Leipzig 1771.

LANDAU, Paul (Hg.): Frauenbriefe der Romantik, Berlin 1923.

LÜTKEHAUS, Ludger (Hg.): Arthur Schopenhauers Reisetagebücher, Zürich 1988.

LÜTKEHAUS, Ludger (Hg.): Die Schopenhauers. Der Familien-Briefwechsel von Adele, Arthur, Heinrich Floris und Johanna Schopenhauer, Zürich 1991.

LYNCKER, Karl Frh. Von: Am Weimarischen Hofe unter Amalien und Carl August. Erinnerungen von Karl Frh. von Lyncker, hrsg. v. seiner Großnichte Marie Scheller, Berlin 1912.
MARQUARDT, Hertha/Kurt Schreinert (Hg.): Henry Crabb Robinson und seine deutschen Freunde. Brücke zwischen England und Deutschland im Zeitalter der Romantik. Nach Briefen, Tagebüchern und anderen Aufzeichnungen, 2 Bde., Göttingen 1964/1967.
MAUVILLON, Jacob: Mann und Weib nach ihren gegenseitigen Verhältnissen geschildert, Leipzig 1791.
MEINERS, Christoph: Geschichte des weiblichen Geschlechts, 4 Bde., Hannover 1788-1800.
MEREAU, Friedrich Ernst Carl: Taschenbuch der teutschen Vorzeit auf das Jahr 1794, Nürnberg/Jena 1794.
MEREAU, Sophie: Bey Frankreichs Feier. den 14. Junius 1790, in: Thalia, Bd. 3, H. 11 (1791).
MEREAU, Sophie: Feuerfarb', in: Sophie Mereau, Feuerfarb, in: Journal des Luxus und der Moden, Bd. 7, Heft 8 (1792), S. 377-378.
MEREAU, Sophie: Die letzte Nacht, in: Neue Thalia Bd. 3, 1. St. (1793), S. 108f.
MEREAU, Sophie: Das Bildnis, in: Neue Thalia Bd. 3, 1. St. (1793), S. 385f.
[MEREAU, Sophie]: Das Blüthenalter der Empfindung, Gotha 1794.
MEREAU, Sophie: Schwarzburg, in: Die Horen, Bd. 3, 9. St. (1795), S. 39-44.
MEREAU, Sophie: Frühling [Düfte wallen...], in: Musen-Almanach für das Jahr 1796, S. 55-58.
MEREAU, Sophie: Das Lieblingsörtchen, in: Musen-Almanach für das Jahr 1796, S. 145-147;
MEREAU, Sophie: Vergangenheit, in: Musen-Almanach für das Jahr 1796, S. 107-109.
MEREAU, Sophie: Erinnerung und Phantasie, in: Musen-Almanach für das Jahr 1796, S. 149-151.
MEREAU, Sophie: Nathan (Aus dem Decameron des Boccaz), in: Die Horen 2. Jg. IX (1796), S. 85-94.
MEREAU, Sophie: Briefe von Amanda und Eduard, in: Die Horen, Bd. 10, 6. St. (1797), S. 49-68; Bd. 11, 7. St. (1797), S. 38-59; Bd. 12, 10. St. (1797), S. 41-55.
MEREAU, Sophie: Des Lieblingsörtchens Wiedersehen, in: Die Horen, Bd. 12, 10. St. (1797), S. 98-100.
MEREAU, Sophie: Carl von Anjou, König von Neapel. Nach dem Boccaz, in: Die Horen, 3. Jg., 2. St. (1797), S. 34-42.
MEREAU, Sophie: Andenken, in: Musen-Almanach für das Jahr 1797, S. 57-58.
MEREAU, Sophie: Landschaft, in: Musen-Almanach für das Jahr 1797, S. 147-151.
MEREAU, Sophie: Lindor und Mirtha, in: Musen-Almanach für das Jahr 1798, S. 100-104.

MEREAU, Sophie: Der Garten zu Wörlitz, in: Musen-Almanach für das Jahr 1798, S. 216-220.
MEREAU, Sophie: Licht und Schatten, in: Musen-Almanach für das Jahr 1798, S. 292f.
MEREAU, Sophie: Schwärmerei der Liebe, in: Musen-Almanach auf das Jahr 1799, S. 225-230.
MEREAU, Sophie: Gedichte, 2 Bde., Erstes Bändchen, Berlin 1800.
MEREAU, Sophie: Geschichte Apheridons und Astartens. Nach dem Französischen, in: Kalathiskos, hrsg. v. Sophie Mereau, Bd. 2, Berlin 1802, S. 216-233.
[MEREAU-BRENTANO, Sophie]: Liebe und allenthalben Liebe. Werke und autobiographische Schriften in drei Bänden, hrsg. u. komm. v. Katharina von Hammerstein, München 1997.
MORGENBLATT FÜR GEBILDETE STÄNDE, Stuttgart 1807-1837.
NICOLAI, Friedrich (Hg.): Neue allgemeine deutsche Bibliothek, Berlin 1793-1806.
OETTINGEN, Wolfgang von: Aus Ottilie von Goethes Nachlaß. Briefe und Tagebücher von ihr und an sie bis 1832 (= Schriften der Goethe-Gesellschaft, Bd. 27). Weimar 1912.
[POGWISCH, Ulrike von]: Bester Vater! Briefe der Ulrike von Pogwisch an Goethe, hrsg. v. Ruth Rahmeyer, Leipzig 1999.
REBMANN, Andreas Georg Friedrich: Jena fängt an mir zu gefallen. Stadt und Universität in Schriften und Briefen, hrsg. v. Werner Greiling, Jena/Leipzig 1994.
ROUSSEAU, Jean-Jacques: Emile oder über die Erziehung, Paderborn 1981.
SCHAUER, Hans (Hg.): Herders Briefwechsel mit Karoline Flachsland. Nach den Handschriften des Goethe- und Schiller-Archivs, 2 Bde., Weimar 1926/1928 (= Schriften der Goethe-Gesellschaft, Bd. 39 und 41).
SCHELLBERG, Wilhelm/Friedrich Fuchs (Hg.): Das unsterbliche Leben. Unbekannte Briefe von Clemens Brentano, Jena 1939.
[SCHILLER, Friedrich]: Schillers Werke. Nationalausgabe, hrsg. im Auftrag der Stiftung Weimarer Klassik u. des Schiller-Nationalmuseums in Marbach v. Norbert Oellers, 42 Bde., Weimar 1943ff.
SCHINDEL, Carl Wilhelm Otto August von: Die deutschen Schriftstellerinnen des neunzehnten Jahrhunderts, 2 Thle., Leipzig 1823, S. 138-140.
SCHINDEL, Carl Wilhelm Otto August von: Ueber die Schriftstellerei der Frauen und ihren Beruf dazu, in: ders., Die deutschen Schriftstellerinnen des neunzehnten Jahrhunderts, Leipzig 1825.
SCHLEGEL, Friedrich: Lucinde (1799), in: Kritische Friedrich-Schlegel-Ausgabe, 1. Abt., 5. Bd.: Friedrich Schlegel, Dichtungen, hrsg. v. Hans Eichner, Paderborn u.a. 1962.
SCHMIDT, E. (Hg.): Schlegel-Schelling, Caroline, Briefe aus der Frühromantik, 2 Bde., Leipzig 1913-1921.
SCHOPENHAUER, Adele: Tagebücher, hrsg. v. Kurt Wolff, 2 Bde., Leipzig 1909.

SCHOPENHAUER, Adele: Tagebuch einer Einsamen, hrsg. v. Heinrich Hubert Houben, München 1985 (= Neuausgabe der Ausgabe bei Kinkhardt&Biermann 1921).
SCHOPENHAUER, Arthur: Arthur Schopenhauers Briefwechsel und andere Dokumente, hrsg. v. Max Brahn, Leipzig 1911.
[SCHOPENHAUER, Johanna]: Londoner Moden im December 1806, in: Journal des Luxus und der Moden (März 1807), S. 204-207.
[SCHOPENHAUER, Johanna]: „Gerhard von Kügelgens Portraits von Goethe, Wieland, Schiller und Herder. (Fragment aus dem Brief einer Dame an ihre Freundin)", in: Journal des Luxus und der Moden, Bd. 24 (1809), S. 344-351.
[SCHOPENHAUER, Johanna]: „Ueber Gerhard von Kügelgen und Friedrich in Dresden. (Zwei Briefe mitgetheilt von einer Kunstfreundin.)", in: Journal des Luxus und der Moden, Bd. 25 (1810), S. 682-690.
SCHOPENHAUER, Johanna: Johann von Schoreel, in: Abend-Zeitung, Nr. 131 (1821).
SCHOPENHAUER, Johanna: Der Günstling. Erzählung, in: Rheinisches Taschenbuch auf das Jahr 1823, Frankfurt a.M. 1823.
SCHOPENHAUER, Johanna: Hass und Liebe, in: Rheinisches Taschenbuch auf das Jahr 1824, Frankfurt a.M. 1824.
SCHOPENHAUER, Johanna: Leontine, in: Cornelia. Taschenbuch für deutsche Frauen, Darmstadt 1824.
SCHOPENHAUER, Johanna: Die Reise nach Flandern, in: Rheinisches Taschenbuch auf das Jahr 1825, Frankfurt a.M. 1825.
SCHOPENHAUER, Johanna: Natalie, in: Cornelia. Taschenbuch für deutsche Frauen, Darmstadt 1825.
SCHOPENHAUER, Johanna: Die Freunde, in: Rheinisches Taschenbuch auf das Jahr 1826, Frankfurt a.M. 1826.
SCHOPENHAUER, Johanna: Der Schnee, in: Minerva. Taschenbuch für das Jahr 1826, Leipzig 1826.
SCHOPENHAUER, Johanna: Die arme Margareth, in: Urania. Taschenbuch auf das Jahr 1827, Leipzig 1827.
SCHOPENHAUER, Johanna: Bruchstücke aus der Reise durch das südliche Frankreich, in: Aurora. Ein Taschenbuch für deutsche Töchter und Frauen edlern Sinnes, Zweyter Jahrgang für das Jahr 1827, Leipzig 1827.
SCHOPENHAUER, Johanna: Einige Worte ueber die dramatischen Vorlesungen des Herrn v. Holtei in Weimar, in: Blaetter fuer literarische Unterhaltung Nr. 137 (14. Juni 1828) u. Nr. 138 (16. Juni 1828).
SCHOPENHAUER, Johanna: Lebensstellungen, in: Frauentaschenbuch auf das Jahr 1831, Nürnberg 1831.
SCHOPENHAUER, Johanna: Meine Gross-Tante. Aus den Papieren eines alten Herrn, Stuttgart 1831.
SCHOPENHAUER, Johanna: Der Bettler von Sankt Columba, in: Penelope. Taschenbuch fuer das Jahr 1832, Leipzig 1832.

SCHOPENHAUER, Johanna: Reiseerinnerungen aus frueherer Zeit, in: Minerva. Taschenbuch fuer das Jahr 1833, Leipzig 1833.
SCHOPENHAUER, Johanna: Sämmtliche Schriften, 24 Bd., Leipzig/Frankfurt a.M. 1830-1832.
SCHOPENHAUER, Johanna: Neue Novellen, 3 Thle., Frankfurt a.M. 1832.
SCHOPENHAUER, Johanna: Lebensverhältnisse, Frankfurt a.M. 1832.
SCHOPENHAUER, Johanna: Neue Novellen, 3 Thle., Frankfurt a.M. 1832.
SCHOPENHAUER, Johanna: Lebensverhältnisse, Frankfurt a.M. 1832.
SCHOPENHAUER, Johanna: Mathilde, Frankfurt a.M. 1832.
SCHOPENHAUER, Johanna: Margaretha von Schottland, in: Urania. Taschenbuch auf das Jahr 1834, Leipzig 1834.
SCHOPENHAUER, Johanna: Die Reise nach Italien, Frankfurt a.M. 1835.
SCHOPENHAUER, Johanna: Eine englische Kriminalgeschichte, in: Rheinisches Taschenbuch auf das Jahr 1837, Frankfurt a.M. 1837.
SCHOPENHAUER, Johanna: Richard Wood. Roman, 2 Thle., Leipzig 1837.
[SCHOPENHAUER, Johanna]: An Rhein und Maas, Duisburg 1987.
SCHOPENHAUER, Johanna: Promenaden unter südlicher Sonne. Die Reise durch Frankreich 1804, hrsg. v. Gabriele Habinger [ND der Ausgabe: Wien 1825], Wien 1993.
SCHOPENHAUER, Johanna: Der Schnee. Eine Erzählung, hrsg. v. Karl Konrad Polheim, Hans Rothe, München 1996.
SCHOPENHAUER, Johanna: Gabriele [Unveränderter ND der Ausgabe: Wien 1825], Frankfurt a.M. 2000.
SCHOPENHAUER, Johanna: Jugendleben und Wanderbilder, hrsg. von Adele Schopenhauer, 2 Bde., Braunschweig 1839.
[SCHOPENHAUER, Johanna]: Johanna Schopenhauers Nachlass, hrsg. v. ihrer Tochter, 2 Bde., Braunschweig 1839. = Jugendleben und Wanderbilder, Braunschweig 1842.
[SCHOPENHAUER, Johanna]: Ihr glücklichen Augen. Jugenderinnerungen, Tagebücher, Briefe, hrsg. v. Rolf Weber, 3. veränderte Auflage Berlin 1986.
[SCHOPENHAUER, Johanna]: Im Wechsel der Zeiten, im Gedränge der Welt. Jugenderinnerungen, Tagebücher, Briefe, Düsseldorf/Zürich 2000.
SCHÜTZE, Stefan: Die Abendgesellschaften der Hofräthin Schopenhauer in Weimar: 1806-1830, in: Weimars Album zur 4. Saecularfeier der Buchdruckerkunst, Weimar 1840, S. 185-204.
SCHULZE-KUMMERFELD, Karoline: Aus dem Komödiantenleben des vorigen Jahrhunderts. Merkwürdigkeiten von K.S. Mitgetheilt von Hermann Uhde, in: Historisches Taschenbuch, begr. v. Friedrich v. Raumer, 3. Jg., Leipzig 1873, S. 359-415.
SCHULZE-KUMMERFELD, Karoline: Ein fahrendes Frauenzimmer. Die Lebenserinnerungen der Komödiantin K. S.-K. 1745-1815, hrsg. v. Inge Buck, Berlin 1988, ND München 1994.
SODEN, Julius von: „Psyche. Über Daseyn, Unsterblichkeit und Wiedersehen", Nürnberg 1794.

SOHR, Amalie/Marie LOEPER: Schillers Briefwechsel mit Sophie Mereau, in: Die Frau im gemeinnützigen Leben, Gera 1889.
TRAINER, James (Hg.): Liebe und Trennung. Charlotte von Ahlefelds Briefe an Christian Friedrich Tieck, Bern 1999.
UNGER, Rudolf: Briefe von Dorothea und Friedrich Schlegel an die Familie Paulus, Berlin 1913.
[VARNHAGEN, Rahel]: Rahel Varnhagen. Briefwechsel, 4 Bde., hrsg. v. Friedhelm Kemp, 2. Aufl., München 1979.
WAITZ, Georg (Hg.): Caroline. Briefe an ihre Geschwister, ihre Tochter Auguste, die Familie Gotter, F.L.W. Meyer und Fr. Schlegel, J. Schelling u.a. nebst Briefen von A.W. Schlegel und Fr. Schlegel u.a., 2 Bde., Leipzig 1871.
[WIELAND, Christoph Martin]: Deutschlands Dichterinnen, in: Der neue Teutsche Merkur (1803) April, S. 258-274.
WOBESER, Wilhelmine von: Elisa oder wie ein Weib sein sollte, Leipzig 1795.
WOLLSTONECRAFT, Mary: Eine Verteidigung der Rechte der Frau, London 1792.
WOLTMANN, Karoline von: Über Natur, Bestimmung, Tugend und Bildung der Frauen, Wien 1826.
ZEDLER, Johann Heinrich: Grosses vollständiges Universal-Lexikon aller Wissenschaften und Künste..., Halle 1732-1754.
ZEITUNG FÜR DIE ELEGANTE WELT, Leipzig 1801-1841.

LITERATUR

ACKERMANN, Astrid: Paris, London und die europäische Provinz. Die frühen Modejournale 1770-1830, Frankfurt a.M. 2005.
AEGERTER, Veronika u.a. (Hg.): Geschlecht hat Methode. Ansätze und Perspektiven in der Frauen- und Geschlechtergeschichte. Beiträge der 9. Schweizerischen Historikerinnentagung 1998, Zürich 1999.
AICHINGER, Ingrid: Künstlerische Selbstdarstellung. Goethes „Dichtung und Wahrheit" und die Autobiographie der Folgezeit, Bern u.a. 1977.
AINLEY, Rosa (Ed.): New Frontiers of Space, Bodies and Gender, London/New York 1998.
ALBRECHT, Peter/Hans Erich Bödeker/Ernst Hinrichs (Hg.): Formen der Geselligkeit in Nordwestdeutschland 1750-1820, Tübingen 2003.
ALDER, Doris: Die Wurzel der Polaritäten. Geschlechtertheorie zwischen Naturrecht und Natur der Frau, Frankfurt a.M./New York 1992.
AMFT, Hubert: Dem Geist des Ortes verpflichtet. Lebensbilder und Werk von sechs Weimarer Schriftstellerinnen, Weimar 2005.
ANTON, Annette C.: Authentizität als Fiktion. Briefkultur im 18. und 19. Jahrhundert, Stuttgart 1995.
ARNDT, Johannes: Möglichkeiten und Grenzen weiblicher Selbstbehauptung gegenüber männlicher Dominanz im Reichsgrafenstand des 17. und 18. Jahrhunderts, in: VSWG, Bd. 77, Heft 2 (1990), S. 153-174.
ARNOLD, Klaus/Sabine Schmolinsky/Urs Martin Zahnd (Hg.): Das dargestellte Ich. Studien zu Selbstzeugnissen des späteren Mittelalters und der frühen Neuzeit, Bochum 1999.
ART. „HANDLUNGSSPIELRAUM", in: Duden. Das große Wörterbuch der deutschen Sprache in sechs Bänden, Bd. 3, Mannheim/Wien/Zürich 1977, S. 1144.
ART. „HANDLUNGSSPIELRAUM,", in: Duden. Das große Wörterbuch der deutschen Sprache. In acht Bänden, Bd. 4, 2. Aufl., Mannheim u.a. 1993, S. 1467.
ART. „HANDLUNGSSPIELRAUM", in: Duden. Das große Wörterbuch der deutschen Sprache. In zehn Bänden, Bd. 4, 3. Aufl., Mannheim u.a. 1999, S. 1669.
ART. „SPIELRAUM", in: Deutsches Wörterbuch von Jacob und Wilhelm Grimm, Bd. 16, München 1984 (ND der Erstausgabe 1905), Sp. 1414f.
ASANGER, Roland/Gerd Wenninger (Hg.): Handwörterbuch Psychologie, 5. Aufl., Weinheim 1994, S. 52-60.
ASENDORF, Kurt: Altes und neues zur Schopenhauer-Genealogie, in: Schopenhauer-Jahrbuch 69 (1988), S. 609-613.
ASSING, Ludmilla : Sophie von La Roche. Die Freundin Wielands, Berlin 1859.
ASSMANN, Jan: Zur Verschriftlichung rechtlicher und sozialer Normen im Alten Ägypten, in: Hans Joachim Gehrke (Hg.): Rechtskodifizierung und soziale Normen im interkulturellen Vergleich, Tübingen 1994, S. 61-85.

AUGART, Julia: Eine romantische Liebe in Briefen. Zur Liebeskonzeption im Briefwechsel von Sophie Mereau und Clemens Brentano, Würzburg 2006.
BACHELARD, Gaston: Poetik des Raumes, München 1975.
BADINTER, Elisabeth: Emilie, Emilie. Weiblicher Lebensentwurf im 18. Jahrhundert. Aus dem Französischen von Friedrich Giese, München 1984.
BÄTE, Ludwig: Johann Gottfried Herder. Der Weg – das Werk – die Zeit, Stuttgart 1948.
BAHR, Ehrhard (Hg.): Was ist Aufklärung. Thesen und Definition, Stuttgart 1974.
BARTH, Ilse-Marie: Literarisches Weimar. Kultur-Literatur-Sozialstruktur im 16. bis 20. Jahrhundert, Stuttgart 1971.
BARTH-SCALMANI, Gunda: Frauen in der Welt des Handels an der Wende vom 18. zum 19. Jahrhundert: Eine regionalgeschichtliche Typologie, in: Unternehmerinnen: Geschichte & Gegenwart selbständiger Erwerbstätigkeit von Frauen, Frankfurt a.M. u.a. 2000, S. 17-48.
BARTH-SCALMANI, Gunda: Salzburger Handelsfrauen, Frätschlerinnen, Fragnerinnen: Frauen in der Welt des Handels am Ende des 18. Jahrhunderts, in: L'Homme 6, Heft 1 (1995), S. 23-45.
BASTL, Beatrix: Tugend, Liebe, Ehre. Die adelige Frau in der Frühen Neuzeit, Wien/Köln/Weimar 2000.
BASTL, Beatrix: Das Österreichische Frauenzimmer. Zum Beruf der Hofdame in der Frühen Neuzeit, in: Jan Hirschbiegel/Werner Paravicini (Hg.): Das Frauenzimmer. Die Frau bei Hofe in Spätmittelalter und Früher Neuzeit. 6. Symposium der Residenzen-Kommission der Akademie der Wissenschaften in Göttingen, Stuttgart 2000, S. 255-371.
BAUER, Franz J.: Bürgerwege und Bürgerwelten. Familienbiographische Untersuchungen zum deutschen Bürgertum, Göttingen 1991.
BAUER, Volker: Die höfische Gesellschaft in Deutschland von der Mitte des 17. bis zum Ausgang des 18. Jahrhunderts, Tübingen 1993.
BAUER, Volker: Hofökonomie. Der Diskurs über den Fürstenhof in Zeremonialwissenschaft, Hausväterliteratur und Kameralismus, Köln/Weimar/Wien 1997.
BAUMANN, Gerhart: Goethe: „Über den Dilettantismus", in: Euphorion 46 (1952), S. 348-369.
BAUR, Esther: Das Ich im Text: „Wie ich immer war und seyn werde". Lektüren eines Tagebuchs, in: Manfred Hettling/Stefan-Ludwig Hoffmann (Hg.): Der bürgerliche Werthimmel. Innenansichten des 19. Jahrhunderts, Göttingen 2000, S. 105-128.
BAUR, Samuel: Deutschlands Schriftstellerinnen. Als Nachdruck herausgegeben und mit einer Einleitung versehen von Uta Sadji, Stuttgart 1990.
BEAL, Peter/Margaret J. M. EZELL (Eds.): Writings by early modern women, London 2000.
BEAUJEAN, M.: Das Bild des Frauenzimmers im Roman des 18. Jahrhunderts, in: Wolfenbüttler Studien zur Aufklärung Bd. III, Wolfenbüttel 1979, S. 9ff.

BEAULIEU-MARCONNAY, Carl von: Anna Amalia, Carl August und der Minister von Fritsch. Beitrag zur deutschen Cultur- und Literaturgeschichte des 18. Jahrhunderts, Weimar 1874.

BEAUVOIR, Simone de: Das andere Geschlecht. Sitte und Sexus der Frau, 2 Bde., Berlin 1989 (Originalausgabe: Paris 1949).

BECHER, Ursula A.J.: Weibliches Selbstverständnis in Selbstzeugnissen des 18. Jahrhunderts, in: Ursula Becher/Jörn Rüsen (Hg.): Weiblichkeit in geschichtlicher Perspektive, Frankfurt a.M. 1988, S. 217-233.

BECKER, Felicitas: Netzwerke vs. Gesamtgesellschaft: ein Gegensatz? Anregungen für Verflechtungsgeschichte, in: GG 30 (2004), S. 314-324.

BECKER-CANTARINO, Barbara: Der lange Weg zur Mündigkeit. Frauen und Literatur in Deutschland von 1500-1800, München 1989.

BECKER-CANTARINO, Barbara: Die Frau von der Reformation zur Romantik. Die Situation der Frau vor dem Hintergrund der Literatur- und Sozialgeschichte, Bonn 1980.

BECKER-CANTARINO, Barbara: Schriftstellerinnen der Romantik. Epoche – Werk – Wirkung, München 2000.

BECKER-CANTARINO, Barbara: Sophie von La Roche. Die Geschichte des Fräuleins von Sternheim, Stuttgart 1983.

BECKER-CANTARINO, Barbara: Freundschaftsutopie: Die Fiktionen der Sophie von La Roche, in: Helga Gallas/Anita Runge, Romane und Erzählungen von Schriftstellerinnen um 1800. Eine Bibliographie mit Standortnachweisen, Stuttgart/Weimar 1993, S. 92-113.

BECKER-CANTARINO, Barbara: Leben als Text. Briefe als Ausdrucks- und Verständigungsmittel in der Briefkultur des 18. Jahrhunderts, in: Hiltrud Gnüg/Renate Möhrmann (Hg.): Frauen Literatur Geschichte. Schreibende Frauen vom Mittelalter bis zur Gegenwart, Stuttgart 1985, S. 83ff.

BECKER-CANTARINO, Barbara: Zur Theorie der literarischen Freundschaft im 18. Jahrhundert am Beispiel der Sophie von La Roche, in: Wolfgang Mauser/dies. (Hg.): Frauenfreundschaft – Männerfreundschaft. Literarische Diskurse im 18. Jahrhundert, Tübingen 1991, S. 47-74.

BELL, Susan Groag/Karen Offen (Eds.): Women, Family, and Freedom: The Debate in Documents, 1750-1950, Stanford 1983.

BENHABIB Seyla: Models of Public Space: Hannah Arendt, the Liberal Tradition, and Jürgen Habermas, in: Craig Calhoun (Ed.): Habermas and the Public Sphere, Cambridge 1992.

BENN, Stanley/Gerald Gaus (Eds.): Public and Private in Social Life, London 1983.

BENNENT, Heidemarie: Galanterie und Verachtung. Eine philosophiegeschichtliche Untersuchung zur Stellung der Frau in Gesellschaft und Kultur, Frankfurt a.M./New York 1985.

BENZMANN, Hans: Zur Erinnerung an Sophie Mereau, in: Zeitschrift für Bücherfreunde 10/2 (1906/07), S. 457-461.

BERGER, Joachim: Anna Amalia von Sachsen-Weimar-Eisenach (1739-1807). Denk- und Handlungsräume einer ‚aufgeklärten' Herzogin, Heidelberg 2003.
BERGER, Joachim: Geselligkeit, Mäzenatentum und Kunstliebhaberei am ‚Musenhof' Anna Amalias – neue Ergebnisse, neue Fragen, in: ders. (Hg.): Der ‚Musenhof' Anna Amalias. Geselligkeit, Mäzenatentum und Kunstliebhaberei im klassischen Weimar, Köln/Weimar/Wien 2001, S. 1-17.
BERGER, Joachim: „Tieffurth" oder „Tibur"? Herzogin Anna Amalias Rückzug auf ihren ‚Musensitz', in: ders. (Hg.): Der ‚Musenhof' Anna Amalias. Geselligkeit, Mäzenatentum und Kunstliebhaberei im klassischen Weimar, Köln/Weimar/Wien 2001, S. 125-164.
BERGER, Joachim (Hg.): Der „Musenhof" Anna Amalias. Geselligkeit, Mäzenatentum und Kunstliebhaberei im klassischen Weimar, Köln/Weimar/Wien 2001.
BERGMANN, Ulrike: „Lebe und sei so glücklich als du kannst". Johanna Schopenhauer. Romanbiographie, Leipzig 2002.
BEYER-FRÖHLICH, Marianne (Hg.): Deutsche Selbstzeugnisse, 9 Bde. Leipzig 1930ff.
BIEDERMANN, Karl: Deutschland im 18. Jahrhundert, 2 Bde. ND Aalen 1969.
BIEDRZYNSKI, Effi: Goethes Weimar. Das Lexikon der Personen und Schauplätze, Zürich 1993.
BLACKWELL, Jeannine: Weibliche Gelehrsamkeit oder die Grenzen der Toleranz, in: Peter Freimark u.a. (Hg.): Lessing und die Toleranz. Beiträge der vierten internationalen Konferenz der Lessing Society in Hamburg vom 27. Bis 29. Juni 1985. Sonderband zum Lessing-Yearbook, Detroit/München 1986. S. 325-339.
BLACKWELL, Jeannine/Susanne Zantop (Eds.): Bitter Healing: German Women Writers from 1700 to 1830: An Anthology, Lincoln 1990.
BLASIUS, Dirk: Ehescheidung in Deutschland 1794-1945. Scheidung und Scheidungsrecht aus historischer Perspektive, Göttingen 1987.
BLOCHMANN, Elisabeth: Das ‚Frauenzimmer' und die ‚Gelehrsamkeit'. Eine Studie über die Anfänge des Mädchenschulwesens in Deutschland, in: Anthropologie und Erziehung 17, Heidelberg 1966.
BOBSIN, Julia: Von der Werther-Krise zur Lucinde-Liebe. Studien zur Liebessemantik in der deutschen Erzählliteratur 1770-1800, Tübingen 1994.
BOCK, Gisela: Frauen in der europäischen Geschichte. Vom Mittelalter bis zur Gegenwart, München 2000.
BOCK, Gisela: Geschichte, Frauengeschichte, Geschlechtergeschichte, in: Geschichte und Gesellschaft 14 (1988), S. 364-391.
BOCK, Gisela/Susan James (Hg.): Beyond Equality and Difference, Citizenship, Feminist Politics and Female Subjectivity, London 1992.
BODE, Wilhelm: Amalie, Herzogin von Weimar, 3 Bde., Berlin 1908/1909.

BÖDEKER, Hans Erich: Aufklärung als Kommunikationsprozeß, in: Aufklärung 2, 1987, S. 89-111.
BÖDEKER, Hans Erich u.a. (Hg.): Über den Prozeß der Aufklärung in Deutschland im 18. Jahrhundert: Personen, Institutionen und Medien, Göttingen 1987.
BOETZKES, Manfred (Hg.): Goethes glückliche Zeichnerin? Das unvollendete Künstlerleben der Julie von Egloffstein (1792-1869). Ausstellungskatalog zur Ausstellung des Römer-Museums Hildesheim und des Goethe-Nationalmuseums Weimar, Hildesheim 1992.
BOHSTEDT, John: Gender, Household and Community Politics: Women in English Riots 1790-1810, in: Past and Present 120 (1988), S. 88-122.
BONVILLAIN, Nancy: Women and men. Cultural constructs of gender, 3rd ed., Upper Saddle River 2001.
BORNHAK, Friederike: Maria Paulowna. Großherzogin zu Sachsen-Weimar-Eisenach, Breslau 1909.
BORSCHEID, Peter/Hans J. Teuteberg (Hg.): Ehe, Liebe, Tod. Zum Wandel der Familie, der Geschlechts- und Generationsbeziehungen in der Neuzeit, Münster 1983.
BORCHERDT, H. H.: Schiller und die Romantiker, Stuttgart 1948.
BORCHERT, Angela: Die Entstehung der Musenhofvorstellung aus den Angedenken an Anna Amalia von Sachsen-Weimar-Eisenach, in: Joachim Berger (Hg.): Der ‚Musenhof' Anna Amalias. Geselligkeit, Mäzenatentum und Kunstliebhaberei im klassischen Weimar, Köln/Weimar/Wien 2001, S. 165-187.
BOURDIEU, Pierre: Sozialer Raum und „Klassen", in: ders., Sozialer Raum und „Klassen", Leçon sur la leçon. Zwei Vorlesungen, Frankfurt a.M. 1985, S. 9-46.
BOVENSCHEN, Silvia: Die imaginierte Weiblichkeit. Exemplarische Untersuchungen zu kulturgeschichtlichen und literarischen Präsentationsformen des Weiblichen, Frankfurt a.M. 1979.
BRAKENSIEK, Stefan: Fürstendiener – Staatsbeamte – Bürger. Amtsführung und Lebenswelt der Ortsbeamten in niedersächsischen Kleinstädten (1730-1830), Göttingen 1999.
BRANDES, Anna: Adele Schopenhauer in den geistigen Beziehungen zu ihrer Zeit, Diss., Frankfurt a.M. 1930.
BRANDES, Helga: Der Frauenroman und die literarisch-publizistische Öffentlichkeit im 18. Jahrhundert, in: Helga Gallas/Magdalene Heuser (Hg.): Untersuchungen zum Roman von Frauen um 1800, Tübingen 1990, S. 41-51.
BRANDES, Helga: Der Wandel des Frauenbildes in den deutschen Moralischen Wochenschriften. Vom aufgeklärten Frauenzimmer zur schönen Weiblichkeit, in: Wolfgang Frühwald/Alberto Martino (Hg.): Zwischen Aufklärung und Restauration. Sozialer Wandel in der deutschen Literatur 1700-1848, Tübingen 1989, S. 49-64.

BRAUN, Christina von: Gender, Geschlecht und Geschichte, in: dies./Inge Stephan (Hg.): Gender-Studien. Eine Einführung, Stuttgart/Weimar 2000, S. 16-57.
BRAUN, Christina von/Inge Stephan (Hg.): Gender-Studien. Eine Einführung, Stuttgart/Weimar 2000.
BREMER, Bettina: Sophie Mereau. Eine exemplarische Chronik des Umgangs mit Autorinnen des 18. Jahrhunderts, in: Athenäum 5 (1995), S. 389-423.
BRIDENTHAL, R./C. Koonz/S. Stuard (Eds.): Becoming Visible: Women in European History, Boston 1987.
BRINKER-GABLER, Gisela: Einleitung, in: dies. (Hg.): Deutsche Literatur von Frauen, Bd. 1: Vom Mittelalter bis zum Ende des 18. Jahrhunderts, München 1988, S. 11-36.
BRINKER-GABLER, Gisela: Metamorphosen des Subjekts. Autobiographie, Textualität und Erinnerung, in: Magdalene Heuser (Hg.): Autobiographien von Frauen. Beiträge zu ihrer Geschichte, Tübingen 1996.
BRINKER-GABLER, Gisela (Hg.): Deutsche Literatur von Frauen, 2 Bde., München 1988.
BRINKER-GABLER, Gisela (Hg.): Lexikon deutschsprachiger Schriftstellerinnen 1800-1945, München 1987.
BRODSKI, Bella/Cleste Schenck (Eds.): Life/Lines. Theorizing Women's Autobiography, Ithaca/London 1988.
BRÖHAN, Margrit: Die Malerin Caroline Bardua in Berlin, Berlin/Bonn 1984.
BROWNE, A.: The Eighteenth Century Feminist Mind, Brighton 1987.
BRUFORD, Walter Horace: Deutsche Kultur der Goethezeit (= Handbuch der Kulturgeschichte, 1. Abt.: Zeitalter Deutscher Kultur), Konstanz 1965.
BRUFORD, Walter Horace: Die gesellschaftlichen Grundlagen der Goethezeit, Ulm 1979.
BRUFORD, Walter Horace: Kultur und Gesellschaft im klassischen Weimar 1775-1806, Göttingen 1966.
BRUSS, Elisabeth W.: Autobiographical Acts. The Changing Situation of a Literary Genre, Baltimore/London 1976.
BUBENIK, Claudia: „Ich bin, was man will": Werte und Normen in Johann Michael Moscheroschs *Gesichten Philanders von Sittewald*, Frankfurt a.M. 2001.
BUBENIK-BAUER, Iris/Ute Schalz-Laurenze (Hg.): „Ihr werten Frauenzimmer auf!" – Frauen in der Aufklärung, Frankfurt a.M. 1995.
BUCHDA, Gerhard: Art. Gemeines Sachsenrecht, in: Handwörterbuch zur deutschen Rechtsgeschichte (HRG), Bd. 1, Berlin 1971, Sp. 1510-1513.
BUCK, Inge: Zur Situation der Frauen am Theater im 18. Jahrhundert am Beispiel von Karoline Schulze-Kummerfeld (1745-1815). Eine Theatergeschichte von unten oder: Ein Porträt am Rande der Lessingzeit, in: Freimark 1986, S. 313-324.
BÜCH, Gabriele: Alles Leben ist ein Traum. Adele Schopenhauer. Eine Biographie, Berlin 2002.

BÜCH, Gabriele: Adele Schopenhauer. Ein Leben zwischen Anspruch und Resignation. Zum 200. Geburtstag der Schriftstellerin, in: Palmbaum. Literarisches Journal aus Thüringen, 5. Jg., Heft 2 (1997), S. 92-101.

BÜRGER, Christa: Leben Schreiben. Die Klassik, die Romantik und der Ort der Frauen, Königstein/Taunus 2001.

BÜRGER, Christa: Leben Schreiben. Die Klassik, die Romantik und der Ort der Frauen, Stuttgart 1990.

BÜRGER, Christa: „Die mittlere Sphäre." Sophie Mereau – Schriftstellerin im klassischen Weimar, in: Gisela Brinker-Gabler (Hg.): Deutsche Literatur von Frauen, München 1988, S. 366-388.

BUNZEL, Wolfgang: Almanache und Taschenbücher, in: Ernst Fischer/Wilhelm Haefs/York-Gothart Mix (Hg.): Von Almanach bis Zeitung. Ein Handbuch der Medien in Deutschland 1700-1800, München 1999, S. 24-35.

BURKART, Roland: Kommunikationswissenschaft. Grundlagen und Problemfelder. Umrisse einer interdisziplinären Sozialwissenschaft, 4. Aufl., Wien/Köln/Weimar 2002.

BUSCH-SALMEN, Gabriele/Walter Salmen/Christoph Michel: Der Weimarer Musenhof. Dichtung, Musik und Tanz, Gartenkunst, Geselligkeit, Malerei, Stuttgart/Weimar 1998.

BUßMANN, Hadumod/Renate Hof (Hg.): Genus. Zur Geschlechterdifferenz in den Kulturwissenschaften, Stuttgart 1995.

BUTLER, Judith: Das Unbehagen der Geschlechter, Frankfurt a.M. 1991.

BUTLER, Judith: Gender trouble. Feminism and the subversion of identity, 10. ed., New York 1999.

BUTZ, Reinhardt/Jan Hirschbiegel/Dietmar Willoweit (Hg.): Hof und Theorie. Annäherungen an ein historisches Phänomen, Köln/Weimar/Wien 2004.

CAINE, Barbara/Glenda Sluga: Gendering European History 1780-1920, London/New York 2000.

CALHOUN Craig (Ed.): Habermas and the Public Sphere, Cambridge 1992.

CARIUS, Hendrikje: Rechtliche Handlungsspielräume. Frauen vor dem Jenaer Hofgericht, in: Julia Frindte/Siegrid Westphal (Hg.): Handlungsspielräume von Frauen um 1800, Heidelberg 2005, S. 193-210.

CARIUS, Hendrikje/Nicole Grochowina: „„…uns zum ludibris zu machen"? Frauen in der Zivilrechtspraxis – Reußische Fälle aus dem späten 18. Jahrhundert, in: Jahrbuch des Museums Reichenfels-Hohenleuben Bd. 49 (2004), S. 39-54.

CARRIERE, Moriz: Bettina von Arnim, in: Internationales Jahrbuch der Bettina-von-Arnim-Gesellschaft 10 (1998), S. 129-161.

CEALEY-HARRISON: Wendy/John Hood-Williams, Beyond sex and gender, London 2001.

CHALUS, Elaine: Elite Woman. Social politics and the political world of late eighteenth-century England, in: The Historical Journal 43 (2000), S. 669-697.

CHESHIRE, Jenny (Ed.): Gender and discourse, London u.a. 1998.

CIXOUS, Héléne: Weiblichkeit in der Schrift, Berlin 1980.
COCALIS, Susan L. (Ed.): Thalia's daughters. German women dramatists from the eighteenth century to the present, in: Monatshefte für deutschsprachige Literatur und Kultur 93 (2001), 2, S. 225-226.
COCKBURN, Cynthia: Gender in an international space. Trade union women as European social actor, in: Women's Studies international forum 20 (1997), S. 459-471.
CONRAD, Anne: „Wir verplauderten die Zeit recht angenehm, sprachen von Geistersehen, Ahnungen und dergleichen." Religion als Thema aufklärerischer Geselligkeit, in: Ulrike Weckel u.a. (Hg.): Ordnung, Politik und Geselligkeit der Geschlechter im 18. Jahrhundert, Göttingen 1998, S. 203-226.
CONRAD, Hermann: Die Rechtsstellung der Ehefrau in der Privatrechtsgesetzgebung der Aufklärungszeit, in: Aus Mittelalter und Neuzeit. Festschrift zum 70. Geburtstag von Gerhard Kallen, Bonn 1957, S. 253-270.
CONZE, Eckart/Monika Wienfort (Hg.): Adel und Moderne. Deutschland im europäischen Vergleich im 19. und 20. Jahrhundert, Köln/Weimar/Wien 2004.
CONZE, Werner (Hg.): Sozialgeschichte der Familie in der Neuzeit Europas. Stuttgart 1976.
COOLE, D. H.: Women in Political Theory. From Ancient Misogyny to Contemporary Feminism, London 1988.
COTTMANN, Angelika (Hg.): Das undisziplinierte Geschlecht. Frauen und Geschlechterforschung – Einblick und Ausblick, Opladen 2000.
CRANG, Mike (Ed.): Thinking Space, New York 2000.
DALEY, Margaretmary: Women of letters. A study of self and genre in the personal writing of Caroline Schlegel-Schelling, Rahel Levin Varnhagen, and Bettina von Arnim, Columbia, 1998.
DALHOFF, Jutta/Uschi Frey/Ingrid Schöll (Hg.): Frauenmacht in der Geschichte. Beiträge des Historikerinnentreffens 1985 zur Frauengeschichtsforschung (= Geschichtsdidaktik Bd. 41), Düsseldorf 1986.
DANIEL, Ute: Hoftheater. Zur Geschichte des Theaters und der Höfe im 18. und 19. Jahrhundert, Stuttgart 1995.
DANN, Otto: Gruppenbildung und gesellschaftliche Orientierung in der Epoche der deutschen Romantik, in: Richard Brinkmann (Hg.): Romantik in Deutschland. Ein interdisziplinäres Symposium, Stuttgart 1978, S.115-131.
DANN, Otto: Lesegesellschaften des 18. Jahrhunderts und der gesellschaftliche Aufbruch des deutschen Bürgertums, in: Ulrich Hermann (Hg.): Die Bildung des Bürgers, Weinheim/Basel 1982, S. 100-118.
DANN, Otto (Hg.): Lesegesellschaften und bürgerliche Emanzipation. Ein europäischer Vergleich, München 1981.
DAVIDOFF, Leonore/Catherine Hall: Family Fortunes: Men and women of the English Middle Class 1780-1850, London/Chicago 1987.

DAVIDOFF, Leonore: „Alte Hüte". Öffentlichkeit und Privatheit in der feministischen Geschichtsschreibung, in: L'Homme 4/2 (1993), S. 7-35.
DAVIS, Natalie Zemon: Frauen und Gesellschaft am Beginn der Neuzeit, Frankfurt a.M. 1989.
DAVIS, Natalie Zemon: What is Women's History? in: J. Gardiner (Ed.): What ist History today? London 1988.
DAWSON, Ruth: „And this shield is called – self-reliance". Emerging Feminist Consciouness in the Late Eighteenth Century, in: R.-E. Joeres/M. J. Maynes (Eds.): German Women in the Eighteenth and Nineteenth Century. A Social and Literary History, Bloomington 1986, S. 157-174.
DECHANT, Anja: *Harmonie stiftete unsre Liebe, Phantasie hob sie zur Begeisterung und Vernunft heiligte sie mit dem Siegel der Wahrheit*. Der Briefwechsel zwischen Sophie Mereau und Johann Heinrich Kipp, Frankfurt a.M. 1996.
DEETJEN, Werner: Aus dem Weimarer Schopenhauer-Kreise, in: 12. Jahrbuch der Schopenhauer-Gesellschaft (1925), S. 96-100.
DEETJEN, Werner: Johanna und Adele Schopenhauer, in: Ostdeutsche Monatshefte 10/1 (1929), S. 30-40.
DEKKER, Rudolf M.: Egodocumenten. Een Literatuuroverzicht, in: Tijdschrift voor geschiedenis 101 (1988), S. 161-189.
DEMANDT, Johannes: Johannes Daniel Falk. Sein Weg von Danzig über Halle nach Weimar (1768-1799), Göttingen 1999.
DEMEL, Walter: Die wirtschaftliche Lage des bayerischen Adels, in: Armgard von Reden-Dohna/Ralph Melville (Hg.): Der Adel an der Schwelle des Bürgerlichen Zeitalters 1780-1806, Stuttgart 1988, S. 237-269.
DENK- UND HANDLUNGSSPIELRÄUME. Historische Studien für Rudolf Vierhaus zum 70. Geburtstag, Göttingen 1992.
DEUBER-MANKOWSKY, Astrid (Hg.): Gender studies und Interdisziplinarität, Tübingen 2001.
DEUTSCHLANDS SCHRIFTSTELLERINNEN, eine charakteristische Skizze, Ulm/Stettin 1790.
DIEMEL, Christa: Adelige Frauen im bürgerlichen Jahrhundert. Hofdamen, Stiftsdamen, Salondamen 1800-1870, Frankfurt a.M. 1998.
DIEMEL, Christa: Hoher Rang und „glänzendes Elend". Hofdamen im 19. Jahrhundert, in: Otto Borst (Hg.): Frauen bei Hof, Tübingen 1998, S. 184-198.
DISCHNER, Gisela: Bettina. Bettina von Arnim: Eine weibliche Sozialbiographie aus dem 19. Jahrhundert, Berlin 1977.
DISCHNER, Gisela: Caroline und der Jenaer Kreis. Ein Leben zwischen Bürgerlicher Vereinzelung und romantischer Geselligkeit, Berlin 1979.
DOBBEK, Wilhelm: Goethes Eintritt in Weimar, Leipzig 1853.
DOBBEK, Wilhelm: Karoline Herder. Ein Frauenleben in klassischer Zeit, Weimar 1963.
DOBBEK, Wilhelm: Goethe und August von Einsiedel, in: Goethe. N.F. des Jahrbuchs der Goethe-Gesellschaft 19 (1957), S. 155-168.

DOBBEK, Wilhelm: Im Schatten Goethes: Wieland und Herder, in: Goethe. N.F. des Jahrbuchs der Goethe-Gesellschaft 30 (1968), S. 65-86.

DÖLEMEYER, Barbara: Kodifikationspläne in deutschen Territorien des 18. Jahrhunderts, in: dies./Diethelm Klippel (Hg.): Gesetz oder Gesetzgebung im Europa der Frühen Neuzeit (= ZHF Beihefte, 22), Berlin 1998, S. 201-224.

DÖRHÖFER, Kerstin/Ulla Terlinden (Hg.). Verortungen. Geschlechterverhältnisse und Raumstrukturen, Basel/Boston/Berlin 1998.

DOTZLER, Bernhard D.: „Seht doch wie ihr vor Eifer Schäumet...". Zum männlichen Diskurs über Weiblichkeit um 1800, in: JDSG 30 (1986), S. 339-382.

DUCHHARDT, Heinz (Hg.): Rahmenbedingungen und Handlungsspielräume europäischer Außenpolitik im Zeitalter Ludwigs XIV. (= Beiheft 11 der Zeitschrift für Historische Forschung), Berlin 1991.

DUDEN, Barbara: Das schöne Eigentum. Zur Herausbildung des bürgerlichen Frauenbildes an der Wende des 18. zum 19. Jahrhundert, in: Kursbuch 47 (1977), S. 125-140.

DÜLMEN, Richard van: Die Gesellschaft der Aufklärer. Zur bürgerlichen Emanzipation und aufklärerischen Kultur in Deutschland, Frankfurt a.M. 1986.

DÜLMEN, Richard van (Hg.): Entdeckung des Ich. Die Geschichte der Individualisierung vom Mittelalter bis zur Gegenwart, Darmstadt 2001.

DÜNTZER, Heinrich: Aus Goethes Freundeskreise. Darstellungen aus dem Leben des Dichters, Braunschweig 1868.

DÜNTZER, Heinrich: Charlotte von Stein, Goethes Freundin, Stuttgart 1874.

DÜNTZER, Heinrich: Goethes erste Beziehungen zu Johanna Schopenhauer, in: Westermanns Jahrbuch der Illustrierten Deutschen Monatshefte, Bd. 25 (1869), S. 253-272.

DÜRR, Renate: Von der Ausbildung zur Bildung. Erziehung zur Ehefrau und Hausmutter in der Frühen Neuzeit, in: Elke Kleinau/Claudia Opitz (Hg.): Geschichte der Mädchen- und Frauenbildung, Bd. 1: Vom Mittelalter bis zur Aufklärung, Frankfurt a.M./New York 1996, S. 189-206.

DÜWELL, Marcus: Ästhetische Erfahrung und Moral. Zur Bedeutung des Ästhetischen für die Handlungsspielräume des Menschen, Freiburg/München 1999.

DUNCKER, Arne: Gleichheit und Ungleichheit in der Ehe. Persönliche Stellung von Frau und Mann im Recht der ehelichen Lebensgemeinschaft 1700-1914, Köln/Weimar/Wien 2003.

EAGLETON, M. (Ed.): Feminist literary theory. A reader, Oxford 1986.

EBEL, Wilhelm: Die Rechtsstellung der Kauffrau, in: ders. (Hg.): Forschungen zur Geschichte des Lübischen Rechts, Lübeck 1950, S. 101-121.

EBERHARDT, Hans: Weimar zur Goethezeit. Gesellschafts- und Wirtschaftsstrukturen, Weimar 1980.

EBRECHT, Angelika/Regina Nörtemann/Herta Schwarz (Hg.): Brieftheorie des 18. Jahrhunderts. Texte, Kommentare, Essays, Stuttgart 1990.

EDEL, Andreas: Der Kaiser und Kurpfalz. Eine Studie zu den Grundelementen politischen Handelns bei Maximilian II. (1564-1576), Göttingen 1997.
EDER, Anna: Das liebenswürdige Geschwätz meines Geschlechtes. Frauengespräche in Texten italienischer, französischer und deutscher Autorinnen. Von Vittoria Colonna bis Johanna Schopenhauer, Frankfurt a.M. 1997.
EGER, Elizabeth (Ed.): Women, writing and the public sphere, 1700-1830, Cambridge 2001.
EHRICH-HAEFELI, Verena: Gestehungskosten tugendempfindsamer Freundschaft. Problem der weiblichen Rolle im Briefwechsel Wieland Sophie La Roche bis zum erschienen der Sternheim (1750-1771, in: Wolfram Mauser/Barbara Becker-Cantarino (Hg.): Frauenfreundschaft – Männerfreundschaft. Literarische Diskurse im 18. Jahrhundert, Tübingen 1991, S. 75-135.
ECKHARDT, Wilhelm A./Helmut Klingelhöfer (Hg.): Bauernleben im Zeitalter des Dreißigjährigen Krieges. Die Stausebacher Chronik des Caspar Preis, Marburg 1998.
EICHLER, Oskar: Erleben und Weltanschauung der Johanna Schopenhauer im Spiegel ihrer Schriften, Diss. Leipzig 1923.
EIFERT, Christiane (Hg.): Was sind Frauen? Was sind Männer? Geschlechterkonstruktionen im historischen Wandel, Frankfurt a.M. 1996.
EIGLER, Friederike/Susanne Kord (Eds.): The Feminist Encyclopedia of German Literature, Westport 1997.
ELBERT, Monika M. (Ed.): Separate spheres no more. Gender Convergence in American literature 1830-1930, Tuscaloosa 2000.
ELIAS, Norbert: Die höfische Gesellschaft. Untersuchungen zur Soziologie des Königtums und der höfischen Aristokratie, Darmstadt/Neuwied 1969.
ELIAS, Norbert/John L. Scotson: Etablierte und Außenseiter, Frankfurt a.M. 1993.
ELSHTAIN, Jean Bethke: Public Man, Private Woman. Women in Social and Political Thought, 2. ed., Princeton 1981.
EMDE, Ruth B.: Manuskripte und Memoiren von Schauspielerinnen des 18. Jahrhunderts. Ein Leben mit Texten, durch Texte, für Texte, in Texten, in: Das achtzehnte Jahrhundert. Mitteilungen der Deutschen Gesellschaft für die Erforschung des 18. Jahrhunderts H.2 (1996), S. 181-196.
EMMEL, Hildegard: Der Romandichter als Leser. Goethes Rezension von Johanna Schopenhauers Roman *Gabriele* (1823), in: Kritische Intelligenz als Methode, Bern/München 1981, S. 64-70.
ERICKSON, Amy Louise: Woman and Property in Early Modern England, London 1993.
ERLER, Adalbert: Stichwort „Familienfideikommiß", in: Adalbert Erler/Ekkehard Kaufmann (Hg.): Handwörterbuch zur Deutschen Rechtsgeschichte, 1. Band, Berlin 1971, Sp. 1071-1073.

ESSER, Claus: Rechtsstellung und Ansprüche der Ehefrauen gegen ihren Mann während der Ehe nach dem Allgemeinen Landrecht für die Preußischen Staaten und dem bürgerlichen Gesetzbuch, Diss. Köln 1998.

ESTERMANN, Alfred: Die Autographen des Schopenhauer-Archivs, Frankfurt a.M. 1988.

EWERT, Ulf Christian: Sozialer Tausch bei Hofe. Eine Skizze des Erklärungspotentials der Neuen Institutionenökonomik, in: Reinhardt Butz/Jan Hirschbiegel/Dietmar Willoweit (Hg.): Hof und Theorie. Annäherungen an ein historisches Phänomen, Köln/Weimar/Wien, S. 56-75.

FASEL, Christoph: Herder und das klassische Weimar. Kultur und Gesellschaft 1789-1803, Frankfurt a.M. u.a. 1988.

FAßLER, Manfred: Was ist Kommunikation? München 1997.

FEHRENBACH, Elisabeth (Hg.): Adel und Bürgertum in Deutschland 1770-1848, München 1994.

FEILCHENFELDT, Konrad: Salons und literarische Zirkel im späten 18. und frühen 19. Jahrhundert, in: Gisela Brinker-Gabler (Hg.): Deutsche Literatur von Frauen, Bd.1, München 1988, S. 410-420.

FEIRING, Candice: Social networks and gender differences in the life space of opportunity. Introduction, in: Sex roles 17 (1987), S. 611.

FETTING, Friederike: „Ich fand mir eine Welt". Eine sozial- und literaturgeschichtliche Untersuchung zur deutschen Romanschriftstellerin um 1800: Charlotte von Kalb, Caroline von Wolzogen. Sophie Mereau-Brentano, Johanna Schopenhauer, München 1992.

FIEBIGER, Otto: Unveröffentlichte Briefe Johanna Schopenhauers an Karl August Boettiger, in: Jahrbuch der Schopenhauer-Gesellschaft 11 (1922), S. 69-113.

FIEGERT, Monika: Pragmatische Geschlechtertrennung. Elementares Mädchenschulwesen im geistlichen Fürstentum Osnabrück im Zeitalter der Aufklärung. Regionalgeschichtlicher Beitrag zur Historischen Mädchenbildungsforschung, Bochum 1999.

FIETZE, Katharina: Frauenbildung in der „Querelle des femmes", in: Elke Kleinau/Claudia Opitz (Hg.): Geschichte der Mädchen- und Frauenbildung, Bd. 1: Vom Mittelalter bis zur Aufklärung, Frankfurt a.M./New York 1996, S. 237-251.

FINK, Fritz: Carl Ludwig Fernow. Der Bibliothekar der Herzogin Anna Amalia (1763-1808),Weimar 1934 (= Beiträge zur Geschichte der Stadt Weimar 4).

FINK, Fritz: Friedrich Johanna Justin Bertuch. Der Schöpfer des Weimarer Landes-Industrie-Comptoirs (1747-1822), Weimar 1934 (= Beiträge zur Geschichte der Stadt Weimar 4).

FISCHER, Ernst/Wilhelm Haefs/York-Gothart Mix (Hg.): Von Almanach bis Zeitung. Ein Handbuch der Medien in Deutschland 1700-1800, München 1999.

FISCHER, Wolfram/Martin Kohli: Biographieforschung, in: Wolfgang Voges (Hg.): Methoden der Biographie- und Lebensforschung, Opladen 1987, S. 25-49.
FLACH, Willy: Goetheforschung und Verwaltungsgeschichte. Goethe im Geheimen Consilium 1776-1786, Weimar 1952.
FLEIG, Anne: Handlungs-Spiel-Räume. Dramen von Autorinnen im Theater des ausgehenden 18. Jahrhunderts, Würzburg 1999.
FLEIG, Anne: Vom Ausschluß zur Aneignung. Neue Positionen in der Geschlechterforschung zur Aufklärung, in: Das achtzehnte Jahrhundert 26 (2002), S. 79-89.
FLEIG, Anne: Literarische Frauenfreundschaften im kulturellen Rahmen des Weimarer Hofes, in: Freundinnen. Über Freundschaften und Frauenbeziehungen, hrsg. v. der Evangelischen Akademie Baden, Karlsruhe 1994, S. 31-53.
FLEISCHMANN, Uta: Zwischen Aufbruch und Anpassung. Untersuchungen zu Werk und Leben der Sophie Mereau, Frankfurt a.M. 1989.
FLETCHER, Anthony: Gender, Sex and Subordination in England 1500-1800, New Haven/London 1995.
FÖßEL, Amalie: Die Königin im mittelalterlichen Reich. Herrschaftsausübung, Herrschaftsrechte, Handlungsspielräume, Stuttgart 2000.
FOX-GENOVESE, Elizabeth: Placing Women's History in History, in: New Left Review 133 (1982), S. 5ff.
FREDERIKSEN, Elke: Der Blick in die Ferne. Zur Reiseliteratur von Frauen, in: Hiltrud Gnüg/Renate Mörmann (Hg.): Frauen Literatur Geschichte. Schreibende Frauen vom Mittelalter bis zur Gegenwart, Stuttgart 1985, S. 104-122.
FREDERIKSEN, Elke: „Ich reise um zu leben". Selbsterfahrung und Erfahrung des Fremden. Zur Reiseliteratur von Frauen (Johanna Schopenhauer und Rahel Varnhagen zum Beispiel), in: Begegnungen mit dem Fremden. Akten des VIII. Internationalen Germanistenkongresses, Tokyo 1990, Bd. 9: Yoshinori Shichiji (Hg.): Erfahrene und imaginierte Fremde, München 1991, S. 209-219.
FREDERIKSEN, Elke/Birgit Ebert: Johanna Schopenhauer (1766-1838). „Du hast mir oft bei andern Gelegenheiten mit Recht gesagt, wir beide sind zwei, und so muß es auch sein.", in: Luise F. Pusch (Hg.): Mütter berühmter Männer. Zwölf biographische Portraits, Frankfurt a.M. 1994, S. 127-155.
FREDERIKSEN, Elke: Sophie Mereau-Brentano, in: dies. (Hg.): Women Writers of Germany, Austria, and Switzerland, Westport, 1989, S. 159-163.
FRENCH, Lorely: German Women as Letter Writers: 1750-1850, Farleigh Dickinson University Press 1996.
FRIEDRICHS, Elisabeth: Die deutschsprachigen Schriftstellerinnen des 18. Und 19. Jahrhunderts. Ein Lexikon, Stuttgart 1981.
FRIEDRICHS, Jürgen: Werte und soziales Handeln. Ein Beitrag zur soziologischen Theorie, Tübingen 1968.

FREVERT, Ute: Frauen-Geschichte. Zwischen bürgerlicher Verbesserung und Neuer Weiblichkeit, Frankfurt a.M. 1986.
FREVERT, Ute: „Mann und Weib, und Weib und Mann". Geschlechter-Differenzen in der Moderne, München 1995.
FREVERT, Ute: Bürgerliche Meisterdenker und das Geschlechterverhältnis. Konzepte, Erfahrungen, Visionen an der Wende vom 18. Zum 19. Jahrhundert, in: dies. (Hg.): Bürgerinnen und Bürger. Geschlechterverhältnisse im 19. Jahrhundert, Göttingen 1988, S. 17-48.
FREVERT, Ute: Geschichte als Geschlechtergeschichte? Zur Bedeutung des ‚weiblichen Blicks' für die Wahrnehmung von Geschichte, in: Saeculum 43 (1992), S. 108-123.
FREVERT, Ute/Ulrich Schreiterer: Treue – Ansichten des 19. Jahrhunderts, in: Manfred Hettling/Stefan-Ludwig Hoffmann (Hg.): Der bürgerliche Wertehimmel. Innenansichten des 19. Jahrhunderts, Göttingen 2000, S. 217-256.
FREVERT, Ute: Unser Staat ist männlichen Geschlechts, in: dies., „Mann und Weib, und Weib und Mann". Geschlechter-Differenzen in der Moderne, München 1995, S. 61-132.
FRIEDRICH, Margret u.a. (Hg.): Von Bürgern und ihren Frauen, Wien/Köln/Weimar 1996.
FRIELING, Kirsten O.: Ausdruck macht Eindruck. Bürgerliche Körperpraktiken in sozialer Kommunikation um 1800, Frankfurt a.M. 2003.
FRINDTE, Julia: Heiraten und Patenschaften: Verflechtungen zwischen Universität und Stadt in Jena um 1800, in: Klaus Ries (Hg.): Zwischen Universität und Stadt. Aspekte demographischer Entwicklung in Jena um 1800, Weimar 2004, S. 51-75.
FRINDTE, Julia: Verflechtungen zwischen Universitäts- und Stadtbürgertum im Jena des späten 18. Jahrhunderts, Staatsexamensarbeit (MS), Jena 2000.
FROMMANN, Friedrich: Das Frommannsche Haus und seine Freunde 1792-1837, Jena 1870.
FROST, Laura: Johanna Schopenhauer. Ein Frauenleben aus der klassischen Zeit, 2. Aufl., Leipzig 1913.
FRÜHSORGE, Gotthard: Die Einheit aller Geschäfte. Traditionen und Veränderung des ‚Hausmutter-Bildes in der deutschen Ökonomieliteratur des 18. Jahrhunderts, in: Günter Schulz (Hg.): Wolfenbütteler Studien zur Aufklärung III., Wolfenbüttel 1976, S. 137-157.
FULD, Werner: Jean Paul und Weimar, in: Heinz Ludwig Arnold (Hg.): Jean Paul (= Text und Kritik), 3. Aufl., München 1983, S. 162-189.
FULDA, Karl: Leben Charlottens von Schiller geborene von Lengefeld, Berlin 1878.
GALLAS, Helga/Anita Runge: Romane und Erzählungen von Schriftstellerinnen um 1800. Eine Bibliographie mit Standortnachweisen, Stuttgart/Weimar 1993.

GALLAS, Helga/Magdalena Heuser: Einleitung, in: dies. (Hg.): Untersuchungen zum Roman von Frauen um 1800, Tübingen 1990, S. 1-9.
GALLAS, Helga/Magdalena Heuser (Hg.): Untersuchungen zum Roman von Frauen um 1800, Tübingen 1990.
GARBER, Klaus/Heinz Wissmann (Hg.): Europäische Sozietätsbewegung und demokratische Tradition. Die europäischen Akademien der Frühen Neuzeit zwischen Frührenaissance und Spätaufklärung, 2 Bde., Tübingen 1996.
GAUS, Detlev: Geselligkeit und Gesellige. Bildung, Bürgertum und bildungsbürgerliche Kultur um 1800, Stuttgart/Weimar 1998.
GAY, Jane de (Ed.): The Routledge Reader in Gender and Performance, New York 1998.
GEHLEN, Rolf: Welt und Ordnung. Zur sozialkritischen Dimension von Raum in frühen Gesellschaften, Marburg 1995.
GEITNER, Ursula: Schauspielerinnen. Der theatralische Eintritt der Frau in die Moderne, Bielefeld 1988.
GEITNER, Ursula: Soviel wie nichts? Weiblicher Lebenslauf, weibliche Autorschaft um 1800, in: Jürgen Fohrmann (Hg.): Lebensläufe um 1800, Tübingen 1998, S. 29-50.
GERHARD, Ute (Hg.): Frauen in der Geschichte des Rechts. Von der Frühen Neuzeit bis zur Gegenwart, München 1997.
GERHARD, Ute: Verhältnisse und Verhinderungen. Frauenarbeit, Familie und Rechte der Frauen im 19. Jahrhundert, Frankfurt a.M. 1978.
GERSDORFF, Dagmar von: Dich zu lieben kann ich nicht verlernen. Das Leben der Sophie Brentano-Mereau, Frankfurt a.M. 1984.
GILLEIR, Anke: Johanna Schopenhauer und die Weimarer Klassik. Betrachtungen über die Selbstpositionierung weiblichen Schreibens, Hildesheim/Zürich/New York 2000.
GILLEIR, Anke: Goethes Wirkung auf zeitgenössische Autorinnen. Der Fall Johanna Schopenhauer oder die Peripherie der Weimarer Klassik, in: Bernhard Beutler/Anke Bosse (Hg.): Spuren, Signaturen, Spiegelungen. Zur Goethe-Rezeption in Europa, Köln/Weimar/Wien 2000, S. 113-126.
GLAGAU, Hans: Die moderne Selbstbiographie als historische Quelle, Marburg 1903.
GLEICHEN-RUßWURM, Alexander: Schiller und Lotte im Briefwechsel, Jena 1908.
GLEIXNER, Ulrike: Das Gesamtgericht der Herrschaft Schulenburg im 18. Jahrhundert. Funktionsweise und Zugang von Frauen und Männern, in: Jan Peters (Hg.): Gutsherrschaft als soziales Modell. Vergleichende Betrachtungen zur Funktionsweise frühneuzeitlicher Agrargesellschaften, München 1995, S. 301-326.
GNÜG, Hiltrud/Renate Möhrmann (Hg.): Frauen, Literatur, Geschichte, 2. Aufl., Stuttgart/Weimar 1999.

GNÜG, Hiltrud: Vorwort, in: dies./Renate Möhrmann (Hg.): Frauen, Literatur, Geschichte, 2. Aufl., Stuttgart/Weimar 1999, S. IX-XII.
GOETZ, Hans-Werner (Hg.): Frauenbild und weibliche Lebensgestaltung im Fränkischen Reich, in: ders. (Hg.): Weibliche Lebensgestaltung im frühen Mittelalter, Köln/Weimar/Wien 1991, S. 7-44.
GOLDSMITH, Elizabeth C.: Publishing women's life stories in France. 1647-1720: from voice to print, Aldershot u.a. 2001.
GOLEC, Izabelle: Danzig zwischen der ersten und zweiten Teilung Polens in den Memoiren von Johanna Schopenhauer und in den Bildern Daniel Chodowieckis, in: Literatur im Kulturgrenzraum. Zu einigen Aspekten ihrer Erforschung am Beispiel des deutsch-polnischen Dualismus, Lublin 1992, S. 81-95.
GOLZ, Jochen: Fernow in Weimar, in: Michael Knoche/Harald Tausch (Hg.): Von Rom nach Weimar – Carl Ludwig Fernow. Beiträge des Kolloquiums der Stiftung Weimarer Klassik/Herzogin Anna Amalia Bibliothek vom 10. Juli 1998 in Weimar, Tübingen 2000, S. 1-19.
GOODMAN, Katherine R.: Dis/Closures. Women's Autobiography in Germany. Between 1790 and 1914, New York 1986.
GOODMAN, Katherine R.: German Women and Autobiography in the Nineteenth Century: Louise Aston, Fanny Lewald, Lawida von Meysenburg and Marie von Ebner-Eschenbach, Diss. University of Wisconsin-Madison 1977.
GOODMAN, Katherine R./Edith Waldstein: In the Shadow of Olympus. German Women Writers Around 1800, State University of New York 1992.
GOODMAN, Katherine R.: Johanna Schopenhauer (1766-1838), in: Elke P. Frederiksen and Elizabeth G. Ametsbichler (Eds.): Women Writers in German-Speaking Countries. A Bio-Bibliographical Critical Sourcebook, Westport/London 1998, S. 434-441.
GOODMAN, Katherine R.: Johanna Schopenhauer (1766-1838), or Pride and Resignation, in: Ruth Ellen Boetcher Joeres/M. Burkhard (Eds.): Out of line. Ausgefallen. The paradox of marginality in the writings of 19th century German women, Amsterdam 1989, S. 189-209.
GOODMAN, Katherine R.: Weibliche Autobiographien, in: Hiltrund Gnüg/Renate Möhrmann (Hg.): Frauen Literatur Geschichte. Schreibende Frauen vom Mittelalter bis zur Gegenwart, Stuttgart/Weimar 1999, S. 166-176.
GOODMAN, Lizbeth (Hg.): Literature and gender, London Repr. 1998.
GOODY, Jack/Joan Thirsk/E.P. Thompson (Hg.): Familiy and Inheritance. Rural Society in Western Europe 1200-1800, Cambridge 1976.
GRADENWITZ, Peter: Literatur und Musik im geselligen Kreise. Geschmacksbildung, Gesprächsstoff und musikalische Unterhaltung in der bürgerlichen Salongesellschaft, Stuttgart 1991.
GRAEVENITZ, Gerhard von: Innerlichkeit und Öffentlichkeit. Aspekte deutscher „bürgerlicher" Literatur im frühen 18. Jahrhundert, in: Deutsche Viertel-

jahresschrift für Literaturwissenschaft und Geistesgeschichte. Sonderheft, München 1975, S. 2-82.
GRAHAM, Elspeth: Her own life. Autobiographical Writing by 17. Century English-Women, Repr. London u.a. 1994.
GRANTZOW, Hans: Geschichte des Göttinger und des Vossischen Musenalmanachs, Berlin 1909.
GRENZ, Dagmar: Von der Nützlichkeit und Schädlichkeit des Lesens. Lektüreempfehlungen in der Mädchenliteratur des 18. Jahrhunderts, in: dies./Gisela Wilkending (Hg.): Geschichte der Mädchenlektüre. Mädchenliteratur und die gesellschaftliche Situation der Frauen vom 18. Jahrhundert bis zur Gegenwart, Weinheim/München 1997, S. 15-33.
GRIESEBNER, Andrea: Geschlecht als mehrfach relationale Kategorie. Methodologische Anmerkungen aus der Perspektive der Frühen Neuzeit, in: Veronika Aegerter u.a. (Hg.): Geschlecht hat Methode. Ansätze und Perspektiven in der Frauen- und Geschlechtergeschichte. Beiträge der 9. Schweizerischen Historikerinnentagung 1998, Zürich 1999, S. 129-137.
GROCHOWINA, Nicole: Die höchste Gerichtsbarkeit und der Jenaer Schöppenstuhl. Zivilrechtsprechung und Geschlechterverhältnis im ausgehenden 18. Jahrhundert, in: Siegrid Westphal (Hg.): In eigener Sache. Frauen vor den höchsten Gerichten des Alten Reiches, Köln/Weimar/Wien 2005, S. 81-106.
GROCHOWINA, Nicole: Ein „besonderes" Verhältnis. Der Jenaer Schöppenstuhl und die Universität in der Frühen Neuzeit, in: Zeitschrift des Vereins für Thüringische Geschichte 57 (2003), S. 89-104.
GROCHOWINA, Nicole/Katrin Horn/Stefanie Freyer (Hg.): FrauenGestalten Weimar-Jena um 1800. Ein biobibliographisches Lexikon, Heidelberg [vorauss. 2008].
GROPPE, Sabine: Das Ich am Ende des Schreibens. Autobiographisches Erzählen im 18. und frühen 19. Jahrhundert, Würzburg 1990.
GROß, Heinrich: Deutsche Dichterinnen und Schriftstellerinnen in Wort und Bild, 2 Bde., Berlin 1885.
GROß, Heinrich: Deutschlands Dichterinnen und Schriftstellerinnen. Eine literarhistorische Skizze, Wien 2. Ausg. 1882.
GRUBER, Robert: Die Familie Schopenhauer und der Ausgleich Muhls, in: Süddeutsche Monatshefte, 30. Jg., Heft 8, Mai 1933, S. 492-505.
GRUBITZSCH, Helga u.a. (Hg.): Revolutionäre Frauen im 18. u 19. Jahrhundert, Düsseldorf 1985.
GÜNTHER, Dagmar: „And now for something completely different". Prolegomena zur Autobiographie als Quelle der Geschichtswissenschaft, in: HZ 272 (2001), S. 25-61.
GÜNZEL, Klaus: „Viele Gäste wünsch ich heut' Mir zu meinem Tische!". Goethes Besucher im Haus am Frauenplan, Weimar 1999.
GUTFLEISCH-ZICHE, Barbara: Frühromantische Geselligkeit und Briefkultur, in: Euphorion 98 (2004), S. 39-55.

GUTJAHR, Ortrud: Gesellschaftsfähigkeit und gesellige Rolle der Schauspielerin im 18. Jahrhundert, in: dies. u.a. (Hg.): Gesellige Vernunft. Zur Kultur der literarischen Aufklärung. Festschrift für Wolfram Mauser zum 65. Geburtstag, Würzburg 1993, S. 83-110.

GUTJAHR, Ortrud u.a. (Hg.): Gesellige Vernunft. Zur Kultur der literarischen Aufklärung. Festschrift für Wolfram Mauser zum 65. Geburtstag, Würzburg 1993.

HABERLAND, Helga/Wolfgang Pehnt: Frauen der Goethezeit in Briefen, Dokumenten und Bildern. Von der Gottschedin bis zu Bettina von Arnim, Stuttgart 1960.

HABERMAS, Jürgen: Strukturwandel der Öffentlichkeit, Neuwied 1968.

HABERMAS, Jürgen: Die neue Intimität zwischen Politik und Kultur. Thesen zur Aufklärung in Deutschland, in: Merkur 42 (1988), S. 150-155.

HABERMAS, Rebekka: Frauen und Männer des Bürgertums. Eine Familiengeschichte (1750-1850), Göttingen 2000.

HABERMAS, Rebekka: Friederika Baldinger und ihr Männerlob. Geschlechterdebatten der Aufklärung, in: Heide Wunder/Gisela Engel (Hg.): Geschlechterperspektiven. Forschungen zur Frühen Neuzeit, Königstein/Taunus 1998, S. 242-254.

HACKER, Winfried: Allgemeine Arbeitspsychologie. Psychische Regulation von Arbeitstätigkeiten, Bern u.a. 1998.

HÄNSEL, Dagmar: Handlungsspielräume. Portrait einer Freinet-Gruppe, Weinheim/Basel 1985.

HAHN, Andrea: „Wie ein Mannskleid für den weiblichen Körper." Therese Huber (1764-1829), in: Karin Tebben (Hg.): Beruf: Schriftstellerin. Schreibende Frauen im 18. und 19. Jahrhundert, Göttingen 1998, S. 103-131.

HAHN, Barbara/Bernhard Fischer: „Alles...von mir!" Therese Huber (1764-1829). Schriftstellerin und Redakteurin, Marbach a. N. 1993.

HAHN, Barbara: „Geliebtester Schriftsteller". Esther Gads Korrespondenz mit Jean Paul, in: Jean Paul. Jahrbuch 25 (1990), S. 7-42.

HAHN, Barbara: „Weiber verstehen alles á la lettre". Briefkultur im beginnenden 19. Jahrhundert, in: Gisela Brinker-Gabler (Hg.): Deutsche Literatur von Frauen, Bd. 2; München 1988, S. 13-26.

HAHN, Barbara (Hg.): Therese Huber. Die reinste Freiheitsliebe, die reinste Männerliebe. Ein Lebensbild in Briefen und Erzählungen zwischen Aufklärung und Romantik, Berlin 1989.

HAHN, Peter Michael: Kriegswirren und Amtsgeschäfte. Ferne adlige Lebenswelten um die Mitte des 17. Jahrhunderts im Spiegelbild persönlicher Aufzeichnungen, Potsdam 1996.

HALPERIN, Natalie: Die deutschen Schriftstellerinnen in der 2. Hälfte des 18. Jahrhunderts. Versuch einer soziologischen Analyse, Quakenbrück 1935.

HAMMERSTEIN, Katharina von: Sophie Mereau-Brentano: Freiheit – Liebe – Weiblichkeit. Trikolore sozialer und individueller Selbstbestimmung um 1800, Heidelberg 1994.

HAMMERSTEIN, Katharina von: „Unsere Dichterin Mereau" als Frau der „Goethezeit" zu Liebe und Revolution, in: Goethe Yearbook 7 (1994), S. 146-170.

HANG, Adelheid: Sophie Mereau in ihren Beziehungen zur Romantik, Inauguraldissertation, München 1934.

HANNEMANN, Britta: Geschlechterschicksale oder soziale Rollen? Eine Untersuchung anhand ausgewählter Werke von Sophie Mereau, Göttingen 1999.

HANNEMANN, Britta: Weltliteratur für Bürgertöchter. Die Übersetzerin Sophie Mereau-Brentano, Göttingen 2005.

HANSTEIN, Adalbert von: Die Frauen in der Geschichte des deutschen Geisteslebens des 18. Und 19. Jahrhunderts, 2 Bde., Leipzig 1899-1900.

HARDACH-PINKE, Irene: Weibliche Bildung und weiblicher Beruf. Gouvernanten im 18. und frühen 19. Jahrhundert, in: GG 18 (1992), S. 507-525.

HARMON, Esther: Johanna Schopenhauer, Diss., München 1914.

HARTUNG, Fritz: Das Großherzogtum Sachsen unter der Regierung Carl Augusts 1775-1828, Weimar 1923.

HASSAUER-ROOS: Friederike, Das Weib und die Idee der Menschheit. Überlegungen zur neueren Geschichte der Diskurse über die Frau, in: Bernard Cerquiglini/Hans Ulrich Gumbrecht (Hg.): Der Diskurs der Literatur- und Sprachtheorie, Frankfurt a.M. 1983, S. 421-445.

HASSBARGEN, Hermann: Die Danziger Vorfahren Arthur Schopenhauers, in: Heimatblaetter des Deutschen Heimatbundes, 5. Jg., Heft 4, Danzig 1928, S. 1-26.

HASSBARGEN, Hermann: Johanna Schopenhauers Briefe an C.W. Labes in Danzig, in: Mitteilungen des Westpreussischen Geschichtsvereins, Jg. 17, Nr. 4 (1. Oktober 1928), S. 61-74.

HAUSEN, Karin/Helga Nowotny: Wie männlich ist die Wissenschaft? Frankfurt a.M. 1986.

HAUSEN, Karin: Die Polarisierung der „Geschlechtscharaktere". Eine Spiegelung der Dissoziierung von Erwerbs- und Familienleben, in: Werner Conze (Hg.): Sozialgeschichte der Familie der Neuzeit Europas. Neue Forschungen, Stuttgart 1976, S. 363-393.

HAUSEN, Karin: „...eine Ulme für das schwankende Efeu". Ehepaare im Bildungsbürgertum. Ideale und Wirklichkeiten im späten 18. Und 19. Jahrhundert, in: Ute Frevert (Hg.): Bürgerinnen und Bürger. Geschlechterverhältnisse im 19. Jahrhundert, Göttingen 1988, S. 85-117.

HAUSEN, Karin: Einleitung, in: dies./Heide Wunder (Hg.): Frauengeschichte – Geschlechtergeschichte, Frankfurt a.M./New York 1992, S. 9-18.

HAUSEN, Karin: Frauenräume, in: dies./Heide Wunder (Hg.): Frauengeschichte – Geschlechtergeschichte, Frankfurt a.M./New York 1992, S. 21-24.

HAUSEN, Karin: Öffentlichkeit und Privatheit. Gesellschaftspolitische Konstruktionen und die Geschichte der Geschlechterbeziehungen, in: dies./Heide Wunder (Hg.): Frauengeschichte – Geschlechtergeschichte, Frankfurt a.M./New York 1992, S. 81-88.

HAUSEN, Karin: Überlegungen zum geschlechtsspezifischen Strukturwandel der Öffentlichkeit, in: Ute Gerhard/Mechthild Jansen (Hg.): Differenz und Gleichheit. Menschenrechte haben kein Geschlecht, Frankfurt a.M. 1990, S. 268ff.

HAUSEN, Karin/Heide Wunder (Hg.): Frauengeschichte – Geschlechtergeschichte, Frankfurt a.M./New York 1992.

HAUSER, Kornelia: Strukturwandel des Privaten? Das ‚Geheimnis des Weibes' als Vergesellschaftungsrätsel, Berlin 1987.

HAYM, Rudolf: Herder nach seinem Leben und seinen Werken dargestellt, 2 Bde., Berlin 1877-1855 (Neuausgabe mit einer Einleitung von Wolfgang Harich), 2 Bde., Berlin 1954.

HEGERMANN, Ferdinand: Schopenhauer und Falk, in: Schopenhauer-Jahrbuch 37 (1956), S. 207-251.

HEIDENREICH, Bernd: Sophie von La Roche – eine Werkbiographie, Frankfurt a.M./Bern 1986.

HEIN, Karsten: Ottilie von Goethe (1796-1872). Biographie und literarische Beziehungen der Schwiegertochter Goethes, Frankfurt a.M. 2001.

HEINZ, Andrea: Weimarer Schauspielerinnen um 1800: Caroline Schulze-Kummerfeld, Luise Rudorf, Caroline Jagemann. Ein Leben zwischen Bühne, Bett und bürgerlicher Existenz, in: Julia Frindte/Siegrid Westphal (Hg.): Handlungsspielräume von Frauen um 1800, Heidelberg 2005, S. 407-418.

HEISS, Gernot: Habitus, Bildung und Familie – Strategien des Adels zur Statussicherung. Kommentar zu den Beiträgen von Katrin Keller, Kerstin Wolff und Josef Matzerath, in: Katrin Keller/Josef Matzerath (Hg.): Geschichte des sächsischen Adels, Köln/Weimar/Wien 1997, S. 321-326.

HEITMANN, Annegret: Selbst Schreiben. Eine Untersuchung der dänischen Frauenautobiographik, Frankfurt a.M. u.a. 1994.

HELD, Jutta: Frauen im Frankreich des 18. Jahrhunderts: Amazonen, Mütter, Revolutionärinnen, Berlin/Hamburg 1989.

HENGERER, Mark: Hofzeremoniell, Organisation und Grundmuster sozialer Differenzierung am Wiener Hof im 17. Jahrhundert, in: Klaus Malettke/Chantal Grell (Hg.): Hofgesellschaft und Höflinge an europäischen Fürstenhöfen in der Frühen Neuzeit (15.-18. Jh.), Münster 2001, S. 337-368.

HENSCHELE, Otto: Herzogin Anna Amalia. Die Begründerin des Weimarischen Musenhofes, München 1949.

HEROLD-SCHMIDT, Hedwig: „ ... daß ich würde lieben können, wenn ich die Gelegenheit hätte, ihn näher kennen zu lernen". Lebensperspektiven und Handlungsspielräume „land"adeliger Frauen im beginnenden 19. Jahrhundert, in: Julia Frindte/Siegrid Westphal (Hg.): Handlungsspielräume von Frauen um 1800, Heidelberg 2005, S. 223-250.

HERTZ, Deborah: The literary Salon in Berlin 1780-1806. The Social History of an Intellectual Institution, University of Minnesota 1979.

HETTLER, Hermann: Karoline von Humboldt. Ein Lebensbild aus ihren Briefen gestaltet, München 2001.
HETTLING, Manfred: Der bürgerliche Wertehimmel, in: GG 23 (1997), S. 333-359.
HETTLING, Manfred/Stefan Ludwig Hoffmann: Einleitung: Zur Historisierung bürgerlicher Werte, in: dies. (Hg.): Der bürgerliche Wertehimmel. Innenansichten des 19. Jahrhunderts, Göttingen 2000, S. 7-21.
HETTLING, Manfred/Stefan Ludwig Hoffmann (Hg.): Der bürgerliche Wertehimmel. Innenansichten des 19. Jahrhunderts, Göttingen 2000.
HETTLING, Manfred u.a. (Hg.): Was ist Gesellschaftsgeschichte? Positionen, Themen, Analysen, München 1991.
HEUSER, Magdalene: Die Jugendbriefe von Therese Heyne-Forster-Huber. Vergewisserung der (weiblichen) bürgerlichen Subjektivität, in: Kaspar von Greyerz/Hans Medick/Patrice Veit (Hg.): Von der dargestellten Person zum erinnerten Ich. Europäische Selbstzeugnisse als historische Quellen (1500-1850), Köln/Weimar/Wien 2001, S. 275-298.
HEUSER, Magdalene: Zwischen Kochtopf und Verstandeserziehung, Briefen und Gelehrtenautobiographie: Dorothea Friderika Baldinger, in: dies., Autobiographien von Frauen. Beiträge zu ihrer Geschichte, Tübingen 1996, S. 152-174.
HEUSER, Magdalene (Hg.): Autobiographien von Frauen. Beiträge zu ihrer Geschichte, Tübingen 1996.
HEY, Barbara: Women's History und Poststrukturalismus. Zum Wandel der Frauen- und Geschlechtergeschichte in den USA, Pfaffenweiler 1995.
HEYDEN-RINSCH, Verena von der: Europäische Salons: Höhepunkte einer versunkenen weiblichen Kultur, München 1992.
HILL, B.: Women, Work and Sexual Politics in Eighteenth-Century England, Oxford 1989.
HIMBURG-KRAWEHL, Irene: Marquisen. Literaten. Revolutionäre. Zeitkommunikation im französischen Salon des 18. Jahrhunderts. Versuch einer historischen Rekonstruktion, Osnabrück 1970.
HIRSCHBIEGEL, Jan/Werner Paravicini (Hg.): Das Frauenzimmer. Die Frau bei Hof in Spätmittelalter und früher Neuzeit. 6. Symposium der Residenzen-Kommission der Akademie der Wissenschaften in Göttingen, Stuttgart 2000.
HOCKE, Gustav René: Europäische Tagebücher aus vier Jahrhunderten. Motive und Anthologie, Frankfurt a.M. 1991.
HOELTJE, Bettina u.a. (Hg.): Stationen des Wandels. Rückblicke und Fragestellungen zu dreißig Jahren Bildungs- und Geschlechterforschung. Festschrift für Ingrid N. Sommerkorn Abrahams, Münster u.a. 2001.
HOFFMANN, Carl A.: ‚Öffentlichkeit' und ‚Kommunikation' in den Forschungen zur Vormoderne. Eine Skizze, in: Carl A. Hoffmann/Rolf Kießling (Hg.): Kommunikation und Region, Konstanz 2001.

HOFFMANN, Paul Th.: Schopenhauer und Hamburg, in: Jahrbuch der Schopenhauer-Gesellschaft 19 (1932), S. 207-251.
HOFFMANN-AXTHELM, Inge: Die Geisterfamilie. Studien zur Geselligkeit der Frühromantik, Frankfurt a.M. 1973.
HOFSTÄTTER, Peter R.: Individuum und Gesellschaft. Das soziale System in der Krise, Frankfurt a.M. 1972.
HOHKAMP, Michaela: Frauen vor Gericht, in: Mireille Othenin-Girard/Anna Gossenreiter/Sabine Trautweiler (Hg.): Frauen und Öffentlichkeit. Beiträge der 6. Schweizerischen Historikerinnentagung, Zürich 1991, S. 115-124.
HOLDENRIED, Michaela (Hg.): Geschriebenes Leben. Autobiographik von Frauen, Berlin 1995.
HOLMGREN, Janet Besserer: „Die Horen haben jetzo wie es scheint ihr weibliches Zeitalter...". The women writers in Schiller's „Horen". Louise Brachmann, Friederike Brun, Amalie von Imhoff, Sophie Mereau, Elisa von der Recke, and Caroline von Wolzogen, Berkeley 2000.
HOLTHÖFER, Ernst: Die Geschlechtsvormundschaft. Ein Überblick von der Antike bis ins 19. Jahrhundert, in: Ute Gerhard (Hg.): Frauen in der Geschichte des Rechts. Von der Frühen Neuzeit bis zur Gegenwart, München 1997, S. 390-451.
HOLTHÖFER, Ernst: Die Rechtsstellung der Frau im Zivilprozeß, in: Ute Gerhard (Hg.): Frauen in der Geschichte des Rechts. Von der Frühen Neuzeit bis zur Gegenwart, München 1997, 575-599.
HONEGGER, Claudia: Die Ordnung der Geschlechter. Die Wissenschaft vom Menschen und das Weib. 1750-1850, Frankfurt a.M./New York 1991.
HOOCK-DEMARLE, Marie-Claire: Die Frauen der Goethezeit, München 1990.
HOOCK-DEMARLE, Marie-Claire: Briefvernetzungen in und um Europa. Frauen- und Männerbriefe im deutschsprachigen Raum (19. Jahrhundert), in: Christa Hämmerle/Edith Saurer (Hg.): Briefkulturen und ihr Geschlecht. Zur Geschichte der privaten Korrespondenz vom 16. Jahrhundert bis heute (= L'Homme Schriften, 7), Wien/Köln/Weimar 2003, S. 187-203.
HORVATH, E.: Die Frau im gesellschaftlichen Leben Hamburgs. Meta Klopstock, Eva König, Elise Reimarus, in: Wolfebüttler Studien zur Aufklärung, Bd. III (1976), S. 175ff.
HORN, Katrin: Selbstdarstellung und Selbstvergewisserung einer ‚Gattin, Hausfrau und Mutter' in Weimar um 1800. Caroline Falk in ihren Briefen an ihre Mutter und Großmutter, wissenschaftliche Hausarbeit zur ersten Staatsprüfung für das Lehramt an Gymnasien, (Friedrich-Schiller-Universität) Jena 2003.
HORN, Katrin: Leben zwischen Weiblichkeitsideal und sozialer Praxis – Handlungsspielräume einer ‚Gattin, Hausfrau und Mutter' in Weimar um 1800, in: Julia Frindte/Siegrid Westphal (Hg.): Handlungsspielräume von Frauen um 1800, Heidelberg 2005, S. 119-142

HOYOS, Carl Graf/Dieter Frey (Hg.): Arbeits- und Organisationspsychologie. Ein Lehrbuch, Weinheim 1999.

HUBRATH, Maragarete (Hg.): Geschlechter-Räume. Konstruktionen von „gender" in Geschichte, Literatur und Alltag, Köln/Weimar/Wien 2001.

HUBRATH, Maragarete: Einführung, in: dies. (Hg.): Geschlechter-Räume. Konstruktionen von "gender" in Geschichte, Literatur und Alltag, Köln/Weimar/Wien 2001, S. 1-6

HUEBSCHER, Angelika/Monika Radecki: Adele Schopenhauer. Drei Briefe aus den Jahren 1819/1820 an Louise Werthern, in: Schopenhauer Jahrbuch 72 (1991), S. 7-16.

HUEBSCHER, Angelika: Bestandsaufnahme im Schopenhauer-Archiv. Zum neuen Handschriften-repertorium, in: Schopenhauer-Jahrbuch 70 (1989), S. 7-10.

HUFSCHMIDT, Anke: Adlige Frauen im Weserraum zwischen 1570 und 1700. Status – Rollen – Lebenspraxis, Münster 2001.

HUFTON, Olwen: Aufrührerische Frauen in traditionalen Gesellschaften: England, Frankreich und Holland im 17. und 18. Jahrhundert, in: GG 18 (1992), S. 423-445.

HULL, Isabell: Sexuality, State, and Civil Societey in Germany, 1700-1815, Ithaca 1996.

IM HOF, Ullrich: Das gesellige Jahrhundert. Gesellschaft und Gesellschaften im Zeitalter der Aufklärung, München 1982.

IMBODEN, Monika: Stadt-Raum-Geschlecht. Beiträge zur Erforschung urbaner Lebensräume im 19. und 20- jahrhundert, Zürich 2000.

IVES, Margaret C. (Hg.): Women writers of the age of Goethe: VIII., Lancaster 1996.

JAACKS, Gisela: „Fröhlich, tätig, anspruchslos...". Zum Selbstverständnis der Frauen in der zweiten Hälfte des 18. Jahrhunderts, in: Beiträge zur deutschen Volks- und Altertumskunde 22 (1983), S. 63-74.

JÄCKEL, G. (Hg.): Das Volk braucht Licht. Frauen zur Zeit des Aufbruchs 1790-1848 in ihren Briefen, Darmstadt 1970.

JANCKE, Gabriele: Autobiographie als soziale Praxis. Beziehungskonzepte in Selbstzeugnissen des 15. und 16. Jahrhunderts im deutschsprachigen Raum, Köln/Weimar/Wien 2002.

JANCKE, Gabriele: Autobiographische Texte – Handlungen in einem Beziehungsnetz. Überlegungen zu Gattungsfragen und Machtaspekten im deutschen Sprachraum von 1400-1620, in: Winfried Schulze (Hg.): Ego-Dokumente. Annäherung an den Menschen in der Geschichte, Berlin 1996, S. 73-106.

JANSEN, Dorothea: Einführung in die Netzwerkanalyse. Grundlagen, Methoden, Forschungsbeispiele, 2. Aufl., Opladen 2002

JAUCH, Ursula Pia: Immanuel Kant zur Geschlechterdifferenz. Aufklärerische Vorurteilskritik und bürgerliche Geschlechtsvormundschaft, Wien 1988.

JELINEK, Estelle C.: The Tradition of Women's Autobiography: From Antiquity to the Present, Boston 1986.
JENISCH, Susanne: „Die berüchtigte Materie von der Geschlechtskuratel". Die Abschaffung der ‚Geschlechtsvormundschaft' in der aufklärerischen Diskussion, in: Ulrike Weckel u.a. (Hg.): Ordnung, Politik und Geselligkeit der Geschlechter im 18. Jahrhundert, Göttingen 1998, S. 285-301.
JENSSEN, Christian: Johanna Schopenhauer, in: Vier Ostdeutsche Biographien. Unvergängliche Spuren, Deutscher Osten, Bd. 4, Düsseldorf/Köln 1952, S. 5-23.
JOERES, Ruth-Ellen B.: German women in text and context of the 18th and 19th centuries: A review essay of feminist critcism, in: IASL 11 (1986), S. 232-263.
JOERES, Ruth-Ellen B.: „We are adjacent to human society": German Women Writers, the Housesocial Experience, and a Challenge to the Public/Domestic Dichotomy, in: Women in German. Yearbook 10 (1995), S. 39-57.
JOERES, Ruth-Ellen B./M. Burkhard (Eds.): Out of line. Ausgefallen. The paradox of marginality in the writings of 19th century German women, Amsterdam 1989.
JOHNSON, Pauline: Feminism and the Enlightenment, in: Radical Philosophy 63 (1993), S. 3-12.
JONES, Kathleen B.: On Authority: Or, Why Women Are Not Entitled to Speak, in: Feminism and Foucault. Reflection on Resistance, Boston 1988, S. 119-133.
JONES, Vivien (Ed.): Women and Literature in Britain 1700-1800, Cambridge 2000.
JONES, Vivien (Ed.): Women in the Eighteenth Century: Constructions of Feminity, London 1990.
JORDANOVA, Ludmilla: Women's Testimonies on „Public" and „Private" in 18th Century England. Conference on Public and Private Spheres in Early Modern Europe, University of Exeter 1993.
KÄTHNER, Martina/Elke Kleinau: Höhere Töchterschulen um 1800, in: Elke Kleinau/Claudia Opitz (Hg.): Geschichte der Mädchen- und Frauenbildung, Bd. 1: Vom Mittelalter bis zur Aufklärung, Frankfurt a.M./New York 1996, S. 393-408.
KAISER, Gerhard R./Siegfried Seifert (Hg.): Friedrich Justin Bertuch (1747-1822). Verleger, Schriftsteller und Unternehmer im klassischen Weimar, Tübingen 2000.
KALTWASSER, Vera: Schreiben um zu überleben. Annäherungen an Sophie Mereau (1770-1806), in: Praxis Deutsch 20 (1993), S. 62-68.
KAMINIARZ, Irina/H. Lucke: Goethes Weimar, Hamburg 1991.
KAMMLER, Eva: Zwischen Professionalisierung und Dilettantismus. Romane und ihre Autorinnen um 1800, Opladen 1992.

KASCHUBA, Wolfgang: Deutsche Bürgerlichkeit nach 1800. Kultur als symbolische Praxis, in: Jürgen Kocka (Hg.): Bürgertum im 19. Jahrhundert. Deutschland im europäischen Vergleich, Bd. 3, Münster 1988, S. 9-44.
KAUFMANN, Sylke: Henriette von Pogwisch und ihre Französische Lesegesellschaft. Ein Beitrag zur Weimarer Kultur in der ersten Hälfte des 19. Jahrhunderts. Mit einem Exkurs zum Wirken Goethes in der Lesegesellschaft, Marburg 1994.
KELLER, Katrin: Der sächsische Adel auf Reisen. Die Kavalierstour als Institution adliger Standesbildung im 17. und 18. Jahrhundert, in: Katrin Keller/Josef Matzerath (Hg.): Geschichte des sächsischen Adels, Köln/Weimar/Wien, 1997, S. 257-274.
KELLER, Katrin: Kommunikationsraum Altes Reich. Zur Funktionalität der Korrespondenznetze von Fürstinnen im 16. Jahrhundert, in: ZHF 31 (2004), S. 205-230.
KELLER, Katrin: Kurfürstin Anna von Sachsen (1523-1585). Von Möglichkeiten und Grenzen einer „Landesmutter", in: Jan Hirschbiegel/Werner Paravicini (Hg.): Das Frauenzimmer. Die Frau bei Hofe in Spätmittelalter und früher Neuzeit. 6. Symposium der Residenzen-Kommission der Akademie der Wissenschaften in Göttingen, Stuttgart 2000, S. 263-284.
KELLY, Gary: Women, Writing, and Revolution, 1790-1827, Oxford 1993.
KELLY, Joan: Early Feminist Theory and the ‚Querelle des Femmes', 1400-1789, in: dies. (Ed.): Women, History and Theory. Essays, Chicago/London 1984, S. 65-109.
KINTZINGER, Martin: Die zwei Frauen des Königs. Zum politischen Handlungsspielraum von Fürstinnen im europäischen Spätmittelalter, in: Jan Hirschbiegel/Werner Paravicini (Hg.). Das Frauenzimmer. Die Frau bei Hofe in Spätmittelalter und früher Neuzeit. 6. Symposium der Residenzen-Kommission der Akademie der Wissenschaften in Göttingen, Stuttgart 2000, S. 377-398.
KLAUß, Jochen: Charlotte von Stein: die Frau in Goethes Nähe, Zürich 1995.
KLEINAU, Elke/Claudia Opitz (Hg.): Geschichte der Mädchen- und Frauenbildung, Bd. 1: Vom Mittelalter bis zur Aufklärung, Frankfurt a.M./New York1996.
KLESSMANN, Eckart: Caroline. Das Leben der Caroline Michaelis-Böhmer-Schlegel-Schelling 1763-1809, München 1975.
KLESSMANN, Eckart: Christiane. Goethes Geliebte und Gefährtin, 2. Aufl., Zürich 1993.
KLINGER, Cornelia: Das Bild der Frau in der Philosophie und die Reflexion von Frauen auf die Philosophie, in: Karin Hausen/Helga Nowotny (Hg.): Wie männlich ist die Wissenschaft? Frankfurt a.M. 1986, S. 26-86.
KLUCKHOHN, Paul: Die Auffassung der Liebe in der Literatur des 18. Jahrhunderts und in der deutschen Romantik, Halle a.S. 1922.

KLÜGER, Ruth: Zum Außenseitertum der deutschen Dichterinnen, in: Helga Gallas/Magdalene Heuser (Hg.): Untersuchungen zum Roman von Frauen um 1800, Tübingen 1990, S. 13-19.

KNOCHE, Michael/Harald Tausch (Hg.): Von Rom nach Weimar – Carl Ludwig Fernow. Beiträge des Kolloquiums der Stiftung Weimarer Klassik/Herzogin Anna Amalia Bibliothek vom 9. bis 10. Juli 1998 in Weimar, Tübingen 2000.

KNOLL, Ilse: Karoline v. Wolzogen/Johanna Schopenhauer – zwei Schriftstellerinnen der Goethezeit, in: Jenainformation 3/1972, S. 19f.

KOCH, Elisabeth: Die Frau im Recht der Frühen Neuzeit. Juristische Lehren und Begründungen, in: Ute Gerhard (Hg.): Frauen in der Geschichte des Rechts. Von der Frühen Neuzeit bis zur Gegenwart, München 1997, S. 73-103.

KOCH, Herbert: Charlotte von Ahlefeld, Mainz 1977.

KOCKA, Jürgen: Das europäische Muster und der deutsche Fall, in: ders. (Hg.): Bürgertum im 19. Jahrhundert, Bd. 1: Einheit und Vielfalt in Europa, Göttingen 1995, S. 9-84.

KÖHLER, Astrid: Salonkultur im klassischen Weimar. Geselligkeit als Lebensform und literarisches Konzept, Stuttgart 1996.

KÖHLER, Astrid: Geselligkeit als Lebensform und literarisches Konzept: Johanna Schopenhauers Roman „Gabriele" im Kontext ihres Weimarer Salons, in: Margaret Ives (Ed.): Women Writers of the Age of Goethe, VIII, o.O. 1996, S. 26-45.

KÖHLER, Astrid: Weimar, London und Paris. The provincial culture elite views the big wide world, in: English Goethe Society 69 (1999), S. 52-65.

KÖHLER, Astrid: Welt und Weimar: Geselligkeitskonzeptionen im Salon der Johanna Schopenhauer (1806-1828), in: Roberto Simanowski/Horst Turk/Thomas Schmidt (Hg.): Europa – ein Salon? Beiträge zur Internationalität des literarischen Salons, Göttingen 1999, S. 147-160.

KOHLHAGEN, Norgard/Siegfried Sunner: Eine Liebe in Weimar. Caroline Flachsland und Johann Gottfried Herder, Stuttgart 1994.

KONRAD, Michael: Werte versus Normen als Handlungsgründe, Bern 2000.

KONTJE, Todd: Women, the Novel, and the German Nation 1771-1871, Cambridge 1998.

KONTJE, Todd: Reassessing Sophie Mereau: The Case for *Amanda and Eduard*, in: Colloquia Germanica 24 (1991), S. 310-327.

KOOPMANN, Helmut: Goethe und Frau von Stein. Geschichte einer Liebe, München 2002.

KOOPMANN, Helmut: Dilettantismus. Bemerkungen zu einem Phänomen der Goethezeit, in: Helmut Holtzhauer/Bernhard Zeller (Hg.): Studien zur Goethezeit. Festschrift für Lieselotte Blumenthal, Weimar 1968, S. 178-208.

KORD, Susanne: Ein Blick hinter die Kulissen. Deutschsprachige Dramatikerinnen im 18. Und 19. Jahrhundert, Stuttgart 1992.

KORD, Susanne: Sich einen Namen machen. Anonymität und weibliche Autorschaft. 1700-1900, Stuttgart 1996.
KOVALEVSKI, Bärbel: „Vergessen und unbekannt". Die Beziehungen der Malerin Julie von Egloffstein zu Georg Friedrich Kersting, in: Georg-Friedrich-Kersting-Ehrung 1997. Vorträge, gehalten anläßlich der Kersting-Ehrung, während der Konferenz am 27. September 1997, Güstrow 1997, S. 48-51.
KOVALEVSKI, Bärbel (Hg.): Zwischen Ideal und Wirklichkeit. Künstlerinnen der Goethe-Zeit zwischen 1750 und 1850. Ausstellungskatalog, Ostfildern-Ruit 1999.
KREBS, Peter-Per: Die Stellung der Handwerkerswitwe in der Zunft vom Spätmittelalter bis zum 18. Jahrhundert, Diss. Jur. Regensburg 1974.
KROEMER, Barbara: Über Rechtsstellung, Handlungsspielräume und Tätigkeitsbereiche von Frauen in spätmittelalterlichen Städten, in: Staat und Gesellschaft in Mittelalter und Früher Neuzeit. Gedenkschrift für Joachim Leuschner, Göttingen 1983, S. 135-150.
KRUG, Michaela: Auf der Suche nach dem eigenen Raum. Topographien des Weiblichen im Roman von Autorinnen um 1800, Würzburg 2004.
KRUSENSTJERN, Benigna von: Selbstzeugnisse der Zeit des Dreißigjährigen Krieges. Beschreibendes Verzeichnis, Berlin 1997.
KRUSENSTJERN, Benigna von: Was sind Selbstzeugnisse? Begriffskritische und quellenkundliche Überlegungen anhand von Beispielen aus dem 17. Jahrhundert, in: Historische Anthropologie 2 (1994), S. 462-471.
KÜCHLER, Petra: Zur Konstruktion von Weiblichkeit. Erklärungsansätze zur Geschlechterdifferenz im Lichte der Auseinandersetzung um die Kategorie Geschlecht, 2. Aufl., Herbolzheim 2001.
KÜHN, Paul von: Die Frauen um Goethe, 2 Bde., 5. Aufl., Leipzig o.J.
KÜHNLENZ, Fritz: Weimarer Porträts. Männer und Frauen um Goethe und Schiller, Rudolstadt 1961.
KÜHNLENZ, Fritz: Weimarer Porträts. Neue Folge, Rudolstadt 1965.
KUHLES, Doris: Journal des Luxus und der Moden. 1786-1827. Analytische Bibliographie, 2. Bd., München 2003.
KUHN, Norbert: Sozialwissenschaftliche Raumkonzeptionen. Der Beitrag der raumtheoretischen Ansätze in den Theorien von Simmel, Lefebvre und Giddens für eine sozialwissenschaftliche Theoretisierung eines Raumes, Saarbrücken 1994.
LABOUVIE, Eva: In weiblicher Hand. Frauen als Firmengründerinnen und Unternehmerinnen (1600-1800), in: dies. (Hg.): Frauenleben – Frauen leben. Zur Geschichte und Gegenwart weiblicher Lebenswelten im Saarraum (17.-20. Jahrhundert), St. Ingbert 1993, S. 88-131.
LAHNSTEIN, Peter: Schillers Leben. Biographie, München 1990.
LAMMERS, Jost/Oliver Schmitz: Der moralische Handlungsspielraum von Unternehmen, Eine institutionenökonomische Perspektive, Marburg 1995.

LANDES, Joan: Women and the Public Sphere in the Age of the French Revolution, 2. ed., Ithaka/London 1990.
LANDFESTER, Ulrike: Von Frau zu Frau? Einige Bemerkungen über historische und ahistorische Weiblichkeitsdiskurse in der Rezeption Bettine von Arnims, in: Internationales Jahrbuch der Bettina-von-Arnim-Gesellschaft 8-9 (1996/1997), S. 201-223.
LANDWEHR, Achim/Stefanie Stockhorst: Einführung in die Europäische Kulturgeschichte, Paderborn 2004.
LANGE, Sigrid (Hg.): Ob die Weiber Menschen sind. Geschlechterdebatten um 1800, Leipzig 1992.
LANGE, Sigrid: Spiegelgeschichten. Geschlechter und Poetiken in der Frauenliteratur um 1800, Frankfurt a.M. 1995.
LANGNER, Margrit: Sophie von La Roche – die empfindsame Realistin, Heidelberg 1995.
LEIEREDER, Brigitte: Das Weib nach den Ansichten der Natur. Studien zur Herausbildung des bürgerlichen Frauenbildes an der Wende vom 18. Zum 19. Jahrhundert. München 1981.
LEISTIKOW, Oskar: Schopenhauer und Johann Daniel Falk, in: Schopenhauer-Jahrbuch, 35 (1953/1954), S. 73f.
LESEMANN, Silke: „dass eine gelehrte frau keine wirthin sey". Zur Bildung und Sozialisation landadliger Frauen im 18. Jahrhundert, in: Beatrix Bastl (Hg.): Tugend, Vernunft, Gefühl. Geschlechterdiskurse der Aufklärung und weibliche Lebenswelten, Münster u.a. 2000, S. 249-269.
LESEMANN, Silke: Liebe und Strategie. Adlige Ehen im 18. Jahrhundert, in: Historische Anthropologie 8 (2000), S. 189-207.
LESEMANN, Silke: Ordnung, Politik und Geselligkeit der Geschlechter im 18. Jahrhundert, in: Niedersächsisches Jahrbuch für Landesgeschichte, Bd. 71 (1999), S. 399-401.
LINKE, Angelika: Das Unbeschreibliche. Zur Sozialsemiotik adeligen Körperverhaltens im 18. und 19. Jahrhundert, in: Eckart Conze/Monika Wienfort (Hg.): Adel und Moderne. Deutschland im europäischen Vergleich im 19. und 20. Jahrhundert, Köln/Weimar/Wien 2004, S. 247-268.
LIPP, Carola: Frauen und Öffentlichkeit. Möglichkeiten und Grenzen politischer Partizipation im Vormärz und in der Revolution 1848/49, in: dies. (Hg.): Schimpfende Weiber und patriotische Jungfrauen. Frauen im Vormärz und in der Revolution 1848/49, Baden-Baden 1986, S. 270-307.
LONSDALE, Roger (Ed.): Eighteenth-Century Women Poets. An Oxford Anthology, Oxford 1990.
LOSTER-SCHNEIDER, Gudrun: Sophie von La Roche, Paradoxien weiblichen Schreibens, im 18. Jahrhundert, Tübingen 1995.
LUNTOWSKI, Adelbert: Charlotte von Stein, Leipzig 1913.
MACCORMACK, Carol/Marilyn Strathern (Eds.): Nature, Culture and Gender, Cambridge Repr. 1998.

MACDOWELL, Linda/Rosemary Pringle (Eds.): Defining Women. Social Institutions and Gender Divisions, Cambridge 1992.
MADGE, Claire: Gendering Space. A first year geography fieldwork exercise, in: Geography 79 (1994), S. 330-338.
MAIERHOFER, Waltraud: Angelika Kauffmann, Reinbek 1997.
MALETTKE, Klaus: Ludwigs XIV. Außenpolitik zwischen Staatsräson, ökonomischen Zwängen und Sozialkonflikten, in: Heinz Duchhardt (Hg.): Rahmenbedingungen und Handlungsspielräume europäischer Außenpolitik im Zeitalter Ludwigs XIV. (= Beiheft 11 der Zeitschrift für Historische Forschung), Berlin 1991, S. 43-72.
MALTZAHN, Hellmuth von: Karl Ludwig von Knebel, Goethes Freund, Jena 1929.
MANGOLD, Elisabeth: Ottilie von Goethe, Repr. d. Ausg. 1965, Grünwald 1999.
MARWINSIKI, Felicitas: Lesen und Geselligkeit, Jena 1991.
MARWINSIKI, Felicitas: Von der societas litteraria zur Lesegesellschaft. Gesellschaftliches Leben in Thüringen während des 18. und zu Beginn des 19. Jahrhunderts, Univ. Diss., Jena 1982.
MARWINSKI, Felicitas: „Wahrlich, das Unternehmen ist kühn...". Aus der Geschichte der literarischen Gesellschaft der freien Männer von 1791-1799 zu Jena, Jena/Erlangen 1992.
MARWINSKI, Felicitas: Gesellschaften in Jena um die Wende zum 18. Jahrhundert. Ihre Wurzeln und ihre Zukunft, in: Blätter des Vereins für Thüringische Geschichte 4 (1994), S. 19-22.
MASLOW, Abraham H.: Motivation and personality, New York 1970.
MASSEY, Doreen: Space, Place and Gender, Cambridge 1994.
MATTENKLOTT, Gundel: Die höflichsten aller Menschen? Frauen schreiben ihre Autobiographie, in: Jürgen Hein u.a. (Hg.): Das Ich als Schrift. Über privates und öffentliches Schreiben, Baltmannsweiler 1984, S. 50-62.
MATTENKLOTT, Gundel: Jüdische Frauen im Briefwechsel um 1800, in: Zeitschrift für Germanistik 8 (1987), S. 39-49.
MAURER, Michael: Aufklärung und Anglophilie in Deutschland, Göttingen 1987.
MAURER, Michael: Die Biographie des Bürgers. Lebensformen und Denkweisen der formativen Phase des deutschen Bürgertums (1680-1815), Göttingen 1996.
MAURER, Michael: Das Gute und das Schöne. Sophie von La Roche (1730-1807) wiederentdecken?, in: Euphorion 79 (1985), S. 111-138.
MAURER, Michael: Der Anspruch auf Bildung und Weltkenntnis – Reisende Frauen, in: Lichtenberg-Jahrbuch (1990), S. 122-158.
MAURER, Michael (Hg.): Ich bin mehr Herz als Kopf. Sophie von la Roche. Ein Lebensbild in Briefen, München 1983.
MAUSER, Wolfram/Barbara Becker-Cantarino (Hg.): Frauenfreundschaft – Männerfreundschaft. Literarische Diskurse im 18. Jahrhundert, Tübingen 1991.

MCCALL, R. David: „Everything in its Place". Gender and Space on America's Railsroads, 1830-1899, Blacksburg 1999.
MCMILLAN, James F.: France and women 1789-1914. Gender, Society and Politics, London 2000.
MEIER, Marietta: Standesbewusste Stiftsdamen. Stand, Familie und Geschlecht im adligen Damenstift Olsberg 1780-1810, Köln/Weimar/Wien 1999.
MEIER, Ulrich/Klaus Schreiner: Regimen civitatis. Zum Spannungsverhältnis von Freiheit und Ordnung in alteuropäischen Stadtgesellschaften, in: Klaus Schreiner/Ulrich Meier (Hg.): Stadtregiment und Bürgerfreiheit. Handlungsspielräume in deutschen und italienischen Städten des Späten Mittelalters und der Frühen Neuzeit, Göttingen 1994, S. 11-34.
MEILI-DWORETZKI, Gertrud: Johanna Schopenhauer. Biographische Skizzen, Düsseldorf 1987.
MEISE, Helga: Die Unschuld und die Schrift. Deutsche Frauenromane im 18. Jahrhundert, Berlin/Marburg 1983.
MEISE, Helga: Bildungslust und Bildungslast in Autobiographien von Frauen um 1800, in: Elke Kleinau/Claudia Opitz (Hg.): Geschichte der Mädchen- und Frauenbildung, Bd. 1: Vom Mittelalter bis zur Aufklärung, Frankfurt a.M./New York 1996, S. 453-466.
MEISE, Helga: Die Tagebücher der Landgräfinnen Sophia Eleonora und Elisabeth Dorothea von Hessen-Darmstadt. Höfische Ego-Dokumente des 17. Jahrhunderts zwischen Selbstvergewisserung und Selbstreflexion, in: Magdalene Heuser (Hg.): Autobiographien von Frauen. Beiträge zu ihrer Geschichte, Tübingen 1996, S. 49-70.
MERGEL, Thomas u.a. (Hg.): Geschichte zwischen Kultur und Gesellschaft. Beiträge zur Theoriedebatte, München 1997.
MERKEL Kerstin: Fürstliche Dilettantinnen, in: Marcus Ventzke, Hofkultur und aufklärerische Reformen in Thüringen. Die Bedeutung des Hofes im späten 18. Jahrhundert, Köln/Weimar/Wien, S. 34-51.
MERKEL, Kerstin/Heide Wunder (Hg.): Deutsche Frauen in der Frühen Neuzeit. Dichterinnen, Malerinnen, Mäzeninnen, Darmstadt 2000.
MEYER, Franziska: „Nur nicht eine Minute Schwärmerey". Caroline Schlegel-Schellings Freundschaft mit Luise Stieler-Gotter, in: Querelle. Jahrbuch für Frauenforschung 3 (1998), S.137-152.
MEYER, Ulla: Lob der Mutter. Dreizehn Mütter grosser Söhne, Basel 1976.
MIDELL, Katharina: „Die Bertuchs müssen doch in dieser Welt überall Glück haben". Der Verleger Friedrich Justin Bertuch und sein Landes-Industrie-Comptoir um 1800, Leipzig 2002.
MIDELL, Katharina: Ehe, Alltag, Politik. Studien zur Frauengeschichte und Geschlechterverhältnissen von der Frühen Neuzeit bis zur Gegenwart, Leipzig 1993.
MILCH, Werner: Johanna Schopenhauer. Ihre Stellung in der Geistesgeschichte, in: Jahrbuch der Schopenhauer-Gesellschaft 22 (1935), S. 201-238.

MITTERAUER, Michael/Reinhard Sieder: Vom Patriarchat zur Partnerschaft. Zum Strukturwandel der Familie, 4. Aufl., München 1991.
MIX, York-Gothart: Die deutschen Musenalmanache des 18. Jahrhunderts, München 1987.
MÖHLE, Sylvia: Ehekonflikte und sozialer Wandel. Göttingen 1740-1840, Frankfurt a.M./New York 1997.
MÖHLE, Sylvia: Ehe und Ehescheidung in ländlichen Gemeinden des Kurfürstentums und Königreichs Hannover 1790-1870, in: Archiv für Sozialgeschichte 36 (1996), S. 127-153.
MÖHRMANN, Renate: Die Andere Frau. Emanzipationsansätze deutsche Schriftstellerinnen im Vorfeld der 48er Revolution, Stuttgart 1977.
MÜLLER, Heidy Margrit (Hg.): Das erdichtete Ich – eine echte Erfindung. Studien zu autobiographischer Literatur von Schriftstellerinnen, Aarau/Frankfurt a.M./Salzburg 1998.
MÜLLER, Klaus Detlef: Autobiographie und Roman. Studien zur literarischen Autobiographie der Goethezeit, Tübingen 1976.
MÜLLER-ADAMS, Elisa: „Dass die Frau zur Frau redete". Das Werk der Caroline de la Motte Fouqué als Beispiel für weibliche Literaturproduktion der frühen Restaurationszeit, St. Ingbert 2003.
NAGELSCHMIDT, Ilse (Hg.): Perspektiven der Frauen- und Geschlechterforschung. Materialien der Konferenz im November 1999, Leipzig 2001.
NAMOWICZ, Ewa: Briefkultur und Briefroman im 18. Jahrhundert in Deutschland, Warschau 1974.
NAUMANN, Barbara (Hg.): Frauen und Recht – Women and Law, Köln 2000.
NENON, Barbara, Autorschaft und Frauenbildung. Das Beispiel Sophie von La Roche, Würzburg 1988.
NEUPER, Horst (Hg.): Das Vorlesungsangebot an der Universität Jena von 1749 bis 1854, Weimar 2003.
NICKISCH, Reinhard: Die Stilprinzipien in den deutschen Briefstellern des 17. und 18. Jahrhunderts, Göttingen 1969.
NICKISCH, Reinhard: Briefkultur: Entwicklung und sozialgeschichtliche Bedeutung des Frauenbriefs im 18. Jahrhundert, in: Gisela Brinker-Gabler (Hg.): Deutsche Literatur von Frauen, Bd. 1, München 1988, S. 389-409.
NICHOLSON, Linda J.: Gender History, Columbia 1986.
NIEMEYER-JENSEN, Beatrix: Von der gelehrten zur gebildeten Frau. Frauenbriefe im 18. Jahrhundert, Mikrofiche Ausg. 1994.
NIETHAMMER, Ortrun: Autobiographien von Frauen im 18. Jahrhundert, Tübingen/Basel 2000.
NIETHAMMER, Ortrun: Verschriftlichungsprozesse. Überlegungen zur Darstellung von Identität in Autobiographien von Frauen anhand von Sophie von La Roches „Melusinens Sommer-Abende", in: Marianne Henn/Britta Hufeisen (Hg.): Frauen: MitSprechen – MitSchreiben. Beiträge zur literatur- und sprachwissenschaftlichen Frauenforschung, Stuttgart 1997, S. 291-307.

NIGGL, Günter: Die deutsche Autobiographie im 18. Jahrhundert. Theoretische Grundlegung und literarische Entfaltung, Tübingen 1977.

NÖRTEMANN, Regina: Brieftheoretische Konzepte im 18. Jahrhundert und ihre Genese, in: Angelika Ebrecht/Regina Nörtemann/Herta Schwarz (Hg.): Brieftheorie des 18. Jahrhunderts. Texte, Kommentare, Essays, Stuttgart 1990, S. 211.

OFFEN, Karen/Ruth R. Pierson/Jane Rendall (Eds.): Writing Women's History. International Perspectives, Bloomington 1991.

OKIN, Susann Moller: Women in Western Political Thought, 7. Aufl., Princeton 1992.

OPITZ, Claudia: „die vergessenen Töchter der Revolution" – Frauen und Frauenrechte im revolutionären Frankreich 1789-1795, in: Helga Grubitzsch/H. Cyrus/E. Haarbusch (Hg.): Grenzgängerinnen. Revolutionäre Frauen im 18. und 19. Jahrhundert. Weibliche Wirklichkeit und männliche Phantasien, Düsseldorf 1985, S. 287-312.

OPP, Karl-Dieter: Die Entstehung sozialer Normen. Ein Integrationsversuch soziologischer, sozialpsychologischer und ökonomischer Erklärungen, Tübingen 1983.

PALETSCHEK, Sylvia: Adelige und bürgerliche Frauen (1770-1870), in: Elisabeth Fehrenbach (Hg.): Adel und Bürgertum in Deutschland 1770-1848, München 1994, S. 159-185.

PANKE, Birgit: Bürgerliches Frauenbild und Geschlechtsrollenzuweisungen in der literarischen und brieflichen Produktion des 18. Jahrhunderts, in: Beiträge zur feministischen Theorie und Praxis 5 (1981), S. 6-11.

PANKE-KOCHINKE, Birgit: Göttinger Professorenfamilien. Strukturmerkmale weiblichen Lebenszusammenhangs im 18. Und 19. Jahrhundert, Pfaffenweiler 1993.

PARAVICINI, Werner: Alltag bei Hofe, in: ders. (Hg.): Alltag bei Hofe. 3. Symposium der Residenzen-Kommission der Akademie der Wissenschaften in Göttingen. Ansbach 28. Februar bis 1. März, Sigmaringen 1995, S. 9-30.

PARAVICINI, Werner: Das Frauenzimmer. Die Frau bei Hofe in Spätmittelalter und Früher Neuzeit, in: Jan Hirschbiegel/ders. (Hg.): Das Frauenzimmer. Die Frau bei Hofe in Spätmittelalter und Früher Neuzeit. 6. Symposium der Residenzen-Kommission der Akademie der Wissenschaften in Göttingen, Stuttgart 2000, S. 13-25.

PARAVICINI, Werner (Hg.): Alltag bei Hofe. 3. Symposium der Residenzen-Kommission der Akademie der Wissenschaften in Göttingen. Ansbach 28. Februar bis 1. März, Sigmaringen 1995.

PASERO, Ursula/Friederike Braun (Hg.): Konstruktion von Geschlecht. Frauen. Männer. Geschlechterverhältnisse, 2. Aufl., Herbolzheim 2001.

PATEMAN, Carole: Feminist Critiques of the Public/Private Dichotomy, in: Stanley Benn/Gerald Gaus (Eds.): The Public and the Private, London 1983, S. 281-306.

PEI, Xu: Frauenbilder der Romantik. Sophie Mereau-Brentano, Karoline von Günderrode, Annette von Droste-Hülshoff, Clemens Brentano, Joseph von Eichendorff, Heinrich Heine, Düsseldorf 1997.
PELZ, Annegret: Reisen durch die eigene Fremde. Reiseliteratur von Frauen als autogeographische Schriften, Köln u.a. 1993.
PELZ, Annegret: „Ob und wie Frauenzimmer reisen sollen?" Das „reisende Frauenzimmer" als eine Entdeckung des 18. Jahrhunderts, in: W. Griep (Hg.): Sehen und Beschreiben. Europäische Reisen im 18. und frühen 19. Jahrhundert, Heide 1990.
PELZ, Annegret: „...von einer Fremde in die andere?" Reiseliteratur von Frauen, in: Gisela Brinker-Gabler (Hg.): Deutsche Literatur von Frauen, Bd. 2, München 1988, S. 143-153, 516f., 555f.
PERELS, Christoph: ‚Empfindsam' oder ‚romantisch'? Zu Sophie Brentanos Lebensspuren, in: Konrad Feilchenfeldt/Luciano Zagari (Hg.): Die Brentanos. Eine europäische Familie, Tübingen 1992, S. 172-182.
PETER, Emanuel: Die Geselligkeitskonzepte in Deutschland zwischen 1789 und 1806. Vortrag, Jena 1991.
PETER, Emanuel: Geselligkeiten. Literatur, Gruppenbildung und kultureller Wandel im 18. Jahrhundert, Tübingen 1999.
PETERS, Jan: Mit Pflug und Gänsekiel. Selbstzeugnisse schreibender Bauern. Eine Anthologie, Köln/Weimar/Wien 2003.
PETERS, Jan: Frauen vor Gericht in einer märkischen Gutsherrschaft (2. Hälfte des 17. Jahrhunderts), in: Otto Ulbricht (Hg.): Von Huren und Rabenmüttern. Weibliche Kriminalität in der Frühen Neuzeit, Köln u.a. 1995.
PETERS, Jan (Hg.): Ein Söldnerleben im Dreißigjährigen Krieg. Eine Quelle zur Sozialgeschichte, Berlin 1993.
PITKIN, Hannah: Justice: On relating Private and Public, in: Political Theory, Vol. 9, No. 3, S. 327-352.
PLACHTA, Bodo/Winfried Woesler (Hg.): Sturm und Drang. Geistiger Aufbruch 1770-1790 im Spiegel der Literatur, Tübingen 1997.
PLETICHA, Heinrich (Hg.): Das klassische Weimar. Texte und Zeugnisse, München 1983.
PRESS, Volker: Kaiser und Reichsritterschaft, in: Rudolf Endres (Hg.): Adel in der Frühneuzeit. Ein regionaler Vergleich, Köln/Wien 1991, S. 163-194.
PRESS, Volker: Patronat und Klientel im Heiligen Römischen Reich, in: Antoni Mączak (Hg.): Klientelsysteme der frühen Neuzeit, München 1988, S. 19-46.
PRESSER, Jacob: Memoires als geschiedbron (1958), in: Maarten Cornelis Brands/J. Haak/Ph. de Vries (Hg.): Uit het werk van dr. J. Presser, Amsterdam 1969, S. 277-282.
PRIOR, Mary (Hg.): Women in English Society 1500-1800, London/New York 1985.
PROKOP, Ulrike: Die Illusion vom großen Paar. Weibliche Lebensentwürfe im deutschen Bildungsbürgertum 1750-1770, Frankfurt a.M. 1991.

PROKOP, Ulrike: Die Einsamkeit der Imagination. Geschlechterkonflikt und literarische Produktion um 1770, in: Gisela Brinker-Gabler (Hg.): Deutsche Literatur von Frauen, 2 Bde., München 1988, S. 325-365.

RAHMEYER, Ruth: Ottilie von Goethe. Eine Biographie, Frankfurt a.M. 2002.

RAMM, Elke, Autobiographische Schriften deutschsprachiger Autorinnen um 1800, Hildesheim/Zürich/New York 1998.

RANG, Brita: Zur Geschichte des dualistischen Denkens über Mann und Frau. Kritische Anmerkungen zu den Thesen von Karin Hausen zur Herausbildung der Geschlechtscharaktere im 18. und 19. Jahrhundert, in: Jutta Dalhoff/Uschi Frey/Ingrid Schöll (Hg.): Frauenmacht in der Geschichte. Beiträge des Historikerinnentreffens 1985 zur Frauengeschichtsforschung, Düsseldorf 1986., S. 194-204.

RAPPE, Susanne: Klägerin und Beklagtin – Frauenleben im Dorf zwischen 1650 und 1750 im Spiegel niedergerichtlicher Protokolle aus dem Amt Dannenberg, in: Hannoverschers Wendland 14 (1992/93), S. 117-142.

REDER, Dirk Alexander: Frauenbewegung und Nation. Patriotische Frauenvereine in Deutschland im frühen 19. Jahrhundert (1813-1830), Köln 1998.

REIF, Heinz: Westfälischer Adel 1770-1860. Vom Herrschaftsstand zur regionalen Elite, Göttingen 1979.

REINHARD, Wolfgang: Freunde und Kreaturen. „Verflechtung" als Konzept zur Erforschung historischer Führungsgruppen. Römische Oligarchie um 1600, München 1979.

REINLEIN, Tanja: Der Brief als Medium der Empfindsamkeit. Erschriebene Identitäten und Inszenierungspotentiale, Würzburg 2003.

REISIGER, Hans: Johann Gottfried Herder. Sein Leben in Selbstzeugnissen, Briefen und Berichten, Darmstadt 1970 (ND der Ausgabe Berlin 1942).

RENDALL, Jane: West end rambling. Gender and architectural space in London 1800-1830, in: Leisure Studies. The Journal of Leisure Studies Association 17 (1998), S. 108-123.

RENDALL, Jane (Ed.): Equal or Different. Women's Politics 1800-1914, Oxford 1987.

RICHTER, Simon: Sophie Mereau (1770-1806), in: Elke P. Frederiksen and Elizabeth G. Ametsbichler (Eds.): Women Writers in German-Speaking Countries. A Bio-Bibliographical Critical Sourcebook, Westport/London 1998, S. 333-340.

RIEDERER, Jens: Aufgeklärte Sozietäten und gesellige Vereine in Jena und Weimar zwischen Geheimnis und Öffentlichkeit 1730-1830. Sozialstrukturelle Untersuchungen und ein Beitrag zur politischen Kultur eines Kleinstaates, Diss. (Masch.), Jena 1995.

RILEY, Helen M. Kastinger: Saat und Ernte. Sophie Mereaus Forderung geschlechtlicher Gleichberechtigung, in: Die weibliche Muse. Sechs Essays über künstlerisch schaffende Frauen der Goethezeit, Columbia, 1986, S. 55-88.

ROGGE, Jörg: *Ir freye wale zu haben.* Möglichkeiten, Probleme und Grenzen der politischen Partizipation in Augsburg zur Zeit der Zunftverfassung (1368-1548), in: Klaus Schreiner/Ulrich Meier (Hg.): Stadtregiment und Bürgerfreiheit. Handlungsspielräume in deutschen und italienischen Städten des Späten Mittelalters und der Frühen Neuzeit, Göttingen 1994, S. 244-257.

ROSALDO, Michelle Zimbalist/Louise Lamphere (Eds.): Women, Culture & Society, Stanford 1974.

RUNGE, Anita: Literarische Praxis von Frauen um 1800. Briefroman, Autobiographie, Märchen, Hildesheim u.a. 1997.

RUNGE, Anita/Liselotte Steinbrügge (Hg.): Die Frau im Dialog. Studien zu Theorie und Geschichte des Briefes, Stuttgart 1991.

RUTZ, Andreas: Ego-Dokumente oder Ich-Konstruktion? Selbstzeugnisse als Quellen zur Erforschung des frühneuzeitlichen Menschen, in: Zeitenblicke 1 (2002), Nr.2 [20.12.2002], URL: <http://www.zeitenblicke.historicum.net/2002/02/ rutz/index.html>.

RYAN, Mary P.: Women in Public. Between Banners and Ballots, 1825-1880, Baltimore 1990.

SABEAN, David Warren: Das zweischneidige Schwert. Herrschaft und Widerspruch im Württemberg der Frühen Neuzeit, Frankfurt a.M. 1990.

SABEAN, David Warren: Allianzen und Listen: Die Geschlechtsvormundschaft im 18. und 19. Jahrhundert, in: Ute Gerhard (Hg.): Frauen in der Geschichte des Rechts. Von der Frühen Neuzeit bis zur Gegenwart, München 1997, S. 460-479.

SABELLEK, Rainer: Kurhannover als Durchzugs- und Aufnahmeland für Salzburger und Berchtesgadener Emigranten: Erwartungen, Ziele und Handlungsspielräume1732-1733, in: Denk- und Handlungsspielräume. Historische Studien für Rudolf Vierhaus zum 70. Geburtstag, Göttingen 1992, S. 137-165.

SALENTIN, Ursula: Anna Amalia. Wegbegleiterin der Weimarer Klassik, 3. Aufl., Köln/Weimar/Wien 2001.

SAUPE, Paul: Johannes Daniel Falk. 1786-1826, Weimar 1979.

SCHEITLER, Irmgard: Frauen in der Literaturgeschichte vom 17. bis zum 19. Jahrhundert, in: Droste-Jb.1 (1986/87), S. 9-37.

SCHERING, Ernst: Johannes Falk. Leben und Wirken im Umbruch der Zeiten, Stuttgart 1961.

SCHERING, Ernst (Hg.): Johannes Falk. Geheimes Tagebuch 1818-1826, Stuttgart 1964.

SCHIEBINGER, Londa: „Frauen forschen anders". Wie weiblich ist die Wissenschaft? München 2000.

SCHIEBINGER, Londa: Schöne Geister. Frauen in den Anfängen der modernen Wissenschaft., Stuttgart 1993.

SCHIEBINGER, Londa: Why mammals are called mammals: gender politics in eighteenth-century natural history, in: American Historical Review 98 (1993), S. 382-411.

SCHIETH, Lydia: Die Entwicklung des deutschen Frauenromans im ausgehenden achtzehnten Jahrhundert. Ein Beitrag zur Gattungsgeschichte, Frankfurt a.M. 1987.
SCHINGS, Hans-Jürgen: Der ganze Mensch. Anthropologie und Literatur im 18. Jahrhundert, Stuttgart/Weimar 1994.
SCHISSLER, Hanna: Einleitung. Soziale Ungleichheit und historisches Wissen. Der Beitrag der Geschlechtergeschichte, in: dies. (Hg.): Geschlechterverhältnisse im historischen Wandel, Frankfurt a.M./New York 1993, S. 9-36.
SCHISSLER, Hanna: Geschlechtergeschichte. Herausforderung und Chance für die Sozialgeschichte, in: Manfred Hettling u.a. (Hg.): Was ist Gesellschaftsgeschichte? München 1991, S. 22-30.
SCHLEUCHER, Kurt: Das Leben der Amalie Schoppe und Johanna Schopenhauer, Darmstadt 1978.
SCHLIMMER, Angelika: Romanpoetik und Weiblichkeitsdiskurs. Zur Bedeutung der Kategorie *gender* im Romanverständnis von Therese Huber und Johanna Schopenhauer, Königstein/Taunus 2001.
SCHLÖDER, Bernd: Soziale Werte und Werthaltungen. Eine sozialpsychologische Untersuchung des Konzepts sozialer Werte und des Wertewandels, Opladen 1993.
SCHMID, Pia: Bürgerliche Theorien zur weiblichen Bildung. Klassiker und Gegenstimmen um 1800, in: Otto Hansmann u.a. (Hg.): Diskurs Bildungstheorie II: Problemgeschichtliche Orientierungen, Weinheim 1989, S. 537-559.
SCHMID, Pia: Das Allgemeine, die Bildung und das Weib. Zur verborgenen Konzipierung von Allgemeinbildung als allgemeiner Bildung für Männer, in: Heinz Tenorth, Elmar (Hg.): Allgemeine Bildung. Analysen zu ihrer Wirklichkeit. Versuch über die Zukunft, Wenheim/München 1986, S. 202-214.
SCHMID, Sigrun: Der „selbstverschuldeten Unmündigkeit" entkommen. Perspektiven bürgerlicher Frauenliteratur. Dargestellt an Romanbeispielen Sophie von La Roches, Therese Hubers, Friederike Helene Ungers, Caroline Auguste Fischers, Johanna Schopenhauers und Sophie Bernhardis, Würzburg 1999.
SCHMIDT, Erich: Goethe und Frau von Stein, in: Deutsche Rundschau 44 (1885), S. 156-268.
SCHMIDT, Georg: Geschichte des Alten Reiches. Staat und Nation in der Frühen Neuzeit 1495-1806, München 1999.
SCHMIDT, Peter: Nachwort, in: Sophie Mereau (Hg.): Kalathiskos, ND Heidelberg 1968, S. (7)-(10).
SCHMIDT-FUNKE, Julia: Auf dem Weg in die Bürgergesellschaft. Die politische Publizistik des Weimarer Verlegers Friedrich Justin Bertuch, Köln/Weimar/Wien 2005.

SCHMIDT-FUNKE, Julia: Der Konflikt um die Verlegung der Allgemeinen Literatur-Zeitung nach Halle im Jahr 1803, in: Zeitschrift des Vereins für Thüringische Geschichte 57 (2003), S. 105-126.
SCHMOLINSKY, Sabine: Selbstzeugnisse finden oder: Zur Überlieferung erinnerter Erfahrung im Mittelalter, in: Rudolf Suntrup/Jan R. Veenstra (Hg,): Self-Fashioning. Personen(selbst)darstellung, Frankfurt a.M. 2003, S. 23-49.
SCHNEGG, Brigitte: Geschlechterkonstellationen in der Geselligkeit der Aufklärung, in: Schweizerische Zeitschrift für Geschichte 52 (2002), S. 386-398.
SCHNEIDER, Ute: Friedrich Nicolais Allgemeine Deutsche Bibliothek als Integrationsmedium der Gelehrtenrepublik, Wiesbaden 1995.
SCHNELL, Rüdiger: Frauendiskurs, Männerdiskurs, Ehediskurs. Textsorten und Geschlechterkonzepte in Mittelalter und Früher Neuzeit, Frankfurt a.M./New York 1998.
SCHÖNBORN, Sibylle: Das Buch der Seele. Tagebuchliteratur zwischen Aufklärung und Kunstperiode, Tübingen 1999.
SCHÖTZ, Susanne: Handelsfrauen in Leipzig. Zur Geschichte von Arbeit und Geschlecht in der Neuzeit, Köln/Weimar/Wien 2004.
SCHÖTZ, Susanne (Hg.): Frauenalltag in Leipzig. Weibliche Lebenszusammenhänge im 19. und 20. Jahrhundert, Weimar/Köln/Wien 1997.
SCHREINER, Klaus/Ulrich Meier (Hg.): Stadtregiment und Bürgerfreiheit. Handlungsspielräume in deutschen und italienischen Städten des Späten Mittelalters und der Frühen Neuzeit, Göttingen 1994.
SCHUBERT, Friedrich: Johanna Schopenhauers Rheinreise 1828, in: Rhein. Heimatblätter 5 (1928), S. 361-365.
SCHÜTTERLE, Michael: Bertuchs Verlagsunternehmen in Rudolstadt, in: Gerhard Kaiser/Siegfried Seifert (Hg.): Friedrich Justin Bertuch (1747-1822). Verleger, Schriftsteller und Unternehmer im klassischen Weimar, Tübingen 2000, S. 381-394.
SCHULTZ, Hartwig (Hg.): Salons der Romantik. Beiträge eines Wiepersdorfer Kolloquiums zu Theorie und Geschichte des Salons, Berlin/New York 1997.
SCHULZE, Winfried: Ego-Dokumente: Annäherung an den Menschen in der Geschichte? in: ders. (Hg.): Ego-Dokumente. Annäherung an den Menschen in der Geschichte, Berlin 1996, S. 11-30.
SCHULZE, Winfried (Hg.): Ego-Dokumente. Annäherung an den Menschen in der Geschichte, Berlin 1996.
SCHUMANN, Detlev W.: Goethe und die Familie Schopenhauer, in: Hans-Joachim Maehl/Eberhard Mannack (Hg.): Studien zur Goethezeit. Erich Trunz zum 75. Geburtstag, Heidelberg 1981, S. 257-280 (= Beihefte zum Euphorion; Heft 18).
SCHWARZ, Gisela: Literarisches Leben und Sozialstrukturen um 1800: Zur Situation von Schriftstellerinnen am Beispiel von Sophie Brentano-Mereau, Frankfurt a.M. 1991.

SCHWARZ, Herta: Poesie und Poesiekritik im Briefwechsel zwischen Clemens Brentano und Sophie Mereau, in: Anita Runge/Liselotte Steinbrügge (Hg.): Die Frau im Dialog. Studien zu Theorie und Geschichte des Briefes, Stuttgart 1991, S. 33-50.
SCOTT, Joan W.: Gender and the Politics of History, New York 1988.
SCOTT, Joan W.: Gender: A Useful Category of Historical Analysis, in: American Historical Review 91 (1986), S. 1053-1075.
SCOTT, Joan W.: Von der Frauen- zur Geschlechtergeschichte, in: Hanna Schissler (Hg.): Geschlechterverhältnisse im historischen Wandel, Frankfurt a.M./New York 1993, S. 37-58.
SCRATON, Sheila: Gendered Cities. Women and Public Leisure Space in the „Postmodern City", in: Leisure Studies 17 (1998), S. 123-138.
SCURLA, Herbert: Rahel Varnhagen. Die große Frauengestalt der deutschen Romantik. Eine Biographie, Düsseldorf 1978.
SEIBERT, Peter: Der literarische Salon. Literatur und Geselligkeit zwischen Aufklärung und Vormärz, Stuttgart/Weimar 1993.
SEIBERT, Peter: Der Literarische Salon – ein Forschungsüberblick, in: Internationales Archiv für Sozialgeschichte der deutschen Literatur, 3. Sonderheft, Forschungsreferate, 2. Folge, Tübingen 1993, S. 159-220.
SEIBERT, Peter: Henriette Herz: Erinnerungen. Zur Rekonstruktion einer frühen Frauenautobiographie, in: Der Deutschunterricht 41 (1989) H.2, S. 37-50.
SELLO, Gottfried (Hg.): Malerinnen aus vier Jahrhunderten, Hamburg 1984.
SENGLE, Friedrich: Das Genie und sein Fürst. Die Geschichte der Lebensgemeinschaft Goethes mit dem Herzog Carl August von Sachsen-Weimar-Eisenach. Ein Beitrag zum Spätfeudalismus und zu einem vernachlässigten Thema der Goetheforschung, Stuttgart/Weimar 1993.
SENNER, Norbert/Walter Volpert: Arbeitspsychologie, in: Roland Asanger/Gerd Wenninger (Hg.): Handwörterbuch Psychologie, 5. Aufl., Weinheim 1994, S. 52-60.
SIMANOWSKI, Roberto: Einleitung: Der Salon als dreifache Vermittlungsinstanz, in: ders. (Hg.): Europa – Ein Salon? Beiträge zur Internationalität des literarischen Salons, Göttingen 1999, S. 8-39.
SIMMEL, Georg: Schriften zur Philosophie und Soziologie der Geschlechter, Frankfurt a.M. 1985.
SIMMEL, Georg: Grundfragen der Soziologie, in: ders.: Gesamtausgabe, BD. 16: Der Krieg und die geistigen Entscheidungen, Grundfragen der Soziologie, Vom Wesen des historischen Verstehens, Der Konflikt der modernen Kultur, Lebensanschauung, hrsg. v. Gregor Fitzi/Otthein Rammstedt, Frankfurt a.M. 1999, S. 62-149.
SIMON-KUHLENDAHL, Claudia: Das Frauenbild der Romantik. Übereinstimmung, Differenzen und Widersprüche in den Schriften von Friedrich Schlegel, Friedrich Daniel Ernst Schleiermacher, Novalis und Ludwig Tieck, Univ.. Diss., Kiel 1992.

SMITH, Barbara (Ed.): Write or be written. Early modern poets and cultural constraints, Aldershot 2001.
SPAIN, Daphne: Gendered Spaces, Chapel Hill/London 1992.
SPALDING, Almut: Aufklärung am Teetisch: Die Frauen des Hauses Reimarus und ihr Salon, in: Peter Albrecht/Hans Erich Bödeker/Ernst Hinrichs (Hg.): Formen der Geselligkeit in Nordwestdeutschland 1750-1820, Tübingen 2003.
SPIERO, Heinrich: Geschichte der deutschen Frauendichtung seit 1800, Leipzig 1913.
STAROSTE, Wolfgang: Raum und Realität in dichterischer Gestaltung, Heidelberg 1971.
STEARNS, Peter N.: Gender in world history, London 2000.
STEINBRÜGGE, Liselotte: Das moralische Geschlecht. Theorien und literarische Entwürfe über die Natur der Frau in der französischen Aufklärung, Weinheim/Basel 1987.
STEINBRÜGGE, Liselotte: Vom Aufstieg und Fall der gelehrten Frau. Einige Aspekte der „Querelle des femmes" im XVIII. Jahrhundert, in: Lendemains 25/26 (1982), S. 157-167.
STEINER, Walter/Uta Kühn-Stillmark: Friedrich Justin Bertuch. Ein Leben im klassischen Weimar zwischen Kultur und Kommerz, Köln/Weimar/Wien 2001.
STEINHAUSEN, Georg: Geschichte des deutschen Briefes. Zur Kulturgeschichte des deutschen Volkes, Dublin 1968 (ND der Ausgabe von 1889).
STERN, Carola: Alles, was ich in der Welt verlange. Das Leben der Johanna Schopenhauer, Köln 2003.
STERN, Carola: Ich möchte mir Flügel wünschen. Das Leben der Dorothea Schlegel, Reinbek b. Hamburg 1990.
STERN, Ludwig: Die Varnhagen von Ensesche Sammlung in der königlichen Bibliothek zu Berlin, Berlin 1911.
STEVENSON, Jane/Peter Davidson (Eds.): Early Modern Women Poets. An Anthology (1520-1700), Oxford 2001.
STOLLBERG-RILINGER, Barbara: Europa im Jahrhundert der Aufklärung, Stuttgart 2000.
STOLLBERG-RILINGER, Barbara: Väter der Frauengeschichte? Das Geschlecht als historiographische Kategorie im 18. und 19. Jahrhundert, in: HZ 262 (1996), S. 39-71.
STRÄTER, Karin: Frauenbriefe als Medium bürgerlicher Öffentlichkeit. Eine Untersuchung anhand von Quellen aus dem Hamburger Raum in der zweiten Hälfte des 18. Jahrhunderts, Frankfurt a.M. u.a. 1991.
STROHMEYER, Armin: Die Frauen der Brentanos. Porträts aus drei Jahrhunderten, Berlin 2006.
STULL, Heidi I.: The Evolution of the Autobiography from 1770-1850. A Comparative Study an Analysis, New York u.a. 1985.

STURM, Gabriele: Wege zum Raum. Methodologische Annäherungen an ein Basiskonzept raumbezogener Wissenschaften, Opladen 2001.

TEBBEN, Karin: Literarische Intimität. Subjektkonstitution und Erzählstruktur in autobiographischen Texten von Frauen, Tübingen/Basel 1997.

TEBBEN, Karin (Hg.): Beruf: Schriftstellerin. Schreibende Frauen im 18. und 19. Jahrhundert, Göttingen 1998.

TENORTH, Elmar: Weib oder Mensch, Wesen oder Wissen? Bürgerliche Theorien zur weiblichen Bildung um 1800, in: Elke Kleinau/Claudia Opitz (Hg.): Geschichte der Mädchen- und Frauenbildung, Bd. 1: Vom Mittelalter bis zur Aufklärung, Frankfurt a.M./New York, 1996, S. 327-345.

THAMM, Angela: Romantische Inszenierungen in Briefen. Der Lebenstext der Bettine von Arnim, geb. Brentano, in: Berliner Beiträge zur Germanistik 1 (2000), S. 1-367.

THEML, Christine: Zwischen Kinderstube und Secrétaire. Frauen um Schiller in Jena, Jena 1992.

THOMANN Tewarson, Heidi, Caroline Schlegel and Rahel Varnhagen. The response of two german women to the French Revolution and it's aftermath, in: Seminar 29 (1993), S. 106-124.

TOLKEMITT, Brigitte: Knotenpunkte im Beziehungsnetz der Gebildeten: Die gemischte Geselligkeit in den offenen Häusern der Hamburger Familie Reimarus und Sieveking, in: Ulrike Weckel u.a. (Hg.): Ordnung, Politik und Geselligkeit der Geschlechter im 18. Jahrhundert, Göttingen 1998, S. 167-202.

TOMASELLI, Sylvana: The Enlightment Debate on Women, in: History Workshop Journ. 20 (1985), S. 101-124.

TOPF-MEDEIROS, Katharina: Selbstdarstellungen und narrative Autorität in den Briefautobiographien Elisa von der Reckes und Elisabeth Stägemanns, in: Michaela Holdenried (Hg.): Geschriebenes Leben. Autobiographik von Frauen, Berlin 1995, S. 142-154.

TOUAILLON, Christine: Der deutsche Frauenroman des 18. Jahrhunderts, Wien 1919.

TREDER, Uta: Sophie Mereau: Montage und Demontage einer Liebe, in: Helga Gallas/Magdalene Heuser (Hg.): Untersuchungen zum Roman von Frauen um 1800, Tübingen 1990, S. 172-183.

TREPP, Anne-Charlott: Sanfte Männlichkeit und selbständige Weiblichkeit. Frauen und Männer im Hamburger Bürgertum zwischen 1770-1840, Göttingen 1996.

TREPP, Anne-Charlott: Anders als sein „Geschlechtscharakter". Der bürgerliche Mann um 1800 – Ferdinand Benecke (1774-1848), in: Historische Anthropologie 4, 1 (1996), S. 57-77.

TREPP, Anne-Charlott: „Denn das ist gerade meine Wonne..., daß Du mich wie ein kluges denkendes Wesen behandelst": Frauen und Männer im Hamburger Bürgertum zwischen 1770 und 1840. Fragestellungen und Ergebnisse, in: Mitteilungen 29 (1996), S. 18-37.

TUDYKA, Klaus: Die Zweite von rechts. Confession des Hoffräuleins Luise von Göchhausen, Warendorf 1998.
TÜMMLER, Hans: Carl August von Weimar, Goethes Freund. Eine vorwiegend politische Biographie, Stuttgart 1978.
TÜMMLER, Hans: Das klassische Weimar und das große Zeitgeschehen, Köln/Wien 1975.
TÜMMLER, Hans: Goethe als Staatsmann, Göttingen/Zürich/Frankfurt a.M. 1976.
TÜMMLER, Hans: Goethe in Staat und Politik. Gesammelte Aufsätze, Köln/Graz 1964.
UEDING, Gert: Klassik und Romantik. Deutsche Literatur im Zeitalter der Französischen Revolution 1789-1815, München 1987.
UNGERN-STERNBERG, Wolfgang von: Schriftsteller und literarischer Markt, in: Rolf Grimminger (Hg.): Deutsche Aufklärung bis zur Französischen Revolution 1680-1789, München u.a. 1984.
ULICH, Eberhard: Arbeitspsychologie, 5. Aufl., Zürich 2001.
ULICH, Eberhard/Felix Frei: Persönlichkeitsförderliche Arbeitsgestaltung und Qualifizierungsprobleme, in: Walter Volpert (Hg.): Beiträge zur Psychologischen Handlungstheorie, Bern/Stuttgart/Wien 1980.
URLICHS, Ludwig (Hg.): Charlotte von Schiller und ihre Freunde, Bd. 1, Stuttgart 1860.
VAGET, Hans Rudolf: Dilettantismus und Meisterschaft. Zum Problem des Dilettantismus bei Goethe: Praxis, Theorie, Zeitkritik, München 1971.
VANSANT, Jacqueline: Liebe und Patriarchat in der Romantik. Sophie Mereaus *Amanda und Eduard,* in: Sylvia Wallinger/Monika Jonas (Hg.): Der Widerspenstigen Zähmung. Studien zur bezwungenen Weiblichkeit in der Literatur vom Mittelalter bis zur Gegenwart, Innsbruck 1986, S. 185-200.
VELLUSIG, Robert: Schriftliche Gespräche. Briefkultur im 18. Jahrhundert, Wien/Köln/Weimar 2000.
VENTZKE, Marcus: Das Herzogtum Sachsen-Weimar-Eisenach 1775-1783, Köln/Weimar/Wien 2004.
VENTZKE, Marcus (Hg.): Hofkultur und aufklärerische Reformen in Thüringen. Die Bedeutung des Hofes im späten 18. Jahrhundert, Köln/Weimar/Wien 2002.
VIERHAUS, Rudolf: Frühe Neuzeit – frühe Moderne. Forschungen zur Vielschichtigkeit von Übergangsprozessen, Göttingen 1992.
VIERHAUS, Rudolf: Art. „Bildung", in: Otto Brunner/Werner Conze/Reinhart Koselleck (Hg.): Geschichtliche Grundbegriffe. Historisches Lexikon zur politisch-sozialen Sprache in Deutschland, Stuttgart, Bd. 1, Stuttgart 1972, S. 508-551.
VIERHAUS, Rudolf: Höfe und höfische Gesellschaft in Deutschland im 17. und 18. Jahrhundert, in: Ernst Hinrichs (Hg.): Absolutismus, Frankfurt a.M. 1986, S. 116-137.
VÖLKER-RASOR, Anette: Bilderpaare-Paarbilder. Die Ehe in Autobiographien des 16. Jahrhunderts, Freiburg i.Br. 1993.

VÖLKER-RASOR, Anette: „Arbeitsam, obgleich etwas verschlafen..." – Die Autobiographien des 16. Jahrhunderts als Ego-Dokument, in: Winfried Schulze (Hg.): Ego-Dokumente. Annäherung an den Menschen in der Geschichte, Berlin 1996, S. 107-120.

VOGEL, Barbara/Ulrike Weckel (Hg.): Frauen in der Ständegesellschaft. Leben und Arbeiten in der Stadt vom späten Mittelalter bis zur Neuzeit, Hamburg 1991.

VOGEL, Ursula: Gleichheit und Herrschaft in der ehelichen Vertragsgesellschaft – Widersprüche der Aufklärung, in: Ute Gerhard (Hg.): Frauen in der Geschichte des Rechts. Von der Frühen Neuzeit bis zur Gegenwart, München 1997, S. 265-292.

VOGEL, Ursula: Whose Property? The Double Standard of Adultery in Nineteenth Century Law, in: Carol Smart (Ed.): Regulating Womanhood. Historical essays on marriage, motherhood and sexuality, London 1991, S. 147-165.

VOGT, Marianne: Autobiographik bürgerlicher Frauen. Zur Geschichte weiblicher Selbstbewußtwerdung, Würzburg 1981.

VOLKMANN, Anita: Die Romane der Johanna Schopenhauer, Diss. Leipzig 1926.

VOLLERS-SAUER, Elisabeth: Prosa des Lebenswegs. Literarische Konfigurationen selbstbiographischen Erzählens am Ende des 18. und 19. Jahrhunderts, Stuttgart 1993.

WALTER, Eva: „Schrieb oft von Mägde Arbeit müde." Lebenszusammenhänge deutscher Schriftstellerinnen um 1800 – Schritte zur bürgerlichen Weiblichkeit. Mit einer Bibliographie zur Sozialgeschichte von Frauen 1800-1914 von Ute Daniel, hrsg. v. A. Kuhn, Düsseldorf 1985 (= Geschichtsdidaktische Studien, Materialien 30).

WALZEL, Oskar Franz: Clemens und Sophie, in: Das literarische Echo 11 (1908/09), S. 1505-1510.

WEBER, Ingeborg (Hg.): Weiblichkeit und Weibliches Schreiben, Darmstadt 1994.

WEBER, Wolfgang E.J.: Die Bildung von Regionen durch Kommunikation. Aspekte einer neuen historischen Perspektive, in: Carl A. Hoffmann/Rolf Kießling (Hg.): Kommunikation und Region, Konstanz 2001, S. 69-110.

WEBER-WILL, Susanne: Die rechtliche Stellung der Frau im Privatrecht des Preußischen Allgemeinen Landrechts von 1794, Frankfurt a.M. 1983.

WEBER-WILL, Susanne: Geschlechtsvormundschaft und weibliche Rechtswohltaten im Privatrecht des preußischen Allgemeinen Landrechts von 1794, in: Ute Gerhard (Hg.): Frauen in der Geschichte des Rechts. Von der Frühen Neuzeit bis zur Gegenwart, München 1997, S. 452-459.

WECKEL, Ulrike: Zwischen Häuslichkeit und Öffentlichkeit. Die ersten deutschen Frauenzeitschriften im späten 18. Jahrhundert und ihr Publikum, Tübingen 1998.

WECKEL, Ulrike: Bewegung im Publikum. Zur Mobilisierung von Leserinnen durch die ersten deutschen Frauenzeitschriften im späten 18. Jahrhundert,

in: Anne Conrad/Arno Herzig/Franklin Kopitzsch (Hg.): Das Volk im Visier der Aufklärung. Studien zur Popularisierung der Aufklärung im späten 18. Jahrhundert, Hamburg 1998, S. 57-80.
WECKEL, Ulrike: Der „mächtige Geist der Assoziation". Ein- und Ausgrenzungen bei der Geselligkeit der Geschlechter im späten 18. Jahrhundert und frühen 19. Jahrhundert, in: Jahrbuch für Sozialgeschichte 28 (1998), S. 57-77.
WECKEL, Ulrike/Kirsten Heinsohn/Barbara Vogel: Einleitung, in: dies. (Hg.): Zwischen Karriere und Verfolgung. Handlungsräume von Frauen im nationalsozialistischen Deutschland, Frankfurt a.M./New York 1997, S. 7-23.
WECKEL, Ulrike u.a. (Hg.): Ordnung, Politik und Geselligkeit der Geschlechter im 18. Jahrhundert, Göttingen 1998.
WECKEL, Ulrike/Kirsten Heinsohn/Barbara Vogel (Hg.): Zwischen Karriere und Verfolgung. Handlungsräume von Frauen im nationalsozialistischen Deutschland, Frankfurt a.M./New York 1997.
WEIGEL, Sigrid: Der schielende Blick. Thesen zur Geschichte weiblicher Schreibpraxis, in: Die verborgene Frau. Sechs Beiträge zu einer feministischen Literaturwissenschaft, Berlin 1988 (= Literatur im historischen Prozeß, NF 6, Argument-Sonderband 96), S. 83-137.
WEIGEL, Sigrid: Sophie Mereau, in: H.-J. Schulze (Hg.): Frauen. Porträts aus zwei Jahrhunderten, Stuttgart 1981, S. 20–33.
WEISS, Hermann F.: Der Mittwochs- und der Professorenklub, in: Jahrbuch des freien Hochstifts (1999), S. 94-120.
WENDHEIM, Max (Hg.): Lyriker und Epiker der klassischen Periode, 3. Teil: Amalie von Helvig-Imhoff, Stuttgart 1887 (= Deutsche National-Litteratur), S.108-164, hier S. 108-112.
WERKSTETTER, Christine: Frauen im Augsburger Zunfthandwerk. Arbeit, Arbeitsbeziehungen und Geschlechterverhältnisse im 18. Jahrhundert, Berlin 2001.
WEST, Candace/Don H. Zimmermann: Doing Gender, in: Gender and Society, Jg. 1 (1987), S. 125-151.
WESTPHAL, Siegrid: Kaiserliche Rechtsprechung und herrschaftliche Stabilisierung. Reichsgerichtsbarkeit in den thüringischen Territorialstaaten 1648-1806, Köln/Weimar/Wien 2002.
WETZELS, Walter D.: Schauspielerinnen im 18. Jahrhundert – zwei Perspektiven: Wilhelm Meister und die Memoiren der Schulze Kummerfeld, in: Barbara Becker-Cantarino (Hg.): Die Frau von der Reformation zur Romatik (= Modern German Studies Bd. 7), Bonn 1980, S. 195-216.
WEYER, Johannes (Hg.): Soziale Netzwerke. Konzepte und Methoden der sozialwissenschaftlichen Netzwerkforschung, München 2000.
WEYMANN, Ansgar: Vorwort, in: ders. (Hg.): Handlungsspielräume. Untersuchungen zur Individualisierung und Institutionalisierung von Lebensläufen in der Moderne, Stuttgart 1989, S. VIIf.

WEYMANN, Ansgar (Hg.): Handlungsspielräume. Untersuchungen zur Individualisierung und Institutionalisierung von Lebensläufen in der Moderne, Stuttgart 1989.
WIEDMANN, Klaus-Peter: Werte und Wertewandel. Begriffliche Grundlagen, Erklärungsskizzen, ausgewählte Tendenzen, Mannheim 1984.
WIESNER, Merry: Women and Gender in early Modern Europe, Cambridge Repr. 1998.
WILHELMY, Petra: Der Berliner Salon im 19. Jahrhundert (1780-1914). Veröffentlichung der Berliner Historischen Kommission, Bd. 73, Berlin 1989.
WILLKE, Helmut: Systemtheorie entwickelter Gesellschaften. Dynamik und Riskanz moderner gesellschaftlicher Selbstorganisation, Weinheim 1989.
WINTER, Ingelore M.: Goethes Charlotte von Stein. Die Geschichte einer Liebe, Düsseldorf 2003.
WINTERLING, Alois: „Hof". Versuch einer idealtypischen Bestimmung anhand der mittelalterlichen und frühneuzeitlichen Geschichte, in: Reinhardt Butz/Jan Hirschbiegel/Dietmar Willoweit (Hg.): Hof und Theorie. Annäherungen an ein historisches Phänomen, Köln/Weimar/Wien 2004, S. 77-90.
WOLFF, Kerstin: Öffentliche Erziehung für adlige Töchter? Stiftsideen in Sachsen-Gotha nach dem Dreißigjährigen Krieg, in: Katrin Keller/Josef Matzerath (Hg.): Geschichte des sächsischen Adels, Köln/Weimar/Wien 1997, S. 275-289.
WUNDER, Heide: „Er ist die Sonn', sie ist der Mond." Frauen in der Frühen Neuzeit, München 1992.
WUNDER, Heide: Zur Stellung der Frau im Arbeitsleben und in der Gesellschaft des 15.-18. Jahrhunderts. Eine Skizze, in: Geschichtsdidaktik 1981, S. 239-251.
WUNDER, Heide/Christina Vanja (Hg.): Weiber, Menscher, Frauenzimmer. Frauen in der ländlichen Gesellschaft 1500-1800, Göttingen 1996.
WUTHENOW, Ralph-Rainer: Das erinnerte Ich. Europäische Autobiographie und Selbstdarstellung im 18. Jahrhundert, München 1974.
ZEDLER, Peter/Dieter Fickermann (Hg.): Pädagogik und Recht. Rechtliche Rahmenbedingungen und Handlungsspielräume für eine erweiterte Selbständigkeit von Einzelschulen. Dokumentation der gleichnamige Fachtagung der Kommission Bildungsorganisation, Bildungsplanung und Bildungsrecht der Deutschen Gesellschaft für Erziehungswissenschaft am 19. und 20.09.1996 in Erfurt, Erfurt 1997.
ZENTRUM FÜR INTERDISZIPLINÄRE FRAUENFORSCHUNG DER HUMBOLDT-UNIVERSITÄT ZU BERLIN (Hg.): Politische Kultur – Demokratie – Geschlechterverhältnis. Dokumentation der Ringvorlesung am Zentrum für interdisziplinäre Frauenforschung an der Humboldt- Universität zu Berlin, Wintersemester 1994/1995, Berlin 1995.
ZILLIG, Werner: Natürliche Sprache und kommunikative Normen, Tübingen 2003.

ZIMBARDO, Philip G./Richard J. Gerrig: Psychologie, 16. Aufl., München 2004.
ZSCHUNKE, Peter: Konfession und Alltag in Oppenheim. Beiträge zur Geschichte von Bevölkerung und Gesellschaft einer gemischtkonfessionellen Kleinstadt in der frühen Neuzeit, Wiesbaden 1984.

## Personenregister

AHLEFELD, CHARLOTTE VON 95, 156f., 236, 249
ARNIM, ACHIM VON 190
ASVERUS, CHRISTINE LUISE 144
ASVERUS, GUSTAV 52
ASVERUS, LUDWIG CHRISTOPH FERDINAND 144
AUFSESS, CAROLINE VON 89, 157, 219, 234, 236
BARDUA, CAROLINE 111, 114, 179
BEAULIEU-MARCONNAY, CARL VON 9, 17, 81, 90, 229, 249f., 262
BERG, AMALIE 186
BERTUCH, CARL 49f., 57, 59, 64, 82, 94, 112, 175, 185f. 198-205, 245, 266
BERTUCH, FRIEDRICH JUSTIN 49f., 112f., 125, 170f., 174f., 186, 197f., 201-205, 209, 266
BLUMENBACH, JOHANN FRIEDRICH 190
BOISSERÉE, SULPIZ 211
BÖTTIGER, CARL AUGUST 123, 130, 146, 153f., 163, 193, 202f., 207, 211
BREITENBAUCH, GEORG LUDWIG VON 217
BRENTANO, BETTINA 190
BRENTANO, CLEMENS 15, 22, 46, 79f., 91f., 99, 102, 104f., 151, 166, 262
BROCKHAUS, FRIEDRICH ARNOLD 16, 50, 209, 210, 261
CARSTENS, ASMUS JAKOB 194
CHODOWIECKI, DANIEL NIKOLAUS 106
CONTA, CARL FRIEDRICH ANTON 176
CONTA, WILHELMINE 176
COTTA, JOHANN FRIEDRICH 69, 74, 134, 136f., 149, 198, 201f., 204, 207, 259, 261

DACHENHAUSEN, FRITZ VON 72
DIETERICH, HEINRICH 48, 102, 136, 149, 150, 163-165
EBERT, HENRIETTE 144f.
ECKART, JOHANN CHRISTIAN LUDWIG 56, 83
EGLOFFSTEIN, AUGUST CARL WILHELM VON 218
EGLOFFSTEIN, AUGUSTE VON 17, 22, 62, 69, 225, 233
EGLOFFSTEIN, CARL LUDWIG FREIHERR VON 16
EGLOFFSTEIN, CARL VON 17, 89, 248
EGLOFFSTEIN, CAROLINE DIANA VON 218
EGLOFFSTEIN, CAROLINE VON 10, 16, 20-23, 57, 71, 80, 84-86, 89f., 119, 177, 215, 218, 228, 231-236, 240-243, 248, 253
EGLOFFSTEIN, CAROLINE VON (GEB. VON AUFSESS) *siehe* AUFSESS, CAROLINE VON
EGLOFFSTEIN, GOTTFRIED ERNST VON 218
EGLOFFSTEIN, HENRIETTE VON 9, 13f., 16f., 24, 30, 32, 42, 44f., 52f., 55-57, 61f., 64-67, 69-71, 73, 76, 80-86, 89f., 93, 95, 106, 116-123, 155-157, 177, 215-217, 219-260, 262, 264-266, 268
EGLOFFSTEIN, JEANNETTE 17
EGLOFFSTEIN, JULIE VON 11, 17, 57f., 62, 65f., 69-73, 80, 85f., 89, 91, 117-121, 215, 218, 227f., 231, 241f., 247f., 252f.
EGLOFFSTEIN, JULIUS VON 218
EGLOFFSTEIN, LUDWIG CARL FRIEDRICH AUGUST OTTO VON 218
EGLOFFSTEIN, SOPHIE VON 16, 175, 177, 216f.

EGLOFFSTEIN, WOLFGANG GOTTLOB CHRISTOPH VON 175, 218f., 238, 250
EGLOFFSTEIN-ARKLITTEN, LEOPOLD VON 16, 53, 56, 66, 89f., 223f., 226, 230, 233, 235-238, 240, 243-247, 249f., 259
EICHSTÄDT, CARL ABRAHAM 64, 123, 130, 147f., 152, 161f.
EINSIEDEL, FRIEDRICH HILDEBRAND VON 190, 223, 226, 230, 238
ELKAN, JULIUS 49-51
FALK, CAROLINE 169, 173, 186
FALK, JOHANNES DANIEL 172f., 176, 186, 209, 233
FERNOW, CARL LUDWIG 172, 179, 191, 193-195, 200, 203, 255
FICHTE, JOHANN GOTTLIEB 65
FRITSCH, CARL WILHELM FREIHERR VON 178
FRITSCH, HENRIETTE VON, GEBORENE VON WOLFSKEEL 178
FROHBERG, REGINA 208
FRÖHLICH, HEINRICH 48, 102, 149
FROMMANN, CARL FRIEDRICH ERNST 49f., 64, 86, 88, 94, 113, 183, 195, 196f.
GERSTENBERGK, GEORG FRIEDRICH CONRAD VON 77
GÖCHHAUSEN, LUISE VON 10, 59, 155, 177f., 220, 226, 230, 232, 234, 237f.
GOETHE, JOHANN WOLFGANG VON 10f., 16, 18, 19-24, 30, 58, 61, 99, 109-111, 113f., 133, 137, 140, 148f., 153-155, 169, 172, 179-181, 186-193, 199, 202f., 214, 219, 222, 226, 230, 232-241, 252, 258f., 266
GOETHE, OTTILIE VON 10, 59, 212, 248f.
GÖSCHEN, GEORG JOACHIM 126, 149
GOULLON, FRANÇOIS LE 184
GRAVE, HEINRICH 221

GRIESBACH, JOHANN JAKOB 127, 144
GRIESBACH, JULIANE FRIEDERIKE 127, 144
GRIMM, WILHELM 189
HALLER VON HALLERSTEIN, CHRISTOPH JAKOB WILHELM 243
HERDER, JOHANN GOTTFRIED 10, 18-20
HERDER, JOHANN GOTTFRIED 46, 76, 153, 163, 223
HOLDERRIEDER, WILHELMINE 98
HOLTEI, CARL VON 208
HUFELAND, CARL FRIEDRICH VICTOR 46
HUFELAND, CHRISTOPH WILHELM 136, 169
HUFELAND, GOTTLIEB 127
HUMBOLDT, CAROLINE VON 203
HUMBOLDT, WILHELM VON 203
IMHOFF, AMALIE VON 95, 138, 165, 229, 230, 236, 238, 242, 249
KALB, CHARLOTTE VON 68, 226
KIPP, JOHANN HEINRICH 46, 48, 60, 62, 73f., 78f., 83, 96-105, 123, 141-144, 148, 158f., 261
KNEBEL, CARL LUDWIG VON 58, 114f., 223, 230
KÖRNER, CHRISTIAN GOTTFRIED 99, 125, 133
KÜGELGEN, GERHARD VON 199, 203
KÜHN, ERNST WILHELM GOTTLOB 171f.
KUMMERFELD, KAROLINE 208
LAFONTAINE, AUGUST 162
LUDECUS, AMALIE 179
MAIER, FRIEDRICH 160, 162
MEREAU, CARL HUBERT 130
MEREAU, FRIEDRICH ERNST CARL 14, 141, 266
MEREAU, GISELA EMINA HULDA 130
MEREAU, SOPHIE 13-16, 22f., 30, 32, 42, 44-48, 50, 52f., 55, 57f., 60-62, 64f., 68, 73-76, 78-86, 91-105,

109, 122-167, 229-236, 241, 242, 249, 253-268
MEYER, JOACHIM HEINRICH 179
MORGENSTERN, KARL 190
MUHL 49
MÜLLER, FRIEDRICH VON 52, 85, 156, 157, 232f., 241f., 246, 266
MÜLLER, GEORG FRIEDRICH CONRAD LUDWIG 207
NICOLAI, FRIEDRICH 135
NIETHAMMER, FRIEDRICH IMMANUEL 83, 125
PASSOW, FRANZ 189
PAULUS, ELISABETH FRIEDERIKE CAROLINE 144
REINHOLD, KARL LEONHARD 162, 190
REITZENSTEIN, ELEONORA LOUISE VON 233
REITZENSTEIN, GEORG CHRISTOPH FREIHERR VON 233
RICHTER, JEAN PAUL 97, 146
RIDEL, CORNELIUS JOHANN RUDOLPH 171f.
RIEMER, WILHELM FRIEDRICH 180, 191
SACHSEN-GOTHA-ALTENBURG, AUGUST VON 130
SACHSEN-GOTHA-ALTENBURG, HERZOG VON 96
SACHSEN-WEIMAR-EISENACH, ANNA AMALIA VON 56, 82, 120f., 155f., 156, 172, 177-179, 191, 193f., 215, 220-226, 228-234, 236-239, 242f., 246, 252, 255, 259, 266
SACHSEN-WEIMAR-EISENACH, BERNHARD VON 64, 153, 157f., 190, 201, 252
SACHSEN-WEIMAR-EISENACH, CARL AUGUST (GROß-)HERZOG VON 19, 113, 123, 130, 146, 153f., 163, 171f., 193, 201-203, 207, 211, 215, 218, 224, 229, 239

SACHSEN-WEIMAR-EISENACH, CARL FRIEDRICH VON 46, 49f., 64, 86, 88, 94, 113, 173, 176, 183, 190, 195-197, 218
SACHSEN-WEIMAR-EISENACH, LUISE (GROß-)HERZOGIN VON 138, 218, 220, 221
SACHSEN-WEIMAR-EISENACH, MARIA PAVLOVNA VON 218, 231
SAVIGNY, FRIEDRICH ERNST CARL 15
SCHELLING, FRIEDRICH WILHELM JOSEPH 146
SCHILLER, CHARLOTTE 206, 259
SCHILLER, FRIEDRICH 10, 20, 22, 30 60f., 93, 98-100, 123-126, 131-134, 136-141, 148f., 153f., 158-160, 166, 169, 226, 232, 238, 258, 260f., 266
SCHLEGEL, CAROLINE 10, 62, 145-147
SCHLEGEL, FRIEDRICH 22, 62, 78f., 146f. 163
SCHNAUBERT, ANDREAS JOSEPH 127
SCHOPENHAUER, ADELE 15, 20, 23, 31, 49, 52, 85, 87f., 190, 197, 248
SCHOPENHAUER, ARTHUR 15, 23, 49, 51f., 58f., 65, 83, 85-88, 109-111, 114f., 168-181, 185-189, 191, 193-195, 199, 205f., 212, 217, 255
SCHOPENHAUER, HEINRICH FLORIS 15, 49, 74-77, 108, 176
SCHOPENHAUER, JOHANNA 13-16, 20-24, 30-32, 42, 44f., 49-53, 55, 57-59, 62-65, 68f., 74-78, 81-83, 85-89, 94f., 106-116, 122f., 129, 168-178, 180-215, 217, 245, 249, 253-268
SCHUBART, GOTTHELF 96
SCHUBART, HENRIETTE 96, 144, 162, 165f.
SCHÜTZ, HENRIETTE 144f., 147
SCHÜTZE, STEFAN 182f.

SECKENDORFF, FRANZ CARL
  LEOPOLD VON 56, 66, 226, 230,
  233, 235-237, 240, 243f., 247, 250,
  259, 266
SODEN, JULIUS GRAF VON 134f.
STAËL, GERMAINE DE 228
STEIN, CHARLOTTE VON 222f., 226
STEIN, CHARLOTTE VON 9f.
TETTAU, FRIEDERICA AUGUSTA
  HENRIETTA VON 219
TISCHBEIN, JOHANN HEINRICH
  WILHELM 59, 177
UNGER, JOHANN FRIEDRICH 135,
  139, 147, 149f., 153, 162
VEIT, DOROTHEA 46, 10
VERMEHREN, JOHANN BERNHARD
  64, 157f.
VOSS, HEINRICH 189
VULPIUS, AUGUST 134
WALCH, CARL WILHELM 127
WEBER, CARL MARIA VON 190
WEILAND, PHILIPP CHRISTIAN 176,
  179
WIELAND, CHRISTOPH MARTIN 10,
  18, 24, 109, 129, 131, 172, 173,
  177, 223, 226
WINKELMANN, STEPHAN AUGUST
  163f.
WOLFF, OSKAR LUDWIG BERNHARD
  190
WOLTMANN, CARL LUDWIG 130,
  148f., 158
WOLZOGEN, CAROLINE VON 238
WOLZOGEN, ERNST FRIEDRICH
FREIHERR VON 238

# PUBLIKATIONEN DES SONDERFORSCHUNGSBEREICHS 482: „EREIGNIS WEIMAR-JENA. KULTUR UM 1800"

## 2007

Thomas Bach, Olaf Breidbach, Dietrich von Engelhardt (Hrsg.): Lorenz Oken – Gesammelte Werke. Gesamtwerk in vier Bänden. Weimar 2007.

Stefan Blechschmidt, Andrea Heinz (Hrsg.): Dilettantismus um 1800. (Ereignis Weimar-Jena. Kultur um 1800: Ästhetische Forschungen, 16). Heidelberg 2007.

Klaus Ries: Wort und Tat. Das politische Professorentum der Universität Jena im frühen 19. Jahrhundert. (Pallas Athene. Beiträge zur Universitäts- und Wissenschaftsgeschichte, 20). Stuttgart 2007.

Klaus Ries (Hrsg.): Zwischen Hof und Stadt. Aspekte der kultur- und sozialgeschichtlichen Entwicklung der Residenzstadt Weimar um 1800. Weimar 2007.

## 2006

Olaf Breidbach: Goethes Metamorphosenlehre. München 2006.

Gerd Breitfelder: Johann Carl Wilhelm Voigt – seine wissenschaftliche Anschauung, Kommunikation und Kooperation als Mineraloge des Herzogtums Sachsen-Weimar-Eisenach. Aachen 2006.

Klaus Manger (Hrsg.), Nikolas Immer (Mitarb.): Der ganze Schiller – Programm ästhetischer Erziehung. (Ereignis Weimar-Jena. Kultur um 1800: Ästhetische Forschungen, 15). Heidelberg 2006.

Ralf Beuthan (Hrsg.): Geschichtlichkeit der Vernunft beim Jenaer Hegel. (Ereignis Weimar-Jena. Kultur um 1800: Ästhetische Forschungen, 9). Heidelberg 2006.

Johannes Grave: Der „ideale Kunstkörper". Johann Wolfgang Goethe als Sammler von Druckgraphiken und Zeichnungen. (Ästhetik um 1800, 4). Göttingen 2006.

Jutta Heinz: Narrative Kulturkonzepte. Wielands Aristipp und Goethes Wilhelm Meisters Wanderjahre. (Ereignis Weimar-Jena. Kultur um 1800: Ästhetische Forschungen, 13). Heidelberg 2006.

Klaus Manger: Wielands Erfindung Weimars. (Oßmannstedter Blätter, 1). Jena 2006.

Gerhard Müller: Vom Regieren zum Gestalten. Goethe und die Universität Jena. (Ereignis Weimar-Jena. Kultur um 1800: Ästhetische Forschungen, 6). Heidelberg 2006.

Klaus Manger, Ute Pott (Hrsg.): Rituale der Freundschaft. (Ereignis Weimar-Jena. Kultur um 1800: Ästhetische Forschungen, 7). Heidelberg 2006.

Axel Schröter: Musik zu den Schauspielen August von Kotzebues unter besonderer Berücksichtigung der unter Goethes Leitung in Weimar aufgeführten Bühnenwerke. (Musik und Theater, 4). Sinzig 2006.

Beate Schmidt: Musik zu Goethes Faust. Dramaturgie, Rezeption und Aufführungspraxis. (Musik und Theater, 5). Sinzig 2006.

Julia A. Schmidt-Funke: Karl August Böttiger (1760-1835). Weltmann und Gelehrter. (Ereignis Weimar-Jena. Kultur um 1800: Ästhetische Forschungen, 14). Heidelberg 2006.

Heiko Weber: Die Elektrisiermaschinen im 18. Jahrhundert. (Ernst-Haeckel-Haus Studien. Monographien zur Geschichte der Biowissenschaften und Medizin, 7). Berlin 2006.

**2005**

Hans-Werner Hahn, Dieter Hein (Hrsg.): Bürgerliche Werte um 1800. Entwurf – Vermittlung – Rezeption. Köln, Weimar, Wien 2005.

Julia Frindte, Siegrid Westphal (Hrsg.): Handlungsspielräume von Frauen um 1800. (Ereignis Weimar-Jena. Kultur um 1800: Ästhetische Forschungen, 10). Heidelberg 2005.

Werner Greiling, Andreas Klinger, Christoph Köhler (Hrsg.): Herzog Ernst II. von Sachsen-Gotha-Altenburg. Ein Herrscher im Zeitalter der Aufklärung. (Veröffentlichungen der Historischen Kommission für Thüringen. Kleine Reihe, 15). Köln, Weimar, Wien 2005.

Brady Bowman, Klaus Vieweg (Hrsg.): Johann Friedrich Ernst Kirsten. Grundzüge des neuesten Skepticismus and related writings. Paderborn, München 2005.

Martin Keßler, Volker Leppin (Hrsg.): Johann Gottfried Herder. Aspekte seines Lebenswerks. (Arbeiten zur Kirchengeschichte, 92). Berlin, New York 2005.

Reinhard Wegner (Hrsg.): Kunst als Wissenschaft. Carl Ludwig Fernow – ein Begründer der Kunstgeschichte. (Ästhetik um 1800, 2). Göttingen 2005.

Klaus Manger: Das Ereignis Weimar-Jena. um 1800 aus literaturwissenschaftlicher Sicht. Sitzungsberichte der Sächsischen Akademie der Wissenschaften zu Leipzig. Philologisch-historische Klasse. Bd. 139, H. 5., Stuttgart/Leipzig 2005.

Katharina Middell: „Dann wird es wieder ein Popanz für Otto." Das Weimarer Landes-Industrie-Comptoir im Übergang zum Familienunternehmen (1800-1830). Leipzig 2005.

Thomas Bach, Olaf Breidbach (Hrsg.): Naturphilosophie nach Schelling. (Schellingiana, 17). Stuttgart-Bad Cannstatt 2005.

Markus Bertsch, Johannes Grave (Hrsg.): Räume der Kunst. Blicke auf Goethes Sammlungen. (Ästhetik um 1800, 3). Göttingen 2005.

Thomas Bach: Schelling in Rußland. Die frühen naturphilosophischen Schriften von Daniil Michajloviè Vellanskij (1774-1847). Marburg (Lahn) 2005.

Klaus Manger, Gottfried Willems (Hrsg.): Schiller im Gespräch der Wissenschaften. (Ereignis Weimar-Jena. Kultur um 1800: Ästhetische Forschungen, 11). Heidelberg 2005.

Julia A. Schmidt-Funke: Auf dem Weg in die Bürgergesellschaft. Die politische Publizistik des Weimarer Verlegers Friedrich Justin Bertuch. (Veröffentlichungen der Historischen Kommission für Thüringen. Kleine Reihe, Bd. 16). Köln, Weimar, Wien 2005.

Lars Deile, Johanna Sänger (Hrsg.), Ulrike Alberti (Mitarb.): Spannungsreich und freudevoll. Jenaer Festkultur um 1800. Köln, Weimar, Wien 2005.

Andrea Heinz, Jutta Heinz, Nikolas Immer (Hrsg.): Ungesellige Geselligkeit. (Ereignis Weimar-Jena. Kultur um 1800: Ästhetische Forschungen, 12). Heidelberg 2005.

Katja Regenspurger, Temilo van Zantwijk (Hrsg.): Wissenschaftliche Anthropologie um 1800? Stuttgart 2005.

## 2004

Michael Maurer (Hrsg.): Das Fest. Beiträge zu seiner Theorie und Systematik. Köln, Weimar, Wien 2004.

Angela Borchert, Ralf Dressel (Hrsg.): Das Journal des Luxus und der Moden: Kultur um 1800. (Ereignis Weimar-Jena. Kultur um 1800: Ästhetische Forschungen, 8). Heidelberg 2004.

Werner Greiling, Siegfried Seifert (Hrsg.): „Der entfesselte Markt". Verleger und Verlagsbuchhandel im thüringisch-sächsischen Kulturraum um 1800. Leipzig 2004.

Gonthier-Louis Fink, Andreas Klinger (Hrsg.): Identitäten – Erfahrungen und Fiktionen um 1800. (Jenaer Beiträge zur Geschichte, 6). Frankfurt am Main [u. a.] 2004.

Reinhard Wegner (Hrsg.): Kunst – die andere Natur. (Ästhetik um 1800, 1). Göttingen 2004.

Stefan Matuschek (Hrsg.): Organisation der Kritik. Die Allgemeine Literatur-Zeitung in Jena 1785-1803. (Ereignis Weimar-Jena. Kultur um 1800: Ästhetische Forschungen, 5). Heidelberg 2004.

Igor J. Polianski: Die Kunst, die Natur vorzustellen. Die Ästhetisierung der Pflanzenkunde um 1800 und Goethes Gründung des Botanischen Gartens zu Jena im Spannungsfeld kunsttheoretischer und botanischer Diskussionen der Zeit. (Minerva. Jenaer Schriften zur Kunstgeschichte, 14). Köln 2004.

Astrid Urban: Kunst der Kritik. Die Gattungsgeschichte der Rezension von der Spätaufklärung bis zur Romantik. (Jenaer Germanistische Forschungen, N.F. 18). Heidelberg 2004.

Marcus Ventzke: Das Herzogtum Sachsen-Weimar-Eisenach (1775-1783). Ein Modellfall aufgeklärter Herrschaft? (Veröffentlichungen der Historischen Kommission für Thüringen. Kleine Reihe, 10). Köln, Weimar, Wien 2004.

Klaus Ries (Hrsg.): Zwischen Universität und Stadt. Aspekte demographischer Entwicklung in Jena um 1800. Jena 2004.

## 2003

Joachim Berger: Anna Amalia von Sachsen-Weimar-Eisenach (1739-1807). Denk- und Handlungsräume einer ‚aufgeklärten' Herzogin. (Ereignis Weimar-Jena. Kultur um 1800: Ästhetische Forschungen, 4). Heidelberg 2003.

Horst Neuper (Hrsg.), Katarina Kühn, Matthias Müller (Mitarb.): Das Vorlesungsangebot an der Universität Jena von 1749 bis 1854. 2 Bände. Weimar 2003.

Andrea Heinz (Hrsg.): Der Teutsche Merkur – die erste deutsche Kulturzeitschrift? (Ereignis Weimar-Jena. Kultur um 1800: Ästhetische Forschungen, 2). Heidelberg 2003.

Klaus Manger (Hrsg.): Goethe und die Weltkultur. (Ereignis Weimar-Jena. Kultur um 1800: Ästhetische Forschungen, 1). Heidelberg 2003.

Dietrich Briesemeister, Harald Wentzlaff-Eggebert (Hrsg.): Von Spanien nach Deutschland und Weimar-Jena. Verdichtung der Kulturbeziehungen in der Goethezeit. (Ereignis Weimar-Jena. Kultur um 1800: Ästhetische Forschungen, 3). Heidelberg 2003.

Klaus Vieweg, Brady Bowman (Hrsg.): Wissen und Begründung. Die Skeptizismus-Debatte um 1800 im Kontext neuzeitlicher Wissenskonzeptionen. (Kritisches Jahrbuch der Philosophie, 8). Würzburg 2003.

## 2002

Marcus Ventzke (Hrsg.): Hofkultur und aufklärerische Reformen in Thüringen. Die Bedeutung des Hofes im späten 18. Jahrhundert. Köln, Weimar, Wien 2002.

Katharina Middell: „Die Bertuchs müssen doch in dieser Welt überall Glück haben". Der Verleger Friedrich Justin Bertuch und sein Landes-Industrie-Comptoir um 1800. Leipzig 2002.

## 2001

Georg Eckardt, Matthias John, Temilo van Zantwijk, Paul Ziche (Hrsg.): Anthropologie und empirische Psychologie um 1800. Ansätze einer Entwicklung zur Wissenschaft. Köln, Weimar, Wien 2001.

Hans-Werner Hahn, Werner Greiling, Klaus Ries (Hrsg.): Bürgertum in Thüringen. Lebenswelt und Lebenswege im frühen 19. Jahrhundert. Rudolstadt 2001.

Joachim Berger (Hrsg.): Der ‚Musenhof' Anna Amalias. Geselligkeit, Mäzenatentum und Kunstliebhaberei im klassischen Weimar. Köln, Weimar, Wien 2001.

Gerhard Müller, Klaus Ries, Paul Ziche (Hrsg.): Die Universität Jena. Tradition und Innovation um 1800. (Pallas Athene, 2). Stuttgart 2001.

Olaf Breidbach, Hans-Joachim Fliedner, Klaus Ries (Hrsg.): Lorenz Oken (1779-1851). Ein politischer Naturphilosoph. Weimar 2001.

Olaf Breidbach, Paul Ziche (Hrsg.): Naturwissenschaften um 1800. Wissenschaftskultur in Jena-Weimar. Weimar 2001.